Alan Jacobs · Der Mann aus NARNIA

Alan Jacobs

Der Mann aus NARNIA

C. S. Lewis – sein Leben und seine Welt

Aus dem amerikanischen Englisch übersetzt
von Christian Rendel

johannis

Photos used by permission of the Marion E. Wade Center,
Wheaton College, Wheaton, Il.

Bibliografische Information der Deutschen Nationalbibliothek
Die Deutsche Nationalbibliothek verzeichnet diese Publikation in der Deutschen Nationalbibliografie; detaillierte bibliografische Daten sind im Internet über http://dnb.d-nb.de abrufbar.

Bestell-Nr. 05491 · ISBN 978-3-501-01562-9

Published by arrangement with Harper San Francisco,
an imprint of Harper Collins Publishers, LLC

Titel der amerikanischen Originalausgabe:
THE NARNIAN: *The Life and Imagination of C. S. Lewis.*

Lektorat: Dr. Thomas Baumann
Gesamtherstellung: St.-Johannis-Druckerei, Lahr/Schwarzwald
Printed in Germany 16713/2007

www.johannis-verlag.de

Für meine Patenkinder:

Emma Kienith Sniegowski
Daniel Martin Woodiwiss
Mary Howard Lin Edgar

»Kind«, sagte der Löwe,
»ich erzähle dir deine Geschichte, nicht ihre.
Niemand bekommt irgendeine Geschichte
außer der eigenen erzählt.«

Inhalt

Vorwort und Danksagungen

Die folgende Geschichte ist beinahe eine Biografie im üblichen Sinn des Wortes. Sie geht nicht ganz so streng chronologisch vor, wie es Biografien normalerweise tun, und sie übergeht gewisse Einzelheiten, über die ein gewissenhafter Biograf zu berichten verpflichtet wäre. Zum Beispiel verbrachte C. S. Lewis viele Sommer damit, sich zusätzliches Geld zu verdienen, indem er als »externer Prüfer« an britischen Schulen und Universitäten arbeitete. Obwohl diese Tätigkeit viele Monate seines Lebens in Anspruch nahm, wird sie auf diesen Seiten nur einmal kurz erwähnt. Ebenso verzichte ich darauf, die vielen Ausflugsfahrten und Wanderungen in England, Wales und Irland nachzuzeichnen, die Lewis während seiner Urlaube unternahm. Von anderen Biografen kann man erfahren, wann er Cambridge besuchte, um sich mit anderen Prüfern zu treffen, und entdecken, welche Orte er und sein Bruder aufsuchten, als sie ihren Urlaub in Wales verbrachten.

Ich habe diese Dinge vernachlässigt, weil meine Hauptaufgabe hier darin besteht, ein geistiges Leben zu beschreiben, die Geschichte einer Vorstellungskraft. Der Keim dieses Buches ist eine Frage: Was für ein Mensch schrieb die Chroniken von Narnia? Wer war dieser Mann, der Narnia erschuf – und in gewissem Sinn selbst dort lebte? Welche Erkenntnis, welche Erfahrung, welche Geschichte brachte einen Jungen aus Ulster, der zu einem Professor für Englische Literatur in Oxford heranwuchs, dazu, sich mit fast fünfzig Jahren dem Schreiben von Kindergeschichten zuzuwenden – und zwar von Kindergeschichten, die zu den populärsten und beliebtesten werden sollten, die je geschrieben wurden? Was dabei zum Vorschein kommt, ist eine eigenartige und (wie ich finde) faszinierende Geschichte: In mancher Hinsicht offenbart sie die Hauptströmungen des intellektuellen Lebens im Europa des zwanzigsten Jahrhunderts, in anderer Hinsicht ist sie die einzigartige Geschichte der seltsamen Erlebnisse eines Mannes. In jedem Fall jedoch folgt diese Geschichte den Pfaden von Lewis' Vorstellungskraft weitaus dichter als den Pfaden seiner Urlaubsausflüge.

Es lohnt sich, jene Nebenwege der Vorstellungskraft zu verfolgen, denn zu seinen Lebzeiten war Lewis ein berühmter und einflussreicher Mann – als Gelehrter, als Schriftsteller und vor allem als streitbarer Kämpfer für den christlichen Glauben. Seit seinem Tod hat sein Ruhm als Autor von Kinderbüchern vermutlich seine anderweitigen Leistungen in den Schatten gestellt – zumindest, wenn man nach den Verkaufszahlen geht –, doch für viele Christen ist er bis heute eine Gestalt von einzigartiger Autorität. Schon vor langer Zeit sind den Autoren von Büchern und Artikeln darüber, »Wie C. S. Lewis über X dachte«, die Themen ausgegangen, sodass sie angefangen haben, Bücher und Artikel darüber zu schreiben, »Wie C. S. Lewis über X gedacht *hätte*, wenn er es noch erlebt hätte«. Für jemanden, dem die Qualität christlichen Nachdenkens über zeitgenössische Kultur am Herzen liegt, ist das eine ziemlich entmutigende Tendenz, aber sie weist darauf hin, dass Lewis – verdientermaßen, wie wir sehen werden – in dem Ruf steht, eine große Bandbreite von Themen, die Christen und ebenso auch einer Menge anderer Leute wichtig sind, klar durchdacht und mit viel Überzeugungskraft über sie geschrieben zu haben. Und so sehr es mich auch entmutigen mag, wenn man sich allzu sehr auf Lewis' Leistungen ausruht, so hält mich das doch nicht davon ab, immer wieder zu meinem Vergnügen und meiner Belehrung gleichermaßen zu seinen Büchern zu greifen; und nur selten hinterlässt eine solche Wiederbegegnung bei mir Enttäuschung.

Natürlich wird Lewis von vielen Leuten auch verachtet, was nicht zuletzt auf seine enorme Statur unter Christen zurückzuführen ist. Ich kenne sogar einen Mann, der sagt, er habe zum großen Teil aufgrund von Lewis' *Pardon, ich bin Christ* seinen Glauben verloren: Nachdem all seine frommen Freunde ihm gesagt hatten, dies sei das letzte Wort darüber, was es mit dem christlichen Glauben auf sich habe, sah er sich, wenn er dieses Buch verabscheute, in der Ehrenschuld, auch das Christentum zu verabscheuen. Und öffentliche Attacken gegen Lewis gibt es bis heute; sie haben sich in den letzten Jahren sogar verstärkt, nachdem zuerst ein Theaterstück und dann ein Film nach dem ersten Narnia-Buch, *Der König von Narnia*, erschienen sind, wodurch jeder, der Lewis sonst vergessen haben mochte, wieder auf ihn aufmerksam wurde. Freilich macht sich niemand die Mühe, eine triviale Gestalt zu attackieren; die Heftigkeit der Proteste (von denen wir einige in diesem Buch noch näher betrachten werden) ist ein Zeugnis für die Kraft – und darum, aus einer gewissen Perspektive – die Gefährlichkeit – der Werke von Lewis. Daran dachte wohl auch Kingsley Amis, der englische Verfasser satirischer Romane, als er sagte, Lewis sei »groß genug, dass es sich lohnt, sich über ihn lustig zu machen«. Dieser Satz wird oft zitiert, wogegen man nur selten hört, dass Amis Lewis auch als jemanden bezeichnete, »vor dem ich hohe Achtung habe« – in der Tat hielt sich Amis zu Beginn seiner Laufbahn als Hochschullehrer am University College im walisischen Swansea bei seinen Vorlesungen über die Literatur der Renaissance an die Notizen, die er sich während Lewis' Vorlesungen in Oxford gemacht hatte.

Doch wenn auch Christen und manche Gegner des Christentums zuerst an Lewis' religiöse Schriften denken, kennen Millionen von Lesern ihn doch nur als den Schöpfer Narnias – und viele von diesen haben keine Ahnung, dass er Christ war oder dass in den Geschichten christliche Themen dargestellt werden. Eine solche Leserin ist J. K. Rowling, die Verfasserin der Harry-Potter-Bücher, die in einem Interview einmal sagte: »Ich habe [die Narnia-Bücher] als Kind heiß geliebt. Sie haben mich so mitgerissen, dass ich C. S. Lewis nicht besonders moralisierend fand.« Dann fügte sie hinzu: »Wenn ich sie heute lese, finde ich, dass seine unterschwellige Botschaft überhaupt nicht sehr unterschwellig ist« – und dennoch bekommen viele Leute, Kinder wie Erwachsene, nichts von dieser Botschaft mit oder lassen sich nicht einmal träumen, dass die Bücher eine Botschaft *haben*: Ebenso wie die junge Joanne Rowling sind sie von den Erzählungen einfach »mitgerissen«. Ebenso erinnert sich Neil Gaiman, ein begabter Autor hoch gelobter (wenn auch etwas verstörender) Fantasy-Erzählungen für Jugendliche und junge Erwachsene, wie er als Kind die Narnia-Bücher las und sich »persönlich beleidigt« fühlte, als er mitten in *Die Reise auf der Morgenröte* entdeckte, dass ihr Verfasser »Hintergedanken« hatte. Doch er fügt hinzu: »Natürlich las ich andere Bücher, aber im Herzen wusste ich, dass ich sie nur deshalb las, weil es nun einmal nicht unendlich viele Narnia-Bücher zu lesen gab.« Und weiter: »C. S. Lewis war der Erste, der in mir den Wunsch weckte, Schriftsteller zu sein. ... Lewis' Genie, glaube ich, bestand vielleicht darin, dass er eine Welt schuf, die für mich wirklicher war als die, in der ich lebte; und wenn Schriftsteller so etwas wie die Geschichten von Narnia schreiben durften, dann wollte ich ein Schriftsteller sein.«

Für viele Christen dagegen sind die Bücher fast so etwas wie Handbücher der religiösen Glaubenspraxis: Zu einem christlichen Freund sagte ich einmal, ich fände die Harry-Potter-Bücher besser als die Narnia-Bücher, nur um darauf die Antwort zu erhalten: »Vielleicht – aber prägt Harry Potter Kinder nach dem Charakter Christi?« Wenn Bücher so unterschiedliche Arten von Lesern so stark ansprechen können, dann müssen es wirklich außergewöhnliche Bücher sein, und es deutet nichts darauf hin, dass ihre Faszination abgenommen hätte. Jeder, der solche Bücher schreiben kann, ist jemand, über dessen Leben es sich etwas zu erfahren lohnt.

Mein erster Dank gebührt Mickey Maudlin, meinem Lektor bei Harper San Francisco, der mir auseinandersetzte, warum es sinnvoll ist, dass ich dieses Buch schreibe. Die Aufgabe war mit viel Freude verbunden, aber ich bin nicht sicher, ob ich so klug gewesen wäre, sie auf mich zu nehmen, wäre Mickey mit seiner gedanklichen Klarheit und seiner unnachgiebigen Zielstrebigkeit nicht gewesen. Danke auch den anderen Leuten bei Harper, die viel Arbeit in dieses Buch gesteckt haben: Cindy DiTiberio, Claudia Boutote, Laina Adler, Terri Leonard und besonders Cindy Buck, die mit Bravour die Korrektur des Manuskriptes besorgt hat.

Einigen Freunden, die mir während der Abfassung dieses Buches auf verschiedene Weise zur Seite standen, bin ich sehr dankbar. John Wilson hat mich in der Anfangsphase des Projektes sehr unterstützt und ermutigt, als ich es am meisten nötig hatte. Jay Wood hat meine Neigung, in sein Büro zu schlendern und Gespräche über Lewis anzufangen, mit bemerkenswerter Geduld ertragen; die Unterhaltungen mit ihm haben mir durch einige zähe Stellen im Text hindurchgeholfen. Matt Vinson las Entwürfe der ersten Kapitel und steuerte wertvolle kritische Anmerkungen bei. Jessica Dwelle las eine späte Version des Manuskriptes und gab mir zu einem Zeitpunkt, der für mich perfekt, für sie aber ungelegen war, eine intelligente und nützliche Rückmeldung. Meine Agentin Christy Fletcher ermöglichte es mir, mich auf das Schreiben dieses Buches zu konzentrieren, und half mir an dem einen oder anderen kritischen Punkt, bei Verstand zu bleiben.

Meine Frau Teri und mein Sohn Wesley haben mir wie immer das Leben hell und licht gemacht, mir Freude geschenkt, mich in harten Zeiten gestützt und es manchmal sogar geschafft, mich davon zu überzeugen, dass ich ein kompetenter Autor bin, der weiß, was er tut. Auf jeden Fall haben sie daran nicht so oft gezweifelt wie ich. Aber Teri hat noch mehr getan: Sie hat mit großer Sorgfalt das Manuskript gelesen und mich mit Einsichten, Anmerkungen, Herausforderungen, Korrekturen, Ermutigungen, reichlich heißem Kaffee und (vor allem) mit beständiger Liebe unterstützt. Klischees werden nicht ohne Grund zu Klischees, und deshalb zögere ich nicht zu sagen: Ich weiß nicht, was ich ohne sie täte.

Beim Schreiben dieses Buches war es ein Segen für mich, ein Büro zu haben, dass nur einen kurzen Spaziergang weit von der weltweit besten Sammlung von Forschungsmaterialien zu Lewis entfernt liegt, dem Marion Wade Center am Wheaton College. Chris Mitchell, Marjorie Mead und Heidi Truty waren mit unverbrüchlicher Hilfsbereitschaft jederzeit zur Stelle und haben gnädig darüber hinweggesehen – jedenfalls in meiner Gegenwart, und nur darauf kommt es an – dass sie mehr über Lewis wissen, als ich je lernen werde. Erwähnen muss ich auch, dass jeder Autor, der über Lewis schreibt – ja, jeder Lewis-*Leser* – tief in der

Schuld von Walter Hooper steht, der als literarischer Nachlassverwalter die letzten vierzig Jahre damit verbrachte, die vielfältigen Schriften von Lewis an die Öffentlichkeit zu bringen.

Zuletzt ein Wort an alle Lewis-Freunde oder -Forscher, die dieses Buch lesen und Anstoß an der einen oder anderen Behauptung, Darstellung oder Argumentation nehmen, die ich auf diesen Seiten aufgestellt habe. Wie Beatrice über Benedick sagt – »Ich kenne dich von alters her« – so gut, dass ich mir vor einigen Jahren das feierliche Versprechen gab, nie wieder ein Wort über Lewis zu schreiben, damit ich nie wieder euren Zorn zu spüren bekomme. Dieses Versprechen habe ich unübersehbar und aufs Spektakulärste gebrochen, und mit den Folgen werde ich wohl leben müssen. Aber bevor ihr mir eure züchtigenden Worte schreibt oder faxt oder mailt oder am Telefon zusprecht, hört mich bitte an: Es tut mir leid. Ja, ich tue Buße in Sack und Asche. Ich beuge mich eurer Weisheit und eurem Wissen, und ich verspreche, dass ich solche Fehler nicht wieder machen werde. Und wisst ihr, warum? Weil ich nie, niemals wieder ein Wort über C. S. Lewis schreiben werde.

Einführung

Im März 1949 lud C. S. Lewis einen Freund namens Roger Lancelyn Green zum Essen ins Magdalen College an der Universität Oxford ein, wo Lewis Tutor war. Green war zwar nicht Lewis' Student gewesen, hatte jedoch ein Jahrzehnt zuvor viele seiner Vorlesungen besucht, und im Lauf der Jahre hatte sich eine Freundschaft zwischen ihnen entwickelt. Für Lewis war eine solche Einladung nichts Ungewöhnliches – er hatte viele Freunde, deren Gesellschaft er gern und oft genoss – aber gerade zu dieser Zeit muss es besonders erfrischend für ihn gewesen sein, sich einen Abend mit Essen, Wein und Gespräch zu gönnen, denn in seinem Leben sah es sehr trübselig aus.

Er lebte zusammen mit seinem Bruder und einer alten Dame namens Mrs Moore, die er oft als seine Mutter bezeichnete – obwohl sie, wie wir sehen werden, nicht seine Mutter war – und beide waren gesundheitlich angeschlagen und auf seine Fürsorge angewiesen. Erst wenige Tage vor seinem Essen mit Green hatte er einer amerikanischen Freundin geschrieben, er sei »an eine Invalide gefesselt«, denn eine solche war Mrs Moore, die mit ihrer Arthritis und ihren Krampfadern nicht mehr aus dem Bett aufstehen konnte, inzwischen geworden. Mrs Moore ihrerseits verkündete, Lewis sei »so gut wie ein zusätzliches Dienstmädchen im Haus«, und in der Tat *benutzte* sie ihn als Dienstmädchen, was seinen Bruder regelmäßig mit Abscheu erfüllte. Außerdem scheint sie in ihren letzten Lebensjahren zwanghaft und streitsüchtig geworden zu sein; ständig machte sie sich Sorgen um ihren Hund und lag mit dem Hauspersonal über Kreuz. Lewis hatte zwar zwei Bedienstete gefunden, die im Haushalt und bei der Krankenpflege halfen, wenn er im Magdalen College sein musste, wo er ein zermürbendes Pensum an Vorlesungen, Tutorien und Korrespondenz zu bewältigen hatte, doch für einige Zeit wurde eines der Mädchen labil (sie musste sich irgendeiner psychiatrischen Behandlung unterziehen), sodass er gelegentlich nach Hause zurückkehren musste, um Konflikte beizulegen, die zwischen den Hausbediensteten untereinander und mit Mrs Moore entstanden waren.

1947 war er vom Marquis von Salisbury gebeten worden, gemeinsam mit den Erzbischöfen von Canterbury und York an Konferenzen über die Zukunft der Anglikanischen Kirche (der Lewis angehörte) teilzunehmen, hatte dies jedoch ablehnen müssen: »Meine Mutter ist alt und gebrechlich … und ich weiß nie, wann ich, und sei es nur für einen Tag, meinen Pflichten als Krankenpfleger und Hausbediensteter entrinnen kann. (Es gibt in meinem Haus sowohl körperliche als auch psychische Nöte.)« In den zwei Jahren seither hatten sich diese Belastungen eher noch verstärkt, und in manchen von Lewis' Schriften finden sich dunkle Andeutungen, dass dieses Leiden seinen christlichen Glauben bis ins Mark erschütterte. Obwohl er erst kurz zuvor noch von den Freuden des Himmels geschrieben hatte, sah er sich im selben Jahr, in dem er den Brief des Marquis enthielt, verzehrt vom »Grauen vor dem Nichtsein, der Auslöschung« – also vor der Feststellung, dass der Gott, dem er vertraut hatte, doch kein ewiges Leben zu bieten hatte.*

Wie man aus Lord Salisburys Einladung erraten könnte, war Lewis ein berühmter Mann, in Amerika ebenso wie in Großbritannien (nur wenige Monate nach dem Erhalt des Briefes prangte sein Bild auf dem Titelblatt des Magazins *Time*), und täglich fegte ein Schneesturm von Briefen über ihn hinweg. Lewis, der entschlossen war, jeden Brief zu beantworten, wurde dabei normalerweise von seinem Bruder Warnie unterstützt, der die Briefe nach Diktat oder Entwurf tippte und die Akten in Ordnung hielt, doch Anfang März 1949 lag Warnie im Oxforder Acland Hospital, nachdem er sich bis zur Bewusstlosigkeit betrunken hat-

---

* Hier ist die Bemerkung im Kontext: »Und es ist und bleibt wahr, dass ich beinahe mein Leben lang völlig unfähig war, jenes Grauen vor dem Nichtsein, vor der Auslöschung zu verspüren, das Dr. Johnson so stark empfand. Erst 1947 fühlte ich es zum ersten Mal. Aber das war lange, nachdem ich zum Glauben zurückgekehrt war und so zu erkennen begonnen hatte, was das Leben wirklich ist und was mir entgangen wäre, wenn ich es verpasst hätte.«

te. (Derartig selbstmörderische Trinkgelage kamen bei ihm für den Rest seines Lebens immer wieder vor.) Als Warnie am 3. März entlassen wurde, war er noch nicht wieder so weit bei Kräften, um ganz selbstständig für sich zu sorgen, sodass sein Bruder sich um ihn ebenso kümmern musste wie um Mrs Moore und Bruce, den betagten Hund, um dessen Wohlergehen Mrs Moore so ängstlich besorgt war. Eine Zeitlang nahm sich Lewis allein der Korrespondenz an, neben seiner Arbeit am Magdalen College. Warnie notierte in seinem Tagebuch: »Seine Freundlichkeit ist unvermindert«, doch die Kräfte seines Bruders ließen nach. Anfang April schrieb Lewis an einen Freund, der ihn getadelt hatte, weil er nicht prompt auf einen Brief geantwortet hatte: »Hundekot und menschliches Erbrochenes haben heute meinen Tag ausgefüllt: einer dieser Tage, wo man um elf Uhr vormittags das Gefühl hat, es müsste schon drei Uhr nachmittags sein.« Zwei Monate später brach er zu Hause zusammen und musste ins Krankenhaus gebracht werden. Die Diagnose lautete auf Halsentzündung, doch dahinter steckte schlicht und einfach Erschöpfung, und sein Arzt machte sich Sorgen über die Belastung für sein Herz.

Obwohl dieser Zusammenbruch noch bevorstand, sah in groben Umrissen so die Welt von C. S. Lewis aus, als er seinen Freund Roger Lancelyn Green an der hohen Tafel im Magdalen College zum Essen und später in seinen Räumen zu Gast hatte. Green dürfte wohl kaum eine Ahnung gehabt haben, wie schlecht es seinem Freund ging, und er konnte nicht voraussehen, das Lewis bald im Krankenhaus liegen würde. An jenem Abend war Lewis ein charmanter Gastgeber, und (so notierte Green in seinem Tagebuch) sie unterhielten sich »prächtig bis Mitternacht: Er las mir zwei Kapitel aus einem Kinderbuch vor, an dem er schreibt – wirklich sehr gut, wenn auch ein bisschen unsicher.« Aus diesem Buch sollte später *Der König von Narnia* werden, die erste Geschichte über eine Welt namens Narnia.

Viele Jahre später fügte Green in der Lewis-Biografie, die er zusammen mit Walter Hooper schrieb, einen kurzen Kommentar zu diesem Tagebucheintrag hinzu (in dem er von sich selbst in der dritten Person spricht): »Dennoch war es ein denkwürdiger Anlass, an den sich der Zuhörer lebhaft erinnerte, ebenso wie an seine ehrfürchtige Überzeugung, einem Buch zu lauschen, das zu den Großen seiner Art gezählt werden konnte.« Es ist schwer, dies nicht als einen Fall von revidierter Erinnerung anzusehen – wie die Erzählung eines alten Baseball-Talentsuchers, der behauptet, er hätte schon beim ersten Blick auf einen siebzehnjährigen Shortstop gesehen, dass dieser eines Tages in der Hall of Fame landen würde. Wenn Green eine »ehrfürchtige Überzeugung« von der potenziellen Größe des Buches hatte, so hätte diese sicherlich in dem Tagebucheintrag, den er so kurz nach dem »denkwürdigen Anlass« niederschrieb, einen Niederschlag gefunden. Immerhin kann es ja sein, dass die Kapitelentwürfe, die Lewis vorlas, tatsächlich nicht mehr als »sehr gut« waren – ist das nicht Lob genug? – und vielleicht litten sie tatsächlich an einer gewissen Unsicherheit. Schließlich vermerken Green und Hooper auf derselben Seite ihrer Biografie, Lewis sei für einige Zeit »stecken geblieben« und habe die Geschichte nicht über die Eröffnungskapitel hinaus weiterführen können. Lewis selbst hatte einige Zeit zuvor in einem Brief geschrieben: »Ich habe selbst versucht [eine Kindergeschichte zu schreiben], doch sie war nach dem einmütigen Urteil meiner Freunde so schlecht, dass ich sie vernichtet habe.« Und Greens späteren Erinnerungen zufolge hatte Lewis die Geschichte bereits an seinem Freund J. R. R. Tolkien ausprobiert und von diesem eine unmissverständlich negative Reaktion erhalten. Es könnte sogar sein, dass Green gegenüber seinem geliebten Mentor und Freund zu großzügig war: Vielleicht war die Geschichte, die er an jenem Abend vorlas, überhaupt nicht gut – noch nicht.

Doch eigentlich tut es nichts zur Sache, ob das, was Lewis Green vorlas, etwas taugte: Bemerkenswert an der Szene ist, dass Lewis sich inmitten all seines Elends ausgerechnet dem Schreiben einer *Kindergeschichte* zuwandte. Ich habe gesagt, dass er bereits berühmt war, doch sein Ruhm war vor allem der eines Debattierers – eines polemischen Streiters für das Christentum. Das war zumindest die Stoßrichtung der Titelreportage in *Time*, die sich vor allem auf Lewis' seinerzeit kurz vor der Veröffentlichung stehendes Buch konzentrierte, indem er für die Berechtigung des Glaubens an Wunder argumentierte. Zugleich hatte er als Gelehrter Großes vollbracht, vielleicht schon damals (mit Mitte vierzig) mehr als jeder andere an der Englischen Fakultät Oxfords. Auch fiktive Werke hatte er geschrieben, wenn auch solche von hochintellektuellem Charakter; als Junggeselle ohne eigene Kinder hatte er nur relativ wenige Freunde, deren Kinder er kannte. Auf den ersten Blick hätte man ihn sicher nicht für jemanden gehalten, dem zuzutrauen war, ein Kinderbuch zu schreiben.

Darüber hinaus war er nie ein großer Liebhaber von Kinderbüchern gewesen – noch im Jahr vor seinem Tod konnte er einem Korrespondenten sagen: »Meine Kenntnis der Kinderliteratur ist im Grunde sehr begrenzt. ... Meine eigene Bandbreite erschöpft sich so etwa mit MacDonald, Tolkien, E. Nesbit und Kenneth Grahame« – wobei er *Der Wind in den Weiden* oder Nesbits Geschichten über die Familie Bastable erst in seinen Zwanzigern las. Doch die Liebe zu den Kinderbüchern, die er kannte, ließ er nie hinter sich. Nachdem er einmal *Der Wind in den Weiden* entdeckt hatte, war es ihm für immer ans Herz gewachsen, sowohl wegen des schieren Charmes der Geschichte als auch wegen der Figuren, in denen er wunderbar gezeichnete Beispiele für gewisse unverwechselbar englische »Typen« sah. (Einem Freund sagte er einmal, er lese Grahames Meisterwerk immer dann, wenn er mit Grippe im Bett liege.) Am aufschlussreichsten ist vielleicht, dass Lewis, als man ihm 1942 die Gelegenheit bot, Englands Lake District zu besuchen, vor allem deshalb dieser Einladung so gerne folgen wollte, weil er eine »Pilgerfahrt« zu Beatrix Potter zu machen wünschte, der berühmten Autorin der Peter-Hase-Geschichten, die, wenn auch im hohen Alter, dort noch lebte. (Leider starb sie im folgenden Jahr, ohne Besuch von Lewis bekommen zu haben.) »Ihr ist ein Platz unter den Meistern der englischen Prosa sicher«, schrieb er – ein Urteil, das er, wenn auch vielleicht in etwas anderen Worten, auch mit fünf Jahren gefällt hätte und von dem er zweifellos niemals abgewichen ist.

Lewis' Liebe zu Kindergeschichten zeigt sich an den merkwürdigsten

Stellen und auf die bezauberndste Art und Weise. In einem seiner akademisch anspruchsvollsten Bücher, *A Preface to »Paradise Lost«* – und *Paradise Lost* ist ein so nüchternes, ernsthaftes und »erwachsenes« Gedicht, wie man es sich nur vorstellen kann – zitiert Lewis seinen Vorgänger am Magdalen College aus dem achtzehnten Jahrhundert, Joseph Addison: »Die große Moral, die bei Milton herrscht, ist die allgemeingültigste und nützlichste, die sich denken lässt, nämlich dass Gehorsam gegenüber dem Willen Gottes Menschen glücklich macht und dass Ungehorsam sie unglücklich macht.« Lewis führt dann an, dass sein literaturwissenschaftlicher Kollege E. M. W. Tillyard Addisons Bemerkung als »vage« bezeichnet hat, und nach der Entgegnung, Tillyards Aussage »erstaune« ihn, legt er los:

> Dumm, wenn Sie so wollen, oder plattitüdenhaft, oder schroff, oder naiv; aber inwiefern *vage*? Hat sie nicht eher die erschreckende Klarheit und Konkretheit gewisser klassischer Aussprüche, die wir aus den Morgenstunden unseres eigenen Lebens in Erinnerung haben? – »Beug dich vornüber« – »Geh ins Bett« – »Schreib hundert Mal *Ich muss tun, was mir gesagt wird*« – »Sprich nicht mit vollem Mund.« Wie sollen wir uns erklären, dass große moderne Gelehrten übersehen, was doch so verblüffend einfach ist? ... Immerhin ist dies das alltäglichste aller Motive; selbst Peter Hase kam in Schwierigkeiten, weil er partout in Mr McGregors Garten gehen musste.

Das ist ebenso köstlich wie weise: ein Literaturkritiker, der uns innerhalb weniger Sätze von Miltons gewaltiger Darstellung des Sündenfalls der Menschheit in zwölf Büchern voller prächtiger und heroischer Blankverse zu Beatrix Potters weitaus bescheidenerer Schilderung der weitaus bescheideneren Nöte von Peter Hase führen kann, ist wahrlich ein Kritiker von (milde ausgedrückt) beträchtlicher Bandbreite. Und die *Natürlichkeit*, mit der er das bewerkstelligt! – offensichtlich kommt es Lewis gar nicht in den Sinn, dass es einen großen Bruch zwischen der

Welt Miltons und der Beatrix Potters geben könnte, und nachdem er uns den Vergleich erst einmal vor Augen geführt hat, ist er auch für uns leicht zu sehen. Schließlich haben die beiden Geschichten, abgesehen von dem einen Umstand, dass die Entscheidung Adams und Evas katastrophale Folgen für uns alle hatte, während die von Peter nur für ihn selbst (beinahe) fatal war, eine Menge gemeinsam. Aber es muss schon jemand wie Lewis' mit seiner ganz besonderen Prägung kommen, um die ethische Gestalt einer Erzählwelt zu erkennen (und mehr noch, vor der akademischen Öffentlichkeit zu benennen), in der Gehorsam gegenüber gerechter Autorität Glück und Sicherheit bringt, während die Vernachlässigung dieser Autorität in die Gefahr und ins Elend führt. Nur wenige Autoren außer Lewis wären in der Lage, uns jenen Erfahrungsbereich zu erschließen, in dem John Milton und Beatrix Potter als Arbeiter auf demselben Weinberg gesehen werden können – jenen Bereich, in dem eine *moralische* Übereinstimmung plötzlich weitaus wichtiger erscheint als jene ansonsten dramatische Unterschiedlichkeit der Epochen, der Gattungen und der Absichten.

Und Lewis' Begeisterung erstreckte sich nicht nur auf einige wenige Klassiker der Kinderliteratur aus der Vergangenheit. Lewis betätigte sich beinahe als Hebamme für viele Kindergeschichten, einschließlich derer von Green (dessen Buchentwürfe er oft las und kommentierte) und bekanntermaßen derer seines Freundes und Oxforder Kollegen Tolkien. 1932 nutzte Tolkien die Gelegenheit, Lewis eine Geschichte, die er geschrieben hatte, laut vorzulesen. Lewis war begeistert davon und bestand darauf, dass es anderen ebenso gehen würde – also setzte er Tolkien unentwegt zu, er möge sich um eine Veröffentlichung bemühen, was dieser schließlich 1938 auch tat: Die Geschichte hieß *Der kleine Hobbit*. Darum waren diejenigen, die Lewis gut kannten, keineswegs überrascht, als er ihnen die ersten Entwürfe zu *Der König von Narnia* zeigte oder als das Buch Ende 1950 erschien. Freilich wäre es vielleicht schon eine Überraschung für sie gewesen, hätten sie gewusst, dass jene Geschichte und die sechs weiteren, die ihr nach Narnia folgten, ihm mehr Ruhm und Einfluss eintragen würden als all seine anderen Bücher zusammen und seinen Namen in aller Welt bekannt machen würden. Die Chroniken von Narnia sind in über dreißig Sprachen übersetzt und weltweit über fünfundachtzig Millionen Mal verkauft worden. Niemand hätte an jenem Abend im Jahr 1949, als er Green zum Abendessen zu Gast hatte, geahnt, dass *so* die Zukunft der kleinen Kindergeschichte aussehen würde, mit der Lewis sich abmühte – neben all den anderen Dingen, die ihm Mühe machten.

1944, als Lewis bereits anfing, ziemlich berühmt zu sein – wenn auch nicht annähernd so berühmt, wie er später durch Narnia werden sollte – bat ihn der amerikanische Verlag Macmillan um einen kurzen biografischen Abriss, den man in seinen Büchern abdrucken könnte. Macmillan hatte ein Jahr zuvor damit begonnen, seine populäreren Werke zu veröffentlichen, und offensichtlich rechnete man damit, dass die Leser etwas über das Leben dieses bemerkenswerten Schriftstellers in Erfahrung bringen wollten. Lewis seinerseits hatte kein großes Interesse daran, über sich selbst zu schreiben oder zu reden; selbst sein enger Freund Owen Barfield hielt dies für einen seiner bemerkenswertesten Charakterzüge (»es gab so viel anderes in der Literatur und im Leben, was er viel interessanter fand!«). Bat man ihn jedoch um eine solche Darstellung, so kam er dem Wunsch manchmal nach; einige Jahre später schrieb er sogar ein ganzes Buch (*Überrascht von Freude*), um die Neugier der Leser zu befriedigen. Den Leuten bei Macmillan schickte er Folgendes:

> Ich war ein jüngerer Sohn, und wir verloren meine Mutter, als ich ein Kind war. Das führte zu langen Tagen allein, wenn mein Vater bei der Arbeit und mein Bruder im Internat waren. Allein in einem großen Haus voller Bücher. Daher die literarische Neigung, nehme ich an. Ich malte viel, fing aber bald an, mehr zu schreiben. Meine ersten Geschichten handelten meistens von Mäusen (Einfluss von Beatrix Potter), aber meistens von Mäusen in Ritterrüstungen, die riesige Katzen erschlugen (Einfluss der Märchen). Ich schrieb also die Bücher, die ich gerne gelesen hätte, wenn ich sie nur hätte

> kriegen können. Das war schon immer mein Grund zu schreiben. Die Leute schreiben einfach nicht die Bücher, die ich will, also muss ich es selbst machen; nichts von wegen »Ausdruck meiner Persönlichkeit« oder so einem Quatsch. Die Schule verabscheute ich. Es wäre angenehmer gewesen, Infanteriesoldat im letzten Krieg zu sein, wenn man gewusst hätte, dass man überleben würde. Ich wurde verwundet – von einer englischen Granate. (Daher der Gruß einer Tante, die mit sichtlicher Erleichterung sagte: »Ach, *deswegen* bist du am Rücken verwundet worden!«) Mit etwa vierzehn Jahren gab ich das Christentum auf. Kam wieder dazu, als ich auf die Dreißig zuging. Eine fast rein philosophische Bekehrung. Ich *wollte* nicht. Bin kein religiöser Typ. Ich will in Ruhe gelassen werden, das Gefühl haben, dass ich mein eigener Herr bin; doch da die Tatsachen offenbar das Gegenteil besagten, musste ich nachgeben. Meine glücklichsten Stunden verbringe ich mit drei oder vier alten Freunden in alten Klamotten mit gemeinsamem Wandern und Einkehr in kleinen Gasthäusern – oder auch damit, bis in die frühen Morgenstunden bei jemandem in seinen Collegeräumen zu sitzen und bei Bier, Tee und Pfeifen über Unsinn, Dichtung, Theologie, Metaphysik zu reden. Es gibt keinen Klang, den ich lieber mag als das Lachen erwachsener Männer.

Die Satzfragmente, umgangssprachlichen Wendungen und der durchweg ungeschliffene Ton – allesamt untypisch für Lewis' veröffentlichte Schriften – deuten darauf hin, dass er dies ohne lange Bearbeitung hinschrieb, vielleicht ohne auch nur allzu ernsthaft darüber nachzudenken. Zweifellos rechnete Lewis damit, dass die Leute bei Macmillan darin einen unsortierten Haufen Fakten erkennen würden, aus dem sie sich einen formelleren Text konstruieren konnten. (Das taten sie allerdings nicht, sondern sie veröffentlichten diese hingekritzelten Notizen so, wie sie sie bekamen.) Doch gerade die Lässigkeit dieses Absatzes macht ihn interessant: Wir haben hier so etwas vor uns wie das Selbstverständnis, das Lewis spontan in den Sinn kam, die grundlegende erzählerische *Gestalt* seines Erlebens. (Als er später dazu kam, *Überrascht von Freude* zu schreiben – das so etwa die Erweiterung des für Macmillan geschriebenen Absatzes auf das Dreihundertfache ist – gab er dem Buch den Untertitel »Die Gestalt meiner frühen Jahre«.) In diesen Sätzen offenbart sich vieles, was maßgeblich ist für die Geschichte, die ich erzählen möchte.

Klar ist, dass die Grundelemente der frühe Tod seiner Mutter und sein darauf folgendes Alleinsein sind – nicht unbedingt Einsamkeit, sondern eine Art persönlicher und intellektueller Unabhängigkeit, die im Alleinsein Gestalt gewann. Das Letzte, was er will, ist, seine eigene »Persönlichkeit« auszudrücken; er hat kein Interesse daran, sein »Selbst« mit anderen zu teilen. Daher sein Hass auf die Schule, insbesondere die englische Public School mit ihrem Bestreben, Jungen zu einer bestimmten Form von Staatsbürgertum zu sozialisieren, und ihren vielfältigen Reglementierungen; daher sein Gefühl, er müsse, wenn niemand die Bücher schreibt, die er lesen will, diese eben selber schreiben. Man beachte auch seine Sturheit: Er wird nicht anfangen, eine bestimmte Art von Geschichten zu mögen, nur weil solche Geschichten eben heutzutage geschrieben werden – er wird bei seinen eigenen Vorlieben bleiben, selbst wenn ihm das die enorme Mühe abverlangt, selbst Autor zu werden. Einige Jahre zuvor hatte er – ausgerechnet in einer gelehrten Abhandlung über mittelalterliche Allegorie – geschrieben, sein »Ideal vom Glück« bestehe darin, »die italienische epische Dichtung [der Renaissance] zu lesen – mich beständig in der Rekonvaleszenz von einer leichten Erkrankung zu befinden und immerzu an einem Fenster mit Blick aufs Meer zu sitzen und während acht Stunden jedes herrlichen Tages diese Epen zu lesen.« In dieser Vision der Seligkeit kommt das Schreiben nicht vor, denn Schreiben ist Arbeit – und von einem Rekonvaleszenten kann man ja wohl nicht verlangen, dass er arbeitet, oder? (Ich könnte noch hinzufügen, dass in diesem Paradies auch keine *Leute* vorkommen, zumindest nicht während der Lesezeit.)

Und offenkundig ist Lewis ein Mann, dem Freundschaft über fast alles andere geht – schauen Sie sich den Schluss seines kleinen Selbstporträts an –, während jedoch ebenso offenkundig seine Kernüberzeugungen nicht auf Wanderungen über Landstraßen oder beim gemeinsamen Füßewärmen vor dem Kamin geprägt wurden; sondern seine Überzeugungen hat er allein ausgearbeitet, in Häusern voller Bücher. »Ich bin geprägt«, schrieb er später, »von langen Fluren, leeren, sonnendurchfluteten Zimmern, von der Stille in den oberen Räumen, von den Dachbodenzimmern, die ich in Einsamkeit erforschte, von dem fernen Gurgeln der Wasserbehälter und Rohre und dem Geräusch des Windes unter den Dachziegeln. Und ebenso ein Produkt unendlich vieler Bücher.« Als er schildert, wie eine »leichte Erkrankung« ihn zu Hause festhielt, während er eigentlich in der Schule hätte sein müssen, schreibt er mit unübersehbarer Nostalgie: »[Ich zog] mich mit völliger Zufriedenheit zurück in eine tiefere Einsamkeit, als ich sie je gekannt hatte.«

In den »unendlich vielen Büchern«, die seine Einsamkeit bevölkerten, stieß Lewis auf eine Reihe von Interessen (»Unsinn, Dichtung, Theologie, Metaphysik«) die nach langer Pflege und Reifung fast alle ihren Weg in seine schriftstellerische Laufbahn finden sollten. Unter den Büchern von Lewis, die Macmillan allein in den Jahren 1943 und 1944 herausbrachte (obwohl einige davon bereits mehrere Jahre zuvor geschrieben worden waren), befanden sich zwei Science-Fiction-Romane, eine theologische Abhandlung über das Leid, eine Satire in Form von Briefen eines Teufels und zwei kurze Werke, in denen der christliche Glaube erläutert und verteidigt wurde. Sich vorzustellen, dass eine einzige Person so vielfältige Werke hervorbringen kann – zusätzlich zu ernsthaft wissenschaftlichen Werken und noch einer anderen Literaturform, auf die wir bald zu sprechen kommen werden – ist so schwer, dass man verstehen kann, dass Owen Barfield einmal einen Essay über seinen berühmten Freund mit dem Titel »Die fünf C. S. Lewisse« überschrieb.

Und doch ist die wesentliche Aussage in Barfields Essay, das eigentlich Bemerkenswerte an Lewis sei nicht die *Vielfältigkeit* seiner Schriften, sondern ihre *Einheit* – der Eindruck, dass irgendetwas sie alle zusammenbindet. Aber worin genau besteht diese angebliche Einheit? Barfields Versuch, diese Frage zu beantworten, ist ein Herantasten und dennoch höchst faszinierend:

> Ich weiß nicht, ob es irgendjemandem gelungen ist, sie ausfindig zu machen. Manche verweisen auf seinen »Stil«, aber das geht nicht tief genug. »Konsistenz«? Die ist auffällig genug, der einen oder anderen Inkonsistenz zum Trotz. Dann vielleicht seine unbeirrbare »Aufrichtigkeit«? Das kommt der Sache schon viel näher, aber es stellt mich immer noch nicht zufrieden. Viele andere Autoren sind auch aufrichtig – aber das macht sie nicht zu Lewis. Nein. Da war etwas in der ganzen Beschaffenheit und Struktur seines Denkens, etwas, wofür ich kein besseres Etikett finden kann als »Geistesgegenwart«. Wenn man mich bäte, das näher auszuführen, könnte ich nur sagen, dass, wann immer er etwas über irgendein Ding sagte, seine Gedanken über alle anderen Dinge dabei insgeheim gegenwärtig waren.

Ob Barfield nun diese »Geistesgegenwart« zu Recht als *das* einende Element in Lewis' Werken, ja in seinem Charakter identifiziert oder nicht, ein auffälliger Zug ist sie allemal, und sie wird uns im Lauf dieses Buches wiederholt begegnen. Gewisse Lewissche Themen, Ideen, Anliegen und Überzeugungen können in fast allem auftauchen, was er für fast jede Zielgruppe schreibt. Doch selbst wenn wir uns einig sind, dass Lewis durch eine solche unersättliche Aufmerksamkeit besonders, vielleicht gar einzigartig gekennzeichnet ist, so könnte man weiter fragen, was für eine *Art* von Aufmerksamkeit das war – also, was denn konkret in seinem Geist gegenwärtig war.

Und hier möchte ich etwas andeuten, was den Leitgedanken dieses Buches ausmacht: meine Überzeugung, dass Lewis' Denken vor allem gekennzeichnet war von einer *Bereitschaft, sich verzaubern zu lassen*, und dass es diese Offenheit für Verzauberung war, die die verschiedenen Stränge seines Lebens zusammenhielt – seine Freude am Lachen, seine Bereitschaft anzunehmen, dass die Welt von einem guten, liebenden Gott erschaffen ist, und (in mancher Hinsicht das Wichtigste) seine Bereitschaft, sich dem Zauber einer wunderbaren *Geschichte* zu unterwerfen, sei sie geschrieben von einem italienischen Dichter des sechzehnten Jahrhunderts, von Beatrix Potter oder von ihm selbst. Was da »insgeheim gegenwärtig« ist, »wann immer er etwas über irgendein Ding« sagt, ist eine Offenheit für das Entzücken, für das Empfinden, dass die Welt mehr ist, als man auf den ersten befangenen Blick sieht; für die Möglichkeit, dass *alles* einem Menschen passieren könnte, der bereit ist, sich auf dieses »Alles« einzulassen. Wer Augen hat zu sehen und den Mut zu forschen, dem kann selbst ein alter Kleiderschrank voller muffiger Mäntel zum Durchgang in eine andere Welt werden. Das ist eine Lektion, wie sie ein Junge durchaus lernen könnte – selbst wenn er ein sturer, eigensinnige Junge ist – wenn seine Mutter gestorben ist, sein Vater und sein Bruder oft abwesend sind und er seine Tage allein in einem alten Haus voller Bücher damit verbringt, nachzudenken und zu malen und zu schreiben und wieder nachzudenken.

Nachdem alle Narnia-Bücher fertig waren, schrieb er einen kleinen Essay, in dem er erklärt, die Geschichten hatten alle damit begonnen, dass er »Bilder in [seinem] Kopf« sah – oder besser, als er anfing, sich mit Bildern zu beschäftigen, die er schon immer gesehen hatte, denn das »Bild von einem Faun in einem verschneiten Wald, beladen mit einem Schirm und Paketen«, das wir auf den ersten Seiten von *Der König von Narnia* finden, kam Lewis erstmals in den Sinn, als er sechzehn war. Erst als er »etwa vierzig« war, sagte er sich: »Versuchen wir doch mal, eine Geschichte daraus zu machen.« Wie wir gesehen haben, befand er sich in einer besonders schwierigen Phase seines Lebens, als er die erste Narnia-Erzählung schrieb. Doch irgendetwas – eine starke instinktive Reaktion auf die verheißene Verzauberung, würde ich sagen, vielleicht umso stärker gerade wegen der schwierigen Umstände, indem diese Verheißung sich ihm darbot – brachte ihn dazu, mit dem Schreiben anzufangen, obwohl er »kaum eine Ahnung hatte, wie die Geschichte verlaufen würde«. (Erst als der große Löwe Aslan »mit Riesensätzen hineingesprungen« kam, »zog er die ganze Geschichte zusammen, und bald zog er die sechs anderen Narnia-Geschichten hinter sich her«.)

Was Lewis dazu brachte, auf diese Weise zu schreiben, und warum es so ein Segen ist, dass er auf diese Weise schreiben konnte – das sind Dinge, über die sich schwer reden lässt, ohne sentimental zu sein (oder zumindest zu erscheinen), doch es ist nötig, darüber zu reden. Diese Bereitschaft, sich bis zur Selbstvergessenheit entzücken zu lassen, ist etwas, was wir bei den meisten Kindern beobachten können, aber nur bei relativ wenigen Erwachsenen, zumindest in unserer Zeit. Der Zustand der Verzauberung entsteht dadurch, dass man sich frei und rückhaltlos auf eine Geschichte einlässt. Warum aber verlieren wir das Verlangen danach – oder wenn nicht das Verlangen danach, so doch die Fähigkeit dazu – uns auf diese Weise fallen zu lassen? Mit dem Jugendalter kommt die Furcht davor, getäuscht zu werden, die Furcht, dabei erwischt zu werden, dass man an etwas glaubt, woran andere nicht mehr glauben. Naiv zu sein, gutgläubig zu sein – das sind die größten Demütigungen der Jugendzeit. Von dieser Angst scheint Lewis niemals *völlig* erfasst gewesen zu sein, wenn er sie auch bisweilen in seinem Leben durchaus verspürte: »Als ich zehn war, las ich Märchen heimlich und hätte mich geschämt, dabei erwischt zu werden. Jetzt, wo ich fünfzig bin, lese ich sie ganz offen. Als ich ein Mann wurde, tat ich ab, was kindlich war, einschließlich der Furcht vor der Kindlichkeit und des Verlangens, besonders erwachsen zu erscheinen.« Doch selbst in seinem jugendlichen Unglauben war er stets fähig zu einer Art unschuldigem Entzücken. Seine größte und tiefste Zuneigung war immer den Barden vorbehalten, den Geschichtenerzählern – und je unglaublicher die Geschichten waren, desto besser. Wagners gewaltige Landschaften voller mythischer Helden waren es, die ihn packten, ebenso wie die sanftere »Faery«-Welt der englischen Fantasie, von Spenser bis zu Tennyson und William Morris und (vor allem) George MacDonald. Geschichten, in denen »die Hörner aus Elfenland« erklangen, so schrieb er einmal, bildeten »jene Art von Literatur, der ich mich verschwor, sobald ich mir meine Bücher selbst aussuchen konnte«. Von daher war es vielleicht unvermeidlich, dass er ein Fachmann für die Literatur des Mittelalters und der Renaissance werden würde, und nicht überraschend, dass sein erstes Erzählwerk eine ausgeklügelte Allegorie nach dem Vorbild von Bunyans *Pilgerreise* war (jener verlockend überzuckerten geistlichen Medizin für unzählige Generationen englischer Kinder) und dass er Werke der Fantasy und später der Science Fiction verschlang – der Gattung, zu der seine ersten Romane gehören würden. Wahrscheinlich war kaum damit zu rechnen, dass ein so *offener* Geist lange Atheist bleiben würde, obwohl Lewis als Ungläubiger immerhin durchhielt, bis er fast dreißig war.

Man könnte also sagen, dass Lewis in diesem besonderen Sinne kindlich blieb – fähig also, Freude an Geschichten zu haben, die den meisten Kindern Freude machen. Dieser Zug an ihm war für seine engen Freunde deutlich sichtbar, wenn sie ihn auch unterschiedlich beschrieben. Ich glaube, sein Freund Owen Barfield hat diese Kindlichkeit oder irgendein Element davon im Sinn, wenn er von »einer gewissen psychischen oder spirituellen Unreife« spricht, »die in manchen seiner religiösen und philosophischen Schriften spürbar ist«. Ruth Pitter – eine Dichterin, die einige Jahre lang eng mit Lewis befreundet war – äußert sich ähnlich, aber ausführlicher: »Im Grunde war sein ganzes Leben ausgerichtet und motiviert durch einen fast einzigartig beharrlichen kindlichen Sinn für Herrlichkeit und für das Albtraumhafte. Die Ereignisse des Erwachsenenlebens wurden in einem Medium aufgenommen, das immer noch formbar war wie Wachs, weit offen für die Herrlichkeit und ebenso verletzlich, und das verbunden mit der Kraft eines Mannes, das alles zu fühlen, und den Fähigkeiten eines großen Gelehrten und Schriftstellers, es auszudrücken und zu interpretieren.« Lewis selbst hätte sicherlich gesagt, wenn wir nicht mehr »weit offen für die Herrlichkeit« sein können – auf die Gefahr der Unreife hin –, dann haben wir nicht nur unsere Kindlichkeit verloren, sondern etwas, das dem Kern unseres Menschseins sehr nahe kommt. Wer sich nie narren lässt, kann auch nie entzückt werden, denn ohne Selbstvergessenheit gibt es kein Entzücken, und das ist ein großer, trauriger Verlust.

Wenn wir heute von der Empfänglichkeit für Geschichten sprechen, stellen wir diese Haltung oft einer vernunftgemäßen Haltung gegenüber – wenn wir etwa davon reden, uns von den Fesseln des rationalen Denkens zu befreien oder dergleichen – doch für Lewis' Denken war keine Überzeugung zentraler als die, dass es überaus und vollkommen rational sei, für die verzaubernde Kraft von Geschichten empfänglich zu sein. Wie wir später noch im Detail sehen werden, glaubte Lewis leidenschaftlich daran, dass es bei der Bildung nicht so sehr darum gehe, Informationen zu vermitteln, als vielmehr darum, »Herzensgewohnheiten« zu kultivieren – sodass »Menschen mit Brust« entstehen, wie er es in seinem Buch *Die Abschaffung des Menschen* ausdrückt, Leute also, die nicht nur so *denken*, wie sie es sollten, sondern auch auf die Herausforderungen und Segnungen, die die Welt ihnen bietet, instinktiv und emotional so *reagieren*, wie sie es sollten. Vor dem Hintergrund dieses Gedankens widmete Lewis *A Preface to »Paradise Lost«* seinem Freund und Schriftstellerkollegen Charles Williams. In seinem Zueignungsbrief erinnert er sich schwärmend an eine Vorlesungsreihe über die Dichtung Miltons, die Williams in Oxford gehalten hatte: »Es besteht eine berechtigte Hoffnung«, schreibt Lewis, »dass unter denen, die dich in Oxford gehört haben, viele verstehen werden, dass die alten Dichter, wenn sie eine Tugend zu ihrem Thema machten, nicht nur lehrten, sondern verehrten, und dass das, was wir als didaktisch auffassen, oft gerade ihre Verzauberung ist.« Lewis ist als Moralist bekannt, aber ich glaube, wir können aus dieser Bemerkung schließen, dass sein Lehren oft ein Nebeneffekt seines Verehrens ist – sodass die moralischen Elemente in seinem Werk sich nicht so leicht von der Verzauberung des Geschichtenerzählens und Geschichtenliebens unterscheiden lassen. Es ist die Verschmelzung des Moralischen und des Fantasievollen – diese Vision der Tugend selbst als etwas Verehrungswürdigem, ja Hinreißendem – die Lewis so unverwechselbar macht.

Merkwürdigerweise gelingt ihm diese Verschmelzung am vollkommensten in seinen Kinderbüchern. »Merkwürdigerweise« deshalb, weil Lewis sich der Grenzen durchaus bewusst war, innerhalb derer man sich bewegen muss, wenn man für Kinder schreibt: »Das Schreiben von Kindergeschichten hat gewiss meine Formulierungsgewohnheiten verändert. So setzte es (a) dem Wortschatz enge Schranken, schloss (b) die erotische Liebe aus, ließ mich (c) sparsam mit reflektierenden und analytischen Passagen sein und führte mich (d) dazu, Kapitel von etwa gleicher Länge zu produzieren, die sich zum lauten Vorlesen eignen.« Jedoch, fügte er hinzu: »All diese Einschränkungen haben mir sehr gut getan – wie das Schreiben in einem strengen Versmaß.« Ich glaube, wir können aus dem Kontext folgern, dass das Schreiben für Kinder ihn dazu zwang, sich auf das Wesentliche zu konzentrieren – auf die Geschichte, ja, aber auch auf seine eigene Erfahrung. Durch das Schreiben dieser Kindererzählungen stieß er auf so etwas wie das Grundgestein seiner eigenen Vorstellungskraft und seiner Überzeugungen.

1954, als Lewis mit dem Schreiben der Narnia-Bücher fertig war (auch wenn *Der letzte Kampf* noch nicht veröffentlicht war), bekam er einen Brief vom Vorstand der amerikanischen Milton-Gesellschaft, der ihn informierte, man wolle ihn für seinen Beitrag zum Studium der Dichtung John Miltons ehren – womit die Gesellschaft vor allem *A Preface to »Paradise Lost«* meinte. In dem Brief wurde er auch gebeten, sich zu seinen veröffentlichten Werken zu äußern. Er gab einen Überblick, in dem er auf das Vorhandensein von Romanen, literaturgeschichtlichen und -kritischen Werken, Dichtung und christlicher Apologetik verwies, und gab zu, dass seine Werke ein »Sammelsurium« ergaben. Dennoch betonte er, es gebe einen »Leitfaden« durch sie alle.

> Der imaginative Mensch in mir ist älter, beständiger am Werk und in diesem Sinne grundlegender als sowohl der religiöse Schriftsteller als auch der Literaturkritiker. Er war es, der mich zu meinen ersten (wenig erfolgreichen) Versuchen veranlasste, ein Dichter zu sein. Er war es, der mich als Reaktion auf die Dichtung anderer zum Kritiker machte; manchmal, um diese Reaktion zu verteidigen, zum kritischen Streiter. Er war es, der mich nach meiner Bekehrung dazu führte, meinen religiösen Glauben in symbolische oder mythopoetische Formen zu fassen, von der *Dienstanweisung* bis zu einer Art theologischer Science Fiction. Und er war es natürlich auch, der mich in den letzten Jahren dazu gebracht hat, die Reihe von Narnia-Geschichten für Kinder zu schreiben; nicht, weil ich mich fragte, was Kinder wollen, und dann versuchte, mich dem an-

zupassen (das war gar nicht nötig), sondern weil das Märchen die Gattung war, die am besten zu dem passte, was ich sagen wollte.

Ich finde, Lewis' Aussage hier ist, wenn auch mit ausgesuchter Höflichkeit vermittelt, doch ganz klar. Er fühlt sich durch den Beifall der Miltonianer geehrt, aber er muss auch zugeben, dass er nicht wirklich zu ihnen gehört – er ist keiner, für den die Gelehrsamkeit ein Selbstzweck oder eine Lebensberufung ist. Er schrieb als »Polemiker« über Milton und versuchte Milton vor Fehldeutungen zu bewahren, nicht, weil es sein Beruf war, sondern weil er Miltons Dichtung liebte und sie gegen jene verteidigen wollte, die sie gering schätzten oder attackierten. Sein Impuls zu schreiben entsprang also – selbst in seinen gelehrten literaturkritischen Werken – im Kern aus der warmen, leidenschaftlichen Reaktion eines »imaginativen Menschen« auf die Literatur. Ein zutiefst gelehrtes Buch über John Milton ist seinem Verfasser besonders deshalb wichtig, weil es von etwas anderem zeugt: von der kindlichen Liebe zu den Rhythmen der Verse und der aufregenden Geschichte. Und es scheint, als hätte Narnia ihn eines über ihn selbst gelehrt: dass er sich in den vierzig Jahren seit seiner Kindheit in Belfast gar nicht so sehr verändert hatte. Derselbe Impuls, der *The Allegory of Love*, *Wunder* und *Pardon, ich bin Christ* hervorbrachte, brachte auch die Narnia-Chroniken hervor, aber erst Narnia *offenbarte* ihm diese Wahrheit. Aslan hat Geschenke für jeden, und vielleicht war das sein Geschenk an Lewis: ein gesichertes und sehr wichtiges Stück Selbsterkenntnis.

Lewis' Vorstellungskraft war offenkundig von transformierender Art: Er nahm die Leute, die er kannte und liebte, die großen Ereignisse, die er erlebt hatte, die Bücher, die er las, und rührte sie alle zusammen in die große, komplexe, vielfältige Welt Narnias hinein. (Wie A. N. Wilson scharfsinnig schreibt, ist »das ganze Thema« der Narnia-Bücher »die gegenseitige Durchdringung der Welten, und [Lewis] packte ein wahres Sammelsurium von Elementen in sie hinein.«) Oder vielleicht könnte man es besser so ausdrücken: Lewis konnte Narnia erschaffen, weil die wesentlichen Züge Narnias in seinem Geist bereits vorhanden waren, lange bevor er das erste Wort der Chroniken schrieb. Seine Lektüre und seine anderen Erlebnisse hatten ihn so geformt. Er war ein Narniane, lange bevor er wusste, welchen Namen er jenem Land geben sollte; es war seine wahre Heimat, das Land seiner Geburt, in das er eines Tages zurückzukehren hoffte.

Im finstersten Moment der ersten Narnia-Geschichte, als Aslans gepeinigter und gedemütigter Leichnam auf dem Steinernen Tisch liegt, schildert uns Lewis, was Susan und Lucy empfinden:

> Ich hoffe, niemand, der dieses Buch liest, war jemals so unglücklich, wie Susan und Lucy es in jener Nacht waren; aber wenn du das schon einmal erlebt hast – wenn du schon einmal die ganze Nacht durchwacht und geweint hast, bis du keine Tränen mehr in dir hattest – dann weißt du, dass am Ende so etwas wie Stille einkehrt. Man fühlt sich, als ob nie wieder irgendetwas geschehen würde.

Es ist klar, dass nur jemand, dessen Elend ihn in diese trostlose »Stille« geführt hatte, diese Sätze schreiben konnte. Lewis hatte solches Elend als Kind kennengelernt; als Mann in seinen mittleren Jahren erfuhr er es wieder. Doch gerade unmittelbar aus diesem Elend heraus kam eine Geschichte für Kinder – anfangs eine stümperhafte Geschichte, flach und uninspiriert, aber doch eine, die Lewis nicht ignorieren konnte. Wie er schrieb, nachdem alle Narnia-Geschichten fertig waren, hörte er erst auf zu stümpern, als der große Löwe Aslan »mit Riesensätzen hineingesprungen kam« und die Geschichte sich auf ihrer richtigen Bahn zu bewegen begann: Er zog »die ganze Geschichte um sich zusammen, und bald zog er auch noch die anderen sechs Narnia-Geschichten hinter sich her.« Und nach Narnia hinein zog er auch Lewis und dann uns.

EINS

»Glücklich, doch für solch Glück zu schlecht geschützt«

Als Clive Staples Lewis vier Jahre alt war, 1902 oder 1903, eröffnet er ganz plötzlich seiner Mutter, seinem Vater und seinem älteren Bruder, von diesem Tag an werde er nicht mehr Clive heißen, sondern »Jacksie«. Auf einen anderen Namen wollte er nicht mehr hören. Mit der Zeit ließ er sich auch auf leichte Abwandlungen ein – aus Jacksie wurde Jacks und dann schließlich Jack – aber Clive wollte er nie wieder sein. Außer gegenüber Lehrern und anderen, zu denen er eine rein formelle Beziehung hatte, blieb er bis zum Ende seiner Tage sechzig Jahre später Jack.

Solche Keckheit weist auf eine frühreife Selbstsicherheit hin, und diese Vermutung ist sicherlich richtig: Schon wenige Jahre später kam Jack zu seinem Vater ins Arbeitszimmer und verkündete: »Ich habe ein Vorurteil gegen die Franzosen.« Als sein Vater ihn fragte, warum, antwortete er: »Wenn ich wüsste, *warum*, wäre es ja kein Vorurteil.« Also Selbstsicherheit, ja, aber auch die Sicherheit, geliebt zu sein – das Rechnen mit Duldsamkeit, Zuneigung und auch Nachsicht, das man so oft beim jüngsten Kind in einer Familie findet.

Und glücklich war die Familie Lewis, geht man nach jenem Modell häuslichen Glücks, das die Viktorianer verehrten und fast bis zur Vollkommenheit führten: das Familienoberhaupt, sein Engel im Haus und die Kinder (in diesem Fall Söhne), die Papy mit Achtung und Mamy mit inniger Liebe begegneten. Als Jack sechs war, waren sie aus einer Doppelhaushälfte in Dundela, einem der inneren Vororte von Belfast, Irland – *Nord*irland sollte es erst einige Jahrzehnte später geben –, umgezogen in ein verwinkeltes, großes, neues Ziegelsteinhaus im angeseheneren

Strandtown und hatten es mit Büchern gefüllt. Sie gaben ihm den Namen Leeborough, oder geläufiger Little Lea. Zum Haus gehörte ein Garten, und die Bediensteten waren nett. Einmal machte die Familie Urlaub in Frankreich. Es war eine Idylle – doch als Jack ein halbes Jahrhundert später in seinem Buch *Überrascht von Freude* seine Kindheit schilderte, stellte er dem ersten Kapitel ein Zitat aus Miltons *Paradise Lost* voran, eine düstere Aussage Satans, der über die Bewohner Edens sinniert, in das er hineinspäht: »Glücklich, doch für solch Glück zu schlecht geschützt.«*

Lewis' Mutter hieß Florence Hamilton; genannt wurde sie Flora. Sie wurde 1862 in der Grafschaft Cork als Tochter eines anglikanischen Priesters geboren, der während eines großen Teils ihrer Kindheit eine Gemeinde in Rom leitete. 1874 kehrte er nach Irland zurück und wurde Pfarrer der St. Mark's Church in Dundela. Der Reverend Thomas Hamilton war bisweilen so tief bewegt von Glauben und Lehre des Christentums, dass er während seiner eigenen Predigten Tränen vergoss. Wie so viele Anglikaner aus Ulster verabscheute er die Katholiken und hielt sie nicht nur für unchristlich, sondern für geradezu satanisch, doch war er nicht durch und durch reaktionär. Für seine Zeit und seine Umgebung war er ein ungewöhnlich entschiedener Befürworter der Bildung für Frauen: Als die brandneue Royal University of Ireland (gegründet 1878, heute Queen's University genannt) ankündigte, von Anfang an auch Frauen als Studierende aufzunehmen und ihnen dieselben Rechte und Privilegien zuzuerkennen wie den Männern – was damals in Oxford oder Cambridge undenkbar gewesen wäre – schickte er

---

* Ah! Schönes Paar, ihr ahnet nicht wie nahe
schon euch der Wechsel rückt, wenn all die Freuden
verschwinden und ihr dem Jammer seid anheim;
mehr Jammer, je mehr nun ihr Freude schmeckt;
glücklich, doch für solch Glück zu schlecht geschützt,
um lang zu dauern, und euer Himmelssitz
zu schlecht umzäunt, um solchem Feind zu wehren,
wie er nun eintritt. (*Paradise Lost,* IV.365 ff.)

seine Tochter Flora dorthin. Sie schlug sich in der Tat sehr gut und schloss 1885 mit einem Grad erster Klasse in Logik und zweiter Klasse in Mathematik ab.

Ein Jahr später bat sie ein junger Mann namens Albert Lewis, ihn zu heiraten; sie lehnte ab. Das scheint ihn jedoch nicht abgeschreckt zu haben, denn 1893 nahm sie seinen neuerlichen Antrag an, wenn auch ohne jeden Entzückensrausch oder (so scheint es) so etwas wie romantische Gefühle. »Ich frage mich, liebe ich dich?«, schrieb sie an Albert, als hätte sie ein logisches Problem zu lösen. »Ich bin mir nicht ganz sicher. Ich weiß, dass ich dich zumindest sehr gern habe und dass ich niemals daran denken würde, jemand anderen zu lieben.« Zumindest in ihren Briefen sollte sie niemals eingestehen, sich in Albert verliebt zu haben, doch im Lauf der Zeit werden diese Briefe erheblich zärtlicher, und sie offenbart ihm mehr und mehr von ihrer Persönlichkeit. Besonders bemerkenswert ist eine witzige Parodie einiger Predigten, die sie gehört hat, eine sorgfältige Exegese jenes für seine Schwierigkeit berüchtigten Textes »Old Mother Hubbard, she went to the cupboard«. Angesichts des außerordentlichen Geschicks als Satiriker und Parodist, das ihr jüngerer Sohn später an den Tag legen würde, fragt man sich, ob eine derartige Begabung erblich sein könnte.

Dieser Albert Lewis war in derselben Grafschaft geboren wie Flora, in der Stadt Cork selbst; er war ein Jahr jünger als sie. Als Albert noch ein Kind war, zog sein Vater – der im Schiffsbau tätig war – zunächst nach Dublin und später nach Belfast. Seine Schulausbildung erhielt Albert hauptsächlich am Lurgan College in der Grafschaft Armagh (einer irischen Imitation der englischen Prep School*), dessen Schulleiter, ein Ulster-Schotte namens W. T. Kirkpatrick, sich später noch als zentrale Gestalt in der Geschichte der Familie Lewis erweisen sollte. Wir werden noch einiges von ihm hören.

Nach seinem Abschluss in Lurgan 1879 trat Albert eine Art Lehrstel-

* Die englische Prep School ist eine private Vorbereitungsschule für die Public School.

le in einer Anwaltsfirma in Dublin an. Fünf Jahre später qualifizierte er sich als Anwalt und zog bald darauf nach Belfast, um seine eigene Kanzlei zu eröffnen. Als Anwalt zeichnete er sich aus. Er war, wie sein jüngerer Sohn später schreiben würde, »sentimental, leidenschaftlich und wortgewaltig«, und während diese Eigenschaften es manchmal schwer machten, mit ihm zusammenzuleben, waren sie ihm im Gerichtssaal von großem Nutzen. »Wehe dem armen Geschworenen, der sich eine eigene Meinung bewahren will«, schrieb Alberts früherer Lehrer Kirkpatrick; »er wird von einem unwiderstehlichen Niagarafall in die Tiefe gerissen werden.« Vielleicht erging es Flora Hamilton ähnlich; jedenfalls war der Mann, den sie 1894 heiratete, im Aufsteigen begriffen und würde schließlich zu einer bedeutenden Gestalt im öffentlichen Leben Belfasts werden. Bei seinem Tod 1929 waren die Nachrufe in den Zeitungen markant, lang und überschwänglich.

In gewissem Sinne wuchsen Albert Lewis und die Familie Lewis gemeinsam mit Belfast. Hundert Jahre zuvor war es noch eine Stadt von wenig mehr als 20 000 Einwohnern gewesen; zum Zeitpunkt der Geburt von Jack Lewis war sie zu einer betriebsamen (wenn auch politisch zerrissenen) Metropole von über 350 000 Einwohnern geworden. Der Schiffsbau war der Schlüssel zu diesem Wachstum gewesen – während Jacks Kindheit waren ein Viertel aller Männer in Belfast auf die eine oder andere Weise in den Werften tätig – und wenn Dublin die politische und kulturelle Hauptstadt Irlands war, so war Belfast ebenso eindeutig seine industrielle und wirtschaftliche Machtzentrale. Es war zu einem Ort geworden, wo neuer Reichtum und neues Bürgertum gleichermaßen gediehen, und die Familie Lewis fand ihren Platz irgendwo zwischen den beiden Gruppen. Sie wurden Teil eines Kreises von Leuten, die Bücher und die Künste liebten, die kulturellen Reichtum und kulturelles Empfinden in diese Stadt des Stahls und der Werften und des mühsam unterdrückten sektiererischen Hasses brachten. Es war ein Kreis, an den sich Jack Lewis stets mit großer Zuneigung und Achtung erinnern sollte; noch nach vielen Jahren in Oxford beharrte er: »Wir Leute von Strandtown und Belmont hatten unter uns so viel Freundlichkeit, Witz,

Schönheit und Geschmack wie jeder andere Kreis derselben Größe, in dem ich mich je bewegt habe.« Er musste nicht erst nach Oxford oder sonst irgendwo nach England kommen, um solche Tugenden zu entdecken.

1895 brachte Flora Lewis Warren zur Welt, und Clive (der zukünftige Jacksie) folgte 1898. Wenngleich die Familie nicht ganz so typisch spätviktorianisch war, wie es schien – Flora war zu sehr eine Intellektuelle, und überdies eine höchst rationale Intellektuelle, um perfekt in die Rolle des Engels im Haus zu passen – erlebten die Kinder sicherlich kaum etwas anderes als Frieden, Harmonie und tiefe Geborgenheit. Irgendwann im Jahr 1907 jedoch begann Flora unter häufigen und immer heftiger werdenden Bauchschmerzen zu leiden; im Februar 1908 unterzog sie sich einer diagnostischen Operation. Wie damals üblich, wurde sie in ihrem eigenen Haus durchgeführt. Die Ärzte fanden Bauchkrebs, und natürlich waren sie machtlos dagegen. Eingeschlossen in ihrem Krankenzimmer bekam sie immer weniger von ihrer Familie zu sehen. Als Erwachsener würde sich Jack an eine Nacht in seiner Kindheit erinnern, in der er »krank war und vor Kopfschmerzen und Zahnweh weinte, und auch deswegen, weil meine Mutter nicht zu mir kam. Das lag daran, dass auch sie krank war.« Am 23. August starb sie.

Jack hatte darum gebetet, sie möge überleben. Die Lewis' waren eine christliche Familie, wenn auch, wie es scheint, auf eine ziemlich fade, anglikanische Art: »Ich lernte das Übliche, wurde zum Beten angehalten, und als die Zeit dafür reif war, wurde ich in die Kirche mitgenommen. Ich nahm selbstverständlich hin, was man mir sagte, aber ich kann mich nicht erinnern, ein besonderes Interesse dafür verspürt zu haben.« Er legt einigen Nachdruck darauf, dass es in seiner Kindheit »religiöse Erfahrungen überhaupt nicht« gab, und macht keine Ausnahme für seine vergeblichen Gebete um Heilung für seine Mutter: »Der Tod meiner Mutter gab den Anlass zu etwas, das mancher (freilich nicht ich) als meine erste religiöse Erfahrung ansehen könnte.« Man könnte annehmen, dass die verzweifelten, aber nicht erhörten Gebete eines Kindes, das Leben seiner Mutter möge verschont bleiben, als eine »religiöse Erfahrung« gelten könnten, wenn auch eine bittere, doch der erwachsene, Christ gewordene Lewis besteht darauf, der Glaube, der ihn zu seinen Gebeten motivierte, sei »in sich zu unreligiös« gewesen, »als dass sein Scheitern ein religiöses Aufbegehren in mir hätte hervorrufen können«. Er nimmt an, »dass ein ›Glaube‹ dieser Art oft in Kindern entsteht und dass sein Scheitern keinerlei religiöse Bedeutung hat«. Was in aller Welt meint er damit?

Hauptsächlich meint er, dass er sich als Kind Gott lediglich als eine Art »Zauberer« vorstellte – ein Wesen, das die Macht hatte, Wunder zu vollbringen, und an das man sich wenden konnte, wenn man ein Wunder nötig hatte. Außerdem war er zu der Überzeugung gekommen, *seine* Aufgabe, wenn er vor diesen Zauberer trat, bestehe darin, »durch schiere Willenskraft in mir den festen Glauben zu erzeugen, dass meine Gebete um ihre Heilung Erfolg haben würden« – das heißt, er stellte sich vor, beim Beten »im Glauben« gehe es darum, sich selbst einzureden, es werde sich erfüllen, worum man bittet. (Nach Floras Tod versuchte er sich sogar einzureden, Gott würde sie wieder ins Leben zurückholen.) Kurz, der junge Jack stellte sich das Gebet als eine Art *Technik* vor – eine Aufgabe, die auf genau die richtige Art gehandhabt werden musste, nach bewährter Vorgehensweise, sonst würde es nicht funktionieren. Hier sehen wir zum ersten Mal ein Motiv, das im Werk des erwachsenen Lewis mächtigen Nachhall finden wird, nämlich den Zusammenhang zwischen Magie und Technik oder Technologie – und der Gegensatz zwischen Magie und Technologie und echter religiöser Erfahrung. Doch zur damaligen Zeit hatte er keinen Begriff von Gott als »Erlöser« oder als »Richter« oder auch nur als einer Person, mit der man sich persönlich austauschen könnte, und daher (so sein Argument) hatte das, was mit ihm geschah, als seine Gebete nicht in Erfüllung gingen, nichts mit Religion im eigentlichen Sinne zu tun. Ebenso, sagt er, wäre auch nichts Religiöses vorgegangen, wäre seine Mutter geheilt oder gar von den Toten auferweckt worden.

Nun, das kann man nachvollziehen. Es stimmt, dass jedes wirklich christliche Gottesverständnis in ihm viel mehr und etwas ganz anderes sieht als einen Zauberer – also als jemanden, dessen Wert in seiner Fähigkeit und Bereitschaft besteht, unsere Wünsche zu erfüllen. Aber man kann sich kaum vorstellen, dass es viele kleine Kinder gibt (besonders solche, deren Mütter im Sterben liegen), die in der Lage wären, ihre Wünsche von ihrer Erkenntnis Gottes als Erlöser und Richter zu trennen. Vielleicht sind Kinder überhaupt nicht imstande, auf diese reifere Weise über Gott zu denken. Wenn dem so ist, dann sagt Lewis im Grunde, dass Kinder keine religiösen Erfahrungen machen. Doch selbst wenn wir diesen Punkt zugestehen, so trifft dennoch zu, dass die Gebete, die der kleine Jack sprach, echter Religiosität so nahe kamen, wie er es vermochte, und dass die Vergeblichkeit jener Gebete Bedeutung für sein späteres Denken über Religion hatte. Dagegen sträubt sich der erwachsene Lewis und beharrt darauf, »dass die Enttäuschung, die ich erlebte, ohne weitere Folgen blieb. Die Sache hatte nicht funktioniert, aber ich war es gewohnt, dass Dinge nicht funktionierten, und verschwendete keinen weiteren Gedanken daran.«

Ich nehme ihn beim Wort, dass er »keinen weiteren Gedanken daran« verschwendete. Doch es erscheint merkwürdig verdreht, dass Lewis sagt, dass sein Experiment mit dem Beten – oder, wenn er lieber so will, mit praktizierter Magie – »ohne weitere Folgen blieb«. Wenn ein Kind in seiner vorgefassten Überzeugung, dass »Dinge« nicht »funktionieren« werden – dass das Universum immer einen Weg finden wird, seinem Willen zu widerstehen und seine Wünsche zu vereiteln – zutiefst *bestätigt* wird, dann nenne ich das eine Folge, genau wie es eine Folge gewesen wäre, wenn diese vorgefasste Überzeugung durch die Heilung oder Auferweckung seiner Mutter widerlegt worden wäre. Und *wäre* Flora geheilt worden – und mehr noch, wäre sie ins Leben zurückgebracht worden – so hätte das doch sicherlich bedeutende Folgen für ihren Sohn und sein Verständnis davon gehabt, was eine »religiöse Erfahrung« ist.

Warum beharrt Lewis so sehr darauf, dass seine Kindergebete für das Leben seiner Mutter nichts wirklich Religiöses hatten? Teilweise muss diese Beharrlichkeit wohl ein Versuch sein, zu unterstreichen, was das

Christentum wirklich ist oder wirklich sein sollte – und auf diesen Punkt können wir erst erheblich später in diesem Buch zurückkommen. Daneben glaube ich aber auch, dass er einen starken Widerstand gegen so etwas wie eine »Freudsche« Deutung seiner geistlichen Geschichte verspürte – und aus Freudscher Sicht sind ja Kindheitserlebnisse meist prägend für das spätere Leben. Lewis hasste die Freudsche Lehre, und außerdem wollte er sich seine eigene Art bewahren, die Geschichte seiner letztendlichen Bekehrung zum Christentum zu erzählen – die Aufgabe, die er sich in *Überrascht von Freude* vorgenommen hat. Der Tod seiner Mutter hatte nach seinem Verständnis nichts mit dieser Bekehrung zu tun. Doch sein Beharren auf der religiösen Bedeutungslosigkeit des Todes von Flora Lewis und seiner unerfüllten Bitten um ihre Genesung hat eine eigenartige Auswirkung auf seine Erzählung: Sie lässt den Verlust seiner Mutter als weniger verheerend für ihn erscheinen, als er wirklich war.

Angesichts dieses Abschnittes in seiner Autobiografie ist es erhellend, einen Blick in *Das Wunder von Narnia* zu werfen – eine Geschichte, die Lewis, ebenso wie alle anderen Narnia-Bücher – zu genau derselben Zeit schrieb, in der er auch an *Überrascht von Freude* arbeitete. Als wir dem Protagonisten, einem Jungen namens Digory Kirke, zum ersten Mal begegnen, weint er gerade und ist so unglücklich, dass ihm ganz egal ist, wer es sieht. Polly – dem Mädchen, das ihn beim Weinen im Garten hinter einem Londoner Reihenhaus erwischt – erklärt er, sie würde in seiner Situation auch weinen.

> »Das würdest du auch … wenn du dein ganzes Leben auf dem Land gelebt hättest, mit einem Pony und einem Bach am Ende des Gartens, und man dich dann in so ein scheußliches Loch wie das hier verfrachten würde. … Und wenn dein Vater weit weg in Indien wäre – und du bei einer Tante wohnen müsstest und einem Onkel, der verrückt ist (wie würde dir das gefallen?) – und zwar deswegen, weil sie sich um deine Mutter kümmern würden – und wenn deine Mutter krank wäre und bald – bald – sterben müsste.« Dann

> verzog er ganz komisch das Gesicht, wie es oft passiert, wenn man versucht, seine Tränen zu unterdrücken.

Vielleicht sollte man nicht zu viel in die Typografie hineininterpretieren, aber mir fällt doch auf, dass im Original in Digorys Rede das Wort »father« klein und das Wort »Mother« groß geschrieben ist – so als wäre »father« nur eine Bezeichnung, »Mother« dagegen ein Eigenname.

Jedenfalls betet Digory nicht um die Heilung seiner Mutter. Den Leuten, die aus unserer Welt in die Narnia-Geschichten hineingeraten, ist kaum anzumerken, ob sie Christen sind. Der Droschkenkutscher in *Das Wunder von Narnia* (der dann als König Frank der erste König von Narnia wird) singt Choräle, aber das scheint eher durch seine ländlich-anglikanische Herkunft bedingt zu sein als durch irgendeine besondere Frömmigkeit. Nur an einigen Stellen in *Der letzte Kampf* finden wir bedeutsame direkte Bezüge auf das Christentum als solches. (Bedeutsame *indirekte* Bezüge stehen freilich auf einem anderen Blatt.) Digory betet also nicht, und bis zu einem bestimmten Punkt in der Geschichte scheint er nicht einmal zu *hoffen*; dass seine Mutter »sterben muss«, nimmt er als gegeben hin.

Dann jedoch, nachdem er in den Wald zwischen den Welten und in das verwüstete Charn gereist und zurückgekehrt ist, hört er seine Tante sagen: »Ich fürchte, es bräuchte schon eine Frucht aus dem Land der ewigen Jugend, um [Digorys Mutter] zu helfen. In *dieser* Welt gibt es nichts, was viel ausrichten könnte.« Und als er das hört, wird Digory plötzlich klar, »dass es wirklich andere Welten gab, wie er jetzt wusste (im Gegensatz zu Tante Letty)« und dass es in einer von ihnen vielleicht *wirklich* eine Frucht geben könnte, die die Kraft hatte, seine Mutter zu heilen. Bemerkenswert ist, was ihm als Nächstes durch den Kopf geht:

> Nun, ihr kennt vielleicht das Gefühl, wenn man anfängt, auf etwas zu hoffen, was man sich verzweifelt wünscht; man kämpft beinahe gegen die Hoffnung an, weil es zu schön wäre, um wahr zu sein; schließlich ist man schon so oft enttäuscht worden. So ging es Digo-

> ry jetzt. Doch die Hoffnung, die in ihm aufkeimte, ließ sich nicht ersticken. Es könnte doch – wirklich, wirklich, es könnte doch wahr sein. Es waren doch schon so viele merkwürdige Dinge passiert. Und er hatte die Zauberringe. Sicher gab es unzählige Welten, in die man durch jeden der Teiche im Wald gelangen konnte. Er konnte sie alle durchstreifen. Und dann – *Mutter wieder gesund.* Alles wieder gut.

Was Digory an dieser Stelle hat und der junge Jack Lewis nicht hatte, ist einfach dies: »Es waren doch schon so viele merkwürdige Dinge passiert.« Ihm ist keine Gewissheit eines mächtigen Eingreifens zuteil geworden, sondern eher eine Ahnung unendlicher Möglichkeiten: »Es könnte doch – wirklich, wirklich, es könnte doch wahr sein.« Und später im Lauf des Buches bekommt er mehr als eine Möglichkeit: Er steht in einem vollkommenen Garten und hält eben jene Frucht in der Hand, die seine Mutter heilen kann, und in der Tasche trägt er den Ring, der ihn zu ihr bringen wird.

Doch er rührt den Ring nicht an, und zwar aus zwei Gründen. Erstens, weil er sich an das Versprechen erinnert, das er Aslan gegeben hat, die Frucht zu ihm zu bringen (und seine Mutter, das weiß er, würde nicht wollen, dass er ein Versprechen bricht). Zweitens legt ihm die Hexe, die ihn zu überreden versucht, die Frucht zu seiner Mutter, statt zu Aslan zu bringen, gleichzeitig auch nahe, seine Freundin Polly zurückzulassen – und als sie das sagt, klingt »plötzlich alles andere, was die Hexe gesagt hatte, in seinen Ohren falsch und hohl«. So kehrt Digory mit der Frucht zu Aslan zurück. Doch er weiß, dass er vor einer »furchtbaren Wahl« stand, und nachdem er sie getroffen hat, ist er sich »zeitweise … nicht einmal sicher, ob er das Richtige getan« hat.

Was ihn jedoch beruhigt, ist eine Erinnerung – eine Erinnerung an sein erstes richtiges Gespräch mit dem großen Löwen Aslan, bei dem er um das Leben seiner Mutter flehte:

> »Aber bitte, bitte – gibst du mir – könntest du mir nicht etwas geben, das Mutter wieder gesund macht?« Bisher hatte er nur auf die

großen Pranken des Löwen mit ihren mächtigen Krallen geschaut; jetzt in seiner Verzweiflung blickte er auf in sein Gesicht. Was er dort sah, überraschte ihn mehr als alles andere in seinem Leben. Denn das goldbraune Antlitz war zu ihm heruntergebeugt, und (Wunder über Wunder) große, glänzende Tränen standen in den Augen des Löwen. Es waren so riesige, funkelnde Tränen, dass er einen Moment lang fast glaubte, dem Löwen müsse es um seine Mutter noch viel mehr leidtun als ihm selbst.

Es ist die Erinnerung an Aslans Tränen, die Digory davon überzeugt, dass er richtig gehandelt hat, als er den Rat der Hexe ausschlug. Aufgrund des großen Mitgefühls des Löwen akzeptiert Digory Aslans Aussage, dass, hätte Digory seiner Mutter jene Frucht gebracht, ein Tag gekommen wäre, »an dem ihr beide zurückgeblickt und gesagt hättet, es wäre besser gewesen, an jener Krankheit zu sterben«. Obwohl Digory auf diese Aussage hin »alle Hoffnung« aufgeben muss, »das Leben seiner Mutter zu retten«, sagt er sich – und er glaubt es wirklich –, »dass der Löwe wusste, was geschehen wäre, und dass es Dinge geben mochte, die noch schrecklicher waren, als durch den Tod einen Menschen zu verlieren, den man liebt«.

Die Wahl, vor der Digory steht, ist im Grunde die zwischen Magie und Glauben. Magie ist Macht; Magie *erzwingt*. Durch die Magie der Frucht und des Ringes könnte Digory seiner Mutter Leben geben. (Und in der Welt Narnias ist die Macht der Magie real: Als Polly mutmaßt, dass Magie nicht wirkt, wenn sie »auf die falsche Art« gebraucht wird, entgegnet ihr Aslan, dass sie doch wirkt – nur vielleicht nicht so, wie derjenige, der sie anwendet, es vermutet. »Alle bekommen, was sie wollen; nur gefällt es ihnen nicht immer.«) Was Aslan Digory nahelegt, ist, dass es, auch wenn wir dies manchmal aus den Augen verlieren, nicht das bloße biologische Leben ist, was wir wollen, sondern eher die Gnade der Liebe, die in *unserer* Erfahrung nur möglich ist, wenn wir auch biologisches Leben haben. Und Digory vertraut Aslan – glaubt an ihn – nicht, weil er tatsächlich verstünde, was Aslan ihm sagt, sondern wegen jener Tränen. Wegen jener Tränen verzichtet Digory auf die zwingende Macht der Magie und entschließt sich aus dem Glauben zu leben – selbst wenn das bedeutet, dass er die Hoffnung auf Heilung für seine Mutter aufgeben muss. (Man könnte sagen, dass diese Entscheidung Digorys erste »religiöse Erfahrung« markiert.) Doch in dem Moment, wo Digory diese Hoffnung aufgibt, gibt Aslan sie ihm zurück: Er schenkt Digory einen neuen Apfel, und jener Apfel heilt seine Mutter. Man ist versucht zu sagen, dass Lewis seiner Figur Digory das gibt, was Gott dem jungen Jack nicht geben wollte. Andererseits sehen wir in dieser Welt immer nur das, was weggenommen wird; welche Wiederherstellung uns und diejenigen, die wir lieben, noch erwartet, können wir noch nicht sehen.

Flora Lewis hatte einen Kalender mit einem Shakespeare-Zitat für jeden Tag. Am Tag ihres Todes standen dort diese Zeilen aus *König Lear*:

> Dulden muss der Mensch
> Sein Scheiden aus der Welt, wie seine Ankunft:
> Reif sein ist alles.

Die Familie bewahrte dieses Kalenderblatt zur Erinnerung an die Frau auf, die Albert als »eine so gute Frau, Gattin und Mutter, wie Gott sie je einem Mann gegeben hat«, bezeichnete. Fünfundfünfzig Jahre später sollte Warren jene ersten sechs Worte – *Men must endure their going hence* – auf dem Grabstein seines Bruders eingravieren lassen.

Ein eigenartiger Zug der Narnia-Bücher ist, dass fast alle Kinder in ihnen auf die eine oder andere Art und aus dem einen oder anderen Grund heimatlos sind. Die Pevensie-Kinder, die in *Der König von Narnia* den Reigen eröffnen und in mehreren weiteren Bänden wiederkehren, haben Eltern, aber es scheint, als wären sie nie bei ihnen: Entweder werden die Kinder aufs Land geschickt, um den Gefahren des Blitzkrieges gegen London zu entrinnen – das Buch spielt während des Zweiten Weltkrieges – oder sie sind auf dem Weg zu ihren verschiedenen Internaten, oder ihre Eltern sind nach Amerika gereist. Eustace Scrubb, dem wir erstmals in *Die Reise auf der »Morgenröte«* begegnen, hat ebenfalls Eltern, aber sie sind – aus Lewis' Sicht der Dinge – so exzentrisch und von der Wirklichkeit abgehoben (»Sie waren Vegetarier, Nichtraucher und Abstinenzler und trugen eine besondere Sorte Unterwäsche«, und sie bestanden darauf, dass Eustace sie mit Vornamen anredete), dass sie den Namen Eltern kaum verdienen. Dementsprechend ist ihr Heim alles andere als heimelig. Über die Eltern von Jill Pole (aus *Der silberne Sessel*) hören wir nie ein Wort, doch da sie ihre Tochter auf dieselbe »progressive« Schule schicken, auf die auch Eustace geht, können wir unsere Schlüsse daraus ziehen. Wie auch immer, schon das bloße Dasein als Schüler einer englischen Public School stellte aus Lewis' Sicht eine Art Heimatlosigkeit dar (wie wir sehen werden). Selbst die bedeutendsten Kinder unter den narnianischen Figuren, Kaspian und Shasta, sind Waisen. Und dann ist da Digory Kirke selbst, der kurz davor ist, zu einem echten Waisenkind zu werden, doch schon, als wir ihm begegnen, ist er durch Entfernung von seinem Vater und durch Krankheit von seiner Mutter abgeschnitten.

Keines dieser Kinder ist also heimatlos im strengen Sinne des Wortes, doch sie alle sind irgendwie ohne festen Halt, teilweise oder völlig entwurzelt. Der Ort, wo sie wohnen, ist niemals wirklich ein Zuhause – jedenfalls kein Zuhause, wie Jack es kannte, bevor seine Mutter starb. »Mit dem Tod meiner Mutter«, schrieb er später, »verschwand alles gefestigte Glück, alles Ruhige und Verlässliche aus meinem Leben.« Er beeilt sich hinzuzufügen, dass sein Leben nicht ohne Glück war – »aber die alte Geborgenheit war dahin«. So vertraut und lieb ihm die Umgebung in Little Lea war, konnte er dort doch nach dem Tod seiner Mutter nie wieder sein, was er gewesen war, da nichts je wieder »gefestigt« und »verlässlich« sein konnte. Einen Monat nach der Operation, bei der der Krebs seiner Mutter entdeckt wurde, notierte der neunjährige Jack in seinem Tagebuch, er habe *Paradise Lost* gelesen und sich »Gedanken darüber« gemacht. Man kann nur spekulieren, was für Gedanken das gewesen sein mögen, aber gewiss gab es in den folgenden Monaten und Jahren noch viel mehr, worüber er sich Gedanken machte. Für den Rest seines Lebens würde er ein starkes Empfinden für flüchtige, unwiederbringliche Segnungen haben – wenn es auch lange dauern sollte, bevor er lernte, auf andere Segnungen zu hoffen, von denen manche vielleicht sogar größer waren als diejenigen, die ihm versagt blieben. Am Ende von Miltons Gedicht sagt der Erzengel Michael zu Adam, obwohl es etwas Herrliches sei, was er verloren habe, werde er letzten Endes etwas noch Herrlicheres erlangen: »ein Paradies in dir, seliger noch«*. Doch als er und Eva ihren vollkommenen Garten verlassen, vorbei an den furchterregenden Wächtern, deren flammende Schwerter ihnen für immer die Rückkehr verwehren werden, da muss es Adam (trotz seiner frommen Beteuerungen des Gegenteils) doch sehr schwer fallen, dem Wort des Engels zu vertrauen.

Bemerkenswert ist, dass Lewis nicht den Verlust von Liebe und Zuneigung, sondern von Stabilität und Verlässlichkeit beklagt. Sein Vater liebte Jack und Warnie, doch als ein Mann, der »sentimental, leidenschaftlich und wortgewaltig« war, war er nicht gut dafür gerüstet, die Ängste seiner Söhne zu beschwichtigen und ihre inneren Nöte zu lindern. Stattdessen scheint er in seinem Kummer ständig jenes wie auch immer geartete emotionale Gleichgewicht aufgewühlt zu haben, das seine Söhne – besonders sein jüngerer Sohn – sich zu bewahren vermochten. (Als ob der Tod seiner Frau noch nicht genug gewesen wäre, war im April auch noch Alberts Vater gestorben, und sein Bruder Josef sollte zwei Wochen nach Flora sterben.) Wie Jack Jahrzehnte später schreiben würde, waren seines Vaters »Nerven nie die besten und seine Emotionen immer unbeherrscht gewesen. Unter dem Druck der Angst wurde sein Temperament unberechenbar; er redete wild und handelte ungerecht.« A. N. Wilson bezeichnet diese Schilderung in seiner Lewis-

---

* Vom Ende des letzten Buches des Gedichtes:

> Hinzu nur
> füge Taten zur Erkenntnis, und den Glauben;
> und Tugend, Maß und Duldsamkeit, und Liebe,
> erwirb den Namen Nächstenliebe, die Seele
> alles andern: dann wird es dir nicht schwer,
> dies Paradies zu lassen – du besitzt
> ein Paradies in dir, seliger noch.

Biografie als »unbarmherzig«, doch es ist schwer nachzuvollziehen, wie man dieses Urteil fällen kann, ohne zu wissen, was für wilde Dinge Albert sagte oder welche ungerechten Handlungen er vollführte. (Warnie stimmte mit Jacks Sicht der allgemeinen Charaktermängel ihres Vaters völlig überein – besonders im Blick auf seine »erstickende Tendenz, das Leben und besonders die Konversation in der Familie zu dominieren« – und solche Unzulänglichkeiten dürften durch die Trauer wohl kaum gemildert worden sein.) Jedenfalls fährt Lewis unmittelbar nach der von Wilson beklagten Passage fort und bezeichnet das, was sein Vater in jenen Tagen nach dem Tod seiner geliebten Frau erleiden musste, als »eine eigentümliche Grausamkeit des Schicksals«. Was immer geschehen sein mag und wer immer daran schuld war, unübersehbar bleibt, dass die Jungen sich, wann immer möglich, vor ihrem Vater in ihre eigene Zweisamkeit flüchteten und dass sie sich, obwohl sie immer noch in ihrem behaglichen Haus wohnten, umgeben von Freunden und Verwandten, immer mehr fühlten wie »zwei verängstigte Straßenjungen, die sich in einer trostlosen Welt aneinanderkauern, um Wärme zu finden«. Der Verlust ihrer Mutter zog (auf andere Weise) den Verlust ihres Vaters nach sich, und der Schaden, den Albert in jenen unglücklichen Tagen unbeabsichtigt seiner Beziehung zu seinen Kindern zufügte, blieb viele Jahre lang ungeheilt – falls er überhaupt je völlig behoben wurde.

Darüber, was danach mit Jack geschah, gibt es unterschiedliche Schilderungen von ihm, und darin sind drei Komponenten enthalten. Die erste habe ich bereits in der Einleitung erwähnt: Er entdeckte die Einsamkeit. Und jetzt können wir vielleicht auch besser verstehen, warum Jack sie so hoch schätzte: Wenn sein Vater sich zur Tür hinaus auf den Weg in seine Rechtsanwaltskanzlei machte, dann gingen die wilden Reden und die ungerechten Verhaltensweisen mit ihm. Doch Jack entdeckte auch seinen Bruder Warnie – oder besser, er und Warnie gemeinsam begannen in dem Zimmer, das sie »Little End Room« nannten, neue Welten zu entdecken.

1905, kurz nachdem die Familie in Little Lea eingezogen war, trat Warnie als Schüler in der Wynyard School im englischen Hertfordshire an. (Albert Lewis hatte sich mit gründlicher Recherche und viel Energie an die Aufgabe gemacht, die bestmögliche Schulbildung für seinen älteren Sohn ausfindig zu machen; dennoch, so schreiben Roger Lancelyn Green und Walter Hooper, »scheint er von allen Schulen auf den Britischen Inseln die Allerschlechteste ausgewählt zu haben«. Warum sie das sagen, werden wir im nächsten Kapitel sehen.) Das akademische Jahr an den englischen Preparatory Schools, Public Schools und Universitäten gliederte sich damals – wie zum größten Teil auch noch heute – durchweg in drei Abschnitte: von Oktober bis Mitte Dezember, von Ende Januar bis Anfang April und von Anfang Mai bis Anfang Juli. Infolgedessen war Warnie nach seinem Schulantritt nur noch etwa fünf Monate des Jahres mit seinem Bruder zusammen, der in Little Lea blieb und zu Hause von Tutoren unterrichtet wurde. Während jener fünf Monate verbrachten die Brüder außerordentlich viel Zeit in der Dachkammer, die sie für sich erobert und in ein Spielzimmer verwandelt hatten. Dort im Little End Room erschuf jeder der beiden eine imaginäre Welt, und dort lernten sie, ihre Welten zu einer einzigen zu verschmelzen.

Diese Unternehmungen hatten schon begonnen, als sie noch in Dundela wohnten, bevor Little Lea gebaut worden war. (Wenn auch die emotionale Labilität ihres Vaters sie enger zusammengeschmiedet haben mag, war sie doch sicherlich nicht die eigentliche Ursache dafür, dass sie viel Zeit miteinander verbrachten. Warnie selbst schrieb ihre Spielgewohnheiten prosaisch, aber wahrscheinlich zutreffend, dem regnerischen Wetter Irlands zu, das die Jungen regelmäßig zwang, sich drinnen zu beschäftigen.) Jack war außerordentlich intelligent, und wie es scheint, behandelte Warnie ihn schon früh als den Ebenbürtigen, der er tatsächlich auch war. Warnie, der vom Empire träumte und vermutlich bereits Kiplings Geschichten gelesen hatte, konstruierte ein imaginäres Indien; seine erste Geschichte, so erinnerte Jack sich später, hieß *Der junge Radscha*. Jack hatte schon früh seine Begeisterung für die Geschichten Beatrix Potters entdeckt, besonders auch für ihre Illustrationen, die, wie er in einem seiner letzten Bücher sagt, »die Freude meiner Kindheit [waren]. … Die Vorstellung vermenschlichter Tiere, faszinierte mich vielleicht noch mehr, als es bei den meisten Kindern der Fall ist.« So erschuf Jack das Tierland, in dem »Tiere in Kleidern«, wie er und Warnie sie nannten, reichlich Raum für allerhand Abenteuer hatten.

Das Eigentümliche – und besonders Bedeutsame für diejenigen, die Narnia verstehen wollen – ist, dass Indien und Tierland schließlich zu einer einzigen Welt namens Boxen verschmolzen. Die Chronologie dieses wichtigen Ereignisses ist nicht ganz klar. In seiner Autobiografie *Überrascht von Freude* schreibt Lewis darüber in einem Kapitel, das sich mit seiner frühen Jugend befasst, doch Boxen wird bereits in Briefen erwähnt, die Jack an Warnie schrieb, als Jack in Little Lea und Warnie in Wynyard waren – also 1906 oder 1907, möglicherweise weniger als ein Jahr nach dem Umzug der Familie, als Jack ungefähr acht war. (»Gegenwärtig ist Boxen *leicht* in Aufruhr. Es ist die Nachricht eingetroffen, dass König Bunny ein Gefangener ist.«) Danach scheint es, als ob die Entscheidung, ihre beiden imaginären Welten zu verbinden, schon recht früh fiel. Wann auch immer es jedoch dazu kam, die Allianz der Brüder weist auf eine frühe Bereitschaft bei Jack hin, sich vorzustellen, dass imaginäre Welten durchlässige Grenzen und veränderliche Konturen und Charaktere besitzen. Bei einem Jungen, der sich vorstellen kann, dass zwei so unterschiedliche Welten wie Tierland und Indien sich zusammenfügen lassen, verwundert es nicht, wenn er zu einem Mann heranwächst, der meint, er könne sprechende Tiere, Faune, Hexen und den Weihnachtsmann in ein und dasselbe Buch packen. Nicht jeder Geschichtenerzähler findet ein solches Vorgehen attraktiv – J. R. R. Tolkien zum Beispiel verabscheute es, wie wir später sehen werden –, doch Jack entwickelte offensichtlich schon in sehr jungem Alter einen Geschmack an solchem Synkretismus, den er nie wieder ablegte. Dieser Geschmack am Synkretismus ist sogar einer seiner wesentlichen Züge, und letzten Endes wurde er für ihn sogar zum theologischen Prinzip.

Man könnte sich noch einen anderen wichtigen Zusammenhang zwischen Boxen und Narnia vorstellen: die sprechenden Tiere selbst. Lewis selbst jedoch hielt diesen Bezug nicht für bedeutsam, da diese beiden Erzählwelten in einem so krassen Gegensatz zueinander standen: »Tierland

[hat] nicht das geringste mit Narnia gemein ..., von den anthropomorphen Tieren einmal abgesehen. Tierland schloss durch seinen ganzen Charakter auch den entferntesten Schimmer des Wunderbaren aus. ... Es war nichts Lyrisches darin, nicht einmal etwas Romantisches. [Es] war geradezu erstaunlich prosaisch.« Die Geschichten von Tierland und später von Boxen haben mehr von Anthony Trollope als von Beatrix Potter: Was sie ausmacht, sind weniger die heroischen Schlachten (die man von der Geschichte eines Kindes durchaus erwarten und dankbar aufnehmen könnte) als ausgerechnet die *Politik* – gerade das Thema, von dem man annehmen sollte, dass ein kleiner Junge im Ulster des frühen zwanzigsten Jahrhunderts ihm gerne aus dem Weg gehen würde. Doch nicht nur, dass Tierland und dann Boxen voll davon waren – in dem im vorigen Absatz zitierten Brief führt die Entführung König Bunnys zu Unruhen, die »der geschickte General Quicksteppe« niederzuschlagen versucht, indem er Pläne zur Befreiung des Königs formuliert – mit vierzehn Jahren hatte Jack sogar bereits einen kompletten politischen Roman geschrieben. Warnie hat eine vernünftige Erklärung dafür: Er erinnert sich daran, dass sein Vater stets darauf bestand, dass die Jungen still dasaßen und dem Gespräch der Erwachsenen zuhörten, wenn Besucher nach Little Lea kamen, und meint, diese Erfahrung habe Jack davon überzeugt, »Erwachsenengespräche und Politik müssten ein und dasselbe sein, und alles, was er schrieb, müsse in einen politischen Rahmen gestellt werden«. (Die Prämisse ist, dass der kleine Jack wollte, dass seine Schriften irgendwie »erwachsen« wären.) Jedoch, so fuhr Warnie fort, »die langfristige Folge war, dass er von Abscheu und Ekel vor der Politik erfüllt war, bevor er seine Jugendjahre hinter sich hatte«. Dass der erwachsene Jack Lewis so unpolitisch oder antipolitisch gewesen sei, wie Warnie behauptet, ist nur in gewissem Sinne richtig, doch sicherlich hilft Warnies Hinweis uns zu verstehen, warum die boxonischen Erzählungen sich im Charakter so grundlegend von den narnianischen unterscheiden.

(Während die Tiere von Boxen in Jacks vielen Zeichnungen die Kleidung des niederen und höheren Adels der viktorianischen Zeit tragen, sind die Tiere Narnias fast nie bekleidet, wenn ich auch annehme, dass der tapfere Mäuserich Riepischiep einen Schwertgurt braucht. In *Prinz Kaspian* wird dem Dachs Trüffeljäger vor der Schlacht eine Rüstung angeboten, »aber er meinte, er sei ein Tier, jawohl, und wenn seine Klauen und Zähne nicht ausreichten, um seine Haut heil zu halten, dann sei sie es nicht wert, heil zu bleiben«. Das ist die rechte Haltung für ein sprechendes Tier aus Narnia, und in Vergessenheit gerät sie nur bei dem abgrundtief bösen Affen Trix, der, um seinen Betrug aufrechtzuerhalten, er sei der Vertreter Aslans selbst, zu dem Schluss kommt, dass er nicht nur eine scharlachrote Jacke braucht, sondern auch »edelsteinbesetzte Pantoffeln, die nicht richtig halten wollten, denn die Hinterpfoten eines Affen sehen, wie ihr wisst, eher wie Hände aus«. Und nachdem er seine Kleidung angelegt hat, dauert es auch nicht mehr lange, bis Trix verkündet, er sei ein Mensch.)

Aber wahrscheinlich gibt es noch einen anderen Grund für den »politischen Roman« des jungen Jack – einen, der eher eine Ergänzung als eine Alternative zu Warnies Erklärung ist. Über die »unendlich vielen Bücher«, mit denen Little Lea gefüllt war, schrieb Jack einmal: »Nichts davon war mir verboten. An den schier endlosen verregneten Nachmittagen holte ich mir einen Band nach dem anderen aus den Regalen«, darunter »für ein Kind geeignete« und andere, »ganz und gar ungeeignete«. Wie die meisten intelligenten Kinder scheint er beinahe nahtlos von Kinderbüchern wie den Erzählungen von Beatrix Potter zu Büchern für Erwachsene übergegangen zu sein. (Weniger alltäglich ist, dass er später seinen Weg zurück zu den Werken der Kinderliteratur fand, den er in seiner Jugend verpasst hatte.) Unter den Erwachsenenbüchern im Haus befanden sich etliche, wenn nicht gar sämtliche der achtundfünfzig Romane von Anthony Trollope, einem der Lieblingsautoren von Albert. Jack spekulierte später, dass Albert vielleicht durch Figuren wie Trollopes ehrgeizigen jungen Iren im britischen Parlament, Phineas Finn, stellvertretend seine eigenen heimlichen politischen Ambitionen befriedigte. Tatsächlich scheint es, als ob in Little Lea eine ausgedehnte Bibliothek mit Belletristik und Journalistik des achtzehnten und neunzehnten Jahrhunderts vorhanden war: Jack las (um nur einiges zu nennen) nicht nur aktuelle Werke von Sir Arthur Conan Doyle, sondern auch die Romane von Sir Walter Scott, eine »üppig illustrierte« Ausgabe von *Gullivers Reisen* und einen Band nach dem anderen des Satiremagazins *Punch* (zu dem Jack Jahre später Gedichte beitrug, wenn auch stets unter einem Pseudonym).

Gewiss gab es auch Abenteuer- und sogar Fantasy-Geschichten im Haus, die entweder bereits im Besitz der Familie waren oder für Warnie und Jack angeschafft wurden: Das Buch von Conan Doyle, das er erwähnt, war *Sir Nigel*, eine typische spätviktorianische Mittelaltergeschichte, und obwohl er die Bastable-Bücher von E. Nesbit erst als Erwachsener entdeckte, las er als Kind immerhin ihr *Five Children and It* – wobei »It« eine Sandfee ist, und zwar eine ziemlich jähzornige – und die beiden Fortsetzungen. Vielleicht hatten seine Eltern die Nesbit-Geschichten auch für sich selbst gekauft, denn wie Gore Vidal vor vielen Jahren anmerkte, schrieb sie eher *über* Kinder als *für* sie. Allerdings scheinen sowohl Albert als auch Flora einen eher prosaischen Geschmack gehabt zu haben:

> Freilich hatten weder er noch meine Mutter auch nur das Geringste für die Art Literatur übrig, der ich mich verschrieb, kaum dass ich mir meine Bücher selbst aussuchen konnte. Keiner von ihnen hatte je auf den Klang der Hörner aus Elfenland gelauscht. Es gab kein Exemplar von Keats oder Shelley im Haus, und was von Coleridge vorhanden war, wurde, soviel ich weiß, niemals aufgeschlagen. Wenn ich also ein Romantiker bin, tragen meine Eltern keine Schuld daran. … Meine Mutter hatte, wie man mir sagte, für Lyrik überhaupt keinen Sinn.

Der Ausdruck »Hörner aus Elfenland« stammt aus einem Gedicht von Tennyson –

> O horch, o lausch! Wie fein und klar,
> Und feiner, klarer, weiter hallend!
> O süß und weit von Klipp' und Fels
> Aus Elfenland die Hörner schallen.

– und er fasst etwas zusammen, was Lewis später sehr kostbar sein würde, etwas, wovon die Narnia-Geschichten, ja ein Großteil seines Lebens, durchdrungen sind. Es ist die unverwechselbar englische Welt, die Faery genannt wird.

Ich wüsste nichts, was schwieriger zu erklären wäre als das Land der Faery. Zuerst einmal ist es ein alternatives Britannien – ein Britannien, in einem Zerrspiegel gesehen, einem Spiegel, durch den man hindurchgehen kann. (Und durch einen Spiegel zu gehen, ist aufregend und gleichzeitig erschreckend.) Ich sage »Britannien«, nicht »England«, denn ein großer Teil der Faery-Mythologie hat seine Wurzeln in einer keltischen Kultur, die der Ankunft der Angelsachsen vorausging und in verschiedenen Varianten am »keltischen Saum« Irlands und Englands (Schottland, Wales, Cornwall) erhalten geblieben ist. Es ist kein Zufall, dass zwei der Leute, die die viktorianische Versessenheit auf die Faery-Welt am einflussreichsten geprägt haben, Schotten waren: Andrew Lang (durch seine Serie von Geschichtensammlungen unter dem Titel »Fairy Books«) und George MacDonald.

Bevor wir uns jedoch anschicken können, zu sagen, was Faery ist, sollten wir lieber zunächst sagen, was es nicht ist. Es hat nichts zu tun mit »Fairies« (Elfen oder Feen) im üblichen Sinne des Wortes – winzigen Geschöpfen mit Schmetterlingsflügeln, wie »Glöckchen« aus Disneys *Peter Pan*. Sie sind nur eine Verfälschung der ursprünglichen Faery-Vorstellung: J. R. R. Tolkien spricht von ihnen in seinem bahnbrechenden Essay »Über Märchen« als von »jener langen Ahnenreihe von Blumenelfen und Fühler tragenden Flattergeistern, die mir selbst als Kind schon ebenso zuwider waren wie später meinen Kindern«. Tolkien rechnet es Lang zur Ehre an, dass er gegen diese Verkindlichung und Miniaturisierung protestiert habe, doch er geißelt Lang dafür, fast jede Geschichte, die nicht vollkommen realistisch sei, als »Fairy Story« klassifiziert zu haben – selbst Gullivers Reise nach Liliput! Weiter wirft er Lang vor, er trage dazu bei, die Märchenwelt als eine Welt für Kinder umzudeuten. Für Tolkien ist sie das ganz entschieden nicht, außer insofern, als Kinder eben auch einfach Leute sind.

Tolkien selbst interessiert sich nicht für »fairies« und auch nicht sehr für die Art von Geschichten, die üblicherweise »fairy tales« genannt werden; aber Faery selbst übt eine leidenschaftliche Faszination auf ihn aus: ein Ort, eine Welt, die sich manchmal mit Britannien überschneidet und doch zutiefst anders ist. Die Kenntnis dieses Ortes reicht in der britischen Geschichte weit zurück. Ähnliches ist auch in anderen Kulturen bekannt, aber die eigentliche Faery verdankt ihren Charakter zu einem großen Teil der Sanftheit der britischen Landschaften – ihrem Grün, sei es das Grün irischer Felder oder alter englischer Wälder, dem Fehlen übergroßer Berge oder dramatischer Wetterereignisse, ihrer zutiefst schlichten Heimeligkeit. Jene Heimeligkeit wird nirgends besser geschildert als in Tolkiens Beschreibungen des Auenlandes. Diese schlichte, sanfte Welt ist es, mit der sich Faery überschneidet – Faery bringt in diese unbedrohliche Szenerie ein Element der *Gefahr* hinein, etwas Wildes und Unberechenbares. Faery ist vor allem ein Anstoß, sich daran zu erinnern, dass die Natur nicht so sanft ist, wie sie in Britannien oft erscheint. Dass die »fairies« in Wörterbüchern oft als »übernatürliche Wesen« definiert werden, ist aus Tolkiens Sicht ein krasser Irrtum:

> »Übernatürlich«, ob im weiteren oder engeren Sinne, ist in jedem Falle ein bedenkliches Wort. Auf die Feen aber lässt es sich kaum anwenden, es sei denn, »über« würde nur als Steigerungspräfix verstanden. Denn übernatürlich (und oft auch von winziger Gestalt) im Vergleich zu den Feen ist der Mensch; wohingegen sie natürlich sind, weit natürlicher als er. Ihr Schicksal will es so.

Für Tolkien sind Feen schlicht die Bewohner von Faery, und als solche sind sie die Natur, verkörpert in menschlichen oder menschenähnlichen Gestalten. Denkt man aber nur fünf Minuten darüber nach, wie die Natur abläuft – ihre Schönheiten Seite an Seite mit Dingen, die in der menschlichen Welt schockierende Grausamkeiten wären –, so sieht man sofort ein, dass wahre Feen wohl kam winzig und harmlos niedlich sein dürften. Faery ist eine Welt, in der die Kräfte der Natur Bewusstsein,

Willen und Handlungskraft bekommen. Darum ist es eine Welt, die gleichermaßen imstande ist, uns zu verzaubern und uns zu vernichten. »Denn das Vertrackte an den echten Elben ist«, schreibt Tolkien, »dass sie nicht immer wie solche aussehen; sie nehmen die Pracht und Schönheit an, die wir nur allzu gern selber zur Schau trügen. Zum mindesten ein Teil der Magie, die sie zum Wohl oder Wehe des Menschen gebrauchen, liegt in der Macht, mit den Wünschen unsres Leibes und Herzens zu spielen.« Ein Mensch, der sich nach Faery verirrt, wird von Verlangen überwältigt, aber was geschieht, wenn er bekommt, wonach er verlangt? In seiner wunderbaren Geschichte »Smith of Wooton Major« nennt Tolkien es »jenes gefährliche Land«. Smith, der Held, durchreist Faery unter dem Schutz eines magischen Sterns auf seiner Stirn, doch selbst so »wurde er bald klug und begriff, dass man sich den Wundern von Faery nicht ohne Gefahr nähern kann«.

Ein ähnlicher Gedanke taucht zu Beginn von Lewis' Science-Fiction-Roman *Die böse Macht* auf, dem letzten Band seiner Weltraumtrilogie, als Professor Dimble über den *Morte d'Arthur* nachdenkt, Thomas Malorys große Sammlung der Artuslegenden:

> Haben Sie bemerkt, dass es zwei Gruppen von Charakteren gibt? Im Mittelpunkt stehen Ginevra und Lancelot und all diese Leute: sehr höfisch und ohne spezifisch britische Züge. Aber im Hintergrund – auf Artus' anderer Seite sozusagen – gibt es all diese dunklen Gestalten wie Morgan und Morgawse, die tatsächlich sehr britisch sind und sich mehr oder weniger feindselig zeigen, obgleich sie seine eigenen Verwandten sind. Durchmischt mit Magie. … Auch Merlin ist natürlich britisch, wenn auch nicht feindselig.

Die »dunklen Gestalten« hängen mit Faery zusammen – die »Morgan«, von der er spricht, ist Artus' Erzfeindin Morgan le Fay, also Morgan die Fee – und sind immer zumindest potenziell »feindselig«. Aber das nicht in sich und notwendigerweise. Später im Buch sagt Dimble: »Damals gab es auf dieser Erde Wesen, die sozusagen ihren eigenen Geschäften nachgingen. Sie waren keine hilfreichen Geister, ausgesandt, um der gefallenen Menschheit zu helfen, aber sie waren uns auch nicht feindlich gesinnt.« Solche Neutralität bringt ihre eigenen Gefahren mit sich: Hinter dem Fehlen offener Feindseligkeit seitens solcher Mächte kann sich ihre heitere Gleichgültigkeit gegenüber menschlichem Leid verbergen. Einen Widerhall davon hört man in Tolkiens Darstellung vieler Elben in *Der Herr der Ringe*, nämlich derer, für die die Nöte Mittelerdes schlicht nicht mehr ihr Problem sind. Das ist die wahre Beziehung Faerys zu unserer Welt.

Ich nenne »Smith of Wooton Major« die beste kurze Einführung in die Welt der Faery, denn, wie ich schon sagte, Faery kann man eigentlich nicht beschreiben oder erklären; sie muss, wenn auch nur in Form einer fiktiven Erzählung, erfahren werden. Die Wunder und Gefahren der Faery werden in *Der Herr der Ringe* auf einer epischen Leinwand entfaltet, wenn auch auf eine etwas verlagerte Weise, denn Faery wird dort in den Dienst von Tolkiens eigener unverwechselbarer Mythologie genommen. In Lothlorien sehen wir vielleicht am vollkommensten die süße, liebliche Seite der Faery – Aragorn sagt zu Boromir, es sei »schön und gefährlich; doch nur Böse müssen das Land fürchten oder jene, die irgendetwas Böses mit sich bringen« – doch in *Der Herr der Ringe* sind die Gefahren vielleicht zu offenbar, um wahrhaft Faery-gemäß zu sein. Die *Verstohlenheit* der wahren Gefahren der Faery ist schwerer einzufangen; mir scheint es nirgendwo besser gelungen zu sein als in Susanna Clarkes außergewöhnlichem Roman *Jonathan Strange & Mr Norell* (2004). Jene Verstohlenheit liegt vor allem in dem alten Gedanken, dass Faery sich mit unserer Welt überschneidet – dass man, ohne es zu wollen und zu ahnen, von der einen in die andere Welt geraten kann. Die Grenzen sind verschwommen und manchmal nicht vorhanden. Darin liegt ein Teil der Schönheit Faerys – und ebenso natürlich ein Teil der Gefahr, doch die Gefahr macht mit den Reiz aus, und es war zum Teil diese Gefahr, die der junge Jack Lewis hörte, als er zum ersten Mal den »Hörnern aus Elfenland« lauschte.

In Faery liegen die Samen und Wurzeln Narnias. Doch Narnia ist, wie wir sehen werden, etwas anderes als Faery.

In den Wirren nach Floras Tod waren die Hörner aus Elfenland für Jack kaum zu hören. Da saß er nun mit Warnie im Little End Room, einen regnerischen Tag nach dem anderen – Weihnachten, Ostern, Sommer – und schrieb und zeichnete stundenlang, fertigte Landkarten an, die Indien und Tierland miteinander verbanden, und schrieb die Geschichte nieder, die zum Zusammenschluss der beiden Länder in Boxen führte. Wenn wir bedenken, wie unglücklich die Jungen oft gewesen sein müssen, überrascht es uns vielleicht nicht mehr so sehr, dass das Romantische und Fantastische in ihrer gemeinsamen imaginären Welt kaum vorkam. Vielleicht war gerade die prosaische Natur Boxens – der trockene, historiografische Charakter eines großen Teils der Geschichte – eine willkommene Erleichterung von der Intensität ihrer Gefühle. Und wenn Warnie weg war, wanderte Jack durch das Haus – natürlich waren Bedienstete da, aber die überließen ihn offensichtlich sich selbst – und lernte die Vorzüge und Freuden der Einsamkeit kennen. Nach dem Tod seiner Mutter war Einsamkeit verlässlicher und sicherer als alles andere, was Jack kannte.

ZWEI

»Derbe, hirnlose englische Schuljungen«

In *Der silberne Sessel* lernen wir Jill Pole kennen und begegnen Eustace Scrubb wieder, und zwar auf der Schule, auf die sie beide gehen: Experiment House, wie sie sich nennt.

> Es war eine »koedukative« Schule, also eine sowohl für Jungen als auch Mädchen, eine »gemischte« Schule, wie man früher sagte; wenn auch, meinten manche, längst nicht so durcheinander wie die Köpfe der Leute, die sie leiteten. Diese Leute waren der Meinung, Jungen und Mädchen sollten alles dürfen, wozu sie Lust hatten. Und dummerweise hatten zehn oder fünfzehn der größten Jungen und Mädchen am meisten Lust dazu, die anderen zu schikanieren. Da gingen alle möglichen Dinge, schreckliche Dinge, vor sich, die in einer gewöhnlichen Schule binnen weniger Wochen herausgekommen und unterbunden worden wären; aber an dieser Schule passierte das nicht. Oder selbst wenn, dann wurden die Leute, die diese Dinge angestellt hatten, weder von der Schule verwiesen noch sonstwie bestraft. Die Direktorin sagte, sie seien psychologisch interessante Fälle, ließ sie zu sich kommen und unterhielt sich stundenlang mit ihnen. Und wenn man wusste, was man in einer solchen Situation zur Direktorin sagen musste, führte das eher dazu, dass man bei ihr einen Stein im Brett hatte, als alles andere.

Offensichtlich ist dies eine »progressive« Schule – Psychologie wird als die alles beherrschende Wissenschaft identifiziert, für Schüler, die sich falsch verhalten, wird eher Verständnis gezeigt, als dass sie korrigiert oder bestraft werden, und man ist davon überzeugt, dass Kinder, um zu gedeihen, persönliche Freiheit nötiger brauchen als Vorschriften. Hier haben wir in voller Blüte die pädagogischen Grundsätze, die wir in Amerika mit dem Bildungsphilosophen John Dewey verbinden, wenn auch der Ursprung vieler dieser Prinzipien auf Rousseau zurückgehen, den französischen Denker des achtzehnten Jahrhunderts. Die Kerngedanken dieses pädagogischen Modells sind, dass Kinder unschuldig, fantasievoll und von Herzen großzügig sind und dass die Eingliederung in ein starres System der Schuldisziplin – ein System, in dem sich die Prioritäten und Mängel der Erwachsenengesellschaft widerspiegeln – ihre Unschuld verdirbt, ihre Fantasie zum Schweigen bringt und ihre Großzügigkeit in wetteifernde Feindseligkeit verwandelt. Der offensichtliche Sarkasmus, mit dem Lewis das Experiment House schildert, verrät uns, dass unser Autor, was Pädagogik angeht, ein überzeugter Traditionalist ist: ein Befürworter nach Geschlechtern getrennter Schulen, ein Verfechter der Disziplin, ein Skeptiker im Blick auf die moderne Psychologie. Und das war er auch. Darüber hinaus könnte man, wenn man diesen Abschnitt liest, leicht auf den Gedanken kommen, dass unser Autor als strahlendes Gegenbeispiel zum Experiment House die glorreiche Tradition der englischen Public School anpreisen würde. *Dort* ist doch gewiss wahre Ordnung zu finden, wahre Disziplin – wahre Bildung.

Ja, man könnte folgern, dass dies die Ansicht unseres Autors wäre, aber damit hätte man weit, weit gefehlt. Es besagt viel mehr, als die meisten Leser ahnen, dass Aslan in der letzten Narnia-Geschichte den Übergang von einer sterbenden Welt ins ewige Leben so beschreibt: »Die Schule ist aus; die Ferien haben angefangen.« Die Ferien sind der Himmel; die Schule ist, nun ja … der Tod. Lewis sah diese Sache fast unverblümt theologisch – oder konkreter, eschatologisch (d. h. auf die letzten Dinge bezogen). »Das Leben in einem abscheulichen Internat ist insofern eine gute Vorbereitung auf das christliche Leben, als es einen lehrt, durch die Hoffnung zu leben. Ja, in einem gewissen Sinn sogar durch den Glauben; denn zu Beginn eines jeden Trimesters scheinen das

Zuhause und die Ferien so weit entfernt zu sein, dass man sie sich eben so schwer vergegenwärtigen kann wie den Himmel.« Und gegen Ende seines Lebens schrieb er einem Kind, das die Narnia-Geschichten gelesen hatte: »Ich war auf drei Schulen (alles Internate), von denen zwei ganz furchtbar waren. Ich habe nie etwas so sehr gehasst, nicht einmal die Schützengräben im Ersten Weltkrieg. Die Geschichte ist sogar viel *zu* furchtbar, um sie jemandem in Deinem Alter zu erzählen.«

Nicht ganz einen Monat nach dem Tod seiner Mutter wurde Jack nach England auf die Wynyard School geschickt, wo Warnie drei Jahre zuvor die Schule begonnen hatte. In Amerika bereitet eine »Preparatory« oder »Prep School« Leute auf die Universität vor; in England ist dies traditionell die Schule, die einen Schüler für die höhere Schule »präpariert«, meist eine Public School – die dem entspricht, was man in Amerika eine *Private* School nennen würde. Da die Engländer Public Schools oft auch als »Colleges« bezeichnen – denn ein kollegiales Institut ist ja genau genommen eines, in dem die Schüler zusammen in Schlafsälen wohnen – ist das alles etwas verwirrend. (Die Terminologie stammt zum großen Teil aus dem mittelalterlichen Klosterleben.) Gemäß einem Brauch, der sich im neunzehnten Jahrhundert im niederen Adel ausbreitete und schließlich seinen Weg eine oder zwei Sprossen hinab auf der sozialen Leiter fand, gingen englische Kinder mit acht, neun oder zehn Jahren – als Interne – auf eine Preparatory School und wechselten dann drei oder vier Jahre später auf eine Public School. Bei manchen markierte der Abschluss an der Public School – einige der berühmtesten sind Eton, Harrow, Winchester und Rugby – das Ende ihrer Schulbildung. Andere gingen weiter nach Oxford oder Cambridge; wieder andere besuchten vielleicht Sandhurst, die Militärakademie, die mit dem amerikanischen West Point vergleichbar ist. Doch bei fast allen fing es damit an, dass sie als noch ganz kleine Jungen von zu Hause und ihrer Familie fortgeschickt wurden, um sieben Monate jedes Jahres in einer Preparatory School zu leben.

Amerikanern erscheint diese Praxis bestenfalls merkwürdig und schlimmstenfalls barbarisch, und tatsächlich ist sie auch in Großbritannien in den letzten Jahren zunehmender Kritik ausgesetzt, aus allen naheliegenden Gründen. Innerhalb der englischen Intelligentsia ist sie schon viel länger weithin verpönt: George Orwell zum Beispiel schrieb fast zur selben Zeit, als Lewis in *Überrascht von Freude* seine Schulerlebnisse schilderte, einen Essay voll tiefster Erbitterung über seine eigene Schulzeit, in der er unter Lehrern zu leiden hatte, die er für »schreckliche, allmächtige Ungeheuer« hielt und regelmäßig »irrationalen Schrecken und verrückten Missverständnissen« ausgesetzt war, und das alles inmitten von Schmutz, ungenießbarem und unzureichendem Essen, institutionalisiertem snobistischem Klassendenken und der beständigen Drohung von Prügelstrafen. Weiter äußert er: »Die charakteristischen Mängel der englischen Ober- und Mittelschicht könnten teilweise auf die bis vor Kurzem allgemein herrschende Praxis zurückzuführen sein, Kinder schon mit neun, acht oder sieben Jahren von zu Hause fortzuschicken.« (Beide Lewis-Brüder waren neun, als sie zum ersten Mal die Irische See überquerten, um zur Schule nach Wynyard zu reisen.) Etwa 150 Jahre lang jedoch galt ein solches Bildungssystem als unabdingbar notwendig für die Prägung englischer Gentlemen. Und englische Gentlemen, so wollte es Albert, sollten seine Söhne werden. Vielleicht wollte er auch Jack von einem Zuhause fortbringen, dem die beständige Erinnerung an den Tod innewohnte.

Lewis' Biograf A. N. Wilson beschreibt scharfsinnig, vor welcher Wahl Albert stand: entweder den Jungen zu erlauben, eine stärker irische Identität zu entwickeln, indem er sie in ihrem Geburtsland zur Schule gehen ließ, oder sie in die Form eines englischen Public-School-Jungen zu gießen, in der Hoffnung, sie würden die gesellschaftlichen Fähigkeiten und vielleicht auch die gesellschaftlichen Kontakte entwickeln, die in jedem Beruf, den sie irgendwo in Großbritannien oder seinen Kolonien ergriffen, dienlich sein würden. Man könnte sagen, der Reiz der zweiten Alternative sei purer Snobismus, oder, um es etwas weniger abfällig zu formulieren, er liege in der Aufwärtsmobilität. Die Lewis' waren, wie wir gesehen haben, eine durchaus aufwärts mobile

Familie. Solche Familien geben ihren Kindern gern das Beste von allem, und, so Wilson: »Das ›Beste‹ war in diesem Zusammenhang eine englische Public School.«

Wie Wilson ebenfalls hervorhebt, könnte Albert auch von einer unzweifelhaft legitimen politischen Sorge geleitet gewesen sein: Es war um die Wende zum zwanzigsten Jahrhundert nicht klar, ob Protestanten in Irland noch eine große Zukunft haben würden. (Es sollte noch über zwanzig Jahre dauern, bis der Plan zur Teilung der nördlichen Grafschaften Ulsters vom katholisch dominierten Rest der Insel als das geringste unter vielen Übeln akzeptiert wurde.) Falls es für die in die Enge getriebenen Protestanten – selbst solch relativ sanftmütige und nichtsektiererische Protestanten wie die meisten Angehörigen der Familie Lewis – notwendig werden sollte, Irland zu verlassen, würde es für die Jungen besser sein, wenn sie eine englische Schulbildung genossen hatten.

Außerdem war man damals weithin der Meinung, es sei gut für kleine Jungen, von zu Hause weg zur Schule zu gehen – es befreite sie vom »Schürzenzipfel« und half ihnen, der exzessiv femininen Welt der viktorianischen Häuslichkeit zu entrinnen und Unabhängigkeit zu lernen. Als Albert über die Möglichkeit nachdachte, Warnie aufs Campbell College zu schicken, die beste Schule in Belfast selbst, sprach sich sein früherer Lehrer Mr Kirkpatrick in einem Brief dagegen aus: »Es wird dem Jungen selbst guttun, weg zu sein und sein Zuhause als Ferienparadies zu betrachten.« Bedenken wie die von Orwell tat man als Furchtsamkeit und übertriebene Sorge ab; Jungen, die so litten, wie Orwell es tat, wurden ebenso als Mamakinder oder Weichlinge abgekanzelt. Also hieß es ab in die Schule für Warnie, und drei Jahre später ging es Jack ebenso.

Manche der englischen Public Schools bestanden schon seit sehr langer Zeit – die älteste, das Winchester College, nahm 1394 die ersten Schüler auf – doch den Charakter, den Warnie und Jack erlebten, nahmen sie erst nach 1828 an, als Thomas Arnold Schulleiter in Rugby wurde. Arnold legte großen Wert darauf, nicht nur englische Gentlemen heranzubilden, sondern christliche Gentlemen, und sie nicht nur intellektuell zu bilden, sondern auch gesellschaftlich. Arnold war es, der das entwickelte, was man als »muskulöses Christentum« bezeichnete – nämlich ein Schwergewicht auf dem Sport (oder den »Spielen«) als Werkzeug der Charakterbildung. Außerdem spezialisierte er sich in seinen häufigen Predigten in der Schulkapelle auf eine Art von Predigten, die man heute »Motivationsreden« nennen würde. Und – dies hatte besonders große Auswirkungen für Jack und viele, die ähnlich waren wie er – er richtete eine Form der gesellschaftlichen Ordnung unter den Schülern ein, bei der die Lehrer Führer bestimmten, sogenannte »Präfekten«, die dafür verantwortlich waren, ihren Mitschülern Wegweisung zu geben und sie nötigenfalls auch zu disziplinieren. Je nachdem, wie man die Dinge sah, war es entweder ein System, um die Leitung der Schule zu demokratisieren und Schüler mit Vollmachten auszustatten, oder aber ein geschicktes Mittel, um die besten und intelligentesten Jungen dazu heranzuziehen, die Drecksarbeit für den Schulleiter zu machen. Für manche Kinder waren die Präfekten Helden, für die anderen waren sie Quälgeister und Tyrannen – und wie es meistens der Fall ist, müssen wohl manche Präfekten das eine und manche das andere gewesen sein, und viele eine Mischung aus beiden. So war es in Thomas Arnolds Schule in Rugby, so ist es in Albus Dumbledores Hogwarts-Schule für Hexerei und Zauberei, und so war es sicherlich auch an den Schulen, die die Lewis-Brüder besuchten. Wie sie jedoch ihre Schule und ihre Präfekten *empfanden*, werden wir noch sehen.

Jedenfalls spielten die Präfekten eine Rolle in den Jahren auf der Public School (also der Sekundarstufenzeit): Die Preparatory Schools, besonders, wenn sie klein waren wie Wynyard, wurden meist direkter und einfacher von den Direktoren geleitet. Die Schule, die Albert Lewis nach eingehenden Recherchen und gründlichem Nachdenken für seine Söhne auswählte, wurde völlig autokratisch von einem Mann geleitet, gegen den bereits ein Verfahren wegen Grausamkeit gegenüber seinen Schülern gelaufen war und der binnen weniger Jahre für unzurechnungsfähig erklärt werden sollte.

Sein Name war Robert Capron, und er hatte die Wynyard School (in Watford, Hertfordshire) 1881 als junger anglikanischer Priester gegründet und somit seit etwa einem Vierteljahrhundert geleitet, als Warnie dort eintraf. Inzwischen hatte er einen Sohn und drei Töchter, alle erwachsen, die ebenso wie seine Frau in offensichtlicher Angst vor ihm lebten. Warnie und Jack blieb das nicht verborgen, weil die ganze Familie Capron – »Oldie«, wie er von seinen Schülern genannt wurde, wenn auch natürlich nur hinter seinem Rücken – dabei half, die Schule, so gut es ging, am Laufen zu halten. In *Überrascht von Freude* schildert Lewis seine Erlebnisse in Wynyard in einem fast ungläubigen Ton, als wäre er sich nicht sicher, seiner eigenen Erinnerung trauen zu können. »War er wirklich wütend, machte er allerlei alberne Späße; er bohrte mit dem Finger nach dem Schmalz in seinen Ohren und jaulte dabei: ›Aye, aye, aye, aye, ...‹ Ich habe erlebt, wie er in die Höhe sprang und sich im Kreis drehte wie ein Tanzbär.« Einmal verprügelte Oldie einen Jungen, den er nicht leiden konnte, indem er dem Kind befahl, sich am anderen Ende des Klassenraums zu bücken, sodass er einen langen Anlauf auf sein Opfer nehmen und die maximale Aufprallwirkung mit seinem Stock erzielen konnte – wie ein Kricketspieler, der ans Wicket läuft, um zu werfen. Der Junge, fügt Lewis hinzu, wurde lediglich für einen Fehler in Geometrie bestraft, den er gemacht hatte; freilich hasste Oldie ihn nicht deswegen, sondern weil er der Sohn eines Zahnarztes war. Wie der Direktor an Orwells Schule hatte auch Oldie eine strikte soziale Hierarchie im Kopf und scheint es für seine Aufgabe gehalten zu haben, die bestehenden sozialen Schichten zu festigen. Warnie und Jack gehörten einer Schicht an, die hoch genug war, um von den wildesten Wutanfällen Oldies verschont zu bleiben.

In seinem ersten Brief aus Wynyard, in dem er von seiner wohlbehaltenen Ankunft berichtet, schrieb Jack seinem Vater: »Missis Capron und die Miss Capron sind sehr nett, und ich glaube, ich werde mit Mr Capron auskommen, obwohl er, um die Wahrheit zu sagen, ziemlich exzentrisch ist.« Ende November schrieb er: »Trotz allem, was passiert ist, mag ich Mr Capron sehr gerne.« Und Jack hatte auch einigen Grund, ihn zu mögen, denn wie er selbst einräumt, hatte er sich rasch und nachhaltig Oldies Gunst erworben, soweit das überhaupt ging. Jack »entrann den schlimmsten Brutalitäten« von Wynyard, schrieb Warnie später, weil »er den Schulleiter amüsierte, der ihn zu so etwas wie seinem Liebling machte, soweit das einem solchen Mann möglich ist.«

Warnies Bemerkung lässt sich entnehmen, dass er selbst solches Glück nicht hatte. Wenngleich ich eben gesagt hatte, dass Warnie und Jack sozial »in Sicherheit« waren – zumindest im Vergleich zu dem armen Zahnarztsohn – scheint Capron doch irgendwann im Herbst 1908 zu dem Schluss gekommen zu sein, dass Warnie sich nicht genügend Mühe mit seiner Arbeit gab, und der Direktor sah sich genötigt, Albert Lewis darüber zu informieren. (Könnte es sein, dass Warnie von seinem jüngeren, aber begabteren Bruder in den Schatten gestellt wurde?) »Es tut mir sehr leid, dass Du über Mr Caprons Brief so verärgert bist«, schrieb der loyale kleine Bruder Ende Oktober, »aber es ist ganz und gar nicht wahr, Warnie ist nicht faul.« Doch schon davor (sogar schon wenige Tage nach der Ankunft der Jungen) flehte Jack seinen Vater an, sie beide aus der Schule zu nehmen und nach Hause zu holen. Selbst wenn man nicht die bevorzugte Zielscheibe für den Zorn eines Wahnsinnigen ist, muss es für einen neunjährigen Jungen – besonders für einen, der daran gewöhnt ist, in einem liebevollen Zuhause versorgt, ja verwöhnt zu werden – beängstigend gewesen sein, regelmäßig mit besagtem Wahnsinnigen in Berührung zu kommen.

Albert Lewis hatte kein Ohr für die flehentlichen Bitten seiner Söhne. Vermutlich dachte er, es könne nicht so schlimm sein, wie sie es darstellten; offenbar wollte er sich auch nicht eingestehen, dass seine gründlichen Recherchen ihn so sehr in die Irre geführt hatten. Außerdem schrieb Capron ihm Briefe voll des Lobes über Jack, und Warnie würde sowieso Ende des Jahres Wynyard verlassen und auf die Public School wechseln. So blieben die Jungen in der Schule, die Jack in seiner Autobiografie »Belsen« nannte. (Damit auch niemandem die Anspielung entgeht, trägt das ganze Kapitel darüber den Titel »Konzentrationslager«.)

Wir sollten uns nicht täuschen, was seine Gründe für den Gebrauch solcher Metaphern angeht. Ja, Oldie war beängstigend; dazu kam, dass die Schüler so gut wie nichts lernten. »Für meine intellektuelle Entwicklung war die Zeit bei Oldie fast völlig vergeudet«, schrieb Jack; »wäre die Schule nicht eingegangen und ich hätte zwei weitere Jahre dort zubringen müssen, mein Schicksal als Gelehrter wäre endgültig besiegelt gewesen.« Warnie sah die Sache ähnlich: »Trotz Caprons Schreckensherrschaft war die Schule schlaff und ineffizient und der Stundenplan, wenn man ihn so nennen konnte, lächerlich.« Doch selbst wenn Oldie ein Ausbund an Tugend und die Schule ein Muster der Effizienz gewesen wäre, so hätte Jack sich darin wahrscheinlich trotzdem wie in einem Gefangenenlager gefühlt – vielleicht wie in einem gut geführten Gefangenenlager, aber dennoch eingekerkert. Und wie wir sehen werden, konnte sich Jack niemals an die wesentlichen Züge des Internatslebens akklimatisieren: strikt durchgesetzte Vorschriften, erzwungene soziale Hierarchie und keinerlei Gelegenheit zum Alleinsein. Sein Hass auf diese Aspekte des Schullebens war es, der ihn dazu führte, sich die Ferien von der Schule – *jeder* Schule – als so etwas Ähnliches wie eine Himmelfahrt vorzustellen.

Im Sommer 1909 verließ Warnie Wynyard und trat wenig später in das Malvern College in den Malvern Hills in Worcestershire ein. Jack musste sich weiter in Belsen durchkämpfen, bis im Sommer 1910 die Schule zusammenbrach, weil Capron nicht mehr genügend Schüler gewinnen konnte (wobei er freilich Albert Lewis gegenüber behauptete, es sei seine eigene Entscheidung, den Lehrerberuf an den Nagel zu hängen). Nachdem die Schule geschlossen hatte, kehrte Capron in den Pfarrdienst zurück und übernahm eine Pfarrgemeinde in der Nähe, wo er sich unverzüglich daran machte, die Chorknaben zu verprügeln. Als die Kirchenvorsteher einzugreifen versuchten, verprügelte er sie kurzerhand ebenfalls für ihre Anmaßung. Kaum verwunderlich, dass er bald darauf für unzurechnungsfähig erklärt wurde. Weniger als achtzehn Monate nach der Schließung seiner Schule starb er in einem Sanatorium in Kent.

Angesichts der Notwendigkeit, eine Entscheidung zu treffen, wo sein jüngerer Sohn zur Schule gehen sollte, tat Albert Lewis etwas Interessantes: Statt eine andere englische Schule zu suchen, beschloss er, Jack aufs Campbell College in ihrer eigenen Nachbarschaft in Belmont zu schicken, nicht viel mehr als eine Meile von Little Lea entfernt. Wie sich herausstellte, gefiel es Jack auf dem Campbell recht gut, zum einen, weil die soziale Struktur dort unterhaltsamer war als die, die er in Wynyard erlebt hatte – »Es gab richtige Kämpfe dort, mit Sekundanten und (glaube ich) auch Wetten und hundert brüllenden Zuschauern«* – aber auch weil er dank eines hervorragenden Englischlehrers, den er Octie nannte (sein wirklicher Name war Lewis Alden), eine Menge lernte. Doch das weitaus Beste, was ihm passierte, während er Campbell besuchte, war dies: Im November 1910, nach nicht viel mehr als einem Monat auf dem College, befiel ihn ein schlimmer Husten, und er wurde nach Hause geschickt, um nie wieder zurückzukehren.

Offenbar war es Albert Lewis bereits unbehaglich geworden bei dem Gedanken, dass Jack auf eine irische Schule ging, denn schon in demselben Brief, in dem er Warnie mitteilt, dass Jack krank geworden ist, bittet er ihn, Erkundigungen bei Cherbourg einzuholen, einer Preparatory School in Malvern. »Ich tendiere stark dazu, Jacko dorthin zu schicken, bis er alt genug ist, um aufs College zu gehen« – also aufs Malvern College. Seltsamerweise hatte Albert an Capron geschrieben und um seine Meinung gebeten, wohin er Jack schicken sollte. Noch seltsamer ist, dass Capron ihm mit einem vernünftigen Ratschlag antwortete: »Jacko hat seine Eigenheiten, und ich halte es für sehr wesentlich, dass er auf eine KLEINE Schule geht, wo der Schulleiter selbst sich um ihn kümmern kann.« Er fürchtete, eine Schule wie Cherbourg würde zu groß und unpersönlich sein, was zutraf. Doch Albert hörte natürlich nicht auf ihn.

Es ist nicht klar, warum Albert so entschlossen war, Jack nicht zurück

---

* Hierin, wie in vielen anderen Dingen, waren die irischen Schulen gegenüber den englischen im Rückstand: 1825 wurde in Eton der fünfzehnjährige Sohn des Earl of Shaftesbury von einem Klassenkameraden bei einem derartigen Kampf getötet, und von da an ging es auf den englischen Schulen in dieser Hinsicht strenger zu.

nach Campbell zu schicken. Vielleicht fürchtete er, Jack würde durch einen langfristigen Aufenthalt dort Schaden nehmen – sozialen Schaden; intellektuell war er dort unendlich viel besser aufgehoben, als es in Wynyard der Fall gewesen war. Immerhin sagt Lewis in seiner Autobiografie: »In sozialer Hinsicht war die Schülerschaft viel ›gemischter‹ als auf den meisten englischen Schulen; ich saß dort Seite an Seite mit Bauernsöhnen.« Wahrscheinlich hätte Jack innerhalb von einer oder zwei Wochen an die Schule zurückkehren können, doch Albert behielt ihn für den Rest des Herbstes zu Hause. Vielleicht sah er seine Chancen schwinden, aus seinem jüngeren Sohn einen englischen Gentleman zu machen. Jahre später würde Warnie schreiben: »Das Experiment [Jack nach Campbell zu schicken] war aus irgendeinem Grund nicht erfolgreich«, was darauf hindeutet, dass auch er nichts über Alberts Beweggründe wusste – wie wir alle.

Für Jack jedenfalls war es die ideale Situation, durch seine Krankheit ans Haus gefesselt zu sein. Wie bereits angedeutet, bestand Jacks »Ideal vom Glück« darin, sich »beständig in der Rekonvaleszenz von einer leichten Erkrankung zu befinden und immerzu an einem Fenster mit Blick aufs Meer zu sitzen und während acht Stunden jedes herrlichen Tages [die italienische epische Dichtung] zu lesen«. Nun, mit einem Blick aufs Meer konnte Little Lea nicht dienen, und Ariost und Tasso hatte Jack noch nicht entdeckt, aber in anderer Hinsicht kam diese Zeit der Vollkommenheit so nahe, wie es ihm je beschieden sein sollte. Zwei herrliche Monate lang erlebte er es am Morgen jedes Werktages, sich von seinem Vater zu verabschieden – der nach dem Frühstück in seine Kanzlei ging – und sich dann auf neun oder zehn Stunden friedlichen Lesens zu freuen, unterbrochen nur vom Mittagessen und vom Tee. Es waren Leute im Haus (eine Köchin und ein Hausmädchen), die sich um ihn kümmerten, aber niemand, der ihn störte. Nun hatte er die Einsamkeit, nach der er sich immer sehnte und die ihm in seinem Leben in Wynyard und ebenso auf dem Campbell College so vollständig gefehlt hatte, wo es ihm vorgekommen war, »als hätte man sein Domizil auf einem Bahnhof aufgeschlagen«.

(Zeiten des Alleinseins waren ihm so kostbar, dass er sie offenbar für häufiger hielt, als sie tatsächlich vorgekommen sein können. Zum Beispiel spricht er in seinem Vorwort zu *The Allegory of Love*, seinem ersten wissenschaftlichen Werk, von dem »unschätzbaren Vorzug einer größtenteils allein verbrachten Kindheit«, aber diese Darstellung kann nicht zutreffend sein. Wenngleich Warnie drei Jahre vor ihm auf die Schule kam, war doch zu dieser Zeit ihre Mutter noch am Leben und unterrichtete Jack sogar in Französisch und Latein. Nach ihrem Tod waren die Jungen in den Ferien immer gemeinsam zu Hause. Es ist schwer sich vorzustellen, wie Jack sehr oft allein gewesen sein könnte – außer während seiner Rekonvaleszenz nach Campbell. Vielleicht spiegelt sich darin, dass er diese Zeiten des Alleinseins zum Normalzustand seiner Kindheit stilisiert, ihre große Bedeutung für ihn wider.)

Ein Vorteil seiner Zeit unter der Anleitung Octies, so kurz sie auch war, mag darin gelegen haben, dass er nun besser gerüstet war, um die Gelegenheit zum Lesen gut zu nutzen. Während er in Wynyard gewesen war, so empfand er später, befand sich sein »imaginatives Leben … im Niedergang«. Er las »törichte Schulgeschichten« und eine Menge historischer Geschichten, größtenteils schlechte. »Meine Lektüre bestand nun hauptsächlich aus Schund.« Doch während seiner kurzen Zeit auf dem Campbell College hatte Octie ihm einen besseren Weg gezeigt: Zum Beispiel hatte er mit seinen Schülern Matthew Arnolds Bearbeitung einer Episode aus einem altpersischen Epos gelesen, *Sohrab and Rustum* (1853). Es war eine kraftvolle, heroische Erzählung, aber vor allem war es in *Versen* geschrieben: Durch Octies Unterricht kam Jack, vielleicht zum ersten Mal, mit der Kraft poetischer Sprache in Berührung, besonders mit dem Rhythmus und dem Schub, den sie einer Geschichte verleihen kann. In diesem Sinne mag die kurze Zeit auf dem Campbell College entscheidender gewesen sein, als Lewis selbst glaubte, denn epische Gedichte sollten für ihn zu einer der großen Vorlieben seines Lebens werden. Er schrieb Bücher über Spensers *Faerie Queene* und Miltons *Paradise Lost* und fast alles, was er in *The Allegory of Love* behandelt, ist epische Dichtung. Als junger Mann schrieb er selbst lange gedichtete Erzählungen – ein solches Werk ist etwa *Dymer*, das zweite Buch, das er je veröffentlichte – und hätte er sich als sehr gut darin erwiesen, hätte er sich womöglich niemals der Prosa zugewandt. Das Erzählen einer Geschichte in hoher, metrischer Sprache – wahrscheinlich, wenn auch nicht notwendigerweise, auch in Reimen – erschien ihm als die höchste Form der Literatur und als diejenige, die ihm den größten Genuss bereitete. Dasselbe ließe sich über seinen zukünftigen Freund J. R. R. Tolkien sagen. Es mag merkwürdig erscheinen, dass keiner der beiden sich je mit der Art von Literatur, die sie am meisten liebten, einen Namen gemacht hat, doch es ist eine Tatsache, dass keiner von ihnen großes Geschick darin zeigte, sie hervorzubringen. Und vielleicht noch wichtiger ist, dass irgendwann im zwanzigsten Jahrhundert das Publikum für epische Dichtung (das schon im vorausgegangenen Jahrhundert geschrumpft war) fast vollständig verschwand.

Als Jugendliche und junge Erwachsene waren Lewis und Tolkien ungewöhnlich, aber nicht einzigartig in ihrer Liebe zum dichterischen Erzählen und ihrem Empfinden seiner zentralen Bedeutung. Es war eine Übergangsphase im westlichen Bildungswesen und in den westlichen Vorstellungen von literarischer Größe. Heute haben wir uns daran gewöhnt, den Roman als die wichtigste literarische Form zu betrachten, doch der Roman als Gattung ist erst dreihundert Jahre alt. Während der ersten hundert oder mehr Jahre seiner Existenz sahen die Schriftsteller in ihm eine leichte, populäre Form, die eines Vergleichs mit dem Epos oder der tragischen Dichtung nicht würdig war. Goethe schrieb Romane, doch er wusste, dass *Faust* sein Meisterwerk war. Weil Wordsworth die höchsten poetischen Ambitionen hatte, strebte er danach, ein Epos zu schreiben, wenn auch eines von sehr eigentümlicher Art: Er nannte es *The Prelude*, weil er hoffte, es würde die Pforte zu etwas noch Ehrgeizigerem sein. Keats versuchte sich vor seinem frühen Tod in epischer Dichtung. Für solche Autoren waren die Leistungen von Romanschriftstellern, so unterhaltsam und sogar moralisch lehrreich sie auch sein mochten, etwas Leichteres und Geringeres: Dickens wäre aus dieser Sicht eher ein Unterhalter als ein Künstler. Mit dieser Auffassung blickte man zurück auf die allgemein anerkannten Werke des westlichen Kanons, die alle ohne Ausnahme in Versen geschrieben waren: Homer, Sophokles, Vergil, Dante, Milton. (Unter den ganz Großen mischte nur Shakespeare nach Belieben Lyrik und Prosa.)

Auch die englischen und irischen Public Schools des neunzehnten Jahrhunderts waren Erben dieser Tradition. Jungen durften Romane lesen, wenn sie wollten, aber bitte in ihrer Freizeit – niemand wäre je auf den Gedanken gekommen, über Prosaerzählungen zu *lehren*. Schon der Gedanke, Literatur der eigenen Muttersprache im Unterricht zu behandeln, war eine neue Entwicklung; darum musste die behandelte Literatur von höchster und anspruchvollster Qualität sein.

Doch es wurde auch erwartet, dass Jungen der Poesie Genuss abgewannen: Lewis erhielt seine Schulbildung in einer Zeit, als es den Leuten noch möglich war, sich von Reimen und Rhythmen in Entzücken versetzen zu lassen, selbst wenn sie sich über Hunderte von Seiten erstreckten. Dass Albert Lewis Thomas Babington Macaulays *Lays of Ancient Rome* (1855) innig liebte, war keineswegs etwas Ungewöhnliches – für unzählige Tausende viktorianische Public-School-Jungen hatten Macaulays aufrüttelnde Verse die Geschichte Roms zum Leben erweckt:

Da eilt herbei ein Späher,
wie ein angstgehetztes Tier:
»Zum Kampf! Zum Kampf! Herr Konsul:
Lars Porsena ist hier.«
Nach Westen zu dem Hügelland
des Konsuls Auge strebt,
wo wie ein Sturm der schwarze Staub
vorm Himmel sich erhebt.

So seltsam es uns also auch erscheinen mag – als Leuten, die Reim und Metrik nur noch in Liedern und in kurzen Gedichten ertragen können –, Octie behandelte Arnolds *Sohrab and Rustum* im Unterricht nicht nur deshalb, weil er es gut fand, sondern auch, weil er meinte, dass es

Spaß machte. Und genauso nahm es der junge Jack Lewis auch auf. Doch da es zu der Zeit, als er und Tolkien ihre eigenen Geschichten schrieben, kein Publikum für epische Gedichte mehr gab, schrieben sie in Prosa. Die Qualitäten, die sie an den Erzählgedichten ihrer Jugend liebten, erwachten in ihren Geschichten zu neuem Leben, besonders bei Tolkien, aber in einem geringeren Maße auch in den Narnia-Büchern. Etwas von der Würde und Feierlichkeit des poetischen Rhythmus tritt in ihren Werken zutage, und das Vergnügen, das heutige Leser daraus schöpfen, ist dem Vergnügen ganz ähnlich, das der junge Jack Lewis an Arnolds Gedicht hatte.

Auf jeden Fall erwies Octie Jack einen großen Dienst, indem er seine Ansprüche steigerte und ihn daran erinnerte, dass es eine Welt der Literatur gab, die seinen »törichten Schulgeschichten«, denen er in der Wynyard-Zeit verfallen war, weit überlegen waren. Und solange seine Einsamkeit andauerte, konnte Jack diese Welt nach Herzenslust erforschen. Interessanterweise las er während dieser Zeit viele Märchen und entwickelte eine besondere Vorliebe für Zwerge. Wenn er allein war, wuchs und entwickelte sich sein inneres Leben, und die Konturen dieses inneren Lebens werden wir bald erkunden. Zunächst jedoch müssen wir noch auf die äußere Welt zu sprechen kommen.

Jack begann seine Schulzeit in Cherbourg im Januar 1911; kurz zuvor war er zwölf Jahre alt geworden. Im Sommer 1913 würde er Cherbourg wieder verlassen und ein Abschiedsgedicht schreiben (»Ach! Wie glücklich jene Tage«), doch im Großen und Ganzen scheint die Schule wenig Eindruck auf ihn gemacht zu haben. Er spricht gut von dem Schulleiter, der immerhin geistig gesund war und bei dem Jack gute Fortschritte in Latein und Englisch machte, aber er belässt es bei kurzen Bemerkungen. In Cherbourg habe er seine ersten echten Freunde gefunden, sagt er, doch weitere Ausführungen dazu fehlen völlig. Er erzählt eine lustige Anekdote über die Verehrung, die er und seine Klassenkameraden einem neuen jungen Lehrer entgegenbrachten, den sie »Pogo« nannten – »Pogo war geistreich, Pogo war elegant, Pogo war ein Mann von Welt, ja, Pogo war sogar ein Pfundskerl« – und davon, wie Pogo ihn zum ersten und letzten

Mal in seinem Leben dazu brachte, Wert darauf zu legen, ein »Dandy« zu sein. (»Bis dahin hatte ich nahezu jede andere Sünde und Narretei begangen, die in meiner Macht stand, aber ein Stutzer war ich bisher noch nicht gewesen.«) Doch auch wenn sie lustig ist, verrät uns die Geschichte nicht viel – außer vielleicht, dass Jack nun in jene Phase der Jugend eintrat (er war dreizehneinhalb, als Pogo nach Cherbourg kam), in der es ungemein wichtig wird, sich an den Geschmack und die Interessen der Masse anzupassen. »Von nun an arbeitete ich hart daran, einen Stutzer, Windhund und Snob aus mir zu machen.«

Doch diese gesellschaftlichen Ambitionen hielten nicht lange an, denn auf diesem Gebiet konnte Jack nicht besonders glänzen. Er war körperlich ungeschickt und deshalb, obwohl er groß für sein Alter war, kein guter Sportler (noch viel weniger als ein »Dandy«), und natürlich war er nicht nur außerordentlich intelligent, sondern auch außerordentlich versessen auf Bücher. Tatsächlich schaffte er es, sich in einen Snob zu verwandeln, allerdings einen *intellektuellen* Snob – eine selbstgefällige Intelligenzbestie, wie er sich später selbst nennen würde –, nicht in einen gesellschaftlichen Snob wie Pogo und seine jungen Anhänger. Die Briefe, die er nach Hause an seinen Vater schrieb, waren zunehmend voll von seiner Frustration über die Unwissenheit und Oberflächlichkeit seiner Klassenkameraden. Im Lauf seiner Jugendjahre bezahlte Jack einen immer höheren Preis für seine ungewöhnlichen Fähigkeiten und Vorlieben – und dieser Preis stieg noch weiter an, als ihm bewusster wurde, wie ungewöhnlich er tatsächlich war. Pogo, so schreibt er, »machte kurzen, traurigen Prozess mit einer gewissen Demut, Kindlichkeit und Selbstvergessenheit, die mir (glaube ich) bis zu diesem Moment erhalten geblieben waren«, doch sicherlich war Pogo lediglich das Werkzeug, durch das er ein Selbstbewusstsein erlangte, das er ohnehin bald erlangt hätte. Das bringt die Jugendzeit nun einmal mit sich.

Wenngleich ihm in Cherbourg echte Nöte zu schaffen machten, waren es doch größtenteils innere, und wir werden zu gegebener Zeit auf sie zu sprechen kommen. Die äußeren Nöte – die gesellschaftlichen – trafen ihn am härtesten, nachdem er im September 1913 Cherbourg verlassen hatte und ans Malvern College gewechselt war. Dies war ein Schritt, auf den er und seine ganze Familie große Hoffnungen setzten. Das wäre vielleicht auch dann so gewesen, wenn Warnie ihm nicht nach Malvern vorausgegangen wäre – denn alle Schüler in Cherbourg lebten »unter dem Schatten des Coll«, wie sie es nannten und ersehnten nichts mehr, als zu seinen höheren Weihen aufzusteigen – doch diese Hoffnungen verstärkten sich noch durch den Erfolg, der Warnie dort beschieden war. Warnie war ein gutmütiger und recht »heiterer« Junge und bei Schülern und Lehrern gleichermaßen beliebt. Er fand es in Malvern herrlich und erwartete, dass es Jack ebenso gehen würde.

Die Geschichte, wie Jack auf naive Weise in Malvern ins soziale Abseits geriet, besonders bei den Präfekten, wird in *Überrascht von Freude* ausführlich erzählt, sodass ich sie hier nicht in voller Länge wiederholen werde. Es fiel ihm schwer, sich in dem komplizierten System von Vorschriften und Pflichten zurechtzufinden, und die Mannschaftsspiele waren ihm verhasst. Infolgedessen wurde er rasch regelmäßig zum Opfer eines Präfektursystems, das es den Präfekten erlaubte, nicht »Punkte abzuziehen« – wie sie es in Harry Potters Hogwarts tun – sondern stattdessen körperliche Strafen zu verabreichen. Als Jack also während seines ersten Trimesters in Malvern nicht durchschaute, welche Mannschaftsspiele für ihn obligatorisch waren, stellte er schließlich fest, dass er »das schwere Verbrechen begangen [hatte], ›den Club zu schwänzen‹«, und dass seine Strafe in einer öffentlichen Tracht Prügel bestehen würde, verabreicht nicht etwa durch einen der Lehrer, sondern durch den Hauptpräfekten des Coll.

Lewis spricht eigentlich nicht viel von Präfekten, sondern eher von »Bloods«, also von der Aristokratie innerhalb der Coll-Gesellschaft. Auf vielen Public Schools gab es kaum Überschneidungen zwischen der Aristokratie und der Präfektur – das heißt, die Schüler, die von ihren Mitschülern verehrt wurden, hatten wenig mit denen gemeinsam, die von den Lehrern gelobt und gefördert wurden. In Malvern jedoch, sagt Lewis, waren die Bloods fast immer auch Präfekten, was ihnen doppelte Macht verlieh – ja, sie nahezu allmächtig machte. Dass Jacks Irrtum bezüglich der Clubs dadurch zustande gekommen war, dass ein Blood ihn belogen hatte, ließ ihn das System noch mehr verabscheuen; dass seine frühzeitige öffentliche Demütigung ihn zu einer ständigen Zielscheibe für »Fuxendienste« machte, schloss jede Art von Versöhnung zwischen Jack und dem Coll aus.

Das System der Fuxendienste war ein Flügel des mächtigen Gebäudes der Bloodery. Die Regeln waren einfach: Nicht-Bloods mussten für die Bloods jeden Dienst verrichten, der von ihnen verlangt wurde: Schuhe wienern, Kleider bürsten, Hausarbeiten, Tee kochen. Ein niederer Rang konnte unter keinen Umständen irgendeine Ausrede vorbringen, und jede Weigerung wäre mit etwas viel Schlimmerem als einer öffentlichen Tracht Prügel bestraft worden. Der einzige Ort, wohin man sich davor flüchten konnte, war kurioserweise die Bibliothek – dort konnte niemand zu Fuxendiensten herangezogen werden – sodass es an fast jedem Schultag Jacks großer Ehrgeiz war, es in die Bibliothek zu schaffen, bevor ein Blood, der irgendetwas brauchte, ihn heranpfeifen konnte. Und natürlich gab es keinen Ort, an dem er sich lieber aufgehalten hätte als in der Bibliothek, selbst wenn es keine Fuxendienste und keine Bloods gegeben hätte. Aber er schaffte es selten, dorthin zu kommen.

Jacks Leben auf dem Coll sollte ihm während des Schuljahres stetig saurer werden – eine Situation, die durch die Abwesenheit Warnies, der kurz vor Jacks Ankunft fortgegangen war, um von einem Tutor (dem alten Lehrer seines Vaters, Mr Kirkpatrick) unterrichtet zu werden, noch verschlimmert wurde. Diesen Schritt war Warnie nicht aus freien Stücken gegangen. Er war ein Blood geworden, und zwar ein solcher Blood, dass er sogar als Kandidat für das Amt des Hauptpräfekten gehandelt wurde. Doch eines düsteren Tages wurde er beim Rauchen erwischt – ein schweres Verbrechen damals, obwohl er und Jack bereits beide regelmäßig rauchten – und mit dem sofortigen Schulverweis bedroht. Doch dann wurde ein rettender Kompromiss ausgehandelt: Warnie verlor seinen Status als Präfekt und verpflichtete sich, das Coll zum Ende des Trimesters zu verlassen. Da seine schulischen Leistungen ohnehin nicht ganz makellos waren, wurde er zu Mr Kirkpatrick geschickt (der inzwischen in Surrey lebte, seit er einige Jahre zuvor Irland verlassen hatte), der ihn auf die Aufnahmeprüfung für die Militärakademie Sandhurst vorbereiten sollte. Durch Warnies Weggang verlor Jack allen Schutz, den ihm ein großer Bruder, der zugleich ein Blood war, hätte gewähren können.

Die täglichen Mannschaftsspiele in Malvern machten Jack müde, die Fuxendienste raubten ihm die letzten Kräfte; und all das kam zusätzlich zu einer enormen Belastung mit Schularbeiten, denn er war – dank eines Stipendiums, das er am Ende seiner Zeit in Cherbourg erlangt hatte – in eine ungewöhnlich hohe Klasse für einen Jungen seines Alters eingestuft worden. Schon bald in seinem ersten Trimester auf dem Coll schrieb er an seinen Vater: »Die Arbeit hier ist sehr mühsam, und es ist ziemlich schwer, Zeit dafür zu finden in dem atemlosen Leben, das wir hier führen.«

»Kein wahrer Parteigänger der Public Schools wird mir glauben, wenn ich sage, dass ich müde war.« (Und in der Tat reagierten manche seiner Klassenkameraden auf die Veröffentlichung von *Überrascht von Freude*, indem sie energisch bestritten, dass an dem System der Fuxendienste irgendetwas besonders Unerfreuliches gewesen sei – wie auch Orwells Klassenkameraden ebenso energisch gegen seine Kritik an *seiner* Schule in »Such, Such Were the Joys« protestierten. Die Welt scheint voll von Leuten zu sein, die meinen, wenn sie eine bestimmte Situation nicht auf eine bestimmte Weise erlebt hätten, dann könne das auch bei keinem anderen so gewesen sein.) »Aber ich war es – hundemüde, müde wie ein Droschkengaul, fast so müde wie ein Kind in einer Fabrik.«

Und – man kann es ihm kaum verdenken – er zeigt seine Frustration. »Und das Schlimmste war mein Gesicht. Ich gehöre zu den Leuten, die ständig zu hören bekommen: ›Und mach gefälligst nicht so ein Gesicht!‹« Lewis bestritt zwar, je tatsächlich ein unverschämtes Gesicht gemacht zu haben, wenn ihm das gesagt wurde, doch Warnie erinnert sich, wie er gegen Ende von Jacks erstem Trimester zu Besuch zurück aufs Coll kam und einen anderen Eindruck gewann. Der Anlass war ein Hausbankett (ein Treffen für die ehemaligen und gegenwärtigen Mitglieder eines bestimmten Hauses oder Wohnheims innerhalb des Colleges), das Warnie als »eine lärmende, fröhliche Veranstaltung« im Gedächtnis hatte – abgesehen von »Jacks Trübsinn und Langeweile«, die »für jedermann allzu offensichtlich« und »nicht dazu geeignet waren, seine Beliebtheit innerhalb des Hauses zu steigern«. Offenbar fand selbst Warnie, Jack solle nicht so ein Gesicht machen. Im Frühjahr 1914 schrieb Warnie seinem Vater, wenn Jack »sich unbeliebt gemacht [habe], dann [habe] er sich das allein selbst zu verdanken … Es geht mir ungemein nahe, dass mein Bruder in dem Haus, in dem ich so glücklich war, ein sozialer Außenseiter ist.« Was Warnie so »nahe« ging, war sowohl Scham als auch Mitleid – doch vielleicht vor allem Scham – und darüber hinaus die schiere Verärgerung darüber, dass Jack einen Ort, den Warnie geliebt hatte und von dem er gegen seinen Willen vertrieben worden war, so abgrundtief verabscheute. Jacks Hass gegen Malvern markierte eine Abkühlung in der Beziehung der beiden Brüder, die mehrere Jahre lang nicht völlig beigelegt werden sollte. In dieser schwierigen Zeit scheinen sie sich kaum geschrieben und stattdessen lieber in Briefen an ihren Vater *übereinander* geredet zu haben.

(Die Erschaffung Boxens wurde in einem gewissen Maß während der Ferien fortgesetzt, doch »die klassische Periode« ihrer Jungenzeit war inzwischen bereits zu Ende gegangen. Freilich, wenn nichts anderes sie verband, so tat es immer noch ihre gemeinsame Frustration über die Exzentrizitäten ihres Vaters, die das einzige unerschütterliche Fundament ihrer Bindung aneinander blieb – sie nannten sie »Pigiebotianism«, ein Scherz, der auf eine Kinderfrau anspielte, die einmal gesagt hatte, sie werde ihnen die »pigiebottoms« versohlen, wenn sie sich nicht benähmen. Sie machten fast so etwas wie eine Philosophie daraus und redeten sogar von »pigiebotianischer Ethik«. Die Notwendigkeit einer gemeinsamen pigiebotianischen Front gegen den »P'daitabird« – wie sie Albert ausnahmslos nannten, um sich über seine stark »oirisch« gefärbte Aussprache des Wortes »potato« lustig zu machen – war das einzige Bedürfnis, das sie gemeinsam hatten, solange Albert lebte. Doch in fast jeder anderen Hinsicht trieb die Malvern-Krise sie auseinander.)

Jacks Briefe aus jener Zeit haben ein großes Thema: seine flehentlichen Bitten, sein Vater möge ihn irgendwie aus Malvern herausholen. »Diese Nachstellungen [der Bloods] werden nicht nur immer schwerer zu ertragen, je länger sie andauern, sondern sie werden sogar immer heftiger. ... Alle Präfekten verabscheuen mich und lassen keine Gelegenheit aus, um ihre Gehässigkeit an mir auszulassen. ... Bitte hol mich so bald wie möglich hier heraus.« So lautet der Refrain. Dazu kommen die zahlreichen Bekundungen schierer Verachtung für seine Klassenkameraden, mit besonderer Betonung ihrer englischen Art: »Diese Bestien von unbelesenen, schlecht erzogenen englischen Präfekten lauern immerzu auf eine Gelegenheit, sich auf einen zu stürzen«, berichtet er seinem Vater; einem Freund gegenüber bezeichnet er sie als »derbe, hirnlose englische Schuljungen«. Seine gesamten Erfahrungen in Malvern fasst er zusammen als »all diese Unannehmlichkeit in der Fremde«, und er ist dankbar, dass sie einen »zumindest lehrt, sein Zuhause und alles, was damit zu tun hat, im Kontrast umso mehr zu lieben.« In Malvern scheint sich Jack in einen Iren verwandelt zu haben.

Und ebenso in einen Sozialkritiker: Er beklagt die gesamte Einrichtung der Public School mit einer Intensität, die an Orwell erinnert und angesichts des Rufes als Konservativer, den der ältere C. S. Lewis hatte, recht überraschend ist: »Diese Schule [Malvern] ist ein Fehlschlag. ... Solche Schulen sind zum Scheitern verurteilt. ... Wenn man in zweihundert Jahren wieder herkäme, gäbe es keine Public Schools mehr. ... Ich für mein Teil werde froh sein, sie alle los zu sein, und würde gerne den Tag erleben, an dem sie abgeschafft werden.« Die höhnische Bosheit, mit der er sich die Zerstörung dieser Institution der herrschenden Klassen Englands ausmalt, ist deutlich zu spüren, und man könnte sich fragen, warum die Public School nicht aus Lewis ebenso einen Sozialisten gemacht hat wie aus Orwell. In *Überrascht von Freude* stellt sich Lewis dieselbe Frage und kommt zu dem Schluss, es sei schlicht sein »Hang zur Romantik« gewesen – seine tief eingeprägte Neigung, in einer Welt der Fantasie zu leben – die ihn davor bewahrte, diesen Weg einzuschlagen. Orwell, wie auch viele andere, wurde durch seine Erlebnisse politisch in Bewegung gesetzt; Lewis sagt ganz unverblümt, das Aufkommen einer »verbitterten, streitsüchtigen, skeptischen, alles entwertenden und zynischen Intelligentsia« im England des zwanzigsten Jahrhunderts sei ein »Produkt des Systems« gewesen. Lewis' eigenes Elend dagegen scheint ihn dazu gebracht zu haben, sich aus dem politischen Bereich zurückzuziehen und den Blick stärker nach innen zu richten – wenn es vielleicht auch verräterisch ist, dass Dymer, der Held in Jacks erstem Gedicht in Buchlänge (erschienen 1927), sein Exil aus der Vollkommenen Stadt damit beginnt, dass er einen Schullehrer mit einem Schlag auf den Schädel niederstreckt und tötet.

»Freilich hatte uns mein Vater ja ursprünglich gerade dazu nach [Malvern] geschickt, damit man dort Public-School-Jungen aus uns machte; doch von dem fertigen Produkt war er entsetzt.« Bedenkt man, wie sehr er die Schule hasste, so könnte man es merkwürdig finden, dass der erwachsene Lewis sich selbst im Rückblick als deren typisches Produkt sah. Doch er hat Recht. Wenn die »derben, hirnlosen englischen Schuljungen« gesellschaftliche Snobs waren, so sollte aus ihm ein intellektueller Snob werden. Wenn sie wegen seiner körperlichen Ungeschicklichkeit auf ihn herabblickten, so war er voller Hohn über ihre Unbelesenheit. Er trat in einen Krieg ein, der innerhalb des englischen Bildungswesens seit langem tobte: den zwischen den »Hearties« und den »Ästheten«. Und so wie es in der Natur der »Hearties« liegt, mit Mitleid oder Verachtung auf die zu blicken, die »für Mannschaftsspiele nicht zu gebrauchen« sind, so liegt es in der Natur der Ästheten, die intellektuell Unterlegenen und kulturell Zurückgebliebenen mit demselben Blick zu betrachten. Nach Jacks Briefen zu urteilen, sollte es noch viele Jahre dauern, bis er seine Selbstgefälligkeit ablegen konnte, und eigentlich war es erst seine Bekehrung zum Christentum, die ihr endgültig den Garaus machte.

Wenn man Lewis' schulische Leidensgeschichte kennt, wird offenbar, dass manche Szenen in den Narnia-Büchern wichtiger sind, als sie auf den ersten Blick scheinen. In *Der König von Narnia* bekommt Edmund, als er gemein zu seiner kleinen Schwester Lucy ist, von seinem großen

Bruder Peter zu hören: »Du warst schon immer gern ekelhaft zu allen, die kleiner sind als du; das haben wir ja bereits in der Schule erlebt.« Doch nachdem Edmund Aslan begegnet ist und auf seiner Seite gekämpft hat, kommen wir zu dieser Szene:

> Als [Lucy] endlich Zeit fand, nach Edmund zu schauen, war er schon wieder auf den Beinen und nicht nur von seinen Wunden geheilt, sondern sah so gut aus wie schon – oh, seit einer Ewigkeit nicht mehr; eigentlich seit seinem ersten Halbjahr auf jener grauenhaften Schule, wo er angefangen hatte, sich sehr zu seinem Nachteil zu verändern. Er war wieder er selbst, wie sie ihn von früher her kannte, und konnte einem wieder ins Gesicht schauen.

Edmund also – der »verbitterte, streitsüchtige, skeptische« Edmund (wie wir ihn nennen könnten), der über seine Erlebnisse in Narnia lügt und sich mit der Weißen Hexe zusammentut, um eine Machtstruktur umzustürzen, die ihn immer im Schatten seines großen Bruders Peter stehen lässt – ist ebenso sehr ein »Produkt des Systems«, wie es George Orwell war. (Und wenn Peter, was anzunehmen ist, auf dieselbe »grauenhafte Schule« geht, dann hatte vielleicht Peter – der sich bei Aslan dafür entschuldigt, wie er mit Edmund umgegangen ist – bisher ein bisschen zu viel von einem Blood.) Wenngleich Edmunds Public School zweifellos weitaus traditioneller war als die von Eustace Scrubb, ist doch die *Herr-der-Fliegen*-ähnliche Soziodynamik der Unterdrückung der Schwachen durch die Starken am Experiment House ebenso vorherrschend, wie sie es in Jacks Malvern war. Bevor er nach Narnia kam, war Eustace jemand, der »Denen die Stiefel leckte und sich lieb Kind machte und ständig nach Deren Pfeife tanzte«, wie Jill Pole es im ersten Kapitel von *Der silberne Sessel* ausdrückte. Nach Narnia hört er damit auf, selbst wenn er dafür »Folter« erleiden muss. Wenn Lewis sich selbst als Jungen als selbstgefällige Intelligenzbestie bezeichnet, beschreibt er damit jemanden, der mehr Ähnlichkeit mit Edmund und Eustace vor ihrer Begegnung mit Aslan hat als mit ihrer Persönlichkeit danach. Und wenn er andeutet, dass erst eine Art *Bekehrung* ihrer Widerwärtigkeit ein Ende machte, kann es uns zu denken geben, dass seine eigene Bekehrung erst stattfand, als er schon seit fünfzehn Jahren aus der Schule heraus war. Offensichtlich glaubte Lewis, dass der soziale Druck der Schule langfristige Auswirkungen hatte. Wir sehen sie in vollkommener Klarheit in *Die böse Macht* in der Figur Mark Studdocks vor uns, dessen kindliches Bestreben, zum »inneren Kreis« zu gehören, ihn als Erwachsenen – und sogar als hoch gebildeten und intelligenten Erwachsenen – unwiderstehlich dem unheilvollen Regime des National Institute of Co-ordinated Experiments oder N. I. C. E. auf den Leim gehen lassen. (»Stone hatte den typischen Blick, den Mark oft bei unbeliebten oder neuen Jungen in der Schule gesehen hatte ... Es war ein Blick, der für Mark das Symbol seiner schlimmsten Befürchtungen darstellte, denn einer zu sein, der mit diesem Gesichtsausdruck umhergehen musste, stellte in seiner Werteskala das schlimmste Übel dar.«)

Doch diese Überlegungen gehören weit in die Zukunft; fürs Erste haben wir es immer noch mit einem unglücklichen kleinen Jungen zu tun, der unter seiner Gefangenschaft in Malvern leidet. Albert Lewis mag ein starrköpfiger Mann gewesen sein, aber er war ein liebevoller Vater, und Jacks flehentliche Bitten um Befreiung machten ihm echte Not. Ob Jack nun selbst daran schuld war oder nicht, der Junge war wirklich zutiefst unglücklich, und Alberts Reaktion war voller echten, tiefen Mitgefühls. Auf Warnies Brief, in dem es geheißen hatte, Jack habe sich sein Elend »allein selbst zu verdanken«, erwiderte Albert besonnen und mitfühlend: »Er ist nicht allein daran schuld. Jungen, ebenso wie Männer, sind natürlich aus unterschiedlichem Holz geschnitzt, und ich muss ehrlich zugeben, so wie ich Jacks Denken und seinen Charakter kenne, überrascht es mich nicht sehr, festzustellen, dass er und die Public School nicht zueinander passen. Wenn ich das sage, gebe ich die Schuld weder dem einen noch der anderen. Er ist einfach dort nicht in der für ihn geeigneten Umgebung.« Warnie stimmte zu, dass Jack in Malvern nie auf einen grünen Zweig kommen würde und, wenn möglich, von dort weggeholt werden müsse. Doch selbst dann noch hätte Albert ihn möglicherweise durchaus noch für ein oder zwei Jahre dort gelassen, hätte sich nicht eine verlockende Alternative geboten. Diese Alternative war Mr Kirkpatrick.

Er war ein Mann, dem Albert Lewis ohnehin große Zuneigung und Achtung entgegenbrachte, doch darüber hinaus hatte er auch wahre Wunder bei Warnie vollbracht. Ursprünglich hatte er keine großen Hoffnungen gehabt: Wenngleich er Warnies »freundliche Art« bewunderte, hatte Kirkpatrick rundheraus erklärt, es sei »zu spät, um noch Interesse am Wissen bei ihm zu wecken«. Dennoch verschaffte er Warnie innerhalb weniger Monate so viel Wissen, dass er nicht nur die Aufnahmeprüfung für Sandhurst schaffte, sondern sogar den Rang eines »Preiskadetten« erlangte. (Unter 201 erfolgreichen Bewerbern belegte Warnie den einundzwanzigsten Platz.) Und wenn er all das für Warnie tun konnte, vielleicht könnte er dann ja auch manche der Probleme von Alberts jüngerem Sohn lösen. In der Hoffnung, Kirk für den Gedanken erwärmen zu können, nochmals einen Hausschüler aufzunehmen – eine Aussicht, die dem alten Mann grundsätzlich nicht sehr willkommen war – war Albert so frei, ihm einige Proben aus Jacks Übersetzungen aus dem Lateinischen zu schicken. Kirk schrieb zurück: »Die Versübersetzungen, die Du beigelegt hast, sind atemberaubend. Das ist eine erstaunliche Leistung für einen Jungen in seinem Alter – ja, für einen Jungen in jedem Alter. Um seine literarische Fertigkeit könnten ihn bewährte Meister des Handwerks beneiden.« Im Frühjahr 1914 stimmte Kirk Alberts Vorschlag zu, dass Jack im September nach Surrey ziehen würde, um bei dem Mann zu wohnen und zu lernen, den sie den »Großen Knock« nannten.

Doch diese Erzählung ist nun lange genug vorangeschritten, ohne die andere Hälfte von Jacks Geschichte zu betrachten: sein Innenleben. Dies jedoch ist auch nicht so einfach, denn dieser außerordentlich begabte Junge entwickelte sich in mehrfacher Hinsicht und auf mehreren Ebenen gleichzeitig. Was ich sein Innenleben genannt habe, war keine einheitliche Sache, sondern eher eine vielschichtige, komplexe Reihe von Erfahrungen mit komplexen Bezügen untereinander. Die Vielfältigkeit des erwachsenen Lewis – all das, was seinen Freund Barfield dazu brachte zu sagen, es gebe »fünf C. S. Lewisse« – war schon in Jacks frühen Teenagerjahren offensichtlich. Drei Arten von Erlebnissen, die vielleicht miteinander zusammenhängen und vielleicht auch nicht, spielen in dieser Geschichte eine Rolle. Lewis schien der Meinung zu sein, sie hätten nichts miteinander zu tun; mein Eindruck ist, dass es doch so sein könnte.

Da ist zuerst das Christentum. Ich habe bereits davon gesprochen, dass Lewis bestritt, irgendeine wirklich »religiöse Erfahrung« gemacht zu haben, als er für die Heilung seiner Mutter und dann, nach ihrem Tod, für ihre Auferstehung betete. Ausgerechnet während seiner Zeit in Wynyard wurde echter christlicher Glaube zum ersten Mal Teil seines Lebens. Oldie mag ein übler alter Sadist gewesen sein, doch die örtliche Kirchengemeinde – zu deren wöchentlichem Besuch die Jungen angehalten wurden – erwies sich als etwas ganz anderes und viel Besseres. Jacks erste Reaktion darauf war durch und durch negativ: Bald nach seiner Ankunft im Herbst 1908 schrieb er seinem Vater: »In der Kirche gefällt es mir hier überhaupt nicht, weil sie so furchtbar hochkirchlich ist, dass sie genauso gut gleich römisch-katholisch sein könnte.« Das Anglikanertum Ulsters, das Jack bis dahin kannte, war durch und durch protestantisch, mit einer vereinfachten Liturgie und gewiss ohne all das »Räucherwerk und Glockengeläut«, das er in der Kirche in Watford fand. Tatsächlich ist nicht klar, ob er sich mit all diesem anglokatholischen Beiwerk jemals aussöhnte. Doch »was wirklich zählte, war, dass ich hier die Lehren des Christentums (nicht zu verwechseln mit allgemeiner ›Auferbauung‹) hörte, vorgetragen von Männern, die offensichtlich daran glaubten.« Obwohl Lewis den Vergleich nicht anführt, muss man wohl schließen, dass »Auferbauung« die gewohnte Kost zu Hause in St. Mark's in Dundela gewesen war und dass der junge Jack auf ganz und gar intellektuelle Weise darauf ansprach, als ihm etwas Substanzielleres angeboten wurde.

Emotional jedoch bestand seine vorrangige Reaktion auf die Lehren, denen er hier begegnete, in Furcht: »Ich fürchtete um meine Seele ... Ich fing an, ernsthaft zu beten, meine Bibel zu lesen und, so gut ich konnte, meinem Gewissen zu gehorchen.« Merkwürdigerweise sagt er, die »Wirkung« dieser Furcht sei eine »ausschließlich heilsame« gewesen, denn sie veranlasste ihn zu diesen tugendhaften Bemühungen. Wenn es auch tatsächlich heißt: »Die Furcht des Herrn ist der Weisheit Anfang« (Psalm 111,10), bin ich mir nicht sicher, ob der Rest der Geschichte das Urteil des erwachsenen Lewis bestätigt. Doch wie auch immer, vom Alter von zehn bis zwölf oder dreizehn Jahren war Jack ein gläubiger Christ, der seine Pflichten sehr ernst nahm – vielleicht zu ernst. Er scheint sehr hart an seinem Christsein gearbeitet zu haben: Es genügte ihm nicht zu beten, sondern er war entschlossen, mit seinem Gebet eine »Verwirklichung« zu erlangen, das heißt »eine gewisse Lebhaftigkeit der Vorstellung und der Gemütskräfte«. Es fällt schwer, nicht zu glauben, dass diese Entschlossenheit etwas mit der Furcht zu tun hatte: Glaubte Jack nicht auf irgendeiner Ebene, dass ein un- »verwirklichtes« Gebet ihn nicht vor dem Gericht retten würde, das er fürchtete? Von dem Gedanken, dass Gott gnädig und barmherzig ist, finden wir in Lewis' Schilderung seiner Kindheitsgläubigkeit keine Spur. Das Gebet war eine Pflicht und Bürde, und (da er nie zuversichtlich sein konnte, dass seine Gebete tatsächlich »verwirklicht« worden waren) eine Bürde, die ihn fast buchstäblich wahnsinnig machte.

Befreit wurde er von dieser Bürde durch eine merkwürdige Kombination von Faktoren. Der erste war etwas, was sich aus seinen Studien ergab. Viele Jahre später schrieb er: »Mein [christlicher] Glaube wurde zuerst durch die Einstellung gegenüber der *heidnischen* Religion in den Anmerkungen moderner Herausgeber der lateinischen und griechischen Dichter untergraben, die ich in der Schule las. Sie gingen immer davon aus, dass die alte Religion purer Irrtum war« – also dass die Überzeugungen der vorchristlichen Kulturen nichts als abergläubischer Unsinn seien. Möglicherweise waren diese Herausgeber selbst Christen und versuchten lediglich, andere Religionen zu verunglimpfen; oder vielleicht waren sie Ungläubige, die *alle* Religionen für Aberglauben hielten. Wie auch immer, auf den jungen Jack wirkte sich das so aus, dass er ihre Kritik auch auf seine eigene Religion ausdehnte: »Daher ergab sich für mich die offensichtliche Frage: ›Warum sollte die unsere nicht ebenso falsch sein?‹«

Nach dieser intellektuellen Herausforderung kam das ungeschickte und gedankenlose Eingreifen einer Hausmutter an der Cherbourg School namens Miss Cowie. Miss Cowie war eine Vertreterin einer ganz typischen englischen Art; eine Frau voller Warmherzigkeit und Freundlichkeit, die sich für die spirituelle Welt begeisterte – heute würde man jemanden wie sie eine Vertreterin der New-Age-Spiritualität nennen. »So irrte sie … in den Labyrinthen der Theosophie, des Rosenkreuzertums, des Spiritismus und der ganzen anglo-amerikanischen okkultistischen Tradition umher« – eine Tradition, die in den Jahren von Lewis' Kindheit eine besondere Blüte hatte. Der Einfluss dieser unheimlichen Welt auf Lewis' Leben und Charakter ist groß, wenn er auch meistens von seinen Biografen vernachlässigt wird. Wie Lewis in *Überrascht von Freude* schreibt, setzten Miss Cowies Andeutungen über eine verborgene spirituelle Wirklichkeit in ihm »etwas in Gang, das mir seither immer wieder einmal reichlich Schwierigkeiten bereitete – das Verlangen nach dem Übernatürlichen als solchem, die Leidenschaft für das Okkulte«. Bemerkenswert ist, dass Lewis von diesen Schwierigkeiten im Original nicht in der einfachen Vergangenheit spricht; die Grammatik deutet darauf hin, dass er zu der Zeit, als er dies schrieb – also zur selben Zeit, als er auch die Narnia-Bücher schrieb – immer noch nicht völlig davon verschont war. (Tatsächlich sollte ihn das »Verlangen nach dem Übernatürlichen« selbst am Ende seines Lebens, nach dem Tod seiner Frau, noch in Versuchung bringen.) Das heißt natürlich nicht, dass er sich für irgendeine Form von Spiritismus *geöffnet* hätte, aber es deutet darauf hin, dass er den Durst, den der Spiritismus zu stillen verheißt, immer noch empfand.

Diese »Tradition« – diese Bewegung oder Gruppe von Bewegungen – war in England gegen Ende des neunzehnten Jahrhunderts erstarkt; meist trat sie im Gewand irgendeiner »Weisheit aus dem Osten« auf, wenn es auch sehr viele Kulturen gab, die östlich von England lagen. Manchmal hieß Osten so viel wie Russland – wie im Fall der Madame Blavatsky, deren Buch *The Secret Doctrine* (1888) zum Gründungsdokument der Theosophie wurde, oder etwas später bei Mystikern wie Gurdjeff und Ouspensky – aber noch häufiger lag der Ursprung vielleicht in Indien. Etwa um dieselbe Zeit, als Madame Blavatsky ihre größten Erfolge hatte, brachte Swami Vivekananda die Alle-Religionen-sind-eins-Botschaft seines Meisters Sri Ramakrishna in den Westen. (Er war die dynamischste Gestalt auf dem Parlament der Religionen, das 1893 in Chicago abgehalten wurde.) Auch das Ouija-Brett war ein Produkt, das aus dieser Saat hervorging, und überall in England und Amerika hielten Leute Séancen ab, um mit ihren verstorbenen Lieben zu sprechen.

Die Botschaften von spiritueller Einheit und der Möglichkeit okkulter Erfahrungen waren besonders anziehend für Leute, deren Glaube an das orthodoxe Christentum erschüttert oder gar zerstört war durch den aggressiven »wissenschaftlichen« Agnostizismus oder Atheismus, wie ihn viele Anhänger Darwins vertraten, oder auch durch den philosophischen Atheismus (unter anderem) vieler Marxisten. Eine charakteristische Gestalt am *Fin de Siècle* in England war die große politische Agitatorin und Vorkämpferin der Geburtenkontrolle, Annie Besant (1847–1933), deren Weg vom orthodoxen Christentum in ihrer Jugend über Zweifel bis zum Atheismus führte – und die dann zu einer glühenden Anhängerin der Theosophie Madame Blavatskys wurde. Die letzten Jahrzehnte ihres Lebens verbrachte Besant in Indien, das sie als ihre spirituelle Heimat auserkoren hatte.

Eine weitere charakteristische Gestalt, die (wie wir noch sehen werden) Lewis näherstand, war der Dichter William Butler Yeats. »Ich bin sehr religiös«, schrieb er einmal, »und nachdem mich Huxley und Tyndall, die ich verabscheute, der schlichtsinnigen Religion meiner Kindheit beraubt hatten, hatte ich eine neue Religion gemacht.« (Thomas Henry Huxley und John Tyndall, ein Wissenschaftler und ein Arzt, gehörten zu den prominentesten Gegnern des Christentums in der viktorianischen Zeit.) Schon 1887, als er erst zweiundzwanzig war, wurde

Yeats in eine Gesellschaft aufgenommen, die sich »Hermetic Students« nannte – wobei »Hermetic« sich auf Hermes Trismegistos bezog, einen legendären Zauberer der Antike, und allgemeiner auf spirituelles Geheimwissen. Später wurde er auch in den »Order of the Golden Dawn« aufgenommen, eine Organisation, die auch Aleister Crowley anlockte, einen Schwarzmagier und Satanisten, der sich selbst gerne als »das Tier aus der Offenbarung« bezeichnete. Yeats war kein Satanist, aber die »neue Religion«, die er schuf, entwickelte sich zu etwas, das er gerade zu der Zeit, als Jack Lewis unter den Einfluss Miss Cowies geriet, gerne einfach als »Magie« bezeichnete – »was ich die Beschwörung von Geistern nennen muss, obwohl ich nicht weiß, was sie sind.«

Welchen Reiz das alles auf den jungen Jack ausübte, ist offensichtlich. Das Christentum erlebte er, wie wir gesehen haben, fast ausschließlich als eine schmerzliche und von Furcht begleitete Pflicht. Unaufhörlich bemühte er sich, Gebete hervorzubringen, von denen er glauben konnte, dass sie volle Gültigkeit hatten, doch er wusste niemals, ob er dieses Ziel erreicht hatte. Er befand sich auf einer geistlichen Tretmühle, ohne jede Hoffnung, je von ihr herabsteigen zu können. Was ihm Miss Cowies schwammiger Spiritismus verhieß, war die Möglichkeit, dass es da draußen Etwas gab, eine Höhere Macht oder Tiefere Bedeutung oder Geisterwelt – kurz, eine Version der Transzendenz, die allen Reichtum an Möglichkeiten bot, aber keine *Forderungen* an irgendjemanden stellte. »Aus dem tyrannischen Mittag der Offenbarung ging ich über in das kühle Abendzwielicht des ›höheren Denkens‹, wo nichts befolgt oder geglaubt werden musste außer dem, was entweder tröstlich oder erregend war.« Befreit von der Bürde des Gebets hatte Jack, als er Malvern schließlich verließ, bereits aufgehört, ein Christ zu sein. »Und was für eine Erleichterung das war!« Als er älter wurde, lockten ihn die hermetischen – das heißt, die geheimnisumwobenen – Aspekte des Okkulten: »Der Gedanke, dass das okkulte Wissen, fall es wirklich existierte, nur sehr wenigen Menschen bekannt und von der Masse verhöhnt wurde, machte es für mich umso attraktiver; ›wir wenigen‹ war … ein sehr anregender Ausdruck für mich.« Je bewusster ihm seine Fähigkeit wurde, sich das Wissen der Gelehrten zu erwerben, desto begehrenswerter erschien ihm vielleicht noch die mögliche Erlangung dieser esoterischeren, aber zugleich auch praktischeren Weisheit. Sicherlich empfand der ältere Lewis, dass er zu dieser Zeit seines Lebens in wirklicher Gefahr geschwebt hatte: »Hätte es damals in der Nachbarschaft irgendeine ältere Person gegeben, die im Schmutz der Magie herumwühlte (solche Leute haben einen guten Riecher für potenzielle Jünger), dann wäre ich heute vielleicht ein Satanist oder ein Wahnsinniger.«

Die erste Art von Erlebnissen, die den heranwachsenden Jack Lewis prägte, war also die christliche Religion; die zweite war Miss Cowies Spiritismus, die an die Stelle jener Religion trat, nachdem diese durch seine klassische Bildung unterhöhlt worden war. Doch noch wichtiger als diese beiden und in gewisser Hinsicht mit beiden zusammenhängend war sein imaginatives Leben – seine instinktiven ästhetischen Reaktionen auf Kunst, aber auch auf die Natur. Und diese Reaktionen drehten sich immer mehr um etwas, das er sich als junger Erwachsener bereits »Freude« zu nennen angewöhnt hatte. Bei dieser Bezeichnung würde er immer bleiben, auch wenn sie für die meisten Leser irreführend wirkt – auf sie bezieht sich auch der Titel seiner Autobiografie, was uns einen Anhalt gibt, wie wichtig die Freude für ihn war. Als er in seiner Autobiografie zum ersten Mal davon spricht, gibt er ihr einen gebräuchlicheren Namen: In Erinnerung an die Wirkung, die der Anblick der Castlereagh Hills durch sein Kinderzimmerfenster auf ihn hatte, schreibt er: »Sie lehrten mich die Sehnsucht und machten mich, zum Wohl oder Wehe, bevor ich sechs Jahre alt war, zu einem andächtigen Verehrer der Blauen Blume.«

Von allen Büchern von Lewis ist *Überrascht von Freude* vielleicht dasjenige, das am prallsten mit unerklärten und geheimnisvollen literarischen Anspielungen gefüllt ist – als ob er beim Erzählen seiner eigenen Geschichte für einen Moment vergisst, dass fast keiner seiner Leser so gelehrt ist wie er – und für heutige Leser wird wohl seine Erwähnung der »Blauen Blume« zu den eher geheimnisvollen Bezügen gehören. Er denkt dabei an Novalis – so der *nom de plume* des deutschen romantischen Dichters Friedrich von Hardenberg, der 1801 im Alter von neunundzwanzig Jahren starb. Der Held in Novalis' unvollendetem allegorischen Roman *Heinrich von Ofterdingen* ist besessen von der Vision einer blauen Blume, die ihm zuerst in den Erzählungen eines Fremden und dann in Träumen begegnet:

> ... fernab liegt mir alle Habsucht, aber die blaue Blume sehn ich mich zu erblicken. Sie liegt mir unaufhörlich im Sinn, und ich kann nichts anders dichten und denken. ...
> Es ist mir oft so entzückend wohl, und nur dann, wenn ich die Blume nicht recht gegenwärtig habe, befällt mich so ein tiefes, inniges Treiben; das kann und wird keiner verstehn. Ich glaubte, ich wäre wahnsinnig, wenn ich nicht so klar und hell sähe und dächte, mir ist seitdem alles viel bekannter.

Er »sehnt« sich nach der Blume – und doch erscheint ihm nichts, was er ergreifen könnte, so begehrenswert wie jene Sehnsucht selbst. Dies ist das Paradoxon der *Sehnsucht*: dass sie, obwohl man sie in gewissem Sinne als ein negatives Erlebnis bezeichnen könnte, da sie das Augenmerk auf etwas richtet, was man nicht besitzen und nicht erreichen kann, dennoch ungemein verführerisch ist. Man kann nicht direkt sagen, dass sie *Vergnügen* bereitet – es ist ja eine Art Schmerz mit dem Gefühl der Unerreichbarkeit verbunden, das die Sehnsucht stets begleitet – und doch, so drückt es Lewis aus, ist sie »ein unerfülltes Begehren, das an sich schon begehrenswerter ist als jede andere Erfüllung«. Darum nannte er sie Freude: weil das Wort *Sehnsucht* nichts davon erkennen lässt, wie begehrenswert das Gefühl selbst ist. Vermutlich *wünscht* sich niemand, in einem Zustand der Sehnsucht zu sein, aber jeder möchte gerne Freude erleben.

Der Junge Jack entdeckte eine Version der Suche nach Freude, als er die Castlereagh Hills betrachtete; eine andere, als er Beatrix Potters *Eichhörnchen Nusper* las, in dem die der Herbstzeit eigenen Sehnsüchte beschworen werden; und wieder eine andere, als er eine von Henry Wadsworth Longfellows »Altnordischen Balladen« las:

Ich hörte eine Stimme rufen –
»Balder der Schöne
ist tot, ist tot!« –
und durch die Nebelluft
ziehn wie der Klageruf
der Kraniche zur Sonne hin.

In seinen Jugendjahren wurde die Suche nach der Freude für ihn zur Besessenheit, und diese Besessenheit ließ ihn bis ins frühe Erwachsenenalter nicht mehr los. In dem Tagebuch, das er zwischen 1922 und 1927 führte, hält er jede ihrer Manifestationen fest, so flüchtig oder schwach sie auch waren. Das Verlangen nach dem Verlangen, die Suche nach Freude, führte ihn von Longfellow zu allem anderen Altnordischen und allgemein Nordischen – und zu seinem Glück war dies eine Vorliebe, die sich zu seiner Zeit leicht befriedigen ließ, dank der enormen Beliebtheit der Musik Richard Wagners. Schon eine Besprechung von Margaret Armours Übersetzung von *Siegfried und die Götterdämmerung* – die Jack um Weihnachten 1911 zu Gesicht bekam – ließ sein Sehnen nach der Freude erneut aufflammen. (Dies wirkte auch als Ergänzung zu Octies Unterricht und half mit, ihn von dem literarischen »Schund« zu lösen, den er zuvor verschlungen hatte.) Von Armours Buch mit seinen Illustrationen von Arthur Rackham ging Jack weiter zu Aufnahmen der Wagner-Opern selbst, und von dort zu allen möglichen altnordischen und germanischen Legenden und Erzählungen. Er schrieb sogar selbst eine Verstragödie namens *Der gebundene Loki*, worin (wie er später erkannte) Lokis Rebellion gegen die Götter des Nordens eine verschleierte Version von Jacks eigener Rebellion gegen die Machtstrukturen am Coll war. Thor entpuppt sich hier als typischer Blood: Loki durchschaut ihn mühelos – und bekommt vermutlich infolgedessen zu hören, er solle nicht so ein Gesicht machen. (Eines ist allerdings seltsam an Jacks Identifikation mit Loki, denn Loki ist schließlich derjenige, der aus purer Bosheit den Tod Balders des Schönen herbeiführt.)

Nachdem er die Freude wiedererweckt hatte – ungefähr in seinem dreizehnten Lebensjahr – war Jack auf dem Weg, er selbst zu werden. Nichts war seinem innersten Wesen näher als dieses Erlebnis: »In einem gewissen Sinn handelt die zentrale Geschichte meines Lebens von nichts anderem.« Doch nur in einem gewissen Sinn: Später sollte er entdecken, dass seine Suche nach der Freude von Anfang an auf einem Missverständnis beruhte. Doch das würde erst viele Jahre später geschehen; und erst dann würde er verstehen und annehmen, wofür die Freude *wirklich* stand. In der Zwischenzeit würde seine Suche nach Freude, neben seinem Interesse an okkulten spirituellen Erfahrungen, ihm das geben, was sein kindliches Christentum ihm offenkundig nicht hatte geben können. Wenn seine Experimente mit dem Gebet nichts als eine lästige Pflicht gewesen und ihm nichts als ein Gefühl ständig wachsender Verpflichtungen gegeben hatten, die er nie ganz erfüllen konnte, so wiesen diese anderen Erlebnisse auf eine offenere Innenwelt hin, eine Welt, in der das Entzücken noch möglich war, und sogar noch etwas, das mehr war als Entzücken – eine Welt, die immerzu kurz davor war, etwas Schönes und Unendliches zu enthüllen, aber ohne Forderungen zu stellen, und nicht so bedrohlich, dass ein mutiger Junge die Gefahren nicht auf sich nehmen könnte.

Ja, die wirklichen Gefahren lagen im christlichen Glauben: jene Gefahren, die durch das Gespenst trostlosen und unerreichbaren Gehorsams heraufbeschworen wurden. Zwanzig Jahre später würde Lewis eine allegorische Geschichte namens *Flucht aus Puritanien* schreiben, in der ein junger Mann namens John in Furcht und Schrecken vor einer großen, allmächtigen Gestalt lebt, die König genannt wird. Als John schließlich zu ahnen beginnt, dass der König nicht das Ungeheuer ist, für das er ihn einst gehalten hat, sagt er zu einer Figur namens Vater Geschichte: »Ich habe schreckliche Angst. Ich habe Angst, dass das, was der König mir in Wirklichkeit bestimmt hat, ganz und gar anders ist als das, was er mich zu ersehnen gelehrt hat.« Mit anderen Worten: Was ist, wenn es bei Gott keinen Platz für die Freude gibt? Dann wäre es wohl besser, sich diesen Gott auf Armeslänge vom Leib zu halten – oder noch weiter, wenn möglich.

DREI

»Nektar und Ambrosia«

Bei allem Elend seines Lebens in Malvern wurde Jack ein großer Segen zuteil: Harry Wakelyn Smith, der Lateinlehrer, den die Jungen Smugy nannten – oder Smewgy, nach der phonetischen Schreibweise, die Lewis in *Überrascht von Freude* verwendete.* In vieler Hinsicht setzte Smith das Werk fort, das Lewis Alden auf dem Campbell College begonnen hatte: Als er den Jungen sagte, eine Zeile von Milton (»Thrones, Dominations, Princedoms, Virtues, Powers« – die Anrede einer Ansprache Satans an seine Dämonen) habe ihn eine Woche lang glücklich gemacht, verstärkte er damit die Vorstellung von Poesie als einem Genuss und Vergnügen. Da er ein außerordentlich anspruchsvoller Lehrer war, war er auch der Hauptgrund dafür, dass Jack sich von seinen Schularbeiten überwältigt fühlte, doch obwohl der Junge sich nicht scheute, sich bei seinem Vater über Smiths Anforderungen zu beklagen, machte er zugleich deutlich, dass er Smith rückhaltlos bewunderte und seine helle Freude an dem Gelernten hatte. »Wie können Leute sich für ›moderne‹ Bildung aussprechen? Was könnte besser oder

* Die Vorliebe für lächerliche oder kindische Spitznamen – eher typisch für die Zeit als für Jack persönlich – wird nach einer Weile etwas ermüdend. In »Such, Such Were the Joys« sagt Orwell, sie hätten ihren Schulleiter Sim und seine Frau Bingo genannt, obwohl das eine Tarnung ist: In Wirklichkeit nannten sie den Schulleiter Sambo und seine Frau Flip. Sowohl Orwell als auch Lewis gaben auch ihren Schulen fiktive Namen: Bei Orwell wird aus St. Cyprian's »Crossgates«, während bei Lewis Cherbourg zu Chartres, Malvern zu Wyvern und natürlich Wynyard zu Belsen wird. Die Geschichten beider Männer haben auffällige und eigentümliche Parallelen, die aber rein zufällig sind. Lewis arbeitete noch an seinem Buch, als Orwell starb, und Orwells Essay wurde erst nach der Vollendung von *Überrascht von Freude* veröffentlicht – und in England erst lange nach Lewis' Tod. Jedenfalls werde ich, statt unserer Sammlung aus Oldie, Octie, Pogo und dem Großen Knock auch noch einen Smugy hinzuzufügen, diesen Mann Smith nennen.

genussreicher sein, als die größten Meisterwerke aller Zeiten zu lesen, und das unter einem Mann [Smith] der sie sich wirklich zu eigen gemacht hat?« Zugleich jedoch macht sich Jack in seinen Briefen nach Hause Sorgen, Smith könnte davon erfahren, wie unglücklich er war oder wie schwer es ihm fiel, in der Schule Schritt zu halten: »Meine größte Furcht ist, dass er einen schlechten Eindruck bekommen könnte, und ich schätze seine Meinung über jede andere.« Auf keinen Fall wollte er, dass Smith erfuhr, dass er sich anschickte, Malvern zu verlassen – obwohl er schon im Frühjahr 1914 erfuhr, dass er im Herbst als Hausschüler zu Mr Kirkpatrick gehen würde, hielt er dies streng geheim.

Das erste, was Jack an Smith auffiel, war sein *Benehmen*, das in krassem Gegensatz zu dem stand, was sonst am Coll üblich war: »Mitten in all den banalen Ambitionen und dem billigen Glanz des Schullebens stand er als ständige Erinnerung an schönere, menschlichere, größere und kühlere Dinge.« (Als Lewis selbst Lehrer wurde, eiferte er in seinem Benehmen weitgehend dem von Smith nach.) Doch Smith war es auch, der anfing, Jack zu einem Gelehrten zu machen: Er demonstrierte, dass das Ernstnehmen der grammatischen und syntaktischen Feinheiten eines antiken Textes eng, ja unverzichtbar verbunden war mit dem Ernstnehmen seiner literarischen Qualität. Solchermaßen gezwungen, Latein und Griechisch intensiver zu lernen, als er es je zuvor getan hatte, kam Jack nun erstmals »auf den Geschmack der klassischen Dichtung«. Damit eignete er sich einen Geschmack an, der ihm für den Rest seines Lebens gute Dienste leisten würde – und er würde schon sehr bald anfangen, ihm gute Dienste zu leisten, nämlich sobald er anfing, beim Großen Knock zu lernen.

Als Jack erstmals in Surrey eintraf, so erzählt er in *Überrascht von Freude*, hatte er sich auf eine unangenehme Begegnung mit Mr Kirkpatrick gefasst gemacht. »Wir [er und Warnie] hatten unser ganzes Leben lang von ihm gehört, und so hatte ich einen sehr klaren Eindruck davon, was auf mich zukam. Ich war darauf vorbereitet, eine ständige lauwarme

Dusche aus Sentimentalitäten zu erhalten.« Besonders lebhaft war in Jacks Erinnerung eine Lieblingsgeschichte seines Vaters, in der Kirkpatrick als Schulleiter am Lurgan College, einen unglücklichen jungen Albert tröstete, indem er »seinen lieben alten Backenbart an meines Vaters jugendlicher Wange« rieb. Dann stand er dem hoch gewachsenen, knorrigen Mann auf dem Bahnhof von Great Bookham gegenüber, und seine »Wange kitzelte schon in Erwartung. Würde er sofort beginnen?«

So beginnt eine der witzigsten und herrlichsten Passagen in Lewis' gesamtem Werk: die Geschichte seiner Begegnung mit Mr William T. Kirkpatrick – auch Kirk, oder der Knock oder der Alte Knock oder der Liebe Alte Knock oder der Große Knock genannt. Es ist nicht ganz leicht zu glauben, dass Lewis' Schilderung ihres ersten Zusammentreffens vollkommen *akkurat* ist – schließlich hatte Warnie gerade eine Zeit unter Kirks Tutorenschaft hinter sich und war bestens gerüstet, zu bestätigen oder zu widerlegen, was sein Vater über diesen »Erz-Sentimentalisten« gesagt hatte. Doch vielleicht ließ ja Warnie angesichts der Spannungen in der Beziehung der Brüder zu jener Zeit Jack erst einmal zappeln vor Furcht vor einer zuckersüßen Emotionsattacke, von der Warnie wusste, dass sie nie kommen würde.

Und sie würde nie kommen, denn, wie Jack bald entdeckte: »Wenn je ein Mensch annähernd so etwas war wie ein rein logisches Wesen, dann war es Kirk.« Schon auf dem Marsch vom Bahnhof zurück zu Kirks Haus unterzog er Jack nicht etwa einer »lauwarmen Dusche aus Sentimentalitäten«, sondern einer unerbittlichen Bloßstellung seiner jugendlichen Unwissenheit und Unvernunft – und alles nur, weil Jack unvorsichtigerweise die Bemerkung gewagt hatte, die Landschaft Surreys sei »wilder«, als er erwartet habe. Kirk brauchte nicht lange, um mit erschreckender Stringenz zu demonstrieren, dass Jack »mit dem Wort ›Wildheit‹ keine klare und deutliche Vorstellung verband« und dass er zudem keinerlei Rechtfertigung dafür habe, »überhaupt irgendeine Meinung« über die Flora, Fauna oder Geologie von Surrey zu äußern.

»An diesem Punkt«, schreibt Lewis, den die Erinnerung daran noch vierzig Jahre später ziemlich mitzunehmen scheint, »war unsere Bekanntschaft gerade etwa dreieinhalb Minuten alt; doch der Ton dieses ersten Gesprächs hielt sich ohne die kleinste Unterbrechung durch all die Jahre, die ich in Bookham verbrachte.« Und er genoss jede Minute: »Manchen Jungen hätte das nicht gefallen; für mich war es Nektar und Ambrosia.« Unter Kirks Anleitung entwickelte er die Fertigkeiten in Logik und Beweisführung, die bisher in seinem Leben nicht entwickelt und vielleicht noch gar nicht erkannt worden waren – seine Mutter war zwar Logikerin und Mathematikerin gewesen, doch sein »sentimentaler, leidenschaftlicher und wortgewaltiger« Vater hatte in seiner Kindheit die beherrschende Rolle gespielt, und so kam erst jetzt diese andere Seite seines Erbguts zum Zuge. In seinem späteren Leben würde er berühmt – bei seinen Gegnern berüchtigt – für seine scharfe Debattierkunst sein, doch ohne Kirks Tutorenschaft ist es unwahrscheinlich, dass er je annähernd so geschickt darin geworden wäre. Seine letzten Worte über Kirk in *Überrascht von Freude* sind bewegend und kommen aus tiefstem Herzen: »Ich verdanke ihm sehr viel, meine Ehrerbietung ihm gegenüber ist bis zu diesem Tag unvermindert.«

Kirk war ein Original erster Güte, und so verwundert es nicht, dass er in der einen oder anderen Form Eingang in Lewis' Erzählwerk fand. Das unmittelbarste Porträt ist McPhee in *Die böse Macht*. Weil es ihn zum Guten hinzieht, sucht McPhee die Nähe Ransoms, des »Direktors« einer kleinen Gemeinschaft von Menschen, die sich in einem tiefen geistlichen Kampf gegen die Kräfte des Bösen befinden, doch McPhees Unfähigkeit, die supranaturalistischen Überzeugungen der Gemeinschaft zu akzeptieren, macht ihn zum beständigen Randsiedler. Dieses Porträt hat eine traurige Aufrichtigkeit an sich: Man weiß nicht recht, ob man McPhee für seine Integrität loben oder seine Starrköpfigkeit beklagen soll, doch wie auch immer, er versäumt etwas Herrliches. Geliebt wird er von allen, besonders von Ransom, aber auch ein wenig bemitleidet. Am Ende der Geschichte, nachdem er mit einem Wunder nach dem anderen konfrontiert wurde, sagt McPhee zu Ransom: »Sollte ich mich jemals für Religion erwärmen, dann wird sie nicht von Ihrer Art sein.« (Doch seine letzten Worte an Ransom lauten vielsagenderweise: »Gott segne Sie.«)

Das alles passt zu dem wirklichen Kirk, der sich als junger Mann in Ulster auf den Dienst als presbyterianischer Geistlicher vorbereitet, dies jedoch nach dem Verlust seines Glaubens abgebrochen hatte. Als Jack bei ihm lernte, war er schon seit langem ein überzeugter Atheist, »ein ›Rationalist‹ von der alten, hohen, trockenen Art des neunzehnten Jahrhunderts ... Zu der Zeit, als ich ihn kannte, war die Grundlage von Kirks Atheismus von der anthropologischen und pessimistischen Art. Er kannte sich hervorragend im *Goldenen Zweig* und bei Schopenhauer aus« – wie es in der Tat bei vielen spätviktorianischen Atheisten der Fall war. Das Werk Arthur Schopenhauers bot eine spezifisch philosophische Basis für den Pessimismus, also für die Überzeugung, dass Elend und Unordnung eine Art negativer, aber erdrückender Beweisführung gegen die Existenz eines guten und liebenden Gottes darstellen. Für Schopenhauer ist die menschliche Vernunft eine Sklavin des menschlichen Willens, und der menschliche Wille ein Sklave der menschlichen Begierde; das Ergebnis ist ein sinnloser und wahrscheinlich unentrinnbarer Zyklus des Leidens, das wir uns und anderen zufügen. Englands großer pessimistischer *Dichter* A. E. Housman (beinahe ein Zeitgenosse von Kirk) drückte dies so aus:

> Drum, da die Welt manch Gutes noch
> besitzt, vom Bösen mehr jedoch,
> und bis ans Ende aller Frist
> Glück Zufall und Not sicher ist,
> Stell ich mich, wie ein Weiser tut,
> auf Böses ein und nicht auf Gut.

Diesen Rat beherzigte Jack, besonders, da dies seinem Temperament ohnehin entgegenkam: Von seiner frühesten Kindheit an, sagt er, hatte er »die feste Erwartung« gehabt, »dass alle Dinge immer das tun, was man nicht will«. Aus einer Reihe vielfältiger Erfahrungen, von seiner unverbesserlichen körperlichen Ungeschicklichkeit bis zum Tod seiner Mutter, hatte er gelernt, niemals zu erwarten, dass irgendetwas so kam, wie er es sich erhoffte. Er war ein Schopenhauerianer, lange bevor er von Kirk zum ersten Mal etwas über Schopenhauer hörte.

(In einem Brief an seinen Vater im November 1915 erwähnt er, er habe ein Büchereiexemplar von Schopenhauers *Die Welt als Wille und Vorstellung* gelesen und finde es »abstrus und deprimierend«, doch im Weiteren merkt er an: »Kirk, das muss ich wohl kaum erwähnen, hält viel von ihm und kann stundenlang über das Thema reden.« Wie sehr er Kirks Wertschätzung für Schopenhauer teilt, verrät er seinem Vater nicht, wie er überhaupt zu dieser Zeit seines Lebens bemüht war, seinen Atheismus vor seinem Vater zu verbergen. Im Dezember 1914 hatte er sich darauf eingelassen, sich in der Kirche St. Mark's zu Dundela konfirmieren zu lassen, im vollen Bewusstsein, dass er nichts von alledem glaubte, was er da zu glauben bekannte – wie er später fand, »eine der schlimmsten Handlungen« seines Lebens.)

Eine andere Beweisführung gegen Gott oder zumindest gegen das Christentum liefert *Der goldene Zweig*, Sir James Frazers riesige, mehrbändige Untersuchung antiker religiöser Praktiken in Europa und im Nahen Osten. (Die erste Fassung erschien 1890 in zwei Bänden, und bis 1920 kamen weitere Bände hinzu.) Frazers Untersuchung der »Mythen vom sterbenden Gott« – neben anderen verbreiteten religiösen Praktiken, die, so Frazer, auf dem Zyklus der Jahreszeiten beruhten – überzeugten viele Intellektuelle davon, das Christentum sei eine späte, wenig originelle und nicht besonders attraktive Version einer archaischen religiösen Gewohnheit. Wenngleich Frazers Buch heute kaum noch gelesen wird, war es eines der einflussreichsten Bücher in der ersten Hälfte des zwanzigsten Jahrhunderts, und besonders groß war seine Wirkung auf die Literatur: Viele der großen modernen Schriftsteller kann man sich ohne dieses Werk kaum vorstellen, besonders Joyce, Yeats und T. S. Eliot. (Besonders Eliots Gedicht *Das wüste Land* ist beinahe eine Zusammenfassung von *Der goldene Zweig*.)

Von seiner Zeit bei Kirk an nahm der junge Jack Lewis Frazers Argument als selbstverständlich an. Als grundlegender und wesentlicher Bestandteil seiner intellektuellen Ausrüstung bestätigte es ihn zugleich in seinem bereits geschehenen Verlust des christlichen Glaubens. Für diejenigen, die auf Frazer hörten, war spirituelle Erfahrung nichts als Religion, Religion nichts als Mythos, und Mythos nichts als der vergeistigte Ausdruck des Bedürfnisses landwirtschaftlicher Kulturen, sich an den Wechsel der Jahreszeiten und die Unberechenbarkeit des Wetters anzupassen und ihnen Bedeutung zu geben. Jesus Christus, Osiris, selbst Balder der Schöne – sie alle waren Ausdruck eines der Grundzüge des materiellen Daseins: dass zu einer Zeit des Jahres die Dinge zum Leben erwachen und zu einer anderen in der Erde versinken. (Frazer geht sehr ausführlich seiner These nach, dass der Balder-Mythos eng mit den vielen verschiedenen »Feuerfesten« zusammenhänge, die quer durch Europa praktiziert wurden. Er kommt zu dem Schluss, Balder sei eine Personifizierung der Eiche.) Diese radikal materialistische Deutung der Mythen war etwas, das C. S. Lewis in seinem späteren Leben mit großer Energie zu widerlegen bemüht war – doch größtenteils gerade weil dies in seinen Jugendjahren seine feste Überzeugung gewesen war.

Doch selbst in seiner pessimistischsten Zeit schnitten die Worte »Balder der Schöne / ist tot, ist tot« durch sein Innerstes wie ein scharfer Dolch. Was konnte der Grund dafür sein, wenn doch Mythen nichts als falsche Verheißungen waren? Lieber nicht danach fragen – und tatsächlich scheint er *nicht* gefragt zu haben. »Die beiden Hemisphären meines Verstandes standen im schärfsten Gegensatz zueinander. Auf der einen Seite lag ein Ozean der Dichtung und der Mythen mit unzähligen Inseln; auf der andern ein glatter und platter ›Rationalismus‹. Fast alles, was ich liebte, hielt ich für imaginär; fast alles, was ich für real hielt, empfand ich als feindselig und sinnlos.« Es kann nicht einfach gewesen sein, ein Leben zu führen, das von so tiefen Klüften zerrissen war. Das Erstaunliche ist, dass Jack die Spannung zwischen diesen entgegengesetzten Tendenzen so lange aushielt. In vieler Hinsicht war er bereits zu einem außergewöhnlich disziplinierten Menschen geworden – Kirk schrieb an Albert über die »Zielstrebigkeit, den entschlossenen Charakter, die beharrliche Energie« des Jungen – und nirgends zeigten sich diese Züge deutlicher als bei der furchtbaren Aufgabe, mit einem so dramatisch gespaltenen Ich durch die Jahre der Jugend und, wie wir sehen werden, bis ins junge Mannesalter hinein zu navigieren.

Während der »anthropologische und pessimistische« Kirk in der Figur des McPhee recht deutlich porträtiert wird, tauchte er in einer etwas verschleierten oder veränderten Gestalt in den Narnia-Büchern als Professor Kirke auf – der erwachsen gewordene Digory Kirke aus *Das Wunder von Narnia*. Es ist richtig, dass der Professor einige der auffälligsten Eigenheiten Kirks besitzt: Als zum Beispiel in *Der König von Narnia* Peter und Susan Pevensie Lucys Geschichte von dem verzauberten Kleiderschrank nicht glauben und stattdessen lieber auf Edmund hören, der behauptet, sie hätten nur so getan als ob, unterzieht er sie genau der Art dialektischer Übung, die Jack regelmäßig von seinem Tutor verabreicht bekommen hatte:

> »Das ist ein Punkt«, sagte der Professor, »der sorgfältig bedacht werden sollte, sehr sorgfältig bedacht. Wer zum Beispiel – bitte verzeiht, wenn ich die Frage stelle – ist nach eurer Erfahrung vertrauenswürdiger, euer Bruder oder eure Schwester? Ich meine, wer ist ehrlicher?«
>
> »Das ist ja gerade das Komische, Sir«, sagte Peter. »Bisher hätte ich auf jeden Fall Lucy gesagt.«
>
> »Und was meinst du, mein Kind?«, wandte sich der Professor an Susan.
>
> »Nun«, sagte Susan, »im Allgemeinen würde ich es genauso sehen wie Peter, aber das hier kann doch gar nicht wahr sein – diese ganze Geschichte mit dem Wald und dem Faun.«
>
> »Da weißt du mehr als ich«, sagte der Professor, »und einen Menschen, der sich bisher stets als ehrlich erwies, der Lüge zu bezichtigen, ist eine sehr ernste Sache; eine wirklich äußerst ernste Sache.«
>
> »Unsere Befürchtung ist, dass sie vielleicht gar nicht lügt«, sagte Susan. »Wir dachten uns schon, etwas stimmt vielleicht nicht mit Lucy.«

»Dass sie verrückt ist, meinst du?«, sagte der Professor völlig ungerührt. »Oh, da braucht ihr euch keine Sorgen zu machen. Man muss sie nur ansehen und ein paar Worte mit ihr wechseln, um zu sehen, dass sie nicht verrückt ist.«

»Aber dann –«, fing Susan an und brach ab. Sie hatte sich nie träumen lassen, dass ein Erwachsener so reden würde wie der Professor, und sie wusste nicht, was sie davon halten sollte.

»Logik!«, sagte der Professor halblaut. »Warum wird an diesen Schulen keine Logik gelehrt? Es gibt nur drei Möglichkeiten. Entweder ist eure Schwester eine Lügnerin, oder sie ist verrückt, oder sie sagt die Wahrheit. Ihr wisst, sie ist keine Lügnerin, und es ist offensichtlich, dass sie nicht verrückt ist. Solange sich keine neuen Gesichtspunkte ergeben, müssen wir also davon ausgehen, dass sie die Wahrheit sagt.«

Was könnte Kirk ähnlicher sehen als dieses sokratische Kreuzverhör? Dennoch besteht ein Unterschied. Worin dieser Unterschied besteht, wird deutlicher, wenn wir auf den letzten Seiten der abschließenden Narnia-Geschichte, *Der letzte Kampf* erneut von dem Professor hören. Dort stellen Peter und Lucy Pevensie erstaunt fest, dass sie sich offenbar in Narnia befinden – erstaunt, weil Aslan ihnen gesagt hatte, dass sie nicht mehr dorthin zurückkehren würden. Doch wie der Professor – oder Lord Digory, wie er jetzt genannt wird – ihnen erklärt, war das Narnia, in dem sie Hochkönig und Königin geworden waren

»… nur ein Schatten, ein Abbild des wirklichen Narnia, das es schon immer gab und immer geben wird; genau wie unsere Welt, England und alles andere, nur ein Schatten oder ein Abbild von etwas in Aslans wirklicher Welt ist. Du brauchst nicht um Narnia zu trauern, Lucy. Alles, was im alten Narnia von Bedeutung war, all die liebenswerten Geschöpfe, sind durch die Tür ins wirkliche Narnia gezogen worden. Natürlich ist es anders hier – so anders, wie sich etwas Wirkliches von einem Schatten oder das wache Er-

> leben von einem Traum unterscheidet.« Seine Stimme rüttelte alle auf wie eine Fanfare, als er diese Worte sprach; doch als er murmelnd hinzufügte: »Steht doch alles bei Platon, alles bei Platon; meine Güte, was *wird* an diesen Schulen eigentlich gelehrt?«, da mussten die Älteren lachen. Genauso hatten sie ihn vor langer Zeit in jener anderen Welt reden hören, wo sein Bart grau gewesen war statt golden.

Und *fast* genauso wie jener Kirk geredet hätte, der die Familie Lewis unterrichtete. Jener Kirk hätte sicherlich auch beklagt, dass in den Schulen keine Logik gelehrt wird, aber er hätte kaum in gleicher Weise die Unkenntnis Platons bemängelt. Für Mr Kirkpatrick war das, was Platon lehrte – oder zumindest der Teil seiner Lehre, der sich mit einer spirituellen Welt befasste, die höher steht als unsere und vollkommen ist – bloße Illusion, eine sentimentale Ablenkung von den wirklichen, harten, kalten Fakten auf dem Tisch, den Fakten, denen der Pessimismus gerade ins Gesicht sah.

Warum tut Lewis das? Warum verwandelt er Kirk in Kirke, den schopenhauerschen Pessimisten in den platonischen Idealisten? Vielleicht denkt man es sich am Besten als ein *Geschenk*. Lewis gewährt seiner fiktiven Version seines alten Lehrers etwas, das Kirk in seinem irdischen Leben nicht beschieden war: eine Vision Narnias, einen Zugang zu einer anderen Welt. Tatsächlich erzählt Professor Kirke Peter und Susan nicht die ganze Geschichte: Er glaubt Lucy, nicht weil es das Logischste ist (eigentlich ist sein Argument gar nicht so logisch), sondern weil er selbst, als er als kleiner Junge mit seiner sterbenden Mutter in London war, einen Weg nach Narnia fand und zusah, wie jene Welt von Aslan ins Dasein gerufen wurde und von dort einen Apfel mitbrachte, der seiner Mutter Leben und Gesundheit zurückgab. Digory Kirke ist Lewis' Bild von William T. Kirkpatrick, wie er *hätte* sein *können* – hätte er je einen Weg nach Narnia gefunden.

Eigenartigerweise ist Digory Kirke zugleich auch, was der junge Jack Lewis hätte sein können, hätte *er* seinen Weg nach Narnia gefunden, als es noch nicht zu spät war, um seine sterbende Mutter Flora zu retten. Dazu kommt, dass das Argument bezüglich Lucys Vertrauenswürdigkeit, das Lewis dem alten Professor in den Mund legt – »Es gibt nur drei Möglichkeiten« – viele Leser an eine der berühmtesten Passagen aus den Werken des christlichen Apologeten C. S. Lewis erinnern wird:

> Ich möchte damit jedermann vor dem wirklich dummen Einwand bewahren, er sei zwar bereit, Jesus als großen Morallehrer anzuerkennen, nicht aber seinen Anspruch, Gott zu sein. Denn gerade das können wir nicht sagen. Ein Mensch, der solche Dinge sagen würde, wie Jesus sie gesagt hat, wäre kein großer Morallehrer. Er wäre entweder ein Irrer – oder der Satan in Person. Wir müssen uns deshalb entscheiden: Entweder war – und ist – dieser Mensch Gottes Sohn, oder er war ein Narr oder Schlimmeres. Wir können ihn als Geisteskranken einsperren, wir können ihn verachten oder als Dämon töten. Oder wir können ihm zu Füßen fallen und ihn Herr und Gott nennen. Aber wir können ihn nicht mit gönnerhafter Herablassung als einen großen Lehrer der Menschheit bezeichnen. Das war nie seine Absicht; diese Möglichkeit hat er uns nicht offen gelassen.

In Momenten wie diesem kommt Lewis' »Ehrerbietung« gegenüber Kirk der Identifikation schon sehr nahe. Man hört ihn förmlich leise vor sich hin brummen: »Logik! Was *wird* an diesen Schulen eigentlich gelehrt?«

Kirk ließ Jack zweifellos hart arbeiten, aber Jacks ganzem Leben in Bookham haftete der Duft der großen Freiheit an. Er war befreit von Mannschaftsspielen, befreit vom Fuxendienst – befreit von fast jeder Art gesellschaftlicher Verpflichtung. Er wurde nie geschlagen, und niemand sagte ihm, er solle nicht so ein Gesicht machen. Was er lernte – vor allem befasste er sich mit den größten Schriftstellern Griechenlands und Roms, wenngleich er auch Deutsch und Italienisch und (bei Kirks Frau) Französisch lernte – liebte er zum größten Teil, und was er nicht liebte, konnte er immerhin leicht ertragen. Das Wichtigste aber war vielleicht, dass sein Alltag einen Ablauf hatte, der ihm ideal erschien und immer ideal erscheinen würde. »Wenn es nach mir ginge, würde ich immer so leben, wie ich dort gelebt habe.« Seine Lebensweise ist in einem Brief, den er im Oktober 1915, etwa ein Jahr nach seiner Ankunft in Bookham, an seinen Freund Arthur Greeves schrieb – mehr über ihn bald – gut und ausführlich geschildert. Er war sechzehn Jahre alt; bald würde er siebzehn werden.

> Du fragst mich, wie ich meine Zeit verbringe, und wenn ich auch mehr Interesse an Gedanken und Gefühlen habe, wollen wir zu den Fakten kommen. Morgens werde ich von Kirks Plätschern in seinem Bad geweckt und stehe etwa zwanzig Minuten später selbst auf und gehe hinunter. Nach Frühstück und kurzem Spaziergang beginnen wir mit der Arbeit an Thukydides – einem furchtbar langweiligen und zähen griechischen Historiker (obwohl ich schätze, dass Du ihn interessant fändest) – und an Homer, den ich vergöttere. Nach einer Viertelstunde Pause machen wir weiter mit Tacitus bis zum Mittagessen um eins. Dann habe ich frei bis zum Tee um vier Uhr dreißig; bei dieser Mahlzeit bin ich natürlich immer begierig zu sehen, ob Mrs K. ausgegangen ist, denn Kirk nimmt niemals daran teil. Wenn sie fort ist, lümmele ich mich mit einem Buch in den Sessel am Kamin und lese bei einem gemächlichen, reichlichen Mahl. Wenn sie da ist oder womöglich gar »ein paar Leute« zum Tee eingeladen hat, heißt es auf einem rechtwinkligen Stuhl sitzen, an einer mageren Ration Tee nippen und eine intelligente Unterhaltung über den Krieg, die Kirchengemeinde und die Unzulänglichkeiten von jedermanns Hauspersonal führen. Um fünf machen wir Platon und Horaz, die beide zauberhaft sind, bis zum Abendessen um sieben Uhr dreißig, wonach bis gegen neun Deutsch und Französisch dran sind. Danach kann ich ins Bett gehen, wann immer ich will, was normalerweise gegen zwanzig nach zehn ist.

(Man beachte die Herablassung gegenüber Platon, der lediglich »zauberhaft« ist; Homer ist es, den er »vergöttert«.) Es ist das Leben eines

Gelehrten, und obwohl er Arthur gegenüber alle möglichen kleinlichen Klagen äußert, liebte Jack es heiß und innig und blühte dabei auf. Es war alles, was die Schule nicht gewesen war – friedlich, einsam, ohne gesellschaftliche Anforderungen – Tee mit den Damen war nichts im Vergleich zu Fuxendiensten für die Bloods – und ausgefüllt mit langen ununterbrochenen Zeiten des Studierens und Nachdenkens.

Falls man sich fragte, was er mit jener freien Zeit zwischen Mittagessen und Tee anfing, ist die Antwort einfach: Er ging spazieren. Seine Liebe zum Wandern scheint er entwickelt zu haben, als er in Malvern war – zumindest bezieht er sich dort zum ersten Mal in einem Brief darauf. (»Neulich gingen wir auf eine herrliche Wanderung über die Berge, bis hinüber nach Wales, dann ein gutes Stück auf der anderen Seite und wieder heimwärts durch eine Art Felsschneise.«) Lange Wanderungen waren eine der großen Freuden in Lewis' Leben, bis er am Ende seines Lebens durch Krankheit praktisch unbeweglich wurde. In seiner Liebe zu solchen Wanderungen schloss sich Lewis einer großen englischen Tradition an, wenn es auch noch keine sehr alte war. Natürlich musste vor dem Aufkommen motorisierter Verkehrsmittel aller Art jeder überallhin zu Fuß gehen, aber irgendwann um den Beginn des neunzehnten Jahrhunderts hatten die Leute – besonders die Künstler und Intellektuellen – angefangen, das Wandern als eine Aktivität anzusehen, die es wert war, beachtet und sogar gefeiert zu werden. Die Wordsworths und ihre Freunde scheinen ganz England und Schottland durchwandert und dabei oft ihre Schuhe komplett durchgelaufen zu haben. Thomas de Quincey war nach seinem ersten Zusammentreffen mit Coleridge 1807 so überschwänglich von dem Erlebnis, dass er, nachdem er gegen zehn Uhr abends Coleridges Haus verlassen hatte, beschloss, zu Fuß nach Hause zu gehen – wobei zu Hause in seinem Falle in Bristol war, etwa vierzig Meilen weit entfernt.

Dass de Quincey das tat, ist ungewöhnlich, aber noch wichtiger ist, dass er beschloss, davon zu erzählen. (Dass es vierzig Meilen waren, hebt er sogar besonders hervor.) Schon vor den ersten Lokomotiven und lange vor Autos oder gar Fahrrädern begann dem Wandern etwas Romantisches anzuhaften. In Lewis' Kindheit war diese Romantik voll erblüht, und Leute, die sich zum Zufußgehen entschlossen, wenn sie stattdessen hätten fahren können, waren sich bewusst, dass sie eine auffällige Wahl trafen. Nach dem Weltkrieg sprossen Organisationen hervor, die diese Gewohnheit förderten: Die Ramblers' Association brachte die Wanderer zusammen und half ihnen, ihre Touren zu planen, und die Youth Hostel Association verschaffte ihnen Plätze zum Schlafen und Essen während ihrer Wanderungen. Doch zu dieser Zeit hatten sich Lewis' Gewohnheiten längst ausgebildet.

Meistens unternahm er seine täglichen Spaziergänge – oft einen kurzen am Morgen und einen erheblich längeren nach dem Mittagessen – allein. Er nutzte sie zum Meditieren und Nachdenken und später, nachdem er Christ geworden war, zum Gebet; zugleich waren sie auch Teil seiner Suche nach der Freude, denn bestimmte Landschaften oder gewisse Ansichten jener Landschaften lösten manchmal die begehrte Sehnsucht in ihm aus. Doch ebenso gern mochte er lange Wanderungen mit Freunden – besonders, wenn sie unterwegs nicht viel redeten – und als Erwachsene machten er und seine Gefährten sich oft zu mehrtägigen Wandertouren auf, bei denen sie in kleinen Pensionen und Gastwirtschaften übernachteten. Wenn man es recht bedenkt, wird auch in Narnia sehr viel gewandert: In fast jedem der Bücher machen sich einige der Figuren auf lange Reisen zu Fuß, und selbst in *Die Reise auf der »Morgenröte«* verspüren einige von ihnen das Bedürfnis, von Bord zu gehen und über die Insel Felimath zu wandern. Ebenso besteht *Der Herr der Ringe*, von einer gewissen Warte aus betrachtet, aus kaum etwas anderem als ein paar Freunden, die gemeinsam auf lange – sehr lange – Wanderungen gehen. Es stimmt, dass nur wenige dieser fiktiven Reisen freiwillig geschehen und noch weniger vergnüglich sind, doch interessant sind sie allemal, und für Lewis und Tolkien gleichermaßen hat eine solche »ordentliche Wanderung« etwas ganz und gar Abenteuerliches an sich. (Allerdings begleitete Tolkien, obwohl er und Lewis wirklich enge Freunde waren, Lewis und seine Kameraden nur selten auf ihren Wanderungen.)

Wenn Jack sich das Wandern in Malvern angewöhnt hatte und in Surrey dabei blieb, dehnte er es nun ebenso auf seine Ferienzeiten daheim in Irland aus. Schon früh wurde ihm deutlich bewusst, wie sehr sich die irische Landschaft – besonders diejenige, die sich von Little Lea aus, damals ganz am Rand der Belfaster Vorstadt gelegen, nach Norden erstreckte – von allen englischen Landschaften unterschied, die er kennengelernt hatte. Wenn er in *Überrascht von Freude* die Konturen der Grafschaft Down beschreibt, wird sein Irentum offensichtlicher als an irgendeiner anderen Stelle jener Geschichte. Bemerkenswert ist vor allem sein Gebrauch der Pronomen: »Die Wälder – ein paar haben wir immerhin – bestehen aus kleinen Bäumen; Ebereschen, Birken und kleinen Tannen«, und »Freilich dürfen Sie sich zu dieser Landschaft nicht Ihr hartes englisches Sonnenlicht vorstellen.« Es ist, als beanspruchte er ein Eigentumsrecht an der Landschaft für sich und wollte die fremden Engländer auf Abstand halten. Obwohl er seine Wanderungen um Malvern und in Surrey liebte, neigte er zum Heimweh nach Irland. Noch von Malvern aus schrieb er an einen Freund in Strandtown:

> Wo ist dein Lieblingswanderweg? ... County Down muss jetzt herrlich aussehen: Ich kann mir genau die Aussicht auf den Lough und den Cave Hill vorstellen, wenn man neben der Shepard's Hut steht. Irgendwann in den nächsten Ferien müssen wir beide vor dem Frühstück dort oben hinaufwandern. Hast du das schon einmal gemacht? Der Sonnenaufgang über den Holywood Hills und die frische Stille des frühen Morgens sind die Mühe wert, dafür früh aufzustehen, das sage ich dir.

Der »Freund in Strandtown« war Arthur Greeves, den Jack erst kürzlich kennengelernt hatte. Er hatte schon seit Jahren gegenüber der Familie Lewis auf der anderen Straßenseite gewohnt, doch bisher hatten Warnie und Jack auf seine Bemühungen, Freundschaft mit ihnen zu schließen, kaum reagiert. Arthur war ein kränkliches und verhätscheltes Kind, von dem seine Mutter meinte, er sei von zu zarter Gesundheit, um in die Schule zu gehen – obwohl er zeitweise auch das Campbell

College besuchte –, und für die Lewis-Brüder war er vielleicht einfach nicht robust genug. (Er war genau in Warnies Alter.) Doch im April 1914, während Jacks Ferien vor seinem letzten Trimester in Malvern, sagte man ihm, dass der derzeit bettlägerige Arthur dankbar für ein wenig Gesellschaft wäre, und als Akt der Nächstenliebe stattete er ihm einen Besuch ab – bei dem ihn eine große Überraschung erwartete:

> Ich fand Arthur im Bett sitzend. Auf dem Tisch neben ihm lag ein Exemplar von *Myths of the Norsemen*.
> »Magst du das etwa auch?«, fragte ich.
> »Magst du das etwa auch?«, fragte er.
> Im nächsten Augenblick war das Buch in unseren Händen und wir steckten die Köpfe zusammen, zeigten, zitierten, redeten – schrien beinahe – und entdeckten in einem Schwall von Fragen, dass wir nicht nur dasselbe liebten, sondern auch dieselben Teile darin und auf dieselbe Weise; dass wir beide den Stich der Freude kannten und dass auf uns beide der Pfeil aus dem Norden abgeschossen war.
> Viele Tausend Menschen haben das Erlebnis gehabt, ihren ersten Freund zu finden, und es ist nichtsdestoweniger ein Wunder; ein ebenso großes Wunder (den Romanschreibern zum Trotz) wie die erste Liebe, oder sogar ein größeres. Ich war so weit davon entfernt gewesen, einen solchen Freund für möglich zu halten, dass ich mich noch nicht einmal danach gesehnt hatte, genauso wenig, wie ich mich danach sehnte, König von England zu ein. Hätte ich entdeckt, dass Arthur völlig unabhängig von mir eine exakte Replik der boxonischen Welt geschaffen hätte, so wäre ich wirklich nicht viel überraschter gewesen. Nichts, vermute ich, ist erstaunlicher im Leben eines Menschen als die Entdeckung, dass es wirklich Leute gibt, die einem sehr, sehr ähnlich sind.

Mit Arthur erkundete Jack nicht nur die Wunder der Geschichten und Mythen, sondern (soweit es Arthurs Gesundheit erlaubte) auch die Schätze von County Down. Und obwohl sie sich in vieler Hinsicht sehr ähnlich waren, waren sie doch unterschiedlich genug, dass Jack etwas von Arthur lernen konnte. Von ihm zum Beispiel lernte Jack zum ersten Mal auch das »Heimelige« ebenso schätzen wie die dramatischen Landschaften der nordischen Mythen mit ihren mächtigen Bergen, tiefen Fjorden und »zur Sonne hin« segelnden Kranichen. Arthur brachte Jack bei, den Anblick einer Reihe von Kohlköpfen im Garten eines Bauernhauses zu lieben, und half ihm gerade das Alltägliche an den viktorianischen Romanautoren zu schätzen.

Auch in anderer Hinsicht waren sie verschieden. Arthur, der immer religiös war, scheint über Jacks unverblümten Unglauben bestürzt gewesen zu sein. Viel später würde Jack ganz offen sagen: »Er war kein besonders kluger Junge, er war sogar ziemlich schwerfällig; ich war ein Gelehrter. Er hatte keine ›Ideen‹. Ich sprudelte über davon.« Doch was der junge Jack nicht wusste, war, dass Arthur auf lange Sicht mehr Einfluss auf ihn ausüben würde als er auf Arthur. Nachdem er das in seinen mittleren Jahren eingesehen hatte, würde er schreiben: »Ich lernte Nächstenliebe von ihm und vermochte es trotz aller Mühe nicht, ihn im Gegenzug die Arroganz zu lehren.«

Im Lauf der Jahre nahm die Freundschaft zu und ab und wieder zu. Über Jahre hinweg konnten die beiden miteinander quer sein, um sich dann wieder in gegenseitiger, tiefer Zuneigung zusammenzuraufen. Nicht immer taten sie einander gut; noch bevor er Christ wurde, kam Jack zu der Auffassung, dass er und Arthur in Bezug auf ihre sexuellen Vorlieben und Fantasien zu offen zueinander waren. (Arthur gestand Jack seine Homosexualität – was auf ihre Freundschaft keinerlei Auswirkungen gehabt zu haben scheint – und Jack erging sich in Briefen und Gesprächen gegenüber Arthur in leicht sadomasochistischen Fantasien: In vielen Briefen finden sich Anspielungen auf Frauen, denen er gerne den Hintern versohlen würde, und eine Zeitlang unterzeichnet er seine Briefe mit »Philomastix« – »Peitschenliebhaber«.) Doch nur sein Bruder Warnie bedeutete Lewis mehr und war länger ein Teil von Lewis' Leben als Arthur. 1963 – das letzte Jahr in Lewis' Leben, wie sich erweisen sollte – plante er einen Urlaub in Irland mit Arthur, erlitt dann jedoch einen schweren Herzanfall und musste sein Pläne aufgeben. Lewis war in seinen Briefen stets reserviert, selbst gegenüber den Leuten, die ihm am nächsten standen, sodass man sich nur ansatzweise ausmalen kann, welcher Schmerz aus einem seiner letzten Briefe an seinen Freund spricht: »Aber, oh Arthur, Dich nie wiederzusehen!«

Die langen Wanderungen mit Arthur durch die Holywood Hills hatten für Jack noch einen anderen Vorzug: Sie hielten ihn von seinem Vater fern. Eine der Folgen des Verlustes, den Albert erlitten hatte, war sein ständig wachsendes Verlangen nach enger Vertrautheit mit seinen Kindern – danach, »einer von den Jungs« zu sein. Wenn Jack zu Hause war, war er an den Abenden und Wochenenden »eng an [seinen] Vater gekettet und empfand dies als eine gewisse Härte, da dies auch die Zeiten waren, zu denen Arthur meistens erreichbar war.« Dass Arthur Jack in Little Lea besuchte, kam nicht in Frage, aus Gründen, die Warnie lange danach erklärte:

> Jack hätte Arthurs Gastfreundschaft gern erwidert. Wäre es dazu gekommen, so hätte mein Vater sicherlich den Freund seines Sohnes sehr herzlich willkommen geheißen, aber es wäre ihm nicht einen Moment lang in den Sinn gekommen, dass die beiden Jungen vielleicht den Wunsch haben könnten, allein miteinander zu reden. Nein: Er hätte sich unweigerlich zu ihnen gesellt, um sich ausgiebig über Bücher zu unterhalten, wobei er neun Zehntel des Gesprächs selbst bestritten und sich in Lobreden über seine eigenen Lieblingsbücher ergangen hätte, ohne auf ihre Interessen Rücksicht zu nehmen. Zwei gelangweilte und frustrierte Jugendliche hätten lange Lesungen aus Macaulays Essays, Burkes Reden und dergleichen über sich ergehen lassen müssen, und dann wäre mein Vater in dem zufriedenen Bewusstsein zu Bett gegangen, ihnen einen literarischen Abend präsentiert zu haben, der viel interessanter war als alles, was sie selbst hätten zustande bringen können.

Neben all der vorzüglichen beabsichtigten Komik in *Überrascht von Freude* gibt es darin auch unfreiwillige Komik – wenn auch mit einem melancholischen Unterton – wenn Lewis sich bemüht, seinen Vater und ihre Beziehung zueinander zu beschreiben. Er weiß, dass Albert ein guter, liebevoller und großzügiger Vater war, und empfindet sehr stark, dass seine Sünden gegen Albert zu den größten Sünden in seinem Leben gehören – und doch kann er es sich nicht verkneifen, immer noch eine Geschichte zu erzählen, die offenbart, wie wahnsinnig es einen gemacht haben muss, mit dem Mann zusammenzuleben. A. N. Wilson findet Lewis' Darstellung seines Vaters »niederschmetternd grausam«, was man bestenfalls als Übertreibung werten kann; Zuneigung und Frustration liegen in der Schilderung Alberts, der, wenn man den Lewis-Brüdern auch nur entfernt Glauben schenken kann, zu beidem legitimen Anlass gab, stets im Widerstreit miteinander. Er hatte, so schreibt der immer noch aufgebrachte Lewis in seinen mittleren Jahren,

> mehr Talent, eine Sache durcheinanderzubringen oder eine Information falsch aufzufassen, als irgendjemand sonst, den ich je kannte. ... Es gibt wohl eine Reihe von Fakten, die ihm, vorsichtig geschätzt, jede Woche einmal auf seine Frage hin mitgeteilt wurden und die er jedes Mal als vollkommene Neuigkeiten aufnahm.
> Aber das war nur das einfachste Hindernis. Viel häufiger geschah es, dass er etwas behielt, allerdings etwas ganz anderes als das, was Sie gesagt hatten. Sein Geist sprühte derartig vor Humor, Gefühl und Entrüstung, dass er, lange bevor er jemanden verstanden oder auch nur bis zum Ende zugehört hatte, einen beiläufigen Anreiz für seine Vorstellungskraft aufnahm, sich seine eigene Version der Fakten zurechtlegte und dabei glaubte, sie vom anderen zu empfangen. ... [Und] seine eigene Version war, hatte er sie sich erst einmal zurechtgelegt, unauslöschlich, und jeder Versuch, sie zu korrigieren, entlockte ihm nur ein ungläubiges »Hm! Also, *früher* hast du die Geschichte aber anders erzählt.«

Kein Wunder, dass Jack so lange Wanderungen unternahm. Er und Warnie wussten, dass der »P'daitabird« witzig war – sie zeichneten seine sonderbarsten Aussprüche in einem Buch auf, das sie »P'daita Pie« nannten. Ihre Spötteleien waren oberflächlich gutmütig und sogar voller Zuneigung, aber es war auch eine Unterströmung von so etwas wie Verachtung darin. Jacks Briefe an seinen Vater aus dieser Zeit klingen durchweg angenehm und freundlich; nur gelegentlich kommt darin ein Anflug von Schärfe zum Vorschein. Vielleicht, weil er unter Kirks Tutorenschaft an intellektueller Selbstsicherheit gewann, oder vielleicht auch nur, weil er ein Teenager war, konnte Jack sich einen gelegentlichen überheblichen Seitenhieb nicht verkneifen: Im Alter von fünfzehn Jahren schreibt er von Kirks Haus aus auf eine Bemerkung Alberts über die Essays von Francis Bacon hin: »Übrigens, wer ist dein Freund Lord Bacon? Ich erinnere mich an keinen derartigen Namen in der englischen Literatur; tatsächlich kommt der Name Bacon selbst meines Wissens nirgends vor, außer als der Familienname von Lord Verulam. (Ah! Volltreffer, was?)« Worauf Jack hinaus will, ist schlicht, dass nach Bacons Erhebung zum Baron Verulam im Jahr 1618 die korrekte Anrede für ihn Francis Bacon, Lord Verulam, lautete, aber niemals Lord Bacon. Natürlich hat er Recht, aber was für eine billige Pedanterie bei einem so jungen Burschen! – und wie traurig, ihn über diesen banalen »Sieg« über seinen Vater so jubeln zu sehen.

Wie seine Briefe aus jener Zeit zeigen, trat er auch Arthur gegenüber mit beständiger und plumper Herablassung auf. Er listet die Wörter auf, die Arthur falsch geschrieben hat, nennt sie »Juwelen des arthurischen Stils« – und das, obwohl er selbst in der Rechtschreibung bestenfalls ein Wackelkandidat ist. Als Arthur sich über ein Missverständnis bezüglich der Pläne für die Ferien verletzt zeigt, wird Jack geradezu olympisch:

> Was ist denn nun Dein Beschwerdegrund – denn einen Beschwerdegrund musst Du ja wohl haben, sonst würdest Du nicht in so guter Grammatik schreiben. Ist es, dass ich meine vorherige Einladung nicht zugunsten der Deinen ausschlagen will? Das wäre unhöflich. Ist es, dass ich Dich nicht auf einen anderen Ferienausflug begleiten werde? Das ist selbstsüchtig von Dir. … Ist es, dass

> ich vorsichtig angedeutet habe, dass Du ja überhaupt nicht verreisen musst? Es bestand nie eine Verpflichtung Deinerseits, ein solches Vorhaben zu akzeptieren. … Lustig, dass ich in Debatten mit Dir immer alles beweise, was ich beweisen will, und Dich doch nie überzeuge!

Kurz, Jack war in der Mitte seiner Teenagerjahre ein durch und durch widerwärtiger, arroganter, herablassender intellektueller Snob. (Freilich war das bei mir im selben Alter auch nicht anders, und ich hatte weitaus weniger Rechtfertigung für mein großes Selbstbewusstsein.)

Ich habe schon davon gesprochen, wie sehr Kirk Jacks Beharrlichkeit und seinen intellektuellen Fleiß lobte. Ihm war rasch klar geworden, dass Jack ein ganz anderer Charakter war als sein älterer Bruder. War er bei Warnie zu dem Urteil gekommen, es sei zu spät, das Interesse am Wissen bei ihm zu wecken, so sah er in Jack einen Jungen vor sich, der kaum für irgendetwas anderes zu interessieren war. So streng Kirk auch war, in seinen Briefen an Albert macht er in seinem Lob für Jack keine Abstriche: »Er hat mehr Klassiker gelesen als irgendein anderer Junge, den ich je hatte – oder sogar, könnte ich hinzufügen, als irgendeiner, von dem ich je gehört hätte, es sei denn ein Addison oder Landor oder Macaulay. Das sind Leute, von denen wir lesen, aber begegnet ist mir noch nie einer.« Zu dieser Zeit war Jack siebzehn, und schon jetzt verglich Kirk ihn mit großen englischen Literaten; doch schon davor hatte Kirk, der offen zugab, dass Jack ihm selbst überlegen war, Albert rundheraus gesagt: »Er ist der brillanteste Übersetzer griechischer Dramen, der mir je begegnet ist.« Und es war nicht nur der Umfang seiner Lektüre, der ihn zur Ausnahmeerscheinung machte, sondern auch und in ebenso hohem Maße die Qualität seines Verstandes: »Als Dialektiker, als intellektuellen Disputanten, werde ich ihn vermissen, und er wird keinen Nachfolger haben. Clive kann sich in jeder Diskussion behaupten, und je höher das Niveau des Gesprächs, desto mehr fühlt er sich darin zu Hause.«

Als Kirk freilich Albert eröffnete, Jack sei »mit dem literarischen

Temperament geboren, und dieser Tatsache müssen wir uns stellen, mit allem, was sie mit sich bringt«, drückte er damit nicht einfach nur Lob für den Jungen aus: Er kommentierte damit auch Jacks mangelnde Eignung für irgendein anderes als das Leben eines Literaten oder Gelehrten. Ein Junge mit solchem Temperament wäre zu jeder Zeit in einer schwierigen Position, denn es gibt nur wenige Möglichkeiten, sich als Schriftsteller oder Gelehrter seinen Lebensunterhalt zu verdienen. Doch in den Jahren nach 1914 umwölkte noch etwas anderes zusätzlich Jacks Zukunftsaussichten: der Erste Weltkrieg.

In Europa hatten seit einiger Zeit die Spannungen zugenommen, als die verschiedenen Mächte – Frankreich, Deutschland, Russland, England, Österreich-Ungarn – um Macht und Einfluss auf dem Kontinent wetteiferten. Der Balkan war ein Brennpunkt der Aufmerksamkeit und der Unrast. Seit fünfzehn Jahren hatte es Friedenskonferenzen, Gipfeltreffen über Völkerrecht und Konfliktvermittlung gegeben und waren Tribunale eingerichtet worden, doch zugleich hatte man auch Bündnisse geschmiedet, sodass ein einziges Land, das beschloss, einen Krieg zu riskieren, alle Dominosteine in Europa zu Fall bringen konnte. In den Zeitungen schrieben manche Autoren, ein Krieg sei unvermeidlich; andere meinten, all die Bemühungen um Versöhnung könnten immer noch Früchte tragen oder kein Land werde so töricht sein, in einer so explosiven Situation das Wagnis eines Krieges einzugehen.

Es war mitten in der Zeit all dieser Debatten und Spekulationen, dass Warnie sich unter Kirks Tutorenschaft begab, seine Aufnahmeprüfung für Sandhurst machte und dort im Januar 1914 ins Kadettenprogramm eintrat. Wie die Regierung Ihrer Majestät die Wahrscheinlichkeit eines Krieges einschätzte, lässt sich an Folgendem ablesen: Schon bald nach Warnies Ankunft wurde das normalerweise zwei Jahre dauernde Kadettenprogramm auf neun Monate komprimiert.

Am achtundzwanzigsten Juni wurde Kronprinz Franz Ferdinand von Österreich-Ungarn zusammen mit seiner Frau Sophie auf den Straßen Sarajewos in Bosnien (das kürzlich von den Österreichern annektiert worden war, was gewaltige nationalistische Empörung auslöste) ermordet. Bald darauf begannen die Dominosteine zu fallen. Österreich-Ungarn gab Serbien die Schuld an der Ermordung und erklärte genau einen Monat nach dem Tod Franz Ferdinands Serbien den Krieg. Als Verbündeter Österreich-Ungarns forderte Deutschland die anderen Großmächte auf, sich aus dem Konflikt herauszuhalten, doch Russland begann seine Armee zu mobilisieren, um *seinen* Verbündeten Serbien zu verteidigen. Infolgedessen erklärte am 1. August Deutschland den Krieg gegen Russland und zwei Tage später, nachdem es aus Frankreich keine Antwort auf sein Ultimatum erhalten hatte, auch gegen dieses Land. Als Deutschland auf dem Weg nach Frankreich den neutralen Boden Belgiens verletzte, erhob Großbritannien Protest und trat, nachdem der Protest ignoriert wurde, ebenfalls in den Krieg ein. Damit hatte das begonnen, was wir meistens den Ersten Weltkrieg nennen, was aber damals (treffender) der Große Krieg genannt wurde.

Warnie wurde am ersten Oktober zum Leutnant ernannt, wenige Tage nach Jacks Ankunft in Kirks Haus in Surrey. Am 4. November schrieb Jack an Arthur: »Great Bookham und das gegenwärtige Arrangement verschaffen mir weiterhin jede erdenkliche Befriedigung.« Am selben Tag überquerte Warnie den Ärmelkanal, um zur British Expeditionary Force in Frankreich zu stoßen.

Es waren noch drei Wochen bis zu Jacks sechzehntem Geburtstag, sodass der Krieg für ihn nicht unmittelbar in Sichtweite war. Tatsächlich brauchte er überhaupt nicht in den Krieg zu ziehen, da irische Staatsangehörige vom Dienst befreit waren, wenn sie sich nicht freiwillig meldeten. (Für Warnie, der sich für eine Laufbahn als Berufssoldat entschieden hatte, war diese Entscheidung bereits gefallen.) Und warum *sollte* Jack sich freiwillig melden? Er hätte mühelos glaubhaft machen können, dass er weder seiner Nationalität noch seinem Temperament nach für die Armee geeignet war. Es ist richtig, dass auf Männern ein großer gesellschaftlicher Druck lastete, zur Armee zu gehen: Selbst der Schriftsteller G. K. Chesterton wurde, obwohl schon vierzig Jahre alt und reichlich über dreihundert Pfund schwer, während des Krieges in London auf der Straße von einer Frau zur Rede gestellt, die ihn fragte: »Warum sind Sie nicht draußen an der Front?« (Chesterton erwiderte: »Verehrteste, wenn Sie ein wenig hier herumtreten wollen, werden Sie sehen, dass ich es bin.«) Jack jedoch blieb durch sein stilles und zurückgezogenes Leben in Great Bookham weitgehend von diesem Druck verschont. Mehr als die meisten jungen Männer in seinem Alter war er in der Lage, sich die Sache durch den Kopf gehen zu lassen – und er hatte auch noch einige Zeit dazu, denn das wehrfähige Alter würde er erst mit achtzehn Jahren erreichen.

In einem Brief an seinen Vater im Juni 1915, als die schweren Kampfhandlungen erst seit etwa sechs Monaten im Gang waren, gab Jack ein Urteil ab: »Ich glaube, wir können mit Berechtigung hoffen, dass der Krieg vorbei sein wird, bevor er mich persönlich zu betreffen beginnt.« Ein Jahr später – als jedermann begriffen hatte, dass an einem einzigen Tag Zehntausende von Männer sterben konnten, um ein paar hundert Meter Gelände zu gewinnen, Gelände, das sie unter ebenso hohen Verlusten ein paar Wochen oder Monate später wieder räumen würden – gab es zu dieser Hoffnung keinen vernünftigen Anlass mehr. Eine Zeitlang in der ersten Hälfte des Jahres 1916 schien es so, als würde das Militärdienstgesetz tatsächlich so ausgelegt, dass Jack hätte dienen müssen. Kirk hielt dies nicht für wahrscheinlich, als er im Mai an Albert Lewis schrieb, obwohl ein weiterer Unterrichtsaufenthalt in England Jacks Chancen, eingezogen zu werden, erhöhte. Doch selbst, wenn er nicht eingezogen würde, schrieb Kirk, »können wir auf jeden Fall den Gedanken aufgeben, dass der Krieg vor dem Januar 1917 vorüber sein könnte« – also vor dem Zeitpunkt, an dem der dann achtzehnjährige Jack bereit für die Universität sein würde. »Was wird unter diesem neuen Wehrpflichtgesetz aus den englischen Universitäten werden? Ich kann es nicht sagen; aber ich wüsste nicht, wie sie weiterarbeiten sollten.« Mit anderen Worten, selbst wenn Jack es schaffte, nicht eingezogen zu werden, wohin sollte dieser brillante junge Gelehrte danr. gehen, wenn die Hallen von Oxford und Cambridge all ihrer jungen Männer entleert wären?

Es herrschte also auf vielen Ebenen Ungewissheit, doch zumindest

Jack dämmte diese Ungewissheit ein, indem er für sich selbst die wichtigste Entscheidung von allen traf. Im Mai schrieb Albert in seiner Antwort an Kirk: »Clive hat sich entschieden zu dienen.« (Seinen Briefen aus jener Zeit ist kein Hinweis auf seine Überlegungen zu entnehmen.) Doch er würde den Rest jenes Jahres damit verbringen, sich auf die Aufnahmeprüfung in Oxford vorzubereiten. Falls die Oxforder Colleges weiterhin Studenten aufnähmen und falls er nicht an die Front abkommandiert würde, oder falls er an die Front müsste, aber lebendig zurückkehrte – dann würde er, wenn Oxford ihn haben wollte, schließlich ein Oxforder Gelehrter werden.

Damit begann eine der seltsamsten Phasen in Jacks Leben – seine eigene private Version des »Schwindelkrieges« oder »Langweilerkrieges«, den ganz England zwei Jahrzehnte später erleiden würde, als das Land offiziell im Kriegszustand mit Deutschland war, aber nur sehr wenig tatsächlich passierte. Jack wusste, wenn die Zeit kam, würde er sich zum Dienst melden, und sobald er bei der Armee war, würde er zweifellos an die Front entsandt werden, doch er bereitete sich weiter auf die Oxforder Aufnahmeprüfung vor, als ob in ganz Europa Frieden herrschte.

> Ich hatte das Gefühl, dass diese Entscheidung mich davon entband, weitere Notiz vom Krieg zu nehmen. … Also ignorierte ich den Krieg in einem Maße, das manche Leute schändlich und andere unglaublich finden werden. Wieder andere werden es eine Flucht vor der Realität nennen. Ich bleibe dabei, dass es eher ein Vertrag mit der Wirklichkeit war, die Festlegung einer Grenze. Ich sagte letztlich zu meinem Land: »Du sollst mich an einem bestimmten Tag bekommen, aber nicht vorher. Ich werde in deinen Kriegen sterben, wenn es sein muss, aber bis dahin werde ich mein eigenes Leben führen. Du kannst meinen Körper haben, aber nicht meinen Geist. Ich werde an Schlachten teilnehmen, aber nicht über sie lesen.«

(Es ist eigenartig, dass er hier von »meinem Land« spricht, besonders angesichts des Irentums, in dem er sich auf der Schule gefallen hatte. Vielleicht hatte er inzwischen die Vorstellung eines Vereinigten Königreichs akzeptiert, aber in diesem Fall ist es merkwürdig, dass er das Wort »Land« gebraucht. Hatte seine Zeit in Surrey ihn vielleicht bereits zu einem Engländer gemacht?) Als Lewis Ende der 1940er- und Anfang der 1950er-Jahre *Überrascht von Freude* schrieb, standen ihm fast alle Briefe zur Verfügung, die wir heute besitzen, dank Warnie, der jahrelang daran gearbeitet hatte, die Briefe und andere Dokumente der Familie zu sammeln, abzutippen und in elf Bänden binden zu lassen, die den kollektiven Titel »Memoirs of the Lewis Family: 1850–1930« trugen. Diese Papiere versetzten Jack in die Lage, akkurater mit den Fakten zu sein, als es Autobiografen meistens sind, und zweifellos bemerkte er, als er diesen Abschnitt von *Überrascht von Freude* schrieb, mit Interesse das fast völlige Fehlen jeglicher Erwähnungen des Krieges in seinen Briefen. Gelegentlich ist darin vom »Colonel« die Rede, sein neuer Spitzname für Warnie – obwohl Warnie nie einen höheren Rang als Major bekleiden sollte – doch ein uninformierter Leser hätte Mühe zu erraten, dass der »Colonel« – oder überhaupt irgendjemand – sich im Krieg befand.

Eine der seltenen Gelegenheiten, bei denen die Realität ihr Recht fordert, ist Anfang 1917, als in Großbritannien die Spekulationen über einen möglichen Kriegseintritt der USA hohe Wellen schlagen. Jack schreibt an seinen Vater: »Kirk sagt, es werde ein großer Nachteil sein, wenn sie sich einschalten, obwohl ich nicht ganz verstehe, wieso; ebenso versichert er uns, dass wir alle vor dem nächsten Sommer hungern werden, was tatsächlich (falls du nicht mit deiner Hoffnung Recht behältst, dass alles bis dahin vorbei ist) wahrscheinlich eintreten wird.« Doch sofort nach dieser recht lakonischen Bemerkung verabschiedet er sich (»Dein liebender Sohn Jack«) und hält sich in seinen zukünftigen Briefen wieder an seine üblichen Gesprächsthemen. Drei Viertel seiner Korrespondenz aus dieser Zeit handelt von seiner Lektüre; der Rest schildert Wanderungen in der Landschaft Surreys oder einen der seltenen gesellschaftlichen Anlässe oder beschäftigt sich mit dem Versuch, Arthurs bedauernswert unreifen Glauben an das Christentum (»den Menschen Yeshua oder Jesus hat es tatsächlich gegeben … aber der ganze andere

Blödsinn von der Jungfrauengeburt, den magischen Heilungen, den Erscheinungen und so weiter steht auf genau derselben Grundlage wie jede andere Mythologie«) und überhaupt an jede Form von Religion zu korrigieren (»so merkwürdig es erscheinen mag, ich bin völlig zufrieden mit dem Leben, ohne an ein Gespenst zu glauben, das bereit ist, mich in alle Ewigkeit zu quälen, falls es mir nicht gelingen sollte, einem fast unmöglichen Ideal zu entsprechen«). Jede Sorge um den Krieg wird entschlossen unterdrückt; er sagt nicht einmal, ob er die Hoffnung seines Vaters teilt, der Krieg werde vor dem Sommer 1917 zu Ende sein, und erwähnt auch nicht, dass diese Frage ihn sehr direkt betrifft.

»Ich bin sehr zufrieden mit dem Leben und verlebe im Ganzen eine sehr glückliche Zeit«; so schreibt er an Arthur, und das entsprach zweifellos der Wahrheit, solange er es schaffte, seine Aufmerksamkeit auf seine Lektüre zu konzentrieren. Diese war zu diesem Zeitpunkt sehr breit gefächert: populäre Erzählungen, englische Romanklassiker, seine ganze antike, italienische und deutsche Literatur bei Kirk, und immer tiefere Erkundungen unter den größten englischen Dichtern. Spensers *Faerie Queene* – für die meisten jungen Literaturgelehrten bestenfalls eine angequälte Leidenschaft – verschaffte ihm zu dieser Zeit besonderes Entzücken, doch auch den Prosaromanzen und Verserzählungen von William Morris war er verfallen, jenes vielschichtigen Genies – Architekt, Möbeldesigner, Büchermacher, Dichter, Romanautor und sozialistischer Agitator – der vielleicht die Schlüsselfigur in der spätviktorianischen Mittelalterrezeption war. Und er las alles von Yeats, was er auftreiben konnte. (Es wird deutlich, welche beherrschende Rolle Faery spielte.) Am wichtigsten wurde für ihn ein Buch, das er am Bahnhof von Leatherhead kaufte. In *Überrascht von Freude* sagt er, es sei an einem kühlen Oktobertag gewesen, doch ein Brief an Arthur weist darauf hin, dass es in Wirklichkeit um den 1. März 1916 war:

> Ich hatte diese Woche ein großes literarisches Erlebnis. Ich habe wieder einen Autor entdeckt, den wir in unseren Zirkel aufnehmen können – unsere ganz eigene Sammlung: Noch nie, seit ich zum ers-

> ten Mal [Morris'] *The Well at the World's End* las, habe ich ein Buch so sehr genossen – und ich glaube tatsächlich, dass mein neuer »Fund« genauso gut ist wie Malory oder Morris selbst. Das Buch, um zur Sache zu kommen, ist George MacDonalds »Märchenroman« *Phantastes*. ... Hast du es gelesen? Vermutlich nicht, denn wenn, dann hättest du nicht anders gekonnt, als mir davon zu erzählen. Jedenfalls, egal, welches Buch du gerade liest, du MUSST dir dieses einfach sofort beschaffen.

Dieses Buch sollte Jack Lewis' Leben in bedeutsamer Hinsicht verändern. Sein Verfasser war eine eigenartige Gestalt. 1824 im Umfeld des schottischen Calvinismus geboren, entfernte sich MacDonald allmählich von jener strengen religiösen Tradition – wenn es auch schwierig ist, einigermaßen präzise zu sagen, wohin. Wenn seine gereifte Theologie nicht unorthodox war, so war sie zumindest ungewöhnlich – das fanden wenigstens die Diakone der kleinen Kapelle in Arundel, wo er 1850 zum Geistlichen berufen wurde. Drei Jahre später hatten sie ihn gezwungen, sein Amt niederzulegen, und während des übrigen halben Jahrhunderts seines Lebens hatte er Mühe, überhaupt Arbeit zu finden. Tatsächlich standen er und seine Familie bisweilen wirklich in Gefahr zu verhungern. Doch trotz seiner vielen Nöte schrieb er ein Buch nach dem anderen: manche davon »nicht gehaltene Predigten«, manche recht realistische Romane (*Thomas Wingfold, Curate* und *What's Mine's Mine*), manches, was wir als »Fantasien« bezeichnen würden (*Phantastes* und *Lilith*) sowie die Romane für Kinder (*The Princess and the Goblin* und *The Princess and Curdie*), für die er heute am bekanntesten ist. Darüber hinaus schrieb er viele seltsame Geschichten, die der Inbegriff der viktorianischen Fantasy sind: *The Golden Key* zum Beispiel und *At the Back of the North Wind* (*Hinter dem Nordwind*). Als Mann mittleren Alters würde Jack Lewis MacDonald seinen »Meister« nennen und ihn zu einer Schlüsselfigur in einem seiner besten Bücher machen; er würde sogar so weit gehen zu schreiben: »Um es deutlich zu sagen, ich kenne kaum einen anderen Schriftsteller, der dem Geist Christi selbst näher oder beständiger nahe zu sein scheint.« Freilich konnte er jenen »Geist« damals noch nicht erkannt haben; wäre er dazu in der Lage gewesen, so hätte er *Phantastes* gelangweilt oder verächtlich zur Seite geworfen. Auf die erste Lektüre hin war MacDonald nur ein weiterer Autor, der zu dem »Zirkel« von Fantasy-Schriftstellern hinzugefügt wurde, die Jack und Arthur liebten; die Dinge, die MacDonald von den anderen unterschieden, waren damals noch unsichtbar. Nur die Stärke des Reizes, die von ihm ausging, ließ ihn hervorstechen.

Indessen bereitete Jack sich weiterhin auf seine Aufnahmeprüfungen in Oxford vor. Im Dezember 1916 stattete er Oxford seinen ersten Besuch ab und war so hingerissen von seinen »verträumten Turmspitzen«, wie sie immer wieder genannt werden, wie es Tausenden von Besuchern vor ihm ergangen war: »Der Ort hat meine wildesten Träume übertroffen; ich habe noch nie etwas so Schönes gesehen.« Einige Tage später erhielt er einen Brief vom Rektor des University College, in dem ihm mitgeteilt wurde, er sei für ein Stipendium ausgewählt worden – das heißt, als Student angenommen (verbunden mit einer »finanziellen Unterstützung«, wie wir es heute nennen würden; der Oxforder Ausdruck lautete »Exhibition«). Doch da Jack sein Studium erst im Frühjahr 1917 würde antreten können, ging es noch einmal zurück zu seinem Leben beim Knock, wo er sich zwei Monate lang auf moderne Sprachen konzentrierte, mit dem Gedanken, falls seine literarischen und akademischen Träume zerplatzen sollten, könnte er vielleicht immer noch eine Stellung im Auswärtigen Dienst bekommen. Sein eigener privater Schwindelkrieg ging weiter.

VIER

»Ich sank nie so tief, dass ich gebetet hätte«

Das Oxford, in dem Jack im März 1917 eintraf, war ein seltsamer Ort, gleichzeitig leer und voll. Die Studenten hatten die Colleges weitgehend geräumt, aber überall waren Soldaten, viele davon Soldaten, die vor Kurzem noch Studenten gewesen waren. Zu einer Zeit, als in Oxford ungefähr dreitausend Studenten lebten, hatten sich fast fünfzehntausend »Mitglieder« der Universität (wozu sowohl die Studenten als auch diejenigen gehörten, die Oxford mit oder ohne Abschluss bereits verlassen hatten) der britischen Armee angeschlossen. Viele Soldaten in Grundausbildung wurden in den Oxforder Colleges einquartiert – schließlich standen dort etliche Betten leer – bevor sie an die Front entsandt wurden. Die Straßen Oxfords waren immer noch voller junger Männer, aber diese trugen nun die braunen Wolluniformen der Tommys statt wallende schwarze Seidenroben.

Einer, der 1915 sein Examen mit Auszeichnung gemacht hatte, ein seit Kurzem verheirateter junger Mann namens J. R. R. Tolkien, war im Juni 1916 in den Krieg gezogen. Als er seine Frau Edith zum Abschied küsste, hatte er guten Grund zu der Annahme, dass er sie nie wieder sehen würde. »Junge Offiziere fielen jede Minute dutzendweise. Mich jetzt von meiner Frau zu trennen … es war wie ein Tod.« Zum Teil, weil er Fernmeldeoffizier wurde und deshalb selten an der vordersten Front war, und zum Teil, weil er schon wenige Monate nach seinem Eintreffen an der Somme an einem schweren und langwierigen Fall von »Grabenfieber« erkrankte, überlebte er und kehrte zu Edith zurück; doch, wie er viele Jahre später schrieb: »1918 waren bis auf einen alle meine engen Freunde tot.« Warnie Lewis blieb ebenfalls von den größten Gefahren verschont, in seinem Fall, weil er Nachschuboffizier war und die Truppen mit Vorräten zu versorgen hatte. Obwohl weder er noch Tolkien je in Sicherheit waren, blieb ihnen zumindest das tägliche Grauen des Grabenkrieges erspart. Jack dagegen sollte nicht solches Glück haben.

Aber noch war es nicht so weit. Jack war im März 1917 nach Oxford gekommen, um eine Reihe von Prüfungen namens Responsions abzulegen. Obwohl er bereits als Mitglied des University College (oder »Univ.«) und damit der Universität selbst ausgewählt war, musste er dieses Vorexamen absolvieren, um zu zeigen, dass er über die akademischen Grundfertigkeiten verfügte, die für ein erfolgreiches Studium notwendig waren. Zu Jacks Pech gehörte zu diesen Grundfertigkeiten auch die Mathematik, in der er durch und durch, ja spektakulär inkompetent war. (Sein ganzes Leben lang hatte er selbst mit dem Wechselgeld beim Einkaufen seine liebe Mühe.) Das Ergebnis dieser Prüfung war, dass er, wie er es später ausdrückte, »mit Pauken und Trompeten durchrasselte«. In der zweiten Märzhälfte und Anfang April paukte er für einen neuen Versuch. Letzten Endes schaffte er es jedoch nie, das Responsions-Examen abzulegen, und hätte man ihn als Kriegsheimkehrer nicht davon befreit, so wäre er vielleicht überhaupt nie in der Lage gewesen, eine Universität zu besuchen.

Nach der verpatzten Prüfung kehrte er zu einem Urlaub nach Belfast zurück, doch Ende April war er wieder in Oxford, wo er Räume in seinem College bezog und sich im Ausbildungscorps für Offiziere einfand. Da jeder wusste, dass er bald in den Krieg ziehen würde, lebte er im College, ohne irgendwelche systematischen Studien zu treiben. »Ich habe mich beim Dekan vorgestellt … und auch bei meinem Tutor«, berichtete er seinem Vater, »aber sie scheinen mir keine richtige Lektüre nahe legen zu wollen, solange ich im Corps bin.« So genoss er etwas über einen Monat lang ein gemächliches Leben im College, wo man ihm weitläufige Räume zugewiesen hatte, die »eigentlich einem formidablen Blood gehören, der an der Front ist – zumindest die Möbel gehören ihm«. Mit nur zwölf Studenten im Univ. fand die College-Leitung es unangebracht, die Mahlzeiten im alten Großen Saal zu servieren, sodass die jungen Männer in einem Hörsaal aßen; keiner der Dons (also der Dozenten) ließ sich dabei blicken. Tagsüber, während er theoretisch für seinen zweiten Anlauf zu den Responsions hätte büffeln sollen, stöberte Jack in Oxfords Buchhandlungen herum oder ging im Fluss schwimmen. Rasch eignete er sich den typischen Oxforder Slang jener Zeit an – zum Beispiel, indem er statt »breakfast« (Frühstück) »brekker« sagte – und lotete die Gelehrsamkeit seiner Kameraden aus: Einer von ihnen, ein irischer Landsmann namens Butler, informierte ihn, wenn er wirklich mehr über das Hinternversohlen lernen wollte, sollte er die Werke eines gewissen »Viscon-te de Sade« konsultieren. Einmal ging er zu einer Party und betrank sich derart, dass er jedem einen Schilling anbot, der sich von ihm peitschen ließ – einen Schilling pro Hieb, wohlgemerkt, was sein Budget ziemlich rasch erschöpft hätte. Wenn man solche Geschichten liest, hat man den Eindruck, Jack hätte es geschafft, sich in das Oxford der Ästheten der 1890er-Jahre zu versetzen, nicht in eine Universität, an der kaum Betrieb herrschte, weil so viele ihrer Mitglieder in dem bislang blutigsten Krieg der Menschheitsgeschichte kämpften.

Am siebten Juni wurde er zu einem Bataillon von Armeekadetten einberufen. So endete fürs Erste sein merkwürdiges Halbleben als Student der Oxforder Universität. Allerdings wurden die Kadetten im Keble College einquartiert, das vom Univ. aus nur ein paar Hundert Meter die Parks Road hinauf liegt, sodass sich geografisch an seiner Situation kaum etwas änderte. Aber nur geografisch. Sein Bett war nun eine Armeepritsche, seine Uniform die eines Tommys und seine Gefährten von ganz anderer und größerer sozialer Bandbreite als seine Kommilitonen am Univ. Kein Wunder, dass er versuchte, so lange wie möglich seine Collegeräume zu behalten, um sie in seiner Freizeit zu nutzen – ein Arrangement, dem der Dekan schließlich ein Ende machte. Doch Jack wurde bald mit seinen Mitkadetten warm, besonders mit seinem Stubenkameraden, einem jungen Mann namens Paddy Moore – ein Ire wie Jack, obwohl er seit seinem zehnten Lebensjahr in Bristol aufgewachsen war (wohin seine Mutter nach dem Scheitern ihrer Ehe gezogen war) und dort das Clifton College besucht hatte, eine weniger bedeutende Public School. Er hatte vielleicht nicht das Niveau eines Universitätsstudenten, und anfangs fand Jack ihn zu »kindisch«, um regelmäßig mit ihm zu verkehren. Doch schon bald und unvorhergesehenerweise kamen sie sich näher.

Paddys Mutter Janie Moore hing sehr an ihrem Sohn; so sehr, dass sie, als er von Bristol nach Oxford zog, um zu seinem Bataillon zu stoßen, mit ihrer Tochter Maureen hinterherkam und sich eine Wohnung einige Häuserblocks vom Keble College entfernt nahm. Es war nur natürlich, dass Paddy seinen neu gefundenen Freund mit zu sich nach Hause einlud, und ebenso natürlich, dass Jack die Gastfreundschaft erwiderte, besonders, solange er noch seine schönen Räume am Univ. hatte, wo er die Familie Moore bewirten konnte. Schon bald unternahmen sie alle gemeinsam kleine Ausflüge, und am 27. August schrieb Jack seinem Vater, er habe eine ganze Woche »mit Moore in der Bude seiner Mutter [verbracht], die, wie ich schon erwähnt habe, jetzt in Oxford wohnt. Ich mag sie ungemein und habe die Zeit durch und durch genossen.«

Gegen Ende September erhielt Jack seine formelle Ernennung zum Armeeoffizier und begann seinen Dienst mit einem einmonatigen Urlaub – danach, so gab man ihm zu verstehen, würde er nach Frankreich geschickt werden. Doch statt sich direkt auf den Weg nach Belfast zu machen, wie es sein besorgter Vater erwartete, fuhr er mit den Moores nach Bristol und hielt sich dort zwei Wochen lang auf. Offenbar schlossen er und Paddy, als sie darüber sprachen, wie unwahrscheinlich es war, dass sie beide überleben würden, einen Pakt miteinander: Falls Paddy als einziger durchkam, würde er sich um Albert kümmern; falls es Jack war, würde er sich um Mrs Moore kümmern. Für Jack war das eine bedeutsamere Verpflichtung als für Paddy, denn Albert würde es als finanziell unabhängiger Mann, der noch einen anderen erwachsenen Sohn hatte, weniger nötig haben, dass man sich um ihn kümmerte, als Janie Moore, deren einziger Sohn Paddy war und mit deren Mann (obwohl es nie zur Scheidung ihrer Ehe kam) nicht zu rechnen war. Und tatsächlich würde Jack sich schon bald zu seiner Seite der Übereinkunft stellen müssen.

Indessen jedoch wartete Albert zu Hause in Belfast. Am 12. Oktober traf Jack endlich dort ein, doch schon vier Tage später erhielt er Nachricht, er solle sich in Devonshire zur Ausbildung bei seinem Regiment einfinden, der Somerset Light Infantry. Vermutlich war sein Urlaub verkürzt worden. Am achtzehnten war er wieder weg. Und das Rad drehte sich immer schneller: Seine Ausbildung in Devonshire dauerte weniger als einen Monat, und am 15. November wurde er informiert, er werde in zwei Tagen an die Front geschickt. (Ein Grund für die plötzliche Eile war der kürzliche Zusammenbruch des Zarenregimes in Russland und die bevorstehende Machtübernahme der Bolschewiken. Schon bald würden die Deutschen von der Notwendigkeit frei sein, einen Krieg an zwei großen Fronten zu führen, und ihre Aufmerksamkeit fast vollständig Westeuropa zuwenden können.)

Nachdem er sich eilends ins nahe gelegene Bristol in Mrs Moores Haus begeben hatte – Paddy war bereits an der Front – schickte er seinem Vater ein Eiltelegramm: »BRISTOL EINGETROFFEN 48 STUNDEN URLAUB. MELDUNG SOUTHAMPTON SAMSTAG. KANNST DU BRISTOL KOMMEN. WENN JA, TREFFPUNKT BAHNHOF. ANTWORT AN MRS MOORE ADRESSE 56 RAVENSWOOD ROAD, REDLAND, BRISTOL. JACK.« Offensichtlich war Jack klar, dass dies, so mühsam es in der Gesellschaft seines Vaters sein konnte und so angespannt ihre Beziehung auch geworden war, kein Zeitpunkt war, um an seinem Groll festzuhalten: Es war lebenswichtig, seinen Vater zu sehen und Lebewohl zu sagen, bevor er über den Kanal setzte und sich in das »plumpe Schlachten« des Krieges, wie er es später nannte, zu begeben. Und für ihn reichte die Zeit nicht mehr, um die Irische See zu überqueren und dann nach Southampton zurückzukehren – viel besser wäre es, wenn sein Vater übersetzen und dann in Ruhe nach Belfast zurückkehren würde, nachdem Jack sich eingeschifft hatte.

Unerklärlicherweise drahtete Albert zurück: »VERSTEHE TELE-

GRAMM NICHT. BITTE SCHREIB.« Jack kam nie dahinter, weshalb Albert seine doch recht eindeutige Nachricht nicht verstehen konnte – schließlich wusste Albert sehr gut, dass Southampton einer der wichtigsten Einschiffungsplätze für Soldaten auf dem Weg zum Kontinent war und dass es nur einen Grund für eine »Meldung« dort geben konnte. Wie Warnie später schrieb, hätte »jeder in England« (oder auch in Irland) Jacks Nachricht auf der Stelle verstanden – nur nicht Albert. Als er schließlich Jacks erklärenden Brief erhielt, schrieb er: »Es hat mich bis ins Mark erschüttert.«

Diese fehlgeschlagene Kommunikation trug nicht dazu bei, ihre ohnehin belastete Beziehung zu verbessern, aber Jack hatte nun dringendere Sorgen. Am 29. November meldete er sich an einer Kette aus Schützengräben an der Kriegsfront zum Dienst, nahe der nordfranzösischen Stadt Arras, wenige Meilen von der belgischen Grenze entfernt. Es war sein neunzehnter Geburtstag.

Im April 1917 hatte es eine Schlacht um Arras gegeben, die aber, wie die meisten Schlachten im Großen Krieg, sowohl äußerst blutig als auch äußerst unentschieden verlief. Für den Rest des Jahres, so erklärt John Keegan in seinem maßgeblichen Geschichtswerk *Der Erste Weltkrieg*, hatten sich die Armeen in eine Phase relativer Ruhe begeben und ihre Stellungen immer stärker durch ihr verschlungenes System von Schützengräben gesichert. Die Franzosen und Deutschen verfolgten eine Politik, die Keegan mit dem Motto »Leben und leben lassen« charakterisiert. Auf Seiten der französischen Kommandeure bestand auch gar keine andere Wahl: Ihre Soldaten weigerten sich schlicht, noch weitere sinnlose Angriffe gegen uneinnehmbare deutsche Stellungen zu führen. (Sie verließen nicht ihre Posten oder entmachteten ihre Offiziere; sie sagten lediglich: Genug ist genug.) Die Deutschen verspürten auch keine Lust, in die Offensive zu gehen, und konzentrierten sich stattdessen auf die aktiveren Schlachtfelder im Osten – zumindest so lange, bis der Zar fiel und mit Lenin und seinen Leuten Frieden geschlossen werden konnte. Nur die britischen Kommandeure, die mit der Tatenlosigkeit unzufrieden waren, führten häufig Grabenangriffe und andere derartige kleine Operationen, doch in einer weiteren großen Schlacht sahen sie ebenso wenig einen Sinn wie alle anderen. Die schlichte Tatsache war, dass keine Seite über genügend Truppen verfügte, um die eingegrabenen Verteidigungslinien der anderen zu überrennen, und das wusste jeder.

In der Tat hatte sich die Westfront kaum bewegt, seit im Spätsommer 1914 die ersten Gräben gezogen worden waren. Diese Stagnation hatte zur Folge, dass ein junger, frisch gebackener Offizier wie Jack Lewis hier in eine sehr seltsame Umgebung geriet. Keegan skizziert die Szenerie mit gewohnter Meisterschaft:

> Die Wirkung von zwei Jahren Bombardement und Grabenkämpfen war hauptsächlich, dass eine Zone der Verwüstung von immenser Länge entstanden war, über vierhundert Meilen lang zwischen der Nordsee und der Schweiz, aber von geringer Tiefe: Entlaubung auf einer oder zwei Meilen zu beiden Seiten des Niemandslandes; schwere Gebäudeschäden auf einer oder zwei weiteren Meilen, dahinter vereinzelte Schäden. ... Jenseits der Reichweite der schweren Artillerie von höchstens zehntausend Metern blieben Ortschaften und Landschaften unberührt.

(In Schilderungen von Soldaten über den Großen Krieg hört man immer von den überwältigenden Schlammmassen, die durch den zweijährigen oder gar längeren Granatenbeschuss entstanden waren, der nicht nur alles Lebendige in der »Zone der Verwüstung« getötet, sondern auch den Boden zu Brei zerkleinert hatte: Dies meint Keegan mit »Entlaubung«.) Doch nur einen Fußmarsch weit von jener Zone entfernt lagen Ortschaften, die trotz einiger Schäden hier und da im Krieg nicht nur überlebt hatten, sondern sogar aufgeblüht waren, zumindest wirtschaftlich, indem sie die Bedürfnisse der Soldaten während ihrer kurzen Pausen vom Grabeneinsatz befriedigten. (Jack schreibt in seinem ersten Brief an seinen Vater aus Frankreich: »Zurzeit bin ich in einer ziemlich mitgenommenen Stadt irgendwo hinter der Linie einquartiert« – vermutlich Arras selbst, das tatsächlich sehr mitgenommen war, aber immer noch fast normal funktionierte.) Der Gegensatz zwischen den Ortschaften und den Gräben muss auf diejenigen, die ihn erlebten, absolut surreal gewirkt haben.

Sobald Jack in den ersten Tagen des Jahres 1918 an die eigentliche Front kam, konnte er seinem Vater schildern, wie ausgedehnt und eindrucksvoll die Gräben waren, zumindest an jenem Teil der Linie: »Sie sind sehr tief; man geht durch einen Schacht mit etwa zwanzig Stufen hinunter; es gibt drahtgefederte Kojen, in denen man recht bequem schlafen kann, und Kohlenbecken zum Heizen und Kochen.«

Lange würde er sich nicht dort aufhalten. Am 1. Februar hatte er sich bereits das »Grabenfieber« zugezogen und war in ein Lazarett in Le Tréport verlegt worden, am Ärmelkanal, etwa fünfzig Meilen direkt westlich von seiner Frontstellung. Er brauchte etwa einen Monat, um sich zu erholen, bevor er zurück in die Gräben geschickt wurde. Die Zeit dürfte wohl kaum unangenehm für ihn gewesen sein, denkt man daran, wie sehr er sein Leben lang die »Rekonvaleszenz von einer leichten Erkrankung« und die damit verbundene Zeit zum Lesen genoss. Auch wenn seine Zeit in Le Tréport nicht so angenehm gewesen sein sollte, war er doch zumindest an der Küste und konnte »immerzu an einem Fenster mit Blick aufs Meer« sitzen. Seinem Vater schrieb er: »Draußen sind Klippen und eine graue See – die wiederzusehen man sehr froh ist – und von meinem eigenen Fenster aus eine hübsche Waldlandschaft«, in der er später auch Wanderungen unternahm. Und er konnte nicht anders, als sich daran zu erinnern, wie er das letzte Mal in diesem Teil der Welt gewesen war: 1907 in Dieppe mit Warnie und seiner Mutter, nur wenige Monate, bevor seine Welt durch ihren Tod einen Sprung bekam. »Man hat mir gesagt, dass Dieppe etwa achtzehn Meilen von hier liegt; und das weckt Erinnerungen …«

Bald nach seiner Rückkehr in die Gräben am 21. März beendeten die Deutschen ihre Politik des »Lebens und Lebenlassens« ein für allemal, indem sie ihre größte Offensive in der letzten Phase des Krieges starteten. Es sollte der erste von fünf großen Angriffen sein, die sie in jenem Frühjahr und Sommer führten, um ein plötzliches und gewaltsames Ende des Krieges zu erzwingen, bevor sie sich durch Aushungern geschlagen geben mussten. Wenngleich die Deutschen, nachdem Russland zusammengebrochen war, Hunderttausende von Soldaten von der Ostfront hatten herbeiziehen können, wurden diese durch die Scharen frischer amerikanischer Truppen, die fast täglich eintrafen, mehr als ausgeglichen. Die amerikanische Präsenz in so großer Zahl höhlte die Moral der leidgeprüften deutschen Truppen aus, und für die deutsche Führung wurde nun klar, dass es den Alliierten gelingen würde, ihre Armeen und ihre Zivilisten bei guter Ernährung zu halten, während ihren eigenen Streitkräften zusehends die Lebensmittel ausgingen. Die deutschen Angriffe, die sich aus purer Verzweiflung ergaben, waren heftig, und sie brachten (nach den Maßstäben dieses statischen Konflikts) enorme Territorialgewinne ein – aber nicht genug, um das sofortige Ende des Krieges herbeizuführen, das die einzige Hoffnung der Deutschen war. Als die Angriffe scheiterten, war der Ausgang besiegelt.

Aber inzwischen wurde während der ersten dieser Offensiven, der die Deutschen den Namen Michael gaben, der Second Lieutenant C. S. Lewis verwundet. Es ist nicht ganz klar, was er zu diesem Zeitpunkt gerade tat oder wo er sich befand, aber er war mit seinem Sergeant zusammen, einem Mann namens Ayres, den er verehrte: »Ich war ein nutzloser Offizier (die Patente wurden damals zu leicht vergeben), eine Marionette, die von ihm bewegt wurde, und er verwandelte diese lächerliche und peinliche Beziehung in etwas Schönes, wurde mir fast wie ein Vater.« (So tief empfunden dieser Tribut auch ist, ich glaube, dies ist das einzige Mal, dass Jack Sergeant Ayres in seinen Büchern oder Briefen erwähnt. Man hört immer wieder davon, dass im Kampf Beziehungen geschmiedet werden, die zu eng sind, um darüber Worte zu verlieren; die Vermutung drängt sich auf, dass dies hier der Fall war.) Es war eine englische Granate, die für die Deutschen bestimmt war, aber bedauerlicherweise nicht weit genug flog, die hinter den Männern explodierte. Ayres wurde getötet, offenbar auf der Stelle, ebenso Laurence

Johnson, ein Mitoffizier, von dem Jack später sagte, dass er »mir zu einem lebenslangen Freund hätte werden können, wäre er nicht gefallen«. (Einige Monate später schrieb er seinem Vater über Johnson: »Ich hatte ihn so oft in meinen Gedanken, war so oft auf irgendeinen neuen Punkt in einer unserer Debatten gekommen und hatte mir vorgenommen, ihn darauf anzusprechen, wenn wir uns wieder begegneten, dass ich kaum glauben kann, dass er tot ist.«)

Jack wurde von drei Granatsplittern getroffen – einer erwischte ihn an der Hand, einer im Oberschenkel und einer unter dem Arm. Letzterer durchschlug eine Rippe und bohrte sich in seinen linken Lungenflügel. Dennoch konnte er sich kriechend in Sicherheit bringen. Bald darauf wurde er von Bahrenträgern gefunden und in ein mobiles Lazarett in Étaples gebracht, das wie Le Tréport am Ärmelkanal lag, nur etwas weiter nördlich. Seinem Vater schrieb er, er sei »leicht verwundet«, doch offenbar hatte Albert bereits ein Telegramm vom Kriegsministerium erhalten, in dem man das Wort »leicht« nicht verwenden wollte. So setzte Albert im Geiste sein eigenes Adjektiv ein – »schwer« – und gab die Nachricht so an Warnie weiter. Warnie borgte sich irgendwo ein Motorrad und fuhr die fünfzig Meilen von seiner Stellung nach Étaples, wo er zu seiner Erleichterung feststellte, dass Jack »nicht so schlimm dran und … in besserer Stimmung war, als ich ihn seit langem erlebt habe«. Der tadelnde Ton in seinem Bericht an Albert ist nicht zu überhören: »Ich weiß nicht, wer für die Formulierung ›schwer verwundet‹ verantwortlich ist, aber sie hat mir einen fürchterlichen Schrecken eingejagt.«

In Étaples gibt es einen Friedhof, Le Mémorial Britannique, auf dem elftausend britische Soldaten des Großen Krieges begraben liegen. Jack Lewis sollte nicht zu ihnen gehören; nach dreieinhalb Monaten an der Front hatte er den Krieg endgültig hinter sich.

Die Chroniken von Narnia sind voller Schlachten, die aber natürlich keinerlei Ähnlichkeit mit dem Krieg haben, den Jack erlebte. Es war schon immer in Mode, literarische oder filmische Kriegsdarstellungen als sentimental oder romantisierend zu verurteilen, wenn sie nicht gerade so blutig sind, dass einem schlecht davon wird, was ihnen dann das Lob einbringt, »realistische Darstellungen der Grauen des Krieges« zu sein. Doch der Krieg besteht nicht nur aus Schlachten; den Erinnerungen von Soldaten lässt sich entnehmen, dass die Langeweile das häufigste (wenn auch nicht das beängstigendste) Problem ist in jenen langen Zeiten des Wartens und Beobachtens und Vorbereitens zwischen einer Schlacht und der nächsten. Und es sind auch nicht alle Schlachten gleich, ebenso wenig, wie jeder Soldat in ein und derselben Schlacht dasselbe erlebt. Die Schlachten in Narnia sind tatsächlich sehr vielgestaltig – und manche von ihnen sind weitaus ernüchternder, als man es in Kinderbüchern erwarten würde.

Es stimmt, dass die narnianischen Krieger ihre unbeschwerten Momente haben, aber diese kommen nie in den eigentlichen Schlachten vor. Als am Ende von *Der silberne Sessel* König Kaspian, Eustace und Jill die Quälgeister vom Experiment House erschrecken – »Mord! Faschisten! Löwen! Das ist *unfair*!« –, da ist niemand in ernsthafter Gefahr für Leib und Leben; Gleiches gilt, wenn Bacchus gegen Ende von *Prinz Kaspian* die Schulmädchen verscheucht. Wenn tatsächlich Leben auf dem Spiel stehen, werden Lewis' Schilderungen sehr ernsthaft, wenn auch nicht immer allzu konkret: Als zum Beispiel auf den letzten Seiten von *Der König von Narnia* Aslans Armee gegen die Armee der Weißen Hexe kämpft, heißt es zwar: »Wohin [Lucy] auch schaute, überall gingen grauenhafte Dinge vor sich«, aber wir erfahren nicht, was für grauenhafte Dinge das sind.

An anderer Stelle im selben Buch freilich ist die Erzählung anschaulicher:

> Sehr tapfer fühlte Peter sich nicht; er fühlte sich eher, als müsste er sich gleich übergeben. Doch das änderte nichts daran, was er zu tun hatte. Er stürmte direkt auf das Monster los und schlug mit dem Schwert nach seiner Flanke. Doch der Hieb ging ins Leere. Schnell wie der Blitz fuhr der Wolf herum, die Augen flammend, das Maul weit aufgerissen zu einem wütenden Geheul. Wäre er nicht so wütend gewesen, dass er einfach heulen musste, er hätte Peter sofort

> an der Kehle gepackt. Doch so blieb Peter – obwohl alles so schnell ging, dass er überhaupt nicht zum Nachdenken kam – gerade genug Zeit, sich zu ducken und sein Schwert mit aller Kraft zwischen den Vorderbeinen der Bestie hindurch in ihr Herz zu stoßen. Dann folgte ein grauenhafter, verworrener Moment wie aus einem Albtraum. Er zog und zerrte; der Wolf schien weder lebendig noch tot zu sein; seine gefletschten Zähne stießen gegen Peters Stirn und überall war nichts als Blut und Hitze und Fell. Im nächsten Augenblick lag das Monster tot vor ihm; er hatte sein Schwert herausgezogen, richtete sich auf und wischte sich den Schweiß vom Gesicht und aus den Augen. Er fühlte sich völlig erschöpft.

Das ist in der Tat anschaulich, und direkter und brutaler, als es die meisten Kinderbuchautoren wagen würden. Besonders bemerkenswert erscheint das Fehlen bewusster Tapferkeit bei Peter – stattdessen tut er das, was er offenbar gar nicht vermeiden kann (da der Wolf seine Schwester Susan bedrohte) – und der dichte Nebel der Verwirrung.

Verwirrung ist auch der Grundton, der in der Entscheidungsschlacht in *Der letzte Kampf* angeschlagen wird: »Der Fuchs lag tot vor [Eustaces] Füßen, und er fragte sich, ob er es war, der ihn getötet hatte.« Und etwas später, als die Narnianen von den Kalormenen überwältigt werden, lesen wir:

> Tirian wusste, dass er jetzt nichts für die andern tun konnte; sie waren alle miteinander ihrem Schicksal ausgeliefert. Undeutlich sah er auf einer Seite neben sich den Keiler zu Boden gehen und auf der anderen Saphir wütend kämpfen. Aus einem Augenwinkel bekam er gerade so mit, wie ein großer Kalormene Jill an den Haaren irgendwohin fortschleppte. Aber er hatte kaum einen Gedanken für irgendeines dieser Dinge. … Bald merkte Tirian, dass er immer weiter nach rechts gedrängt wurde, näher zum Stall. Irgendwo in seinem Hinterkopf geisterte noch der vage Gedanke herum, dass es einen guten Grund gab, sich davon fernzuhalten. Aber was das für

ein Grund war, daran konnte er sich jetzt nicht mehr erinnern. Und außerdem konnte er sowieso nichts dagegen tun.

Doch die Verwirrung verschleiert nicht die Brutalität. Lewis, der sicherlich weiß, dass für viele Kinder das Leiden von Tieren (vielleicht umso mehr von denkenden Tieren) noch quälender empfunden wird als das Leiden von Menschen, verschont die Sprechenden Tiere Narnias nicht: »Drei Hunde waren getötet worden, und ein vierter humpelte auf drei Beinen hinter der Linie und wimmerte. Der Bär lag am Boden und regte sich schwach. Dann murmelte er, bis zum letzten Moment verwirrt, mit seiner kehligen Stimme: ›Ich – ich – verstehe nicht‹, legte seinen mächtigen Kopf ins Gras, still wie ein Kind, das sich schlafen legt, und bewegte sich nie wieder.«

Diese Passagen gehören zu den eindrucksvollsten in den Narnia-Büchern, und ich vermute, dass Lewis das Risiko dieser Unverblümtheit einging, weil er schon wenige Seiten später Aslan all die Menschen und anderen Geschöpfe in das Neue Narnia rufen lassen würde, sein immerwährendes Reich. Ihr Leiden ist also kurz, und der Lohn folgt sogleich – aber starker Tobak ist es dennoch.

Es ist schwierig zu ermessen, wie viel diese Schilderungen Jacks eigenen Erfahrungen als Soldat verdanken, aber sie passen sicherlich zu dem, was viele Soldaten des Großen Krieges über ihre Zeit an der Front gesagt oder geschrieben haben. Es war der brutalste Krieg, der je geführt wurde, und einer der sinnlosesten obendrein. In seinen Briefen äußerte sich Jack kaum über seine Erlebnisse auf dem Schlachtfeld: In den raueren Zeiten war dazu keine Zeit, und er kam nicht zu mehr als ein paar gekritzelten Zeilen, um seinen Vater wissen zu lassen, dass er noch am Leben war; in den freieren Zeiten – die er größtenteils in den Lazaretten in Le Tréport und Étaples verbrachte – zog er es vor, sich vor allem über seine Lektüre auszulassen, wie er es schon immer in Briefen an seinen Vater und Arthur gleichermaßen getan hatte. (Er feierte ein George-Eliot-Gelage und las *Adam Bede* und *The Mill on the Floss*.) in *Überrascht von Freude* verwendet er fast das ganze Kapitel über den Krieg darauf, Leute zu beschreiben, denen er an der Front begegnete – darunter einen alten Bekannten, seinen früheren Lehrer Pogo, dem er zu seiner Überraschung und Pogos sichtlichem Unbehagen über den Weg lief. (Pogo widerstrebte es offenbar zuzugeben, dass er einmal Schullehrer gewesen war.) Nur etwa eine Seite lang hält er sich mit Einzelheiten über den Grabenkrieg auf, und dort hebt er besonders hervor, dass er und seine Untergebenen das Schlimmste davon nicht abbekommen haben. Selbst zu den düstersten und traurigsten Erinnerungen äußert er sich seltsam beiläufig und beschränkt sich auf einen einzigen Einschub innerhalb eines Satzes, wenn es auch ein langer und furchtbarer Einschub ist:

> Doch ansonsten ist mir der Krieg – die Ängste, die Kälte, der Geruch der Sprengstoffe, die grauenhaft zermalmten Männer, die sich immer noch bewegten wie halb zertretene Käfer, die sitzenden oder stehenden Leichen, die Landschaft aus schierer Erde ohne einen Grashalm, die Stiefel, die man Tag und Nacht trug, bis sie einem an den Füßen anzuwachsen schienen – nur noch selten und schwach in Erinnerung. Er ist zu scharf von meiner gesamten anderen Erfahrung getrennt, und manchmal scheint es mir, als wäre all das einem anderen widerfahren. In gewisser Weise ist es sogar unwichtig.

Man ahnt in diesem rhetorischen Hinwegfegen der Grauen des Krieges eine Kritik an der umfangreichen Literatur seiner Mitsoldaten: Robert Graves, Siegfried Sassoon, Wilfred Owen und viele andere kleideten diese Schrecken in kraftvolle Worte, die für immer das Bild der Geschichte von jenem Krieg prägen werden. Mit gutem Grund ist ein Kapitel in Paul Fussells Klassiker *The Great War and Modern Memory* mit »Oh welch ein literarischer Krieg« überschrieben. Wenn Lewis jene Literatur hier nicht kritisiert, so lehnt er es doch zumindest ab, ihr weitere Seiten hinzuzufügen.

Doch dieser beiläufigen Schilderung – all das sei ihm »nur noch selten und schwach in Erinnerung« – fehlt entweder ein Stück Ehrlichkeit oder ein Stück Selbsterkenntnis. Am Ende des Krieges, als er sich von seiner Verwundung erholte, lieferte er seinem Vater einen »Gesundheitsbericht«. Körperlich, sagt er, gehe es ihm gut, obwohl er oft müde sei und Kopfschmerzen habe. Doch »auf die Nerven hat es zwei Auswirkungen, die vermutlich mit der Ruhe und Erholung wieder verschwinden werden«. Von der ersten dieser Auswirkungen werden wir wohl nie erfahren, denn Jack und Warnie strichen den Abschnitt, der sie beschreibt, als Warnie alle Briefe der Familie für die Lewis Papers abtippte. (Ich kann mir nicht vorstellen, was es sein könnte – Jack widerstrebte es sehr, seinem Vater intime oder sonstwie peinliche Details zu offenbaren – obwohl ich natürlich äußerst neugierig bin.) Die zweite Auswirkung jedoch sind »Albträume – oder besser gesagt, derselbe Albtraum immer wieder. Fast jeder hat ihn, und obwohl es sehr unangenehm ist, wird es vorbeigehen und keinen Schaden anrichten.«

Doch wie es scheint, ging es *nicht* vorbei. 1939, als in Europa wieder Krieg herrschte, schrieb er an einen Freund: »Nein, ich habe mich nicht den Territorials angeschlossen« (einer Art freiwilliger Reservearmee, die für den Fall einer deutschen Invasion in England geschaffen wurde, bei der lokale Verteidigungskräfte notwendig wären). »Ich bin zu alt. Es wäre geheuchelt, wenn ich sagen würde, dass ich das bedaure. Meine Erinnerungen an den letzten Krieg haben mich noch jahrelang in meinen Träumen verfolgt.« Wer weiß also, welche langfristigen Auswirkungen das Elend des Krieges auf Jack hatte? Offensichtlich waren diese Auswirkungen größer, als er sich anmerken lassen wollte, außer in seltenen, unvorsichtigen Momenten, doch es scheint einfach ein Merkmal seines Charakters gewesen zu sein, sein eigenes Leiden herunterzuspielen. (Vielleicht störte ihn in einem Großteil der Literatur, die der Große Krieg hervorbrachte, die Neigung der Autoren, ihr Elend zu *stark* zu betonen.) Schon als junger Mann, der, so zumindest seine eigene rückblickende Selbstbeschreibung, keine nennenswerten Prinzipien oder Moralbegriffe besaß, wusste er, dass er kaum ein Recht hatte, sich zu beklagen. Im September 1918, während er sich noch von seiner Verwundung erholte, erfuhr er, dass Mrs Moore schließlich die offizielle Benachrichtigung vom Tod ihres Sohnes erhalten hatte. Jack schrieb an seinen Vater: »Es vergeht kein Tag, an dem ich nicht dankbar erkenne, welches große Glück ich hatte, zu diesem Zeitpunkt verwundet zu werden, sodass mir die überaus tödlichen Monate danach erspart geblieben sind.«

Während jeder ereignislosen Zeit, die er auf dem Schlachtfeld und während seiner Rekonvaleszenz erlebte, verwendete Jack seine besten Gedanken und Kräfte nicht auf das Lesen, sondern auf das Schreiben: Es entstand eine Sequenz oder ein »Zyklus« von Gedichten, die er später *Spirits in Bondage* nennen würde. Es sind keine sehr guten Gedichte, aber sie sind auf eine interessante Weise nicht sehr gut, denn sie offenbaren einen jungen Mann, der sich geistig und emotional sehr im Umbruch befindet und vielfältigen und sogar widersprüchlichen Einflüssen ausgesetzt ist.

Wenngleich die Gedichte in Form und Diktion unterschiedlich sind, orientieren sie sich immer an anderen Dichtern, manchmal auf offensichtliche Weise. In einem Gedicht heißt es:

> For these decay: but not for that decays
> The yearning, high, rebellious spirit of man …
>
> (Denn diese verfallen: doch darum verfällt nicht
> der sehnende, hohe, aufbegehrende Menschengeist …)

Daran lässt sich sehen, wie sorgfältig Jack bereits Milton gelesen hatte, den er in einem Gedicht aus dem Zyklus seinen »Meister« nennt. In Buch III von *Paradise Lost* ist zu lesen:

> Thus with the Year
> Seasons return, but not to me returns
> Day, or the sweet approach of Ev'n or Morn …
>
> (So kehren mit dem Jahr
> Die Jahreszeiten wieder, aber nicht
> Zu mir zurück der Tag, das süße Nahen
> Des Abends oder Morgens …)

Doch die Gedanken, die in diesen Gedichten ausgedrückt sind (»der sehnend', hohe, aufbegehr'nde Menschengeist«) lassen mehr an Miltons Satan denken als an Milton selbst. Intellektuell erinnert der junge Lewis stark an A. E. Housman, dessen Ähnlichkeit mit dem Großen Knock ich im vorigen Kapitel erwähnt habe. Hier ist Professor Housman:

We for a certainty are not the first
Have sat in taverns while the tempest hurled
Their hopeful plans to emptiness, and cursed
Whatever brute and blackguard made the world.

(Wir sind mit Sicherheit nicht die Ersten,
die in Tavernen saßen, während der Sturm
ihre hoffnungsvollen Pläne ins Leere schleuderte,
und die verfluchten das Ungeheuer und den Schuft,
der die Welt erschuf.)

Und hier ist Second Lieutenant Lewis:

The ancient songs they wither as the grass
And waste as doth a garment waxen old,
All poets have been fools who thought to mould
A monument more durable than brass.

(Die alten Lieder welken wie das Gras
und vergehen wie ein alt gewordenes Kleid,
alle Dichter waren Narren, die dachten, sie könnten
ein Denkmal gießen, das beständiger wäre als Messing.)

Der Unterschied liegt in der Qualität, nicht im Thema. Lewis' Archaismen knarren, und mit Housmans meisterhafter Handhabung der starken Rhythmik kann er es nicht aufnehmen. Doch schon hier sehen wir einen Zug, den Lewis für den Rest seines Lebens besitzen würde: eine

Art literarischer Bauchrednerei, eine Begabung, Einflüsse zu assimilieren und wiederzugeben. (Auf dieses wichtige Thema kommen wir später in unserer Geschichte zurück.) Seine Fähigkeiten als Übersetzer – die Kirk schon bemerkte und die mit seiner Gelehrsamkeit noch zunehmen sollten – sind ein Aspekt dieser Begabung; die Anklänge an Housman in diesen Gedichten ein anderer. Er erwähnt Housman nur selten in seinen Briefen, doch in einem Brief von 1929 an Arthur lässt er erkennen, wie gut er die Gedichte kannte: »Ich habe auch zum hundertsten Mal A. E. Housmans *Shropshire Lad* durchgesehen. Was für ein schreckliches Büchlein das ist – vollkommen und tödlich, wie die Schönheit der Gorgo.« Man kann wohl kaum überbetonen, welche zentrale Rolle Housman für junge Männer in Lewis' Generation spielte. George Orwell, der nicht ganz fünf Jahre jünger war als Jack Lewis, schrieb einmal: »Unter den Leuten, die in den Jahren 1910 bis 1925 ihre Jugendzeit durchlebten, hatte Housman einen Einfluss, der enorm war und jetzt überhaupt nicht mehr leicht zu begreifen ist. 1920, als ich etwa siebzehn war, kannte ich vermutlich den gesamten *Shropshire Lad* auswendig.« Bei Lewis' außerordentlich gutem Gedächtnis und der Häufigkeit, mit der er das Buch in die Hand nahm, ist es fast sicher, dass er das Buch genauso gut kannte wie Orwell. (Wenn er auch offensichtlich, als er jenen Brief an Arthur schrieb, ihm gegenüber argwöhnisch geworden war – daher »die Schönheit der Gorgo«, faszinierend, aber »tödlich« – begegnete er dem Buch wohl kaum mit Ablehnung. Als er etwa sechzig war, wurden er und seine Frau – von deren Sohn – weinend im Wohnzimmer ihres Hauses angetroffen. »Alles in Ordnung, Doug«, sagte Lewis. »Wir lesen die Gedichte von A. E. Housman, und mit denen passiert uns das immer.«)

Wenngleich der metaphysische Pessimismus in diesen Gedichten von Housman (und von Kirk) stammt, sind sie voll von Motiven und Figuren, die Housman lächerlich gefunden hätte: Feen, Druiden und Götter verschiedener Art, heilige Täler, inspirierende Meeresblicke – kurz, das ganze vielfältige Repertoire der Fantasy. William Morris und der frühe Yeats sind hier ebenso vertreten wie Housman, auch wenn sich in den Gedichten oft ein düsteres Empfinden des Verlustes ausdrückt; was hier beschworen wird, ist die Abwesenheit der Feen, das Verschwinden der Götter:

Is it good to tell old tales of Troynovant
  Or praises of dead heroes, tried and sage,
  Or sing the queens of unforgotten age,
  Brynhild and Maeve and virgin Bradamant?

How should I sing of them? Can it be good
  To think of glory now, when all is done,
  And all our Labour underneath the sun
  Has brought us this – and not the thing we would?

All these were rosy visions of the night,
  The loveliness and wisdom feigned of old.
  But now we wake. The East is pale and cold,
  No hope is in the dawn, and no delight.

(Ist es gut, alte Geschichten von Troynovant zu erzählen,
oder tote Helden, erprobt und weise, zu loben,
oder die Könige unvergessener Zeiten zu besingen,
Brunhild und Maeve und die jungfräuliche Bradamant?

Wie sollte ich von ihnen singen? Kann es gut sein,
jetzt an Herrlichkeit zu denken, wo alles vorbei ist
und all unsere Mühe unter der Sonne
uns dies gebracht hat – und nicht das, was wir wollten?

All dies waren rosige Visionen der Nacht,
die Lieblichkeit und Weisheit, die man früher vortäuschte.
Doch nun erwachen wir. Der Osten ist bleich und kalt,
in der Morgendämmerung ist keine Hoffnung und kein Entzücken.)

Es klingt auch ein großer Zorn aus diesen Klagen – Zorn gegen die Feen und Helden, weil sie fortgegangen sind, oder noch häufiger Zorn gegen einen einzigen Gott, weil er sich entweder zurückgezogen hat oder überhaupt nicht existiert. Das Seltsamste an all diesen Gedichten aus der Feder eines jungen Mannes, der sich so lautstark als Atheist äußerte, ist diese ständige und zornerfüllte Beschwörung eben des Wesens, an das Jack Lewis überhaupt nicht zu glauben behauptete:

> It's truth they tell, Despoina, none hears the heart's complaining
> For Nature will not pity, nor the red God lend an ear.
> Yet I too have been mad in the hour of bitter paining
> And lifted up my voice to God, thinking that he could hear
> The curse wherewith I cursed Him because the Good was dead.

> (Sie sagen die Wahrheit, Despoina, niemand hört die Klagen des Herzens,
> denn die Natur kennt kein Mitleid, und der rote Gott leiht nicht sein Ohr.
> Doch auch mich packte der Wahn in der Stunde des bitteren Schmerzes
> und ich erhob meine Stimme zur Gott und dachte, er könnte den Fluch hören,
> mit dem ich ihn verfluchte, weil das Gute tot war.)

Oder dies:

> And if some tears be shed,
> Some evil God have power,
> Some crown of sorrow sit
> Upon a little world for a little hour –
> Who shall remember? Who shall care for it?

(Und wenn Tränen vergossen werden,
ein böser Gott die Macht erlangt,
eine Trauerkrone
für eine kleine Stunde auf einer kleinen Welt ruht –
Wer wird sich erinnern? Wer wird sich darum scheren?)

Oder vor allem dies:

Come let us curse our Master ere we die,
For all our hopes in endless ruin lie.
The good is dead. Let us curse God most High.

(Kommt, lasst uns unserem Meister fluchen, ehe wir sterben,
denn all unsere Hoffnungen liegen unwiederbringlich in Trümmern.
Das Gute ist tot. Lasst uns Gott, den Höchsten, verfluchen.)

Unter dem schopenhauerschen Pessimismus, den Jack von Kirk lernte, liegt dieser ganz andere Strang, und die gelegentlichen Bezüge zu Satan in dem Zyklus – zwei der Gedichte heißen »Satan spricht« – verraten uns, was für ein Strang das ist: nicht Unglaube als solcher, sondern Rebellion gegen »das Ungeheuer und den Schuft, der die Welt erschuf«. (In solchen Formulierungen zeigt sich auch Housman selbst als nicht durchgängig atheistisch.) Offensichtlich hat der stolze, mächtige Geist von Miltons Satan Jacks Vorstellungskraft gefangen genommen, wie er ja auch schon so viele vor ihm gefangen genommen hat.

Von William Blake stammt der berühmte Satz: »Milton war auf der Seite des Teufels, ohne es zu wissen.« Und die Generation, die ihm folgte – die Romantiker – war sehr von der Kraft jener infernalischen Persönlichkeit eingenommen. Satans Weigerung, vor dem Gott, den er einen Tyrannen nennt, das Knie zu beugen, fand starken Widerhall in jener Zeit politischer Revolutionen und Veränderungen. Echos von Miltons »großem Abenteurer« (wie seine rebellischen Mitengel ihn nennen) finden sich überall in der Literatur jener Zeit, vielleicht nirgends stärker als im Prometheus aus Shelleys Verstragödie *Prometheus Unbound*. Die grausamen Götter haben ihn für immer an einen Felsen gekettet und Geiern befohlen, täglich zu kommen und an seinen Eingeweiden zu fressen, und er antwortete ihnen nicht, indem er um Gnade fleht oder Reue zeigt, sondern mit sarkastischem Trotz: »Schmerz ist mein Element wie Hass das deine. Zerreiß mich nun: Mir ist es gleich.« Und: »Ja, tu dein Schlimmstes. Du bist allmächtig.«

Dieses Ethos oder etwas sehr Ähnliches dürfte Jack eher direkt von seinem geliebten Wagner übernommen haben als von Shelley: Die Götter Asgards in ihrer »Dämmerung« kämpfen tapfer weiter gegen finstere Mächte, obwohl sie wissen, dass sie ihnen unterliegen werden. Doch Shelleys Prometheanismus ist ein echter Vorläufer Wagners, und Jack erkannte ihn zweifellos als solchen und begrüßte ihn.*

Jacks Gedichtzyklus übernimmt also die heroische Sprache von Miltons Satan und Shelleys Prometheus – man stelle sich diese Worte von

---

* Shelley war wie Jack ein Univ.-Mann gewesen, war jedoch, entweder weil er ein Pamphlet namens »Die Notwendigkeit des Atheismus« geschrieben oder weil er geleugnet hatte, es geschrieben zu haben, 1811 zu seinem großen Kummer vom College verwiesen worden. Einige Jahre nach seinem vorzeitigen Tod auf See 1822 – er war noch keine dreißig – gab seine Witwe eine große Skulptur seines ertrunkenen Leichnams in Auftrag, die sein Grab auf dem Cimitero Acattolico oder dem protestantischen Friedhof in Rom schmücken sollte. Zu Lady Shelleys Pech wollte der Friedhof die riesige Skulptur nicht zulassen, und sie blieb ohne Heimat, bis 1894 das Univ., nachdem es seine Haltung gegenüber dem Dichter ein wenig überdacht hatte, sich bereit erklärte, sie zu nehmen. Dennoch war das College noch nicht so weit, seinen abtrünnigen Sohn vollkommen zu akzeptieren, sodass das riesige Ding an einer abseits gelegenen Stelle verstaut wurde, wo ein Student wie Jack Lewis es jeden Morgen auf dem Weg ins Bad sehen konnte. Darüber schrieb er an Arthur: »Auf einer schwarzen Marmorplatte, unten mit weinenden Musen graviert, liegt in weißem Stein die Gestalt Shelleys, wie ihn die See freigab – ganz verdreht in seltsamen Verrenkungen, mit herrlichen Muskelwölbungen und angespannten Gliedmaßen. Er ist herrlich.« Aller Herrlichkeit zum Trotz hat das College beinahe von Anfang an, seit es sie übernommen hat, versucht, die Skulptur wieder loszuwerden. Das Oxforder Ashmolean Museum hat eine Übernahme abgelehnt; teilweise, weil Generationen von Studenten es gelegentlich mit Farbe beschmiert haben, die nun nicht mehr aus den Spalten und Vertiefungen des Marmors zu entfernen ist. Andererseits kann der Besucher Oxfords im Bodleian Library Shop eine wunderschöne kleine Faksimile-Ausgabe von »The Necessity of Atheism« erwerben.

Wagner vertont vor –, fügt jedoch einen nörgelnde und grollende Note hinzu, die in den Quellen nicht zu finden ist. Obwohl Albert Lewis über den offenkundigen Atheismus in Jacks Gedichten beunruhigt war (und das mit gutem Grund), wird dem Leser des einundzwanzigsten Jahrhunderts wohl viel eher ins Auge springen, wie *religiös* die Gedichte sind. Nichts könnte deutlicher sichtbar sein als der Hang dieses jungen Dichters zum Transzendenten, sein Verlangen zu glauben – wenn er nur etwas finden könnte, was seines Glaubens würdig wäre. (Sein ursprünglicher Titel für den Zyklus, »Spirits in Prison«, ist, wenn auch erheblich verstümmelt, ein Zitat aus der Bibel: In 1. Petrus 3,19 sagt der Apostel, Jesus sei »hingegangen und [habe] gepredigt den Geistern im Gefängnis«, eine Aussage, die im Mittelalter zur Ausbildung der Lehre vom Fegefeuer beitrug.) Wenn Lewis sich in *Überrascht von Freude* als kalt blickenden Vertreter einer pessimistischen Philosophie darstellen will – und wenn der junge erwachsene Jack Lewis sich gegenüber seinen Freunden auf ebensolche Weise präsentieren wollte – dann erzählen diese Gedichte eine andere Geschichte. Nach seiner Rückkehr nach Oxford wurde er von einem Freund gefragt: »Hattest du in Frankreich große Angst?« Seine Antwort: »Immerzu, aber ich sank nie so tief, dass ich gebetet hätte.« Doch der Gott, zu dem er nicht beten wollte, war es ihm immerhin wert, ihn zu verfluchen.

Im vorigen Kapitel habe ich davon gesprochen, dass Lewis das Empfinden hatte, während seiner Jugend seien die beiden Hälften seines Verstandes – die analytische und die imaginative – völlig voneinander getrennt gewesen. »Fast alles, was ich liebte, hielt ich für imaginär; fast alles, was ich für real hielt, empfand ich als feindselig und sinnlos.« Liest man *Spirits in Bondage*, so kann man nicht nur sehen, dass die beiden Hälften voneinander getrennt sind, sondern auch, was noch beunruhigender ist, dass die imaginative Hälfte am Absterben ist, unfähig, den vereinten Kräften des philosophischen Pessimismus und den Grauen des Großen Krieges zu widerstehen. Die Klagen in den Gedichten um die verblassenden Götter und Feen sind zugleich Klagen um den Teil von Jack, der sie liebte. Der Zorn, von dem die Gedichte durchdrungen sind, ist ein Zorn nicht nur darüber, dass er die Götter verloren hat, sondern auch darüber, dass er die Liebe zu ihnen – dass er die Freude selbst verloren hat. Es ist ein Wüten gegen die Verminderung seines eigenen Selbst. Die Gedichte sind darum die Geschichte einer Art von Krieg – eines Krieges, den der tiefere Teil von Jack dabei war zu verlieren. Balder wird abermals von Loki erschlagen, und Jack ist zugleich das Opfer und der Mörder.

Spirits in Bondage vernachlässigt nicht die Übel jenes anderen Krieges in Frankreich; man könnte sogar argumentieren, dass es die Schlachterlebnisse sind, die die Gedichte thematisch miteinander verbinden und ihnen eine Einheit geben. Gelegentlich ist es ein Soldat, der den Verlust oder das Fehlen der seligen Gefilde beklagt, und das letzte Gedicht der Reihe trägt den Titel »Tod in der Schlacht«. An manchen der Gedichte hatte Jack unmittelbar an der Front gearbeitet – hin und wieder sandte er Entwürfe an Arthur – und die Revision und der Feinschliff an dem Manuskript waren seit seiner Verwundung seine Hauptbeschäftigung gewesen.

Ende Mai wurde er von Étaples ins Endsleigh Palace Hospital in London verlegt, und dann, einen Monat später, in ein Sanatorium in Bristol. London hatte seine Reize – zum Beispiel konnte er zum ersten Mal eine Wagner-Aufführung (*Die Walküre*) sehen, was ihn in Jubel versetzte, wie er Arthur ausführlich berichtete – doch zweifellos war die Aussicht, in der Nähe von Mrs Moore zu sein, noch attraktiver. Die Zuneigung, die er bei ihrer ersten Begegnung empfunden hatte, hatte sich zu etwas Tieferem verstärkt, etwas, das, wie wir sehen werden, offenkundig romantische Züge hatte. Und was immer er empfand, wurde anscheinend von ihr voll erwidert: Sie hatte ihn in London besucht, und obgleich er seinem Vater gesagt hatte, sie sei dort, um ihre Schwester zu besuchen, und obgleich das möglicherweise auch zutraf, ist es wahrscheinlich, dass ihre Hauptaufmerksamkeit Jack galt. In einem Brief an Albert behauptete er, er habe darum gebeten, zur Rekonvaleszenz nach Irland geschickt zu werden, aber das war fast mit Sicherheit nicht wahr. In Bristol konnte er so viel Zeit mit Mrs Moore verbringen, wie er wollte, hatte aber zugleich auch etliche freie Stunden zum Lesen und Schreiben.

Und vielleicht spielte noch etwas anderes in seinen Gedanken eine Rolle: Als Jack in London im Krankenhaus gelegen hatte, hatte er seinen Vater inständig gebeten, ihn zu besuchen, doch Albert hatte Ausflüchte gemacht und war letzten Endes nicht gekommen. »Man hätte nicht geglaubt, dass es einem Vater möglich wäre, einem solchen Appell in einem solchen Moment zu widerstehen«, schrieb Warnie später, doch Albert widerstand ihm. Warnie schrieb diesen Widerstand Alberts »beinahe pathologischem Hass dagegen« zu, »irgendeinen Schritt zu tun, der mit einer Unterbrechung der öden Routine seines Alltagsdaseins verbunden war«, aber er weiß, dass das keine Entschuldigung ist: »Jack blieb ein Besuch versagt, und er war tief verletzt über diese Vernachlässigung, die er unentschuldbar fand.«

Michael White führt in seiner kürzlich erschienenen und bisweilen von Irrtümern belasteten Lewis-Biografie an, der eigentlich Schuldige sei Alberts immer ernster werdender Alkoholismus gewesen. Sein Beleg dafür ist folgender Brief von Jack an Warnie vom Juni 1919:

> Arthur schaffte es eines Tages, unangemeldet ins Arbeitszimmer zu schneien. Dort fand er unser ehrwürdiges Elternteil auf einem Sessel ausgestreckt, knallrot im Gesicht und schläfrig. Eine Zeitlang starrte er nur vor sich hin und gab keinerlei Antwort auf irgendeine Bemerkung. Der arme Arthur wusste nicht, was er tun sollte, bis sein Gastgeber die Frage klärte, indem er mit belegter Stimme sagte: »Ich bin in großen Schwierigkeiten, du solltest lieber gehen.« Bisher sind keinerlei Hinweise aufgetaucht, worin diese »großen Schwierigkeiten« bestanden haben, sodass ich glaube, wir können mit einiger Wahrscheinlichkeit, wenn nicht gar Sicherheit, das Zauberwort AL-KOHOL hauchen, »der feine Alchimist, der ganz im Nu« usw.! Natürlich hat niemand etwas dagegen, wenn sich einer hin und wieder besäuft – wenn es auch interessant ist, sich an seine gnadenlosen Tiraden über das Trinken zu erinnern – aber dieses einsame Picheln hat doch etwas Unerfreuliches. Er hätte den Spaß wenigstens mit ein paar seiner Freunde teilen können.

(Arthur, so White, »erwähnte nichts von diesem Vorfall in [seinen] Briefen und erzählte seinem Freund erst viele Jahre später davon, lange nachdem Albert gestorben war« – aber wie kann das sein angesichts des eben zitierten Briefes, in dem Jacks Informationen über Alberts Zustand sämtlich von Arthur stammen, und angesichts der Tatsache, dass Albert zu diesem Zeitpunkt noch zehn Lebensjahre vor sich hatte?) Es ist wahrscheinlich, dass Albert betrunken war, als Arthur ihn besuchte, aber daraus lässt sich unmöglich ableiten, wie sehr ihm das Trinken zur Gewohnheit geworden war. Auffälliger erscheint mir hier Jacks Gefühllosigkeit: Ein betrunkener Mann der murmelt, er sei in »großen Schwierigkeiten«, hat daran ganz offensichtlich keinen »Spaß«, und man fragt sich, warum Jack entschlossen war, diesen offenkundig sehr traurigen Vorfall lustig zu finden. Wenn wir aus Arthurs Begegnung mit Albert irgendetwas erraten sollten, dann wohl dies, dass der Alkohol weniger die Ursache von Alberts Problemen war als vielmehr ihr Symptom. Sicherlich war dieser höchst emotionale und gesellige Mann ungemein einsam, nachdem seine Frau tot und seine Söhne aus dem Haus waren, und möglicherweise litt er unter Depressionen – eine Situation, die schon für unzählige Millionen eine unwiderstehliche Einladung zum Trinken war. Und falls Albert tatsächlich depressiv war, wäre das an sich – bedenkt man die überwältigende Trägheit, von der Depressionen gewöhnlich begleitet sind – eine ausreichende Erklärung dafür, dass er seinen Sohn nicht besuchte. Jack aber geht über all das leicht hinweg, vielleicht, weil er auf diese Weise seine Geschichte in der Form belassen kann, in der er das Opfer und Albert der achtlose Täter ist.

Warnie vermutet, dass es diese empfundene Ablehnung Alberts ist, die Jack dazu trieb, Trost bei Mrs Moore zu suchen. Doch Jack hatte sich bereits in sie verliebt, wenn er dies auch nur Arthur gegenüber eingestand: »Vielleicht glaubst du nicht, dass ich all das [Arthurs Freundschaft] wiederhaben will, weil andere, wichtigere Dinge ins Spiel gekommen sind; aber schließlich gibt es im Leben eines Mannes Raum für andere Dinge neben der Liebe«, schrieb er aus Frankreich. Und später: »Doch wir können noch schöne Zeiten erleben, auch wenn ich im Krieg war und auch wenn ich jemanden liebe.« (Selbst dieses diskrete Eingeständnis seiner Zuneigung würde er später bereuen; die Verschwiegenheit über seine Beziehung zu Mrs Moore setzte schon sehr früh ein, und diese Gewohnheit verließ ihn nie.) Dennoch muss die Haltung seines Vaters in ihm die Entschlossenheit verstärkt haben, sich mit der Frau, die er liebte, zusammenzutun.

Die Situation, die Jack in Bristol vorfand, war für viele andere Soldaten immens frustrierend – »all die mit Silberlöffel im Mund zur Welt gekommenen Jünglinge unter den Patienten, die keinerlei eigene Interessen haben, werden natürlich in dieser Gefangenschaft umso unausstehlicher« – doch für ihn selbst wäre es nahezu ideal gewesen, wäre die Gegenwart der »mit Silberlöffel im Mund zur Welt gekommenen Jünglinge« selbst nicht gewesen. Er arbeitete intensiv an seinen Gedichten und sandte sie im Frühsommer bei einem der besten Londoner Verlage ein, Macmillan, von wo er jedoch bald einen höflich ablehnenden Brief erhielt. Als Nächstes wandte er sich an ein anderes hoch angesehenes Verlagshaus, Heinemann – wo zu seiner großen Überraschung sein Manuskript angenommen wurde. Am 9. September schrieb er Arthur die »beste Neuigkeit«; drei Tage später berichtete er von Mrs Moores Haus aus seinem Vater davon. (Es ist daher wahrscheinlich, dass Mrs Moore die gute Nachricht als Erste hörte, dann Arthur, dann sein Vater – eine Reihenfolge, in der sich Jacks persönliche Prioritäten zu jener Zeit zutreffend widerspiegeln.)

Einen Eindruck von der Naivität des jungen Mannes bekommt man durch eine Bemerkung gegenüber seinem Vater: »Nachdem Heinemann eine Ewigkeit auf meinem MS. gesessen hat, ist es nun tatsächlich angenommen worden.« Eine »Ewigkeit«? Der Brief stammt vom 12. September, und aus einem anderen Brief, den er am 7. August an Arthur geschrieben hatte, geht klar hervor, dass er zu diesem Zeitpunkt das Manuskript noch gar nicht abgeschickt hatte. Mit anderen Worten, das Haus traf seine Entscheidung wahrscheinlich innerhalb von zwei Wochen nach dem Erhalt der Gedichte, was heute unvorstellbar wäre und wahrscheinlich schon zur damaligen Zeit außerordentlich schnell war. Offensichtlich sah Mr Heinemann etwas darin, was ihm sehr gefiel, und angesichts der allgemein mittelmäßigen Qualität der Gedichte fragt man sich, ob es nicht der Soldatendichter-Aspekt war, der seine Aufmerksamkeit fand. Es zeichnete sich gerade erst ab, dass dieser Krieg tatsächlich zu einem »literarischen Krieg« werden würde – der Strom von Romanen, Memoiren und Gedichten (der längst versiegt war, als *Überrascht von Freude* geschrieben wurde) hatte damals kaum begonnen – doch Heinemann hatte bereits Siegfried Sassoons Gedichtband *Counter-Attack* veröffentlicht. (Sassoon war ein Freund von Wilfred Owen. Sie hatten sich kennengelernt, als beide sich nach ihrer Verwundung an der Front in einem Krankenhaus in der Nähe von Edinburgh erholten. Später arrangierte Sassoon die Veröffentlichung von Owens Gedichten. In dem Brief an Arthur, in dem er erwähnt, er habe Sassoons Buch gesehen, bezeichnet Jack ihn als »einen abscheulichen Menschen«. Warum, weiß ich nicht.)

Ich habe gesagt, dass die Gedichte nicht sehr gut sind, aber derartige Urteile beziehen sich immer auf irgendeinen Maßstab. Im Vergleich mit den bedeutenden Dichtern jener Zeit – Yeats, Housman, Thomas Hardy, Owen und selbst Sassoon, ganz zu schweigen von den aufkommenden Modernisten, die eine ganz andere Art von Poesie schrieben – und mit der Brillanz, die Lewis später als Prosaschriftsteller erlangen würde, lässt sich nicht viel zugunsten von *Spirits in Bondage* sagen. Bedenkt man jedoch, dass diese Gedichte von einem jungen Mann zwischen seinem sechzehnten und neunzehnten Lebensjahr geschrieben wurden – einem jungen Mann, der noch an keiner Universität studiert hatte (wenn er auch für kurze Zeit in einem College gewohnt hatte) – und dass der Verfasser sie größtenteils während seiner Erholung von erheblichen Kriegsverletzungen überarbeitete und sie noch vor seinem zwanzigsten Geburtstag von einem bedeutenden Londoner Verlag zur Veröffentlichung angenommen wurden … nun, in diesem Licht betrachtet wirken sie schon viel beeindruckender. Jack Lewis (oder »Clive Hamilton«, denn unter diesem Pseudonym beschloss er das Buch zu veröffentlichen) war bei Weitem kein so versierter Dichter wie Sassoon, aber Sassoon war auch zwölf Jahre älter als er, und Owen war fünf Jahre älter. (Jack war überdies dreiunddreißig Jahre jünger als Yeats, neununddreißig Jahre jünger als Housman und achtundfünfzig Jahre jünger als

Hardy, aber vielleicht sind diese Vergleiche nicht so relevant.) Offensichtlich war dies ein sehr begabter, vielversprechender Dichter; ganz gewiss war er einer der intelligentesten jungen Männer seiner Generation. Zumindest unter denen, die den Krieg überlebten.

Am 3. November schrieb Jack seinem Vater aus Bristol: »Tatsächlich scheidet sich mein Leben zusehends in zwei Perioden; eine, die die ganze Zeit umfasst, bevor wir in die Schlacht von Arras gerieten, und die andere alles seither. Schon jetzt scheint mir das letzte Jahr weit, weit weg. Allerdings scheint ja einige Aussicht zu bestehen, dass diese ganze üble Geschichte ziemlich bald ein Ende hat.« Am folgenden Tag wurde der beste der Kriegsdichter, der fünfundzwanzigjährige Wilfred Owen, am Oise-Sambre-Kanal, nicht weit östlich von Arras, von deutschem Maschinengewehrfeuer getötet. Eine Woche später wurde der Waffenstillstand unterzeichnet, der den Kämpfen ein Ende machte. Warnie Lewis schrieb in sein Tagebuch: »Es ist ein wunderbarer Gedanke, dass der Krieg endlich wirklich vorbei ist. Gott sei Dank hat Jacks es sicher überstanden, und dieser Albtraum ist mir endlich von der Seele genommen.« Am selben Tag, während in großen Teilen Europas zur Feier des Kriegsendes die Glocken erklangen, erhielten Owens Eltern ein Telegramm, in dem ihnen der Tod ihres Sohnes auf dem Schlachtfeld mitgeteilt wurde.

Unter Owens Papieren fanden sich Gedichtentwürfe und eine kurze Darstellung des Dichters, mit welcher Absicht er sie geschrieben hatte. Als die Gedichte einige Monate nach *Spirits in Bondage* erschienen, wurde dieser Text als Vorwort verwendet.

> Dieses Buch handelt nicht von Helden. Die englische Dichtung ist noch nicht so weit, von ihnen sprechen zu können. Es handelt auch nicht von Taten oder Ländern, ebenso wenig wie von Ruhm, Ehre, Herrschaft oder Macht,
>
> nur vom Krieg.
> Vor allem geht es in diesem Buch nicht um Dichtung.
> Sein Thema ist der Krieg und der Jammer des Krieges.
> Die Dichtung ist der Jammer.

FÜNF

»Ein wahres Zuhause woanders«

Vor allem dank Evelyn Waughs *Brideshead Revisited* haben wir ein schillerndes Bild von Oxford in den 1920er-Jahren: eine Stadt voller eleganter, zügelloser junger Männer, Smokings und weiße Seidenschals, vorzüglicher französischer Wein und jede Menge Zigaretten, Ästhetizismus und Homosexualität, die bauschigen karierten Hosen, die »Oxford-Säcke« genannt wurden. Harold Acton – der für sich beanspruchte, der Urheber der »Säcke« zu sein – wurde zum studentischen Vorreiter einer viktorianischen Erneuerung bei Möbeln und Einrichtungen, war aber auch dafür bekannt, dass er sich aus seinem Fenster im Christ Church College lehnte und Passagen aus T. S. Eliots *Das wüste Land* durch ein Megafon rezitierte. Oder vielleicht hat sich Waugh das auch nur ausgedacht; zumindest las Acton aber seine eigenen Gedichte auf diese Weise. Der extravagant schwule und äußerst wohlhabende Brian Howard reagierte auf die üble Behandlung durch einige »Hearties«, indem er erklärte: »Wir werden unseren Vätern sagen, sie sollen euch die Mieten erhöhen und euch hinauswerfen.« Waugh selbst hörte man einmal mitten in der Nacht über den Innenhof eines Colleges marschieren und trällern: »Der Dekan von Balliol schläft mit Männern.«

Damit meinte er F. F. Urquhart, allenthalben »Sligger« genannt, der jeden Sommer Gruppen von Studenten mit in die Schweiz zu »Lesepartys« nahm, und diese Anrufung erinnert uns daran, dass die Studenten nicht die einzigen »Originale« in Oxford waren. Neben Sligger gab es da den unnachahmlichen William Spooner, der die Eigenheit hatte, die Anfangskonsonanten der Wörter zu vertauschen – »You have tasted a whole worm« (statt »You have wasted a whole term«), »You have hissed my mystery lectures« (statt »You have missed my history lectures«) – ihm verdanken wir den Ausdruck »Spoonerism«, der noch zu Lebzeiten Spooners ins *Oxford English Dictionary* aufgenommen wurde. George Alfred Kolkhorst, ein Don am Exeter College mit dem Spitznamen »the Colonel«, trug ein Stück Zucker an einer Schnur um den Hals, »um seine Konversation zu versüßen«, doch er wurde auch einmal auf dem Turm des Magdalen College dabei erwischt, wie er auf die Leute herabspuckte, die unter ihm die High Street entlanggingen.

Das war das Oxford der 1920er-Jahre, wie es uns vor Augen gemalt wurde. Jack Lewis' Oxford war es nicht.

Teilweise lag das daran, dass er ein Kriegsheimkehrer war; teilweise auch daran, dass es eine kurze Phase der Nüchternheit gab, bevor die brillanten jungen Burschen der »Brideshead-Generation« eintrafen. Robert Graves – ein Freund von Sassoon und Owen, der später ein gefeierter Dichter und Romanautor wurde – hatte vor dem Krieg eine Fellowship am Oxforder St. John's College erlangt, sich aber dann stattdessen freiwillig gemeldet und gekämpft. In seinem Memoirenklassiker *Good-Bye to All That* schilderte er, wie er schließlich im Herbst 1919 nach Oxford kam:

> Wir fanden die Universität bemerkenswert still vor. Die heimgekehrten Soldaten verspürten keine Lust, anderen Streiche zu spielen, Fenster zu zerschlagen, sich zu betrinken, oder sich Scharmützel mit der Polizei und Wettrennen mit den »Bulldoggen« des Proktors zu liefern wie in den alten Zeiten. Die Jungen, die direkt von den Public Schools kamen, verhielten sich ebenfalls still, nachdem ihnen vier Jahre lang unentwegt der Krieg gepredigt worden war, mit der Mahnung, daheim treu die Fahne hochzuhalten, während ihre Brüder in den Gräben dienten, und sich solcher Opfer als würdig zu erweisen. … G. N. Clarke, ein Don für Geschichte am Oriel, der seinen Abschluss kurz vor dem Krieg gemacht hatte und inzwischen Infanterist in Frankreich und Gefangener in Deutschland gewesen war, sagte mir: »Ich werde

überhaupt nicht aus meinen Studenten schlau. Sie sagen bloß »Ja, Sir« und »Nein, Sir«. Sie scheinen geradezu nach Wissen zu dürsten und kritzeln in ihren Notizbüchern herum wie die Wahnsinnigen.«

Es scheint, zumindest für kurze Zeit, ein weithin geteiltes Bewusstsein geherrscht zu haben, dass ein hoher Preis dafür gezahlt worden war, dass Studenten in Oxford studieren konnten – ein Preis, den zum Teil die Studenten selbst bezahlt hatten, und manche ihrer Freunde gar den allerhöchsten Preis. Harold Macmillan, ein zukünftiger englischer Premierminister, war vor dem Krieg ein brillanter Student am Balliol College gewesen, hatte sich jedoch dann noch vor seinem Abschluss zur Armee gemeldet. Nachdem er demobilisiert war – also von allen Verpflichtungen befreit (der letzte Schritt vor der formellen Entlassung) – und zurückkehren konnte, um sein Studium fortzusetzen, traf er seine Wahl: »Ich ging nach dem Krieg nicht nach Oxford zurück. Nicht deshalb, weil ich immer noch ein Krüppel war. Es gab jede Menge Krüppel. Aber ich konnte es einfach nicht ertragen. Für mich war es eine Stadt voller Gespenster. Unter uns acht Studenten und Stipendiaten, die wir 1912 angefangen hatten, waren nur noch Humphrey Sumner und ich am Leben. Es war zu viel.«

Jack Lewis kehrte natürlich zurück, obwohl er ähnliche Gedanken hegte wie Macmillan. »Ich erinnere mich an fünf von uns im Keble College«, schrieb er seinem Vater, »und ich bin der einzige Überlebende. … Man fragt sich unwillkürlich, warum. Lass uns still und dankbar sein.« Doch unmittelbar nach diesem Moment der Stille stellt er Überlegungen zu den möglichen Umständen seiner Rückkehr nach Oxford an – je eher, desto besser.

Der Brief (es ist derselbe, in dem er auch seine Albträume und die andere, heute nicht mehr zu ergründende »Auswirkung« des Krieges auf seine Nerven erwähnt) wurde am 17. November geschrieben, sechs Tage nach Inkrafttreten des Waffenstillstands. Als er ihn schrieb, befand er sich in einem Lager in Eastbourne, Sussex – zusammen mit vielen anderen Offizieren, von denen die meisten wie er dabei waren, sich von Kriegsverletzungen zu erholen – und wartete auf Nachricht, ob und wann er demobilisiert werden würde. Trotz des Waffenstillstands konnte niemand sicher sein, dass der Krieg wirklich endgültig vorbei war, da noch kein Vertrag unterzeichnet worden war, um den Frieden zu besiegeln. Von Bristol aus hatte man ihn zu einem »Command Depot« auf der Salisbury Plain und dann von dort nach Eastbourne geschickt; mit jeder Versetzung war er also dem Ärmelkanal und damit den früheren Kampfschauplätzen näher gerückt. Seine Zukunft war völlig ungewiss, doch seine klare und einzige Absicht war es, einen Weg zurück nach Oxford zu finden, sobald er das bewerkstelligen konnte.

Man hatte ihm gesagt, vor Anfang Januar werde er keinen Urlaub bekommen, was bedeutete, dass er Weihnachten nicht mit seinem Vater und Warnie, der es geschafft hatte, sich über die Feiertage beurlauben zu lassen, würde verbringen konnte. Doch an Heiligabend wurde er plötzlich und unerwartet gleichzeitig aus seinem Rekonvaleszentenstatus entlassen und demobilisiert, sein Soldatenleben war vorbei. Er machte sich sofort auf den Weg nach Belfast, und infolgedessen ist in Warnies Tagebucheintrag für den 27. Dezember Folgendes zu lesen:

> Ein Tag zum Anstreichen im Kalender heute. Wir saßen heute Morgen gegen elf im Arbeitszimmer, als wir ein Taxi die Straße heraufkommen sahen. Es war Jacks! Er ist demobilisiert worden, Gott sei Dank. Unnötig zu sagen, dass das groß gefeiert wurde. Er sieht recht fit aus. Wir haben zu Mittag gegessen und sind dann alle drei spazieren gegangen. Es war, als wäre der böse Traum von vier Jahren einfach verschwunden, und wir wären immer noch im Jahr 1915. Abends gab es Schampus zum Essen zur Feier des Tages. Das erste Mal, dass ich zu Hause Champagner getrunken habe. Hatte das übliche lange Gespräch mit Jacks nach dem Zubettgehen.

Besonders anrührend finde ich in jenem letzten Satz das Wort *übliche*: Es war lange her, dass Warnie und Jack gemeinsam zu Hause gewesen waren, doch sie nahmen sofort ihre ältesten Gewohnheiten wieder auf. Jegliche Spannungen zwischen ihnen aufgrund von Jacks Debakel in Malvern müssen sich wohl, zumindest vorübergehend, durch die Schrecken des Krieges und die Freude über sein Ende in Luft aufgelöst haben.

Jack blieb noch zwei Wochen in Little Lea und kehrte dann endlich nach Oxford zurück, wo er feststellte, dass das Univ. ihm dieselben Räume zugeteilt hatte wie zuvor. Offenbar war ihr früherer Bewohner – einundzwanzig Monate zuvor hatte er geschrieben, dass sie »eigentlich einem formidablen Blood gehören, der an der Front ist« – nicht mehr heimgekehrt. Und bei der ersten Zusammenkunft der Mitglieder des Junior Common Rooms (also der Studenten) am Univ. war der erste Tagesordnungspunkt die Verlesung des Protokolls der vorausgegangenen JCR-Versammlung. Sie hatte im Jahr 1914 stattgefunden. Jack schrieb an seinen Vater: »Mir fällt keine Kleinigkeit ein, die mir den absoluten Schwebezustand und die Vergeudung dieser Jahre deutlicher vor Augen geführt hätte.«

In seinem späteren Leben legte C. S. Lewis großen Nachdruck auf die Freuden und Vorzüge der Freundschaft. Wir haben bereits seine Aussage aus der autobiografischen Notiz, die er für seinen amerikanischen Verlag produzierte, gehört: »Es gibt keinen Klang, den ich lieber mag als das Lachen erwachsener Männer«, und in einem seiner letzten (und besten) Bücher, *Was man Liebe nennt*, betont er, die Freundschaft sei ebenso sehr eine Form der Liebe wie die erotische Leidenschaft oder die Bindung unter Familienmitgliedern.

> Wer sich Freundschaft nicht als eigenständige Liebe vorstellen kann, sondern nur als Verkleidung und Zerrform von Eros, verrät, dass er nie einen Freund gehabt hat. … In einem gewissen Sinne [ist] nichts so verschieden von der Freundschaft wie die Verliebtheit. Liebende reden dauernd miteinander über ihre Liebe – Freunde kaum je über ihre Freundschaft. Liebende stehen sich gegenüber,

ineinander versunken – Freunde stehen Seite an Seite, versunken in ein gemeinsames Anliegen.

In den Narnia-Büchern geht es oft um ebensolche Themen. Eines der wichtigsten Ereignisse in *Die Reise auf der »Morgenröte«* ist Eustace Scrubbs Aufnahme – nach seiner Verwandlung in einen Drachen – als vollgültiges Mitglied in eine Gemeinschaft von Freunden. Und nichts ist wichtiger für *Der silberne Sessel* als das Wachsen der Freundschaft zwischen Eustace und Jill Pole, ein Wachsen, das sich in der Beziehung zwischen Shasta und Aravis in *Der Ritt nach Narnia* spiegelt. (Für jemanden, der das Lachen von Männern so gern mochte und dem man häufig Frauenfeindlichkeit vorwirft, scheint Lewis eine Menge Sinn für männlich-weibliche Freundschaften gehabt zu haben.)

Doch der Jack Lewis, den wir bisher in diesem Buch kennengelernt haben, wirkt nicht wie ein sehr geeigneter Vertreter einer solch hohen Meinung von Freundschaft. Er und Arthur standen sich sehr nahe, sicher – oder zumindest so nahe, wie sich Freunde stehen können, die sich (selbst in Friedenszeiten) Monate lang nicht zu sehen brauchen – aber weitere enge Freunde scheint es in seinem Leben nicht gegeben zu haben. Und das hat ihn offenbar nicht gestört; tatsächlich könnte man meinen, wenn man ihn nur in Ruhe hätte lesen lassen, dann hätte er überhaupt keine Freunde gebraucht, nicht einmal Arthur. Darum habe ich ihn in meiner Einleitung zu diesem Buch als jemanden charakterisiert, den »eine Art persönlicher und intellektueller Unabhängigkeit, die im Alleinsein Gestalt gewann«, geprägt hat. Doch in Oxford entdeckte er, welch ein Segen es ist, nicht nur einen einzigen Freund zu haben, sondern eine ganze Schar davon. Und die Gewohnheiten der Freundschaft, die er als Student entwickelte, würden ihn sein Leben lang begleiten.

Doch vielleicht ist es falsch zu sagen, dass Jack diese Gewohnheiten als Student ausbildete: Möglicherweise war der wirkliche Wendepunkt seine Beziehung zu Laurence Johnson, seinem Freund, der von derselben Granate getötet wurde, die ihn verwundete. Das Band, das die beiden jungen Männer zueinander geknüpft hatten, war ein ganz anderes als Jacks Freundschaft mit Arthur. Bei Arthur konnte Jack sich immer einer gemeinsamen ästhetischen Reaktion sicher sein – sie liebten dieselben Bücher, dieselbe Musik, dieselben Wanderwege in den Bergen – und ebenso sicher konnte er sich sein, dass seine intellektuelle Überlegenheit nicht in Gefahr war. Er hatte die Kunst der Dialektik und des Debattierens von Kirk gelernt, sie jedoch bisher hauptsächlich in diesem pädagogischen Umfeld ausgeübt, wo seine Argumente von seinem Lehrer bewertet wurden. Seine Freundschaft mit Johnson – der »eine dialektische Denkschärfe« besaß, »wie ich sie bis dahin nur bei Kirk erlebt hatte, jedoch gepaart mit Jugend und Spontaneität und Lyrik« – hatte ihn in einen Bereich versetzt, in dem das Debattieren zwischen zwei jungen Männern Vergnügen bringen und ihre gegenseitige Zuneigung zementieren konnte. »Er bewegte sich auf den Theismus zu, und darüber und über jedes andere Thema führten wir endlose Debatten, wann immer wir aus der Schusslinie waren.« Darüber hinaus war Johnson »ein Mann des Gewissens«, jemand, der bereit war, in Betracht zu ziehen, dass es sich lohnen könnte, über strikte »Wahrhaftigkeit, Keuschheit oder Pflichttreue« nicht nur zu *diskutieren*, sondern diese Tugenden vielleicht auch zu *praktizieren*.

In dem Brief an seinen Vater, in dem er über Johnson sagte: »Ich kann kaum glauben, dass er tot ist«, schrieb Jack auch: »Ich hatte gehofft, ihm eines Tages in Oxford zu begegnen« – Johnson war zur Zeit seiner Einberufung Stipendiat am Queen's College – »und die endlosen Gespräche wieder aufzunehmen, die wir da draußen hatten.« Doch nachdem dies unmöglich geworden war, waren es Leute *wie* Johnson, zu denen es Jack zog, als er an seine Universität zurückkehrte: intelligente Leute, die gerne argumentierten und debattierten, die aber auch wussten, dass Argumente und Debatten nicht nur Übungen waren, sondern Wege, um herauszufinden, wie man leben konnte. Am Univ., seinem eigenen College, fand er nicht viele Gleichgesinnte, aber er warf sein Netz weiter aus. Zum Beispiel schloss er sich einem alten Oxforder Literaturclub an, den Martlets – ein recht überraschender Schritt, könnte man meinen, für einen jungen Mann, der so süchtig nach Einsamkeit war. Vielleicht ist dies ein Hinweis auf den Einfluss, den Johnsons Freundschaft auf Jack ausübte.

Die Ausnahme von seinem allgemeinen Urteil über sein eigenes College war ein gewisser Ronald Pasley – oder »Paisley«, wie Jack ihn nannte, ehe er wusste, wie sein Name geschrieben wurde. Ihr gemeinsames Interesse war die Liebe zur Poesie, obwohl er, nachdem er Pasleys Gedichte in Augenschein genommen hatte, verkündete: »Die Sache riecht ziemlich nach Moderne« – wobei »Moderne« ein ausgesprochen abwertender Begriff in Jacks Lexikon war, damals und zu jeder Zeit danach. Pasley machte Jack mit Leo Baker bekannt, einem weiteren Poesieliebhaber, und dies entwickelte sich zu einer echten Freundschaft, wenn auch nicht ohne ihre Begrenzungen und Schwierigkeiten, wie Baker sich viele Jahre später erinnerte:

> Eines Tages beim Tee in meinem Zimmer rief Lewis in wütendem Crescendo aus: »Du setzt zu viele Dinge voraus. Du kannst nicht von Gott ausgehen. *Ich akzeptiere Gott nicht!*« Ich war so überrascht, dass ich verstummte. Religion kam als Thema nicht mehr in Frage. Ebenso wenig deutsche Philosophie, für ihn ein Pflichtfach, für mich ein weites Feld der Ahnungslosigkeit. Meinem Interesse an Mystik misstraute er zutiefst. Unter diesen Umständen kann man nur staunen, dass unsere Freundschaft so rasch reifte.

Hier sieht man zwei Seiten von Lewis im Widerstreit miteinander: Der fantasievolle Poesieliebhaber ist von Baker begeistert, doch der Dialektiker ist von Bakers mangelnden Fähigkeiten frustriert. Zum Glück erwies Baker Jack den großen Dienst, ihn jemandem vorzustellen, der Jacks Liebe zur Poesie teilte, ihm aber auch in der Dialektik das Wasser reichen konnte – und mehr als das: Owen Barfield, der wie Baker dem Wadham College angehörte.

Barfield sollte zu einem der wichtigsten Menschen in Jacks Leben werden. Zweifellos war er intellektuell der Begabteste unter Jacks Freunden: Wenngleich er nie eine Hochschultätigkeit ausübte, sondern sich stattdessen entschied, für die Rechtsanwaltskanzlei seiner Familie in London zu arbeiten, wurde die Arbeit, die er für seinen Bachelor-Grad in Englischer Literatur schrieb, 1928 unter dem Titel *Poetic Diction* veröffentlicht und wurde zu einem Klassiker der linguistischen Literaturkritik. (Und das war sein *zweites* Buch.) Barfield war auf eine schrullige Art brillant; er war nicht annähernd so umfassend belesen wie Lewis, aber er war, vielleicht auch gerade weil er keine akademische Laufbahn anstrebte, origineller und spekulativer in seinem Denken. Kaum hatten sich die beiden jungen Männer kennengelernt, begann zwischen ihnen das, was sie bald ihren »Großen Krieg« nannten. Das Problem war, dass sie einander zwar immens bewunderten, sich aber über fast nichts einig werden konnten. Lewis sah Barfield schließlich als den typischen »Zweiten Freund« (nach Arthur als dem Ersten): »Er ist nicht so sehr das *alter ego* als vielmehr das Anti-Ich. Natürlich teilt er Ihre Interessen, sonst wäre er überhaupt nicht Ihr Freund. Aber er hat sich ihnen allen aus einer ganz anderen Richtung genähert. Er hat all die richtigen Bücher gelesen, aber aus jedem etwas Falsches entnommen. Es ist, als spräche er Ihre Sprache, aber mit einer falschen Betonung. Wie kann er so nahezu richtig und doch unweigerlich eben gerade nicht richtig liegen?« Einige Jahre später, als ihr »Großer Krieg« am heftigsten tobte, würde Jack seinem Freund mit, glaube ich, unbeabsichtigter Komik schreiben: »Vergeblich sage ich mir, dass Du das Recht hast, zu denken, was Du willst! Ich bin oft überrascht, in welchen Maße Deine Ansichten meine Gedanken beschäftigen, wenn ich nicht mit Dir zusammen bin, und welche Animosität ich gegen sie empfinde.«

Für beide sollte der Große Krieg, sosehr er sie auch erboste, ungemein produktiv werden. Barfield eignete *Poetic Diction* Lewis zu – mit einem Motto von Blake, »Opposition ist wahre Freundschaft« – und Lewis erwiderte dies acht Jahre später, indem er *The Allegory of Love* mit der Widmung »Für Owen Barfield, den weisesten und besten meiner inoffiziellen Lehrer«. Aus dem Großen Krieg ging auch, zumindest über einige Jahre hinweg, eine gewaltige philosophische Korrespondenz hervor, deren von Lewis stammende Seite in der dreibändigen Sammlung *Collected Letters of C. S. Lewis* ausgelassen wurde. Offenbar fand Walter Hooper, der Herausgeber der Sammlung, die Briefe zu fachtheoretisch für das öffentliche Interesse; eine Meinung, die Warnie Lewis wahrscheinlich geteilt hätte, da er sich gern über Barfields Neigung beschwerte, »einen trockenen Diskurs über die Nichtigkeit des schlechthin Äußersten oder ein ähnliches Thema« anzustimmen. Doch für Jack waren diese Diskurse keineswegs »trocken«. Im Gegenteil, sie zwangen ihn dazu, immer gründlicher und klarer darüber nachzudenken, was er glaubte und warum er es glaubte – und dieses Nachdenken würde irgendwann wichtige Folgen haben.

Barfield war nicht der einzige enge Freund, den Lewis zu dieser Zeit fand; noch mehrere andere – darunter A. C. Harwood und A. E. Hamilton Jenkin – sollten zu lebenslangen Freunden und später zu Angehörigen der Gruppe namens »Inklings« werden. Doch es ist Barfield, und Barfield allein, ohne den wir uns C. S. Lewis, wie wir ihn heute kennen, nicht vorstellen könnten. Er wurde für Jack all das, was Laurence Johnson hätte sein können, und vielleicht noch mehr.

Dass Jack überhaupt in der Lage war, Freunde zu finden, erscheint angesichts seiner schattenhaften Präsenz am Univ. ziemlich bemerkenswert. Als Ronald Pasley sich bemühte, Leo Baker und Jack zusammenzubringen, sagte er zu Baker, dieser Lewis sei »ein seltsamer Bursche, der ein fast heimliches Leben zu führen schien und keinen Anteil am gesellschaftlichen Leben des College nahm«. Schon nach kurzer Zeit war Jack zur Zielscheibe der belustigten Aufmerksamkeit anderer Univ.-Männer geworden: »Man hat bemerkt, wie er ins College kommt und wieder geht«, sagte Pasley zu Baker, »und die Meinungen gehen auseinander, ob er ein Collegebote oder ein Don in irgendeinem obskuren Fach ist.« Er hätte durchaus ein Don sein können, denn er war älter als die meisten anderen Studenten; er hätte auch ein Collegebote sein können, weil er oft auf seinem Fahrrad zu sehen war. Das Fahrrad brauchte er, um zwischen dem College und Mrs Moores Wohnung zu pendeln.

Offenbar waren Mrs Moore und die zwölfjährige Maureen etwa um die Zeit, als Jack sein Studium wieder aufnahm, von Bristol nach Oxford gezogen. In einem Brief an Arthur, geschrieben zehn Tage nach seiner Ankunft, schildert er seinen typischen Tagesablauf: »Nach dem Frühstück arbeite ich (in der Bibliothek oder in einem Hörsaal, in beiden ist es warm) oder höre Vorlesungen, bis ich um ein Uhr mit dem Fahrrad zu Mrs Moore fahre. ... Nach dem Mittagessen arbeite ich bis zum Tee, dann arbeite ich weiter bis zum Abendessen. Danach kommt noch etwas Arbeit, Gespräche und Faulenzen und manchmal Bridge, bis ich um elf zurück zum College radle. Dann mache ich mein Feuer an und arbeite oder lese bis 12, um mich dann zurückzuziehen und den Schlaf des Gerechten zu schlafen.« Kein Wunder, dass seine Kommilitonen ihn für einen Heimlichtuer hielten oder sich fragten, wer er sei: Falls sie nicht gerade dieselben Vorlesungen besuchten wie er, dürften sie ihn außer beim Frühstück kaum zu Gesicht bekommen haben. (Freilich genoss er ein kurzes Aufflackern von Berühmtheit, als im März *Spirits in Bondage* erschien: Über die »gegenwärtige Literaturszene« in Oxford konnte er erfreut sagen, dass »viele von ihnen freundlicherweise Exemplare des Buches gekauft haben«. Doch »ihr Geschmack geht eher zur Moderne, zum ›vers libre‹ und dergleichen«, und »da fast jeder hier selbst ein Dichter ist, haben sie natürlich keine Zeit dafür, andere zu feiern«. Jener letzte Satz hört sich ein wenig verbittert an. Der Rummel war offensichtlich rasch verflogen und hatte einen wieder trüb gewordenen Himmel zurückgelassen.)

Die Unterkunft der Moores befand sich in der Warneford Road. Die Fahrt dorthin war etwa eine Meile weit: nach Osten auf der High Street, über die Magdalen Bridge auf die Cowley Road, nach links auf die Divinity Road und dann rechts in die Warneford. Er nannte es »unser« Haus, wenn er auch nicht wirklich dort wohnen konnte, weil die Universitätsvorschriften verlangten, dass Studenten in ihren Colleges wohnten: daher die Notwendigkeit, vor dem Torschluss in seine Räume zurückzukehren. A. N. Wilson meint, »es hätte seine gesamte Laufbahn in Gefahr gebracht, hätte die Obrigkeit [von Mrs Moore] gewusst«, und das könnte durchaus der Fall sein. »Außerhalb des Colleges zu schlafen war ein sehr schwerwiegender Verstoß. Überführt zu werden, dass man mit einer Angehörigen des anderen Geschlechts verkehrt hatte, wog noch schwerer.« Doch die Phase kurz nach 1918 war eine ungewöhnliche Zeit in Oxford: Die Universität wurde überfüllt, als zu der üblichen Studentenschaft immer mehr heimkehrende Soldaten kamen. Robert Graves berichtet, dass das Keble College eine ganze Reihe von Hütten baute, um die überzähligen Studenten unterzubringen, und dass er selbst von St. John's die Erlaubnis erhielt, auf dem Boar's Hill zu wohnen, fünf Meilen außerhalb der Stadt. Jacks Situation war in der Tat höchst regelwidrig, aber vielleicht war die Wahrscheinlichkeit, dass dies von den Verantwortlichen bemerkt wurde, geringer, als es zu anderen Zeiten der Universitätsgeschichte der Fall gewesen wäre.

Schwierig war es dennoch in mehrfacher Hinsicht. Die Liaison musste vor Albert Lewis verborgen werden, doch Albert hatte eine ziemlich gute Vorstellung davon, was da vor sich ging, und besprach das Thema wiederholt mit Warnie. In einem Brief vom Mai 1919 klagte er:

> Ich muss zugeben, dass ich nicht weiß, was ich zu Jacks Affäre tun oder sagen soll. Sie beunruhigt und bedrückt mich sehr. Alles, was ich über die Dame weiß, ist, dass sie alt genug ist, um seine Mutter zu sein – dass sie von ihrem Mann getrennt ist und in ärmlichen Verhältnissen lebt. … Wäre Jack nicht ein impulsiver, großmütiger Kerl, der von jeder Frau mit einem bisschen Erfahrung eingewickelt werden kann, würde ich mir keine Sorgen machen. Dann ist da noch der Ehemann, von dem ich immer gehört habe, er sei ein Halunke – freilich sind die Abwesenden immer an allem Schuld – irgendwo im Hintergrund, der eines Tages vielleicht eine kleine Erpressung unter Freunden versuchen könnte.

Warnie, der die Sache mit kühlerem Kopf betrachtete als sein Vater, erwiderte, er sei froh zu hören, *dass* es einen Ehemann gab – er hatte Mrs Moore für eine Witwe gehalten – denn das bedeutete, dass Jack sie nie würde heiraten müssen. Und er erinnerte Albert daran, dass Mrs Moore zweifellos wusste, dass Jack nicht genügend Geld besaß, um eine Erpressung lohnend erscheinen zu lassen.

Weder Albert noch Warnie sollten je ihre Verwirrung geklärt oder ihre Neugier befriedigt bekommen. Als Janie Moore im Januar 1951 starb, schrieb Warnie Lewis in sein Tagebuch: »Und so endet die mysteriöse, selbst auferlegte Sklaverei, in der J[ack] seit mindestens dreißig Jahren gelebt hat. Wie sie begann, werde ich wohl nie erfahren.« In der Tat ist dies das große Rätsel in C. S. Lewis' Leben, über das er niemals sprach und dessen Bedeutung, wie es scheint, jedem, den er kannte, dauerhaft verborgen blieb. Etliche der endlosen Spekulationen, die diese Beziehung ausgelöst hat, drehen sich verständlicherweise um die Frage nach dem Sex. Ich hörte einmal einen langjährigen Freund von Lewis einen Vortrag halten, an dessen Ende einer der Zuhörer rundheraus fragte, ob Lewis und Mrs Moore eine sexuelle Beziehung hatten. Der Referent verzog schmerzlich das Gesicht und zögerte – doch dann meldete sich die kultivierte Stimme seiner Frau aus der letzten Reihe zu Wort: »Oh, *natürlich* hatten sie das, Liebling – los, nun sag es schon!«*

Lewis' wichtigsten Biografen Green und Hooper scheint die ganze Situation ebenfalls peinlich zu sein: Sie deuten vorsichtig an, dass die Verbindung »mit jener unbegreiflichen Leidenschaft begonnen haben mag, die attraktive Frauen mittleren Alters bisweilen in empfänglichen jungen Männern zu entfachen vermögen« – so, als hätten sie vielleicht *Gerüchte* über dieses merkwürdige Phänomen gehört, könnten aber unmöglich sagen, ob da etwas dran ist. Doch sie beeilen sich dann zu be-

* Maureen Moore erinnerte sich gegen Ende ihres Lebens, dass Jack und ihre Mutter immer darauf bestanden, dass sie jeden Sonntagmorgen zur Kirche ging. (Sie sagte auch, dass Jack ihr in jener Zeit ansonsten keinerlei Aufmerksamkeit schenkte, da er an Kindern völlig desinteressiert war.) Beide waren freilich strikte Atheisten, und nachdem Jack Christ geworden war, prangerte Mrs Moore stets seine Teilnahme an »Blutgelagen« an, wie sie die Kommunionsfeiern nannte. Darum ist es unwahrscheinlich, dass es ihnen um Maureens geistliche Erziehung zu tun war, sondern sie werden wohl die einzige Stunde in der Woche haben nutzen wollen, in der sie sicher sein konnten, allein zu sein. Wäre ihre Beziehung strikt so wie die zwischen einer Mutter und ihrem Sohn gewesen, so wäre das nicht nötig gewesen.

haupten: »Es verwandelte sich sehr bald von dem Verlangen nach einer Geliebten in die Schaffung einer Ersatzmutterrolle.« Und vielleicht ist es tatsächlich so gewesen, aber Green und Hooper *wissen* genauso wenig wie Sie oder ich, ob ihre Aussage zutrifft. Immerhin teilte Warnie ihr Urteil, doch Warnie bekannte auch, dass Jack jeglichen Versuch seinerseits, auf die Sache zu sprechen zu kommen, rigoros zurückwies. Jack bewahrte nie einen von Mrs Moores Briefen an ihn auf, und diejenigen, die er ihr schrieb, verbrannte sie 1945, als sie sich kurz vor dem Tod glaubte, wobei niemand weiß, warum sie sie verbrannte. So sind selbst diejenigen, die Jack am nächsten standen, seit jeher nur auf Spekulationen angewiesen. Die Vorstellung, Mrs Moore sei lediglich eine »Ersatzmutter« gewesen, gehört zu den tröstlicheren (wie auch zu den plausibleren) Optionen. Vergessen wir jedoch nicht, dass er am Anfang, bevor die undurchdringliche Mauer der Heimlichkeit errichtet war, Arthur sagen konnte, was er für Janie Moore empfand: »Liebe.«

Mrs Moore war alles andere als eine Intellektuelle. Lange nach ihrem Tod und in einem zur Veröffentlichung bestimmten Text würde Warnie schreiben: »In zwanzig Jahren sah ich nie ein Buch in ihren Händen; ihre Konversation drehte sich hauptsächlich um sie selbst und war ansonsten von schlecht unterrichtetem Dogmatismus geprägt« – zum Beispiel über die Absurdität des Christentums. »Was mich und Jacks Freunde am meisten verwirrte«, fuhr Warnie fort, war Mrs Moores »völlig mangelnde Eignung als Gefährtin für ihn. Sie war eine Frau von sehr begrenztem Verstand und von auffällig dominantem und besitzergreifendem Temperament.« Ich wüsste nicht, dass irgendjemand, der sie kannte, das je bestritten hätte. Wenn auch manche einwenden, dass sie sich Jack gegenüber liebevoll benahm und ihn unterstützte, wurde es offensichtlich zunehmend schwierig, mit ihr zusammenzuleben, als Krankheit und Alter ihr zuzusetzen begannen. (Sie war fünfundvierzig, als sie und Jack sich kennenlernten, und achtundsiebzig, als sie starb.) Einer seiner ersten Oxforder Freunde, Leo Baker, sprach herzlich von ihrem »überschäumenden Temperament«, und Jacks lieber Freund Owen Barfield und seine Frau waren beide schockiert über das harsche

Bild, das Warnie von ihr zeichnete – sie fanden, sie sei so sehr um Jack besorgt gewesen, dass sie ihn geradezu »verwöhnt« habe. Dieser mangelnde Konsens über die Grundzüge ihres Charakters verstärkt die Rätselhaftigkeit der ganzen Affäre erheblich.

Jedenfalls nahmen in jenen ersten Jahren der Liaison die Spannungen in der Familie Lewis zu. Obwohl es in der Beziehung der beiden Brüder zueinander zu einer gewissen Heilung gekommen war, standen sie sich nicht annähernd so nahe, wie es zuvor der Fall gewesen war: »Ich habe seit Januar dieses Jahres *einmal* von Jacks gehört«, berichtete Warnie seinem Vater um den 1. Juni 1919. Sein Vater antwortete: »Manchmal fällt es schwer, bei Jacks gelassen zu bleiben. … Immer zuerst Mrs Moore. Einmal hatte er sechs Wochen frei, und fünf davon verbrachte er mit ihr.« Bestimmt wollte Jack Mrs Moore nicht verlassen, um die großen Ferien (von Juli bis September) in Belfast zu verbringen. Stattdessen versuchte er seinen Vater zu überreden, ihn in Oxford besuchen zu kommen – vergeblich. Warnie allerdings kam zu einem kurzen Besuch, und nach einem triumphalen Besuch beim Großen Knock um den ersten August überquerten sie zusammen die Irische See, wie sie es in der Vergangenheit so oft getan hatten. Dieser Besuch zu Hause jedoch sollte im schlimmsten Sinne bedeutsam werden. Albert beschloss, Jack eine Predigt übers Geld zu halten: Er wusste, wenn er es auch anscheinend nicht aussprach, dass ein großer Teil der Unterstützung, die er Jack gab, für den Unterhalt von Mrs Moore und Maureen verwendet wurde. Als Jack ihm sagte, er habe etwa fünfzehn Pfund auf der Bank – nach heutigem Wert etwa vierhundert Euro (Währungsumrechnungen sind eine knifflige Angelegenheit) – legte Albert ihm einen Kontoauszug vor, aus dem hervorging, das Jack mit zwölf Pfund im Minus stand. Diesen Auszug hatte Jack unklugerweise im Little End Room liegen lassen, und während er zwar zugab, seinen Vater angelogen zu haben, wurde er zugleich wütend über Alberts Schnüffelei und explodierte.

Es ist nicht ganz klar, wie der Streit weiterging, doch in seinem Tagebuch verzeichnete Albert wiederholt Jacks Worte, die ihn am meisten verletzt hatten: »Er sagte, er habe keinen Respekt vor mir – auch kein Vertrauen zu mir. ... Dass all meine Liebe und Hingabe und Aufopferung dazu geführt haben – dass er mich nicht respektiert. Dass er mir nicht vertraut und ich ihm völlig gleichgültig bin.« Die Auslassung in diesem Zitat steht für einen Monat vergangener Zeit. Albert kam in Gedanken wie besessen immer wieder auf diesen Streit zurück. »In den letzten vier Wochen habe ich eine der unglücklichsten Zeiten meines Lebens durchgemacht – in vieler Hinsicht die unglücklichste von allen.« (Eine starke Aussage von einem Mann, der seine geliebte Frau verloren hatte.) Albert wusste, dass er nicht ohne Fehler war: »Er hat einen Grund zur Klage gegen mich, den ich zugebe – dass ich ihn nicht besucht habe, als er im Krankenhaus war.« Dennoch erging er sich in Selbstrechtfertigung: »Ich hätte alles opfern sollen, um das zu tun, und wäre er nicht gut aufgehoben und auf dem Weg der Besserung gewesen, hätte ich es auch getan.« Trotzdem kann man Alberts Schmerz unmöglich das Mitgefühl verweigern: »Der Verlust der Zuneigung Jacks ist, wenn es dabei bleibt, irreparabel und macht mich sehr unglücklich und von Herzen traurig.«

Nach seiner Rückkehr nach Oxford nahm Jack seine regelmäßige Korrespondenz mit Albert wieder auf. Die Briefe begannen wie eh und je mit »Mein lieber Papy« und endeten wie eh und je mit »Dein liebender Sohn Jack«, doch sie strahlen eine spürbare Kälte aus. Er war vollkommen ohne Reue. Einmal, im Oktober, wagte es Albert, von seinem Schmerz zu sprechen, nur um die folgende Antwort zu erhalten:

> Was die andere Sache angeht, von der Du in Deinen Briefen geschrieben hast, muss ich Dich bitten mir zu glauben, dass es für mich viel leichter gewesen wäre, jene Dinge ungesagt zu lassen. Sie waren für mich ebenso schmerzlich wie für Dich. Doch wenn ich mir auch manches vorzuwerfen habe, hätte ich mir noch mehr vorzuwerfen, wenn ich versucht hätte, die Beziehung, von der Du sprichst, durch irgendein anderes Mittel herzustellen als dadurch, dass ich offen aussprach, was ich dachte. Ich habe nicht im Zorn geredet; noch weniger mit der Absicht, Schmerz zuzufügen. Aber Du wirst mir sicher zustimmen, dass das Vertrauen und die Zuneigung,

> die wir uns beide wünschen, eher durch ehrliche Anstrengungen auf beiden Seiten und durch Duldsamkeit – wie sie zwischen unvollkommenen menschlichen Geschöpfen immer unerlässlich ist – wiederherzustellen sind als durch irgendeine Antwort meinerseits, die nicht vollkommen aufrichtig wäre.

Dies spricht für sich, finde ich. Nach all den Jahren, in denen er Alberts Marotten still erduldet hatte – sicherlich waren ihm bei diesem Streit sogar noch seine »ungerechten« Worte und Handlungen nach Floras Tod in Erinnerung – war Jacks Groll übergeflossen und hörte nicht mehr auf zu strömen, wenn auch der Tonfall in seinen Briefen fast durchweg höflich blieb. Als Warnie von dem Streit hörte, schrieb er in sein Tagebuch: »Ich bin sicher, die alte konventionelle Fiktion einer glücklichen Familie war die beste Regelung für alle.« In seinen Briefen nahm Jack jene »Fiktion« wieder auf, doch nun waren alle Beteiligten gezwungen, sie als das zu erkennen, was sie war – eine tröstliche Geschichte statt der Wahrheit über ihre Beziehungen zueinander.

Während dieser Phase beklagte sich Jack bei Arthur darüber, dass er Briefe an seinen Vater schreiben musste, und sprach von Albert nur spöttisch als »Exzellenz«, doch da Albert weiterhin Jack das Geld schickte, das er zum Leben brauchte, kam Schweigen nicht in Frage. Es ist jedoch vielsagend, dass er einen Brief an Arthur, geschrieben vermutlich in der Unterkunft, die er mit Mrs Moore teilte, mit den Worten »die Familie sendet ihre Grüße« schloss. Die Weihnachtszeit verbrachte er zwar in Belfast, doch er schrieb an Leo Baker: »Das Zuhausesein … ist für mich ein Synonym für banale Geschäftigkeit, ständige Unterbrechungen und völliges Fehlen jeglicher Privatsphäre.« Und im August 1920 schrieb er an Arthur: »Am Montag schreibe ich meinem Vater, dass ich in diesen Ferien nicht nach Hause komme – ich kann nicht zu allem anderen auch noch ihn ertragen.« Sechs Monate später kam er auf dasselbe Thema zurück – indem er mit so etwas wie Verzweiflung verkündete: »Ich werde Weihnachten in Belfast verbringen müssen« – und dann eine Bemerkung darüber hinzufügte, welche Schwierigkeiten es mit sich bringt, »wenn man ein nominelles Zuhause an einem Ort hat und ein wahres Zuhause woanders.« Die Verlagerung seiner Zuneigung und Loyalität war, so scheint es, komplett.

Durch den Zwist mit seinem Vater und sein neues häusliches Dasein mit Mrs Moore war Jacks emotionales Leben während seiner Oxforder Jahre gelinde gesagt komplex. Dennoch leistete er im Studium Hervorragendes. Sein ganzes Leben lang verfügte er über die Fähigkeit, sich mit aller Kraft auf intellektuelle Arbeit zu konzentrieren, wie seine äußeren Umstände auch aussehen mochten. Das hatte sich erstmals gezeigt, als er die Aufnahmeprüfung für das Malvern College ablegte, während er an einer schweren Grippe erkrankt war – eine Leistung, an die Warnie sich später mit noch nach Jahren unverminderter Ehrfurcht erinnerte: »Ich neige dazu, das Erlangen eines Stipendiums unter diesen Umständen für den größten akademischen Triumph seiner Karriere zu halten.« Später, als Mrs Moore zunehmend gebrechlich und immer fordernder geworden war, staunten Warnies und Jacks Freunde darüber, wie produktiv er immer noch sein konnte, während er sich mit nahezu ständigen Unterbrechungen abplagen musste. Am Tag ihres Todes schrieb Warnie in sein Tagebuch:

> In den letzten fünfzehn Jahren ihrer Herrschaft habe ich, glaube ich, J nie länger als eine halbe Stunde arbeiten sehen, ohne dass der Ruf »Baw-boys!« [so ihr Spitzname für Jack] erscholl – »KOMME SCHON!«, und der Füller wurde hingelegt und er war vielleicht fünf Minuten unterwegs, vielleicht auch eine halbe Stunde; wobei er vermutlich nichts Wichtigeres tat als sich als Küchenhilfe an die Spüle zu stellen. Dann wieder eine Arbeitsphase, und dann ging es wieder von vorne los: Und das waren die Bedingungen, unter denen … all seine Bücher entstanden sind.

Daneben erinnerte sich Maureen später, dass Jack fast die ganze Zeit über, die sie unter einem Dach lebten, in demselben Zimmer schreiben musste, in dem sie ihr Instrument übte – und sie übte etwa fünf bis sechs

Stunden am Tag. Bei all der Musik und den ständigen Unterbrechungen ist es fast ein Wunder, dass Jack je etwas zustande brachte. Doch Kirk hatte schon von ihrer ersten Begegnung an die Sorgfalt und Zielstrebigkeit des jungen Mannes bemerkt. Jahrzehnte später würde einer seiner früheren Studenten schreiben: »Lewis wusste die Zeit zu schätzen wie nur wenige Menschen, denen ich vorher oder seither begegnet bin. ... Niemand war besser dafür gerüstet, mit stillem Eifer Stunde um Stunde zu arbeiten.« Wie es scheint, hat er diese Fähigkeiten frühzeitig gelernt; offenbar blieb ihm nichts anderes übrig.

In diesen frühen Jahren dürfte Mrs Moore wahrscheinlich hilfsbereiter und weniger fordernd gewesen sein, als sie es später wurde, doch schon damals hatte sie ihre Erwartungen an Jack. Barfield – derselbe Barfield, der fand, sie »verwöhne« Jack – erinnert sich, wie er Jack in einem der Häuser besuchte, in denen er und Mrs Moore wohnten, und wie Jack plötzlich ein Gespräch mit der Bemerkung unterbrach, er müsse jetzt »gehen und Mrs Moores Töpfe machen«. Barfield war verdutzt über den Ausdruck, bis er später herausfand, dass die »Töpfe« Wärmflaschen waren, die Jack auf Mrs Moores Geheiß vor dem Schlafengehen für sie vorbereiten musste.

Eine eigenartige Randnotiz zu dieser Geschichte ist Barfields Andeutung, dass Jack ihn nie mit Mrs Moore bekannt machte, obwohl sie anscheinend oft gleich im Nebenzimmer saß, während die beiden Freunde sich unterhielten. Er und sein Freund Harwood mussten sich ein Komplott ausdenken, um zu »versuchen, diese mysteriöse Mrs Moore kennenzulernen«. Ihr Plan hatte schließlich Erfolg, und »es dauerte nicht lange, bis es so war, als käme man in ein gewöhnliches Haus und träfe mit der Familie des Mannes zusammen.« Doch wie es scheint, war Jack nicht erpicht darauf – oder vielleicht war Mrs Moore nicht erpicht darauf – dass diese beiden Bereiche in Jacks Leben sich berührten.

Wirklich eine komplizierte Situation; doch noch einmal, Jack war im dritten Bereich seines Lebens, seiner akademischen Tätigkeit, im höchsten Maße erfolgreich. Bei seiner Rückkehr nach Oxford war ihm die Responsions-Prüfung erlassen worden – somit war er von den Schrecken der Algebra befreit – und ebenso auch die Prüfung in »Divinity«, also Grundlagen der Theologie. (Diese Prüfung war ohnehin schon seit Langem nur noch eine Formalität.) Er hätte auch die Lehrveranstaltungen in griechischer und lateinischer Literatur überspringen können, die unter dem seltsamen Namen »Honours Moderations« oder kurz »Honour Mods« firmierten. Doch er hatte seinem Tutor A. B. Poynton gesagt, er hoffe auf eine akademische Laufbahn, und Poynton hatte ihm geraten, in diesem Fall am besten doch erst Honour Mods zu belegen, bevor er zu den *Literae Humaniores* überging, dem intensiven Lehrplan in antiker Geschichte und Philosophie, der unter dem schlichten Namen »Greats« bekannt war.

(Im Oxforder System war, und ist zum Teil bis heute, der Tutor eines Studenten die zentrale Figur in seinem akademischen Leben. Ein Student traf sich wöchentlich mit dem Tutor, um einen Essay vorzulesen und ihn kritisieren zu lassen, und dieses Treffen gab auch Gelegenheit für allgemeine Gespräche, Rat und Wegweisung. Da die anderen Verpflichtungen de facto freiwillig waren – von den Studenten wurde zwar erwartet, dass sie die Vorlesungen besuchten, die für ihren Studiengang von Belang waren, aber niemand überprüfte je ihre Teilnahme – konnten Erfolg oder Scheitern im akademischen Leben weitgehend von der Kompetenz des Tutors abhängig sein. Arm dran war der Student, der zum Beispiel William Spooner als Tutor hatte. Einmal kam Victor Gollancz, ein Londoner Verleger, ans New College, um mit Spooner zu Abend zu essen, und traf ihn in seinem Zimmer beim Anziehen an. Während sie sich unterhielten, bemerkte Gollancz eine monotone Stimme, die durch die halb angelehnte Tür aus dem angrenzenden Zimmer kam. Dann, als sie sich zum Gehen anschickten, rief Spooner plötzlich: »Oh, beinahe hätte ich etwas vergessen«, steckte dann seinen Kopf durch die Tür und sagte: »Ganz schlecht, wirklich ganz schlecht. Schreiben Sie für nächste Woche über die Epistel des Hl. Paulus an die Epheser.« Poynton dagegen war freundlich zu Jack und gab ihm gute Ratschläge. Jack war immer dankbar dafür, denn er wusste, dass er es auch erheblich schlechter hätte antreffen können. »Nach Smugy und Kirk muss ich wohl ziemlich verwöhnt sein, was Tutoren angeht«, schrieb er seinem Vater, »aber dieser Mann steht beiden nicht nach.«)

Im März 1920 erhielt Jack eine »First« – einen Abschluss erster Klasse, den höchstmöglichen – in Honour Mods. (Seinem Vater teilte er die Neuigkeit in einem Brief mit, ließ sich aber Zeit damit, und als der Brief eintraf, hatte Albert die Nachricht bereits in der Londoner *Times* gelesen, in der solche akademischen Triumphe gewissenhaft verzeichnet wurden. Dadurch fühlte er sich natürlich sehr vernachlässigt.) Die Leistung selbst war kaum eine Überraschung, nicht nur wegen Jacks Intelligenz, sondern auch, weil er fast alles, was zum Curriculum gehörte, bereits bei Kirk gelesen hatte. Honour Mods war für ihn nur ein Auffrischungskurs. Als er etwa die Vorlesungen des großen Altphilologen Gilbert Murray hörte, hatte er bereits nicht nur alle Tragödien gelesen, über die Murray referierte, sondern auch Murrays eigene Bücher. Nach Honour Mods hätte man erwarten können, dass er als Nächstes Englische Sprache und Literatur studieren (oder, im Oxforder Jargon, »lesen«) oder vielleicht weiter in der antiken Literatur arbeiten würde. Schließlich hatte er sich bei Kirk insbesondere bei Homer und der griechischen Tragödie ausgezeichnet, und dies war die Literatur, an der er sich besonders geweidet hatte (»Homer, den ich vergöttere«). Er nahm nicht nur an den Treffen der Martletts teil, sondern hielt ihnen sogar schon innerhalb seiner ersten zwei Monate in Oxford einen Vortrag – über den großen Fantastiker William Morris. All seine Freunde an der Universität waren Dichter oder Poesieliebhaber; Barfield selbst las Englisch. Doch Jack entschied sich für die Philosophie. Ja, seinem Vater sagte er, er habe Philosophie teilweise deshalb gewählt, weil er glaube, dies werde ihm noch leichter als Honour Mods fallen: »›Greats‹, wo es mehr philosophisch und nicht so streng altphilologisch ist, würde mir so, wie ich im Moment bin, eher leichter fallen.«

Es fällt schwer zu glauben, dass dies zutraf. Kirk jedenfalls hielt zwar große Stücke auf Jacks dialektische Fähigkeiten, doch am besten geeignet hielt er ihn für das Studium der antiken Literatur. Und was Jack in Wahrheit am meisten liebte, wissen wir bereits. Man hat den Eindruck, als hätte er sich bemüht, aus sich einen anderen Menschen zu machen, als er von seiner natürlichen Neigung her war. Ich habe bereits darauf hingewiesen, dass seine Bildung sich mit seinen Erlebnissen dazu verschworen hatte, seine imaginative Seite zu ersticken. Er selbst scheint in dieser Phase seines Lebens entschlossen gewesen zu sein, sie völlig auszulöschen – als wollte er (abermals) Lokis Komplize bei der Ermordung Balders werden. Und er wusste sehr gut, dass Balder bestenfalls todgeweiht war. In einem Brief an Leo Baker vom September 1920 sagt er: »Ich mache mir mehr Sorgen um das, was in meinem Innern vorgeht: Meine Vorstellungskraft scheint abgestorben zu sein: Da, wo immer Bilder waren, die leuchteten, zumindest für mich, ist jetzt nichts mehr außer den Banalitäten und Sorgen des äußeren Lebens – ich drehe mich immerzu um dieselben Themen, und es sind immer diejenigen, über die ich eigentlich am wenigsten nachdenken möchte.« Und doch scheint ihm nicht der Gedanke gekommen zu sein, dass seine Vorstellungskraft möglicherweise unter Entscheidungen litt, die er selbst traf.

(Möglich ist auch, dass das fast völlige Schweigen, mit dem die Veröffentlichung von *Spirits in Bondage* aufgenommen wurde, entmutigend auf ihn wirkte: In der Anspielung auf imaginative »Bilder, die leuchteten, zumindest für mich« steckt eine stillschweigende Erkenntnis, dass andere sie nicht unbedingt ebenso leuchtkräftig fanden. Obwohl das Buch im *Times Literary Supplement* eine kurze Würdigung fand, und obwohl der Rezensent einräumte, die Gedichte seien »stets anmutig und geschliffen«, endete die Besprechung mit der Aussage, die in der Sequenz enthaltenen »Gedanken [gingen], abschließend betrachtet, häufig nicht über Gemeinplätze hinaus.« Vielleicht führte dies Jack zu dem Schluss, er könne, wenn schon seine Vorstellungskraft sterben musste, wenigstens seine »Gedanken« verbessern. Jedenfalls scheint er zu diesem Zeitpunkt, wenngleich er mit Unterbrechungen an einer langen Verserzählung arbeitete, das Schreiben von lyrischen Gedichten beiseite gelegt zu haben. Tatsächlich nahm er es nie wieder als zentrale Beschäftigung auf, obwohl es während eines Großteils seiner Jugend der Zielpunkt all seines Ehrgeizes gewesen war.)

Damit will ich nicht sagen, dass das Studium der Philosophie unbedingt oder auch nur von Natur aus der Vorstellungskraft entgegenstünde. Doch *für Jack* könnte es durchaus genau so gewesen sein. In *Überrascht von Freude* blickt er zurück auf sein jüngeres Selbst und sieht jemanden, dessen Interesse an Philosophie nicht ganz ernsthaft – ja, sogar nicht ganz philosophisch war. Selbst einige Jahre später noch, als er sogar Philosophie *lehrte*, bezeichnete er bei einem Mittagessen mit Barfield und einem Studenten namens Griffiths beiläufig die Philosophie als ein »Fach«. »›Für Plato war sie kein Fach‹, sagte Barfield, ›sondern ein Weg‹, Die stille, aber leidenschaftliche Zustimmung von Griffiths, und der schnelle, verständnisinnige Blick, den die beiden miteinander wechselten, führten mir meine eigene Frivolität vor Augen.« Doch 1920 war er von solcher Selbsterkenntnis noch weit entfernt. Es gibt eine aufschlussreiche Passage in dem bereits zitierten Brief an Baker, in dem er den Verlust seiner Vorstellungskraft beklagt. (Erinnern Sie sich, dass Baker auf irgendeine Weise Theist war – er war es, den Jack angeschrien hatte: »*Ich akzeptiere Gott nicht!*«)

> Es wird dich interessieren zu hören, dass ich im Zuge meiner Philosophie – über die Existenz der Materie – eine Art Gott als die am wenigsten zu beanstandende Theorie postulieren musste; aber natürlich wissen wir nichts. Jedenfalls wissen wir nicht, was das wirkliche Gute ist, und infolgedessen habe ich aufgehört, dem Himmel zu trotzen: Er kann nicht weniger wissen als ich, also ist vielleicht wirklich alles in Ordnung. Für dich ist das kalter Kaffee, aber bei mir wirst du darin vielleicht ein Gnadenzeichen sehen. Versteh den Standpunkt bitte nicht falsch: Es geht nicht um den Ruf: »Alles ist in Ordnung mit der Welt«; es geht nur um das Bewusstsein, dass ich kein Recht habe, Einwände gegen das Universum vorzubringen, solange ich selbst nichts anzubieten habe – und in dieser Hinsicht sind wir alle bankrott.

Obwohl Jack nun »eine Art Gott« postuliert, wäre es ein Fehler, diesen

Schritt weg von dem rebellischen, prometheanischen Pessimismus in *Spirits in Bondage* als einen Schritt in Richtung Christentum zu deuten. Hier findet keine Begegnung mit Gott statt, kein Glaube, nicht einmal ein Wüten oder ein Trotz gegen ihn – er, oder besser es, wird lediglich »postuliert«. Es ist eine trockene, intellektuelle Bemerkung von jemandem, der sich schlicht geschlagen gibt – oder »bankrott« ist, wie er es ausdrückt. Er hat »nichts anzubieten«, und damit steht er genauso da wie jeder andere. Gott muss lediglich vorausgesetzt werden, weil das die »am wenigsten zu beanstandende« Annahme ist, von der ausgehend er an das philosophische Problem herangehen konnte, das ihn im Moment beschäftigte. Jede Bestätigung oder Widerlegung dieser Annahme wird schlicht ausgeschlossen. Man könnte es auch so ausdrücken, dass die Philosophie selbst in ihrem ursprünglichen Sinn von Liebe zur Weisheit und Suche nach Wahrheit ausgeschlossen wird. Jack brachte lediglich einen »Standpunkt«, von dem aus er einer Reihe rein akademischer Fragestellungen nachgehen kann – so beschreibt er sein Selbst als Mittzwanziger in *Überrascht von Freude*. Ein vager Theismus (oder eigentlich nur ein Glaube an ein nicht definiertes und nicht definierbares Absolutes) scheint fürs Erste am besten zu funktionieren; also versucht er es damit. Nicht umsonst nannte er dies später seinen »New Look«: Es war eine kürzlich entdeckte Mode, ein für kurze Zeit attraktives Kleidungsstück. Ohne es zu wissen und bedauerlicherweise war Jack zu einem Vertreter der »Kleiderphilosophie« geworden, die Thomas Carlyle hundert Jahre zuvor in *Sartor Resartus* satirisch dargestellt hatte. Die Energie, aus der sich die Gedichte in *Spirits in Bondage* gespeist hatten – jene Gedichte, in denen er »dem Himmel trotzte« und einem Gefängniswärter-Gott seine Verachtung entgegenschleuderte – war ihm ausgegangen, und dabei war seine Vorstellungskraft ausgehungert worden.

Bald schon war er sogar so weit, dass er dieses Aushungern begrüßte. »Und was, fragte ich mich, waren all meine erquicklichen Berge und westlichen Gärten, wenn nicht schiere Fantasien? … Mit einer Zuversicht, wie sie nur ein Junge haben kann, beschloss ich, dass ich mit all dem fertig war. Kein Avalon mehr, keine Hesperiden. … Und ich würde mich nie wieder von ihnen täuschen lassen.« Dies ist der Grund, warum es in diesem Kapitel kaum Bezüge zu den Narnia-Büchern gibt: In diesem Stadium seines Lebens hatte Jack es beinahe geschafft, sich in jemanden zu verwandeln, der Bücher wie die Narnia-Geschichten nicht einmal *lesen*, geschweige denn schreiben würde.

Er stürzte sich in seine philosophischen Studien und bemühte sich, den Chancellor's Prize zu gewinnen, der jährlich für den besten Studentenessay vergeben wurde – seine Entschlossenheit dazu erwähnt er oft in Briefen an seinen Vater. Das Thema für jenes Jahr, so wollte es die Ironie, lautete »Optimismus«. Im Mai 1921 erfuhr er, dass sein Essay tatsächlich gewonnen hatte. Seine akademischen Triumphe setzten sich fort, und aus seinen Briefen könnte man entnehmen, dass es sonst nicht viel gab, was ihn beschäftigte. Obwohl sein Geburtsland kurz davor stand, die Selbstverwaltung zu erlangen, mit all dem Chaos, das daraus in Nordirland entstand, wo die Protestanten sich nicht mit den Katholiken im Süden des Landes vereinigen wollten, scheint Jack kaum imstande gewesen zu sein, Interesse daran auch nur zu heucheln, und stellte seinem Vater nur ganz gelegentlich Fragen, »was denn los« sei in Belfast. Pflichtschuldig erkundigt er sich nach der Gesundheit seines Vaters und berichtet ebenso pflichtschuldig von den äußeren Ereignissen seines Lebens, doch echtes Interesse an irgendetwas oder irgendjemandem zeigt er nicht. Er ist zugleich sehr erfolgreich und zunehmend apathisch.

In dieser Geistesverfassung – weitgehend ohne imaginatives Leben, jedoch nicht mehr voller Leidenschaft gegen den Gedanken eines Absoluten – mag Jack wohl besonders empfänglich für seine alte »Leidenschaft für das Okkulte« gewesen sein. Und tatsächlich lösten mehrere Ereignisse in seinem Leben während seiner Studentenjahre eine Wiederkehr jener Leidenschaft aus.

1921 hielt sich William Butler Yeats für einige Zeit in Oxford auf. Mit sechsundfünfzig Jahren war er auf der Höhe seiner Schaffenskraft. In jenem Jahre veröffentlichte er einen seiner besten Gedichtbände, *Michael Robartes and the Dancer*. Obgleich er 1922 in den neuen irischen Senat gewählt werden und für einige Zeit einen Großteil seiner Aufmerksamkeit der Politik zuwenden würde, war er in jenen Gedichten und in jedem Bereich seines Lebens mehr denn je von Magie und okkulter Macht fasziniert. Selbst während des Großen Krieges und kurz danach hatte er die Ansicht vertreten, dass die entscheidenden Dinge jenseits dieser Welt lägen: Seine mystische Abhandlung *Per Amica Silentia Lunae* war 1918 erschienen. Ein Jahr zuvor hatte er geheiratet, und schon bald darauf hatte seine Frau begonnen, in Trance Visionen zu empfangen – sie praktizierte von da an »automatisches Schreiben«. Yeats polierte die Worte auf, die die »Geister« durch ihre Feder diktierten; seine umfassende Geschichtstheorie *A Vision*, deren erste (privat verlegte) Ausgabe 1926 erscheinen würde, war, wie er sagte, im Wesentlichen das Produkt ihrer Trance-Schriften.

Jack hatte zwei Mal Gelegenheit, Yeats in den Räumen in der Broad Street zu treffen, die der große Dichter bewohnte. Bei der zweiten Begegnung ging es hauptsächlich um literarische Gesprächsthemen, doch beim ersten Mal ging es um Magie. Die Schilderung, die Jack Albert von dem Ereignis gab, klingt selbstbewusst in ihrer kritischen Würdigung.

> Ich wurde kürzlich eingeladen, den großen Yeats zu treffen. Es war die seltsamste Aufführung, die man je gesehen hat. … Man sitzt auf harten, antiken Stühlen beim Kerzenschein in einem orientalisch aussehenden Zimmer und hört schweigend zu, während der große Mann über Magie und Geister und Mystiker redet: Wie gerne hätte ich Kirk dabei gehabt. Was für ein Geflatter im Taubenschlag! Es ist ein Jammer, dass die echte Romantik, einem Mann zu begegnen, der große Gedichte geschrieben hat und William Morris und Tagore und Symons kannte, so überlagert war mit der falschen Romantik von flammenfarbenen Vorhängen und sonstigem Brimborium.

Eine orthodoxe Reaktion. Arthur gegenüber jedoch war er ehrlicher: »Dieses Zimmer und diese Stimme könnten einen dazu bringen, alles zu glauben.« (Und 1950 räumte er in seiner Schilderung der Begegnungen ein: »Ich war überwältigt von Ehrfurcht vor seiner Persönlichkeit, und von seiner Lehre halb fasziniert und eben wegen der Faszination halb abgestoßen.«) Jahre später sollte er erkennen, dass solche Situationen nicht seine Stärke waren. 1940 besuchte ihn ein Freund, und »wir hörten uns zusammen Hitlers Rede an. Ich weiß nicht, ob ich schwächer bin als andere Leute; aber es war mir eine regelrechte Offenbarung, wie unmöglich es ist, *während die Rede andauert*, nicht ein wenig ins Wanken zu geraten. Ich wäre als Schullehrer oder Polizist zu nichts zu gebrauchen. Aussagen, von denen ich *weiß*, dass sie unwahr sind, können mich fast überzeugen, zumindest einen Moment lang, wenn einer sie nur ausspricht, ohne mit der Wimper zu zucken.« 1921 jedoch verfügte er weder über diese Selbsterkenntnis noch über einen eigenen gefestigten Standpunkt, von dem aus er sich gegen Yeats hätte behaupten können. Vielleicht wünschte er deshalb, Kirk wäre dabei gewesen, denn Kirk hätte im Gegensatz zu Jack gewusst, was er hätte sagen müssen, um das »Brimborium« zu entkräften. Offenkundig war Jack bestürzt über die gelassene Selbstgefälligkeit, mit der Yeats und sein Gefolge ihren Glauben an das Übernatürliche vertraten, aber nicht klar ist, ob er noch imstande war, ihnen etwas darauf zu entgegnen. An Arthur schrieb er: »Die letzten zwei oder drei Jahre haben mich gelehrt, dass all die Dinge, mit denen wir uns früher als bloße Fantasien gerne beschäftigt haben, von etlichen Leuten in Europa zurzeit für Fakten gehalten werden.« Dieser Aussage folgt keinerlei Bekenntnis einer gegenteiligen Überzeugung. Ungläubigkeit wird impliziert, aber nie ausgesprochen, was vielleicht bedeutsam ist. (Freilich ist es bezeichnend und traurig, dass er die Magie der Fantasie als etwas sieht, womit er sich »früher … gerne beschäftigt« hat.)

In *Überrascht von Freude* berichtet Lewis, er habe während dieser Jahre einen »alten, schmutzigen, nuschelnden, tragischen irischen Geistlichen kennengelernt, der schon vor langer Zeit seinen Glauben verloren hatte und dennoch in seinem Stand geblieben war«. (Mit anderen Worten, er diente weiter als Pfarrer einer anglikanischen Gemeinde.)

»Als ich ihm begegnete«, fährt Lewis fort, »interessierte er sich nur noch für die Suche nach Beweisen für das ›menschliche Überleben‹« – also das Leben nach dem Tod. »Darüber las und redete er unablässig und konnte sich doch nie zufriedenstellen, da er über einen höchst kritischen Geist verfügte.« Was dem jungen Jack an diesem Mann – sein Name war Frederick Macran, doch von seinen Freunden, zu denen auch Mrs Moore und ihr Bruder gehörten, wurde er offenbar »Cranny« genannt – besonders auffiel, war, dass ihm jeglicher *Grund* dafür fehlte, warum er nach dem Tode weiterleben wollte. Er wollte nicht einmal mit den Menschen, die er liebte, wieder vereint werden; soweit Jack sehen konnte, liebte er niemanden, weder Lebende noch Tote. »Seine Geistesverfassung erschien mir als die verächtlichste, die mir je begegnet war. ... Die ganze Frage der Unsterblichkeit wurde mir geradezu widerwärtig. Ich schloss sie aus meinem Denken aus.«

Es ist nicht klar, wann Jack diesen »Ausschluss« vollzog – noch nicht gleich zu Beginn seiner Bekanntschaft mit Cranny, denke ich, was etwa 1921 gewesen sein dürfte. (Im Mai jenes Jahres wird Cranny in einem Brief an Warnie erstmals erwähnt.) Unter dem Einfluss von Yeats und vielleicht auch unter dem seines eigenen Temperamentes war die Aussicht auf Unsterblichkeit ihm noch nicht »widerwärtig«. Im April 1923 war Kirk gestorben, und Albert konnte sich einfach nicht mit dem Ablauf der Beerdigung abfinden, obwohl er sicherlich von Kirk selbst festgelegt worden war. »Es sollte keine Trauerfeier geben – keinen Gottesdienst, keine Zeremonie, keine Blumen, und er sollte eingeäschert werden. Meine ganze Seele revoltierte gegen diesen Gedanken. Diesen lieben alten Mann verstohlen hinwegzufegen – wie etwas Unreines – und zu verbrennen!« (Offenbar hatte Albert, der nun auf die Sechzig zuging, noch nichts von seinem rhetorischen Feuer verloren.) Jacks Erwiderung begann mit Worten des Mitgefühls, doch dann erinnerte er Albert daran, dass man Kirks Unglauben respektieren musste: »Doch so traurig das ist, es wäre nicht nur traurig, sondern schockierend gewesen, über Kirk Worte zu verkünden, die er nicht glaubte, und Zeremonien zu vollziehen, die er selbst als bedeutungslos abgetan hätte.« Doch nachdem er sich so aufs Prinzip berufen hat, scheint er sich ein wenig zu öffnen. »Scheint«, sage ich, denn Jack ist in seinen Briefen an seinen Vater immer berechnend, besonders was Glaubensfragen angeht – er wusste ja, dass sein Vater über den offenkundigen Atheismus oder die Rebellion in *Spirits in Bondage* bestürzt gewesen war – doch seine Strategie bestand meist eher im Ausweichen als im regelrechten Lügen. In jedem Fall sind die nächsten Sätze in dem Brief bemerkenswert:

> Doch wie du sagst, er ist einem so in den Geist eingeprägt, wenn man ihn einmal kennengelernt hat, so oft in den Gedanken gegenwärtig, dass er seine eigene Akzeptanz der Auslöschung unvorstellbar macht. Ich habe den Tod schon häufig gesehen und habe es noch nie vermocht, ihn anders als merkwürdig und unfassbar zu empfinden. Die wirkliche Person ist so überaus wirklich, so offensichtlich lebendig und anders als das, was von ihr zurückbleibt, dass man nicht glauben kann, dass sich da etwas einfach in Nichts verwandelt hat. Das ist kein Glaube, und es ist keine Vernunft – nur ein »Gefühl«. Gefühle können es auf lange Sicht durchaus mit dem aufnehmen, was wir unsere Überzeugungen nennen.

(Man kann sich schwerlich dem Gedanken entziehen, dass Jack auch an seinen Freund Laurence Johnson dachte, als er diese Worte schrieb.) Er habe ein Gefühl in Bezug auf Kirks fortdauerndes Leben, sagt er, und unsere Gefühle seien unseren Überzeugungen sehr nahe; von dort aus ist es nicht weit zu der Aussage, er glaube, dass Kirk nach dem Tod seines Körpers weiterlebe.

Drei Monate später würde er sich in einem Brief an Leo Baker über die negative Theologie des Buddhismus äußern und sagen: »Obwohl ich manchmal empfinde, dass völlige Verneinung die einzig reale Zuflucht ist, hoffe ich in meinen gesünderen Momenten, dass es noch etwas Besseres gibt. In dieser Minute kann ich nach dem Nirwana schmachten, aber sobald sich der Himmel aufklart, wird mir etwas mit einer positiveren Freude lieber sein.« Falls er wirklich so angewidert von Crannys Versessenheit auf das Leben nach dem Tod war, wie er behauptet, dann erkannte er zur selben Zeit, als die Möglichkeit eines Lebens nach dem Tod ihm realer zu erscheinen begann, das *Verlangen* nach einem solchen fortdauernden Dasein als sinnlos und sogar abstoßend. Wenn man nach Crannys elendem Lechzen nach bloßem Dasein geht, dann ist es vielleicht doch nicht unbedingt so gesund, sich »etwas Besseres« zu wünschen als das Nichts des Nirwana. Also wieder eine Türe verschlossen – wieder eine Straße des Möglichen, die blockiert und abgeriegelt war. Der spirituelle Raum, in dem er lebte, wurde immer kleiner und kleiner.

Nach seinem »First« in Honour Mods belegte Jack Greats unter der Tutorenschaft von George Hope Stevenson (für Geschichte) und E. F. Carritt (für Philosophie). Da er sich entschlossen hatte, Philosoph zu werden, war Carritt der Tutor, mit dem er am engsten zu tun hatte und von dem er am meisten lernte. Er arbeitete mit der Energie und Disziplin, die ihm inzwischen zur zweiten Natur geworden war, und führte sein Doppelleben zwischen dem College und der »Bude« fort, die er mit Mrs Moore und Maureen teilte. Gelegentlich gab es Unterbrechungen – wie etwa die Automobiltour durch Südengland mit Albert und einigen Verwandten (die »kaum je zuvor geschehene Migration des P'daitabirds«, wie Jack sie nannte) – und es gab »Familien«-Urlaube mit seiner »wahren« Familie, im Gegensatz zu seiner biologischen. Überdies gewannen er und Warnie, urteilt man nach den Briefen, allmählich ihre Nähe zueinander zurück. Auch sein Ton gegenüber seinem Vater wurde in dieser Phase deutlich freundlicher. Doch über allem lastete düster die Frage: Was sollte er nach seinem Studienabschluss tun?

Albert hatte Jack weiterhin unterstützt, trotz aller Bedenken wegen der Ménage mit Mrs Moore, und Jack war wirklich dankbar – aber er machte sich Sorgen darüber, was er tun würde oder könnte, wenn die Zeit der väterlichen Unterstützung vorbei wäre. Im Oktober 1922 schrieb er:

> Ich bin sehr dankbar für die langsame Inkubationszeit, die Du ermöglicht hast. … Sehr oft bedaure ich es, eine Laufbahn gewählt zu haben, auf der es so lange dauert, bis ich mir meinen Unterhalt verdienen kann; und um Deinetwillen wäre ich froh um eine lukrativere Tätigkeit. Aber ich glaube, ich kenne meine eigenen Grenzen und bin ganz sicher, dass eine akademische oder literarische Laufbahn das Einzige ist, worin ich je über das ärmlichste Mittelmaß hinauszukommen hoffen kann. … Im Geschäftsleben wäre ich natürlich schon bald bankrott oder im Gefängnis.

Da es nach dem Schweigen der Kritiker und dem dürftigen Absatz von *Spirits in Bondage* unwahrscheinlich war, dass das literarische Leben ihm einen Lebensunterhalt gewähren konnte, war der akademische Weg der einzig gangbare. Im Juli hatte er einen First in Greats errungen, und ein zweifacher First, wie er ihn nun hatte, war das klassische Merkmal eines wahren Akademikers. Doch es standen nur wenige Stellen zur Verfügung. Er hatte sich am Magdalen College um eine Fellowship in Philosophie beworben – also eine Dozentenstelle mit Tutorien und Vorlesungen –, doch diese war an jemanden vergeben worden, den Jack als »den besseren Mann« anerkannte. Es ist unklar, wie gründlich er sich außerhalb Oxfords nach Stellen umsah – in den Briefen ist nur wenig von etwas anderem als den Oxforder Colleges die Rede, obwohl es auch bei den brillantesten Oxforder und Cambridger Absolventen durchaus üblich war, ihre akademische Laufbahn anderswo zu beginnen. (Zu dieser Zeit befand sich Tolkien zum Beispiel mitten in einer fünfjährigen Lehrtätigkeit an der Universität Leeds; erst 1926 würde er nach Oxford zurückkehren. Selbst ein Titan unter den Gelehrten wie Gilbert Murray hatte seine Laufbahn in Glasgow begonnen, bevor er im Triumph nach Oxford zurückkehrte. Möglicherweise hatte Jack also einen etwas unrealistischen Begriff von den Optionen, die ihm zur Verfügung standen.) Allerdings hatte ihn einer seiner Tutoren – welcher es war, sagt er nicht – dazu ermutigt, sich vom allgemeinen Stellenmarkt fernzuhalten und nach einer offenen Stelle an einem der Oxforder Colleges im Lauf des nächsten Jahres Ausschau zu halten. Offensichtlich hielt man wirklich große Stücke auf ihn.

Darum hatte er, noch bevor er erfuhr, dass er einen First in Greats erreicht hatte, beschlossen, noch einen weiteren B. A. zu erwerben, diesmal in Englisch. Albert erklärte sich bereit, ihn während des dafür nötigen zusätzlichen Jahres weiterhin zu unterstützen. Der Gedanke wurde Albert unter ganz praktischen Gesichtspunkten präsentiert: Jack verschaffte sich, wie er es später ausdrückte, einen »zweiten Pfeil im Köcher«. Und ich glaube, es war für Jack tatsächlich eine rein pragmatische Entscheidung. Oxford befand sich in den Wehen einer Revision des Curriculums; kürzlich war eine Königliche Kommission zu Oxford zusammengetreten, um die Universität zu bewerten, und über ihre Ergebnisse war in den Zeitungen berichtet worden. Es war nicht abzusehen, ob die altphilologische Richtung, wie sie vor allem durch den Greats-Studiengang vertreten war, in Oxford weiterhin eine so zentrale Rolle spielen würde wie bisher, und falls ihre Bedeutung geringer werden sollte, würde auch der Bedarf an Tutoren mit Jacks Fachgebieten sinken. Englisch dagegen war, wie Jack es Albert gegenüber ausdrückte, ein »aufsteigendes« Fach – es wurde in Oxford erst seit etwa dreißig Jahren gelehrt, und man debattierte immer noch darüber, wie man die akademischen Anforderungen darin steigern könnte, aber es war beliebt und würde wohl kaum wieder verschwinden. Da nun Jack – angesichts seiner außerordentlichen Belesenheit, seiner Fähigkeit zur Analyse und seinen schriftstellerischen Fähigkeiten höchstwahrscheinlich gut darin sein würde, erschien dies als eine nahe liegende pragmatische Wahl.

Doch die Entscheidung war wichtiger und schicksalhafter, als er ahnte. So klug es sicherlich war, dass er sich einen zweiten Pfeil im Köcher verschaffte, öffnete er sich doch, indem er gerade *diesen* Pfeil wählte, für eben jene Welt der literarischen Erfahrung – die »erquicklichen Berge und westlichen Gärten« – die er in seiner Philosophie gerade abschütteln wollte; und das umso mehr, als er von Anfang an der Literatur des Mittelalters und der Renaissance zuneigte, wo die Berge besonders erquicklich und die Gärten besonders üppig waren und wo immer ein

Pfad in der Nähe war, der nach Faery führte. Zu diesem Zeitpunkt seines Lebens hielt Jack die Balance zwischen den beiden Seiten seines Wesens hauptsächlich dadurch, dass er die eine nährte und die andere aushungerte; doch von nun an würde er, ob das seine Absicht war oder nicht, auch seiner Fantasie wieder Nahrung geben. Natürlich würde er dies unter dem Deckmantel strengen, analytischen, akademischen Studiums tun – aber trotzdem würde er die Sorte Bücher lesen, die ihn schon immer in Entzücken versetzt hatten. Und für einen jungen Mann, der sich zu schützen versuchte – sich zu entzaubern versuchte – war dieser Flirt mit dem Entzücken eine gefährliche Sache.

Natürlich errang er noch einen First. Sein Tutor F. P. Wilson hielt ebenso viel von ihm, wie es Poynton und Carritt und Stevenson getan hatten, sodass er, als er sich in der nächsten Einstellungsrunde bewarb, einen beeindruckenden Kader von Unterstützern hatte. Dennoch wurde er 1923 bei einer Stelle in Philosophie am St. John's College und einer in Englisch am Exeter College übergangen. Er gab ein paar private Tutorien und scheint sich auch als Buchrezensent versucht zu haben. (Falls dem so ist, wurde jedoch keine seiner Besprechungen veröffentlicht.) Immer wieder hörte er von Möglichkeiten – eine am Trinity College, von der Carritt ihm erzählte, sah besonders verlockend aus – aber es schien sich nie etwas daraus zu ergeben. Und er war sich nicht einmal sicher, ob er das wollte. Interessanterweise hatten seine gemischten Gefühle etwas mit seiner Liebe zur Lyrik zu tun, die plötzlich wieder in ihm erstarkte – vielleicht zum Teil wiederbelebt durch sein Englischstudium.

Ich sagte bereits, dass Jack 1922 ein Tagebuch zu führen begann. Größtenteils ist dies ein außerordentlich langweiliges Dokument, eine bloße Protokollierung der Einzelheiten des täglichen Lebens. (Wir können daraus entnehmen, dass er Mrs Moore das Tagebuch laut vorlas, und es mag sein, dass er es für sie schrieb, einfach um eine Erinnerung an ihr gemeinsames Leben zu haben. Das erklärt vielleicht seinen trockenen Charakter.) Hin und wieder jedoch gibt es erleuchtende Momente. Ein Teil des Eintrags für den 29. Februar 1924 lautet folgendermaßen:

> Ich ging zu Fuß nach Hause und schaute mir die Einzelheiten zu der Trinity-Fellowship an, als ich an den Laternen vorbeikam. Aus irgendeinem Grund stand mir plötzlich die Möglichkeit, dass ich sie bekommen könnte, und alles, was sich daraus ergeben würde, ungewöhnlich lebhaft vor Augen. Ich sah, dass ich dann drinnen [d. h. in Collegeräumen] wohnen müsste und was für eine Umwälzung unseres derzeitigen Lebens das bedeuten würde, aber auch, welche schreckliche Last das zusätzliche Geld uns allen abnehmen würde. Ich sah, dass ich durch die Arbeit ziemlich ausgelastet sein, vielleicht sogar darin untergehen würde, sodass für Poesie kein Platz mehr wäre.
> Voll tiefster Überzeugung hatte ich plötzlich ein Bild von mir selbst vor mir, Gott weiß, wann oder wo, wie ich auf diese Jahre seit dem Krieg als die glücklichsten oder den einzig wirklich wertvollen Teil meines Lebens zurückblicke, trotz aller ihrer Enttäuschungen und Ängste. Doch die Sehnsucht nach einem Einkommen, das uns von der ständigen Sorge befreien würde, war stärker als all diese Gefühle. Ich geriet in eine seltsame Aufregung – und das alles auf die verschwindend geringe Chance hin, dass ich die Stelle bekomme.

Dies ist ein außergewöhnliches Dokument – fast einzigartig in Lewis' Leben. Er hörte 1927 damit auf, das Tagebuch zu führen, und kam nie wieder darauf zurück. Ansonsten haben wir nur seine Briefe, die nur selten (und nur gegenüber Arthur) wirklich sein Inneres offenbaren, und das Tagebuch insgesamt hat, wie gesagt, nur wenig Substanz. Dieser Eintrag jedoch scheint einen echten Einblick in Jacks Herz zu gewähren. Und was er vor allem offenbart, ist die Unvollständigkeit des Bildes, das ich von ihm gegeben habe: Bei aller Mühe, die er sich tatsächlich gab (wenn auch nur halb bewusst oder unbewusst), seine eigene Vorstellungskraft zum Schweigen zu bringen, bei allem Rückzug in ein immer engeres intellektuelles und spirituelles Gefängnis war es doch so, dass sein Leben mit Mrs Moore ihm so viel Befriedigung verschaffte, dass schon der Gedanke, seine Annehmlichkeiten – worin immer sie bestanden – verlieren zu müssen, ausreichte, um ihn denken zu lassen, sie seien der »einzig wirklich wertvolle Teil« seines Lebens.

Der Eintrag offenbart auch, dass Jack, vier Jahre nach dem Brief an Leo Baker, in dem er zum ersten Mal diese Befürchtung äußerte, immer noch Angst hatte, die »Poesie« zu verlieren – sein imaginatives Leben. (In diesem Zusammenhang ist es bedeutsam, dass die Trinity-Fellowship im Fach Philosophie war – ob er die Arbeitsbelastung wohl ebenso gefürchtet hätte, wenn es eine Englisch-Stelle gewesen wäre?) Doch was ihn offenkundig am allermeisten beschäftigte, war seine eigene Armut und, unter der Oberfläche, seine Abhängigkeit von der Unterstützung seines Vaters, die für einen alleinstehenden Studenten angemessen sein mochte, was sie für einen jungen Mann mit Familie (Jack war inzwischen fünfundzwanzig) wohl kaum sein konnte, abgesehen davon, dass er nicht für immer auf sie zählen konnte. Seine Rechnungen bezahlen zu können, ohne ängstlich ins Schwitzen zu geraten: Das war es, was ihn »in eine seltsame Aufregung« versetzte, noch während er die mögliche »Umwälzung« seines wahren Zuhauses vor Augen hatte.

Er bekam die Trinity-Stelle nicht, aber sein alter Tutor Carritt ging für ein Jahr nach Amerika, und das Univ. brauchte einen Ersatzmann. Jack bekam die Stelle angeboten. Obwohl das Gehalt weniger als die Hälfte dessen betrug, was die Trinity-Fellowship ihm eingebracht hätte, war dies die beste Chance, die er bisher gesehen hatte. Natürlich nahm er an. So wurde C. S. Lewis im Herbst 1924 ein Don; und das würde er bis zum Ende seiner Tage bleiben.

SECHS

»Ich lenkte ein«

Im April 1935 schrieb Lewis – jetzt, wo er ein Haushaltsvorstand und ein voll in seinem gewählten Beruf aufgehender Mann ist, sollten wir ihn Lewis nennen – einen Brief an Leo Baker, zu dem er seit längerer Zeit keinen Kontakt mehr gehabt hatte. Baker zufolge hatte Lewis irgendwann in den 1920er-Jahren abrupt und ohne Erklärung ihre Freundschaft abgebrochen, und er rechnete nicht mehr damit, noch einmal von seinem Studienkameraden zu hören. Folgendermaßen brachte Lewis Baker auf den neuesten Stand, was sich in den Jahren dazwischen ereignet hatte:

> Mein Vater ist tot, und mein Bruder hat seinen Abschied von der Armee genommen und wohnt nun bei uns. Ich empfinde tiefes Bedauern über mein Verhältnis zu meinem Vater (das aber Gott sei Dank am Ende zum Besten stand). Ich werde kahl. Ich bin Christ. Beruflich bin ich vor allem Mediävist. Ich denke, das sind alle meine Neuigkeiten bisher.

Ja, das dürfte es einigermaßen abdecken. Es war ein ereignisreiches Jahrzehnt.

Zurück ins Jahr 1924. Lewis war zwar nun ein Don – und hielt Vorlesungen über »Das moralisch Gute« – aber seine Zuhörerschaften waren so klein, dass er sie manchmal mit in seine Räume nahm und mit ihnen diskutierte, statt sie in einem Hörsaal untergehen zu lassen. (Interessant ist angesichts seines späteren Rufs, die vielleicht besten Vorlesungen in Oxford zu halten, sein Entschluss, von Anfang an niemals seine Manuskripte vorzulesen, sondern sie frei und so lebendig wie möglich nach Notizen, statt nach einem ausformulierten Text zu halten.) Und seine Sorgen waren noch lange nicht vorbei. Die Stellung am Univ. hatte er nur für ein Jahr, und dieses Jahr verstrich zusehends, ohne dass sich in Oxford geeignete Positionen für ihn eröffneten. Während dieser Phase ist in seinen Briefen an seinen Vater – der weiterhin sein Einkommen mit einer Unterstützung aufbesserte – beständig von der ungewissen Zukunft die Rede.

Das Leben mit Mrs Moore – die er inzwischen »Minto«* nannte – hielt ihn auf Trab, wie wir gesehen haben, und das verschaffte ihm sicherlich Ablenkung von seiner Sorge, aber er hatte auch einige freie Zeit, vor allem an den Nachmittagen. Viele seiner Tagebucheinträge aus dieser Periode befassen sich mit Beschreibungen der Landschaften, die er auf seinen Wanderungen mit Freunden oder allein erkundete. Wenn er allein war, richtete er seine Aufmerksamkeit darauf, ob die Freude sich zeigen würde, aber ihre Spuren waren selten und flüchtig. »Das Gestein schien überall weicher zu sein, die Vögel sangen, die Luft war köstlich kühl und dünn. Eine Art schauriger Rastlosigkeit überkam mich, und ich fiel in die wirkliche Freude hinein.« Viel häufiger jedoch erlebte er dies: »Ich wandte mich nach links und ging dann durch das Farnkraut zu meinem geliebten Fichtenhain, wo ich mich lange hinsetzte und die ›Freude‹ hatte – oder besser gesagt, bis in ihre Sichtweite kam, aber nicht ganz bis hin.« (Für den Leser ist offensichtlich, was später für Lewis ebenfalls offensichtlich werden würde, nämlich dass er sich selbst zu genau beobachtete – kein Wunder, dass sich die Freude so selten zeigte.) Er genoss es, mit Warnie, der eine Zeitlang in Colchester in Essex stationiert war, Motorradausflüge über Land zu machen. (Seit dem Ende des Krieges hatte er hauptsächlich in Sierra Leone Dienst getan, aber die Zeit seiner Auslandsaufenthalte war nahezu vorbei.) Einmal nahmen sie sogar den Bus und den Zug, um der Wynyard School einen Besuch ab-

* Frühere Biografen haben meist gemutmaßt, dass dieser Name von einer Süßigkeit stammte, die Mrs Moore gerne mochte, aber wahrscheinlicher dürfte es von dem Namen abgeleitet sein, mit dem Maureen sie anredete – »Minnie«.

zustatten. Sie war in eine Mädchenschule umgewandelt worden, und sie ließen sich eine Führung geben.

Hin und wieder litt Lewis, wenn das das richtige Wort ist, an kleineren Erkrankungen, über die er sich bei seinem Vater beklagte: »Ich habe die ersten vierzehn Tage des Trimesters mit Grippe im Bett verbracht. Ich fürchte sehr, mein Organismus ist dabei, die GEWOHNHEIT zu entwickeln, sich dieses lästige Leiden zuzuziehen, wann immer es im Umlauf ist.« Doch angesichts seines arbeitsreichen Lebens als Hausbediensteter und frisch gebackener Don (der alle seine Vorlesungen zum ersten Mal und von Null an schreiben musste), ist es eher wahrscheinlich, dass er diese Zeiten der Rekonvaleszenz noch mehr genoss als sonst.

Und er arbeitete an einem Gedicht – nicht an einem kurzen lyrischen Gedicht (obwohl er auch davon das eine oder andere schrieb), sondern an einem langen allegorischen Gedicht. Er nannte es *Dymer*. Die Idee zu diesem Gedicht begleitete ihn schon seit langer Zeit. Viel später würde er darüber schreiben: »Was ich ›fand‹, was mir einfach ›kam‹, war die Geschichte eines Mannes, der mit einer geheimnisvollen Braut ein Ungeheuer zeugt; und dieses Monster wird, sobald es seinen Vater getötet hat, zu einem Gott. Diese Geschichte kam mir irgendwann um mein siebzehntes Lebensjahr komplett in den Sinn.« Er erwähnt sie gegenüber Arthur in einem Brief von 1917, der die Geschichte bei Arthur als bekannt voraussetzt; zu dieser Zeit war es noch eine Prosaerzählung, und dabei blieb es auch, bis er sie zur Seite legte. Doch am 2. April 1922 schrieb er in sein Tagebuch: »Ich setzte mich in meinem Zimmer bei strahlendem Sonnenschein ans offene Fenster und begann ein Gedicht über ›Dymer‹ im *rhyme royal.*« *Rhyme royal* wurde oft von Chaucer verwendet (besonders bekannt dafür ist *Troilus and Criseyde*), doch Lewis verband diese Versform vermutlich noch stärker mit William Morris, der sie in seinem Gedichtzyklus *The Earthly Paradise* verwendet:

> Of Heaven or Hell I have no power to sing,
> I cannot ease the burden of your fears,
> Or make quick-coming death a little thing,

Or bring again the pleasure of past years,
Nor for my words shall ye forget your tears,
Or hope again for aught that I can say,
The idle singer of an empty day.

(Von Himmel oder Hölle habe ich keine Macht zu singen,
ich kann die Bürde deiner Ängste nicht erleichtern,
oder den rasch kommenden Tod zu einer Kleinigkeit machen,
oder die Freude vergangener Jahre wiederbringen,
auch wirst du meiner Worte wegen deine Tränen nicht vergessen
oder neue Hoffnung finden durch etwas, das ich sagen kann,
ich müßiger Sänger eines leeren Tages.)

(Das Reimschema ist, wie man sieht, *ababbcc*.) Lewis wird den *rhyme royal* auch im Werk von John Masefield angetroffen haben, der in der Nähe von Oxford wohnte und wie A. E. Housman und Thomas Hardy wacker gegen die moderne Flut unmetrischer Gedichte an traditionellen Versformen festhielt. Dafür respektierte Lewis ihn und verteidigte ihn gegen Angriffe, obwohl er in einem Brief, den er noch als Student schrieb, zugab, manche von Masefields Gedichten seien »abscheulich schlecht«. Doch als Dichter hielt Lewis es mit Masefield und den Traditionalisten.

Wo Morris' *rhyme royal* »das irdische Paradies« schildert, beginnt *Dymer* in einem falschen Paradies: einer platonischen »Vollkommenen Stadt«, deren Vollkommenheit durch eine streng erzwungene Uniformität garantiert wird. Es ist eine Stadt, die, wie Lewis später sagen würde, alles, was er an der Schule hasste, mit allem verbindet, was er an der Armee hasste:

At Dymer's birth no comets scared the nation,
The public créche engulfed him with the rest,
And twenty separate Boards of Education
Closed round him. He passed through every test,
Was vaccinated, numbered, washed and dressed,

Proctored, inspected, whipt, examined weekly,
And for some nineteen years he bore it meekly.

(Bei Dymers Geburt erschreckten keine Kometen die Nation,
der Kinderhort nahm ihn auf wie alle anderen,
und zwanzig verschiedene Erziehungsausschüsse
umringten ihn. Er absolvierte jeden Test,
wurde geimpft, gezählt, gewaschen, angezogen,
beaufsichtigt, inspiziert, gepeitscht, wöchentlich untersucht,
und etwa neunzehn Jahre lang ertrug er es mit Sanftmut.)

Doch wir bekommen nur wenig von dieser *polis* zu sehen, denn schon sehr früh im Verlauf des Gedichtes erschlägt Dymer seinen Lehrer und flieht dann in eine Landschaft, die sofort bizarre allegorische Züge annimmt – in vieler Hinsicht erinnert sie an die Welt, die Anodos, der Held aus MacDonalds *Phantastes*, durchwandert, wenn sie auch mit düstereren und beunruhigenderen Bildern gefüllt ist.

Dymer ist ein seltsames Gedicht und von allen Werken Lewis' dasjenige, das die wenigsten Fürsprecher finden dürfte, selbst unter seinen ergebensten Fans. Doch es hat seine Qualitäten. Seine Beherrschung der dichterischen Diktion hat seit den Gedichten aus *Spirits in Bondage* sichtlich zugenommen, und in Passagen wie der oben zitierten glänzt er mit einem gewissen Hang zur Satire. Leider lässt er die Satire bald beiseite und stürzt sich in eine anscheinend symbolträchtige, letzten Endes jedoch sinnlose Geschichte. Der gut gehandhabte *rhyme royal* hält die Erzählung in Gang, jedoch ohne dass ein Ziel oder eine Absicht dabei sichtbar werden. Dymer begegnet irgendwie einer Frau – die sich als Geist entpuppt – und schwängert sie; sie bringt ein monströses Kind zur Welt. Was das Kind zu einem Monster macht, wird nicht klar. Hatte es etwas mit Dymers Rebellion gegen die Vollkommene Stadt zu tun? Vielleicht: Etwa nach der Hälfte des Gedichtes erfahren wir, dass seine rebellische Tat zu Unruhen und schließlich zur Zerstörung der ganzen Stadt geführt hat, doch warum und wie das geschehen konnte, wird ebenfalls nie erklärt. Und Lewis glaubte ja ohnehin offensichtlich nie, dass die Vollkommene Stadt wirklich vollkommen war oder Dymers Loyalität verdient hatte.

Und weiter, warum steigt Dymer in einen Himmel auf, als er stirbt? Warum lässt der Himmelswächter Dymer seine Rüstung tragen? Warum kommt das Ungeheuer dorthin? Warum verwandelt es sich in einen Gott, nachdem es Dymer getötet hat? Und wie kann er überhaupt ein zweites Mal sterben? Warum wird durch Dymers zweiten Tod die ganze Welt wiederhergestellt?

> And from the distant corner of day's birth
> He heard clear trumpets blowing and bells ring
> A noise of great good coming into earth
> And such a music as the dumb would sing
> If Balder had led back the blameless spring
> With victory, with the voice of charging spears,
> And in the white lands the long-lost Saturnian years.

> Und aus dem fernen Winkel der Geburt des Tages
> hörte er [der Wächter] klare Trompeten erschallen und Glocken klingen,
> Klang eines großen Guten, das zur Erde kam,
> und solche Musik, wie sie die Stummen singen würden,
> wenn Balder den schuldlosen Lenz siegreich zurückgebracht hätte
> mit der Stimme der angreifenden Speere,
> und auf dem weißen Land die lange verlorenen saturnischen Jahre.

(So endet das Gedicht.) Es ist unmöglich, irgendeine dieser Fragen zu beantworten – oder besser gesagt, es ist allzu leicht, sie zu beantworten: Die Geschichte lässt eine unüberschaubare Vielzahl von Interpretationen zu, von denen keine einem Dutzend anderer überlegen ist. Jemand hat einmal gesagt, die Schriften des Mystikers Jakob Böhme seien wie ein Picknick, zu dem der Verfasser die Worte mitbringt und der Leser die Bedeutung. So ist es auch mit *Dymer*.

Natürlich wird oft Autobiografie vermutet, doch Lewis beharrte gegenüber Freunden darauf, er sei *nicht* Dymer, und Dymer hat auch wenig Ähnlichkeit mit ihm. Angesichts seines schwierigen Verhältnisses zu Albert wäre eine plausiblere – wenn auch klischeehaft ödipale – Sichtweise die, dass er das Ungeheuer ist, das zu einem Gott wird, nachdem es seinen Vater getötet hat. Aber es gibt keine persönliche Verbindung. In seinem Vorwort zur 1950 aufgelegten Neuausgabe des Buches schrieb Lewis über sich selbst als Mittzwanziger und seine Freunde:

> Wir hatten das Gefühl (wie es alle jungen Männer haben), den Illusionen der Jugendzeit zu entrinnen, und infolgedessen machten wir uns viele Gedanken über das Problem der Fantasie oder des Wunschdenkens. Der »Christina-Traum«, wie wir ihn nannten (nach Christina Pontifex aus Butlers Roman), war der verborgene Feind, den wir alle zu demaskieren und zu besiegen entschlossen waren. Mein Held musste als ein Mann sein, der seinen Verlockungen erlegen war und sie schließlich überwand.

In gewissem Sinne ist das eine merkwürdige Passage: Es ist völlig unklar, warum er jugendliches Wunschdenken mit Christina Pontifex in Verbindung bringt, der wir in Samuel Butlers *The Way of All Flesh* (1903) erst begegnen, als sie Ende zwanzig ist, und die einen ziemlich nüchtern-realistischen Blick für die Möglichkeiten hat, die sich ihr im Leben bieten. Es gibt nur eine Stelle in dem Buch, indem sie sich in so etwas wie Fantasien ergeht, und das ist eine herrlich boshafte Szene, in der sie sich die Möglichkeit vorstellt, sie und ihr frisch angetrauter Ehemann wären christliche Missionare: »›Wir, liebster Theobald‹, rief sie, ›werden immer treu sein. Wir werden standhaft sein und einander unterstützen, selbst in der Stunde des Todes. Gott in seiner Barmherzigkeit mag uns davor verschonen, lebendig verbrannt zu werden. Er mag es tun oder nicht. Oh Herr‹ (und sie richtete ihren Blick betend zum Himmel), ›verschone meinen Theobald, oder gib, dass er geköpft wird.‹« Das ist sehr lustig, aber es ist schwer zu sehen, inwiefern eine fromme Christin, die erst kürzlich von einem Leben als alte Jungfer gerettet wurde – sie und ihre Schwestern waren von ihrem Vater, einem Geistlichen, instruiert worden, um die Chance, sich Theobald zu angeln, »Karten zu spielen« – als Beispiel für die Gefahren jugendlicher Fantasien herhalten soll.

Immerhin, was dennoch aus dieser Erklärung deutlich wird, ist, dass *Dymer* die seltsamste Episode in dem langen Krieg zwischen den beiden Seiten in Lewis' Wesen darstellt. Denn auf der einen Seite ist das Gedicht eine Attacke gegen die trügerische Einbildungskraft, die Hohlheit vorgestellter »erquicklicher Berge und westlicher Gärten« – aber die Attacke wird in Versen, Erzählung und Metapher vorgetragen. Es ist eine entzaubernde Verzauberung. Sollte Lewis' spätere Erklärung auch nur ansatzweise zutreffen, dann soll das Gedicht andeuten, dass die Zerstörung romantischer Illusionen (irgendwie, auf unerklärliche Weise) die Romantik wiederherstellen kann. Wenn das Gedicht wirklich davon handelt, die »Verlockungen« des Wunschdenkens zu »überwinden«, wie bizarr ist es dann, dass es mit einer Vision Balders des Schönen endet, des sterbenden Gottes, der wieder ins Leben zurückkehrt.

Im April 1925 schrieb Lewis an seinen Vater: »Eine Fellowship in Englisch ist am Magdalen ausgeschrieben, und natürlich bewerbe ich mich, wenn auch ohne ernsthafte Hoffnung, da, wie ich glaube, etliche erfahrenere Leute im Rennen sind, einschließlich meines alten Englisch-Tutors. … Diese ständigen, immer wieder aufgeschobenen Hoffnungen sind belastend, und ich fürchte, für Dich auch.« Wie sich dann herausstellte, war F. P. Wilson doch kein Kandidat für die Position, was Lewis' Hoffnungen emporschnellen ließ, als er davon hörte, da er wusste, dass er dann darauf zählen konnte, von Wilson eine starke Empfehlung zu erhalten. Als er jedoch an Wilson schrieb und um ein Empfehlungsschreiben bat, erwiderte dieser mit einiger Verärgerung und Verwirrung, er sei der Meinung gewesen, Lewis hätte sich für die Philosophie entschieden; infolgedessen hatte er bereits einen anderen Kandidaten empfohlen, Nevill Coghill – der zufällig seit Kurzem ein Freund von Lewis war. »Das ist genug, um jeden zur Verzweiflung zu bringen«, schrieb Jack an Albert.

Aber die Geschichte war noch nicht vorbei. Coghill bekam eine Fellowship an seinem eigenen College angeboten, am Exeter, und zog seinen Namen aus dem Rennen um die Stellung am Magdalen zurück. Wilson und George Gordon, damals Merton-Professor für Literatur in Oxford, sprachen sich in Briefen stark für Lewis aus. Und er musste nicht lange auf eine Entscheidung warten. Am zwanzigsten Mai erhielt Albert Lewis in Belfast ein Telegramm, in dem es schlicht hieß: »MAGDALEN FELLOW GEWÄHLT. JACK.« In seinem Tagebuch verzeichnet Albert, was er daraufhin tat: »Ich ging hinauf in sein Zimmer und brach in Freudentränen aus. Ich kniete nieder und dankte Gott aus vollem Herzen. Meine Gebete sind erhört und beantwortet worden.« Es ist anrührend, dass Albert, als er diese lang ersehnte gute Neuigkeit erhielt, als Erstes in Jacks Zimmer dort in Little Lea ging – in dem Haus, das nun bis auf das Personal menschenleer war, seit Flora tot und die Jungen erwachsen und fortgezogen waren – um niederzuknien und Dank zu sagen. Und es ist deutlich zu spüren, dass er nicht deshalb so bewegt war, weil Jack endlich auf eigenen Füßen stehen konnte oder weil er endlich ein vollgültiger englischer Gentleman geworden war, sondern weil sein jüngerer Sohn den einzigen Beruf erlangt hatte, für den er anscheinend je geeignet war – den einzigen (wie Jack selbst es drei Jahre zuvor ausgedrückt hatte), »worin ich je über das ärmlichste Mittelmaß hinauszukommen hoffen kann«.

Der Brief, in dem der neue Fellow of Magdalen einige Tage später die Einzelheiten berichtet, beginnt mit diesen Worten:

> Mein lieber Papy,
> lass mich Dir zuerst aus tiefstem Herzen für die großzügige Unterstützung über sechs Jahre hinweg danken, die allein mich in die Lage versetzt hat, bis jetzt durchzuhalten. Auf der langen Strecke habe ich Männer, die mir an Fähigkeit und Qualifikation mindestens ebenbürtig waren, aufgeben sehen, weil sie ihnen fehlte. »Wie lange kann ich mir das Warten leisten«, war die Frage, die jeder stellte; und nur wenige hatten jemanden im Rücken, der sowohl in

der Lage als auch willens war, sie so lange im Rennen zu halten. Du hast gewartet, nicht nur ohne Klage, sondern voller Ermutigung, während eine Chance nach der anderen mir entglitt und als das Ziel schon fast außer Sicht zu geraten schien.
Danke und abermals danke.

Es ist wirklich ein sehr freundlicher Brief, der darauf hindeutet, dass die Beziehung zwischen Vater und Sohn in erheblichem Maß heil geworden war. Ein so verbitterter Sohn, wie Jack es einige Jahre zuvor gewesen war, hätte sich sicherlich auch aufrichtig bei Albert bedanken können, aber er hätte wohl nicht Alberts tatsächliche und seltene Tugenden hervorgehoben: Es ist die Anerkennung dafür, das Albert ihn »nicht nur ohne Klage, sondern voller Ermutigung« beharrlich unterstützt hatte, die besonders eindrücklich ist. Albert und Jack hatten eine Hürde genommen und sie würden von nun an gut miteinander auskommen, solange Albert lebte. Man sollte nicht zu viel daraus machen: Jack hatte nicht begonnen, Liebe oder auch nur Zuneigung für seinen Vater zu empfinden, aber seine nun vollständige Unabhängigkeit scheint die Spannung für beide aufgelöst zu haben. Zumindest war die alte tröstliche Fiktion einer glücklichen Familie wiederhergestellt. Anfang Oktober, als Jack zu Besuch nach Belfast kam, schrieb Albert über die gemeinsame Zeit in sein Tagebuch: »Sehr erfreulich, nicht eine Wolke.«

Das bei Weitem schönste aller Oxforder Colleges ist in meinen Augen Magdalen.* Der Turm des Colleges, fertiggestellt 1509, ist eines der elegantesten Gebäude in Oxford – Jakob I., der lieber ein Oxforder Gelehrter als ein König gewesen wäre, liebte ihn sehr – und der immer noch

* Der Name wird »Modlin« ausgesprochen (mit langem offenem O); das College ist nach Maria Magdalena benannt, aus der Jesus sieben Dämonen austrieb und die ihm von da an bis zu seiner Kreuzigung und darüber hinaus nachfolgte. Der Legende nach ist die nicht namentlich genannte »Sünderin« in Lukas 7, die Jesus mit ihren Tränen die Füße wäscht, ebenfalls Maria Magdalena. Aufgrund dessen ist sie ein Urbild der Buße und Bekehrung.

»New Building« genannte Teil ist ein Paradebeispiel für die Eleganz und Schlichtheit des Neoklassizismus im achtzehnten Jahrhundert. Noch auffälliger ist, dass das College sich auf einem sechzehn Hektar großen Gelände befindet, das zu einem guten Teil von einem Hirschpark eingenommen wird und durch das ein Fluss verläuft – der Cherwell, der unweit südlich vom Magdalen in die Themse mündet. Ein Fußweg am Flussufer wird »Addison's Walk« genannt, weil er von Joseph Addison sehr geschätzt wurde, einem Dichter, Essayisten und Politiker, der in den letzten Jahren des siebzehnten und den ersten Jahren des folgenden Jahrhunderts Fellow am Magdalen war. (Vielleicht von der Nähe des Flusses angezogen, vielleicht auch von anderen Dingen, meldete sich im neunzehnten Jahrhundert ein Magdalen-Student namens Oscar Wilde zum Rudern, wurde aber bald aus der Mannschaft geworfen, weil er nur langsam rudern wollte. Der Rausschmiss machte ihm nichts aus: »Ich sehe keinen Sinn darin, jeden Morgen rückwärts hinunter nach Iffley zu gehen«, sagte er.) Für eine exklusive Gruppe von Lesern wird es wichtig sein zu erfahren, dass Magdalen auch das College von P. G. Wodehouses Bertie Wooster war – was vielleicht darauf hindeutet, dass es, als Lewis dorthin kam, für seinen gesellschaftlichen Status bekannter war als für seine intellektuelle Rigorosität.

Im Oktober würde Lewis seinen ersten Brief an seinen Vater aus seinen Räumen im New Building schreiben (oder aus den New Buildings, wie man damals eher sagte):

> Meine äußere Umgebung ist von unvergleichlicher Schönheit. Im Bischofspalast in Wells zu wohnen, wäre gut, aber es könnte kaum besser sein als dies. Mein großes Wohnzimmer blickt nach Norden, und von dort sehe ich nichts, nicht einmal einen Giebel oder eine Turmspitze, was mich daran erinnern würde, dass ich in einer Stadt bin. Ich schaue hinab auf eine ebene Grasfläche, die in einen Hain aus uralten Bäumen übergeht, zurzeit herbstlich rot gefärbt. Dort streifen die Hirsche. Ihre Gewohnheiten sind unberechenbar. Manchmal, wenn ich morgens hinausschaue, ist ein halbes Dutzend

> von ihnen direkt unter meinem Fenster beim Wiederkäuen, und an anderen Tagen lässt sich nicht eines blicken – oder ein kleiner Hirsch (er ist nicht viel größer als ein Kalb und wirkt zu zierlich für das Gewicht seines eigenen Geweihs) steht still da und lässt jenes seltsame kleine Bellen oder Röhren durch den Nebel hallen, das das »Muh« dieser Tiere ist. Das Geräusch wird mir bald so vertraut sein wie das Schnauben der Rinder auf der Weide zu Hause, denn ich höre es Tag und Nacht. Zu meiner Rechten, wenn ich aus diesen Fenstern schaue, liegt »sein Lieblingsspazierweg« [Addison's Walk]. Von meinem kleineren Zimmer und vom Schlafzimmer aus schaue ich nach Süden über eine breite Rasenfläche hinüber zum Hauptgebäude des Magdalen mit dem Turm dahinter.

Für die nächsten dreißig Jahre würde Lewis in diesem Räumen arbeiten und schlafen – zumindest während der Trimester. Während des Vorlesungsbetriebes besuchte er Minto an den Nachmittagen und übernachtete an den Wochenenden in ihrem Haus. (Während dieser Zeit wohnten sie in einem Haus namens Hillsboro, so zumindest der Name, der über der Tür stand, in Headington, östlich der Oxforder Innenstadt.) Während der Trimesterferien arbeitete er im Haus – daher die ständigen Unterbrechungen (»Baw-boys!«), von denen Warnie in seinem Tagebuch berichtet – und ging nur gelegentlich ins College. Viele Dinge würden sich in seinem Leben verändern – dramatisch verändern – bevor er von diesem Ablauf seines Alltags abwich.

Auch intellektuell hatte er sich neue und dauerhafte Gewohnheiten angeeignet. Obwohl er noch für einige Jahre gelegentlich Philosophiestudenten betreute – tatsächlich waren es möglicherweise gerade seine zwei Pfeile im Köcher, die ihm die Stelle am Magdalen verschafft hatten – war seine Laufbahn als Philosoph im Wesentlichen vorbei: Er war als Tutor für Englisch angestellt worden, und ihm war klar, dass dies das Feld war, das er beackern würde, nicht nur als Lehrer, sondern auch als Gelehrter. Seine Gefühle im Hinblick darauf waren gemischt. »In der Tat ist mir bewusst, dass der Wechsel von [Philosophie] zu Literaturgeschichte und Literaturkritik einen Abstieg darstellt« – einen Abstieg von der höchsten und anspruchsvollsten aller intellektuellen Berufungen. Lewis scheint hier ein Bewusstsein seiner eigenen angeborenen Schwäche einzuräumen, und das Faszinierende ist, dass er dies in einem Brief an seinen Vater tut, in dem er seine Ähnlichkeit zu Albert nach Temperament und ethnischer Prägung hervorhebt:

> Ich bin zu dem Schluss gekommen, dass mir, selbst wenn ich die Neigung zu einem Leben der reinen Philosophie hätte, doch das Gehirn und die Nerven dazu fehlen würden. Eine immer währende Suche zwischen den abstrakten Wurzeln der Dinge, ein ständiges Infragestellen all dessen, was einfache Menschen für selbstverständlich nehmen, ein fünfzigjähriges Wiederkäuen der unvermeidlichen Unwissenheit und ein unaufhörliches Wachestehen an den Grenzen der kleinen, geordneten, erleuchteten Welt der Wissenschaft und des täglichen Lebens – ist dies das Beste für Temperamente wie die unseren? Kann man auf diesem Weg gesund oder auch nur bei Verstand bleiben? Es gibt einen bestimmten Menschentyp, stiernackig und selbstzufrieden in seinem »schmerbäuchigen Gleichmut«, der diese trostlose und alles hinterfragende Atmosphäre dringend braucht. Aber was dem Sachsen ein Tonikum, mag für uns Kelten eine Ausschweifung sein.

Man vernimmt hier ein seltsames Wechselspiel zwischen Selbstverurteilung und Selbstbeglückwünschung. Einerseits scheint Lewis seine mangelnde Eignung zu beklagen (»das Gehirn und die Nerven dazu fehlen«) für ernsthafte philosophische Arbeit; andererseits scheint er zu sagen, dass ihm und seinen keltischen Stammesgenossen diese Eignung deshalb fehlt, weil sie ohnehin schon im Übermaß zum Nachdenken und zur Innenschau neigen – im Gegensatz zu dem »stiernackigen und selbstzufriedenen« Sachsen, der aus seinem falschen »Gleichmut« herausgerissen werden muss. All dies geht aber an der Tatsache vorbei, das es in Wirklichkeit nicht Lewis' eigene Entscheidung war: Hätte er die

Philosophenstelle bekommen, so hätte er seinem Vater einen ganz anderen Brief geschrieben.

Und es wäre sicherlich ein ganz anderer C. S. Lewis aus ihm geworden. Es trifft zu, dass Lewis sich im selben Brief an Albert als jemand darstellt, der *durch die Philosophie* von einem billigen philosophischen Materialismus befreit wurde:

> Auch wenn die Höhenluft mir nicht behagt hat, habe ich doch etwas Wertvolles mitgenommen. Es wird mir mein ganzes Leben lang ein Trost sein zu wissen, dass der Wissenschaftler und der Materialist nicht das letzte Wort haben: dass Darwin und Spencer, wenn sie den Glauben der Ahnen untergraben, selbst auf einem Fundament aus Sand stehen, aus gigantischen Denkvoraussetzungen und unauflöslichen Widersprüchen nur einen Zoll tief unter der Oberfläche. Das zeigt mir, dass die ganze Sache prall voller Möglichkeiten steckt; und wenn es auch die flachen Optimismen zerschlägt, so tut es doch dasselbe auch mit den flachen Pessimismen.

Das ist äußerst feinsinnig. Er spricht sich nicht ausdrücklich für »den Glauben der Ahnen« aus – aber er gibt zu, dass die übliche spätviktorianische Beweisführung dagegen viel schwächer ist, als er zuvor gedacht hatte. Er legt sich nicht auf irgendetwas fest, aber er räumt ein, dass seine gegenwärtige intellektuelle Situation »prall voller Möglichkeiten steckt«. Er macht deutlich, dass er der Philosophie etwas dafür schuldig ist, dass sie ihn in eine neue persönliche Landschaft geführt hat. Aber er unterstreicht auch, dass die Philosophie mehr nicht tun kann, zumindest nicht für ihn: »Vielleicht ist es am besten, die Falltür zu schließen und ins gewöhnliche Leben zurückzukehren; es sei denn du bist einer von den wirklich Großen, die ein kleines Stück hinein [in die Dunkelheit] schauen können – und das war ich nicht.« Die Philosophie hatte Lewis bis zum Berg Pisga gebracht, von wo aus er (wie Mose) hinüber ins Gelobte Land schauen konnte. Doch der Literatur war es vorbehalten – den *Geschichten* – ihn in dieses Land zu bringen, sodass er seine Milch und seinen Honig schmecken konnte.

Im September 1926, zu Beginn seines zweiten Jahres am Magdalen, erschien *Dymer* im Londoner Verlag Dent. Wieder benutzte er das Pseudonym Clive Hamilton. Die Veröffentlichung des Gedichts wird in seinen Briefen nur einmal und in seinem Tagebuch – das er aus unbekannten Gründen während der zweiten Hälfte des Jahres 1926 unterbrach – überhaupt nicht erwähnt. (Er nahm es 1927 für kurze Zeit noch einmal auf und gab dann das Tagebuchschreiben für immer auf.) Der Gedanke drängt sich auf, dass Lewis zum Zeitpunkt des Erscheinens von *Dymer* dieses Gedicht und seine Anliegen weit hinter sich gelassen hatte.

Einer der Lieblingsautoren von Lewis in diesen Tagen war G. K. Chesterton, jener unbeschreibliche Mann. Um zu schildern, wie Chestertons Karriere verlief, muss man unvermeidlich den Ausdruck »die Bühne erstürmen« heranziehen. Im ersten Jahrzehnt des zwanzigsten Jahrhunderts (er war Jahrgang 1874 und hatte auf der Slade School in London, die auch Arthur Greeves während Lewis' Studentenjahren eine Zeitlang besuchte, Kunst studiert), explodierten die Worte aus ihm heraus wie Knallfrösche. Er schrieb wöchentlich Essays für die *Illustrated London News*; er schrieb Gedichte jeder Länge und Art, er schrieb merkwürdige fantastische Erzählungen, er schrieb Detektivgeschichten, er schrieb Biografien, er schrieb politische Manifeste – und das alles nur zwischen 1903 und 1910. Chesterton war ein Berg von einem Mann, der reichlich über dreihundert Pfund wog und behauptete, »harten, kalten, dünnen Leuten« gegenüber argwöhnisch zu sein. Nichts liebte er mehr als das Debattieren, und Chestertons Debatten mit einer breiten Schar von Gegnern waren am Anfang des zwanzigsten Jahrhunderts eine der großen Publikumssportarten in England. Einer seiner Gegner, ein Dramatiker und (später) Drehbuchautor mit dem köstlichen Namen Cosmo Hamilton, war, wie die meisten Leute, die ihn kannten, schlicht überwältigt: »Chestertons Freudengeheul zu hören … zu sehen, wie er sich in einem Lachkrampf über meine persönlichen Beleidigungen krümmte, zu beobachten, wie seine sportliche Einstellung sich auf das schockierte Publikum auswirkte, das schließlich durch sein heftiges Pfauenhennen-Freudengegacker von seiner Heiterkeit angesteckt wurde, das war ein Anblick und ein Klang für die Götter. ... Es war monströs, gigantisch, erstaunlich, tödlich, köstlich. Nichts dergleichen hat es je vorher gegeben oder wird je wieder zu sehen, zu hören und zu spüren sein.«

Cosmo scheint in dieser Passage seinen Vorrat an Superlativen bis zur Neige auszuschöpfen, aber wenn wir auch sein Stilempfinden zu Recht beargwöhnen mögen, müssen wir doch die Wirkung der Persönlichkeit Chestertons in Rechnung stellen. Sie schlug in der Tat über viele Jahre hinweg immer wieder mit einer Wucht ein, die durchaus auf der Richterskala zu messen gewesen wäre. Nur wenige Leute im Licht der Öffentlichkeit waren so allgemein bekannt, als Lewis ein junger Mann war: Dieser gewaltige Körperumfang, gehüllt in einen noch gewaltigeren Umhang, dieser Zwicker, dieser zerwühlte Schopf gelockter Haare – an all das dachte jeder Engländer schon, wenn er nur die Initialen GKC sah, die überall als Gegensatz zu der hageren, bärtigen Gestalt des ebenso berühmten GBS gesehen wurden. George Bernard Shaw war mit seinem kühlen, schlagfertigen, ironischen, rationalen Sozialismus der ideale Gegner für GKC und sein häufigster und berühmtester Debattierpartner. Was für Aufführungen sie veranstalteten! Sie waren großartig zusammen, weil sie gewisse Tugenden gemeinsam hatten – vor allem Schlagfertigkeit und eine brillante Bildsprache – während sie krass gegensätzliche Ansichten darüber vertraten, worin das Gute Leben bestehe. (Shaws Biograf Michael Holroyd hat diese »spektakulären Turniere zwischen Puritaner und Kavalier« geschildert: »Ihre Lanzenkämpfe hatten sich über die Jahre zu einer ästhetischen Darbietung entwickelt, einer vollkommenen Balance gegensätzlicher Stile, romantisch und idealistisch, mit atemberaubenden Kunststücken voller Analogien und paradoxer Wendungen, bei denen das ritterliche Ideal im Zentrum stand.«) Für GKC, der, wenn er sich umsah, eine Welt sah, die vor Reichtum und

Vielfalt nur so sprühte, war GBS' moralistischer Sozialismus so eng wie sein Gürtel. »Shaw ist wie die Venus von Milo«, sagte Chesterton einmal; »was von ihm da ist, ist bewundernswert.«

GKC war genau die Art Schriftsteller, die Lewis einfach lieben musste, selbst wenn er sich vorsichtig um die Tatsache herumzudrücken hatte, dass Chesterton irgendwann während jenes großartigen, fruchtbaren ersten Jahrzehnts seiner schriftstellerischen Laufbahn Christ geworden war – eine Entwicklung, die er 1909 in seinem Buch *Orthodoxie* nachzeichnete. In Lewis' frühen Briefen wird nichts davon gesagt, dass er Chesterton gelesen habe, und der Mann selbst wird nur beiläufig erwähnt. Dagegen gibt Lewis' Tagebuch mehr Aufschluss. 1922 und nochmals 1924 liest er Chestertons Biografie über Robert Browning; er hält es für ein »durch und durch schlechtes Buch, voller dummer Verallgemeinerungen«, was es tatsächlich auch ist. Doch auf derselben Seite seines Tagebuchs von 1924 findet sich ein Lob für die Biografie über den Hl. Franziskus von Assisi, auch wenn Lewis nicht bereit ist, dem Christentum so viel Anteil am moralisch Guten zuzuschreiben wie GKC. 1926 liest Lewis einen Roman (*The Club of Queer Trades*), eine Biografie (*George Bernard Shaw*) und eine Sammlung moralischer Essays (*Eugenics and Other Evils*). Am bemerkenswertesten ist vielleicht die erste Erwähnung eines Werkes von Chesterton im Tagebuch: seines Bühnenstücks *Magic* von 1913, das unter anderem davon handelt, dass der skeptische Naturalismus sehr geschickt darin ist, die Tricks von Zauberkünstlern aufzudecken, aber unfähig, den Supranaturalismus des christlichen Glaubens zu widerlegen. Lewis erwähnt es in seinem Eintrag für den 14. Mai 1922 – nur sechs Wochen nach dem Beginn seiner Arbeit an *Dymer*. Man fragt sich unwillkürlich, ob das Stück sich auf die Figur des Zauberers ausgewirkt hat, der ganz offensichtlich in mancher Hinsicht auf Yeats beruht und in den späteren Abschnitten in Lewis' Gedicht eine wichtige Rolle spielt. Interessant ist, dass ein so scharfsinniger Leser wie Lewis angesichts dieses gut geschriebenen, aber nicht besonders subtilen Dramas sein Unverständnis bekennt: »Ein hübsches kleines Stück – ich bin nicht sicher, ob ich es verstehe.« (Übrigens war es GBS, der GKC überhaupt dazu aufforderte, ein Stück zu schreiben: »Ich wiederhole meine öffentliche Herausforderung an Sie: Ich werde so lange meine Überlegenheit rühmen, Ihre Korpulenz beleidigen, [Chestertons Freund Hilaire] Belloc foltern, nötigenfalls zu Ihnen nach Hause kommen und Ihnen mit intellektuellen und sportlichen Kunststücken die Zuneigung Ihrer Frau abspenstig machen, bis Sie etwas zum britischen Drama beitragen.«)

Einer der berühmtesten Essays Chestertons ist ein frühes Werk (1901) mit dem Titel »In Defense of Penny Dreadfuls« – wobei »Penny Dreadfuls« das sind, was wir heute als »Pulp Fiction« (Schundliteratur) bezeichnen würden, aber für Heranwachsende. Anscheinend regten sich viele Kulturpädagogen der damaligen Zeit über die Beliebtheit solcher »vulgärer« Geschichten auf und wünschten sie durch echte Literatur zu ersetzen. GKC ist über dieses Entsetzen halb verwirrt und halb beleidigt. Er will zwar die »Dreadfuls« nicht als Literatur verteidigen, aber doch als »das tatsächliche Zentrum einer Million entflammter Fantasien«. Für Chesterton ist »das schlichte Bedürfnis nach irgendeiner Art von idealer Welt, in der fiktive Personen eine ungehinderte Rolle spielen … unendlich tiefer und älter als die Regeln guter Kunst, und auch viel wichtiger. Jeder von uns hat in der Kindheit solche unsichtbaren *dramatis personae* konstruiert, doch unseren Kindermädchen ist deshalb nie der Gedanke gekommen, die Komposition durch einen sorgfältigen Vergleich mit Balzac zu korrigieren.« Und er fährt fort: »Literatur ist ein Luxus; Fiktion ist eine Notwendigkeit.« Das heißt, wir können zwar ohne Balzac leben, so brillant er auch sein mag, aber die Penny Dreadfuls sind wirklich wesentlich für das menschliche Wohlergehen.

Nach Chestertons Meinung spielen die populären Romane für Jugendliche, so schlecht sie oft auch geschrieben sind, dennoch in derselben moralischen Welt wie viele Werke, die als Literaturklassiker gelten: »Das soll heißen, sie tun genau dasselbe wie Scotts *Ivanhoe*, Scotts *Rob Roy*, Scotts *Lady of the Lake*, Byrons *Corsair*, Wordsworths *Rob Roy's Grave*, Stevensons *Macair*. Mr Max Pembertons *Iron Pirate* und tausend andere Werke, die systematisch als Wettbewerbspreise und Weihnachtsgeschenke vertrieben werden.« Es ist die moderne Literatur – dieselbe Literatur, im Vergleich zu der die moralische Welt der Penny Dreadfuls verurteilt wird – die sich verirrt hat:

> Es ist die moderne Literatur der Gebildeten, nicht die der Ungebildeten, die erklärtermaßen und aggressiv kriminell ist. ... Die große Masse der Menschheit mit ihrer großen Masse müßiger Bücher und müßiger Worte hat nie daran gezweifelt und wird nie daran zweifeln, dass Tapferkeit lobenswert ist, dass Treue edel ist, dass man Damen in Not zu Hilfe eilen und besiegte Feinde verschonen muss. Doch es gibt eine große Zahl kultivierter Menschen, die diese Maximen des täglichen Lebens bezweifeln.

Wie wichtig diese Einsicht in Wahrheit ist, wird deutlicher, wenn wir etwas betrachten, was Chesterton in einem anderen Essay aus derselben Phase schrieb, »A Defense of Nonsense« (»Verteidigung des Unsinns«): »Die *Ilias* ist nur deshalb groß, weil das ganze Leben ein Kampf ist, die *Odyssee*, weil das ganze Leben eine Reise ist, das Buch Hiob, weil das ganze Leben ein Rätsel ist.« Das heißt, die Geschichten, die am höchsten und am dauerhaftesten geschätzt werden, sind jene, die in groben Zügen die Umrisse unserer tiefsten Erfahrungen nachzeichnen. Und wenn es unter all den Dingen, die wir machen und tun, gerade *Geschichten* sind, die uns am meisten bedeuten, wenn wir uns unseren eigenen Kämpfen, Reisen und Rätseln stellen, worauf weist uns das hin? Chesterton kam erst ein paar Jahre später dahinter, als er *Orthodoxie* schrieb:

> Im gesamten Christentum geht es immer um den Menschen am Scheideweg. Die weitgespannten und seichten Philosophien – gigantische Synthesen aus allem möglichen Unsinn – reden von Zeitaltern und Evolution und grundlegenden Entwicklungen. In der echten Philosophie geht es um den Augenblick. Schlägt einer die-

> sen Weg oder jenen ein? – das ist das Einzige, worüber man nachzudenken hat, wenn man es gern tut. Über Äonen lässt sich leicht nachdenken, jeder kann es. Das wahrhaft Furchterregende ist der Augenblick; und weil unsere Religion den Augenblick so stark empfindet, geht es in ihrer Literatur so viel um die Schlacht und in ihrer Theologie so viel um die Hölle. Diese Religion steckt voller *Gefahr*, wie das Buch eines Knaben; sie ist eine ewige Krise. In Europa gibt es zwischen volkstümlicher Literatur und der Religion des Volkes allerhand Übereinstimmung.

Das Christentum *ist* demnach ein Penny Dreadful – oder vielleicht der Same, aus dem alle Penny Dreadfuls sprießen. Die Geschichte eines jeden Menschenlebens ist nach der christlichen Darstellung voller Gefahren und Spannung wie das »Buch eines Knaben« – das heißt, voll von eben jenen lebenswichtigen Entscheidungen und dramatischen Konsequenzen, die aus einem großen Teil der modernen Literatur verbannt wurden. Sechzehn Jahre später – in einem Buch, das im selben Jahr erschien, in dem Jack Lewis seine Arbeit am Magdalen College aufnahm – kam Chesterton noch einmal auf denselben Punkt zurück: »Das Leben des Menschen ist eine Geschichte; eine Abenteuergeschichte; und aus unserer Sicht gilt dasselbe auch für die Geschichte Gottes.«

Bei seinem Studium der Philosophie – einer Philosophie, füge ich eilends hinzu, wie er sie auffasste, nicht, wie sie notwendigerweise ist – hatte Lewis versucht, sich in so etwas wie Shaw zu verwandeln, eine analytische Kreatur, fähig zu scharfen Unterscheidungen und klar umrissenen, wenn auch düsteren Bildern – jemand, der unangreifbar war für die Mystifikationen der Fantasie und des Feenlandes, der Schlachten, der Reisen und der Rätsel. Doch wenn er freie Zeit zum Lesen hatte, waren es genau solche Geschichten, zu denen er unweigerlich griff, während er die moderne Literatur, die doch viel besser zu seinen geäußerten Überzeugungen passte, völlig ignorierte und sogar verachtete. (Daher die Merkwürdigkeit von *Dymer*, das die Gedanken von Schopenhauer und Nietzsche in die Sprache von William Morris kleidet.) Und auch in der Philosophie selbst vermochte er nie so etwas wie Klarheit zu erlangen: Er neigte dazu, über »Zeitalter und Evolution und grundlegende Entwicklungen« auf eine Weise nachzudenken, die er schon damals als eine vage, verwässerte Variante der hegelschen Philosophie vom *Geist* erkannte – den Lewis »das Absolute« nannte, ohne einen wirklichen Begriff davon zu haben, was das Absolute sein könnte. In *Überrascht von Freude* drückt er es so aus:

> Der absolute Geist – besser noch, das Absolute – war unpersönlich oder kannte sich selbst (aber nicht uns?) nur in uns, und es war so absolut, dass es eigentlich mit Geist nicht viel mehr Ähnlichkeit hatte als mit irgendetwas anderem. Und überhaupt, je mehr man damit durcheinanderkam und in je mehr Widersprüche man sich verwickelte, desto mehr bewies das, dass unser diskursives Denken sich nur auf der Ebene der »Erscheinung« bewegte und die »Wirklichkeit« irgendwo anders sein musste. Und wo sonst als im Absoluten?

So unzusammenhängend das sein mag, dies ist ziemlich genau Shaws Philosophie. Shaw schrieb 1907 in einem Essay mit dem Titel »The New Theology: A Lay Sermon«: »In gewissem Sinn ist noch kein Gott erreicht, aber es ist jene Kraft am Werk, die Gott macht, die sich durch uns bemüht, zu einer tatsächlichen organisierten Existenz zu werden, die das genießt, was für viele von uns das größte vorstellbare Entzücken ist, das Entzücken des Verstandes, eine Intelligenz, die sich tatsächlich des Ganzen bewusst und mit handelnder Macht in der Lage ist, es zu einem vollkommen gütigen und harmonischen Ende zu führen.« Doch Lewis war nicht wie Shaw. Einem Mann, der von frühester Jugend an immer wieder von dem »Stich« der Freude durchbohrt worden war, konnte man nicht weismachen, das »größte vorstellbare Entzücken« sei »das Entzücken des Verstandes«. Er war, wie schon sein Vater – und wie wir gesehen haben, hatte er kürzlich erkannt, wie ähnlich er seinem Vater tatsächlich war – »sentimental, leidenschaftlich und wortgewaltig« und somit GKC viel ähnlicher als GBS. »Wie wir Kelten alle«, schrieb er an Albert, »bin ich ein geborener Rhetoriker, einer, der Vergnügen an starken Emotionen hat.«

Indem er Literaturhistoriker und Literaturkritiker wurde – und mehr noch, indem er seine Aufmerksamkeit auf die Literatur des Mittelalters und der Renaissance richtete, deren wichtigste Werke fast alle jene Qualität dynamischer Abenteuerlichkeit besaßen, die Chesterton so sehr liebte – öffnete sich Lewis, ob es ihm bewusst war oder nicht und ob es ihm zu Wohl oder Wehe gereichte – für die Seite seines Wesens, die er mit seinem Vater gemeinsam hatte. »Nun, da ich mehr englische Literatur las, wurde das Paradox« – das zu lieben, woran er nicht glaubte, während Autoren, die seine Überzeugung teilten, ihm nichts geben konnten – »immer krasser.« Ein Großteil dessen, was er las, oder besser, was ihn beim Lesen am meisten bewegte, baute, wie sich herausstellte, auf einem Fundament des christlichen Glaubens auf.

> Doch der Beunruhigendste von allen war George Herbert. Hier war ein Mann, der mir alle anderen Autoren, die ich je gelesen hatte, darin zu übertreffen schien, die Qualität des Lebens auszudrücken, wie wir es tatsächlich von Augenblick zu Augenblick leben; doch anstatt das direkt zu tun, bestand der elende Kerl darauf, es durch die »christliche Mythologie«, wie ich sie damals noch genannt hätte, zu vermitteln. Die meisten der Autoren dagegen, die man als Vorläufer der modernen Aufklärung bezeichnen könnte, wirkten wie kleine Fische auf mich und langweilten mich auf das Grausamste.

Dass er gleichzeitig Chesterton las – und somit beständig mit dem Argument konfrontiert wurde, dass die Liebe zu Geschichten eng mit dem christlichen Glauben zu tun hat – machte es umso wahrscheinlicher, dass seine Abwehr gegen den religiösen Glauben bald bröckeln würde. Und etwa um diese Zeit begannen sie zusehends zu bröckeln. Der Bereich, in den er sich begeben hatte, war wirklich auf eine Art und Weise »prall voller Möglichkeiten«, wie er es sich erst ansatzweise vorzustellen begann: An diesem Punkt konnte er lediglich spüren, dass der Unglaube, den er immer für seinen Schutz gehalten hatte, in Wirklichkeit sein Gefängnis war. Wie Chesterton in *Orthodoxie* schrieb: »Der Mensch des 19. Jahrhunderts zweifelte an der Auferstehung nicht etwa deshalb, weil sein liberales Christentum ihm diesen Zweifel gestattete. Er tat es, weil sein übertrieben strenger Materialismus ihm nicht gestattete, daran zu glauben.« Lewis war das Glauben nun nicht mehr verboten.

Über diese Veränderungen schweigt sich Lewis' Tagebuch aus, so weit es überhaupt reicht – kein Wunder, bedenkt man, dass es größtenteils einer Frau (Mrs Moore) zuliebe geschrieben wurde, die eine überzeugte und leidenschaftliche Atheistin war. Die Briefe verraten kaum mehr, zumindest, bis die Veränderung fast abgeschlossen ist. Er schreibt während dieser Phase relativ selten an Arthur, jedoch oft an Barfield, und Barfield war ein Theist. Nicht etwa ein orthodoxer Christ – er war damals bereits ein Anhänger der Anthroposophie, jener seltsamen germanischen Synthese verschiedener religiöser und philosophischer Traditionen – aber er war fest überzeugt von einer übernatürlichen Wirklichkeit. Dasselbe galt für Cecil Harwood, Barfields anthroposophischen Glaubensgenossen, und ebenso für Nevill Coghill, der inzwischen ein guter Freund von Lewis geworden war. Obwohl er sicherlich im College nicht oft gläubigen Leuten begegnete, sind seine Korrespondenten während dieser Zeit fast alle Theisten der einen oder anderen Couleur. Dennoch ist in den Briefen vor den letzten Monaten des Jahres 1929 keine wesentliche Änderung seiner Denkweise erkennbar – und dann auch erst, nachdem ein einschneidendes Ereignis stattgefunden hatte.

Gegen Ende Juli 1929 erhielt Lewis einen Brief von seinem Onkel Dick, Alberts Bruder, der sich besorgt über Alberts Gesundheit äußerte: Er habe stark abgenommen und leide (wie auch in seinem Tagebuch verzeichnet) unter häufigen intensiven Bauchschmerzen. Ein Brief von einem Cousin bestätigte wenig später, es gebe Grund zur Sorge. »Armer, armer alter P'daitabird«, schrieb Lewis an Arthur. »Ich könnte heulen über die ganze Sache.« Warnies letzter Marschbefehl hatte ihn nach Schanghai geführt, sodass er nicht helfen konnte, und Lewis kam erst, nachdem er bereits zwei Wochen zu Hause in Belfast gewesen war und sich um Albert gekümmert hatte, dazu, Warnie über die Situation zu informieren. Zu diesem Zeitpunkt (Ende August) wurde angenommen, Albert leide unter einer »Verengung einer Darmpassage«, doch als die Ärzte im September operierten, fanden sie Darmkrebs – eine ganz ähnliche Erkrankung wie die, an der Flora gestorben war.

Etwa vom 12. August bis zum 22. September blieb Lewis in Little Lea und pflegte Albert. Es war eine trostlose Zeit für ihn, wenn er auch in seinen Briefen an Warnie – die dieser erst im Oktober erhielt – einen möglichst unbeschwerten Ton anzuschlagen versuchte. »Es hat keine Besserung gegeben, seit ich zum letzten Mal geschrieben habe, und ich bin wirklich ziemlich besorgt um ihn. Doch es wäre ein Verstoß gegen die pigiebotianische Ethik, uns deshalb in ständiger Trübsal zu verkriechen; und wie auch immer es Dir in China ergehen mag, ich hier vor Ort komme nur durch meine Tage und Nächte, indem ich mir die alten Belustigungen genehmige, die, versteht sich, selbst in dieser Situation durchschimmern.« Doch es war nicht nur das Mitgefühl mit seinem Vater, unter dem Lewis litt. Dass er nun zum ersten Mal seit Jahren wieder ständig in Alberts Nähe war, ließ all die alten Frustrationen und Ärgernisse wieder aufleben – und sie müssen umso enervierender gewesen sein, als Warnie nicht da war, mit dem er die gemeinsame pigiebotianische Front hätte aufrechterhalten können. Barfield gegenüber beschrieb Lewis Albert als jemanden, »für den ich wenig Zuneigung empfinde und dessen Gesellschaft mir schon seit vielen Jahren viel Unbehagen und keinerlei Vergnügen macht.« Little Lea selbst verstärkte das Elend noch: »Ich war noch nie imstande, dem rückwärts schreitenden Einfluss dieses Hauses zu widerstehen, das mich immer wieder in die Freuden und Leiden eines Jungen zurückwirft. ... Jedes Zimmer ist angefüllt mit den Schreckgespenstern der Kindheit, den schrecklichen ›Krächen‹ mit meinem Vater, den schrecklichen Aufbrüchen zurück in die Schule; und auch mit den alten Freuden einer ungewöhnlich schändlichen Jugendzeit.« Der erwachsene Lewis – zwei Monate später würde er einunddreißig Jahre alt werden – sah sich durch eine Art finstere Magie in den Jugendlichen zurückverwandelt, dessen Leben er schon damals größtenteils gehasst hatte und im Rückblick noch mehr hasste.

Als die Ärzte bei Albert Krebs diagnostizierten, sagten sie Jack, er sei nicht in unmittelbarer Gefahr – »Sie sagten, er könne noch ein paar Jahre leben« – und ermutigten Jack, nach Oxford zurückzukehren, wo die Arbeit des neuen Trimesters sich bereits erschreckend aufstaute. So brach Jack am 21. September auf, nur um zwei Tage später ein Telegramm zu erhalten, Alberts Zustand habe sich sehr verschlechtert. Sofort kehrte er nach Belfast zurück, doch als er am Abend des 25. September ankam, war es bereits zu spät: Albert war an jenem Nachmittag gestorben, nicht am Krebs selbst, sondern an Herzversagen.

Als Warnie Jacks Telegramm mit der Nachricht vom Tod ihres Vaters erhielt – und da Jacks Briefe erst zwei Wochen später eintreffen würden, wusste er noch nicht einmal, dass Albert krank gewesen war – war er niedergeschmettert, wenn auch vielleicht mehr über den bevorstehenden Verlust des Zuhauses seiner Kindheit als über den Verlust seines Vaters. In sein Tagebuch schrieb er:

> Mit meinen Gefühlen über P. vermischt sich, vielleicht ziemlich kaltherzig, der Schmerz darüber, Leeborough zu verlieren, das Leeborough mit dem Little End Room und den Dachkammern, und mit unserem Zimmer, und den seltenen warmen Sommernachmittagen im Garten mit dem Grammophon. Und am schlimmsten das Gefühl, entwurzelt zu sein. … Der Gedanke, dass es nie wieder ein »Nach-Hause-Kommen« für mich geben wird, ist schwer zu ertragen. Ich gäbe in diesem Moment viel für ein Gespräch mit J.

Wie sehr »J.« Warnies Nostalgie geteilt hätte, ist schwer zu sagen, aber er hatte ohnehin wenig Zeit dafür. Ihm oblag die ganze Aufgabe, den

Nachlass seines Vaters aufzulösen und das Haus zu verkaufen. Einen Großteil dieser Arbeit musste er von Oxford aus erledigen, da er seine Lehrverpflichtungen (von Mintos Ansprüchen ganz zu schweigen) nicht warten lassen konnte, und die Details nahmen für die nächsten Monate einen Großteil seiner Aufmerksamkeit in Anspruch. Doch seltsamerweise finden sich gerade in dieser Zeit in Lewis' Briefen erste Andeutungen auf seine neuen religiösen Überzeugungen – neu, weil er nicht mehr nur von einem abstrakten Absoluten redet, sondern eher von einem konkreteren und traditionelleren Glauben, einem Glauben an jemanden namens Gott.

Man kann nicht wissen, ob er über diese inneren Entwicklungen jemals mit Albert gesprochen hat – nicht einmal, wann genau der entscheidende Moment stattfand. Stützt man sich aber auf seine spätere Darstellung, war es noch *vor* Alberts Tod geschehen, auch wenn er in seinen Briefen nichts davon erwähnte, »im Trinity Term 1929«, also im Frühjahr. (Der »Trinity Term« ist im Oxforder Sprachgebrauch das Trimester, in dem der Dreifaltigkeitssonntag oder auch Pfingstsonntag liegt, und der liegt immer fünfzig Tage nach Ostern.) In der berühmtesten Passage aus *Überrascht von Freude* schreibt er:

> Sie müssen sich vorstellen, wie ich allein Abend für Abend in jenem Zimmer in Magdalen saß und, wann immer mein Geist sich auch nur für eine Sekunde von meiner Arbeit erhob, das stetige, unaufhaltsame Nahen dessen spürte, dem nicht zu begegnen ich mir so ernstlich wünschte. Was ich so sehr fürchtete, hatte mich endlich eingeholt. Im Trinity Term 1929 lenkte ich ein und gab zu, dass Gott Gott war, und kniete nieder und betete; vielleicht in jener Nacht der niedergeschlagenste und widerwilligste Bekehrte in ganz England. Ich sah damals noch nicht, was mir heute als das Leuchtendste und Offensichtlichste erscheint; nämlich die göttliche Demut, die einen Bekehrten selbst unter solchen Bedingungen annimmt. Der verlorene Sohn ging wenigstens auf seinen eigenen Füßen nach Hause. Doch wer könnte jene Liebe gebührend anbe-

ten, die die hohen Tore einem Abtrünnigen öffnet, der um sich tretend, sich windend, trotzig und in allen Richtungen nach einer Chance zur Flucht Ausschau haltend hereingebracht wird? Die Worte *compelle intrare*, zwinge sie einzutreten, sind von bösen Menschen so missbraucht worden, dass uns bei ihnen schaudert; doch richtig verstanden loten sie die Tiefe der Gnade Gottes aus. Die Härte Gottes ist freundlicher als die Weichherzigkeit der Menschen, und sein Zwang ist unsere Befreiung.

C. S. Lewis hat nie etwas Großartigeres geschrieben, und doch ist es im Zusammenhang der Geschichte, die ich bis hierher erzählt habe, verwirrend. Gewiss habe ich etwas übergangen: Wie kam er so schnell vom Absoluten zu diesem freimütigen christlichen Glauben?

Die Antwort ist zunächst, dass er 1929 *nicht* zum christlichen Glauben kam – ein Punkt, den er zwar in *Überrascht von Freude* selbst unterstreicht, der aber durch die Sprache in dieser Passage verschleiert wird, die nun einmal von Anspielungen auf zwei der größten Gleichnisse Jesu beherrscht wird: das vom verlorenen Sohn (aus Lukas 15) und das vom Hochzeitsmahl (aus Lukas 14). Doch als er in seinen Räumen in Magdalen zugab »dass Gott Gott war«, gab er noch überhaupt nichts in Bezug auf Jesus zu. Sein Schritt war einfach der vom Glauben an etwas Absolutes zu einem Glauben an einen persönlichen Gott. Mit christlichen Begriffen beschreiben kann er den Moment nur, weil das, was in jener Nacht geschah, ihn später dazu führte, sich ausdrücklich zum Christentum zu bekennen. In welchem Maße der Gott, zu dem er damals betete, Ähnlichkeit mit dem Gott des Christentums hatte, kann man aus seiner Autobiografie unmöglich entnehmen.

Wie aber kam er dann von seinem vagen hegelschen absoluten Geist zu einem persönlichen Gott? Auch das ist schwer zu verstehen. In *Überrascht von Freude* zeichnet er die rein intellektuellen Schritte nach, die seinen Widerstand gegen den Glauben an einen persönlichen Gott brachen, aber man könnte nie aus seinem Tagebuch oder seinen Briefen – außer vielleicht einigen wenigen der hoch philosophischen Briefe, die er an Barfield schrieb – entnehmen, dass er sich in diese Richtung bewegte. Aus der Autobiografie gewinnt man den Eindruck, er habe sogar vor sich selbst zu verbergen gesucht, wie nahe er dem Theismus war, zumindest so lange, bis es zu spät war, noch zu verhindern, dass die Welle über ihm zusammenschlug.

Eines scheint klar zu sein: Er hatte recht damit, seine Bekehrung als eine fast rein intellektuelle zu beschreiben. Immer wieder unterstreicht er in *Überrascht von Freude* seine Furcht davor, zuzugeben, »dass Gott Gott war«, und sein Verlangen danach, »in Ruhe gelassen zu werden«. Insofern, als er sich vom Übernatürlichen angezogen fühlte, war es das Okkulte, das ihn lockte, als eine Vision der Macht ohne Verantwortung – ein Thema in Lewis' Werk, das wir später noch ausführlicher beleuchten werden. Gewiss hätte kaum etwas weniger attraktiv für ihn sein können als das christliche Ideal des Gehorsams gegenüber den Geboten Jesu. Ich habe im vorigen Kapitel seine Bemerkung gegenüber Baker über seinen philosophischen Standpunkt erwähnt: Er habe »eine Art Gott als die am wenigsten zu beanstandende Theorie postulieren« müssen. Schon am Tonfall dieses einen Satzes wird deutlich, dass dies ein junger Mann ist, der sich für Gott ausschließlich als ein theoretisches Postulat interessiert, nicht als ein lebendiges Wesen. Während Gott nur durch die Welt der Geschichten so etwas wie wirkliches Leben für ihn gewann, so geschah es durch die Philosophie, dass die Bewegung auf den Glauben zu begann.

Wir sind daran gewöhnt, uns den Unglauben als etwas zu denken, was man durch den Intellekt erlangt, den Glauben dagegen durch Emotion oder Willen, aber ist diese Denkgewohnheit wirklich berechtigt? A. N. Wilson sagt, nicht auf Lewis bezogen, sondern auf den Agnostizismus und Atheismus der viktorianischen Zeit – also jene intellektuelle Kultur, die den Großen Knock hervorbrachte: »Als die Menschheit in Westeuropa das Christentum abzulegen begann, war dieser Verlust nicht nur eine intellektuelle Veränderung, bei der eine Aussage zugunsten einer anderen verworfen wurde. Tatsächlich scheint der Prozess, so viele intellektuelle Rechtfertigungen auch denen angeboten wurden, die den Glauben verloren, in vielen Fällen ebenso emotional gewesen zu sein wie eine religiöse Bekehrung; und seine Wurzeln waren oft ebenso irrational.« Ich würde das ergänzen, indem ich sage, dass solche Glaubensverluste oft *noch* emotionaler und irrationaler waren als viele Bekehrungen zum Glauben, einschließlich der von Lewis.

Diese Bekehrung – falls man sie zu Recht eine Bekehrung nennen darf – kann noch nicht lange zurückgelegen haben, als Lewis von Alberts Krankheit erfuhr. Dann kam die Zeit der Pflege, die plötzliche Verschlechterung in Alberts Zustand und sein Tod, und die mühselige Anhäufung der Einzelheiten, die für den Nachlass zu regeln waren. Doch Ende 1929 war er so weit, sich Arthur gegenüber, mit dem er wieder häufiger korrespondierte, zu erklären. (Interessanterweise war es Arthur, der für einige Zeit durch Barfield von seinem Platz im Zentrum des Netzes von Lewis' Freundschaften verdrängt worden war, dem gegenüber Lewis sich am offensten über Veränderungen äußerte, die in seinem Innern vorgingen.) Er preist George MacDonalds Sammlung christlicher Gedichte für jeden Tag des Jahres, *The Diary of an Old Soul.* »Wie sehr hätte ich das früher verschmäht!« Am Tag nach Weihnachten schreibt er, wiederum an Arthur, über das Absolute – aber das Absolute als den »Schöpfer« ihrer irischen Heimat, »des wüsten und zerklüfteten« County Antrim und »der ganzen verschlafenen Landschaft von Cumnor«. Am 2. Januar 1930 berichtete er, Dantes *Paradiso* – jene größte aller Schilderungen der christlichen Vorstellung von der himmlischen Seligkeit – habe ihm »wirklich eine neue Welt eröffnet«. Offensichtlich liest er auch das Neue Testament, und er äußert den Verdacht, dass Arthurs sanfter, quäkerischer Jesus nicht ganz dem vollständigen Bild entspricht: »Ich neige immer noch dazu zu denken, dass man das, was *du* Christus nennst, aus den Evangelien nur herausholen kann, indem man sich das Gesuchte herauspickt und über eine ganze Menge achtlos hinweggeht.« Und dann am 30. Januar: »Mir geht es sehr, sehr gut (geistlich).«

Doch in Wirklichkeit spricht er nicht ganz aus, dass es ihm geistlich gut geht. Stattdessen sagt er nur, er sei *versucht*, das zu sagen, doch er weiß, dass eine solche Behauptung ihre Gefahren birgt: »Man weiß ja aus bitterer Erfahrung, dass der, der da steht, zusehe, dass er nicht falle, und dass alles, was auch nur entfernt Ähnlichkeit mit Stolz hat, mit Sicherheit zu einem schrecklichen Absturz führt. Die alte Lehre ist durchaus wahr, weißt du – dass man alles der Gnade Gottes zuschreiben muss und nichts sich selbst. Doch solange man nun einmal ein eingebildeter Esel *ist*, hat es keinen Sinn so zu tun, als wäre man das nicht.«

Es ist fünfundzwanzig Jahre her, dass ich zum ersten Mal ein Buch von C. S. Lewis las, und seither habe ich beständig in seinem Werk gelesen. Ich kenne seine schriftstellerische Stimme recht gut, so gut wie kaum eine andere; sie ist völlig unverwechselbar. Und das vorherrschende Gefühl, das ich habe, wenn ich seine frühen Briefe lese – also diejenigen, die er in den ersten dreißig Jahren schrieb – ist, dass er sich in keinem davon *wie er selbst* anhört. Der noch nicht bekehrte Lewis ist zwar offensichtlich hochintelligent, aber weder eine besonders sympathische noch eine besonders interessante Person – zumindest in seinen Briefen. Mag sein, dass es ein Vergnügen war, ihn zu kennen, obwohl ich das bezweifle. Doch nachdem er einmal zugegeben hatte, »dass Gott Gott war«, ist es, als wäre ihm der Schlüssel zu seiner eigenen verborgenen und eingeschlossenen Persönlichkeit ausgehändigt worden. Was beinahe sofort zutage tritt, ist eine Art Gusto (eine schiere, freimütige Begeisterung für das, was er liebt), der ihn von nun an immer kennzeichnet. Man sieht das auf der intellektuellen Ebene: Nachdem er den Mystiker Jakob Böhme gelesen hat, schreibt er: »Das ist überhaupt nicht wie ein Buch, sondern wie ein Donnerschlag. Der Himmel schütze uns – was für Dinge gehen da in der Welt um!« Auch seine Reaktionen auf die Natur werden intensiver: »Ich glaube, ich bekomme mit jedem Jahr mehr im Herbst das Gefühl, gerade wenn die bloße Natur und das üppige Leben auf der Welt abstirbt, dass etwas anderes dabei ist zu erwachen … Bedeutet der Tod des Natürlichen immer die Geburt des Geistlichen? Schläft das eine nie, es sei denn, um das andere erwachen zu lassen?«

Im Herbst 1929 und Winter 1930 eskaliert sein Gefühl einer dramatischen Energie und Spannung in der sichtbaren Welt bis zur Erotik: »Heute überkam mich plötzlich ein so intensives Entzücken, dass es mich irgendwie mitten im Gehen zum Stehen brachte und herumwirbelte. Die Lieblichkeit war tatsächlich so groß und schien so sehr nicht nur den Geist, sondern auch den ganzen Körper zu erfüllen, dass es mir richtig zu denken gab – es war so ungemein ähnlich wie Sex.« Mit dieser Intensität des Erlebens, diesem Gusto, kommt auch eine Belebung seiner kritischen Intelligenz. Er weiß sehr gut, dass jemand, der auf Freud schwört, sagen würde, solch ein Erlebnis sei »sublimierte Lust, eine Art verdrängter Masturbation, die die Fantasie einem verschafft, um einen für die äußere Keuschheit zu entschädigen. Aber warum eigentlich sollte das die richtige Sichtweise sein? Wenn jemand sagen kann, Es [›Es‹ ist das, was er und Arthur Freude nennen] sei nur sublimierter Sex, warum darf ich dann nicht sagen, Sex sei nur ein unterentwickeltes *Es*? – wie es Platon gesagt hätte.« Dieses Umdrehen des Spießes gegen die konventionelle Weisheit, dieses paradoxe Hinterfragen dessen, was »jeder weiß«, hat viel von Chesterton – und, so würde Chesterton betonen, viel vom Christentum, das weitgehend aus Paradoxa besteht, angefangen mit »Gott wurde Mensch.« (Eben dieses Argument gegen die Freudsche Betonung der universell zentralen Rolle des sexuellen Erlebens würde Lewis während seiner ganzen Laufbahn immer wieder gebrauchen, selbst noch dreißig Jahre später in *Was man Liebe nennt*, einem seiner letzten Bücher.)

Während Lewis sowohl intellektuell als auch sinnlich immer mehr von Begeisterung und Entzücken erfüllt wurde, war er in Bezug auf sich selbst zunehmend kritisch. Einige Jahre später dachte er über die Reaktionen auf *Dienstanweisung für einen Unterteufel* nach, das erste Buch, das ihn wirklich berühmt machte: »Manche haben mir ein unverdientes Kompliment gemacht, indem sie annahmen, meine *Dienstanweisung* sei die reife Frucht des langjährigen Studiums der Moraltheologie und der Askese. Man vergisst, dass es eine ebenso zuverlässige, wenn auch weniger rühmliche Methode gibt, zu lernen, wie Versuchung funktioniert.

›Mein Herz‹ – ein anderes brauche ich nicht – ›zeigt mir die Bosheit des Gottlosen.‹« (Das ist Psalm 36,1 nach der Fassung des *Book of Common Prayer.*) Offensichtlich begann er diese Quelle der Erkenntnis über Versuchung ab dem Winter 1930 ernsthaft zu konsultieren, und es ist bemerkenswert, wie schnell er zu dem vordrang, was er bald als den Kern der Sache ansah. Das Folgende stammt aus demselben Brief an Arthur, aus dem ich bereits zitiert habe:

> Während meiner nachmittäglichen »Meditationen« – die ich jetzt immerhin ganz regelmäßig zu machen *versuche* – habe ich lächerliche und schreckliche Dinge über meinen eigenen Charakter herausgefunden. Wenn man dasitzt und beobachtet, wie die Gedanken aufsteigen, um ihnen die Hälse umzudrehen, sobald sie sich zeigen, lernt man die Art von Gedanken kennen, die da kommen. Und ob du es glaubst oder nicht, jeder dritte Gedanke ist ein Gedanke der Selbstbewunderung: Wenn alles andere scheitert und den Hals umgedreht bekommt, ist schon der Gedanke da: »Was bin ich doch für ein toller Bursche, dass ich ihnen die Hälse umgedreht habe!« Ich ertappe mich dabei, wie ich sozusagen den ganzen Tag über vor dem Spiegel posiere. Ich tue so, als würde ich mir sorgfältig überlegen, was ich dem nächsten Studenten sagen werde (nur in *seinem* Interesse, versteht sich), und merke dann plötzlich, dass ich in Wirklichkeit darüber nachdenke, wie furchtbar clever ich sein werde und wie sehr er mich bewundern wird. … Und wenn man sich dann zwingt, dem ein Ende zu machen, bewundert man sich dafür, dass man *das* getan hat. Es ist, als kämpfte man gegen die Hydra. … Es scheint nie ein Ende zu nehmen. Eine Schicht der Selbstliebe und Selbstbewunderung über der anderen.

Schon jetzt, ganz zu Anfang von Lewis' Glaubensleben, sehen wir hier also eine Einsicht, die sein Denken von nun an stets beherrschen wird: dass unser Innenleben *gleichzeitig* »lächerlich und schrecklich« ist: finster, böse, rebellisch und doch in unserer Selbstbeweihräucherung auch immer ziemlich komisch – so wie nach seiner Bekehrung seine früheren Bemühungen, Gott aus dem Weg zu gehen (ein verlorener Sohn, »der um sich tretend, sich windend, trotzig und in allen Richtungen nach einer Chance zur Flucht Ausschau haltend hereingebracht wird«), Anlass zur Belustigung geben. All diese Jahre auf der Flucht vor Gott! – und damit auch vor den romantischen Hoffnungen auf Seligkeit, den idealistischen »Christina-Träumen«. Und dann schließlich stellte sich heraus, dass der Reichtum, der ihn erwartete, noch viel mehr war, als er sich erhofft hatte – wenn auch verbunden mit der ständigen schmerzlichen Entdeckung, wie wenig er würdig war, eine solche Welt des Entzückens zu erben.

Der Lewis dieser letzten Jahre des Unglaubens und der ersten Jahre des Glaubens erhält seine passende fiktionale Beschreibung in der Figur des Eustace Scrubb – zumindest in dem Eustace aus *Die Reise auf der »Morgenröte«*. Eustace geht nicht freiwillig nach Narnia, und als er dorthin kommt, beschwert er sich ständig darüber, wie schwierig dort alles sei, wie anders als in seiner eigenen Welt – eine Welt, in der er noch nie glücklich war, wie er zu vergessen fertigbringt. Auch er ist einer, der »um sich tretend, sich windend, trotzig und in allen Richtungen nach einer Chance zur Flucht Ausschau haltend hereingebracht wird«. Wäre er in jenem Zustand geblieben, so wäre sein Schicksal letztlich dasselbe gewesen wie das der Zwerge am Ende von *Der letzte Kampf*, die sich inmitten einer herrlichen Landschaft zusammenkauern, die Gesichter zueinander gewandt, und steif und fest behaupten, der »tiefrote Wein« wäre »schmutziges Wasser aus einem Trog« und ein herrliches Festmahl nicht mehr als eine alte Rübe und ein rohes Kohlblatt. Als die Kinder Aslan bitten, den Zwergen zu helfen, versucht er es – der Wein und das Festmahl stammen ja von ihm – doch am Schluss muss er sagen: »Sie wollen sich nicht von uns helfen lassen. Gerissenheit ist ihnen lieber als Glaube. Ihr Gefängnis ist nur in ihren eigenen Köpfen, doch in diesem Gefängnis sitzen sie fest; und sie fürchten sich so sehr davor, angeführt zu werden, dass sie nicht herausgeführt werden können.«

Etwas Ähnliches hätte Eustace sehr leicht auch passieren können: Er hätte weiterhin glauben können, Edmund und Kaspian seien eingebildet, die Mannschaft unfähig und alle nur mit Plänen beschäftigt, ihm das Leben schwer zu machen. Das Tagebuch, das er führt, verrät, dass er auf dem besten Wege war, sich eine hieb- und stichfeste Geschichte aus Überlegenheitsgefühl und Paranoia zurechtzulegen – wäre er nicht in einen Drachen verwandelt worden. Nur das Glück oder die Gnade jener schrecklichen Metamorphose war es, durch die Eustace gerettet wurde: Indem er zu einem Drachen wurde, vollendet er die Entfremdung von der Menschenwelt, die er bisher mit eigener Anstrengung zu erreichen versuchte. Und sobald diese Entfremdung vollständig ist, sieht er ein, wie wenig sie ihm gefällt. So wird er bereit, die Geschichte aufzugeben, die er in seinem Tagebuch erzählt hat, wie auch seine Meinungen über sich selbst und die anderen, doch der Prozess, durch den er in einen Jungen zurückverwandelt wird, ist scheußlich schmerzhaft.

Besonders auffällig ist, dass Eustaces eigene Versuche, seine Schuppenhaut abzustreifen, nichts bewirken. Es ist zwar ein »herrliches Gefühl«, seine Schuppenhaut abzustreifen, aber hinterher sieht er immer noch genauso aus wie vorher – genau wie Lewis selbst immer noch genau derselbe war, nachdem er einem stolzen Gedanken oder auch mehreren stolzen Gedanken »den Hals herumgedreht« hatte. Eustace häutet sich drei Mal, bevor er erkennt, dass all seine Anstrengungen nicht ausreichen. Nur Aslan hat die Kraft (und die Liebe), dieses Werk richtig zu vollbringen – also Eustace wieder in einen Jungen zu verwandeln – und Eustace nimmt die Gabe dankbar an, obwohl »sein erster Riss so tief ging, dass ich dachte, die Krallen wären mir mitten ins Herz gefahren«.

Allerdings ist es typisch für Aslan, den Herrn von Narnia, dass er für die Angehörigen seines Volkes tut, was sie nicht für sich selbst tun können. Er heilt, er rettet – er stirbt sogar für sie, wenn es kein anderes Heilmittel gibt. Doch es ist nicht klar zu sehen, ob Lewis, als er »eine Schicht der Selbstliebe und der Selbstbewunderung über der anderen« bei sich entdeckte, schon den tiefsten Charakter des Gottes verstanden hatte, an den er nun glaubte. Er versuchte immer noch, sich seine alte Haut selbst abzustreifen, doch mit jedem Tag kam er, ob es ihm bewusst war oder nicht, der Erkenntnis näher, dass es nicht irgendein Gott war, sondern der Gott Jesu Christi, in dessen Hände er gefallen war, und dass, wenn es je zu einer radikalen Veränderung in ihm kommen sollte, seine eigene Fähigkeit zur Einsicht und Entschlossenheit dafür nicht ausreichen würden. Nur die Krallen jenes Gottes konnten bis in sein Herz eindringen.

SIEBEN

»Entschiedener Glaube an Christus«

In dem großartigsten aller Bücher von George MacDonald, der Kindergeschichte *The Princess and the Goblin*, hilft Prinzessin Irene dem Bergarbeiterjungen Curdie, den Kobolden zu entkommen, die ihn in ihren Höhlen eingesperrt haben. Sie tut das mit Hilfe des Zauberfadens, den ihre Großmutter ihr gegeben hat und der sie (und damit auch Curdie) unfehlbar zurück nach Hause führt. Curdie jedoch kann den Faden nicht sehen und meint, Irenes Geschichte sei »Unsinn«, was sie verständlicherweise ziemlich empört. Als sie ihre Großmutter wiedersieht und ihr alles berichtet, sagt die Großmutter:

> »Er ist ein guter Junge, dieser Curdie, und ein tapferer Junge. Bist du nicht froh, dass du ihn herausgeholt hast?«
> »Doch, Großmutter. Aber es war nicht sehr nett von ihm, dass er mir nicht geglaubt hat, als ich ihm die Wahrheit sagte.«
> »Die Menschen müssen glauben, was sie können, und diejenigen, die mehr glauben, dürfen nicht zu hart gegen die sein, die weniger glauben. Ich bezweifle, dass du selbst das alles geglaubt hättest, wenn du nicht ein wenig davon hättest sehen können.«

Und als Curdie in *sein* Zuhause zurückkommt, ist er im Gespräch mit seiner Mutter ohne jede Reue bezüglich seiner Einstellung zu Irene:

> »Das ist doch überhaupt keine Erklärung, Mutter; und ich kann es nicht glauben.«
> »Das liegt vielleicht nur daran, dass du es nicht verstehst. Tätest du

es, so würdest du wahrscheinlich finden, dass es doch eine Erklärung ist, und fest daran glauben. Ich werfe dir nicht vor, dass du es nicht glauben kannst, aber ich werfe dir vor, dass du dir einbildest, ein solches Kind würde versuchen, dich zu betrügen. Warum sollte sie? Verlass dich drauf, sie hat dir alles gesagt, was sie wusste. Solange du keine bessere Erklärung für alles hattest, hättest du dich zumindest mit deinem Urteil ein wenig zurückhalten können.«

Eingebettet in diese Passagen ist eine tiefe Meditation über das Rätsel des Glaubens und die Beziehung zwischen Glauben und Vertrauen. In der Erzählwelt, die MacDonald hier spinnt, ist der Glaube weder eine Tugend noch eine Pflicht, sondern ein Geschenk – und diejenigen, die das Geschenk empfangen haben, sollten diejenigen nicht über Gebühr kritisieren, die es nicht haben. Umgekehrt können diejenigen, die nicht glauben, nicht einfach entscheiden, ob das, was ein anderer glaubt, ihnen plausibel erscheint oder nicht: Sie müssen auch den Charakter desjenigen, der glaubt, bedenken. Die glaubende Irene muss also daran denken, dass sie mit der Möglichkeit gesegnet wurde, *manche* wunderbaren Dinge zu sehen, vor allem im Zimmer ihrer Großmutter, was es ihr viel leichter macht, an die *anderen* wunderbaren Dinge zu glauben, von denen ihre Großmutter ihr erzählt – während Curdie keine solchen Wunder gesehen hat. Und Curdie wiederum muss seine Skepsis zügeln, indem er sich vor Augen hält, als was für einen Menschen er die Prinzessin kennengelernt hat: Sie hat ganz gewiss kein Motiv, ihn anzulügen, und außerdem hat sie es geschafft, ihm das Leben zu retten, als er nichts tun konnte, um sich selbst zu retten, und zwar mit Mitteln, für die er überhaupt keine »Erklärung« hat.*

* Eben dieser Teil aus *The Princess and the Goblin* ist es, aus dem Lewis schöpfte, als er die Szene in *Der König von Narnia* schrieb, in der Professor Kirke Peter und Susan dafür tadelt, dass sie Lucys Erzählung von der Welt hinter dem Kleiderschrank allzu voreilig abtun. Tatsächlich hat das, was Professor Kirke den Pevensie-Kindern vorhält, im Grunde denselben Inhalt wie die kürzeren Ermahnungen von Irenes Großmutter und Curdies Mutter.

1930 wusste Jack Lewis bereits, dass ihm dieser Glaube geschenkt worden war. Er betrat eine neue Welt – oder, genauer gesagt, er erkannte, dass er schon längst ein fremdes und herrliches neues Land betreten hatte. (Das ist es schließlich auch, was den Besuchern Narnias immer wieder passiert: Sie müssen zu der Einsicht kommen, dass sie in einer neuen Welt sind, einer anderen Welt als der, in der sie geboren wurden. Menschen *entdecken* Narnia eigentlich nicht; besser wäre zu sagen, dass sie sich dazu *bekehren*.) Doch während er nun wusste, dass er in einer neuen Welt lebte, wusste er doch noch nicht, wer der Herr jener Welt war. Er wusste nicht, wohin ihn sein Abenteuer als Nächstes führen würde, obwohl er verstand, dass er sich auf einer Reise befand, über die er keine Kontrolle hatte. Wie er seinem Freund A. K. Hamilton Jenkin im März 1930 schrieb, war das, was er damals glaubte, »genau genommen nicht das Christentum, obwohl es sein mag, dass es am Ende darauf hinausläuft.« Falls es jedoch »darauf hinauslief«, würde es nicht daran liegen, dass er beschloss, das »Christentum anzunehmen« – es zu »postulieren«, wie er zuvor unter philosophischen Gesichtspunkten Gott postuliert hatte. »Ich warte jetzt ab, ob es mich annehmen wird; d. h. ich weiß jetzt, dass es noch eine andere Partei in dieser Sache gibt – dass ich Poker spiele, nicht Patience, wie ich einst annahm.« Wie Jill Pole, als sie zu Beginn von *Der silberne Sessel* zum ersten Mal nach Narnia kommt, fühlt er sich schwebend dahingetragen im Atemstrom von jemandem, den er nicht kennt, und bewegt sich langsam, aber unaufhaltsam auf ein ebenso unbekanntes Ziel zu.

Dies war immer noch alles andere als ein angenehmes Erlebnis für ihn: Der verlorene Sohn bemühte sich immer noch zu entkommen. So schrieb er in einem an Gott gerichteten Gedicht in jener Zeit: »Rund herum / schlag ich die Flügel, / hin und her in deinem Käfig, / ich flattere, aber nicht hinaus.« Doch in solch einem Gedicht steckt die Erkenntnis, dass seine Gefangenschaft notwendig war; ihm blieb kaum etwas anderes übrig, als zu warten. Und während er wartete, fiel die Aufgabe, ihn zu lehren, in wessen Käfig er steckte (oder auf wessen Atem er schwebte) und auf welches Ziel er hingelenkt wurde, vor allem einigen Freunden zu, darunter besonders einem Universitätskollegen namens Tolkien.

Noch einmal, Tolkien hatte Ende 1925 die Universität Leeds verlassen, um als Rawlinson and Bosworth Professor für Angelsächsisch nach Oxford zurückzukehren. Es ist wichtig, sich klarzumachen, dass in der akademischen Welt Englands der Titel »Professor« nur an einige wenige herausragende Gelehrte vergeben wird – Lewis würde übrigens in Oxford niemals auf eine Professorenstelle berufen werden, sondern blieb fast dreißig Jahre lang wie die meisten seiner Kollegen ein »Fellow und Tutor«. (Am Ende war es Cambridge, das ihn zum Professor ernannte.) Tolkien war 1924 zum Professor für Englische Sprache in Leeds ernannt worden, als er erst einunddreißig Jahre alt war – ein außerordentlich junges Alter – und seine Berufung nach Oxford war, bedenkt man das hohe Prestige der Universität, noch bemerkenswerter. Im Gegensatz zu Lewis hatte er sich beinahe vom Beginn seiner Laufbahn an als herausragende Gestalt auf seinem Fachgebiet etabliert.

Dieses Fachgebiet war etwas anders gelagert als das von Lewis. Obwohl beide der Englischen Fakultät Oxfords angehörten, stand Tolkien auf der »Sprachseite«, während Lewis auf der »Literaturseite« stand. Zwischen diesen beiden Seiten gab es einige Rivalitäten, hauptsächlich deshalb, weil Oxford sich (ebenso wie Cambridge) schwer damit tat, das Studium der Englischen Literatur als ein richtiges akademisches Fach anzuerkennen. Während des ganzen neunzehnten Jahrhunderts und bis weit in das zwanzigste hinein war man weithin der Meinung, dass das Studium der Englischen Literatur von allen gebildeten Personen selbstverständlich zu erwarten war – selbst für Frauen hielt man es für zugänglich –, dass ihm aber die Strenge »richtiger« akademischer Fächer fehle, unter denen Latein und Griechisch besonders hoch angesiedelt waren. Da die Sprachseite des Englisch-Curriculums sich auf Angelsächsisch (»Altenglisch«) und Mittelenglisch – einschließlich verschiedener regionaler Dialekte – konzentrierte, erkannten es selbst die strengeren Gelehrten als eine würdige akademische Beschäftigung an. Schließlich war Angelsächsisch eine ebenso »tote« Sprache wie Latein

Flora Lewis zur Zeit ihres Studiums

»Jacksie«

Warnie, Albert, Jack (vermutlich nicht lange nach Floras Tod aufgenommen)

Albert und Jack, als Jack Unterricht bei Kirk hatte

Jack und Paddy Moor zur Zeit ihrer militärischen Ausbildung

Jack, Maureen und Minto am Meer

Die Kilns (aufgenommen etwa zur Zeit, als Lewis es kaufte)

Jack und Warnie auf einer Wanderung

Joy Lewis im Garten von The Kilns

Jack an seinem Schreibtisch

oder Altgriechisch, und fast so schwer zu erlernen. Angelsächsische Philologie (also das Studium der Geschichte dieser Sprache) stand darum in Oxford auf gleicher Stufe mit der klassischen Philologie. So seltsam es uns erscheinen mag, als Lewis seine Laufbahn als Don für Englische *Literatur* begann, trat er in ein Fachgebiet ein, das bei den Studenten zwar sehr beliebt war, unter den anderen Dons aber großen Argwohn erregte – fast so wie die Popkulturprogramme an heutigen Universitäten.

In *Überrascht von Freude* schreibt Lewis: »Als ich auf die Welt kam, war ich (implicite) gewarnt worden, nie einem Papisten zu trauen; und als ich in die Englische Fakultät kam, (explicite), nie einem Philologen zu trauen. Tolkien war beides.« Bei ihrer ersten Begegnung schien Lewis entschlossen zu sein, diese Ratschläge zu beherzigen. Sie fand im Mai 1926 statt, als ganz England unter einem großen Generalstreik erbebte, der das ganze Land beinahe zum Stillstand brachte und auch die Oxforder Studenten sehr beschäftigte, von denen viele nach London flohen, um sich den Streikpostenlinien der Streikenden anzuschließen. (Es gibt eine schöne Schilderung dieses bedeutenden Ereignisses – und der gemischten Motive der Studenten, die daran teilnahmen, in Waughs *Brideshead Revisited.*) Trotz des Aufruhrs hielt die Englische Fakultät am 11. Mai ihre monatliche Versammlung ab, und dort wechselten die beiden jungen Dons ihre ersten Worte miteinander. In seinem Tagebucheintrag – es lohnt sich, daran zu denken, dass dies deutlich vor der Verwandlung in seinem Charakter liegt, von der im vergangenen Kapitel die Rede war – schafft es Lewis, einem Mann gegenüber herablassend zu sein, der, obwohl nur sechs Jahre älter als er selbst, schon viel mehr erreicht hatte und dessen Karriere zu diesem Zeitpunkt erheblich vielversprechender erschien: »Er ist ein glatter, blasser, gewandter kleiner Bursche. … Führt nichts Böses im Schilde; braucht nur hin und wieder einen Klaps.«

Aber vielleicht bestand ein gewisser Anlass zur Verärgerung, denn Tolkien hatte anscheinend etwas von der Skepsis gegenüber der akademischen Beschäftigung mit Literatur geäußert, die ich gerade skizziert habe: »Meint, Sprache sei das einzig Wahre in der Fakultät – findet, alle Literatur sei zum Amüsement von *Männern* zwischen dreißig und vierzig geschrieben – wir sollten uns selbst aus dem Dasein wählen, wenn wir ehrlich wären.« Vermutlich bezieht sich das »wir« in diesem letzten Satz auf die Literatur-Dons, obwohl Tolkien vielleicht auch dachte, er selbst hätte in der Universität nichts zu suchen. Unklar ist, ob Tolkien nicht wusste, dass Lewis der Literaturseite angehörte, oder ob es ihm egal war; beides wäre typisch für ihn, doch das Letztere noch ein wenig mehr. Takt war keine Tugend, die Tolkien mit großer Begeisterung kultivierte, damals so wenig wie sonst irgendwann.

Dies war sicherlich keine Begegnung, die auf eine zukünftige Freundschaft schließen ließ. Doch obwohl keiner von ihnen es zu diesem Zeitpunkt wusste, hatten sie viel gemeinsam. Zum einen war Lewis selbst das Produkt einer Erziehung – besonders unter Kirk – die englische Literatur als eine vergnügliche Erholung von den hohen Anforderungen der alten Sprachen behandelte. Darüber hinaus wusste er, dass ihm, obwohl seine literarischen Interessen hauptsächlich im Mittelalter und in der Renaissance lagen, das linguistische Rüstzeug fehlte, das er brauchte. Und vielleicht das Wichtigste, obwohl er seit seiner Kindheit einen tiefen Hang zu den norwegischen Mythen hatte, konnte er so gut wie kein Altnorwegisch (oder Altisländisch), die Sprache, in der viele der großen Mythen und Legenden geschrieben waren. Als also Tolkien einen Club für seine Don-Kollegen gründete, um diese Sprache zu lernen, war Lewis sofort mit von der Partie. Tolkien nannte den Club die »Kolbitar«, norwegisch für »Kohlenbeißer«, also Leute, die so nahe am Feuer sitzen, dass sie praktisch an den Kohlen nagen – und Lewis stürzte sich nicht nur in die linguistischen Studien, sondern nagte weiter mit Tolkien an den Kohlen, lange nachdem alle anderen schon nach Hause gegangen waren. 1929 schrieb er Arthur von einem Dezemberabend, an dem »Tolkien ... mit mir zurück ins College kam und wir ncch drei Stunden zusammensaßen und über die Götter und Riesen und Asgard redeten« – was nur eine relativ kurze Nacht übrig ließ. Tolkiens Frau Edith musste rasch lernen, ihren Mann nicht vor der Schlafenszeit zu

Hause zu erwarten, wenn er den Abend mit Jack Lewis verbrachte. (Da Lewis während der Woche sowieso im College übernachtete, war Minto nicht so sehr davon betroffen.)

Während ihre Gespräche in Asgard begannen, wanderten sie schließlich, zumindest teilweise, nach Jerusalem, denn Lewis konnte angesichts der systematischen Demontage seines Unglaubens kaum anders, als sich für Tolkiens tiefe Hingabe an das katholische Christentum zu interessieren. Ja, Tolkien war ein »Papist« – und somit jemand, dem die protestantische Umgebung Ulsters, in der Lewis aufgewachsen war, mit großem Argwohn begegnet wäre. Allerdings war Flora Lewis schon immer außergewöhnlich tolerant gegenüber Katholiken gewesen. Sie stellte mehrere als Haushaltshilfen und Betreuerinnen für ihre Jungen ein. Überhaupt interessierte sich Lewis zu diesem Zeitpunkt seines Lebens viel mehr dafür, dass Tolkien Christ war, als für die Spielart des Christentums, zu der sich sein neuer Freund bekannte. Während Lewis sich von der idealistischen Philosophie auf den Theismus zubewegte – vom Absoluten zu Gott, wurden seine Gespräche mit Tolkien tiefer, länger und leidenschaftlicher.

Obwohl Lewis den anthropologischen Pessimismus, den er von Kirk übernommen hatte, inzwischen weitgehend abgelegt hatte, gab es einen Aspekt, der ihm immer noch keine Ruhe ließ. Das war die Ähnlichkeit der Jesusgeschichte – besonders seiner Kreuzigung und Auferstehung – mit der Vielzahl heidnischer Mythen über sterbende Götter. Inwiefern war denn die Geschichte von Christus etwas anderes als die Geschichte von Balder? Inwiefern waren jene, die am Grab Jesu von Nazareth weinten, etwas anderes als jene, die riefen: »Balder der Schöne ist tot, ist tot«? Waren sie nicht alle Figuren in derselben Art von Geschichte – ja, in gewissem Sinne sogar in ein und derselben Geschichte? Als Lewis all dies in seinen Gedanken und in Gesprächen mit Tolkien und anderen bewegte, kristallisierten sich zwei zentrale Fragen heraus: Erstens, was ist *Mythos*? Und zweitens, in welcher Beziehung steht die christliche Geschichte zum Mythos?

Wir haben bereits die Antwort auf die erste Frage gesehen, die Lewis

– und Tausenden und Abertausenden anderer europäischer und nordamerikanischer Intellektueller seiner Generation – beigebracht worden war: dass die Mythen der verschiedenen Kulturen einander deshalb so sehr ähneln, weil sie aus denselben materiellen (besonders landwirtschaftlichen) Umständen heraus entstanden sind – die Folge der Jahreszeiten, der unaufhörliche Wechsel von Saat und Ernte, die Ängste vor schlechten und die Hoffnungen auf gute Ernten. Jene Studenten, die nach dem Großen Krieg an die Universität kamen, bekamen vielleicht eher eine Variante dazu zu hören, vielleicht die von Freud, für den Geschichten ihre Form deshalb haben, weil wir von unseren primitiven Vorfahren gewalttätige Neigungen ererbt haben, zusammen mit dem Wunsch, von dieser Gewalt befreit zu werden. (Freud drückte es in *Das Unbehagen in der Kultur* so aus, dass der Mensch ein Wesen ist, zu dessen »Triebbegabungen [man] auch einen mächtigen Anteil von Aggressionsneigung rechnen darf. Infolgedessen ist ihm der Nächste nicht nur möglicher Helfer und Sexualobjekt, sondern auch eine Versuchung, seine Aggression an ihm zu befriedigen, seine Arbeitskraft ohne Entschädigung auszunützen, ihn ohne seine Einwilligung sexuell zu gebrauchen, sich in den Besitz seiner Habe zu setzen, ihn zu demütigen, ihm Schmerzen zu bereiten, zu martern und zu töten.«) Dann kamen die Argumente von Freuds einstigem Weggenossen Carl Gustav Jung, für den die gemeinsamen Merkmale der Mythen der Welt von dem »kollektiven Unbewussten« zeugten, dem einen Geist, an dem unser aller Geister teilhaben und aus dem die »Archetypen« oder gemeinsamen Bilder der Menschheit emporquellen. Lewis konnte nicht von Jung beeinflusst gewesen sein – dessen wichtigste Werke über dieses Thema 1930 noch nicht geschrieben waren – aber er dürfte ganz ähnliche Argumente in der Prosa und Lyrik von Yeats gefunden haben. Schon 1911 hatte Yeats geschrieben, »dass die Grenzen unseres Geistes sich ständig verschieben und dass viele Geister gewissermaßen in einen zusammenfließen und einen einzigen Geist erschaffen oder offenbaren, eine einzige Energie. … Dieser große Geist und dieses große Gedächtnis kann durch Symbole angerufen werden.«

Obwohl Yeats (und möglicherweise Jung) an das Übernatürliche glaubten, während Frazer und Freud nicht daran glaubten und materialistische Erklärungen für die Welt der Mythen lieferten, schlossen alle mit gleicher Entschiedenheit die historische Gültigkeit der Evangeliengeschichte und, was ebenso wichtig war, ihre Einzigartigkeit aus. Die christliche Erzählung, so das einhellige Urteil der Kritiker, war nur eine von vielen Geschichten vom sterbenden Gott. Mag sein, dass sie sich uneinig darüber waren, was die typische Geschichte vom sterbenden Gott *war*, aber nicht darüber, dass die Evangelienerzählungen nur ein Beispiel jener Form seien.

Wie wir gesehen haben, hatte Lewis Yeats' offenen Okkultismus zugleich erschreckend gefunden und für eine Art Wunschdenken gehalten (da er, wie er es später in einem Kommentar über ähnliche Ansichten äußerte, »alle Faszination der Religion [bot], ohne etwas zu fordern«). Und die Standpunkte von Frazer und Freud kamen ihm nun reduktionistisch vor: Sie hatten die Form »X ist *nur* Y«, und wie wir gesehen haben, war er dieser Art von Argument gegenüber bereits misstrauisch geworden. Erinnern wir uns an seine Bemerkung gegenüber Arthur: »Aber warum eigentlich sollte das die richtige Sichtweise sein? Wenn jemand sagen kann, Es sei nur sublimierter Sex, warum darf ich dann nicht sagen, Sex sei nur ein unterentwickeltes *Es*? – wie es Platon gesagt hätte.« So würde er zwanzig Jahre später in *Die Reise auf der »Morgenröte«* den folgenden Dialog zwischen einem Jungen aus unserer Welt und einem Stern in Menschengestalt namens Ramandu schreiben:

> »In unserer Welt«, sagte Eustace, »ist ein Stern ein riesiger, flammender Gasball.«
> »Selbst in eurer Welt, mein Sohn, ist das nicht das, was ein Stern ist, sondern nur, woraus er besteht.«

Nicht lange, nachdem er diese Worte schrieb, verfasste Lewis ein Vorwort zu einem Buch namens *Rauch über dem Berg*, geschrieben von einer Frau namens Joy Davidman, und er zitiert mit starker Zustimmung ihre Schilderung der Überzeugungen, in denen sie als junge Frau erzogen wurde: »Das Leben ist nichts weiter als eine elektrochemische Reaktion. Liebe, Kunst und Nächstenliebe entspringen nur dem Geschlechtstrieb. Das Weltall ist nur Materie. Materie ist nur Energie. Ich vergaß, was ich gesagt habe, was Energie nur ist.« (Der Witz dieses letzten Satzes liefert eine teilweise Erklärung für Lewis' spätere Entscheidung, Joy zu heiraten. Aber diese Geschichte wird noch warten müssen.) Welche Alternative gab es zu dem Argwohn, mit dem die Materialisten alle Mythen unterminierten, einerseits und andererseits zu der Verallgemeinerung der christlichen Geschichte durch die Supranaturalisten?

Mit der Frage des Mythos hatte sich Tolkien schon seit vielen Jahren beschäftigt, und somit waren seine Gedanken zu dem Thema erheblich weiter entwickelt als die von Lewis. Für Tolkien hatte das Problem mehrere Dimensionen. Teilweise wollte er einfach die tiefe Anziehungskraft verstehen, die der Mythos auf ihn selbst ausübte, besonders das ganze Repertoire der nordischen Mythologie. Außerdem fand er es eigenartig und ziemlich traurig, dass England keinen Mythenschatz besaß, der mit denen von Skandinavien, Griechenland oder Indien vergleichbar gewesen wäre. Doch die Sache wurde für ihn auch noch dadurch erschwert, dass ihn nicht nur danach verlangte, Mythen zu *lesen*, sondern auch welche zu *schaffen*. Seit seiner Teenagerzeit hatte er ein immer weitläufiger werdendes Netz aus mythologischen Geschichten und Gedichten gesponnen, doch diese Werke entstanden zunächst als ein Mittel, um die Sprachen zu verwenden, die er erfunden hatte, die »elbischen Sprachen«, die er Quenya und Sindarin nannte (inspiriert vom Finnischen bzw. Walisischen). Erst als diese Schriften an Komplexität zunahmen und ihm mehr zu bedeuten begannen, musste er darüber nachdenken, *warum* sie ihm so viel bedeuteten und was er durch sie mitzuteilen hätte, falls (was höchst unwahrscheinlich erschien) jemals jemand lesen würde, was er schrieb. Und natürlich wurde die ganze Sache noch problematischer durch Tolkiens Hingabe an ein katholisches Christentum, das sich als klare Alternative zu den heidnischen Mythen darstellte. Als großer Kenner der angelsächsischen Welt war er zweifellos etliche Male auf die große Frage Alkuins, eines Mönches aus dem achten Jahrhundert, gestoßen: »Was hat Ingeld mit Christus zu schaffen?« (Ingeld war ein legendärer dänischer König, der im *Beowulf* vorkommt, und Alcuin war empört über die Beliebtheit solcher heidnischer Geschichten unter seinen Mitmönchen.) Ja, was?

Die beiden jungen Dons verbrachten in jenen letzten Jahren der 1920er Hunderte von Stunden damit, über diese Fragen zu meditieren, während sie in Lewis' Räumen im Magdalen in die Kohlen bissen. Und was sich dabei ergab, war eine klare Gegensätzlichkeit der Meinungen: Lewis bestand darauf, die Mythen seien »Lügen« – auch wenn sie schön seien, »durch Silber gehaucht« – doch Tolkien verteidigte sie leidenschaftlich als Vehikel für moralische und geistliche Wahrheiten. Schließlich schrieb er ein langes Gedicht »für C. S. L«, das er »Mythopoeia« nannte, also »Mythenschöpfung«. Er gab dem Gedicht den Untertitel »Philomythus an Misomythus«: Mythenliebhaber an Mythenhasser. Und er begann es mit der Frage, was die natürliche Welt eigentlich *ist*:

You look at trees and label them just so,
(for trees are »trees,« and growing is »to grow«);
you walk the earth and tread with solemn pace
one of the many minor globes of Space:
a star's a star, some matter in a ball
compelled to courses mathematical
amid the regimented, cold, Inane,
where destined atoms are each moment slain.

(Du siehst Bäume und bezeichnest sie genau so,
[denn Bäume sind »Bäume«, und wachsen ist »wachsen«];
du gehst über die Erde und trittst mit feierlichen Schritten
auf einen der vielen kleinen Globen im All:
Ein Stern ist ein Stern, kugelförmige Materie

in eine mathematische Bahn gezwungen
inmitten des Geregelten, Kalten, Leeren,
wo jeden Moment vorbestimmte Atome sterben.)

(Da sind wir wieder bei den Sternen! Aber auch bei Bäumen, von denen Tolkien besonders fasziniert war, wie man an den Ents in *Der Herr der Ringe* sehen kann.) Was an diesem Beginn sofort auffällt, ist die Charakterisierung von Lewis als eines Mythenverächters, der die Welt mit kalten, materialistischen Augen betrachtet. Wir wissen, dass dies in diesem Stadium seines Lebens nicht der Fall war; wir wissen, welch heftige Schläge sein früherer strenger Atheismus bereits hingenommen hatte. Aber wir wissen auch, dass Lewis ein Mann war, der das Austeilen und Einstecken in einer Debatte liebte, und es ist nicht schwer zu erraten, dass er, wenn er mit Tolkien über diese Dinge diskutierte, mehr Widerstand leistete, als er tatsächlich empfand. Für ihn war es ein Weg, die supranaturalistischen Überzeugungen, zu denen er hingezogen wurde, einem richtigen Test zu unterwerfen. In seinem Gedicht versucht Tolkien, dieser Herausforderung zu begegnen – und es ist interessant, dass er das ausgerechnet in einem Gedicht tut. Obwohl die beiden Männer endlos stritten, damals und auch später, war die Dialektik der vertraute Boden von Lewis, nicht von Tolkien. »*Distinguo*, Tollers, *distinguo!*«, hat man Lewis oft ausrufen hören, und wahrscheinlich war Tollers weniger geschickt darin – zumindest im Eifer des Gefechts – scharfsinnige philosophische Unterscheidungen zu treffen, als Lewis. Um seinen tiefsten Überzeugungen vollen Ausdruck zu geben, griff er damals wie stets zu literarischen Mitteln: Versen und Geschichten.

Im weiteren Verlauf des Gedichtes greift Tolkien die Geschichte aus dem ersten Buch Mose auf, wie Adam den Tieren Namen gibt, und dehnt sie auf eine Namensgebung für die ganze Schöpfung aus:

Yet trees and not »trees«, until so named and seen –
and never were so named, till those had been
who speech's involuted breath unfurled,

faint echo and dim picture of the world,
but neither record nor a photograph,
being divination, judgement, and a laugh,
response of those that felt astir within
by deep monition movements that were kin
to life and death of trees, of beasts, of stars:
free captives undermining shadowy bars,
digging the foreknown from experience
and panning the vein of spirit out of sense.

(Doch Bäume sind keine »Bäume«, ehe sie so genannt und gesehen
werden,
und sie wurden nie so genannt, bis diejenigen kamen,
die den verwirbelten Atemhauch der Sprache verströmten,
schwaches Echo und trübes Bild der Welt,
doch weder Tonaufnahme noch Fotografie,
sondern Gespür, Urteil und Gelächter,
Reaktionen jener, die sich innerlich bewegt fühlten
durch tiefe Ahnungen, die ähnlich waren
dem Leben und Tod der Bäume, Tiere und Sterne:
freie Gefangene, die schattenhafte Schranken untergraben
und das im Voraus Erkannte aus der Erfahrung heben
und die Geistader aus dem Sand der Sinne sieben.)

Das Argument hier ist, dass, wenn gedachte sündlose Wesen – Tolkien spricht nicht direkt von Adam, das war nicht sein Stil – als Erste die Dinge in dieser Welt benannten, dann taten sie das mit Hilfe einer instinktiven Einsicht (eines »Gespürs«, einer »tiefen Ahnung«) in ihre Naturen. Und die Naturen der Dinge sind immer in erster Linie dadurch definiert, dass sie *erschaffen* wurden, gemacht durch das gebietende Wort Gottes. (Ähnlich blickt sich Augustinus in seinen *Confessiones* in der Welt um und fragt, was sie ihm über Gott sagen kann, und alles »ruft laut: ›Er hat uns gemacht!‹«) Darum:

He sees no stars who does not see them first
of living silver made that sudden burst
to flame like flowers beneath an ancient song.

(Der sieht keine Sterne, der sie nicht zuerst
aus lebendigem Silber gemacht und plötzlich
in Flammen auflodern sieht wie Blüten unter einem uralten Gesang.)

Tolkien argumentiert hier, dass jeder, der wie Eustace einen Stern als »einen riesigen flammenden Gasball« sieht, ihn gar nicht wirklich *sieht*: Um die Schöpfung wirklich wahrzunehmen, müssen wir mehr tun, als nur zu wissen, woraus Sterne »bestehen«, und da wir gefallene und endliche Geschöpfe sind, können wir das nur durch Bild, Metapher und Mythos tun. Sicher, uns fehlt das direkte, unmittelbare »Gespür«, das Adam hatte, aber dennoch:

The heart of man is not compound of lies,
but draws some wisdom from the only Wise,
and still recalls him. Though now long estranged,
man is not wholly lost nor wholly changed.
Disgraced he may be, yet is not dethroned,
and keeps the rags of lordship once he owned,
his world-dominion by creative act.

(Das Herz des Menschen besteht nicht nur aus Lügen,
sondern empfängt auch Weisheit von dem einzig Weisen,
und erinnert sich noch an ihn. Wenn auch seit langem entfremdet,
ist der Mensch nicht völlig verloren und nicht völlig verändert.
Entgnadet mag er sein, doch nicht entthront,
und er behält die Fetzen der Herrschaft, die ihm einst gehörte,
seine Weltherrschaft durch schöpferisches Tun.)

Diesem Argument hielt Lewis eine Frage entgegen: Sind das nicht bloß

»Christina-Träume«, Wunscherfüllungsfantasien? Wir wissen, dass er diese Frage stellte, denn das Gedicht geht direkt darauf ein: »Ja! ›Wunscherfüllungsträume‹ spinnen wir, um unsere furchtsamen Herzen zu hintergehen und die hässlichen Tatsachen zu besiegen!« Doch dann fährt Tolkien fort und stellte eine Gegenfrage: »Woher der Wunsch, und woher die Kraft zu träumen?« Das heißt, wenn die materialistische Philosophie wahr ist, warum haben wir dann überhaupt solche Träume und Wünsche? Was hat uns diese Sehnsucht, diese »Freude« eingepflanzt?

Hier traf Tolkien seinen Freund mitten ins Herz. Lewis hatte seine ganze Aufmerksamkeit entweder darauf gerichtet, was die Freude war, oder darauf, wie er sie bekommen konnte, doch Tolkien zwang ihn, die Sache in einem völlig anderen Licht zu sehen. Das große Rätsel war nicht die Freude selbst, sondern ihr Vorhandensein in einem biologischen Organismus, der hauptsächlich aus Wasser, Stickstoff und Kohlenstoff bestand. Dass wir *überhaupt* träumen und Wünsche hegen, ist ein starkes Argument dafür, dass Mythen eine Wahrheit mitteilen, die nicht auf andere Weise mitgeteilt werden kann. Dieses Argument würde Lewis sein ganzes Leben lang immer wieder selbst anführen. Jahre später würde er schreiben:

> Doch egal, was sie sich einfallen lassen, wir bleiben uns dessen bewusst, dass wir ein Verlangen in uns tragen, das durch kein natürliches Glück gestillt werden kann. Haben wir überhaupt Grund zu der Annahme, die Wirklichkeit könne es in irgendeiner Weise stillen? »Der Hunger beweist noch nicht, dass wir Brot haben.« Dieser Einwand trifft das Problem nicht ganz. Der physische Hunger eines Menschen beweist noch nicht, dass er auch Brot bekommen wird; er kann auf einem Floß im Atlantik Hungers sterben. Aber sicher ist der Hunger eines Menschen Beweis dafür, dass er einer Rasse entstammt, die ihren Körper durch Essen erneuert, und dass er in einer Welt lebt, in der es essbare Substanzen gibt.

Ebenso weist das Verlangen nach Mythen (sie zu hören, sie zu lesen, sie zu erschaffen) auf das Vorhandensein eines nichtkörperlichen Bedürfnisses hin, das durch sie befriedigt wird – oder genauer gesagt, das sie zu befriedigen *versuchen*. Weil sie etwas tief in unserem Innern erreichen, kehren wir immer wieder zu ihnen zurück, aber weil sie das Bedürfnis, das sie ansprechen, nicht wirklich stillen oder stillen können, ist die Art, wie wir sie erleben, von Sehnsucht gekennzeichnet.

Aber es sind doch gewiss nicht *alle* Bedürfnisse dazu bestimmt, gestillt zu werden? Nein, sagt Philomythus, das sind sie nicht, und er weist Misomythus darauf hin, dass er weiß – vielleicht wissen wir es alle – was als Wunschdenken zurückgewiesen und was angenommen werden muss als der Mut, zu glauben, was wir nicht sehen können:

> Blessed are the men of Noah's race that build
> their little arks, though frail and poorly filled,
> and steer through winds contrary towards a wraith,
> a rumour of a harbour guessed by faith.
>
> Blessed are the legend-makers with their rhyme
> of things not found within record time.
>
> (Selig sind die Menschen von Noahs Rasse, die
> ihre kleinen Archen bauten, wenn auch zerbrechlich und schlecht gefüllt
> und durch widrige Winde einem Gespinst entgegensteuern,
> einem Gerücht von einem Hafen, erahnt im Glauben.
>
> Selig sind die Legendenmacher mit ihren Reimen
> von Dingen, die in der Chronik der Zeit nicht zu finden sind.)

Mit diesen Leuten hält es Philomythus, und er fordert Misomythus auf, es ebenso zu machen. Am Ende bietet Tolkien den Reisenden und den Mythenschöpfern keinen sicheren Lohn an, sondern Glauben und Hoffnung:

In Paradise perchance the eye may stray
from gazing upon everlasting Day
to see the day-illumined, and renew
from mirrored truth the likeness of the True.

(Im Paradies mag vielleicht das Auge abschweifen
vom Blick auf den ewigen Tag,
um das vom Tag Erleuchtete zu sehen und
aus der gespiegelten Wahrheit das Abbild der Wahrheit zu erneuern.)

Und er macht Lewis Mut, dasselbe Risiko einzugehen, das er eingeht, nämlich auf dieses »Vielleicht« zu zählen. Und Lewis tat es. Für den Rest seines Lebens war er ein Vorkämpfer für die Erkenntnis spendende Kraft des Mythos, der Fantasy und der Faery.

Doch »Mythopoeia« löste nicht alle seine Probleme. Immer noch musste er die Frage stellen, was denn das für eine Wahrheit *sei*, die der Mythos mitteilt? Und was hat diese Wahrheit mit dem Christentum zu tun – jenem Christentum, das ihn immer noch »annehmen« könnte? Man könnte sagen, dass für Lewis die Frage nach Christus und Ingeld immer noch im Raume stand. Mit welcher Begründung konnte er sagen, dass der christliche Mythos so grundlegend verschieden von allen anderen Mythen war, dass er eine einzigartige Loyalität fordern konnte?

Die Grundlagen für eine Antwort auf diese Frage waren eigentlich schon gelegt worden, bevor Lewis Tolkien kennenlernte, und zwar von jemandem, der sicherlich entsetzt gewesen wäre, hätte er je erfahren, welche Wirkung er ausgeübt hatte. In *Überrascht von Freude* würde Lewis die Geschichte so erzählen:

> Anfang 1926 saß mir in meinem Zimmer der hartgesottenste aller Atheisten, die ich je kannte, am Kamin gegenüber und bemerkte, die Evidenz für die Historizität der Evangelien sei eigentlich überraschend gut. »Komische Sache«, fuhr er fort. »Dieses ganze Zeug

> von Frazer über den sterbenden Gott. Komische Sache. Es sieht fast so aus, als wäre es einmal tatsächlich geschehen.«
> Um die niederschmetternde Wirkung zu begreifen, die das auf mich hatte, müssten Sie den Mann kennen (der seither bestimmt niemals wieder irgendein Interesse am Christentum zeigte). Wenn er, der Zynischste aller Zyniker, der Zäheste aller Zähen, nicht – wie ich es immer noch ausgedrückt hätte – »gefeit« war, wohin sollte ich mich wenden? Gab es denn keinen Fluchtweg?

Also war diese Geschichte vielleicht tatsächlich verschieden von all den anderen Mythen – verschieden deshalb, weil sie wirklich passiert war, weil sie ein historisches Ereignis war, nicht nur eine ausgedachte Geschichte. (Was Lewis von Chesterton gelesen hatte – besonders *The Everlasting Man* – war ihm in dieser Hinsicht hilfreich.) Doch selbst jetzt blieb ein noch tieferes Problem übrig: Was denn nun, wenn es tatsächlich geschehen war? Was denn nun, wenn Jesus von Nazareth am Kreuz gestorben war? Was denn nun, wenn er sogar von den Toten auferstanden war? »Was ich nicht verstehen konnte«, schrieb er an Arthur, »war, wie das Leben und der Tod eines anderen (wer immer er war) vor zweitausend Jahren uns hier und heute helfen könnte – außer insofern, als sein *Beispiel* uns half. Und die Sache mit dem Beispiel ist zwar wahr und wichtig, aber sie ist kein Christentum: Ganz im Zentrum des Christentums, in den Evangelien und bei Paulus, stößt man immer wieder auf etwas ganz anderes und sehr Geheimnisvolles.« Dieses »Etwas« war der Sühnegedanke: dass der Tod Jesu an jenem Kreuz ein Opfertod war; dass dieser Tod irgendwie um unsertwillen geschah und dass er darum, wiederum irgendwie, unser Verhältnis zu Gott in Ordnung brachte – oder es zumindest für uns möglich machte, dass unser Verhältnis zu Gott in Ordnung kam. Das Problem für Lewis war das »Irgendwie«: Er kam einfach nicht dahinter, wie diese Sache *funktionieren* sollte, und solange er sich darüber nicht im Klaren war, sah er nicht, wie er sich das Christentum zu eigen machen sollte. Auf dieser Untiefe lief er auf Grund; es sah nicht so aus, als könnte er von dort aus weiterkommen.

Am 19. September 1931 lud Lewis Tolkien und Hugo Dyson – ein Englisch-Don an der Universität Reading, den Lewis durch Nevill Coghill kennengelernt hatte, und ebenfalls Christ – zum Abendessen ins Magdalen ein. »Es war wirklich ein denkwürdiges Gespräch«, schrieb Lewis an Arthur. »Wir fingen (nach dem Essen auf Addison's Walk) mit Metapher und Mythos an – unterbrochen von einem Windstoß, der so plötzlich durch den stillen, warmen Abend fuhr und so viele Blätter zu Boden rascheln ließ, dass wir dachten, es regnete. Wir alle hielten den Atem an; die anderen beiden wussten den Sinnestaumel eines solchen Momentes fast ebenso zu schätzen, wie du es getan hättest. Dann ging es (in meinem Zimmer) weiter mit dem Christentum: ein gutes, langes, befriedigendes Gespräch, bei dem ich eine Menge gelernt habe.« Es ist erwähnenswert, dass Lewis zu dieser Zeit bereits Tolkien ein Argument erläutert hatte, das Barfield in *Poetic Diction* formuliert: dass in alten Sprachen, in denen es nur ein einziges Wort für »Wind«, »Atem«, und »Geist« gibt (etwa Hebräisch *ruach*, Griechisch *pneuma*, Lateinisch *spiritus*), die Bedeutung solcher Worte ursprünglich alle drei unserer Bedeutungen *auf einmal* umfasste – oder genauer gesagt, dass sie eine einzige, einheitliche Bedeutung bildete, die wir seither in einzelne Scherben zerbrochen haben. Lewis wusste also, was er andeutete, als er von dem rauschenden Wind sprach und davon, wie sie ihren Atem anhielten.

Tolkien verabschiedete sich schließlich um drei Uhr morgens, doch Lewis und Dyson (der im Magdalen College übernachtete) kehrten nochmals zu Addison's Walk zurück und redeten eine weitere Stunde. Fast einen Monat später schrieb Lewis wieder an Arthur und erklärte ihm, was er in jener Nacht gelernt hatte – insbesondere über das verzwickte Problem der Sühne:

> Was nun Dyson und Tolkien mir zeigten, war Folgendes: Wenn ich in einer heidnischen Geschichte auf den Gedanken eines Opfertodes stieß, störte er mich überhaupt nicht; und auch, wenn ich der Vorstellung begegnete, dass Gott sich selbst opfert …, mochte ich

> sie sehr und war auf geheimnisvolle Weise davon bewegt; und auch die Vorstellung des sterbenden und wieder zum Leben erwachenden Gottes (Balder, Adonis, Bacchus) bewegte mich ähnlich, vorausgesetzt, ich fand sie irgendwo, *nur nicht* in den Evangelien. Der Grund war, das ich bei den heidnischen Geschichten bereit war, den Mythos als tief und voller Bedeutungen jenseits meines Begriffsvermögens zu empfinden, obwohl ich nicht in nüchterner Prosa hätte ausdrücken können, »was er bedeutete«.
> Nun ist die Geschichte von Christus schlicht ein wahrer Mythos: ein Mythos, der auf dieselbe Weise auf uns wirkt wie die anderen, aber mit dem enormen Unterschied, dass *er sich wirklich ereignet hat*; und man muss sich damit begnügen, ihn auf dieselbe Weise aufzunehmen und daran zu denken, dass es Gottes Mythos ist, während die anderen nur Mythen der Menschen sind. D. h. in den heidnischen Geschichten drückte sich Gott durch den Geist der Dichter aus und gebrauchte die Bilder, die er dort fand, während im Christentum Gott sich durch »wirkliche Dinge« ausdrückt.

In welchem Maße er sich Tolkiens Gedanken über Mythos und Wahrheit zu eigen gemacht hatte, lässt sich an der weiter unten im selben Brief zu findenden Aussage ablesen: »Die ›Lehren‹, die wir *aus* dem wahren Mythos beziehen, sind natürlich *weniger* wahr: Durch sie übersetzen wir das, was Gott bereits in einer angemesseneren Sprache ausgedrückt hat, nämlich durch die tatsächliche Inkarnation, Kreuzigung und Auferstehung, in unsere *Begriffe* und *Ideen*.« Das heißt, die Sprache tatsächlicher historischer Ereignisse, die in mythischer Form erzählt werden können, ist eine Sprache, die *wahrer* ist als die Sprache von »Begriffen und Ideen«.

Als Aslan in *Der König von Narnia* auf dem Steinernen Tisch getötet worden ist – anstelle von Edmund – und Susan und Lucy auf der Bergkuppe herumgehen und nicht wissen, was sie als Nächstes tun sollen, hören die Mädchen plötzlich ein Krachen (»als ob ein Riese einen Riesenteller zerschlagen hätte«). Es ist der Tisch, der in zwei Hälften zerbrochen ist »Was bedeutet das?«, ruft Susan aus. »Ist das ein Zauber?« Und dann hören die Mädchen in ihrem Rücken die Stimme des nun auferstandenen Löwen: »Ja! Das ist noch ein Zauber.« Er gibt ihnen auch eine Art Erklärung: Wäre die Hexe in der Lage gewesen, noch weiter zurückzublicken als bis zur Dämmerung der Zeit, so »hätte sie gewusst, dass an dem Tag, an dem ein freiwilliges Opfer, das keinen Verrat begangen hat, an eines Verräters Statt getötet wird, der Tisch zerbricht und der Tod selbst sich umzukehren beginnt.« Aber ehrlich, was für eine Erklärung ist das? Warum sollte es so sein? *Wie* reißt der Tod des »freiwilligen Opfers« den Verräter aus den Klauen der Hexe? Und wie kann der Zauber, der den Verräter befreit, älter sein als der Zauber, der ihn verdammt?

Ich finde es höchst bedeutsam, dass Susan und Lucy die Erklärung ignorieren. Sie geben weder einen Kommentar dazu ab, noch stellen sie Fragen dazu, so außer sich sind sie vor Freude darüber, wieder in Aslans Gegenwart zu sein. (Es ist Lucy, die immer besser als irgendeines der anderen Kinder versteht, wie unendlich kostbar die bloße Gegenwart Aslans ist. Am Ende von *Die Reise auf der »Morgenröte«*, als Aslan ihr und Edmund sagt, dass sie nicht mehr nach Narnia zurückkehren dürfen, sondern in ihrer eigenen Welt bleiben müssen, weint sie und sagt: »Es ist ja nicht Narnia, weißt du ... *du* bist es. Wir werden *dir* dort nicht begegnen. Und wie können wir denn leben, ohne dass wir dich je sehen?«) Später, als die große Schlacht um Narnia geschlagen und die Hexe tot ist, sagt Lucy zu Susan, sie finde, Edmund solle erfahren, »was Aslan für ihn getan hat«, doch »in diesem Moment wurden sie unterbrochen«, und falls Edmund die Erklärung je zu hören bekam, erfahren wir jedenfalls nichts davon. Denn nicht auf die Erklärung kommt es an: Das Wesentliche ist das Opfer selbst – und das neue Leben, das es selbst denen verschafft, die in Statuen verwandelt worden sind – und der Sieg über die Mächte des Bösen. Und diese Dinge lassen sich am besten durch die Geschichte mitteilen – die Geschichte nämlich, die damit beginnt, dass Lucy eine Tür in das verschneite Laternendickicht öffnet, und die damit endet, dass die Könige und Königinnen den Weißen

Hirsch bis zu eben dieser Stelle verfolgen, wo sich immer noch jene Tür befindet, die Narnia mit unserer Welt verbindet.

Damit waren also alle großen Hindernisse, die Lewis von einem spezifisch christlichen Glauben abhielten, aus dem Weg geräumt. Wann aber *wurde* er tatsächlich Christ? Schwer zu sagen, wie sich herausstellt: So wunderbar der Abend mit Tolkien und Dyson war und so wunderbar das Bild ist, wie der Wind durch die Bäume über Addison's Walk fährt, eine sofortige und dauerhafte Bekehrung wie Saulus auf der Straße nach Damaskus erlebte er an diesem Abend nicht. Am ersten Oktober, keine zwei Wochen nach dem »denkwürdigen Gespräch«, würde er an Arthur schreiben: »Ich bin gerade vom Glauben an Gott zu einem entschiedenen Glauben an Christus – an das Christentum – übergegangen. Ich werde ein anderes Mal versuchen, das zu erklären. Mein langes nächtliches Gespräch mit Dyson und Tolkien hatte eine Menge damit zu tun.« Doch als er dann zu der versprochenen Erklärung kommt – jenem langen Brief vom 18. Oktober, aus dem ich auf den letzten Seiten größtenteils zitiert habe – kann er die Sache nicht mehr so definitiv formulieren. Nachdem er sein neues Verständnis des Mythos dargestellt hat, stellt er die Frage, die gestellt werden muss: »Macht das unter dem Strich einen Glauben ans Christentum aus? Zumindest bin ich jetzt sicher, (a), dass ich mich der christlichen Geschichte in gewissem Sinne genauso nähern muss, wie ich mich den anderen Mythen nähere; (b) dass sie die wichtigste und bedeutungsvollste ist. Außerdem bin ich mir *fast* sicher, dass sie sich wirklich ereignet hat.« Das ist wohl kaum eine direkte Antwort auf die Frage und bedeutet eindeutig einen Rückschritt von der klaren Aussage in seinem Brief vom 1. Oktober. Vielleicht war er doch noch nicht zum Christentum »übergegangen«.

Doch in einem weiteren Sinne spielte das keine Rolle, denn er hatte sich nun darauf verpflichtet, als Christ zu *leben*. Schon einige Monate zuvor hatte er begonnen, regelmäßig seine örtliche Kirchengemeinde zu besuchen, und ebenso nahm er nun täglich am »Matins« (dem Morgengebet) in der Kapelle des Magdalen College teil. Offenbar hatte ihn das Christentum tatsächlich angenommen, egal, wie er die Sache im jeweiligen Augenblick sah. Inmitten von Überarbeitung, den Komplikationen des Lebens mit vier Kindern und der Frustration darüber, so wenig von dem schreiben zu können, was ihm wirklich wichtig war, vertraute Tolkien seinem Tagebuch an: »Die Freundschaft mit Lewis entschädigt für vieles, und außer, dass sie mir beständig Freude und Trost gespendet hat, hat mich auch der Kontakt mit einem Mann sehr bereichert, der zugleich ehrlich, tapfer, intellektuell – ein Gelehrter, ein Dichter und ein Philosoph – und – wenn auch erst nach einer langen Pilgerfahrt – ein Liebhaber unseres Herrn ist!«

Auch an der Heimatfront waren große Veränderungen im Gange. Der Verkauf von Little Lea nach Albert Lewis' Tod hatte es Lewis und Mrs Moore ermöglicht, über den Kauf eines eigenen Hauses nachzudenken. Sie wohnten zwar nun schon seit einigen Jahren in »Hillsboro«, aber die Räumlichkeiten dort waren beengt, und natürlich ist das Wohnen in gemieteten Räumen immer mit einem gewissen Gefühl der Vorläufigkeit verbunden. Doch sie waren keineswegs wohlhabend, nicht einmal mit Alberts Erbe, und von Ende 1929 bis Anfang 1930 bemühten sie sich, etwas Passendes in ihrer Preiskategorie zu finden (um den Jargon der Immobilienbranche zu verwenden). Eines konnte ihnen allerdings neue Perspektiven eröffnen, und das war, dass Warnie sich an den Plänen beteiligte. Sein Abschied von der Armee stand möglicherweise bevor, und wenn es so weit war, würde er ein Zuhause brauchen. Mit seinem Erbanteil war ein viel schöneres Haus in Reichweite, als Lewis und Mrs Moore allein je in Betracht ziehen konnten.

Die Aussicht begeisterte Warnie, wenn auch aus einem merkwürdigen Grund: Er sah darin eine Möglichkeit, die verlorene Welt von Leeborough wiederherzustellen, mit dem Little End Room und allem. Er hoffte sogar – und hier sollten wir uns daran erinnern, dass Warnie inzwischen fünfunddreißig Jahre alt war – die Welt Boxens wieder auferstehen zu lassen und vielleicht gemeinsam mit Lewis die Niederschrift seiner verschlungenen Historie wieder aufzunehmen. Lewis beschloss, diesen Ideen in einem langen Brief vom Januar 1930, dem man anmerkt, dass er mit äußerster Sorgfalt formuliert ist (er ist stilistisch weitaus präziser als fast alle seine anderen Briefe), freundlich, aber entschieden zu begegnen. Zu der Frage, was sie mit den verschiedenen Boxen-Spielzeugen machen sollten, die sie gebastelt hatten, bestand er darauf, sie zu verbrennen: Da Gott schon »vor langer Zeit seine Absicht kundgetan hat, dem Universum mit einer allgemeinen Feuersbrunst ein Ende zu machen, werden wir seinem Beispiel folgen. … Nein, Bruder. Die Spielsachen in dem Koffer sind schlicht und einfach Leichen. Wir werden sie in ihre Elemente auflösen, wie es die Natur auch mit uns tun wird.« Wie es scheint, konnte Warnie sich darauf einlassen. Doch was Jack noch mehr erschreckte, war der Gedanke eines »neuen Little End Rooms«, wie Warnie es nannte: »Ein Ort, wo wir uns immer auf dem gemeinsamen Boden der Vergangenheit begegnen können, und *ipso facto* ein Museum für das Leeborough, das wir erhalten möchten.« Jack sagte Warnie nicht, was er höchstwahrscheinlich dachte – dass es kein Leeborough *gab*, das er erhalten wollte – sondern stellte stattdessen den Gedanken eines »Museums« in Frage: »Ein *Museum* ist genau wie ein *Mausoleum*.« Hinter Warnies Vorschlag stand, wie Jack erkannte, die Vorstellung, dass ihr »gemeinsamer Boden« *nur* in ihrer gemeinsamen Vergangenheit als Kinder zu finden sein könnte, und dieser Vorstellung wollte Jack widersprechen.

An dieser Stelle nimmt die Feinfühligkeit des Briefes geradezu chirurgische Ausmaße an, denn Jack weiß sehr gut, dass seine Beziehung zu Minto – oder wenn nicht die Beziehung selbst, dann doch seine Weigerung, sie seinem Bruder je zu erklären oder auch nur mit ihm zu erörtern – der Hauptgrund für Warnies Eindruck war, dass sie nur ihre Vergangenheit vollkommen miteinander teilen könnten. Hier befinden wir uns vor jenem schwarzen Vorhang, den Lewis in Gegenwart jedes Menschen, den er kannte (so viel wir wissen) immer herabließ, wenn die Sprache auf Mrs Moore kam. Denn zur selben Zeit, in der Jack sich in seinen Briefen an Arthur voll von neuer Selbstkritik und neuer Reue zeigt, bleibt er gegenüber Warnie und zum Thema seines Lebens mit Minto ebenso starrköpfig wie unkommunikativ:

> Ich bezweifle nicht, dass es Zeiten gab, in denen Du das Gefühl hattest, dass der, sagen wir, Pigiebotianismus in Gefahr war, vom, sagen wir Hillsborovianismus verschlungen zu werden. ... Es tut mir sehr leid, dass ich die Ursache einer solchen Phase gewesen bin (dies ist keine Entschuldigung, sondern eine Feststellung) – aber ist nicht diese Phase selbst vorbei? Wir haben uns beide seit den ganz alten Tagen verändert, aber im Großen und Ganzen haben wir uns in dieselbe Richtung verändert.

Zwei Dinge sind hier beachtenswert: Erstens der ausweichende Charakter des Ausdrucks »Hillsborovianismus« – das heißt, er benennt seine Bindung an Minto und Maureen wie ein Prinzip, unpersönlich zusammengefasst im Namen eines gemieteten Hauses, statt zuzugeben, dass es im Kern um persönliche Beziehungen geht, die auch die Quelle seines Konfliktes mit Warnie sind. (Tatsächlich sind die Ausdrücke, die Jack gebraucht, um seine beiden widerstreitenden Bindungen zu bezeichnen, äußerst ungeschickt, ja lächerlich; dass ein so begabter Schriftsteller wie Jack es nicht besser konnte, deutet auf die Schwierigkeiten hin, mit denen er in diesem Brief zu kämpfen hatte.) Zweitens seine Verweigerung einer Entschuldigung: Er wünscht zwar, er wäre nicht die Ursache für Warnies Unbehagen gewesen, aber er bereut nichts von dem, was er getan hat. Vielleicht hat er tatsächlich nichts, wofür er sich entschuldigen müsste, aber zu diesem Zeitpunkt seines Lebens, wo seine Briefe so voller Bedauern über die Beziehung zu seinem Vater und über die Sünden seiner Jugend sind, ist es seltsam zu sehen, welch einen unnachgiebigen Standpunkt er gegenüber seinem Bruder einnimmt. Er beschließt den Brief sogar damit, dass er Warnie eine Art Ultimatum stellt – wenn auch in einer Sprache, die zumindest die eigentlichen Probleme (die eigentlichen *Personen*), um die es geht, zur Kenntnis nimmt:

> Ich sprach vorhin von Pigiebotianismus und Hillsborovianismus. Ich gehe davon aus, dass du, wenn du zu uns stößt, in dieser Hinsicht zu einem gewissen Maß an Kompromissen bereit bist. Ich

werde nie bereit sein, den Pigiebotianismus zugunsten des Hillsborovianismus aufzugeben. Auf der anderen Seite sind da die anderen, denen ich das Recht gegeben habe, von mir zu erwarten, dass ich den Hillsborovianismus auch nicht zugunsten des Pigiebotianismus aufgebe. Ob ich damit ursprünglich richtig oder falsch, klug oder töricht gehandelt habe, ist jetzt nur noch von historischem Interesse: Wenn man einmal Erwartungen erzeugt hat, erfüllt man sie natürlich auch.

Näher als mit diesen Sätzen ist Jack, soweit ich weiß, nie daran gewesen, Warnie irgendetwas Substanzielles über seine Gefühle für Mrs Moore zu sagen. Und es ist beachtenswert, dass er die Angelegenheit in Pflichtbegriffe kleidet: Wenn man »natürlich« die Erwartungen erfüllt, die man erzeugt hat, dann kann das nur deshalb sein, weil man die »natürliche« Verpflichtung dazu hat. Von Liebe ist hier keine Rede – so wie er einst Arthur gegenüber davon gesprochen hatte, er sei verliebt – nicht einmal von Vergnügen. Das bedeutet nicht, dass Liebe und Vergnügen in seinem Leben mit Minto völlig fehlten; so wenig, wie die Tatsache, dass er die Möglichkeit erwähnt, es könnte »falsch« oder »töricht« von ihm sein, dass er mit Minto zusammenlebt, bedeutet, dass er sich selbst einer dieser Sünden schuldig spricht. Aber wenn der Vorhang intensiv gewahrter Privatsphäre sich so selten hebt und wenn, dann nur so kurz, fällt es schwer, das, was man dort sieht, nicht sorgfältig zu interpretieren – und damit möglicherweise überzuinterpretieren.

Was Warnie von diesem Brief hielt, wissen wir nicht. In der Auswahl der Briefe seines Bruders, die er herausgab, präsentiert er ihn ohne Kommentar, und in seinem Tagebuch erwähnt er ihn nicht, obwohl er dort Überlegungen anstellt, was es für ihn und die anderen mit sich bringen würde, wenn er sich der Ménage anschlösse. Nach langem Nachdenken beschließt er, sich lieber mit ihnen zusammenzutun, als seinen Weg alleine zu gehen.

Im Mai 1930 wurde Warnie in Bulford in Wiltshire stationiert und bekam an den Wochenenden Urlaub, sodass er sich an der Haussuche beteiligen konnte. Anfang Juli fanden sie endlich etwas, das Anlass zur Begeisterung gab: ein Haus in der Nähe von Headington Quarry – nicht weit von Hillsboro – das The Kilns genannt wurde (nach den *kilns* oder Brennöfen für Ziegelsteine, die neben dem Haus standen. Das Haus war tatsächlich größer als Hillsboro und von daher attraktiv, doch was die Fantasie der Lewis-Männer besonders packte, war das Grundstück: über drei Hektar groß und mit einem waldumstandenen Teich darauf. Das Gelände, schrieb Warnie in sein Tagebuch, »ist aus dem Stoff, aus dem die Träume sind. Ich hätte nie gedacht, dass ein solcher Garten für uns je zur Debatte stehen könnte.« Wenige Wochen später gehörte es ihnen. Mit der Zeit würde das Haus fast so berühmt werden wie sein Haupteigentümer. Heute ist es Ziel vieler Pilgerfahrten, doch The Kilns, wie man es heute besichtigen kann, ist erheblich eleganter und besser in Schuss als zu Lewis' Lebzeiten, als es oft nahe an der Baufälligkeit war. Auf der anderen Seite lag es auch abgeschiedener – jener Teil von Headington war noch fast ländlich – während man heute das Gefühl hat, mitten in der Stadt zu sein. Doch was immer seine Tugenden oder Laster waren, es war ein Zuhause, und für die drei Erwachsenen – Jack, Warnie und Minto, würde es für den größten Teil oder ihr gesamtes restliches Leben ihr Zuhause bleiben.

Mit dem Kauf von The Kilns und der Hinwendung zum Christentum begann eine gewisse Stabilität in Lewis' Leben zu regieren. Er hatte einen Beruf, ein Haus, eine (Art) Familie und einen klaren Katalog religiösen Engagements. Für die nächsten etwa siebzehn Jahre – bis Mintos körperlicher und seelischer Zustand sich ernsthaft zu verschlechtern begann – würde sich an seinen äußeren Lebensumständen nur wenig ändern. Er würde weiterhin während der Arbeitswoche im College wohnen und an den Wochenenden und in den Ferien (und an vielen Nachmittagen, an denen er gerne in seinem Garten und in dem umgebenden Wäldchen arbeitete) nach The Kilns zurückkehren. Er ging treu in die Kapelle und in die Kirche, in die Letztere meist zusammen mit Warnie, der die Skepsis seines Bruders gegenüber der Religion bis zu seiner eigenen Rückkehr zum

Christentum (fast gleichzeitig mit der Jacks) geteilt hatte. Nach seinem formellen Abschied aus der Armee Ende 1932 verbrachte Warnie seine Tage in einem von Jacks Zimmern im Magdalen, wo er sich mehrere Jahre lang damit beschäftigte, die Lewis Papers, wie die Brüder sie nannten, zu ordnen und abzutippen – die Briefe und anderen Dokumente der Familie, die über mehrere Generationen zurückreichten und die gesammelt und aus Little Lea gerettet worden waren. (Für Generationen von Lewis' Studenten war, wenn sie ihrem Tutor ihre wöchentlichen Essays vorlasen, das Geräusch der Schreibmaschine aus dem angrenzenden Zimmer und der gelegentliche Anblick eines kahlen Mannes mit Brille, der dort ein- und ausging, bald vertraut.) In diesem Rahmen bewegte sich Lewis' Leben über fast zwei Jahrzehnte; selbst der Zweite Weltkrieg brachte nur wenig Veränderung hinein, wenn der Krieg auch gewiss Veränderungen anderer Art mit sich brachte.

Innerlich jedoch lief es, besonders in den frühen 1930er-Jahren, nicht so glatt. Ich habe bereits erwähnt, wie Lewis – besonders in seinen Briefen an Arthur – das Bild überdachte, das er sich über die Jahre seines vorchristlichen Lebens hinweg aufgebaut hatte. Dieses Umdenken bezog sich auf sein ganzes Leben – nicht nur auf seinen »moralischen« oder »geistlichen« Zustand, sondern auf alles, was mit ihm zu tun hatte, einschließlich seiner ästhetischen und intellektuellen Ambitionen. Im August 1930 hatte er auf eine Frage von Arthur zu antworten, der ihn um Rat gebeten hatte: Ein Freund hatte Arthur gesagt, er solle den Roman, an dem er gerade arbeitete, aufgeben, und Arthur war der Meinung, als Autor von zwei Gedichtbänden müsse Lewis in der Lage sein, ihm einen guten Rat zu geben. Doch Lewis erwiderte:

> Ich bin *immer* noch als Autor ebenso enttäuscht wie du. Vom Alter von sechzehn Jahren an hatte ich einen einzigen Ehrgeiz, von dem ich nie abwich, den ich mit jeder Unze meiner Kraft verfolgte und von dem ich wirklich und bewusst meine ganze Zufriedenheit abhängig machte: Und ich erkenne heute, dass ich darin unverkennbar gescheitert bin.

Jener Ehrgeiz, das macht der Brief deutlich, bestand nicht so sehr darin, große Poesie zu schreiben, sondern als großer Dichter *anerkannt* zu werden, »als Schriftsteller beglaubigt« zu sein, »herausragend über unsere Kollegen«. Und er bekennt, dass man »Ruhe« finden kann, indem man alle derartigen Hoffnungen aufgibt – und dass er in dieser Ruhe endlich sagen könne: »Dein Wille geschehe.« (Aber was *ist* »Dein Wille«? Diese Frage blieb immer bestehen.)

Auf jeden Fall schrieb er weiter. Er begann einen philosophischen Roman, den er *The Moving Image* nannte, gab ihn jedoch bald auf. Außerdem arbeitete er weiterhin an narrativen und lyrischen Gedichten. Doch es fehlte ihm eine klare Richtung, zumindest in seiner nichtwissenschaftlichen Arbeit. Er wusste noch nicht, was für einen *Unterschied* die Tatsache, dass er nun Christ war, für sein Leben als Literat machen sollte oder machen konnte. Er brauchte mehr Klarheit – er brauchte ein deutlicheres Bild von der intellektuellen Landschaft, durch die er sich bewegte. Im August 1932, während eines Urlaubsaufenthaltes in Irland in Arthurs Haus, skizzierte er jene Landschaft und spann die Geschichte eines Mannes, der sie durchreiste. Binnen zwei Wochen hatte er seine erste Prosaerzählung geschrieben, eine allegorische Geschichte mit dem Titel *The Pilgrim's Regress* (dt. *Flucht aus Puritanien*).

Es lohnt sich, einen Moment lang über diese Leistung nachzudenken. Wie wir gerade gesehen haben, hatten sich Lewis' sämtliche literarischen Ambitionen bis zu diesem Zeitpunkt seines Lebens um die Poesie gedreht. Seine Prosaveröffentlichungen bestanden derzeit aus einer bloßen Handvoll Buchrezensionen und kurzen akademischen Artikeln, obwohl er schon seit einigen Jahren (in Schüben) an einem gelehrten Buch schrieb. Dieser plötzliche Schreibfluss musste daher völlig unerwartet für Lewis kommen – unerwartet, aber auch befriedigend, denn er erfuhr in diesen vierzehn Tagen bei Arthur, dass er lebhafte Prosa schreiben konnte, und das schnell, mit nur minimaler Überarbeitung. Und so würde er für den Rest seines Lebens Prosa schreiben: mit der Schreibfeder, die Seite um Seite mit nur wenigen Pausen – außer um sie in die Tinte einzutauchen – und noch weniger Korrekturen oder Streichungen übers Papier tanzte. (Schreibmaschine schreiben lernte er nie.)

Nach The Pilgrim's Regress sollte er noch fünfunddreißig weitere Prosabücher verfassen – etwas mehr als eines im Jahr – sowie Hunderte von Artikeln und Essays über eine erstaunliche Bandbreite von Themen. Und während seiner produktivsten Jahre arbeitete er nicht nur als Tutor, sondern pflegte die immer gebrechlicher werdende Mrs Moore. Er musste schnell schreiben, sonst hätte er nichts zustande gebracht.

Mit Sicherheit hatte dieser schnelle Schreibfluss auch seinen Nachteil: Die Nachlässigkeit vieler Bücher von Lewis war ein immenses Ärgernis für Tolkien (der ein so besessen sorgfältiger Autor war wie kein anderer) und wurde sogar zu einem Anlass bedeutender Spannungen in ihrer Freundschaft. Wahrscheinlich hätten alle seine Bücher – mit der leuchtenden Ausnahme seiner englischen Literaturgeschichte des sechzehnten Jahrhunderts, über der er lange brütete – von wenigstens einer weiteren guten Überarbeitung profitieren können, bevor sie an den Verlag abgeschickt wurden. Die Widersprüche in den Narnia-Büchern machten Lewis zu schaffen, und hätte er länger gelebt oder wäre in seinen letzten Jahren bei besserer Gesundheit gewesen, so hätte er dies wahrscheinlich noch bereinigt. Doch im Allgemeinen scheint er sich nicht allzu viele Gedanken über die Mängel in seinen Büchern gemacht zu haben – und das hätte er auch nicht gekonnt, denn wenn er eines zum Verlag abschickte, war er schon auf halbem Weg durch das nächste. Er hatte das Empfinden, ein Werk vollbringen, eine Berufung erfüllen zu müssen, und angesichts der begrenzten Zeit und der schwierigen Umstände, unter denen er die meiste Zeit seines Lebens schreiben musste, wusste er sicherlich jene große Maxime Chestertons zu schätzen: »Alles, was es wert ist, getan zu werden, ist es wert, schlecht getan zu werden.«

Als er mit der Geschichte begann, aus der *The Pilgrim's Regress* wurde, fehlte Lewis dieses Bewusstsein einer Berufung noch – er hatte noch nichts, was ihn vorwärts trieb, was ihm ein Zielbewusstsein als Schriftsteller gab. Doch das Schreiben dieses Buches war ein entscheidender

Schritt auf dem Weg, die Richtung zu finden, die er einschlagen würde. Das bedeutet nicht, dass *The Pilgrim's Regress* ein Buch von derselben Art ist, die er auch später schreiben würde, und ebenso wenig, dass das Buch gelungen ist. *The Pilgrim's Regress* ist C. S. Lewis' am wenigsten gelungenes Buch, wie er selbst wusste – er hatte einen scharfen Blick für seine Mängel. In einem 1943 verfassten Vorwort zu einer Neuausgabe des Buches schrieb er: »Beim Wiederlesen dieses Buches, zehn Jahre nachdem ich es geschrieben habe, merke ich, dass seine Hauptfehler ausgerechnet die sind, denen ich in den Büchern anderer Leute am allerwenigsten Nachsicht entgegenbringe: Unklarheit und lieblose Härte.« Es ist in der Tat ziemlich hart und gewiss sehr unklar– aber schließlich schrieb Lewis es auch eigentlich nicht für andere, sondern vor allem für sich selbst. Für die zweite Ausgabe (1935) des Buches schrieb Lewis eine kurze Zusammenfassung für jedes Kapitel, wie man sie auch von John Milton für Paradise Lost erbeten hatte, dessen Herausgeber fand, niemand würde es verstehen, wenn nicht die Spickzettel dazu gleich mitgeliefert würden. In der Ausgabe von 1943 verwarf Lewis diese Zusammenfassung zugunsten von Randbemerkungen, genau wie sie sich auch in dem unmittelbarsten Vorbild des Buches finden, Bunyans *The Pilgrim's Progress.* Und schon die allererste Ausgabe enthielt – da Freunde, die die Geschichte im Manuskript lasen, darum gebeten hatten – eine *Mappa Mundi*, eine Karte der Welt, durch die der Protagonist John wandert.

Doch für Lewis *war* die Geschichte selbst eine *Mappa Mundi*, eine detaillierte Skizze der intellektuellen und moralischen Welt, durch die er auf seinem Weg zum christlichen Glauben gekommen war. Er brauchte diese Übung in erzählender Kartografie, um sich zu orientieren, zu sehen, von wo er aufgebrochen war, durch welche Gefahren er gegangen war und in welcher schönen neuen Welt er jetzt lebte. Es ist die Geschichte einer Reise und einer Wiederkehr, im Ablauf ganz ähnlich wie die beiden Bücher von Chesterton, die Lewis besonders wichtig waren, *Orthodoxy* und *The Everlasting Man*. Am Anfang von *Orthodoxy* stellt Chesterton sich vor, er schriebe die Geschichte von einem »englischen Seefahrer ..., in dessen Kursberechnung sich ein kleiner

Fehler einschleicht, weshalb er England entdeckt, während er meint, es handele sich um eine unbekannte Insel in der Südsee.« Zu Beginn von *The Everlasting Man* stellt er sich einen Jungen vor, der sein Zuhause in den Bergen verlässt, um nach dem Grab eines Riesen zu suchen, »und als er weit genug von zu Hause weg war, schaute er sich um und sah, dass sein eigener Bauernhof und Gemüsegarten … nur Teile einer solchen riesigen Gestalt waren, auf der er immer gelebt hatte, nur dass sie zu groß und zu nahe gewesen war, als dass er sie hätte sehen können.« John (Hans), der Held aus *The Pilgrim's Regress*, vollzieht alle beide Geschichten nach: Er verlässt seine Heimat in Puritanien aus Furcht vor dem König jenes Reiches, nur um am Ende wieder dorthin zurückzukehren, als er sein Heimatland mit neuen Augen sieht – es in einem Sinne wiederentdeckt, in einem anderen zum ersten Mal entdeckt. Das Puritanien unter einem vermeintlichen Tyrannen ist ein ganz anderes Land als das Puritanien unter der wohlwollenden Führung des König, der, wie Hans zu seinem Freund Rechtschaffen sagt, »nicht umsonst unsere Herzen so fest an Ort und Zeit gebunden [hat] – an den einen Freund mehr als an die andern, an ein Fleckchen Erde mehr als an die ganze übrige Welt.«

Die wesentliche Figur, die Hans zu dieser neuen Sicht seines Heimatlandes verhilft, ist »Mutter Chiesa« (»Mother Kirk«), mit der Lewis offensichtlich das orthodoxe Christentum in allen seinen Formen darstellen wollte. Viele Leser dachten dabei jedoch an die klassische römisch-katholische Wendung »Heilige Mutter Kirche« und vermuteten, Lewis sei (wie er es ausgedrückt hätte) ein »Papist«. Vielleicht hätten sie genauer auf das Wort »Kirk« achten sollen – die Kirk (Church) of Scotland war seit jeher standhaft presbyterianisch – sowie auf die Tatsache, dass Hans nach Puritanien *zurückkehrt*. Das eigentlich Beachtenswerte hier jedoch ist, dass Lewis sich bereits zu einem Verständnis der Wichtigkeit einer überkonfessionellen Orthodoxie vorarbeitet – also dessen, was er später nach einer Formulierung des Predigers und Schriftstellers Richard Baxter aus dem siebzehnten Jahrhundert »mere Christianity« (Christentum schlechthin) nennen würde.

Dass er sich an einer schlichten Orthodoxie als Maßstab und Wegweiser orientiert, ist sehr wichtig, denn ansonsten ist *The Pilgrim's Regress* ein überwältigend negatives Buch. Als er das Manuskript bei Dent einreichte, dem Verlag, in dem *Dymer* erschienen war, schrieb er, das Buch sei »eine Art aktualisierter Bunyan. Es hat eine ernste Absicht, enthält aber erheblich mehr komische Passagen, als ich ursprünglich vorhatte, und auch einiges an interessanten kontroversen Themen (was lächerlich gemacht wird, sind vor allem Dinge wie Anglokatholizismus, Materialismus, Sitwellianismus, Psychoanalyse und T. S. Elliot).« Die Sitwells waren eine Familie von Schriftstellern und Künstlern, die in der Nähe von Oxford lebten und für Lewis einen dekadenten Ästhetizismus repräsentierten. Die frühe Schaffensphase von T. S. Eliot (nicht »Elliot«) dürfte für Lewis eine Variante des Sitwellianismus gewesen sein, wenngleich seine kürzliche Hinwendung zum »Anglokatholizismus« ihn eher aus diesem Grund zur Zielscheibe gemacht haben dürfte. Lewis' Abneigung gegen Eliot grenzte ans Pathologische und scheint weitgehend auf einem Missverständnis beruht zu haben: Bis gegen Ende seines Lebens erkannte er nicht die Tiefe und Ernsthaftigkeit von Eliots Bekehrung zum Christentum, die einige Jahre vor der von Lewis stattfand, und sah auch nicht, wie viele seiner Überzeugungen über Kultur und Ethik Eliot teilte. (Lewis' *Die Abschaffung des Menschen* und Eliots *Notes Toward the Definition of Culture* und *The Idea of a Christian Society* sind fast gleichzeitig entstandene kulturkritische Werke, die über eine lange, lange Strecke denselben Weg einschlagen.) Es ist fast sicher, dass diese Missverständnisse auf schierer Unwissenheit beruhten: Während Lewis zwar einige der literaturkritischen Arbeiten von Eliot las und sehr negativ darauf reagierte, ist nicht klar, ob er die Gedichte überhaupt kannte – wenn er sich auch in Büchern und Briefen verächtlich über »The Love Song of J. Alfred Prufrock« äußert und *The Waste Land* in einem Brief von 1935 ein »höllisches Gedicht« nennt. Lewis hatte keine Ahnung, welche Absichten Eliot mit dem Schreiben dieses Gedichtes verfolgt hatte, und wusste ebenso wenig, dass Eliot selbst in den darauf folgenden fünfzehn Jahren zu einem starken Kritiker seiner früheren Werke geworden war und sich eine völlig neue Poetik und Richtung gegeben hatte. Dass Lewis aufgrund einer so dünnen Faktenlage solch harte Urteile aussprach – und dass er Eliots Bekehrung zum Christentum abtat, weil die *Art* von Christentum, die dieser annahm, der »Anglokatholizismus« war – ist wirklich sehr irritierend.

Tatsächlich geht es in weiten Teilen von *The Pilgrim's Regress* darum, Ideen abzulehnen, über die Lewis wirklich nicht viel weiß – oder die Bedeutung solcher Ideen zu übertreiben, von denen er etwas versteht. Wenn man von Hans' Abenteuern liest, könnte man meinen, die Anhänger des deutschen Philosophen Hegel stellten die führende philosophische Tradition zur Abfassungszeit des Buches dar. In Wirklichkeit war die »Dynastie von Green, Bradley und Bosanquet«, wie Lewis sie nennt – die »britischen Hegelianer«, wie sie in den Philosophiegeschichten heißen – eine rein auf Oxford beschränkte Dynastie und selbst dort (in den Augen vieler) bereits gestürzt, als Lewis als Student dorthin kam. Indessen beherrschten in Cambridge wirklich wichtige Gestalten wie Bertrand Russell, Alfred North Whitehead und Ludwig Wittgenstein die Szene – aber für die gibt es keinen Platz auf Hans' *Mappa Mundi*.

All dies (oder das meiste davon) erkannte Lewis später selbst, weshalb auch sein Vorwort von 1943 sich so entschuldigend anhört. Doch als er das Buch schrieb, versuchte er, sich selbst einen Weg zu bahnen, einen Weg für sein Denken und Schreiben. Durch all das Negative hindurch leuchten einige positive Festlegungen – Produkte seiner kürzlichen Erlebnisse, die auch für sein zukünftiges Denken von Bedeutung bleiben würden. Auf eine davon habe ich bereits hingewiesen, nämlich sein Tasten nach der allgemeinen christlichen Orthodoxie, wie sie von Mother Kirk repräsentiert wird. Doch vielleicht noch wichtiger für die Erzählung ist die zentrale Rolle des Freude-Erlebnisses. Hans' Pilgerreise beginnt mit seinen Versuchen, eine Sehnsucht zu befriedigen, die ihn immer dann überfällt, wenn er hinaus auf eine wunderschöne Insel blickt. Die meisten seiner späteren Schwierigkeiten resultieren daraus, dass er auf falschen Wegen versucht, das Verlangen zu befriedigen, das dieser Anblick in ihm erweckt. Besonders bedeutsam ist, dass sich aus den Missverständnissen über dieses Verlangen und der richtigen Reaktion darauf sowohl moralische als auch intellektuelle Irrtümer ergeben.

Vieles davon wird Hans durch Vater Geschichte offenbart, der ihm den großen Wert und die große Gefahr erklärt, die darin liegen, die Wahrheit (besonders die über den König) durch Bilder und Geschichten zu erkennen. Bilder sind gefährlich ohne »die Vorschriften«, also das Moralgesetz, das uns lehrt, wie wir jene Bilder interpretieren müssen. Wenn uns ein Blick auf ein verlockendes Bild zuteil wird – wie Hans' Blick auf die wunderschöne Insel – und wir nicht die Vorschriften haben, die uns leiten, versuchen wir »hartnäckig, das gleiche Bild immer wieder zu bekommen«, und wenn das nicht funktioniert, denken wir uns »nach und nach immer mehr Geschichten zu den Bildern aus« und behaupten dann, »sie seien wahr«. Freilich, erklärt Vater Geschichte, selbst wenn wir sowohl die Vorschriften als auch die Bilder besitzen – und somit viel besser dastehen als Leute, die nur das eine oder das andere haben – kann es sein, dass wir immer noch nichts wissen von »etwas Drittem ..., das weder Vorschrift noch Bild ist, sondern das der Sohn des Königs ins Land gebracht hat.« Dieses Dritte, das Evangelium, ist nun im Besitz von Mutter Chiesa: »Darum ist es weitaus am besten, wenn man von allem Anfang an Mutter Chiesa findet.« Doch dieses Glück hatten weder Hans noch Lewis, sodass wir in dem Buch durchweg sowohl die Kraft der »Bilder« als auch ihre Grenzen sehen können. Für den Rest seines Lebens würde Lewis sowohl Bücher über die Vorschriften als auch solche mit Bildern schreiben – doch beide Arten von Büchern sollten dazu dienen, Menschen zu dem »Dritten« hinzuziehen: dem Evangelium, das er endlich vom Sohn des Königs empfangen hatte.

Entscheidend für die Erzählung ist auch die Passage – gestaltet nach dem Kapitel in Bunyans *Pilgerreise,* in der Christ im Verlies der Zweifelsburg eingesperrt wird, der Behausung des Riesen Verzweiflung – in der Hans vom Zeitgeist gefangen genommen wird. Während seiner Gefangenschaft wird Hans gesagt, das Vorhandensein eines Verlangens deute nicht auf die Existenz, sondern auf die Nichtexistenz dessen hin, wonach man verlangt. (Weder Inseln noch Berge gebe es in Wirklichkeit, sagt man ihm.) Noch erschreckender ist, dass ihm eine Art Röntgenblick gewährt wird, der es ihm erlaubt, durch Menschen und Dinge hindurchzusehen – oder, um es mit Ramandus zu sagen, zu sehen, »woraus sie bestehen« – und man hält ihn dazu an zu glauben, dies sei identisch mit dem, was die Dinge wirklich *sind*. Etwas zu »durchschauen« heißt oft, es überhaupt nicht zu sehen – was nötig ist, ist eine Wiederherstellung der Unschuld des Auges, eines Auges, das mit Staunen sehen kann.

Hans lernt seine Lektionen gut und kommt am Ende seiner Geschichte zurück nach Hause – doch nun lebt er dort nicht in Furcht vor dem König, sondern in demütigem Gehorsam gegenüber den Lehren von Mutter Chiesa. Seine Geschichte endet damit, dass er »den Bach überquert« – also mit seinem Tod. Und das ist der Punkt, an dem seine Geschichte von der ihres Autors abweicht. Denn Lewis hatte noch viele Jahre zu leben. Was würde er mit ihnen anfangen?

Nun, es gab etliche Dinge, die seine Aufmerksamkeit und Kraft verlangten, unabhängig davon, was er vielleicht lieber getan hätte. Da waren Minto und Maureen und in einem gewissen Sinne auch Warnie, um die er sich kümmern musste. (Obwohl Maureen inzwischen über zwanzig war und als Musiklehrerin arbeitete, wohnte sie immer noch in The Kilns und blieb auch dort, bis sie 1940 einen Musiklehrerkollegen namens Leonard Blake heiratete.) Es waren Studenten zu betreuen und Freunde zu treffen. Und vor allem waren Bücher zu schreiben. Nachdem er so viel Zeit und Energie darauf verwandt hatte, sich eine literarische Laufbahn zu erkämpfen, kam in den späten 1930ern die Karriere zu Lewis, fast ohne dass er es wollte. *The Pilgrim's Regress* war nicht wirklich der Anfang, wenn es auch etwas erfolgreicher war als seine Gedichtbände. Stattdessen war es sein erstes akademisches Buch, *The Allegory of Love*, erschienen 1936 bei der Oxford University Press, das ihm eine Leserschaft eröffnete, die er nie wirklich gesucht oder sich vorgestellt hatte.

Für ein wissenschaftliches Erstlingswerk strahlt das Buch eine bemerkenswerte Sicherheit aus – aber das liegt vielleicht daran, dass ein

Jahrzehnt Arbeit darin steckt. (In seinem Erscheinungsjahr wurde Lewis achtunddreißig.) Indem es die Allegorie sowohl theoretisch als auch historisch untersuchte und die Traditionen der Liebesdichtung vom alten Rom bis zum mittelalterlichen Frankreich und weiter bis ins Italien der Renaissance und ins England am Anfang des siebzehnten Jahrhunderts miteinander verglich, nahm es sich ein enormes intellektuelles Territorium vor, und tat dies mit *sprezzatura*, wie jene Italiener es genannt hätten – der Kunst, eine außerordentlich schwierige Aufgabe so zu vollbringen, dass es ganz einfach aussieht. Der amerikanische Gelehrte Norman F. Cantor stuft *The Allegory of Love* in einem Überblick über die Leistungen der Mediävisten des zwanzigsten Jahrhunderts sehr hoch ein: Es sei ein »kühnes, originelles, bahnbrechendes« Buch, das »die transatlantische englischsprachige Welt der Mediävistik aufrührte und eine Menge Gutes bewirkte«.

Wir werden später noch ein wenig auf den Inhalt des Buches eingehen, doch im Augenblick möchte ich nur darauf hinweisen, dass dieses eine Buch C. S. Lewis als eine bedeutende Gestalt innerhalb der britischen intellektuellen Welt etablierte. Noch bevor es erschienen war, bedrängten Kollegen, die den Entwurf gelesen hatten, Lewis, er möge einen Band für die im Entstehen begriffene *Oxford History of English Literature* schreiben, und der rasche Erfolg der *Allegory* veranlasste den Verlag, eine Sammlung seiner wissenschaftlichen Aufsätze zu veröffentlichen, *Rehabilitations*. Wahrscheinlich hat es ihm sein Ruf als Wissenschaftler – und insbesondere sein Ruf, nicht nur ein zutiefst gelehrter Mann, sondern auch ein bemerkenswerter Stilist zu sein – leichter gemacht, bei den Verlagen ein offenes Ohr für die Veröffentlichung seines ersten Romans *Out of the Silent Planet* (1938; dt. *Jenseits des schweigenden Sterns*) zu finden, obwohl ihm dabei sicher auch die Fürsprache Tolkiens half, der kürzlich mit *Der kleine Hobbit* einen Überraschungserfolg erzielt hatte. Ein Verleger namens Ashley Sampson brachte den Lewis, der ein aufsteigender Oxforder Don war, mit dem Lewis zusammen, der *Out of the Silent Planet* geschrieben hatte, und lud ihn ein, ein Buch für eine Reihe unter dem Titel »The Christian

Challenge« zu schreiben, die er gerade vorbereitete. Daraus wurde dann Lewis' erstes apologetisches Werk, *The Problem of Pain* (1940; dt. *Über den Schmerz*). Fast unmittelbar danach folgte Lewis' erstes wahrhaft populäres Buch, *The Screwtape Letters* (1941; dt. *Dienstanweisung für einen Unterteufel*), die Korrespondenz eines fiktiven Teufels, und dann – weil J. W. Welch, der Direktor der Abteilung für religiöse Sendungen bei der BBC, von *The Problem of Pain* sehr beeindruckt war – die Radioansprachen, die ihn wirklich berühmt machten und später als *Mere Christianity* (dt. *Pardon, ich bin Christ*) gesammelt wurden.

Von nun an würde sich Lewis nie wieder Gedanken darüber machen müssen, ob er etwas veröffentlichen konnte; seine zukünftige Sorge würde es nur sein, zu entscheiden, auf welche der vielen Anforderungen an seine Zeit und seine Fähigkeiten er eingehen sollte. Als ein außergewöhnlich schneller Schreiber, der selten überarbeitete, konnte er mehr dieser Wünsche befriedigen, als es den meisten Schriftstellern gelungen wäre. In den zwei Jahrzehnten von 1936 bis 1956 veröffentlichte er mindestens vierundzwanzig Bücher (wenn man *Mere Christianity* als ein Buch zählt, statt als die drei schmalen Bändchen, in denen die Texte ursprünglich erschienen). Belastet von Überarbeitung im Beruf und zu Hause, einige Jahre lang beschäftigt mit der Aufgabe, sein Innenleben neu zu erfinden und seine Vorstellungskraft neu aufzuladen, begann Lewis Ende der 1930er-Jahre in atemberaubendem Tempo, die verlorene Zeit wieder aufzuholen. Beinahe über Nacht, so scheint es, erlangte er seine Reife als Christ und als Denker und begann sogleich damit, eine Reihe von Kerngedanken in verschiedenen Formen und Gattungen zu Papier zu bringen. Es war für ihn nichts Ungewöhnliches, einen Gedanken auf eine Weise in einem Science-Fiction-Roman, auf eine andere Weise in einem gelehrten Buch und wieder auf eine andere in einem christlich-apologetischen Werk darzustellen, und dann wieder auf noch andere Weise in einer der Narnia-Erzählungen. Diese Echos ergeben keine bloße Wiederholung, sondern eher eine Reihe eindrucksvoller Einsichten und Anliegen, die durch verschiedene Facetten des Erlebens gebrochen werden.

Dies ist der Punkt in Lewis' Leben, an dem eine starke Einheit des Bewusstseins, eine Zielstrebigkeit – oder das, was Owen Barfield seine »Geistesgegenwart« nannte (»Wann immer er etwas über irgendein Ding sagte, [waren] seine Gedanken über alle anderen Dinge dabei insgeheim gegenwärtig«) – ganz und gar charakteristisch für diesen Mann wurde, sodass man, wollte man seine Bücher eines nach dem anderen beschreiben, Gefahr liefe, in die Wiederholungen zu verfallen, die die Bücher selbst zu vermeiden vermochten. Deshalb ist eine organischere Behandlung seines Denkens und seines Werks angezeigt. Zum Glück war, wenngleich sein äußeres Leben merkwürdig gespalten war – viele Kollegen am College und an der Universität, die ihn sehr gut kannten, hatten keine Ahnung von seinem Leben mit Minto – sein intellektuelles Leben alles andere als das. Es war ein Segen für ihn, dass er einen Großteil seines Lebens in einer Umgebung zubrachte, in der sich seine verschiedenen Interessen und Leidenschaften vermischen und gegenseitig mit ihrem Licht erhellen konnten. Lewis war immerhin ein *Lehrer*: Der Hörsaal und die Tutorien waren die Umfelder, in denen viele seiner tiefsten Überzeugungen ausgebrütet wurden. Somit können wir in seinem Leben als Don am besten erkennen, wie jene unverkennbare »Geistesgegenwart« Gestalt gewann und in Schwung kam.

ACHT

»Glauben Sie, ich versuche einen Bann zu weben?«

Tatsache ist«, schrieb ein Freund von Lewis, »dass er das Lehren hasste.« Das kann kaum überraschen, wenn man bedenkt, wie verhasst ihm seine eigene Schulzeit war: Es hat eine gewisse Ironie, dass dieser junge Mann, der die Handlung seines zweiten Buches damit beginnen lässt, dass ein Schüler vor versammelter Klasse seinen Lehrer erschlägt, selbst zum Lehrer wird. Natürlich trifft es zu, dass er das Universitätsleben weitaus weniger mühselig fand als seine vorherige Schulzeit, doch für Jack Lewis waren auch gute Tutoren und gute Vorlesungen kaum mehr als notwendige Übel, insofern sie ihn von dem abhielten, was er immer am liebsten tat: Lesen und Schreiben.

Selbst seine hingebungsvollen Biografen Roger Lancelyn Green und Walter Hooper leugnen nicht Lewis' Abneigung gegen seinen Job, sondern weisen lediglich darauf hin, dass er seine Obliegenheiten treu erfüllte. Die Tutorien waren es, die er am meisten verabscheute: jene endlose Reihe von Studenten, die schlampige oder unausgegorene oder fantasielose Essays herunterleierten. Viele ehemalige Studenten von Lewis haben seinem Geschick und seinem Engagement als Tutor hohen Tribut gezollt – einer von ihnen, Derek Brewer, der später ein angesehener Mediävist wurde, sagte sogar: »Viele seiner Studenten wurden auf die eine oder andere Art Lehrer, und alle, oder zumindest die meisten, wurden seine Freunde« – und das ist umso bemerkenswerter, wenn man bedenkt, dass die Tutorenschaft für ihn eine Plackerei war, an der er kein Vergnügen hatte. Noch weniger konnte er es leiden, als externer Prüfer in anderen Institutionen herangezogen zu werden, da das mit sich brachte, dass er turmhohe Stapel von Arbeiten korrigieren musste, geschrieben von Leuten, denen er nie begegnet war, doch er tat es in etlichen Sommern, um sein relativ mageres Einkommen als Don etwas aufzubessern. (Tolkien tat dasselbe.)

Am Halten von Vorlesungen scheint Lewis zumindest ein wenig Freude gehabt zu haben. Jedenfalls verwendete er eine Menge Mühe darauf, zu einem möglichst mitreißenden Dozenten zu werden. Ich habe schon erwähnt, dass er sich gleich von Beginn seiner Tätigkeit an vornahm, Vorlesungen nach Notizen zu halten, statt sie vorzulesen, wie es die meisten Dons taten. Tolkien zum Beispiel war dafür berüchtigt, seine Vorlesungen in einem schnellen Genuschel vorzulesen, meistens in Richtung Fußboden, und nur dann lauter und deutlicher zu sprechen, wenn er angelsächsische Dichtung rezitierte. Lewis dagegen hatte eine dröhnende Stimme – Baumbarts »Hum, hum« in *Der Herr der Ringe* ist sein Widerhall – und machte guten Gebrauch davon. Seine Studenten staunten meist zuerst über sein Aussehen: Er trug alte Tweed-Jacketts, bis sie auseinanderfielen, behielt bis in seine Fünfziger hinein Mäntel, die er von Albert geerbt hatte, und erinnerte mit seiner roten Gesichtsfarbe und seiner herzhaften Art viele Studenten an einen Lebensmittelhändler oder Metzger. Doch seine Stimme nahm sie bald gefangen. Von Ulster war nicht mehr viel darin zu spüren – schon 1928 schrieb er seinem Vater beiläufig von seinem »südenglischen Akzent« und 1944 konnte er sagen, er habe versucht, seinen nordirischen Akzent zu behalten, aber es sei ihm nicht gelungen – vielleicht mit Ausnahme der R's, die er gern kräftig rollte. Wenn ich mir die Aufnahme anhöre, die gegen Ende seines Lebens von seinem Buch *The Four Loves* (dt. *Was man Liebe nennt*) gemacht wurde, hört sich der Akzent eigentlich recht sonor an. Aber es war eine tiefe und außerordentlich kräftige Stimme, und sie fesselte seine Zuhörer, sei es in Hörsälen, Kirchen oder Wohnzimmern, wenn im Radio seine »Broadcast Talks« übertragen wurden.

(Als das Magazin *Time* 1947 einen Artikel über Lewis veröffentlichte – über die Berühmtheit, die zu diesem Artikel führte, werden wir im nächsten Kapitel sprechen – wurde er zunächst beschrieben als »ein kleiner, untersetzter Mann mit rotem Gesicht und mächtiger Stimme«, doch seine Freunde beschrieben ihn regelmäßig als einen »kräftigen« und sogar »großen« Mann. Und in einem Brief, den er 1954 an einige amerikanische Schulkinder schrieb, sagte er, er sei »groß, dick, ziemlich kahl, habe ein rotes Gesicht, ein Doppelkinn, schwarze Haare«, und fügte hinzu, er habe eine tiefe Stimme und trage eine Lesebrille. Angesichts all dessen kann vielleicht eine weniger detaillierte, aber dafür wissenschaftlichere Quelle die Verwirrung auflösen: Als Lewis im April 1917 zum Oxford University Officers' Training Corps stieß, wurde er gemustert, und den Unterlagen zufolge maß er knapp einen Meter achtundsiebzig und wog etwa 82,5 Kilogramm. Damit war er also tatsächlich zwar nicht ungewöhnlich groß, aber doch größer und schwerer als der Durchschnitt der Männer, sowohl in Amerika als auch in Europa. *Time* hat sich geirrt.)

Als die Beliebtheit seiner Vorlesungen zunahm (und das Tempo, mit dem sie zunahm, steigerte sich, als er als Fürsprecher des Christentums bekannt wurde), kamen die Studenten nicht nur in Scharen in seine Vorlesungen, sondern nutzten auch jede Gelegenheit, vorher oder hinterher mit ihm zu sprechen. Darum entwickelte Lewis – der es ohnehin hasste, Fragen zu beantworten – die Strategie, erst in der allerletzten Minute zu erscheinen und manchmal sogar noch im Flur mit seinem Vortrag zu beginnen, sodass er schon in voller Fahrt war, wenn er den Saal betrat, und dann, wenn die Zeit zu Ende ging, seine Unterlagen zusammenzupacken, während er noch redete, und zum Ausgang zu gehen, um seinen letzten Satz zu deklamieren, während er den Saal verließ. Wenn seine pflichtbewusste Zuhörerschaft damit fertig war, sich die Weisheitsperlen des großen Mannes zu notieren, war er schon längst über alle Berge.

Wie er Leo Baker schrieb, war er zu diesem Zeitpunkt »vor allem Mediävist«, und am bekanntesten war er für seine Vorlesungen unter den Titeln »Prolegomena zur mittelalterlichen Literatur« und »Prolegomena zur Literatur der Renaissance«. Lange bevor er daran dachte, das Christentum zu verteidigen, verteidigte er – in Artikeln, in Vorlesungen und in einem Buch – die Schönheit und Weisheit der vormodernen Literatur Europas. Diese Verteidigung erforderte es, dass er den »chronologischen Snobismus« ausmerzte, wie er es nannte: das unkritische »Annehmen des intellektuellen Klimas, das in unserer eigenen Zeit verbreitet ist, und die Annahme, dass alles, was nicht mehr aktuell ist, aus diesem Grunde diskreditiert sei«. Er wusste, dass diese Tendenz unter den Studenten stark vertreten war, denn er selbst war in seinen Studentenzeiten intellektuell wesentlich davon geprägt gewesen; erst durch seine Freundschaft mit Barfield war ihm aufgegangen, wie unverzeihlich denkfaul diese Art von »Snobismus« tatsächlich ist. Barfield lehrte ihn einen neuen Katechismus: »Man muss herausfinden, warum [etwas, was man früher allgemein glaubte] nicht mehr aktuell ist. Wurde es je widerlegt (und wenn ja, von wem, wo und wie schlüssig) oder kam es einfach aus der Mode? Ist das Letztere der Fall, so sagt uns das nichts darüber, ob es wahr oder falsch ist.« Und wenn schon ein so belesener Student wie Jack Lewis, der vom Temperament her »alte Bücher« liebte, wie er sie schlicht nannte, einen solchen Katechismus brauchte, dann hatte ihn der Durchschnitt der Oxforder Studenten noch dringender nötig. Das vergaß Lewis nie.

Das Erste, was einer angemessenen Wertschätzung für »alte Bücher« entgegensteht, ist dieses verbreitete Versäumnis zu verstehen, das auch unsere eigene Welt nur eine »Periode« in der Geistesgeschichte ist, in der vielerlei als selbstverständlich vorausgesetzt wird, was spätere Generationen absurd finden werden. Es ist sicher, dass jene späteren Generationen auf die von uns verachteten oder verhöhnten Vorfahren zurückblicken und zu dem Schluss kommen werden, dass sie viele Dinge richtig sahen, die wir falsch sehen. (Und sagen wir manchmal nicht sogar selbst, dass es im alten Griechenland oder Rom oder China oder Indien Weisheit gab, die die moderne westliche Welt vernachlässigt oder vergessen hat?) Doch diese Lektion zu lernen ist sehr schwer in einer Zeit, die glaubt, ihre rasche technische Entwicklung sei automatisch mit ebensolchen Fortschritten bei der Ethik und der Weisheit verbunden. Lewis war nicht einmal davon überzeugt, dass technische Veränderungen immer den Namen »Fortschritt« verdienten – seiner Meinung nach waren Knöpfe viel besser geeignet als Reißverschlüsse, um seinen Hosenschlitz geschlossen zu halten, und er tauchte bis zum Ende seiner Tage eine Feder in ein Tintenfass ein – und gegenüber jedem Anspruch, wir seien unseren Vorfahren moralisch überlegen, war er von Grund auf skeptisch. In seinem ersten Buch christlicher Apologetik, *Über den Schmerz*, verweist er auf die Neigung menschlicher Kulturen zur »Einseitigkeit in der Entwicklung der Ethik«: Sie haben ihre »bevorzugten Tugenden« und ihre »seltsamen Verständnislosigkeiten« gegenüber anderen Tugenden. Warum sollte es in unserer Zeit anders sein? Oder glauben wir vielleicht, die »bevorzugte Tugend« unserer Zeit, die Lewis in der »Menschlichkeit« sieht, obwohl er bald darauf zu »Selbstlosigkeit« als besseres Wort dafür übergeht – sei eine *solch* hohe Tugend, dass »Gott ... deshalb sehr wohl zufrieden mit uns sein« könnte? Wer dazu neigt, das zu denken, dem rät Lewis: »Frage dich selbst, ob du auch der Meinung bist, Gott hätte zufrieden sein können mit der Grausamkeit grausamer Zeitalter, weil sie sich durch Tapferkeit und Keuschheit auszeichneten. ... Wenn du bedenkst, wie die Grausamkeit unserer Vorfahren sich in unsern Augen ausnimmt, magst du eine Ahnung davon bekommen, wie unsere Weichlichkeit, Weltlichkeit und Furchtsamkeit sich in ihren Augen angelassen haben mag – und wie demnach beide in Gottes Augen sich darstellen mögen.«

(Wenn man sich den letzten Absatz anschaut, sieht man sogleich, dass die Verteidigung alter *Bücher* und alter *Gedanken* für Lewis sehr eng mit manchen alten *Überzeugungen* zusammenhing – besonders solchen in Bezug auf Gott und das Wesen der Schöpfung Gottes. Seine Studenten sagten immer wieder, er habe in seinen Vorlesungen und Tutorien nie versucht, ihnen seinen christlichen Glauben nahezubringen oder gar aufzudrängen, doch es kann Lewis' Aufmerksamkeit – oder auch der seiner wacheren Studenten – nicht entgangen sein, dass er, indem er die Grundlagen für die Wertschätzung der Literatur des Mittelalters und der Renaissance legte, zugleich insgeheim auch manche der Hindernisse aus dem Weg räumte, die einer Wertschätzung der *Religion* jener Zeiten im Wege standen – die nun einmal das Christentum war. Sicherlich ist *Über den Schmerz* keine Universitätsvorlesung, sondern ein offenes christliches Buch, doch Lewis wandte in vielen verschiedenen Situationen die gleichen rhetorischen Techniken an.)

Die großen Bücher der Vergangenheit können also, wenn wir sie richtig und sorgfältig lesen, Spiegel sein, in denen wir die Sünden und Beschränkungen unserer eigenen Periode erkennen. Und wenn wir sie erst einmal erkennen, beginnen wir vielleicht auch, etwas gegen sie zu tun. In *The Discarded Image*, einem Buch, das erst nach Lewis' Tod veröffentlicht wurde, aber größtenteils aus den Mitschriften der »Prolegomena«-Vorlesungen besteht, zeichnet er die Umrisse des mittelalterlichen »Modells« des Universums – seiner Struktur, seiner Bewohner, seiner Geschichte – und schreibt dann in einem Nachwort:

> Ich habe nicht ernsthaft versucht, die Tatsache zu verbergen, dass mir das alte Modell gefällt, so wie ich glaube, dass es unseren Ahnen gefallen hat. Nur wenige Konstrukte der Vorstellungskraft scheinen mir in demselben Maße Pracht, Nüchternheit und Schlüssigkeit miteinander verbunden zu haben. Möglicherweise juckt es manche Leser schon lange, mich daran zu erinnern, dass es einen schwerwiegenden Fehler hatte: Es stimmte nicht.
> Dem pflichte ich bei. Es stimmte nicht.

Doch nachdem er diesen Punkt zugestanden hat, beharrt Lewis darauf, dass wir das Modell dennoch nicht einfach abtun können. Denn wir wissen heute – unter anderem dank der Entwicklung der Quantenphysik, die zeigt, dass die Newtonschen Gesetze, die für die für uns sichtbare Welt durchgängig gültig sind, auf der subatomaren Ebene überhaupt nicht gelten – dass also auch unser eigenes Modell nicht einfach und eindeutig »stimmt«: Unser Verständnis der Natur ist nach wie vor ein »Modell«, nicht einfach nur eine Sammlung von Fakten. »Wir können den Wechsel der Modelle nicht mehr als einen schlichten Fortschritt vom Irrtum zur Wahrheit abtun. Kein Modell ist ein Katalog letzter Wirklichkeiten, und keines ist bloße Fantasie.«

Was Lewis hier sicherlich nicht sagen will, ist, dass der Übergang von dem Glauben, die Sonne drehe sich um die Erde, zu dem Glauben, die Erde drehe sich um die Sonne, ein bloßes soziales Konstrukt sei, das revidiert werden müsse, sobald sich die Mode in unserer Denkweise wieder ändert. Nein, er sagt, als wir den Geozentrismus verwarfen, da verwarfen wir zugleich eine Menge anderer Überzeugungen, weil sie ebenfalls Teil jenes Modells waren – aber nicht alle diese Überzeugungen sind auf solche Weise widerlegt worden wie der Geozentrismus. Wir neigen dazu anzunehmen, wenn unsere Vorfahren sich in diesem Punkt so sehr irrten, müssten sie sich in jedem anderen Punkt ebenso geirrt haben; und weiter nehmen wir an, dass sie allem widersprochen hätten, woran wir heute glauben. So ist zu hören, jemand, den wir den »Menschen des Mittelalters« nennen, habe geglaubt, die Welt sei flach (was nicht stimmt). Oder wir sagen, unsere Ahnen hätten geglaubt, dass die Sonne sich um die Erde dreht, weil sie in ihrer Naivität und Arroganz sich selbst für die wichtigsten Wesen im Universum hielten (was ebenfalls nicht stimmt*). Wie sich herausstellt, ist es viel leichter, weiterhin zu glauben, was jeder um uns her glaubt, wenn wir die Überzeugungen unserer Vorfahren ignorieren oder verfälscht wiedergeben.

1940 begann Lewis eine Reihe fiktiver Briefe eines Dämons namens Screwtape an seinen Schüler, einen Versucher in Ausbildung namens Wormwood, zu schreiben. Verrät uns diese höllische Szenerie etwas darüber, wie Lewis sein Dasein als Tutor in Wirklichkeit empfand? Zumindest verrät sie uns, dass die didaktische Rolle ihm leicht fiel – auch wenn er sie zum Zwecke dieses Buches auf den Kopf stellte, indem er

---

* »Die zentrale Stellung hatte nicht auf eine Vorrangstellung verwiesen«, schreibt Lewis in seiner Geschichte der englischen Literatur des sechzehnten Jahrhunderts. »Im Gegenteil, sie hatte auf … ›das unterste Stockwerk des Hauses‹ verwiesen, den Punkt, an dem all das Licht, die Wärme und die Bewegung, die aus den erhabeneren Sphären herabkamen, zu Dunkelheit, Kälte und Passivität erstarben.« Deshalb empfanden die Menschen jener Zeit, als sie sich das alternative kopernikanische Modell zu eigen machten, wahrscheinlich weniger Verlegenheit oder ein Gefühl des Abstiegs als vielmehr ein »Aufatmen« – wir sind doch nicht so verwahrlost, wie wir gedacht hatten.

das Gute zum Schlechten und das Schlechte zum Guten werden ließ, »Unseren himmlischen Vater« durch »Unseren Vater in der Tiefe« und die »Schau der Seligkeit«, nach der christliche Mystiker streben, durch eine »Schau der Unseligkeit« von den Tiefen der Hölle und ihrem teuflischen Hausherrn ersetzt. (Nicht alle Leser des *Guardian* – der anglikanischen Wochenzeitschrift, in der die Briefe erstmals erschienen – verstanden den Witz: Ein Geistlicher kündigte in einem Brief sein Abonnement der Zeitschrift mit der Begründung, Screwtapes Ratschläge seien »nicht nur Irrtümer, sondern regelrecht diabolisch«.)

Die Dämonen selbst sind auch eine Art Lehrer, und aus Screwtapes Sicht sogar sehr erfolgreich als solche. Besonders stolz ist er auf ihre Fähigkeit, ihren »Patienten« – wie er die Menschen nennt, die ihrer Versucherkunst anbefohlen sind – ein Gedankensystem beizubringen, dessen große Verbreitung Lewis' seinen Job erheblich erschwerte. Screwtape nennt dieses System »historische Betrachtungsweise«. »Nur die Gelehrten lesen alte Bücher«, prahlt er gegenüber Wormwood, »und wir haben die Gelehrten nun so behandelt, dass bei ihnen unter allen Menschen die Wahrscheinlichkeit, dass sie daraus Weisheit schöpfen, am geringsten ist. Das haben wir erreicht, indem wir ihnen die historische Betrachtungsweise eingeimpft haben. Die historische Betrachtungsweise, kurz gefasst, bedeutet, dass ein gelehrter Mensch, wenn er bei einem antiken Autor auf eine Aussage stößt, eine Frage niemals stellt: nämlich ob die Aussage wahr ist.« Stattdessen fragt der Gelehrte nur danach, wer diesen antiken Autor beeinflusst hat, beschreibt, wie »die eigenen Kollegen des Gelehrten« den Autor missverstanden haben und so weiter. »Den antiken Autor als mögliche Quelle der Erkenntnis zu betrachten – in Betracht zu ziehen, dass das, was er gesagt hat, möglicherweise das eigene Denken oder Verhalten verändern könnte –, das würde man als unsäglich einfältig zurückweisen.«

Die historische Betrachtungsweise ist eines der wesentlichen Mittel, mit denen wir uns von der möglichen Weisheit unserer Vorfahren abschotten. Ein anderes ist die Denkweise, die Lewis humorvoll »Bulverismus« nennt, nach ihrem imaginären Begründer Ezekiel Bulver,

> dessen Schicksal seinen Lauf nahm, als er im Alter von fünf Jahren seine Mutter zu seinem Vater – der behauptet hatte, zwei Seiten eines Dreiecks seien zusammen länger als die dritte – sagen hörte: »Ach, das sagst du ja nur, *weil du ein Mann bist.*«
> »In diesem Moment«, so versichert uns E. Bulver, »erstrahlte vor meinem aufblühenden Geist die große Wahrheit, dass die Widerlegung kein notwendiger Bestandteil einer Beweisführung ist. Gehen Sie davon aus, dass Ihr Gegner sich irrt, und erklären Sie dann seinen Irrtum, und die Welt wird Ihnen zu Füßen liegen. Versuchen Sie dagegen zu beweisen, dass er sich irrt, oder gar (noch schlimmer) herauszufinden, ob er sich irrt oder recht hat, und die landesweite Dynamik unserer Zeit wird Sie an die Wand drängen.« So wurde Bulver zu einer der prägenden Gestalten des zwanzigsten Jahrhunderts.

In derartigen Texten liefert Lewis eine schneidende Kritik dessen, was Marxisten »Ideologie« nennen, also des Systems aus Überzeugungen, die in der jeweiligen Kultur als so selbstverständlich genommen werden, dass kaum noch jemand merkt, dass sie *Überzeugungen* sind – man behandelt sie als unbezweifelbare Tatsachen. Lewis war außerordentlich geschickt darin, ideologische Kräfte und ihren titanischen Einfluss auf uns zu entlarven, doch dafür bekommt er von seinen intellektuellen Zeitgenossen kaum jemals Anerkennung, denn es sind ja zumeist *ihre* geheiligten Überzeugungen, die er entlarvt. Statt ihn also für seinen Scharfblick zu preisen, nennen sie ihn »reaktionär« oder »viktorianisch« – also genauso, wie Bulveristen oder chronologische Snobs ihn angesichts ihrer Prämissen nennen müssen.

Denn wer jemanden »reaktionär« oder »viktorianisch« nennt, der sagt damit überhaupt nichts über die Gültigkeit (die Wahrheit) der Standpunkte, die dieser Jemand vertritt. Und genau das ist auch der diabolische Zweck des Bulverismus und der historischen Denkweise: dem Hirn die Frage nach Wahrheit oder Irrtum auszutreiben. Schon in seinem ersten Brief an Wormwood erinnert Screwtape seinen Neffen daran, dass sein Patient »eine Lehre … nicht in erster Linie als ›wahr‹ oder ›falsch‹ [betrachtet], sondern als ›akademisch‹ oder ›pragmatisch‹ oder ›fortschrittlich‹ oder ›konventionell‹ oder ›radikal‹. Nicht Argumente, sondern Jargon ist dein bester Verbündeter, wenn es darum geht, ihn von der Kirche fernzuhalten. Verschwende Deine Zeit nicht damit, ihm einreden zu wollen, der Materialismus sei *wahr*! Rede ihm ein, er sei stark oder illusionslos oder mutig – er sei die Philosophie der Zukunft. Das sind die Dinge, die ihm wichtig sind.« Und das sind die Dinge, betont Screwtape, über die er nachdenken *sollte*. Screwtape ist stolz darauf, wie weit seine Gleichgültigkeit gegenüber der Wahrheit schon in die Kirche selbst eingedrungen ist: »Erst heute wieder fand ich bei einem christlichen Autor einen Abschnitt, in dem er seine eigene Version des Christentums mit der Begründung empfiehlt, nur ein solcher Glaube könne ›den Tod alter Kulturen und die Geburt neuer Zivilisationen überdauern‹. Siehst du den kleinen Durchschlupf? ›Glaube dies, nicht weil es wahr ist, sondern aus irgendeinem anderen Grund.‹ Das ist der Trick.«

Und ist ein Trick, den Screwtape und seine Kollegen sehr erfolgreich angewendet haben. Was Lewis mehr zu interessieren scheint als jeder andere Aspekt an dieser Situation ist die Art und Weise, wie Leute, wenn sie erst einmal zu einer systematischen Missachtung von Wahrheit und Falschheit indoktriniert sind, manchmal überhaupt nicht mehr fähig sind, den Unterschied zu erkennen, selbst wenn er ihnen vorbuchstabiert wird: Sie eignen sich eine (zumindest fast) *unbesiegbare* Ignoranz an. So hat auch Mark Studdock in *Die böse Macht* – einem Roman, mit dem Lewis bald nach der *Dienstanweisung für einen Unterteufel* begann – gegen den dichten Nebel »progressiver« und technokratischer Rhetorik von den Führern des N. I. C. E. kein Mittel der Gegenwehr:

> Man muss sich vergegenwärtigen, dass in Mark kaum eine Spur edlen Denkens, weder christlicher noch materialistischer Färbung, eine feste Verankerung hatte. Seine Bildung war weder naturwissenschaftlich noch humanistisch geprägt, sondern nur »modern«. Die Strenge logischer Abstraktion und die Erhabenheit der geisti-

gen Tradition waren ihm gleich fremd, und er besaß weder Bauernschläue noch aristokratisches Ehrgefühl, die ihm hätten helfen können. Er war ein Strohmann, ein zungenfertiger Prüfling in Fächern, die nicht viel exaktes Wissen erfordern (in Essays und allgemeinen Abhandlungen war er immer gut gewesen) …

Wir können eine Menge über die Kraft und Stoßrichtung von Lewis' Kritik lernen, indem wir auf zwei Kleinigkeiten achten: (1) Mark ist von Beruf Soziologe, und (2) das N. I. C. E. setzt ihn zum Schreiben von Leitartikeln für Zeitungen ein. Wo finden rhetorische Floskeln ohne Rücksicht auf Wahrheit oder Falschheit eine sichere Heimat? In den »weichen« Gesellschaftswissenschaften und im Journalismus (meint zumindest Lewis).

Man beachte, dass Lewis hier eindeutig nicht gegen die Wissenschaft selbst schießt, sondern gegen die Pseudowissenschaft: eine »moderne« Bildung, die sich in wissenschaftliche Sprache kleidet, ohne sich der »Strenge« der wissenschaftlichen Methode zu unterwerfen.* Eine ziemlich komische – wenn auch am Ende fast tragische – Version dieser Rhetorik gibt Onkel Andrew in *Das Wunder von Narnia* von sich. Obwohl Andrew der »Zauberer« aus dem Originaltitel (*The Magician's Nephew*) ist, ähnelt er mehr einem verrücktem Wissenschaftler: Obgleich er Ringe mit Zauberkräften geerbt hat und ein paar Kenntnisse über die Geschichte der Zauberei besitzt, nennt er seine Arbeit mit den Ringen »Experimente« und spricht davon, seine Ideen zu »testen«. Er hat sogar Meerschweinchen. Diese Vermengung von Magie und Wis-

* Obwohl ich sage, dass Lewis nicht gegen die Wissenschaft, sondern gegen die Pseudowissenschaft war, muss ich dennoch an eine Szene aus Tom Stoppards großartigem Stück Arcadia (London: Faber, 1995) denken, in der ein englischer Don namens Bernard Nightingale eine Tirade gegen einen nichts Böses ahnenden Wissenschaftler loslässt: »Wie habt ihr Leute es geschafft, uns unseren ganzen Status abzujagen? Das ganze Geld? Und warum seid ihr so zufrieden mit euch?« Man kann vermuten, dass ähnliche Fragen zumindest in Lewis' Hinterkopf stecken, da er eben in der Zeit lebte, in der die Naturwissenschaftler den Fürsprechern einer klassischen Bildung den »ganzen Status« und das »ganze Geld« abjagten.

senschaft spielt in Lewis' Denken eine zentrale Rolle, wie wir bald sehen werden, doch im Moment möchte ich unterstreichen, was Onkel Andrews Jahre als Zauberer ihm einbringen, als er plötzlich mit *echter* Magie konfrontiert wird.

Erstens ist die magische (wenn auch höllische) Macht der Kaiserin Jadis, die Digory und Polly versehentlich mit in unsere Welt bringen, für ihn unsichtbar. Während Digory, als er die beiden zusammen sieht, sofort erkennt, wer was ist – »*Der* und ein Zauberer! Dass ich nicht lache. Aber *sie*, das ist etwas anderes« – kommt Onkel Andrew nie über eine Art kopflose und panische Schwärmerei hinaus. Sie ist für ihn ein »höchst distinguierter Gast« und natürlich, mit den letzten Worten des Buches, »ein prachtvolles Weib«. Nicht nur ihre gigantische Körpergröße scheint er völlig zu übersehen, noch blinder ist er (womöglich) für ihre *libido dominandi*, ihren überwältigenden Willen zur Macht: Es ist, als könnte er nicht einmal hören, wie sie von ihrer Entschlossenheit spricht, unsere Welt zu beherrschen oder, wenn das misslingen sollte, sie völlig zu zerstören, wie sie auch ihre eigene Welt Charn zerstört hat. Für Onkel Andrew ist diese schreckenerregende Riesin, die selbst in unserer Welt, wo ihre Kräfte stark vermindert sind, Tiere in den Wahnsinn treiben und mit bloßen Händen Eisenstangen von Laternenpfählen abbrechen kann, nichts als »ein prachtvolles Weib« – ein bisschen gefährlich vielleicht, aber auf eine erotische Art. Das Schlimmste, was er zu ihr sagen kann, ist, sie habe bei einem gemeinsamen Restaurantbesuch »mit [i]hrem Verhalten und [i]hrer Konversation die missbilligende Aufmerksamkeit aller Anwesenden auf sich« gezogen.

Und wenn er für ihre Präsenz blind und für ihre Worte taub ist, welche Hoffnung gibt es dann für ihn, zu verstehen, was geschieht, als er in Narnia Zeuge der Erschaffung jener Welt wird? Die tadelnden Worte, die ich gerade zitiert habe, sagt er just in dem Moment, in dem Aslan durch seinen Gesang Narnia ins Dasein ruft, und obwohl der Droschkenkutscher ihn ermahnt: »Jetzt heißt es erst mal hingucken und hinhören, nicht immerzu reden«, kann Onkel Andrew weder sehen noch hören. Als das Bruchstück der Londoner Straßenlaterne in der Erde Narnias Wurzeln schlägt und zu wachsen beginnt, nimmt er nichts von Aslans schöpferischer Magie wahr – schließlich ist sein »Modell« ja auch eher pseudowissenschaftlich als magisch – sondern er ruft nur aus: »In diesem Land stecken unbegrenzte kommerzielle Möglichkeiten.« Und da ein Löwe offenkundig unmöglich singen kann, gibt sich Onkel Andrew,

> je länger und schöner der Löwe sang, desto mehr Mühe ..., sich einzureden, er höre nichts außer Gebrüll. Nun, wenn man versucht, sich dümmer zu machen, als man wirklich ist, dann hat das den Nachteil, dass einem das sehr oft auch gelingt. So war es bei Onkel Andrew. Bald hörte er in Aslans Gesang nichts als Gebrüll. Und bald hätte er gar nichts anderes mehr hören können, selbst wenn er gewollt hätte. Und als dann schließlich der Löwe sprach und sagte: »Erwache, Narnia«, da hörte er auch keine Worte; er hörte nur ein Fauchen.

Bald hätte er gar nichts anderes mehr hören können, selbst wenn er gewollt hätte. Das ist die Tragödie von Onkel Andrew, wie es auch die Tragödie von Weston und Devine in Lewis' erstem Science-Fiction-Roman *Jenseits des schweigenden Sterns* ist. Nachdem diese beiden Wissenschaftler all die Mühe auf sich genommen haben, zum Mars zu reisen – dessen wirklicher Name, berichtet Lewis, Malakandra lautet – können sie einfach nicht begreifen, dass die Geschöpfe, die sie dort vorfinden, über ein Bewusstsein verfügen, mehr Bewusstsein als Weston und Devine selbst sogar. Sie sind unfähig zu dem sorgfältigen Hingucken und dem aufmerksamen Hinhören, durch das sie die Gegenwart der *Eldila* (engelähnlicher Geister) und des Oyarsas (des Geistes, der den Planeten regiert) wahrnehmen könnten. Sie hüpfen einfach nur über die Malakandrier herum wie Narren und schreien auf Pidgin-Englisch auf sie ein wie tropenhelmbewehrte viktorianische Forscher. Die Satire wird hier ein bisschen zu platt, aber die Aussage ist mehr als berechtigt.

Ebenso verkünden die Zwerge in *Der letzte Kampf*, wie schon gesehen, so beharrlich und wiederholt, dass »die Zwerge für die Zwerge« seien – sie lehren sich selbst so gründlich – dass sie sich selbst nicht nur unfähig machen, Aslans Gaben zu empfangen, sondern sogar überhaupt zu erkennen, dass jemand ihnen etwas schenkt:

> »Na, wenigstens ist jetzt Schluss mit dem Humbug. Wir haben uns von niemandem anführen lassen. Die Zwerge sind für die Zwerge.«
> »Seht ihr«, sagte Aslan. »Sie wollen sich nicht von uns helfen lassen. Gerissenheit ist ihnen lieber als Glaube. Ihr Gefängnis ist nur in ihren eigenen Köpfen, doch in diesem Gefängnis sitzen sie fest; und sie fürchten sich so sehr davor, angeführt zu werden, dass sie nicht herausgeführt werden können. Aber kommt, Kinder. Ich habe noch mehr zu vollbringen.«

Falls wir in Versuchung sind, die Zwerge komisch zu finden, sollten wir vielleicht an ihre genauen Entsprechungen in *Die große Scheidung* denken, die schrecklichen Gespenster. Dieses Buch – mit dem Lewis unmittelbar nach der Fertigstellung von *Die böse Macht* begann, wenngleich er schon seit über einem Jahrzehnt über sein Thema nachgedacht hatte – ist wie die *Dienstanweisung* eine »theologische Fantasie«. Darin nimmt sich Lewis eine moderne Erzählfassung einer merkwürdigen, aber uralten Vorstellung vor, die Christen bisweilen gehegt haben: die des *Refrigeriums*, einer Art Urlaub für die Verdammten. Diese Vorstellung scheint ihren Ursprung in dem Gedanken zu haben, Jesus habe durch die Kraft seiner Auferstehung für die Bewohner der Hölle jährlich zu Ostern einen »freien Tag« erwirkt. In Lewis' Fantasie dagegen haben die Leute (oder Gespenster, besser gesagt), die eine schmutzige, düstere Stadt hinter sich lassen und in einem fliegenden Bus in ein viel helleres Land reisen, die Chance, dort zu bleiben und etwas viel Wirklicheres als Gespenster zu werden – zu lernen, wenn auch nach langer Zeit und unter großer Mühe, wie man im Himmel lebt.

Die meisten von ihnen jedoch wollen ihr Gespensterwesen nicht aufgeben. Sie beharren darauf, lieber sie selbst – oder was sie »sie selbst« nennen – bleiben zu wollen, und sei es in der Hölle, als ihre Identitäten – oder was sie ihre Identitäten nennen – aufzugeben, um den Himmel zu erlangen. Verbindet man diese Geschichte mit dem eben angeführten Auszug aus *Der letzte Kampf*, so sieht man, dass dies für Lewis genau das ist, was unser Zeitalter, unsere »Periode«, typischerweise hervorbringt: Gespenster und Zwerge. Sie können in der Gestalt heruntergekommener viktorianischer Gentlemen wie Onkel Andrew auftreten oder als intelligente junge Soziologen wie Mark Studdock, aber letzten Endes sind sie (moralisch und geistlich) winzig und geisterhaft, viel kleiner und eingeengter, als es ihrer Bestimmung entspricht, und viel substanzloser. Ihr perfekter Repräsentant ist vielleicht eines der Gespenster in *Die große Scheidung*, der zugleich ein Zwerg ist: Er projiziert ein falsches Bild seiner selbst, eine traurig-komische Gestalt, die der Erzähler den »Tragöden« nennt und der längst über ihn hinausgewachsen ist und ihn sogar verdrängt hat. Auf der Erde war dieser Zwerg gar kein Zwerg, sondern ein Mann namens Frank Smith, jetzt ist er eine winzige Kreatur am Ende einer Kette, schweigsam und nebelhaft: Der Tragöde, den er als sein fiktives Selbstbild projiziert, ist derjenige, der das Wort führt, der Tragöde, der groß ist und als wirklich *erscheint*. (Doch als sie der »hohen Frau« begegnen – einer großen Heiligen, die einst Sarah Smith hieß und mit Frank Smith verheiratet war – ignoriert diese den Tragöden und spricht immer direkt den Zwerg an.)

Wenn er in den Hörsälen Oxfords vor seinen begierigen Zuhörern stand mit seinem fröhlichen Metzgergesicht, das über der schwarzen Robe schwebte, hämmerte er ihnen seine Botschaft ein: Unser Modell – das Modell der Moderne – macht das Universum schweigsam und nebelhaft, und wir werden ihm darin immer ähnlicher. Es lässt die Reichweite menschlichen Handelns schrumpfen, indem es allem Heldenhaften und Edlen misstraut oder es abwertet; entsprechend schrumpfen auch wir. Ja, wir projizieren dieses großartige Bild des Fortschritts vor uns her, mit dem wir uns trösten, aber es ist nur ein Bild. Dennoch lassen wir es, indem wir so viel in dieses Bild und so wenig in uns selbst investieren, immer wirklicher und uns selbst immer weniger wirklich werden, bis wir vor der Möglichkeit stehen, dass es uns am Ende verdrängen wird: Alles, was noch übrig sein wird, ist eine Fiktion, und obwohl die Menschen *physisch* fortbestehen werden, wird die Menschheit selbst abgeschafft sein.

Nach Lewis' Auffassung hatte die Hauptschuld an diesem Missstand seine eigene Klasse und sein eigener Berufsstand zu tragen: die Intellektuellen, die Pädagogen. »Meine Güte, was *wird* an diesen Schulen eigentlich gelehrt?«, ruft Professor Kirke in *Der letzte Kampf*, doch die eigentliche Frage ist: »Was wird *nicht* gelehrt?« Lehrer, die in ihren Schülern die Leidenschaft für die Wahrheit wecken sollten, lehren sie stattdessen Skepsis oder Gleichgültigkeit. Auch wenn sie vielleicht in manchen Fällen ihre Botschaft als Bescheidenheit verkaufen, ist es doch in Wirklichkeit eine falsche Bescheidenheit, und Lewis wettert dagegen, weil er glaubt, dass auf lange Sicht dieser Verzicht auf Verantwortung – auf die Verantwortung, nach Wissen zu streben – zur »Abschaffung des Menschen« führen werde, dazu, dass wir uns in eine Spezies verwandeln, die niemals die Musik hören kann, die die Schöpfung *tatsächlich* macht.

Die Abschaffung des Menschen, ein weiteres Dokument aus derselben Zeit, den Jahren des Zweiten Weltkrieges, entstand 1943 als eine Vorlesungsreihe, die er nicht in Oxford, sondern an der Universität Durham hielt. Es bleibt die tiefste aller kulturkritischen Wortmeldungen von Lewis. Dem ersten Kapitel, das sich mit Englisch-Lehrbüchern auf Gymnasialniveau beschäftigt, ist im Original ein Zitat vorangestellt:

> So he gave the word to slay,
> And slew the little childer.
>
> (So gab er den Befehl zu töten
> und tötete die kleinen Kinder.)

Diese Worte stammen aus einem alten englischen Weihnachtslied, »Unto us is born a son«, und sie beziehen sich auf das »Massaker an den Unschuldigen« – den Befehl des Königs Herodes, alle männlichen Kinder Bethlehems unter zwei Jahren zu töten. War das nicht ein makabrer Scherz von Lewis, diese Zeilen einer Kritik an *Lehrbüchern* voranzustellen? Aber nein: Herodes konnte nur den Leib töten; unsere Lehrer (so glaubt er) töten die Seelen unserer Kinder, und das ist eine viel schlimmere Sünde.

Die Zielscheibe für Lewis' Kritik wird auf den ersten Seiten des Buches deutlich, wo er ein Lehrbuch untersucht, das er *Das grüne Buch* nennt, geschrieben von zwei Lehrern, die er Gaius und Titius nennt. (Er möchte ihnen Peinlichkeiten ersparen, sagt er; daher die Pseudonyme.) Die wirklichen Verfasser des Buches sind Alec King und Martin Ketley, und sein wirklicher Titel lautet *The Control of Language*. Schon dieser Titel ist aufschlussreich. Denn die Grundannahme von King und Ketley ist, dass wir alle unter der subtilen Kontrolle einer bestimmen Art von Sprache stehen: von Wörtern, die unsere persönlichen Gefühle so benennen, als entsprächen sie etwas Objektivem in der Welt. Besonders Werturteile, so glauben King und Ketley, sind das Erstere, werden aber als das Letztere getarnt. Darum sehen sie die Hauptaufgabe eines Lehrers in der Entzauberung: Er muss den Bann der wertbeladenen Sprache brechen, sodass Kinder sie kontrollieren können, statt von ihr kontrolliert zu werden. (Der Buchtitel hat also einen doppelten Sinn.)

Um ihre Überzeugung, Werturteile seien »bloße« persönliche Vorlieben, zu illustrieren, betrachten King und Ketley einen Bericht des Dichters Samuel Taylor Coleridge über den Besuch eines Wasserfalls im englischen Lake District. Außer ihm sind noch zwei andere Reisende anwesend, und einer von ihnen sagt, der Wasserfall sei »erhaben«, doch die zweite nennt ihn »hübsch«. Wahrscheinlich hatte die zweite Touristin gar nicht die Absicht, dem ersten zu widersprechen; sie fügte lediglich noch ein weiteres Wort des Lobes und Beifalls hinzu. Coleridge jedoch, der ihnen zuhörte, fand, die zweite Touristin (»die arme Frau«) habe überhaupt nicht verstanden, was sie da vor sich sah, im Gegensatz zum ersten. Um Coleridges Gedanken zu verstehen, muss man sich klar machen, dass der Begriff des »Erhabenen« im Denken der Romantik äußerst wichtig war. Die klarste Definition dafür hatte nur einige Jahrzehnte zuvor der Philosoph Immanuel Kant gegeben, der sagte, das Erhabene sei »das, mit welchem in Vergleichung alles andere klein ist«. Für Coleridge hatte die Frau, die jenen großen, mächtigen Wasserfall »hübsch« nannte, nicht richtig achtgegeben, weder auf das, was sie erlebte, noch auf ihre Sprache; nur der Mann, der ihn »erhaben« nannte, traf die Sache richtig.

King und Ketley ziehen nun bemerkenswerterweise genau die gegenteilige Schlussfolgerung aus dieser Szene zu der, die Coleridge zog – anscheinend ohne sich dabei bewusst zu sein, dass sie dem Dichter widersprechen. Sie schreiben: »Als der Mann sagte *Das ist erhaben*, machte er scheinbar eine Feststellung über den Wasserfall. In Wirklichkeit ... äußerte er sich nicht über den Wasserfall, sondern über seine eigene Empfindung. ... Diese Verwechslung geschieht andauernd in unserm Sprachgebrauch. Wir scheinen sehr Wichtiges über etwas Bestimmtes auszusagen, und im Grunde äußern wir nur etwas über unsre eigenen Gefühle.« Lewis dagegen beharrt darauf, der ganze Sinn der Geschichte, zumindest aus Coleridges Sicht, sei der, dass etwas im Wesen des Wasserfalles *selbst* völlig zu Recht das Urteil hervorruft, er sei erhaben. Als King und Ketley darüber spekulieren, was Coleridge selbst wohl gedacht haben mag, entgeht ihnen dies irgendwie: »Warum fand Coleridge das eine Wort genau richtig und das andere Wort genau falsch? Offenkundig nicht, weil das eine Adjektiv eine Eigenschaft des Wassers oder der Felsen oder der Landschaft gewissermaßen zutreffend beschrieben hätte, während das andere Adjektiv diese Eigenschaft unzutreffend beschrieb. ... Nein, Coleridge hielt ›erhaben‹ für genau das richtige Wort, weil es in seinem Denken mit der Emotion assoziiert war, die er selbst empfand, wenn er den Wasserfall betrachtete.« Offenkundig!*

Für Lewis besteht das erste Problem hier darin, dass dies jede Aus-

* Es ist vergnüglich, das Marion Wade Center am Wheaton College zu besuchen, in Lewis' eigenem Exemplar von The Control of Language nachzuschlagen und seinen Dialog zu sehen, den er via Randbemerkungen mit den Verfassern führte. An einer Stelle schreiben sie: »Für das achtzehnte Jahrhundert bedeutete ›vulgär‹ schlicht ›dem niederen Leben zugehörig‹, im Gegensatz zum Leben der gehobenen Gesellschaft. Dazu schrieb Lewis an den Rand: »Falsch.« Und sie liegen in der Tat falsch: Im achtzehnten Jahrhundert bezeichnete »vulgär« immer noch vor allem das gewöhnliche Volk – es war kein herabsetzender Ausdruck. Die Autoren fahren fort: »Wenn man richtig verstehen wollte, [worauf sich solche Wörter beziehen], müsste man sich ziemlich umfassend mit der kritischen Literatur des achtzehnten Jahrhunderts vertraut machen.« Lewis: »Müsste man.«

sage in ein Werturteil verwandelt. Mit diesem Problem setzt er sich auch in *Pardon, ich bin Christ* auseinander – einem weiteren Werk, das in jenen Kriegsjahren geschrieben wurde – wo er die Vermutung äußert, manche Leute würden sich daran stoßen, dass er die Bezeichnung »Christen« nur für Leute verwendet, die an die christliche Lehre glauben: »Ist nicht mancher, der an diese Lehren nicht glauben kann, ein weit besserer Christ und dem Geist Christi viel näher als mancher Gläubige?« Lewis räumt ein, dies könne tatsächlich manchmal der Fall sein, doch er besteht darauf, dass dies keinen Einfluss auf den Gebrauch des *Wortes* »Christ« haben sollte. Worum es ihm geht, erklärt er anhand der Entwicklung des Wortes »Gentleman«, das früher einmal eine ganz konkrete Bedeutung hatte: ein »Mann, der ein Wappen führte und einigen Grundbesitz hatte«. Als die Leute dann anfingen zu sagen: »Ist nicht erst der ein wahrer Gentleman, der sich beträgt, wie es eines Gentlemans würdig ist?« und die Bedeutung des Wortes so veränderten, dass aus diesem einst lediglich beschreibenden Begriff ein Werturteil wurde, das nur noch aussagt, dass man jemanden »persönlich nett und anständig findet« – da wurde »Gentleman« als Wort »unbrauchbar«: »Wenn ein Wort aber aufhört, etwas konkret zu beschreiben, und stattdessen zu einem bloßen Lobeswort wird, eignet es sich kaum mehr dazu, über Tatsachen Auskunft zu geben. Es sagt nur noch aus, was der Sprecher persönlich über einen anderen denkt.« Worauf er hinaus will, ist, dass wir nicht zulassen, dass dies mit der Sprache geschieht, und gut daran tun, beschreibende Begriffe von dieser speziellen Art Korruption freizuhalten. »Wenn jemand die christlichen Lehren glaubt, aber nicht immer danach lebt, dann ist es viel klarer zu sagen, er sei ein schlechter Christ, als zu behaupten, er sei gar keiner.« Nicht alle Aussagen müssen auf Werturteile reduziert werden, aber wenn wir Kings und Ketleys Rat folgen, werden wir umso anfälliger für diesen Irrtum.

Doch noch bedeutsamer ist Kings und Ketleys Beharren darauf, Werturteile seien »nur« oder »bloß« Aussagen über persönliche *Empfindungen*. Indem sie diese Behauptung aufstellen, so glauben unsere Schulmeister, tragen sie dazu bei, Illusionen zu beseitigen, die uns beherrschen. Sie möchten jungen Leuten gerne beibringen, die wertbeladene Rhetorik zu »durchschauen«, die in Politik, Medien und Religion dazu benutzt wird, uns zu steuern. Sie halten sich für Befreier, die junge Leute in die Lage versetzen, ihre eigenen Werturteile zu fällen, unabhängig von den herrschenden Kräften in der Gesellschaft. Doch aus mehreren Gründen sieht Lewis sie als Tyrannen, die »die kleinen Kinder töten«. Erstens entlarven King und Ketley nicht *alle* Werte als bloße Vorlieben, sondern lediglich diejenigen, mit denen sie selbst nicht übereinstimmen: Dass junge Leute ihre eigenen Entscheidungen treffen sollten, unabhängig von politischen, gesellschaftlichen, familiären oder religiösen Autoritäten, ist schließlich selbst ebenfalls ein Werturteil – selbst wenn es richtig sein sollte – und *das* entlarven sie nicht. »Ihr Skeptizismus den Werten gegenüber bleibt an der Oberfläche: Er wird nur auf die Werturteile anderer angewandt. Den Werten gegenüber, die in ihren eigenen Kreisen gelten, sind sie nicht annähernd skeptisch genug.«

Aber noch näher am Kern des Problems ist für Lewis eine bestimmte Konsequenz aus Kings und Ketleys Argumentation: nämlich das, was es über Sinn und Zweck der Schulbildung überhaupt aussagt. Nach der Bildungstheorie, die King und Ketley voraussetzen, kann nur der Verstand gebildet werden, nicht das Herz. Wenn Werturteile lediglich persönliche Vorlieben sind, dann kann es keine moralische Bildung geben: »Das Herz will, was es will«, wie Woody Allen einmal sagte. Doch von Platons und Aristoteles' Zeiten an, so Lewis, waren Philosophen und Pädagogen sich darin einig, dass nicht nur der Verstand junger Leute der Schulung bedürfe, sondern auch ihre Reaktionen, ihre Urteile – ja sogar ihre Emotionen:

> Augustinus definiert die Tugend als *ordo amoris*, als Geordnetheit der Zuneigungen, wonach jedem Gegenstand die ihm gemäße Art und Stärke der Liebe gewährt wird. Aristoteles sagt, es sei das Ziel der Erziehung, den Schüler zu lehren, was er lieben und was er verabscheuen soll. … Schon vor Aristoteles sagte Plato dasselbe. Das

> kleine Menschenkind besitzt zunächst nicht die richtigen Reaktionen. Es muss darin eingeübt werden, Vergnügen, Liebe, Abscheu und Hass jenen Dingen gegenüber zu empfinden, die wirklich vergnüglich, liebenswürdig, abscheulich und hassenswert sind.

Aus einem solchen Abschnitt sprechen Lewis' Erfahrungen als Schüler *und* als Lehrer. Während seiner ganzen Kindheit wurde ihm gesagt, er solle bestimmte Aktivitäten mögen – Mannschaftsspiele, Clubs, soziale Aktivitäten, an denen er kein Vergnügen haben konnte, da ihm die Gesellschaft guter Bücher und anspruchsvoller Gedanken stets lieber war. Seine Oxforder Studenten jedoch waren im Großen und Ganzen Leute, die entweder von Natur aus Sport und Spiele und soziale Aktivitäten mochten oder sie während ihrer Schulzeit zu mögen gelernt hatten. Nun seinen zwanzigjährigen Studenten beibringen zu wollen, dass Spenser oder Milton oder Chaucer einen in *Entzücken* versetzen konnten – nun, das war eine schier übermenschliche Aufgabe. Viel besser wäre es gewesen, wenn jemand schon ein Jahrzehnt früher ihre Vorstellungskraft gepackt hätte, wie einige seiner Lehrer die seine gepackt hatten. Zwanzigjährige sind bereits zu gefestigt in ihrer Prägung, wenn es auch (leider) meist schlechte geistige und emotionale Gewohnheiten sind, die sich ihnen eingeprägt haben.

Dieses Thema zieht sich durch Lewis' ganzes Werk und besonders durch sein Erzählwerk. Immer wieder begegnen wir dort Leuten, die unvollkommen gebildet sind – und die ebenso wie die Gebildetsten unter uns natürlich auch fehlbare, schwache Menschen sind – und die mit ihren unsicheren Reaktionen zu kämpfen haben, wenn sie vor der Wahl zwischen Tugend und Laster stehen. Wir haben bereits angemerkt, dass Mark Studdock in *Die böse Macht* zu einem »Strohmann« geworden ist, der zwar in der Gegenwart der Vertreter des N. I. C. E. echtes Unbehagen empfindet, aber nicht weiß, was dieses Unbehagen bedeutet, und daher nicht angemessen darauf reagieren kann. Es gibt einen vielsagenden Moment, wo er in einem hübschen Dörfchen, das das N. I. C. E. niederzureißen plant, in einer gemütlichen kleinen Kneipe sitzt und sogar zu seinem rücksichtslosen Begleiter sagt: »Ein Ort wie dieser [hat] an einem schönen Tag etwas recht Attraktives ..., trotz seiner offensichtlichen Mängel.« Als diese Bemerkung verächtlich aufgenommen wird, macht Mark sofort einen Rückzieher: »Natürlich haben Sie Recht: Solche Relikte müssen verschwinden. Aber es hatte seine angenehmen und idyllischen Seiten.« Der Gebrauch der Vergangenheitsform ist in diesem letzten Satz der Schlüssel: Es *hatte* seine angenehmen Seiten. Eben noch hat Mark von dem Dorf und seiner Kneipe geradezu geschwärmt, und eine oder zwei Minuten später wirft er es ungerührt in die Mülltonne der Geschichte. Ihm fehlen die Ressourcen, mit denen er seine Empfindungen für das Dorf bewerten – ihre Wichtigkeit erkennen – könnte, und so werden sie sogleich von seinen stärkeren Empfindungen überwunden: seinem Verlangen danach, im N. I. C. E. angenommen zu werden. Augustinus, Aristoteles und Plato würden sagen, dass Marks Gefühle *unangemessen* sind: Er empfindet die falschen Gefühle stärker, als er sollte, und die guten schwächer, als er sollte. Doch Mark ist zur Blindheit gegenüber seinem eigenen Zustand erzogen worden.

Marks Frau Jane dagegen wird – vielleicht teilweise deshalb, weil sie die Literatur des siebzehnten Jahrhunderts studiert hat, wo man Tugend und die Notwendigkeit, sie einzuüben, noch ernst genommen hat – passenderweise von dem heimeligen Kreis des Direktors (alias Mr Fisher-King, wenngleich sein richtiger Name Ransom ist) angezogen. Anfangs empfindet sie ein gewisses Unbehagen in dem Kreis, der sich um den Direktor sammelt; sie fürchtet sich geradezu davor, hineingezogen zu werden und in ihrer Gemeinschaft ihre Individualität zu verlieren. Sie ist geradezu in einem *Vier*spalt, sagt Lewis. Doch die »vierte Jane war einfach im Zustand der Freude. Die drei anderen hatten keine Macht über sie«, denn obwohl sie tatsächlich diese anderen Gefühle hat – es ist nur menschlich, gemischte Gefühle zu haben und in verschiedene Richtungen gezogen zu werden – ordnen sie sich angemessen dem Wichtigsten unter, nämlich, dass sie in der Gegenwart des Guten und Heiligen Freude empfindet. Weil sie ihren stärksten Neigungen folgt, wird Jane im Verlauf des Buches immer tiefer in eine Gemeinschaft der Tugend hineingezogen. Mark dagegen zieht es, eben weil er *seinen* tiefsten Neigungen folgt, immer tiefer in einen Albtraum des Bösen hinein.

Am Ende kann Mark entkommen, aber nur mit knapper Not, und vielen anderen gelingt es nicht. Nach Lewis' Verständnis besteht das Wirken des Bösen und seiner Sklaven – Satans und seiner Teufel, wie etwa Screwtape – darin, eine *negative*, auf den Kopf gestellte moralische Erziehung zu liefern, die nach und nach vermindert und schließlich ganz auslöscht, was immer uns zum Guten hinzieht, und unsere unangebrachten Wünsche vergrößert und verstärkt – uns also alle zu Gespenstern und Zwergen zu machen. Wir sehen das nicht nur an den Ratschlägen, die Screwtape Wormwood erteilt, sondern auch daran, wie die Weiße Hexe in *Der König von Narnia* mit Edmund umgeht. Sie nutzt beständig seine unangebrachten Wünsche aus, und nicht nur seine Leidenschaft für Türkischen Honig: Viel nützlicher für sie, und viel raumgreifender im Herzen Edmunds, ist sein Groll gegen Peter. Edmund würde für immer auf Süßigkeiten verzichten, wenn ihm das einen Sieg über seinen verhassten älteren Bruder eintragen könnte. Türkischer Honig ist nur der Anfang, die erste Verlockung der Hexe; schon bald, als sie herausfindet, was ihm *wirklich* wichtig ist, wird diese Versuchung beiseitegelassen. Als er durch die bloße Aussicht auf weitere Süßigkeiten nicht dazu zu bewegen ist, seinen Bruder und seine Schwestern nach Narnia zu bringen, trifft die Hexe die richtige Saite, als sie ihm sagt: »Du sollst Prinz werden und später König.« Denn das Schwelgen in Süßigkeiten verblasst im Vergleich zum Schwelgen in der Macht: Das ist es, was die Hexe Edmund lehrt (oder besser gesagt, in ihm entdeckt) – das ist der Kern ihrer »moralischen Erziehung«. Und nachdem Edmund einmal quasi seine Seele für die Verheißung solcher Macht verkauft hat, kann sein Leben nur durch das höchste Opfer wieder zurückgewonnen werden.

Dieser infernalischen Pädagogik spielen die Verfasser des *Grünen Buches*, wenn auch vielleicht unwissentlich, in die Hände. Indem sie darauf bestehen, unsere Gefühle seien lediglich Vorlieben – die natürlich nicht größer oder wertvoller sein können als andere Vorlieben – bahnen sie dunklen Mächten den Weg, ihre eigene Bildungskampagne für die Wertvorstellungen der Hölle voranzutreiben. Wiederum in *Die böse Macht* dient Professor Frost als logische Erweiterung der Lehren von King und Ketley über Urteile und Empfindungen. Als Mark ein paar nette Worte über »die Abschaffung von Krieg und Armut« und »die Erhaltung und Ausbreitung unserer Art« fallen lässt, erwidert Frost, selbst solche elementaren und pragmatischen Werte seien »eine bloße Verallgemeinerung affektiven Verhaltens«. Er ist selbst über die Annahme »hinaus«, Gesundheit sei besser als Krankheit, Leben besser als Tod, Fortbestehen besser als Zerstörung. Eben weil ihr Bildungsmodell, konsequent umgesetzt, Leute wie Frost *erzeugen* würde, sind King und Ketley trotz ihrer zweifellos »guten Absichten« wie König Herodes, der den Befehl gibt, die »kleinen Kinder zu töten«.

Aber warum geraten die Kinder so leicht in ernste Gefahr? Wenn wir alle gemischte Gefühle haben – wenn selbst ein »Strohmann« wie Mark Studdock noch Überreste einer angemessenen Reaktion besitzt, eine Restfähigkeit, »Vergnügen, Liebe, Abscheu und Hass jenen Dingen gegenüber zu empfinden, die wirklich vergnüglich, liebenswürdig, abscheulich und hassenswert sind« – warum finden dann nicht mehr Menschen den Weg zur Tugend? Auf diese Frage gibt es natürlich viele Antworten: Wir haben nicht alle dieselben Motive oder Laster. Doch es gibt ein Motiv, das Lewis besonders interessant findet – und von dem er meint, dass es sehr unterschätzt wird. Einen kurzen Blick darauf haben wir bereits in Kapitel zwei erhascht – in der Schilderung der Szene aus *Der silberne Sessel*, in der Eustace und Jill sich darüber unterhalten, wie Eustace früher »Denen die Stiefel leckte« – und wenn Lucy sich »jener grauenhaften Schule« erinnert, »wo [Edmund] angefangen hatte, sich sehr zu seinem Nachteil zu verändern«, drängt sich die Vermutung auf, dass sie weiß, dass *Die* eine Menge damit zu tun hatten. *Die* sind der innere Ring.

Im Dezember 1944, fast genau ein Jahr, nachdem er *Die böse Macht* beendet hatte, hielt Lewis die so genannte Commemoration Oration am Londoner King's College, einen öffentlichen Vortrag, der vorwiegend von Studenten besucht wurde. Dies waren nicht Lewis' eigene Studenten, doch er nutzte die Gelegenheit, um so etwas wie ein Antrittsrede zu halten – vollgepackt mit Ratschlägen, wie er sie seinen Studenten gerne gegeben hätte, wenn das Protokoll der Oxforder Vorlesungen eine so unmittelbar moralische Form der Ansprache zugelassen hätte. (So konnte er nur mit den Studenten unter seinem Tutorium reden, und auch dann nur, wenn sie ihn um Rat baten.) Er lenkt die Aufmerksamkeit seiner Zuhörer auf das Vorhandensein eines »zweiten ungeschriebenen Systems« in Schulen, Firmen, Regierungen und Armeen, ja in jeder menschlichen Institution, das neben der formellen Organisation steht.

> Man entdeckt lediglich nach und nach und auf eher unerklärliche Weise, dass diese Gesellschaft existiert und man nicht dazu gehört; und später vielleicht, dass man dazugehört. … Selbst in einem ganz bestimmten Augenblick ist es nicht leicht zu sagen, wer drinnen ist und wer draußen. … Man meint, man sei drinnen, nachdem man schon lange hinausgedrängt oder bevor man überhaupt hineingelassen wurde. Für alle, die wirklich drinnen sind, ist das sehr vergnüglich.

Lewis glaubt nicht, dass irgendeiner seiner Zuhörer überrascht sein wird, von diesem Phänomen des inneren Rings zu hören, aber er rechnet schon damit, dass manche überrascht sein werden, wenn er weiter ausführt, dass »der Wunsch innerhalb des örtlichen Ringes zu sein, und die Furcht, nicht hineinzugehören, zu gewissen Zeiten im Leben aller Menschen und im Leben vieler Menschen zu allen Zeiten zwischen Kindheit und hohem Alter eines der beherrschenden Elemente ist.« Und später in seiner Ansprache unterstreicht er diesen Punkt noch stärker: Er wolle seine Zuhörer davon überzeugen, sagt er, »dass dieser Wunsch eine der großen, nie nachlassenden Triebfedern menschlichen Handelns ist. … Solange Sie keine Vorkehrungen dagegen treffen, wird dieser Wunsch eines der Leitmotive Ihres Lebens sein, vom ersten Tag Ihres Berufslebens an bis zu dem Tag, an dem Sie zu alt sind, etwas dagegen zu tun.« Für junge Leute ist es wichtig, über die Stärke dieses Verlangens Bescheid zu wissen, glaubt er, denn »von allen Leidenschaften ist die, zum ›inneren Ring‹ zu gehören, am geeignetsten dazu, einen Menschen, der noch nicht besonders schlecht ist, dazu zu bringen, Schlechtes zu tun.«

Die Anziehung des inneren Ringes hat deshalb eine so zutiefst korrumpierende Macht, weil sie sich niemals als etwas Böses ankündigt – ja, sie kündigt sich überhaupt nicht an. Deshalb gibt Lewis seinen Zuhörern am King's College eine »Prophezeiung«: »Neunzig Prozent von Ihnen wird sich die Entscheidung für ein Leben als Schurke, wenn überhaupt, dann auf völlig undramatische Weise präsentieren. ... Bei einem Drink oder einer Tasse Kaffee, verkleidet als Belanglosigkeit und eingepackt zwischen zwei Scherzen, ... wird der Wink kommen.« Und wenn er kommt, »werden Sie hineingezogen, wenn Sie sich ziehen lassen, nicht, weil Sie an den Gewinn oder Ihre Bequemlichkeit denken, sondern einfach, weil Sie es in dem Augenblick, in dem der Becher so nahe an Ihren Lippen ist, nicht ertragen würden, wieder in die kalte Welt zurückgestoßen zu werden.«

Durch solch subtile Mittel können Leute, »die noch nicht besonders schlecht sind«, dazu verleitet werden, »Schlechtes zu tun« – und durch diese Taten *werden* sie dann am Ende sehr schlecht. Die Versuchungsmethode wird von Screwtape beschrieben: »Denn der sicherste Weg zur Hölle ist der allmähliche – der sanfte Abhang, weich unter den Sohlen, ohne plötzliche Kurven, ohne Meilensteine, ohne Wegweiser. Und dies wird in unserer Zeit dadurch bewerkstelligt, dass die Teufel ihre Existenz vor uns verbergen (wie Screwtape Wormwood ebenfalls erläutert) und damit auch die wahre geistliche und moralische Bedeutung der Versuchungen, die sie uns präsentieren, verschleiern. Jener »Wink« bei einem Drink oder einer Tasse Kaffee deutet auf eine winzige *Kleinigkeit*, eine ganz belanglose Anpassung unserer Prinzipien – oder dessen, was wir für unsere Prinzipien gehalten haben – doch »in der nächsten Woche, wenn Sie drinnen sind, werden die Regeln ein bisschen mehr vergessen, im nächsten Jahr noch etwas mehr, aber immer mit der freundlichsten, liebenswürdigsten Gesinnung. Vielleicht endet alles mit einem Zusammenbruch, einem Skandal oder im Zuchthaus; vielleicht aber auch mit Millionen, einem Adelstitel oder einem Ehrendoktor. In jedem Fall aber werden Sie ein Schuft sein.«

Was Lewis uns hier zu zeigen versucht, ist, dass der innere Ring *Macht* verheißt – konkreter die Art von Macht, die man durch Wissen gewinnt. Was viele junge Leute, besonders die Intellektuellen und Künstler, sich wünschen, ist nicht »die Einladung einer Gräfin«, also der gesellschaftliche Erfolg, sondern ihnen steht der Sinn nach »dem kleinen, geheimen Dachboden oder Atelier, den zusammengesteckten Köpfen, den Wolken von Tabaksqualm und dem köstlichen Bewusstsein, dass wir – wir vier oder fünf, die um diesen Ofen kauern – die Leute sind, die *wissen*. (Erinnern wir uns, dass für den jungen Jack Lewis »›wir Wenigen‹ ... ein sehr anregender Ausdruck« war.) Was Frost Mark Studdock anbietet, als er ihm einen Plan ausbreitet, der die Vernichtung fast der gesamten menschlichen Rasse und eine völlige Entstellung des ganzen Planeten mit sich bringen würde, ist »ein Angebot, das einen einlud, über die Grenzen des menschlichen Lebens hinauszugehen in das Etwas, das zu entdecken die Menschen seit Anbeginn der Welt versucht hatten, und jene geheimsten Schicksalsfäden zu berühren, welche die zentralen Nerven der ganzen Geschichte waren«. Kurz, was der innere Ring – in seiner tiefsten und wahrsten Form – zu bieten hat, ist genau das, was die Schlange am »Anbeginn der Welt« Eva anbot: die Erkenntnis, die aus bloßen Menschen Götter macht.

Doch mit das größte Vergnügen an solcher Erkenntnis – und damit der Grund, warum Menschen die furchtbarsten Initiationsschikanen über sich ergehen lassen, um Mitglieder von Geheimgesellschaften zu werden – ist freilich der Ausschluss anderer aus dem erlauchten Kreis derer, die drinnen sind. »Ihr echter ›innerer Ring‹ existiert nur um der Ausschlüsse willen.« Wenn wir diesen Punkt begriffen haben, werden wir auch begreifen, wieso die kleine Gemeinschaft des Direktors, in die Jane Studdock hineingerät, kein innerer Ring ist, sondern in der Tat eher das Gegenteil. Menschen werden dort kaum jemals eingeladen; stattdessen kommen sie nur, wenn sie sich dort hingezogen fühlen. Niemand wird ausgeschlossen; Ziel ist es, immer mehr Leute – letzten Endes sogar jeden – in die Gemeinschaft hineinzubringen. Wo innere Ringe jeden meiden, der nicht »einer von uns« ist, ergötzt sich die Schar des Direktors an ihrer sozialen und intellektuellen Vielfältigkeit. Die Mitglieder dieser Gemeinschaft sind in der Tat viele Glieder oder Organe eines Leibes (so wie der Apostel Paulus auch die Gemeinde beschreibt, wie wir später noch ausführlicher erörtern werden), mit sehr unterschiedlichen Funktionen, aber einer gemeinsamen Liebe zu ihrem Herrn und zueinander.

Die Unfähigkeit, den Unterschied zwischen dieser Art von Gemeinschaft und einem inneren Ring zu erkennen, ist das, was das hartgesottene Gespenst in *Die große Scheidung* ins Unheil bringt: »Klar, dass die dasselbe Spielchen hier auch spielen, wenn sie jemanden finden, der dumm genug ist, ihnen zuzuhören. … Es gibt *nie* ein neues Management. Sie werden immer wieder auf dieselbe Clique stoßen.« Ebenso wie die Zwerge in *Der letzte Kampf* will er sich nicht »anführen« lassen. Aus Furcht vor der Ablehnung durch einen vermeintlichen inneren Ring lehnt er diesen seinerseits zuerst ab und verbannt sich dadurch selbst in die Hölle, wo er sich dazu beglückwünschen kann, so schlau gewesen zu sein, »dasselbe Spielchen« zu durchschauen, und so tapfer, sich ihm zu verweigern.

Das meiner Meinung nach großartigste aller Bücher von Lewis ist das mit dem am wenigsten wohlklingenden Titel: *English Literature in the Sixteenth Century (Excluding Drama).** Dies ist auch das Buch, für das er am längsten brauchte und mit dem er sich am meisten quälte: Es ist Teil der Reihe »Oxford History of English Literature« (OHEL), was ihm den Vorwand lieferte, es sein »O Hell«-Buch zu nennen. Den Vertrag dafür unterschrieb er 1935; fertig war er mit der Niederschrift 1953. Seine Frustration über die endlose Plackerei damit kommt gelegentlich in seiner Korrespondenz zur Sprache, doch letzten Endes brachte er ein großartiges Meisterwerk der Literatur- und Geistesgeschichte hervor. Er

* Die Oxford University Press hat dem Buch kürzlich einen neuen Titel gegeben, *Poetry and Prose in the Sixteenth Century*, aber der Einfachheit halber und ebenso aus Spaß werden wir es kurz »das OHEL-Buch« nennen.

schrieb es auf sehr merkwürdige Art: Er setzte es aus einer Serie von Essays über einzelne Autoren zusammen, die er schrieb und dann bewertete, wie er auch die wöchentlichen Essays seiner Studenten bewertete – vielleicht war das sein Trick, mit dem er sich endlich die Gelegenheit verschaffte, ein paar Essays zu lesen, an denen er Freude haben konnte. Diese seltsame Methode verleiht seiner immensen wissenschaftlichen Leistung so etwas wie Leichtigkeit und Charme. (Dies ist wieder ein Beispiel dafür, wie er ausgerechnet den Hochschulbetrieb, den er doch verabscheute, geschickt für sich selbst und seine Leser ausnutzte.) Das Buch erkundet nicht nur das gesamte Territorium der englischen Renaissance, sondern verwandelt diese Erkundung auch in eine großartige, fesselnde Erzähldarbietung. Der beste Teil des Buches ist seine lange Einleitung, »New Learning and New Ignorance«, eine so kundige und weitgreifende Schilderung der Geistesgeschichte der Periode, wie man sie sich nur vorstellen kann. Und es dürfte wohl kaum viele Bücher geben, die zugleich so gelehrt und so voller Witz sind. Nur einer, der sich der Tiefe seiner Gelehrsamkeit sehr gewiss war – und Lewis las zur Vorbereitung für das Schreiben seiner Literaturgeschichte *sämtliche Bücher des sechzehnten Jahrhunderts* in der Duke Humfrey's Library, dem ältesten Teil der großen Bodleian Library Oxfords – kann sich eine so parodistische Herangehensweise erlauben: Er kennt sich offensichtlich zu gut aus, als dass man ihm Leichtfertigkeit vorwerfen könnte.

Eine der brillantesten Passagen des Buches bezieht sich auf das Aufkommen der experimentellen Wissenschaft. Mit diesem Thema setzte er sich auch in seinen Vorlesungen auseinander – ja, wieder einmal der Englisch-Don, der sich über Naturwissenschaft ausließ, doch in diesem Falle nicht, um die Vorherrschaft der modernen Pseudowissenschaft zu beklagen, sondern um erneut die billigen und oberflächlichen Dichotomien unter Beschuss zu nehmen, mit denen wir unseren »chronologischen Snobismus« untermauern. Die Wissenschaft ist rational, die Magie ist Aberglaube, das wissen wir doch alle, oder? Doch wie so vieles, was alle wissen, stellt sich auch dies als unwahr heraus. In diesem Abschnitt schreibt Lewis über *Magia* – also hohe Magie oder weiße Magie, wie wir sie nennen könnten, im Gegensatz zu der dunklen Magie, die in der Renaissance *Goetia* genannt wurde:

> Die neue *Magia* ... findet ihren Platz unter den anderen Machtträumen, die damals im Geist Europas umgingen. Am offensichtlichsten findet sie ihren Platz Seite an Seite mit dem Denken [Sir Francis] Bacons. Seine Bestrebungen stehen in unserer Vorstellung zweifellos im Gegensatz zu denen der Magier; doch dieser Gegensatz ergibt sich nur aus dem Ausgang, nur daraus, dass wir wissen, dass die Wissenschaft sich durchsetzte und die Magie scheiterte. Dieser Ausgang war damals noch ungewiss. Wenn wir dieses Wissen für einen Moment außer Acht lassen, sehen wir sofort, dass Bacon und die Magier sich denkbar nahestehen. Beide streben nach Erkenntnis um der Macht willen (mit Bacons Worten: als »Gattin für die Frucht«, nicht als »Geliebte fürs Vergnügen«); beide bewegen sich in einem grandiosen Traum von einer Zeit, da der Mensch so weit aufgestiegen sein wird, dass er »alle Dinge, die möglich sind«, vollbringen kann. ... Bacon selbst hätte diese Nähe auch gar nicht bestritten; die Magier, so meinte er, strebten nach einem »hehren« Ziel.

Dieses historische Argument erweist sich als entscheidend für die Kritik an der modernen Kultur, die wir in diesem Kapitel nachvollzogen haben. Lewis macht das deutlich, wenn er in *Die Abschaffung des Menschen* genau denselben Gedanken unterstreicht: »Ernsthaftes magisches Suchen und ernsthaftes naturwissenschaftliches Suchen sind Zwillinge; der eine war schwächlich und starb, der andere war stark und gedieh. Aber Zwillinge waren sie, aus dem gleichen Impuls geboren.« Aber was war das für ein Impuls?

> Es gibt etwas, das Magie und angewandte Naturwissenschaft verbindet und gleichzeitig beide von der »Weisheit« früherer Zeitalter trennt. Für die Weisen der Vergangenheit hatte das Hauptproblem darin bestanden, die Seele mit der Wirklichkeit Einklang zu bringen,

> und die Lösung hatte gelautet: Einsicht, Selbstbeherrschung und Tugend. Für die Magie so gut wie für die angewandte Naturwissenschaft heißt das Problem, die Wirklichkeit den Wünschen der Menschen gefügig zu machen; die Lösung liegt in einer Technik. Und beide sind bei der Anwendung der Technik bereit, Dinge zu tun, die man bis dahin für widerlich und ruchlos betrachtete ...

Der »Impuls«, den Magie und »angewandte Wissenschaft« gemeinsam haben, ist also *Kontrolle* – und an dieser Stelle sollten wir uns daran erinnern, dass der tatsächliche Titel des *Grünen Buches* von Gaius und Titius *The Control of Language* lautet. Obwohl sie Pädagogen sind, halten sie es nicht für ihre Aufgabe, »die Seele mit der Wirklichkeit in Einklang zu bringen« durch »Einsicht, Selbstbeherrschung und Tugend«; stattdessen wollen sie junge Menschen von der Kontrolle befreien, die die Sprache über sie ausübt. Für sie ist Sprache lediglich ein Werkzeug, mit dem manche Menschen kontrollieren und andere kontrolliert werden. Wie Humpty Dumpty in einem ganz ähnlichen Zusammenhang einmal sagte: »Die Frage ist nur, wer der Meister sein soll.« Wie Lewis in *Die Abschaffung des Menschen* mit großem Nachdruck betont, ist Humpty Dumptys Sicht der Dinge tief in alle Projekte und Hoffnungen der Moderne eingebettet, selbst (oder gerade) dann, wenn wir davon sprechen, dass der Mensch Macht über die Natur gewinnt: »Unter diesem Gesichtspunkt erweist sich, was wir des Menschen Macht über die Natur nennen, als eine von wenigen mit Hilfe der Natur über andere ausgeübte Macht.«

Genau derselben Ansicht war Tolkien, der in einem Brief schrieb, in seinem Werk – besonders in *Der Herr der Ringe*, aber nicht nur dort – gehe es um »Sündenfall, Sterblichkeit und die Maschine«, und der die Maschine in direktem Zusammenhang mit Magie sieht. Die verdorbensten Wesen – allen voran Morgoth, der Feind, dann sein Statthalter Sauron und letztlich der Zauberer Saruman – versuchen alle Übel (oder das, was sie für Übel halten) durch die Maschine zu beseitigen. Nach Tolkiens Verständnis sind die Ringe der Macht schlicht die subtilsten und am höchsten entwickelten Maschinen. Saruman äußert sich verächtlich darüber, dass Gandalf selbst in einem so abseitigen Winkel von Mittelerde wie dem Auenland nach Weisheit strebt, doch der Grund dafür ist, wie Baumbart der Ent sagt: »[Saruman] hat nur Metall und Räder im Sinn; und ihm liegt nichts an wachsenden Lebewesen, es sei denn insoweit, als sie ihm im Augenblick nützen.« Gandalf dagegen, der nichts für Maschinen übrig hat und unter den Weisen »der Einzige [ist], der sich mit Hobbitkunde befasst«, ist derjenige, der einen Weg findet, die Übel der großen Technokraten von Mittelerde zu überwinden. Für Saruman ist solche »Weisheit« zutiefst unpragmatisch, und Pragmatismus ist einer der entscheidenden Züge, die Wissenschaftler und Zauberer gemeinsam haben. Lewis schreibt über Jadis, während sie in Onkel Andrews Labor darauf wartet, dass er irgendeinen Dienst für sie verrichtet: »Als sie nun allein mit den Kindern zurückblieb, nahm sie keinerlei Notiz von ihnen. ... Ich nehme an, so sind die meisten Hexen. Sie interessieren sich nicht für Dinge oder Menschen, für die sie keine Verwendung haben; sie denken da schrecklich praktisch.«

Moderne Humanisten streben wie die Wissenschaftler und Magier der Renaissance eher nach Macht und Kontrolle als nach Weisheit. Auf diese Weise haben sie sich vom Moralgesetz abgeschnitten – dem »Tao«*, wie Lewis es nennt – und tragen somit nicht zur Bereicherung der Menschheit bei, sondern zu ihrer Abschaffung. (Lewis gibt sich große Mühe, deutlich zu machen, dass er sich nicht gegen die Wissenschaft selbst wendet, obwohl ihm bewusst ist, dass manche Leute den Unterschied nicht begreifen werden: »Nichts von dem hier Gesagten wird manche davon abhalten, diese Vorlesung als einen Angriff auf die Naturwissenschaft zu bezeichnen.« Wissenschaft als solche – die wis-

* Das chinesische Wort »Tao« bedeutet »der Weg« – Lewis entnimmt es der antiken philosophischen Abhandlung namens Tao te Ching, die traditionell einem Philosophen des sechsten vorchristlichen Jahrhunderts namens Lao Tse zugeschrieben wird. Lewis übernimmt den Begriff, um darauf hinzuweisen, dass unter allen großen Religionen und philosophischen Traditionen der Welt weitgehende Einigkeit darüber besteht, wie ein tugendhaftes Leben aussieht.

senschaftliche Methode, wissenschaftliche Praxis – ist für Lewis moralisch wertfrei. Doch Wissenschaft hat auch eine Geschichte, und wie wir gesehen haben, entstand sie zu einer Zeit, in der im Geiste Europas »Machtträume umgingen«. Die Wissenschaft, so drückt er es in *Die Abschaffung des Menschen* aus, sei »in einer ungesunden Nachbarschaft und zu einer unguten Stunde entstanden«.)

Nachdem wir somit wieder bei *Das Wunder von Narnia* angekommen sind, können wir nunmehr den wahren Charakter der anscheinend komischen Figur Onkel Andrews ausmachen. Ich habe bereits angemerkt, dass er die Sprache eines Wissenschaftlers mit den Praktiken eines Zauberers vermischt, und jetzt können wir erkennen, warum Lewis diese beiden Welten zusammenbringt. Onkel Andrew ist der Abkömmling von Zauberern, doch er eignet sich die Sprache der Wissenschaft an, denn auf seine beschränkte Art erkennt er die Nähe, die auch Francis Bacon erkannte: Er sieht, dass seine Wissenschaft treibenden Zeitgenossen dieselben Ziele haben wie seine zaubernden Vorfahren. Ich habe schon seine Meerschweinchen erwähnt. Wann immer ich an ihn denke, ertappe ich mich dabei, dass ich ihn, obwohl davon nirgends die Rede ist, in einem weißen Laborkittel vor mir sehe: jenem hoheitlichen Gewand, das in unserer Zeit erkennbar dieselbe Bedeutung hat, die in früheren Zeiten der Robe des Zauberers zukam.

Onkel Andrew weiß durchaus, was gewöhnliche Amoral ist, und er ist bereit, sie einzusetzen, um Digory zu motivieren. Als der Junge Widerstreben dagegen zeigt, einen Zauberring zu nehmen und sich auf die Suche nach Polly zu machen, die Onkel Andrew soeben hat verschwinden lassen, sagt der alte Mann, er wäre enttäuscht, wenn der Junge »die weiße Fahne« hissen würde – er hört sich in diesem Momenten an wie ein viktorianischer Schullehrer, eine wahre Verkörperung der Prinzipien Thomas Arnolds –, doch er hat nicht die geringste Absicht, jene Tugenden selbst zu praktizieren. Bloße Moral ist weit unter seiner Würde. Auf Digorys Hinweis, er habe ein Versprechen gebrochen, das er seiner sterbenden Patin gegeben hatte, erwidert Onkel Andrew:

»Ach so, du meinst, weil kleine Jungen ihre Versprechen halten sollten. Ganz recht; natürlich, das gehört sich so, und ich bin sehr froh, dass du gelernt hast, dich danach zu richten. Aber du musst doch einsehen, dass derartige Regeln, wie ausgezeichnet sie auch für kleine Jungen sein mögen – und für Dienstboten – und für Frauen – ja, sogar für die Leute im Allgemeinen, unmöglich auch für tiefschürfende Forscher, für die großen Denker und Weisen gelten können. Nein, Digory. Männer wie ich, die über geheimes Wissen verfügen, sind von gewöhnlichen Regeln befreit, wie uns auch die gewöhnlichen Freuden versagt sind. Unser Teil, mein Junge, ist ein hohes und einsames Los.«

Obwohl Onkel Andrew bei diesen Worten »so ernst und nobel und geheimnisvoll« aussah, dass Digory sich einen Moment lang beinahe täuschen ließ, übersetzt der Junge Onkel Andrews Rhetorik rasch in die Begriffe des gewöhnlichen Moralgesetzes, des Tao: »Das bedeutet nur, ... dass er meint, er könne alles tun, was ihm passt, um zu kriegen, was er will.« Und damit hat Digory natürlich völlig recht.

Um unser Bild von Onkel Andrew und von Lewis' Meinung über ihn zu vervollständigen, müssen wir uns nur Folgendes vergegenwärtigen: Später im Buch, als Digory zur Kaiserin Jadis sagt, es sei eigentlich sehr bedauerlich, dass sie das Gramvolle Wort gesprochen und dadurch alles Leben in Charn, ihrer Welt, ausgelöscht habe, antwortet sie ihm: »Du musst lernen, Kind, dass Dinge, die für dich oder sonst jemanden aus dem gemeinen Volk falsch wären, für eine große Königin wie mich keineswegs falsch sind. Das Gewicht der Welt ruht auf unseren Schultern. Wir müssen von allen Regeln befreit sein. Uns ist ein hohes und einsames Los beschieden.« Diesmal jedoch begreift Digory nicht auf Anhieb, was die Worte bedeuten: »Sie hörten sich viel eindrucksvoller an, wenn Königin Jadis sie sagte. Vielleicht lag es daran, dass Onkel Andrew nicht sieben Fuß groß und von blendender Schönheit war.« Später erkennt Digory schließlich Jadis' wahres Wesen und begreift, dass jene Worte aus ihrem Mund keineswegs *weniger* anstößig sind, als sie es aus dem Mund Onkel Andrews waren, sondern unendlich viel anstößiger, weil sie tatsächlich die Macht besitzt, von der Onkel Andrew nur träumen kann. Jadis ist es, aus der später die Weiße Hexe wird, der Feind (so die Bedeutung des hebräischen Wortes *Satan*) Aslans, deren Streben es ist, Narnia zu versklaven und letzten Endes zu vernichten.

Ist es albern, Onkel Andrew als eine satanische Gestalt zu betrachten? Ja und nein. Sicherlich fehlt ihm die Statur von Jadis oder Satan selbst, ganz zu schweigen von ihrer gewaltigen Macht und eisernen Entschlossenheit, alles zu untergraben und zu vernichten, aber darauf kommt es für Lewis eigentlich nicht an. In *Pardon, ich bin Christ* schreibt er: »Je besser das Material, aus dem ein Wesen geschaffen ist – je klüger und stärker und freier es ist –, desto besser auch das Endprodukt, wenn es richtig funktioniert, desto schlechter aber auch, wenn es sich falsch verhält. Eine Kuh kann kaum gut sein oder schlecht; ein Hund kann das schon eher. Mehr noch kann ein Kind gut sein oder schlecht; noch mehr ein normaler erwachsener Mensch. Ein Genie wieder kann noch besser oder noch schlechter sein, und ein übermenschlicher Geist schließlich kann im höchsten Grade gut sein – oder schlecht.« Nur weil Onkel Andrew faul und leichtfertig ist, kann er am Ende keinen großen Schaden anrichten; Jadis dagegen ist gerade durch ihre Größe imstande, eine Welt zu vernichten und eine zweite zu bedrohen. Was ihre Kräfte angeht, liegen Welten zwischen den beiden, doch zum Moralgesetz nehmen sie genau dieselbe Haltung ein. Und dies ist die Richtung, in die Gaius und Titius ihre Schüler ziehen; auf diese Weise nehmen sie ihren Platz unter den Herodianern unserer Zeit ein. Digory ist noch jung und ungeschult genug, um Onkel Andrew und schließlich auch Jadis als das zu erkennen, was sie wirklich sind, doch die Scharen von Studenten in C. S. Lewis' Vorlesungen über die Literatur des Mittelalters und der Renaissance waren vermutlich im Großen und Ganzen schon zu indoktriniert, um sie noch zurückzugewinnen. Dennoch fuhr er gegen seine Vorlieben und Neigungen fort zu lehren: zu überzeugen, zu flehen, zu ermahnen. Das war sein Job.

Zu Beginn dieses Buches sagte ich, das Werk von C. S. Lewis sei weitgehend ein Versuch, auf das, was der Soziologe Max Weber »die Entzauberung der Welt« nannte, eine Antwort zu geben und diesen Prozess umzukehren. Und das ist tatsächlich so. Doch ebenso gewinnbringend kann man seine Ziele auch anders beschreiben, indem man die Gleichung umstellt. In seiner großartigen Predigt »Das Gewicht der Herrlichkeit« hält er ein Plädoyer für die Freude (wenn er auch diesen Begriff dort nicht verwendet): Er schildert – in Worten, über die wir später noch nachzudenken haben werden – die höchsten Formen des Entzückens, die wir kennen, und stellt die These auf, selbst die größten davon seien »nur der Duft einer Blume, die wir noch nicht gefunden, das Echo einer Melodie, die wir noch nicht gehört, Berichte von einem fernen Land, das wir noch nie besucht haben«. Und dann hält er für einen Moment inne und stellt seinen Zuhörern eine Frage:

> Glauben Sie, ich versuche, einen Bann zu weben? Vielleicht tue ich es; aber erinnern Sie sich einmal an die Märchengeschichten, die Sie gehört haben. Ein Bann kann genauso dazu gebraucht werden, einen Fluch zu brechen, wie ihn auszusprechen. Und Sie und ich brauchen den stärksten Bann, um uns aus der bösen Verzauberung der Weltlichkeit zu wecken, die seit fast hundert Jahren auf uns liegt.

Wer hat diesen Bann auf uns gelegt? Für Lewis ist die Antwort klar: Jene Wissenschaftler und Magier, die uns eingeredet haben, sie hätten die Macht, den Himmel auf Erden zu erschaffen und ihn uns zu geben; jene Pädagogen, die uns »die Kontrolle der Sprache« verheißen. »Fast unsere gesamte Erziehung war darauf ausgerichtet, diese scheue innere Stimme zum Schweigen zu bringen«, die uns sagt, dass die wahre Freude jenseits dieser Welt zu finden ist. Wie können wir von dem bösen Zauber frei werden, der die Menschheit selbst abzuschaffen droht?

Die vielleicht größte Quelle, aus der er schöpft – und es ist eine mächtige Quelle – ist schlicht das *Entzücken*. Er ruft uns auf, auf die Dinge zu achten, die uns Freude machen, denn obwohl uns unsere

Freuden in der Tat auch in die Irre führen können, sind sie in ihrer richtigen Form großartige Geschenke Gottes. Screwtape ist sich dessen schmerzlich bewusst:

> Vergiss nie, dass wir uns immer dann, wenn wir es mit einem Vergnügen in seiner gesunden und normalen und befriedigenden Form zu tun haben, in gewissem Sinn auf feindlichem Boden bewegen. Ich weiß, wir haben manche Seele durch Vergnügungen gewonnen. Dennoch ist das Vergnügen Seine Erfindung, nicht unsere. Er hat alle Freuden gemacht. All unsere Forschungsarbeit hat uns bisher nicht in die Lage versetzt, auch nur eine einzige hervorzubringen. So bleibt uns nichts anderes, als die Menschen dazu zu verleiten, die Vergnügungen, die der Feind hervorgebracht hat, in einer Zeit, auf eine Weise oder in einem Maß zu genießen, die er verboten hat. … Eine immer stärkere Begierde nach einem immer kleiner werdenden Vergnügen, heißt die Formel. … Die Seele des Menschen zu gewinnen und ihm *nichts* dafür zu geben – das ist es, was dem Herzen Unseres Vaters Freude macht.

So beginnt Lewis seinen Entzauberungsbann auf diese überraschende Weise: indem er uns zurück zu unseren Freuden ruft, zu den Dingen, die wir im Leben genießen, und nicht zu den Dingen, von denen wir meinen oder von denen uns irgendein innerer Ring suggeriert, wir müssten sie mögen, sondern zu dem, was uns wirklich und wahrhaftig erfreut. So schreibt Screwtape: »Ein Mensch, der irgendetwas in der Welt wahrhaftig und selbstlos um seiner selbst willen genießt, ohne sich einen Deut darum zu scheren, was andere darüber sagen, ist allein durch diese Tatsache gegen einige unserer subtilsten Angriffsmethoden gewappnet« – wozu sicher auch die Verlockung des inneren Ringes gehört. Und Lewis selbst war ein Mann, der sich an den Vergnügungen, die sich ihm darboten, herzlich freuen konnte. Wie liebte er »das Lachen erwachsener Männer«, wie liebte er seine Pfeife und (vielleicht mehr als alles andere) seine Bücher. Als die Londoner Zeitung *Daily Telegraph* 1944 einen Bericht über ihn brachte, bezeichnete ihn der Verfasser an einer Stelle als »der asketische Mr Lewis«, eine Beschreibung, über die Tolkien nur in ungläubiger Empörung schnauben konnte. »Der ›asketische Mr Lewis‹ – !!! Ich bitte dich«, schrieb er an seinen Sohn. »In der kurzen Zeit, die wir heute Morgen zusammensaßen, hat er sich drei Pints einverleibt und dabei noch gesagt, er ›trete kürzer wegen der Fastenzeit‹.« All denen, die womöglich meinten, solche Genussfreude sei für einen Christen nicht schicklich, konnte Lewis antworten: »Wir sollten nicht versuchen, geistiger sein zu wollen als Gott selbst. Gott wollte den Menschen nie als rein geistiges Geschöpf. Deshalb gebraucht er auch materielle Dinge wie Brot und Wein, um uns das neue Leben mitzuteilen. Uns erscheint das vielleicht roh und ungeistig; aber Gott nicht. Er hat es sich ausgedacht, dass wir essen müssen. Er mag materielle Dinge. Er hat sie erschaffen.«

Gewappnet mit dieser gesunden Theologie des Genusses macht es sich Lewis sowohl als Verteidiger des Christentums als auch als Fürsprecher der mittelalterlichen Literatur zur beständigen Aufgabe, die Menschen zur Freude aufzurufen – selbst wenn es die Freude über alte Bücher ist. Ja, sie wurden von Leuten geschrieben, die anders waren als wir – aber nicht vollkommen anders. Sie sind immer noch erkennbar menschlich; sie bewohnen eine Welt, die uns manchmal fremd ist, aber niemals völlig jenseits unserer Erfahrung liegt. Ja, sie sind gerade anders *genug*, um als Lehrmaterial für Tugenden, die wir vernachlässigt haben, wertvoll für uns zu werden. Wir können zwar nicht in der Zeit zurückreisen und den Menschen damals mehr Barmherzigkeit beibringen, aber wenn wir sie mit Sorgfalt und Einfühlungsvermögen lesen, können sie uns Tapferkeit und Keuschheit lehren. Allerdings werden wir sie wohl kaum mit Sorgfalt und Einfühlungsvermögen lesen, wenn dabei für uns nichts herausspringt: Das ist der Grund, warum Lewis so sehr das Vergnügen betont, das sie uns bereiten können. Er will uns wissen lassen, dass es für einen Menschen des zwanzigsten Jahrhunderts tatsächlich möglich ist, nur um des puren Vergnügens willen vierhundert Jahre alte Bücher zu lesen. Und jedes Buch, das uns entzückt, wird umso geeigneter sein, uns Weisheit zu lehren.

Im *Herrn der Ringe* gibt der uralte, weise Elf Celeborn auf Boromirs abfällige Bemerkung über »Altweiberfabeln« hin der Gemeinschaft den Rat: »Achtet die Überlieferung, die aus alter Zeit auf uns gekommen ist, nicht gering; denn oft mag es sein, dass alte Frauen noch Berichte von Dingen im Gedächtnis haben, die einstmals für die Weisen wissenswert waren.« In den Narnia-Büchern dreht sich die Handlung mehrfach darum, dass manche Figuren alte Überlieferungen vergessen, während sich andere daran erinnern. In *Prinz Kaspian* ist Kaspians Hauslehrer Doktor Cornelius vor allem ein Historiker, und seine leidenschaftliche Erinnerung an »Alt-Narnia« – »weil mein altes Herz diese geheimen Erinnerungen schon so lange in sich trägt, dass es davon schmerzt« – ist der Schlüssel zur Rückkehr der Sprechenden Tiere und zur Wiederherstellung des großen Königreiches, das Kaspians telmarische Vorfahren zugrunde gerichtet haben. Dass Trix der Affe in *Der letzte Kampf* solche Verwirrung und Zwietracht stiften kann, liegt daran, dass Aslan für das Volk von Narnia nur noch ein Name ist: Sie kennen weder seine Geschichte noch sein Wesen, sodass man ihnen leicht einreden kann, er hätte Taten befohlen (die Zerstörung der Wälder zum Beispiel), die mit seiner Fürsorge für Narnia überhaupt nicht in Einklang zu bringen sind.

Zu den »alten Überlieferungen« *unserer* Welt gehört eine Tradition, die Lewis besonders faszinierend fand und die in seinem Erzählwerk immer wieder auftaucht. Die meisten von uns haben schon einmal den Ausdruck »Sphärenklänge« gehört – hergeleitet von den Sphären, die in der mittelalterlichen Astronomie die Sitze der Planeten waren. Diese Sphären umgeben die Erde, von uns aus in konzentrischen Kreisen immer weiter nach außen angeordnet. Jenseits von ihnen liegt das Empyreum, der oberste Himmel, in dem Gottes Gegenwart in aller Fülle wohnt. Aber was hat es mit den »Klängen« dieser Sphären auf sich? Sie entstehen durch die Reibung an ihren Berührungsstellen, wenn sie feierlich mit unterschiedlicher Geschwindigkeit rotieren. Die Sphärenklänge sind eine Musik von außerordentlicher Schönheit, und die Stille, die im Gegensatz dazu auf der Erde herrscht, ist einer der Hauptgründe, warum mittelalterliche Astronomen der Meinung waren, die Erde sei »der

Punkt, an dem alles Licht, alle Wärme und alle Bewegung schließlich zu Dunkelheit, Kälte und Passivität verebbten.« Aber was setzt die Sphären in Bewegung? Diese Aufgabe fällt den Geistern zu, die über sie herrschen: »Jede Sphäre, oder etwas, das in jeder Sphäre residiert, ist ein bewusstes, vernunftbegabtes Wesen, getrieben von der ›intellektuellen Liebe‹ Gottes. ... Diese erhabenen Geschöpfe werden Intelligenzen genannt.« Meist herrschte die Ansicht, eine Intelligenz sei eine ganz besondere Art Engel – ein »Geschöpf«, das aber nicht in einem Körper hauste und dessen einzige Aufgabe darin bestand, seine Sphäre zu bewegen.

Dies sind die Oyarsas (oder »Oyeresu«) in Lewis' Weltraumtrilogie. In *Jenseits des schweigenden Sterns* erfährt Ransom bald, dass der Name des Planeten, auf dem er sich befindet, Malakandra lautet, doch er versteht noch nicht, dass er, wenn er dem Oyarsa jenes Planeten gegenübertritt, Malakandra selbst vor sich hat. Was Ransom den »Planeten« nennt, ist in gewissem Sinn der Körper, und ebenso, wie man nicht sagen würde, dass man jemanden kennt, wenn man nur seinen Körper sieht, sondern erst dann, wenn man mit ihm kommuniziert, so muss auch Ransom den Oyarsa kennenlernen, um die Welt kennenzulernen. Malakandra ist die Intelligenz, die den Planeten bewegt, so wie Perelandra die Intelligenz ist, die den Planeten bewegt, den wir Venus nennen. Wer aber ist die Intelligenz *unserer* Welt, der Erde – oder Thulkandras, wie sie von den Oyeresu genannt wird? Nun, es hilft, wenn man weiß, dass Thulkandra so viel bedeutet wie »schweigender Planet« – sie ist der Planet, der von den anderen abgeschnitten ist. Seine Intelligenz hat sich der Kommunikation mit den anderen Intelligenzen entzogen oder ist von Maleldil (Gott) davon ausgeschlossen worden. Thulkandra, die Intelligenz unserer Welt, ist »der Verbogene«: auch Satan genannt.

Wenn Lewis sich diese mächtigen Kreaturen vorstellt, will Lewis seine Studenten oder uns nicht dazu anhalten, über die *mechanischen* Irrtümer des mittelalterlichen Modells nachzudenken – die Erde ist ja nicht *buchstäblich* im toten, kalten Zentrum des Universums. Wozu er uns allerdings anhalten will, ist, uns zumindest eine mythologische Wahrheit in jenem Modell vorzustellen: Es lehrt uns, dass wir anders sind als der

Rest des Universums, dass hier etwas Dunkles, Schreckliches geschehen ist, das anderswo nicht geschehen ist oder zumindest nicht unbedingt geschehen sein muss. (Auf Perelandra geschieht es beinahe – Ransom wird dorthin geschickt, um eben dies zu verhindern, um mit den bösen Mächten zu ringen, die bewirken wollen, dass die Herren jenes Planeten sich ins Verderben stürzen.) Auf gleiche Weise kann man die Verbindung, die in der griechischen und römischen Mythologie zwischen den Planeten und den Göttern besteht, als eine Erinnerung oder Ahnung sehen, die auf etwas im Grunde Christliches verweist: den Gedanken, dass Gott seinen Engeln oder engelsähnlichen Himmelswesen verschiedene Territorien seiner Schöpfung unterstellt. Ein solcher Gedanke ist für einen Christen

---

* Falls ein Lewis-Forscher namens Michael Ward Recht haben sollte, steht jede Narnia-Geschichte mit einem der Planeten in Zusammenhang, angefangen mit dem jupiterhaft ausgelassenen Charakter der Rettung Narnias durch Aslan. Weiter:

Der silberne Sessel: der Mond
Der Ritt nach Narnia: Merkur
Das Wunder von Narnia: Venus
Die Reise auf der »Morgenröte«: die Sonne
Prinz Kaspian: Mars
Der letzte Kampf: Saturn

Skepsis gegenüber Wards Argumentation drängt sich auf, zumal Lewis einem jungen Leser rundheraus sagte, die Serie sei ungeplant gewesen: »Als ich den *König von Narnia* schrieb, wusste ich noch nicht, dass ich noch weitere Bücher schreiben würde. Dann schrieb ich Prinz Kaspian als Fortsetzung und dachte immer noch nicht an weitere Bücher, und als ich Die Reise auf der Morgenröte beendet hatte, war ich mir ganz sicher, dass dies das letzte sein würde. Aber ich stellte fest, dass ich mich geirrt hatte.« Dennoch lässt sich kaum leugnen, dass *Prinz Kaspian* von einem deutlich martialischen Charakter geprägt ist (sowohl allgemein in der Handlung als auch in der starken Gestalt des kriegerischen Mäuserichs Riepischiep), dass *Die Reise auf der »Morgenröte«* sich auf das Sonnenlicht zubewegt oder dass der Riese Zeit, der in *Der letzte Kampf* die Geschichte Narnias zum Abschluss bringt, eine Version Saturns ist, des alten Kronos. Und es gibt noch weitere Anklänge, die Ward in seinem kurzen Artikel nicht erwähnt, wie zum Beispiel Onkel Andrews possenhafte Schwärmerei für jenes »prachtvolle Weib«, die Kaiserin Jadis, in dem Buch, das Ward mit der Göttin der Liebe assoziiert, wie auch die größere Liebe, die Aslan dazu treibt, Narnia mit seinem Gesang ins Dasein zu rufen. Die Intelligenzen werden hier zwar nicht direkt dargestellt, wie es in der Weltraumtrilogie der Fall ist, aber vielleicht verbergen sie sich in solchen Anklängen und liefern ein emotionales Fundament für jede der Narnia-Chroniken.

nicht unmöglich, nicht einmal unwahrscheinlich. Was *war* denn schließlich die ursprüngliche Aufgabe Luzifers, des Sohnes der Morgenröte?*

Warum ist dieser Aspekt des mittelalterlichen Modells für Lewis so zutiefst und nachhaltig anziehend, so zwingend, dass er es Studenten, denen diese Argumente sehr merkwürdig vorgekommen sein müssen, geradezu leidenschaftlich ans Herz legte? Weil das Universum, wie unsere Ahnen es sich dachten, »vor anthropomorphem Leben wimmelte und ein festliches Treiben war, keine Maschine«; und dieses festliche Treiben fand in einem Raum statt, der als riesig, »hoch aufragend«, ja »schwindelerregend« wahrgenommen wurde, sodass der Blick hinauf zum Nachthimmel einem so vorkam wie ein Blick hinauf in die große Zentralkuppel der St. Paul's Cathedral – nur ums Tausendfache vergrößert. Und dennoch war dieser Raum geordnet und sicher: »überwältigend in seiner Größe, aber befriedigend in seiner Harmonie.« In dieser Welt manifestierten sich die göttliche Vernunft und die göttliche Liebe allenthalben, trotz der boshaften Versuche sündiger Menschen, alle ihre Spuren zu verwischen. Und wenn wir das mittelalterliche Modell auf diese Weise betrachten, haben wir dann wirklich einen Grund zu glauben, es sei *falsch* gewesen? Oder gibt es nicht in der Heiligen Schrift und in der christlichen Überlieferung, vielleicht sogar in den Momenten schmerzlichen Verlangens, die uns überkommen, wenn wir die Welt betrachten, reichlich Hinweise darauf, dass jenes Modell etwas richtig beschrieben hat, das wir in unserem kalten, Sarumanischen Kosmos aus Metall und Rädern vergessen haben?

Dies sind Fragen, die Lewis den Hörern seiner Vorlesungen Jahr für Jahr, Term für Term vorlegte. Dann ließ er die möglichen Antworten in der Luft hängen, gab die Uhr zurück, die er sich von jemandem in der ersten Reihe geliehen hatte – selbst trug er nie eine, aber seine Vorlesungszeit überschreiten wollte er auch nicht – und marschierte zurück in seine Räume. Dort ließ er sich auf den Stuhl an seinem Schreibtisch fallen, fischte eine Pfeife aus der Jackentasche, überflog die halb beschriebene Seite vor ihm, griff nach seiner Feder, holte tief Luft und begann zu schreiben.

NEUN

»Was ich ihnen allen verdanke, ist nicht zu ermessen«

Wenn die Vorlesungen und Tutorien des Tages vorbei waren und er Zeit hatte, sich eine Pause vom Schreiben zu nehmen, wandte sich Lewis gewöhnlich einer der größten Freuden seines Lebens zu: Er verbrachte Zeit mit seinen Freunden. Wir kennen bereits seinen Ausspruch: »Meine glücklichsten Stunden verbringe ich mit drei oder vier alten Freunden in alten Klamotten mit gemeinsamem Wandern und Einkehr in kleinen Gasthäusern – oder auch damit, bis in die frühen Morgenstunden bei jemandem in seinen Collegeräumen zu sitzen und bei Bier, Tee und Pfeifen über Unsinn, Dichtung, Theologie, Metaphysik zu reden. Es gibt keinen Klang, den ich lieber mag als das Lachen erwachsener Männer.«

Während viele der Gedanken, um die es im letzten Kapitel ging, ihr erstes Publikum in den Hörsälen fanden, bestanden Lewis' Bücher – die Formen, in die er jene Gedanken goss – ihre Feuerprobe »bei jemandem in seinen Collegeräumen« während der wöchentlichen Treffen mit seinen Freunden, die um 1933 begannen und sich zwanzig Jahre lang fortsetzten. Fast immer fanden sie in Lewis' eigenen Räumen im Magdalen College statt. Die Kolbitar hatten, nachdem sie aufgehört hatten, an den Kohlen zu knabbern, ins Gras gebissen, doch schon wenig später wurden Lewis und Tolkien von einem Studenten namens Edward Tangye Lean zur Teilnahme an einem informellen Literaturclub eingeladen, dessen Mitglieder sich gegenseitig ihre Schreibentwürfe vorlasen und der allgemeinen Kritik, idealerweise von der konstruktiven Sorte, aussetzten. Offenbar war es Lean, der dem Club den Namen Inklings gab. Nach dessen Studienabschluss ging der Club zwar ein, doch Lewis übernahm den Namen, als er anfing, seine Freunde zu ähnlichen Treffen ins Magdalen College einzuladen.

Die Hauptsache dabei war das laute Vorlesen. Tolkien schrieb viele Jahre später: »C. S. L. hatte eine Leidenschaft dafür, sich Sachen laut vorlesen zu lassen, ein enormes Gedächtnis für Dinge, die er auf diese Weise empfing, und darüber hinaus die Fähigkeit zur Stegreifkritik, wobei seine Freunde ihm in keinem dieser Punkte (besonders nicht im letzten) auch nur annähernd gleichkamen.« Ein wichtiger Punkt, der aus diesem Brief hervorgeht, ist Tolkiens vergleichsweise mangelnde Begeisterung für das ganze Projekt der Inklings. Er nahm zwar regelmäßig an den Treffen teil und war besonders dankbar dafür, dass die nicht der Universität angehörenden Inklings wie Warnie Lewis und der Arzt Humphrey Havard* ihre Freude an dem entstehenden Werk hatten, aus dem *Der Herr der Ringe* wurde – wann immer er dachte, er werde das Buch nie zu Ende bringen, fand er Ermutigung in ihrer anhaltenden Begeisterung – doch es war Lewis' Meinung, auf die er in Wahrheit Wert legte. (Dennoch konnte Tolkien selbst Lewis' Meinung sehr heftig zurückweisen, wenn sie sich auf etwas bezog, was er aus seinen eigenen speziellen Gründen für besonders wichtig hielt. »Niemand hat Tolkien je beeinflusst«, schrieb Lewis einmal. »Warum nicht gleich ein Schnatterrind? ... Er kennt nur zwei Arten, auf Kritik zu reagieren: Entweder fängt er das ganze Werk wieder von vorne an, oder er nimmt überhaupt keine Notiz davon.«) Zweifellos hätte Tolkien sich am liebsten weiterhin montags nur mit Lewis getroffen, wie er es seit Ende der Zwanziger getan hatte, ohne dass noch andere zu ihnen stießen. Kurz, die Inklings waren Lewis' Club; er war ihr Herz, und die Mitglieder versammelten sich hauptsächlich seinetwegen. Als er nicht mehr regelmäßig teilnehmen konnte, verschwanden die Inklings allmählich in der Versenkung.

Ich habe von einem »Club« und seinen »Mitgliedern« gesprochen,

* Havards richtiger Vorname war Robert, doch Hugo Dyson vergaß das einmal und nannte ihn Humphrey – und von da an hieß er für alle Inklings nur noch Humphrey.

aber diese Begriffe passen nicht recht. Es gab keinerlei Formalitäten, und hätte Lewis für die Treffen nicht den geistreichen Namen von Lean übernommen, so hätte es darüber auch bei nachfolgenden Generationen keine Missverständnisse gegeben. Lewis fing damit an, Freunde zum Vorlesen und zu Gesprächen zu sich ins College einzuladen; daraus wurde ein regelmäßiges Treffen jeden Donnerstagabend, und schließlich wurde es ebenso zur regelmäßigen Übung, dass einige von ihnen sich am Dienstagvormittag gegen elf in einer Kneipe namens The Eagle and Child (im Volksmund auch The Bird and Baby genannt) versammelten. Wie es scheint – das ergibt sich vor allem aus Warnies Tagebüchern, der wichtigsten Informationsquelle über die Treffen – fanden die Lesungen meist während der privateren Abende statt, während die Zusammenkünfte im Bird and Baby typischerweise dazu dienten, »über Unsinn, Dichtung, Theologie, Metaphysik zu reden«, und zwar bei Bier und Cider statt Tee (Lewis suchte diese Kneipe aus, weil er den Cider dort mochte), und bei Pfeifen oder Zigaretten. Mal kam Hugo Dyson donnerstags zum Abendessen und einem Inklings-Treffen von Reading herauf, um dann in Lewis' Räumen zu übernachten; mal konnte sich Barfield an einem Dienstag von seiner Londoner Anwaltskanzlei frei machen und mit dem Zug anreisen. Und diejenigen, die in Oxford ansässig waren, wie Nevill Coghill, Adam j (dem Dean of Divinity – also Kaplan – des Magdalen Colleges) und nach dem Zweiten Weltkrieg auch Tolkiens Sohn Christopher, konnten sowohl an der einen als auch an der anderen Lokalität oder auch an allen beiden erscheinen. Die verschiedenen »Treffen« boten lediglich Lewis' immer größer werdendem Bekanntenkreis Gelegenheiten zusammenzukommen.

Die vielleicht interessanteste Persönlichkeit unter den Inklings war eines der zeitweiligen Mitglieder der Gruppe: Charles Williams, ein merkwürdiger, charismatischer Mann, über den sich nur schwer mit Fairness oder auch nur Klarheit schreiben lässt. In sozialer und akademischer Hinsicht unterschied er sich von den anderen Inklings, und obwohl er den christlichen Glauben und die literarischen Interessen mit ihnen gemeinsam hatte, wäre er wohl nie einer von ihnen geworden, wären da nicht einige merkwürdige Zufälle gewesen. Er war älter als die andern (fünf Jahre älter als Tolkien, ein Dutzend Jahre älter als Lewis) und wohnte sein Leben lang in London. Williams war nicht nur kein Oxford-Mann, er hatte überhaupt keinen Universitätsabschluss, obwohl er einige Zeit am University College in London studiert hatte. Vor dem Weltkrieg hatte er eine Stellung in der Londoner Niederlassung des Verlages Oxford University Press gefunden, wo er für den Rest seines Lebens arbeitete. Er schrieb Dramen, kurze und lange Gedichte (einschließlich einer Sequenz auf der Grundlage der Artuslegenden), literaturkritische Werke und theologische Abhandlungen, doch hauptsächlich bekannt war er für seine Romane, die er erst in seinen Vierzigern zu schreiben begann. Zum Inventar dieser »übernatürlichen Thriller«, wie sie oft genannt werden, gehören ein aus der Gefangenschaft entkommener Löwe, Schwarze Messen, magische Tarotkarten, die Krone König Salomos und Tote, die mit den Lebenden sprechen können.

Wer Williams' Biografie liest, wird leicht zu dem Schluss kommen, dass er ein ziemlich unheimlicher Zeitgenosse war. Seine »romantische Theologie« – in der die erotische Liebe nicht so sehr als Pfad oder Leiter zur Liebe Gottes, sondern eher als eine *Form* der Liebe Gottes verstanden wird – ermutigte ihn zumindest zum Flirten mit jungen Frauen (Williams war verheiratet und hatte einen Sohn). Er scheint dieselben sadomasochistischen Neigungen gehabt zu haben wie der junge Jack Lewis, ohne diese jedoch je zu überwinden. Seine Faszination vom Okkulten ging weiter, als es die meisten Christen für angemessen halten würden. Doch von denen, die ihn kannten, sahen ihn nur wenige in diesem Licht. Lewis verehrte ihn, fand ihn ritterlich, großzügig, ja selbstlos und hielt ihn für einen bedeutenden Denker und einen brillanten (wenn auch oft zu schwer zugänglichen) Schriftsteller. »Ich fange an zu vermuten, dass wir im ›Williams-Zeitalter‹ leben«, schrieb er einmal in einem Brief an seinen Freund, »und dass unsere Freundschaft mit dir unser einziger Passierschein zum Ruhm sein wird.« T. S. Eliot schrieb: »Ich glaube, er war ein Mann von ungewöhnlichem Genie, und ich betrachte sein Werk als bedeutend.« Der

Dichter W. H. Auden, der mit Williams zusammen an einer Gedichtsammlung arbeitete, die er für die Oxford University Press herausgab, zeigte eine vielleicht noch stärkere Reaktion, obwohl er Williams nie so gut kannte wie die anderen. Viele Jahre nach seiner ersten Begegnung mit Williams schilderte er jenes Gespräch auf erstaunliche Weise und hob es als eines der Ereignisse hervor, die ihn dazu führten, sich dem christlichen Glauben zuzuwenden:

> Zum ersten Mal in meinem Leben hatte ich das Gefühl, mich in der Gegenwart persönlicher Heiligkeit zu befinden. … Ich war schon vorher vielen guten Menschen begegnet, denen gegenüber ich mich meiner eigenen Unzulänglichkeiten schämte, doch in der Gegenwart dieses Mannes – wir sprachen nie über etwas anderes als literarische Dinge – empfand ich keine Scham. Ich fühlte mich verwandelt in einen Menschen, der unfähig war, irgendetwas Niederes oder Liebloses zu tun oder zu denken. (Später fand ich heraus, dass er auf viele andere Leute eine ähnliche Wirkung hatte.)

Doch bei all diesem Lob bleibt – und dessen sind sich alle Lobenden sehr wohl bewusst – ein unerklärliches Element bestehen. Wie konnte ein Gespräch über »literarische Dinge« eine solche Aura »persönlicher Heiligkeit« erzeugen? Ebenso fährt Eliot, nachdem er die Bedeutung von Williams Werk unterstrichen hat, fort: »Es hat eine Bedeutung von einer Art, die nicht leicht zu erklären ist.« Und Lewis muss einem Kollegen – vermutlich Tolkien – zustimmen, der sagt, Williams sei jemand gewesen, »dem noch nach Jahren der Freundschaft etwas schwer Fassbares, Unberechenbares anhaftete«. Williams machte einfach einen außerordentlich tiefen Eindruck auf fast jeden, der ihn kannte, und sein Werk hat eine ähnlich starke, wenn auch unterschiedliche Wirkung auf die Leser: Für manche, mich zum Beispiel, sind seine Bücher verstörend, besonders seine Romane. (Tolkien fand, obwohl er Williams persönlich sehr mochte, seine Schriften »gänzlich befremdend und manchmal sehr abstoßend, gelegentlich auch lachhaft«.) Ich stelle bei mir fest, dass ich Williams nicht *traue*, obwohl alle, die ihn kannten, ihm wie selbstverständlich vertrauten.

Williams und Lewis lernten sich kennen, als sie Fanpost austauschten. 1936 hatte Lewis auf Anraten von Nevill Coghill Williams' Roman *The Place of the Lion* (dt. *Die Stätte des Löwen*) gelesen und war davon so hingerissen, dass er (»zum ersten Mal in meinem Leben«) einen Fanbrief an den Autor schrieb. Fast postwendend erhielt er eine Antwort von Williams, der ihm erklärte, er sei gerade im Begriff gewesen, einen ähnlichen Brief an Lewis zu schreiben, nachdem er die Fahnen für *The Allegory of Love* gelesen hatte (die bei OUP erscheinen sollten). Sie trafen sich nur gelegentlich in London oder Oxford, bis 1939 der Ausbruch des Krieges und der Beginn der Bombardierung Londons die OUP veranlasste, ihre Mitarbeiter nach Oxford zu versetzen. Dort blieb Williams und arbeitete weiterhin für den Verlag, hielt aber nebenbei auch gelegentliche Vorlesungsreihen an der Universität, bis zu seinem plötzlichen, unerwarteten Tod im Mai 1945, nur eine Woche, nachdem die Kapitulation der Deutschen dem Krieg in Europa ein Ende gemacht hatte.

Lewis traf der Verlust verheerender als irgendeinen der anderen Inklings. In der relativ kurzen Zeit, die er in Oxford lebte, hatte Williams praktisch Tolkien von seinem Platz in Lewis' Leben verdrängt – in einem Brief, den Lewis kurz nach Williams' Tod schrieb, nannte Lewis ihn sogar »meinen liebsten Freund«. Die Freundschaft zwischen Lewis und Tolkien sollte nie ganz wiederhergestellt werden. Meiner Meinung nach ist es unmöglich zu sagen, ob die Nähe zu Williams Ursache oder Wirkung des Verlustes der Nähe zu Tolkien war. Kritische Töne gegenüber seinem Freund tauchen erst nach Williams' Ankunft in Oxford in Tolkiens Briefen auf, doch diese Kritik hat nichts mit Williams zu tun. Tolkien war verärgert, als Lewis in seinen Science-Fiction-Romanen Bruchstücke aus der tolkienschen Mythologie verwendete; er fand, Lewis schreibe zu viel und zu schnell. Die Narnia-Bücher stießen ihn ab, wahrscheinlich wegen ihrer bunten Mischung mythologischer Elemente, und Lewis' letztes Buch, *Letters to Malcolm* (dt. *Du fragst mich, wie ich bete*) würde er »bestürzend und teilweise erschreckend« finden. Einige Bemerkungen, die Lewis in *Pardon, ich bin Christ* über die Ehe machte, regten Tolkien so sehr auf, dass er mit Lewis nicht einmal darüber reden wollte. Stattdessen formulierte er einen Protestbrief, den er aber dann doch nie abschickte. 1948 schrieb Tolkien einen langen, gequälten Brief, der zwischen verschiedenen Absichten und Tonfällen hin und her schwebt: Er liest sich abwechselnd entschuldigend, abwehrend, verletzt und schmeichelnd, doch stets unergründlich. Ein typischer Satz daraus sieht so aus: »Und anstatt das natürliche und unvermeidliche Gefühl des Schmerzes und seiner Reaktionen (sicherlich niemals, ohne ihnen zu widerstehen, und das sogleich) als Sünde zu bekennen, erweise mir die große Gunst, mir die Schmerzen zu präsentieren, die ich verursacht habe, damit ich Anteil an dem guten Nutzen haben kann, dem du sie zugeführt hast.« (Nein, im Zusammenhang wird das auch nicht klarer.) Es ist unmöglich auszumachen, was für eine Wirkung Tolkien sich von diesem Brief erhoffte, oder auch nur was der Anlass dafür gewesen sein mag. Soweit es sich irgend erahnen lässt, scheint der Auslöser die Kritik gewesen zu sein, die Tolkien an Lewis' »OHEL«-Buch übte, als Auszüge daraus vor den Inklings vorgelesen wurden. (Es wäre wohl leichtsinnig, darüber zu spekulieren, worin das Problem bestand, aber wahrscheinlich war Tolkien erbost über Lewis' Entscheidung, in diesem Buch Katholiken durchweg als »Papisten« zu bezeichnen – was er absurderweise mit seinem Streben nach Gleichbehandlung und Unparteilichkeit begründete.) War Lewis über diese Kritik verletzt gewesen? Fand Tolkien im Rückblick, er sei zu weit gegangen? Dies bleibt unklar. Was einem aus diesem Brief jedoch geradezu entgegenschreit, ist ein tiefes Unbehagen, eine schiere Unfähigkeit, ohne Umschweife an jemanden zu schreiben, mit dem er einmal eng befreundet gewesen war.

Was vielleicht für Tolkien tiefer ging als alles andere, war seine schlichte, unmissverständliche Missbilligung der Richtung, die die Laufbahn seines Freundes genommen hatte. Es war nicht so sehr, dass er mit irgendeinem Gedanken oder Element in Lewis' Schriften nicht einverstanden war, sondern er lehnte schon den Gedanken ab, dass ein *Laie* sich als populärer Apologet für den christlichen Glauben betätigte. Diese Sichtweise entsprang Tolkiens katholischer Tradition, die großen Wert auf die stark unterschiedlichen Rollen von Geistlichen und Laien legt. Was Lewis da unternahm, ging ihn aus Tolkiens Sicht überhaupt nichts an; die Verteidigung des Glaubens war Aufgabe der ordinierten Priesterschaft. Obwohl Tolkien selbst vielleicht durchaus eine starke, einladende Darlegung seiner eigenen Überzeugungen hätte schreiben können, glaubte er nicht das Recht dazu zu haben, und Lewis hatte dieses Recht seiner Meinung nach auch nicht. (Lewis' Sicht der Dinge war die, dass er die Aufgabe, den Glauben zu verteidigen, liebend gern der Geistlichkeit überlassen hätte, hätte nur die Geistlichkeit die geringste Neigung gezeigt, diese Verantwortung zu übernehmen. 1956 schrieb er einen Brief an seine Freundin Katherine Farrer, deren Mann Austin, ein anglikanischer Priester, gerade ein populäres Buch über Spiritualität geschrieben hatte. Lewis bemerkte dazu, hätten mehr Priester solche Bücher geschrieben, so »wäre der Welt C. S. L. vielleicht erspart geblieben« – womit er Lewis, den Allzweck-Apologeten, meinte.)

Natürlich könnte Tolkiens unnachgiebiges Urteil in diesen Dingen sehr wohl von seinen eigenen Schwierigkeiten beim Schreiben beeinflusst gewesen sein, besonders im Vergleich zu seinem Freund. Dieser Möglichkeit war sich Tolkien bewusst. Zur Zeit von Williams' Tod hatte Tolkien seit *Der kleine Hobbit* – der 1937 erschien, kurz nach *The Allegory of Love* – noch nichts Bedeutendes veröffentlicht und kämpfte sich immer noch durch Entwürfe der zentralen Teile des *Herrn der Ringe*, von dem er nur selten glaubte, dass er je veröffentlicht werden könnte, selbst wenn er es schaffte, ihn zu Ende zu bringen. Indessen hatte Lewis nicht nur *Jenseits des schweigenden Sterns* geschrieben – die Zeitreisegeschichte, die Tolkien als Ergänzung zu Lewis' Weltraumreise hatte schreiben wollen, war nie richtig in Gang gekommen – sondern auch die übrigen beiden Bücher der Weltraumtrilogie sowie *Über den Schmerz*, *Dienstanweisung für einen Unterteufel*, *A Preface to »Paradise Lost«*, *Die Abschaffung des Menschen* und *Die große Scheidung*, wenn auch noch nicht alle diese Bücher erschienen waren, da offenbar die Druckereien mit Lewis' flinker Feder nicht mithalten konnten.

Außerdem hatte er die Serie von Radioansprachen gehalten, aus denen später *Pardon, ich bin Christ* wurde (mehr darüber im nächsten Kapitel) und die ihn bereits im ganzen Land berühmt gemacht hatten. Wenn all diese Produktivität und dieser Erfolg Tolkien nicht neidisch machten – selbst wenn er meinte, dass die Produktivität zu einem zu hohen Preis erkauft war – dann war Tolkien wahrhaft ein Heiliger.

Wie es scheint, hegte Lewis keine derartigen gemischten Gefühle gegenüber seinem Freund. Obwohl er offensichtlich betroffen darüber war, wie heftig Tolkien auf Kritik am *Herrn der Ringe* reagierte – als er einmal davon spricht, wie Tolkien manche seiner Einwände zurückgewiesen habe, fügt er hinzu: »*Zurückgewiesen* ist vielleicht ein zu schwaches Wort für deine Reaktion bei zumindest einer Gelegenheit!« – lobte er Tolkiens Werk durchweg in den höchsten Tönen und ließ keine Gelegenheit aus, es in der Öffentlichkeit und im privaten Kreis anzupreisen. In dem Brief, aus dem ich gerade zitiert habe, der im Oktober 1949 geschrieben wurde und Lewis' überwältigte und dankbare Reaktion auf die endgültige oder fast endgültige Fassung des *Herrn der Ringe* enthielt, schließt er mit einem einzigen, interpunktionslosen Satz:

Ich vermisse dich sehr

Doch wenn Lewis auch die Enge ihrer alten Freundschaft vermisste und Tolkien nichts von der Missbilligung entgegenbrachte, die dieser ihm gegenüber hegte, ist es dennoch wahrscheinlich, dass die Ankunft von Charles Williams in Oxford Lewis eine Freundschaft bot, in der es nicht die Spannungen und Unannehmlichkeiten gab, die seine Beziehung zu Tolkien zunehmend kennzeichneten. Die Freundschaft zwischen Lewis und Tolkien hätte sich sicherlich ohnehin abgekühlt, doch die Ankunft Williams' beschleunigte die Trennung. Spätere Ereignisse sollten sie noch weiter auseinandertreiben, wie wir sehen werden, obwohl sie niemals aufhörten, sich ihrer früheren Nähe zu erinnern und dankbar dafür zu sein, wie wir ebenfalls sehen werden.

In jedem Fall war Williams für Lewis nicht nur ein Freund: Sein Einfluss auf Lewis' Schreiben war groß, besonders nach seinem Eintreffen in Oxford. Fast jeder Leser der Weltraumtrilogie bemerkt die erhebliche Veränderung in Stil und Ton, die *Die böse Macht* prägt, und fast jeder, der schon einmal einen Roman von Williams gelesen hat, kann sich diese Veränderung erklären. Lewis selbst konnte kurioserweise nie erkennen, dass Williams ihn stark beeinflusst hatte, obwohl er wusste, dass jeder von ihnen beim anderen seine Spuren hinterlassen hatte. (Ich weiß nicht genau, ob Lewis je verstand, wie außerordentlich empfänglich er für die Stimmen und Stile seiner Lieblingsschriftsteller war. Er besaß eine fast beispiellose Fähigkeit, jene Stile und Stimmen zu absorbieren; dies machte ihn, wie ihm all seine Freunde bescheinigten, zu einem brillanten Parodisten. Jene Empfänglichkeit für andere Stimmen ist es auch, die die Narnia-Bücher geradezu zu einer Enzyklopädie der Märchenmotive macht und die Lewis, um einen anderen Bereich seines Lebens zu erwähnen, dafür anfällig machten, seinen Ulster-Akzent so nachhaltig zu verlieren, dass er ihn sich nie wieder zu eigen machen konnte.) Doch der vielleicht bedeutendste Einfluss, den Williams auf Lewis hatte, sollte sich erst über ein Jahrzehnt nach seinem Tod bemerkbar machen. Darauf werden wir in einem späteren Kapitel zurückkommen.

Über die Inklings ist so viel geschrieben worden und so viel Ehrfürchtiges, dass es mir schwergefallen ist, der Versuchung zu widerstehen, sie völlig zu ignorieren, so als hätte ich nie von ihnen gehört. (Stellen Sie sich ein Buch über Shakespeare vor, in dem ein Stück namens *Hamlet* nie erwähnt wird.) Doch sie hatten einen enormen Einfluss auf Lewis, wie sie in geringerem Maße auch Tolkien halfen: Sie boten ein begeistertes, aber konstruktiv kritisches Publikum für alle möglichen Geschichten und Argumente; sie bildeten eine Gemeinschaft, in der einstmals einsame und isolierte Männer entdeckten, dass es vielleicht doch nicht so verrückt war, an Gott und an Wunder zu glauben oder Geschichten über Elben und Zwerge und »Hobbits« genannte Geschöpfe zu schreiben. Man darf nicht vergessen, dass dies höchst ungewöhnliche Leute waren, vor allem vielleicht Lewis und Tolkien. Lewis las fast nie Zeitungen, bekannte sich von Jugend auf zu seiner Abneigung gegen alles, was er über »die moderne Welt« wusste, und zu seinem mangelnden Interesse daran, viel mehr über sie zu erfahren, und verfolgte nicht einmal, zumindest nicht regelmäßig, den akademischen Klatsch an seinem eigenen College. (Adam Fox schrieb über Lewis: »Seine Arglosigkeit und Ahnungslosigkeit waren grenzenlos. ... Manche aktuelle Debatte über College- oder Universitätsangelegenheiten, die alle beschäftigte und in aller Munde war, ging an ihm völlig vorbei, obwohl er, wenn er dann endlich davon hörte, oft eine sehr treffende Bemerkung dazu machte, leicht eingefärbt mit Bockigkeit.«) Die gemeinsamen literarischen Vorlieben der Inklings waren eindeutig Vorlieben einer Minderheit. Und es sollte nicht vergessen werden, dass Lewis aus eigenem Wunsch und eigener Neigung seine Jugend in Isolation verlebte. In demselben Brief an Arthur aus dem Jahr 1914, in dem er sich von »dieser wirklichen, harten, schmutzigen modernen Montagmorgenwelt« komplett gelangweilt äußert, betont er auch, dass »die Leute, deren Gesellschaft ich meiner eigenen vorziehe, sehr dünn gesät sind«. Wer hätte gedacht, dass ein solcher Junge eine so enorme Gabe für Freundschaft entwickeln würde, wie sie Lewis später besaß, sodass er als ein Mann in seinen Fünfzigern – als seine Freundschaft mit Tolkien abgekühlt war und er nicht mehr der Oxforder Fakultät angehörte – die folgenden Worte schreiben konnte:

> In einer vollkommenen Freundschaft ist diese wertschätzende Liebe oft so groß und so tief gegründet, dass jedes Glied des Kreises insgeheim beschämt vor den andern dasteht. Manchmal fragt sich der Einzelne, was er da unter all diesen hervorragenden Leuten zu suchen habe. Er hat ganz unverdientes Glück, sich in solcher Gesellschaft zu befinden. Besonders, wenn die ganze Gruppe beieinander ist und jeder im andern das Beste, Klügste oder Witzigste zum Klingen bringt. Das sind goldene Zeiten: wenn unser vier oder fünf nach einem anstrengenden Tagesmarsch den Gasthof erreicht haben, wenn wir, Pantoffeln an den Füßen, das Glas in

> Reichweite, die Beine dem Kaminfeuer entgegenstrecken, wenn sich uns Welten öffnen im Gespräch – und keiner erhebt Ansprüche, keiner ist für die andern verantwortlich, alle sind wir frei und gleichgestellt, als seien wir uns vor einer Stunde zum ersten Mal begegnet, während uns gleichzeitig eine Zuneigung umfängt, die in Jahren gereift ist. Das Leben – das natürliche Leben – hält keine bessere Gabe bereit. Wer hätte sie verdient?

Dies waren die erwachsenen Männer, an deren Lachen Lewis so große Freude hatte – und mit denen er eine weitere Form des Entzückens fand. Und wie das Entzücken, das ihm die Mythen, der Kosmos der mittelalterlichen Vorstellungswelt und ganz allgemein alte Bücher bereiteten, führte ihn das Vergnügen der Freundschaft zu Wahrheiten und Tugenden hin, von denen unsere Zeit wenig weiß.

Doch an dieser Stelle drängt sich vielleicht eine Frage auf: Zeichnet Lewis hier nicht schlicht ein Bild davon, wie ein innerer Ring für jemanden aussieht, der drinnen ist statt draußen? Ich neige dazu zu sagen: wahrscheinlich nicht. Ein innerer Ring bildet sich um irgendeine versteckte Absicht oder ein heimliches Wissen; der Wert der Gruppenmitglieder ist immer dem, was sie wissen oder was sie erstreben, untergeordnet. Doch die Freunde, die da am Kaminfeuer sitzen, schätzen in jenem Moment nichts höher als ihre gegenseitige Gesellschaft: »Keiner erhebt Ansprüche, keiner ist für die andern verantwortlich.« In dem Kapitel, aus dem diese Passage entnommen ist – dem Kapitel über »Freundschaft« in *Was man Liebe nennt* – bemüht sich Lewis sehr zu erklären, dass der Unterschied zwischen Freundschaft und erotischer Liebe oder familiärer Zuneigung die völlige Loslösung von der Welt der biologischen Bedürfnisse ist. Der Freundschaft wohnt eine Art *Freiheit* inne, eine Freiheit, die besser zu verstehen ist, wenn man daran denkt, wie zufällig Freundschaften entstehen, wie selten sie gesucht oder gewählt werden und auf welch unerklärliche Weise sie sich über Jahre entwickeln. Christen sprechen von ihren »Brüdern und Schwestern in Christus«, denn ihre Beziehung untereinander ist in der Tat die einer Familie, und seinen Familienmitgliedern gegenüber hat man Verpflichtungen, ob man sie nun mag oder nicht. Lewis' Beziehungen zu den meisten seiner Freunde waren die von »Geschwistern in Christus« ebenso wie Freundschaften, doch die Freiheit der Freundschaft dominierte, und das trug dazu bei, die Versammlungen der Inklings zu so etwas wie einer informellen Schule zu machen – der einzigen Art Schule, an der Jack Lewis je Freude haben konnte: ein durch und durch informelles Training darin, besser zu leben und weiser zu denken.

Charles Williams beschrieb einmal die »Freunde« Hiobs – die »Tröster«, die Hiob einreden, all das schreckliche Unheil, das ihn befallen hätte, müsse seine eigene Schuld und die Folge seiner Sünden sein – und merkte beiläufig an (»wobei er kaum merklich den Unterkiefer senkte«), sie seien sicherlich »Leute von der Sorte, die Bücher über den Schmerz schreiben«. Das war natürlich nur eine gutmütige Frotzelei gegenüber Lewis, aber sie enthielt zugleich eine echte Warnung, eine Erinnerung daran, wie gefährlich es sein kann, allzu vollmundig von Dingen zu reden, die, wie Hiob selbst letzten Endes zugeben musste, zu hoch für uns sind und unsere geistigen Kräfte übersteigen. (Williams »sagte immer, wäre er reich genug, eine Kirche zu bauen, würde er sie dem Hl. Thomas Didymus, dem Skeptiker, weihen« – dem ungläubigen Thomas also.) Unter dem rauen, herzlichen Bier-und-Pfeifen-Gehabe der Gruppe lief ein moralisches Schulungsprogramm ab, bei dem alle zugleich Leiter und Teilnehmer waren.

Aber die Inklings waren noch mehr als das: Sie bildeten eine Art winziger Gegenkultur, eine beständige Erinnerung für jedes Mitglied, dass es für den Verstand, das Herz und den Geist des Menschen Möglichkeiten gab, die über das hinausgingen, was man in den Zeitungen, den intellektuellen Journalen oder auch in Schulbüchern wie dem *Grünen Buch* von Gaius und Titius lesen konnte. Lewis, ein scharfsinniger Analytiker des gegenkulturellen Potenzials wahrer Freundschaft, weist in *Was man Liebe nennt* auf die gewohnheitsmäßige Feindseligkeit jeder »Obrigkeit« gegenüber der Freundschaft hin: »Jede echte Freundschaft ist eine Art Sezession – oder gar Rebellion. ... In jedem Klüngel von

Freunden lebt eine partikularistische ›öffentliche Meinung‹, die seine Mitglieder gegen die gängige öffentliche Meinung uneinnehmbar macht. Darum ist jeder Freundeskreis eine Zelle potenziellen Widerstands.« Es ist also nicht überraschend, dass so viele Widerstands- und Aufstandsbewegungen durch die Jahrhunderte – »die Royal Society, ... ›The Romantic Movement‹ ... der Kommunismus, die Oxfordbewegung, der Methodismus, die Bewegung gegen die Sklaverei, die Reformation und die Renaissance« – ihren Ursprung in kleinen Freundeskreisen hatten. Ein solches Netzwerk kann radikale Ideen unterstützen, seien es Innovationen oder Wiederentdeckungen, die voranzutreiben ein Einzelner, und sei er noch so engagiert, seine liebe Mühe hätte: »Allein, unter Kollegen, die nicht wie ich empfinden, vertrete ich gewisse Meinungen und Maßstäbe nur verschämt; halb wage ich sie nicht einzugestehen, halb zweifle ich, ob sie am Ende richtig seien. Wenn ich unter meinen Freunden bin, brauche ich eine halbe Stunde oder nur zehn Minuten, bis dieselben Meinungen und Maßstäbe wieder unerschütterlich feststehen.«

Diese kulturell »partikularistische« Bewegung war vielleicht nötig in einem Oxford, das dabei war, sich rasch zu modernisieren, intellektuell ebenso wie wirtschaftlich und architektonisch, aber sie barg auch ihre Gefahren. Sicherlich bestärkten die Inklings sich gegenseitig in ihrer Abneigung gegen das zwanzigste Jahrhundert, und das war nicht immer nur gut. Lewis wäre so oder so ein Antimoderner gewesen, aber unter den Inklings dürfte es niemanden gegeben haben, der seiner Ansicht widersprochen hätte, der deutsche Theologe Karl Barth sei ein »furchtbarer Mensch« – obwohl doch Barth auf seine Weise ein ebenso entschiedener Gegner der »liberalen« protestantischen Theologie war wie Lewis selbst. Und einzig Charles Williams dürfte T. S. Eliot gegenüber Lewis verteidigt haben, auch wenn wir nicht genau wissen, ob er das tatsächlich getan hat. Es ist nicht immer gesund, sich in einer Umgebung aufzuhalten, in der die eigenen Denkweisen »wieder unerschütterlich feststehen«. Lewis wusste das sehr gut: »Freundschaften ... können (wie die Alten erkannten) Schulen der Tugend sein; aber auch (was sie nicht sahen) Schulen des Lasters. Sie sind ambivalent. Sie machen die Guten besser und die Schlechten schlimmer.« Wahrscheinlich dachte er an die Frühzeit seiner eigenen Freundschaft mit Arthur Greeves, als er schrieb: »Es war wunderbar, zum ersten Mal jemandem zu begegnen, der unseren Lieblingsdichter schätzte. … Aber es war genauso wunderbar, als wir jemanden trafen, der ein geheimes Laster mit uns teilte.«

Offensichtlich glaubte er jedoch nicht, dass irgendetwas dergleichen die Freundschaften zwischen den Inklings besudelte. Und vielleicht war es auch nur ihre dogmatische Feindschaft gegen die Moderne, in der die Inklings ein wenig in die Irre gingen und bisweilen Ähnlichkeit mit einem inneren Ring bekamen. In seinem Vorwort zur zweiten Ausgabe des *Herrn der Ringe* formuliert Tolkien eine Aussage, die typisch für die Position der Inklings in Fragen des literarischen Geschmacks ist, und vielleicht auch in anderen Dingen: »Manche, die das Buch gelesen oder jedenfalls besprochen haben, fanden es langweilig, absurd oder belanglos; und ich habe keinen Grund, mich zu beklagen, denn ich habe ähnliche Ansichten über ihre Arbeiten oder über die Art zu schreiben, die sie offenbar vorziehen.« Tolkiens Bemerkung lässt ahnen, dass Leute mit anderem Geschmack sowieso nicht an einem Gespräch interessiert gewesen wären, aber seine schroffe Verweigerung des Dialogs ist ein wenig unversöhnlich.

Nun war Tolkien äußerst schwer zufriedenzustellen, selbst durch seine Freunde. Seinen Abscheu vor Williams' Schriften und seine Enttäuschung über einen großen Teil der Werke von Lewis habe ich bereits erwähnt. Dorothy Sayers' berühmter fiktiver Detektiv Lord Peter Wimsey erregte in Tolkien »einen Ekel vor ihm (und seiner Schöpferin), der von keiner anderen mir bekannten literarischen Figur übertroffen wird, es sei denn von seiner Harriet [Vane].« Solche Ansichten machten Tolkien zum Außenseiter in einer ansonsten äußerst gleichgesinnten Gruppe – mit einer bedeutenden Ausnahme: Hugo Dyson hasste Tolkiens Geschichten so sehr, dass er hörbar stöhnte und sogar fluchte, wenn sie vorgelesen wurden, ob von Tolkien selbst mit seinem Nuscheln oder voller Ausdruck von dessen Sohn Christopher. Dysons Einwände führten schließlich dazu, dass Tolkiens Geschichten dauerhaft von der Speisekarte der Inklings verschwanden. Doch das war vielleicht nicht nur bedauerlich: Wenn Freundschaft, so Lewis in *Was man Liebe nennt*, »nicht erfüllt ist von gegenseitiger Bewunderung, von wertschätzender Liebe«, so »ist sie überhaupt keine Freundschaft«. Allerdings darf sie auch nicht »zu einem ›Verein der gegenseitigen Beweihräucherung‹ werden« – zu einem Kreis, in dem deutliche Kritik nicht mehr vorkommen darf.

Die Liebe der Inklings hatte also ihre Grenzen, sowohl untereinander als auch gegenüber Außenstehenden, doch aufs Ganze gesehen waren sie tatsächlich eine Gemeinschaft von Freunden, die einfach Freude daran hatten, beieinander zu sein, und die, ohne sich gegenseitig etwas zu schulden, einander in wechselseitiger Liebe Kraft, Ermutigung und Sympathie schenkten. Einmal, als Warren auf Reisen war, schrieb ihm Lewis den folgenden Bericht über einen denkwürdigen Abend, an dem all die erwähnten Spannungen keine Rolle spielten:

> Am Donnerstag hatten wir ein Treffen der Inklings – du und Coghill wart ja leider nicht da. Wir aßen im Eastgate [einem Hotel in der Nähe des Magdalen College]. So ausgelassen habe ich Dyson noch nie erlebt – »ein donnernder Wasserfall des Unsinns«. Hinterher stand ein Abschnitt aus dem neuen Hobbit-Buch [d. h. aus dem *Herrn der Ringe*], ein Weihnachtsstück von Williams (ungewöhnlich leicht verständlich für seine Verhältnisse und von allen gutgeheißen) und ein Kapitel aus dem Buch über den Schmerz von mir auf dem Menü. Es ergab sich – es würde zu lange dauern, zu erklären, warum – dass die Themen der drei Lesungen sich zu einer fast logischen Reihenfolge zusammenfügten und in einen Abend voller wirklich erstklassiger Gespräche von der üblichen breiten Themenfülle mündeten – »vom Grab zum Frohsinn, vom Munteren zum Strengen«. Ich habe mir sehr gewünscht, wir könnten Dich bei uns haben.

Und in einem Brief an einen Freund, der sich erkundigt hatte, wer denn die Inklings seien, denen Lewis *Über den Schmerz* widmete, nahm er, nachdem er einige ihrer Mitglieder aufgelistet hatte, vorweg, was er Jahre später in *Was man Liebe nennt* schreiben würde: »Wir treffen uns … theoretisch, um über Literatur zu reden, doch in Wirklichkeit fast immer, um über etwas noch Besseres zu reden. Was ich ihnen allen verdanke, ist nicht zu ermessen. Dyson und Tolkien waren die unmittelbaren menschlichen Urheber meiner eigenen Bekehrung. Gibt es auf Erden noch ein so großes Vergnügen wie im Kreis gläubiger Freunde an einem knisternden Feuer zu sitzen?«

Gläubiger Freunde. Lewis glaubte, die Bibel gebrauche Metaphern aus der erotischen Liebe und der familiären Bindung, um die christliche Liebe zu beschreiben, aber keine Metaphern der Freundschaft: »Vielleicht können wir jetzt eine Vermutung wagen, warum in der Heiligen Schrift die Freundschaft so selten als Bild für die höchste Liebe dient. Sie ist selbst zu geistig, um ein gutes Symbol für Geistiges herzugeben.« Doch dieses geistige oder geistliche Element verstärkt sich, wenn die Freunde zugleich Mitchristen sind. Weniger intensiv als die Freundschaft ist etwas, das Lewis »Kameradschaft« nennt: eine Beziehung, die durch »eine gemeinsame Religion, ein gemeinsames Studium, [einen gemeinsamen] Beruf oder auch eine gemeinsame Freizeitbeschäftigung« entsteht. Wenn aber die Kameradschaft »unter« der Freundschaft steht, so steht über ihr für Lewis eine gegenseitige Liebe »in Christus«, also eine Liebe, die in einer *Einigkeit* über die Wahrheit wurzelt, die für die Freundschaft nicht erforderlich ist. Wo gegenseitige Liebe, tiefe Übereinstimmung und ein gemeinsames Ziel zusammentreffen, haben wir etwas Außergewöhnliches und im besten Sinne Übernatürliches vor uns: Gliedschaft.

»Gliedschaft« (»Membership«) ist der Titel eines Vortrags, den Lewis 1945 vor einer Gruppe von Christen hielt, deren Anliegen es war, Brücken zwischen dem östlichen (oder orthodoxen) und dem westlichen Arm der Kirche zu schlagen. Dieser Vortrag gehört zu seinen tiefsten und weisesten Werken. Zuerst geht es ihm darum, sich einen Reim auf eine Formulierung zu machen, die Paulus an verschiedenen Stellen verwendet, wenn er (zum Beispiel in Römer 12,5 oder in 1. Korinther 6,15) von der Kirche als dem »Leib Christi« spricht und sagt, dieser Leib habe viele »Glieder« (Englisch »members«). Das Wichtigste, was man sich vor Augen halten muss, wenn man das englische Wort »member« betrachtet, ist, dass die landläufige Bedeutung jenes Wortes, nämlich »die Nummern oder Zugehörigen einer homogenen Klasse«, wie etwa die Teile einer mathematischen Menge, »beinah das Umgekehrte von dem sind, was Paulus mit ›Gliedern‹ meinte. Mit ›Gliedern‹ (μελη) meint er, was wir als ›Organe‹ bezeichnen. Dinge, die wesentlich voneinander verschieden sind und einander ergänzen.«

»Echte Gliedschaft an einem Leib«, so betont Lewis, unterscheidet sich »von bloßer Zugehörigkeit zu einem Kollektiv« – auch hier unterstreicht er wieder die Gefahren der strukturierten, bürokratischen Organisation der modernen Gesellschaft, in der Gemeinschaften durch »Kollektive« ersetzt worden sind. Unserer Obrigkeit ist es lieber, wenn wir zu Kollektiven gehören. Freundschaft und Gliedschaft sind ihnen gleichermaßen als unberechenbar, anarchisch und deshalb untragbar verdächtig. (Eben aus diesen Gründen war Plato, ebenso wie viele spätere Utopisten, bestrebt, die Kindererziehung in die Hände des Staates, statt in die der Eltern zu legen.) Für den Staat sind unsere Zuneigungen unreif, *kindisch*, und darum fördert Lewis eine tiefe Einsicht zutage, wenn er Figuren aus Kinderbüchern heranzieht, um dieses Thema zu illustrieren. In *Was man Liebe nennt* schreibt er: »Das Viergespann von Maulwurf, Ratte, Dachs und Kröte zeigt die erstaunliche Verschiedenartigkeit, die im Raum der Zuneigung möglich ist«, und in »Membership« formuliert er: »Das Trio Ratte, Maulwurf und Dachs stellen die äußerste Differenziertheit von Personen in einer harmonischen Einheit dar, und darin erkennen wir intuitiv unsre wahre Zuflucht zugleich vor der Einsamkeit und vor der Masse.« Im zweiten Satz wird der Kröterich ausgelassen, weil er als das »Id« vom Dienst in *Der Wind in den Weiden* zu sehr außer Kontrolle ist, um sich in einem Zustand der »harmonischen Einheit« mit irgendjemandem zu befinden, doch die anderen bringen ihm dennoch eine tiefe Zuneigung entgegen und begegnen ihm mit einer Gnade, die er nicht verdient. Dieses Angebot »unverdienter Gunst« besteht oft da, wo Liebe regiert, doch der logischen Strenge der Obrigkeit oder des Kollektives muss sie stets ein Dorn im Auge sein: Schließlich scheinen sich darin Parteilichkeit ebenso wie Eigentümlichkeit auszudrücken. Was ist der Kröterich, dass seine Freunde sich um ihn kümmern? Als »Nummer oder Zugehöriger einer homogenen Klasse« ist er schlicht fehlerhaft, denn der Kröterich ist zu nichts und niemandem homogen. Aber nicht an einem Ding oder Teil nehmen seine Freunde Anteil, sondern an dem Kröterich von Krötinhall, einer einzigartigen Persönlichkeit innerhalb einer Gemeinschaft. Und darum hallt in dieser Art von Gliedschaft die Gliedschaft am Leib Christi nach, denn »Christus ist nicht für Vereinigungen und Staaten gestorben, sondern für Menschen. Insofern muss es weltlichen Kollektivisten vorkommen, das Christentum enthalte eine fast wahnsinnige Bejahung des Individuums.«

Doch in Wirklichkeit, wendet Lewis ein, ist es keine Bekräftigung der Individualität. Sondern gesunde Gemeinschaften (einschließlich Familien und Gemeinden) bringen typischerweise höchst unterschiedliche Individuen hervor, ja sogar die Sorte Leute, die wir »Charaktere« nennen. Lewis teilt mit etlichen englischen Schriftstellern – insbesondere mit Charles Lamb, Dickens, Chesterton, Orwell und heute Roger Scruton – eine tiefe Liebe zu der englischen Neigung, Exzentrizität nicht nur zu dulden, sondern geradezu zu fördern. Die Engländer lieben ihre Exzentriker, nicht, weil ihre Exzentrizitäten an sich unbedingt erfreulich wären, sondern weil die bloße Gegenwart solch merkwürdiger Leute unter ihnen von der Freundlichkeit, der Toleranz und dem Humor ihrer Gemeinschaft zeugt. In dem scharfsinnigsten Essay über das Wesen der Engländer, den ich kenne, »England Your England« – geschrieben während des Zweiten Weltkrieges – stellt Orwell die Frage, warum der Stechschritt der Nazis, jenes erschreckende Bild »eines Stiefels, der auf ein Gesicht niederkracht«, in England nicht gebräuchlich ist, und seine Antwort ist ganz einfach: »Weil die Leute auf der Straße darüber lachen würden.« (Bezeichnenderweise wird in einem der größten Romane von

P. G. Wodehouse, *The Code of the Woosters*, der faschistische Möchtegern-Diktator Roderick Spode – Anführer der Black Shorts – besiegt und gedemütigt durch den trotteligen Bertie Wooster, wenn auch freilich mit unschätzbarer Hilfe von Jeeves, der herausfindet, dass Spode in seiner Freizeit Damenunterwäsche entwirft. Wie Bertie weise vermerkt, kann man nicht gleichzeitig Diktator sein und Reizwäsche entwerfen. »Das eine oder das andere. Nicht beides.«) Eine Gesellschaft, die ihre Exzentriker ermutigt, schützt sich dadurch gegen die schlimmsten Auswüchse der Tyrannei. Eine »rationale« Gesellschaft würde den Kröterich nie tolerieren, aber in einer solchen »rationalen« Gesellschaft wäre das Leben nicht lebenswert. Die Exzesse des Kröterichs sind der Preis, den die Gemeinschaft dafür zahlt, dass der Dachs den Raum bekommt, sein behagliches unterirdisches Anwesen zu bauen, und dass Ratte und Maulwurf »mit dem Boot herumgondeln« können.

Dass die vier Hauptfiguren aus *Der Wind in den Weiden* so unterschiedliche Interessen haben, zugleich aber auch (der Kröterich nicht ausgenommen, der weiß, dass er beklagenswert außer Kontrolle ist und seine Torheiten inbrünstig bedauert, wenn er auch nie die Kraft zur Selbstbeherrschung erlangt) eine solche Gemeinsamkeit in der Moral – dies ist für Lewis das wichtigste Zeichen für die Gesundheit ihrer Welt. Ebenso sind in einer Familie

> der Großvater, die Eltern, der erwachsene Sohn, das Kind, der Hund und die Katze ... gerade deshalb echte Glieder (im organischen Sinn), weil sie nicht Anteile oder Einheiten einer gleichförmigen Klasse sind. Sie sind nicht austauschbar. Jede Person ist fast eine Gattung für sich. ... Nimmt man eines der Glieder weg, hat man nicht nur die Zahl der Familie verringert, man hat ihre Struktur verletzt. Ihre Einheit ist eine Einheit von Ungleichen, beinahe Unvergleichbaren.

Das Gleiche gilt in einer Gemeinschaft von Freunden, wie Lewis in einem Abschnitt erklärt, den er in Erinnerung an den vorzeitigen Tod von

Charles Williams schrieb (»Ronald«, steht hier für John Ronald Reuel Tolkien, obwohl er und Lewis sich niemals mit Vornamen anredeten): »Jetzt, da Charles tot ist, werde ich nie wieder Ronalds Reaktion auf einen typisch Charlesschen Witz erleben. Jetzt, da Charles nicht mehr unter uns ist, habe ich Ronald ›für mich allein‹; aber ich habe nicht mehr von ihm, sondern weniger. Daher ist echte Freundschaft von allen Arten der Liebe am wenigsten eifersüchtig.« Und natürlich ist diese offene Haltung noch typischer – so sollte es zumindest sein – für den Leib Christi: Wenn wir »jeden Freund nicht weniger, sondern mehr [besitzen], je größer die Zahl derer ist, mit denen wir ihn teilen«, dann hat darin die »Freundschaft eine herrliche ›Nähe der Ähnlichkeit‹ zum Himmel, wo gerade die Schar der Seligen (die kein Mensch zu zählen vermag) die Freude jedes einzelnen an Gott vergrößert.«

Richtig – aber die Leute, mit denen wir in die Kirche gehen, könnten im Gegensatz zu unseren Freunden und Angehörigen Leute sein, mit denen uns keine gemeinsame Geschichte verbindet, zu denen wir uns nicht hingezogen fühlen und mit denen wir außer der Gemeinde nichts gemeinsam haben. Doch Christen glauben, dass wir zu eben diesen Menschen die stärksten Bindungen ausbilden werden, und zwar solche, die für immer Bestand haben – selbst dann, wenn die Bindungen, die uns heute am meisten bedeuten, schockierenderweise aufgelöst sind: »Denn in der Auferstehung werden sie weder heiraten noch sich heiraten lassen, sondern sie sind wie Engel im Himmel (Matthäus 22,30).« Wie kann das geschehen?

Lewis' detailliertestes und unmittelbarstes Bild davon ist *Die Reise auf der »Morgenröte«*. Ich bin in Versuchung, dieses Buch eine Allegorie auf die Kirche zu nennen. Schließlich haben die Christen traditionell die Kirche mit der Arche Noah in Verbindung gebracht: Jedes Boot ist zu seiner Zeit und an seinem Ort ein einzigartiges Rettungsfahrzeug. Wie die Kirche dem Himmel entgegensegelt, so segelt die *Morgenröte* auf Aslans Land am Ende der Welt zu. Und auf dieser Reise ist Eustaces Situation die bemerkenswerteste. Er gerät auf dieses Schiff, kennt niemanden, begreift nichts und bleibt nur deshalb bei den anderen, weil ihm nichts anderes übrig bleibt, wie auch der Sklavenhändler Pug merkt, als er »ihn als Dreingabe zu anderen dazugab, und immer noch wollte ihn keiner haben«. Er sieht nicht, dass die *Morgenröte* seine einzige Überlebenshoffnung ist; er sieht nicht, dass er von den anderen Mitgliedern jener Mannschaft sowohl Fähigkeiten als auch Tugenden erlernen könnte. Dank seiner Eltern und seiner Schule ist er ein »Junge ohne Brust«, der einfach unfähig ist zu verstehen, was die anderen motiviert, am allerwenigsten bei dem kriegerischen Mäuserich Riepischiep.

Und das einzige Gegenmittel ist – wie wir in einem früheren Kapitel gesehen haben – dass Eustace eine Art Tod durchschreitet: dass ihm seine Haut von Aslan, und nur von Aslan, abgestreift wird, sodass er neugeboren aus dieser Begegnung hervorgehen kann. Als Erstes muss er lernen, dass er kein besonders guter Junge ist, dass er schwach und feige ist – rundheraus, dass er Kaspian und Edmund und, ja, sogar Riepieschiep unterlegen ist. Es ist bemerkenswert, dass er, nachdem er sich wieder in einen Jungen verwandelt hat, zu Edmund sagt: »Du wirst es bestimmt für geschwindelt halten, wenn ich dir sage, was für ein Gefühl es war, meine eigenen Arme wiederzuhaben. Ich weiß, es sind keine Muskeln dran, sie sind ziemlich schlaff gegen die von Kaspian, aber ich war so froh, sie zu sehen.« Dies ist das erste Mal, dass Eustace sich nicht als allen anderen überlegen wahrnimmt, und so offensichtlich es uns auch vorkommen mag, dass Eustaces Muskulatur gegenüber der des kräftigen jungen Königs erbärmlich sein musste, nun, was die Selbsterkenntnis angeht, muss ja jeder irgendwo anfangen. Erst, nachdem er die »Schlaffheit« seiner Arme und die »Biestigkeit« seines Verhaltens eingestanden hat, ist Eustace bereit, sich auf den Weg zu machen und ein richtiges Glied der Mannschaft der *Morgenröte* zu werden. Eustace ist unvollkommen, aber er wächst, und auch wenn er nie all seine rauen Kanten verliert, werden wir ihn in *Der silberne Sessel* und *Der letzte Kampf* noch weiter wachsen sehen.

All diese Themen werden in dem großartigen Vortrag über »Gliedschaft« in theologischer Sprache entwickelt. So etwa: »Ich wage die Behauptung, künstliche Gleichheit sei zwar nötig im staatlichen Leben, in der Kirche aber streifen wir diese Verkleidung ab, erhalten unsere echte Ungleichheit zurück und werden dadurch erfrischt und belebt.« An dieser Stelle denkt man unwillkürlich daran, wie Eustaces selbstgefällige Tarnung abgestreift wird und die wahre Schwäche und Bosheit zutage kommt, die erkannt werden muss, bevor sie geheilt werden kann – aber wir sind es ja heute nicht mehr gewohnt, die Gleichheit offen in Frage gestellt zu sehen! Nun ist Lewis ein leidenschaftlicher Verteidiger der Gleichheit vor dem Gesetz. Doch die Gleichheit im Wert lehnt er in zweierlei Sinn ab: Erstens, »versteht man Wert im weltlichen Sinn – will man sagen, alle Menschen seien gleich nützlich oder schön oder gut oder unterhaltsam –, so ist das barer Unsinn.« Zweitens, wenn wir meinen, »alle seien von gleichem Wert als unsterbliche Seelen«, dann, meint Lewis, sind wir einem »gefährlichen Irrtum« nahe. Warum? »Gott ist nicht für den Menschen gestorben um eines bestimmten Wertes willen ... Er liebte uns nicht, weil wir liebenswürdig waren, sondern weil er die Liebe ist.« Seine Liebe ist es, die den Wert *verleiht*; es ist nicht so, dass wir ihn *besitzen*.

Wenn Aslan Eustaces selbst gewählte Tarnung abstreift – wenn er Eustace aus dem drachenhaften Wesen befreit, das Eustace sich selbst erschaffen hat – dann ist das ein reines Geschenk, und nur aufgrund dieses Geschenkes kann Eustace beginnen, derjenige zu werden, als der er erschaffen wurde. In Gottes Plan »ist keine Rede davon, dass man für einen Menschen einen Platz finden wird, der seinem angestammten Wert gerecht würde und Rücksicht nähme auf seine natürlichen Idiosynkrasien. Zuerst war der Platz da. Der Mensch wurde dafür geschaffen. Er ist nicht er selbst, bevor er dort angelangt ist.« Ich glaube, Lewis denkt hier vielleicht – wie in etlichen seiner Schriften – an die großartige Vision des Paradieses, die Dante am Ende seiner *Göttlichen Komödie* beschreibt, wenn er auf das große, senkrecht-hierarchische Universum zurückblickt, durch das er emporgestiegen ist, und alle Heiligen in vollkommener Ordnung aufgestellt findet wie die Glasstücke im Rosettenfenster einer großen Kathedrale. Obwohl die Vision der Hierarchie wahr ist, ist die Vision der Gleichheit, bei der es nur darauf ankommt, dass jeder seinen zugewiesenen Platz in dem großen Plan einnimmt, noch wahrer. »In seinem Willen ist unser Friede«, sagt einer der Seligen zu Dante. Mangelnde Bereitschaft, einen zugewiesenen Platz einzunehmen – die gegenteilige Entschlossenheit, sich selbst einen Platz zu schaffen – hält mehr als eines der Gespenster in *Die große Scheidung* davon ab, den Himmel anzunehmen. (Angesichts der ständigen Kritik, die Lewis an seiner eigenen Schicht übte, ist es sicherlich kein Zufall, dass diejenigen unter den Gespenstern, die am ausführlichsten geschildert werden, ein Theologe und ein Künstler sind, von denen keiner bereit ist, seinem Ehrgeiz oder seiner Selbstüberhöhung abzusterben.) Lewis hielt viel von George MacDonalds großem Ausspruch: »Der einzige Grundsatz der Hölle lautet: ›Ich gehöre mir selbst.‹«

Wenn Lewis schreibt, ein Mensch werde nicht er selbst sein, bis er dort ist – also an seinem zugewiesenen Platz im Kosmos – erinnert er uns daran, dass das Geschenk des neuen Lebens mit dem Geschenk des Todes beginnt. »Du bist tot, solange du dich weigerst zu sterben«, schrieb MacDonald, und bei Tolkien ist der Tod das »Geschenk Erus« (Gottes) an die Menschen, die darum von den Elben, wenn sie nach ihren langen Lebensspannen Mittelerdes überdrüssig werden, oft beneidet werden. Die Wurzel all dessen findet sich im Evangelium: »Wahrlich, wahrlich, ich sage euch: Wenn das Weizenkorn nicht in die Erde fällt und erstirbt, bleibt es allein; wenn es aber erstirbt, bringt es viel Frucht« (Johannes 12,24). Lewis formuliert es in »Gliedschaft« so: »Nichts, was nicht gestorben ist, wird auferweckt werden.« Und er fährt fort – in diesem Kontext unerwartet, aber vielleicht durchaus passend, wenn man den Weg bedenkt, den dieses Kapitel durchschritten hat: »So und nicht anders geht das Christentum mitten zwischen der Antithese von Individualismus und Kollektivismus hindurch.« Mit anderen Worten, wir sterben unserem Eigenwillen ab, damit wir in der Gemeinschaft des Leibes Christi leben können. Eben als »Organe« des Leibes werden wir auferstehen, damit wir ewiges Leben haben, weder als individuelle Wesen noch als Einheiten in irgendeinem homogenen Kollektiv.

Den Bewohnern der Hölle dagegen wird eine furchtbare, unendlich öde Einförmigkeit zu eigen, die viel weniger als menschlich ist: »In die Hölle kommen heißt, vom Menschsein ausgeschlossen werden. Was in die Hölle geworfen wird (oder sich selbst hineinstürzt), ist nicht ein Mensch, sondern dessen ›Überbleibsel‹. … ›Ein Mensch *gewesen sein*‹, ein ›Ex-Mensch‹ also oder eine ›verlorene Seele‹ sein – bedeutet vermutlich, dass man einen Willen besitzt, der seine Mitte aufs Äußerste in sich selbst hat, und Begierden, die aufs Äußerste sich der Kontrolle des Willens entziehen.« Daher die gestaltlose, charakterlose graue Stadt der Verdammten in *Die große Scheidung*. Ebenso hat Screwtapes Hölle, auch wenn er sie als bürokratisch beschreibt, dasselbe Motto – »Fressen oder gefressen werden« – und keiner im infernalischen Ministerium merkt je, dass das Verschlingen der Verdammten seinen Heißhunger niemals stillt, sondern nur verstärkt.

Es sind die Seligen im Himmel, die sich weiterentwickeln und in der Erkenntnis Gottes und der Liebe zu Gott wachsen, und jeder von ihnen füllt mehr und mehr seinen einzigartigen Platz im göttlichen Plan aus. Wieder an Körperorgane als Bilder denkend, schreibt Lewis: »Die gegenseitig Glieder sind, werden so verschieden wie Hand und Ohr. Darum sind die Weltleute einander so eintönig gleich, verglichen mit der beinah unglaublichen Vielfalt der Heiligen.« Diese Vielfalt spiegelt sich auch am Ende von *Der letzte Kampf* wieder, wenn alle Hauptfiguren, die wir in den vorausgegangenen Büchern kennengelernt haben, nach und nach ihren Weg in Aslans Land finden, das neue und vervollkommnete Narnia, wo die Unterschiedlichkeit der Arten (von Menschen über Dachse und Faune bis zu Zentauren und Marschwiggeln) nur noch durch die Unterschiedlichkeit der Persönlichkeiten übertroffen wird. Doch diese Geschichte müssen wir uns zum größten Teil für einen späteren Zeitpunkt in unserer eigenen Erzählung aufheben. Denn worauf es jetzt ankommt, ist, dass die Unterschiedlichkeit in Einheit dieser Figuren, die nichts gemeinsam haben außer ihrer Hingabe an Aslan, nach dem Bild der Seligen im siebten Kapitel der Offenbarung des Johannes gestaltet ist, wo der Apostel »eine große Schar, die niemand zählen konnte, aus allen Nationen und Stämmen und Völkern und Sprachen« erblickt – doch in dieser unvorstellbar bunt gemischten Menge sind alle mit weißen Gewändern angetan, alle halten Palmzweige empor, alle singen denselben Choral. Ihre Unterschiedlichkeit ist nur deshalb bedeutsam, weil sie sich in ihrem Ziel und ihrer Hingabe einig sind, und ihre Einheit bekommt ihren Sinn und ihren Reichtum erst durch ihre überwältigende Vielfalt.

Es ist ein schlichter Choral, den die große Versammlung singt: »Das Heil ist bei dem, der auf dem Thron sitzt, unserm Gott, und dem Lamm.« Einer der biblischen Namen für Jesus Christus ist das Lamm Gottes, und was all diese Menschen gemeinsam haben, ist schlicht und einfach ihr Glaube, dass dieses Lamm ihre Rettung ist. Jede Konfession, jede Spielart echten christlichen Glaubens, die die Welt je gesehen hat, ist in dieser Versammlung vertreten: Orthodoxe, Katholiken, Kopten; Protestanten jeder Couleur (Anglikaner, Baptisten, Kongregationalisten, Methodisten, Presbyterianer und so weiter). In dieser Welt kann es durchaus sein, dass diese Leute sich gegenseitig misstrauen, dass jeder die anderen für irregeleitet hält und ihnen vorwirft, sie setzten falsche Schwerpunkt oder seien gar Häretiker, doch rings um den Thron sind solche Unterschiede verschwunden. Sie sind nicht unterscheidbar, weil sie in einer gemeinsamen Liebe und einem gemeinsamen Lobpreis vereint sind. Sie sind Christen schlechthin.

Der Ausdruck »Christentum schlechthin« (»mere Christianity«) wurde von Richard Baxter geprägt, einem anglikanischen Schriftsteller des siebzehnten Jahrhunderts, der einst berühmt war: die Erbaulichkeit seines Werkes *The Saints' Everlasting Rest* wurde von unseren Vorfahren fast durchweg bewundert. Doch in seiner Zeit war Baxter eine seltene Stimme der friedfertigen Toleranz. Er hatte den englischen Bürgerkrieg überlebt, der zwar kein Glaubenskrieg im strengen Sinne war, aber doch nahe daran: Nur wenige Puritaner unterstützten den König; und noch weniger hochkirchliche Anglikaner standen auf der Seite des Parlaments. Baxter als Puritaner unterstützte Oliver Cromwell und die parlamentarischen Kräfte, wenn auch nicht ohne Vorbehalte und erhebliche Bedenken. Cromwell selbst hatte Baxter von seiner Kirche in Kidderminster, Worcestershire, beordert, um mitzuhelfen, die »Fundamente der Religion« für den neuen postmonarchistischen Staat ausarbeiten zu helfen, beklagte sich dann jedoch, Baxters Zusammenfassung des Christentums könne auch ein Papist zustimmen. »Umso besser«, erwiderte Baxter, »und umso besser eignet sie sich dazu, Eintracht zu schaffen.« Das trug ihm zwar nicht Cromwells Vertrauen ein, doch seine Unterstützung für Cromwell trug ihm trotz aller Vorbehalte nach der Wiederherstellung der Monarchie Verfolgung ein. Noch ein Vierteljahrhundert später, während der »Bloody Assizes« von 1685, fielen Baxters Bücher dem berüchtigten Scharfrichter Jeffreys ins argwöhnische Auge, der diese Schriften für aufrührerisch hielt. Der siebzigjährige Baxter musste zwei Jahre im Gefängnis verbringen, was er unter den Umständen vermutlich als glimpflich davongekommen betrachtete.

Baxters Problem mit der »Obrigkeit« seiner Zeit, von welcher Partei auch immer, bestand darin, dass er nicht zulassen wollte, dass das Christentum sich dem Sektierergeist unterwarf. Nach seiner Überzeugung gab es einen Kern orthodoxen Christentums, der von Puritanern, Anglikanern und Katholiken gleichermaßen bejaht wurde und der eine Frieden stiftende Quelle unter ihnen hätte sein sollen. »Wollt ihr wissen, zu welcher Sekte oder Partei ich gehöre?«, schrieb er 1680. »Ich bin gegen alle Sekten und trennenden Parteien; doch wenn ich eine Partei nennen sollte, dann die schlechthin christliche, ... ich gehöre zu jener Partei, die ganz und gar gegen Parteien ist.« Sowohl für Cromwell als auch für Richter Jeffreys ist dies eine verachtenswerte Weigerung, sich für eine Seite zu entscheiden, doch Baxter fand, dass er damit durchaus seine Seite wählte: »Ich bin ein CHRIST, ein CHRIST SCHLECHTHIN und gehöre keiner anderen Religion an.«

Man könnte natürlich darauf hinweisen, dass England Mitte des zwanzigsten Jahrhunderts ein ganz anderes Land war als England Mitte des siebzehnten. Während damals noch fast jeder im Land ein Christ irgendeiner Couleur war, befand sich zu Lewis' Zeiten die britische Christenheit in einem traurigen Zustand. Überall auf den britischen Inseln hatten die Kirchen in der Zeit des Ersten Weltkrieges viele Mitglieder verloren, und nach einer leichten Erholung in den 1920er-Jahren setzte der Niedergang während der Depression wieder ein und ging bis heute weiter. Lag die Gefahr zu Baxters Zeiten in den Auseinandersetzungen zwischen Christen unterschiedlicher Prägung, so lag sie in Lewis' Zeit darin, dass das Christentum sich völlig in Rauch auflösen würde. Doch Lewis fand, das Heilmittel gegen die erste Krise sei zugleich auch das Heilmittel gegen die zweite: Wenn das Christentum umstritten und im Niedergang ist, ist es umso wichtiger, dass Christen ihre Meinungsverschiedenheiten beiseitelegen und gemeinsam den Einen Choral der Einen Kirche singen. Die Feindseligkeit der Christen untereinander war nach Lewis' Auffassung mindestens seit der Reformation das große Elend der Gemeinde Jesu gewesen. Als er in seinem Buch über die englische Literatur der Renaissance die geschichtlichen Entwicklungen schildert, die zu der Vorstellung geführt haben, die Protestanten glaubten an die »Errettung durch den Glauben«, während Katholiken die »Errettung durch Werke« vorzögen, erlaubt er sich einen seltenen Ausdruck der Frustration, ja des Zorns:

> Der Prozess, durch den »Glaube und Werke« zu einem Standardgag des Schmierentheaters wurden, ist typisch für jene ganze tragische Farce, die wir die Reformationsgeschichte nennen. Die theologischen Fragen, um die es wirklich geht, haben nur auf einer bestimmten Ebene, einer hohen Ebene des geistlichen Lebens Bedeutung; auf fruchtbare Weise hätten nur reife und geheiligte Disputanten im trauten Zwiegespräch und bei unbegrenzter Muße darüber debattieren können. Unter solchen Bedingungen hätten vielleicht Formeln gefunden werden können, die den protestantischen Aussagen gerecht worden wären, ohne andere Elemente des christlichen Glaubens zu kompromittieren. Tatsächlich jedoch wurden diese Fragen in einem Moment aufgeworfen, in dem sie zwangsläufig sofort zu bitteren Zankäpfeln wurden und sich in einem ganzen Komplex theologisch belangloser Dinge verstrickten und somit die verheerende Aufmerksamkeit so-

> wohl der Obrigkeit als auch der Menge auf sich zogen. Nachdem dies einmal geschehen war, war Europas Chance, unbeschadet daraus hervorzugehen, dahin.

An den Konsequenzen haben die Christen bis heute zu tragen – und oft genug verschlimmern sie diese Konsequenzen noch.

Der Kernpunkt in Lewis' Position ist seine Aussage: »Die theologischen Fragen, um die es wirklich geht, haben nur auf einer bestimmten Ebene, einer hohen Ebene des geistlichen Lebens Bedeutung.« Wieder und wieder erinnert er uns daran, dass manche der Fragen, die uns am meisten am Herzen liegen, einfach nicht in der Reichweite unserer Erkenntnis liegen. In mehreren verschiedenen Zusammenhängen führt er eine eigentümliche Passage aus dem letzten Kapitel des Johannesevangeliums an. Jesus spricht dort nach seiner Auferstehung zu seinen Jüngern und prophezeit den Tod des Petrus, doch Petrus möchte wissen, was aus dem »Jünger, den Jesus liebte«, werden wird, also aus Johannes selbst: »Herr, was wird aber mit diesem?« Die Antwort Jesu darauf zitiert Lewis häufig: »Was geht es dich an? Folge du mir nach.« Diese Szene wird sogar am Ende der *Reise auf der »Morgenröte«* ziemlich genau nachgespielt, wo Aslan Lucy mitteilt, dass sie nicht mehr nach Narnia zurückkehren wird. Lucy erwidert mit einer Frage: »Und wird Eustace auch nie wieder hierherkommen?« Doch Aslan entgegnet mit freundlicher Unnachgiebigkeit: »Kind, ... musst du das wirklich wissen?«

Was Lewis in dem zitierten Abschnitt aus seinem OHEL-Buch offenbar andeuten will, ist, dass Christen »Sekten und trennende Parteien« innerhalb der Kirche erzeugen, wenn sie sich zu sehr mit Dingen beschäftigen, die außerhalb der Reichweite dessen liegen, was die Menschen wirklich angeht – oder anders gesagt, wenn ihre Neugier größer ist als ihre Treue. Darum muss man sich, so glaubt Lewis, wenn es schon notwendig ist, sich mit schwierigen Fragen auseinanderzusetzen, so eng wie möglich an »jenen Glauben ... [halten], der fast allen Christen zu allen Zeiten gemeinsam war«. Besonders wichtig ist das dann, wenn solche Fragen in Gegenwart von Ungläubigen aufgeworfen werden, in der Öffentlichkeit also: »Zweitens müssen wir, so denke ich, zugeben, dass eine Auseinandersetzung über diese Streitfragen kaum dazu angetan ist, einen Außenstehenden in die christliche Gemeinschaft zu führen. … Was uns trennt, sollte deshalb nur unter Menschen erörtert werden, die bereits daran glauben, dass es einen Gott gibt und dass Jesus Christus sein einziger Sohn ist.« Das ist eine sehr strenge Regel! *Niemals* das Trennende in der Öffentlichkeit erörtern? Doch dass die Christen ihr nicht gehorcht haben, scheint dem Christentum tatsächlich wenig genützt und viel geschadet zu haben.

Sogar für »private« Diskussionen, solche nur unter Christen also, über theologische Unterschiede legt Lewis die Messlatte außerordentlich hoch. Wenn er schreibt, über diese strittigen Fragen »hätten nur reife und geheiligte Disputanten im trauten Zwiegespräch und bei unbegrenzter Muße« fruchtbar diskutieren können, fordert er uns implizit auf, zu prüfen, ob wir geheiligt, diskret und geduldig genug sind, um solche Debatten auf die richtige Art zu führen. Darüber hinaus liegt für Lewis weder eine Schande noch ein Verlust darin, sich einfach an »jenen Glauben … [zu halten], der fast allen Christen zu allen Zeiten gemeinsam war«. Seine beste Formulierung dieser wichtigen Aussage findet sich wahrscheinlich nicht in *Pardon, ich bin Christ*, sondern in einer Einleitung, die er für das Buch eines anderen schrieb – die Übersetzung einer gewissen Schwester Penelope der Abhandlung *De Incarnatione* des großen alexandrinischen Theologen des vierten Jahrhunderts, Athanasius. (Sie war eine Nonne im anglikanischen Konvent St. Mary the Virgin in Wantage in der Nähe von Oxford; Lewis führte einen langen und reichhaltigen Briefwechsel mit ihr und betrachtete sie als seine »ältere Schwester« im Glauben.) Dies ist der Essay, in dem er leidenschaftlich das Lesen »alter Bücher« verteidigt. Im Zuge dieser Verteidigung erklärt er, es sei (unter anderem) eine gelehrte Lektüre gewesen, die zu seiner Bekehrung geführt habe:

> Ich selbst kam beinahe zufällig infolge meines Englischstudiums dazu, die christlichen Klassiker zu lesen. Manche, wie Hooker,

> Herbert, Traherne, Taylor und Bunyan, las ich, weil sie selbst große englische Schriftsteller sind; andere, wie Boethius, Augustinus, Thomas von Aquin und Dante, weil sie die ersteren »beeinflusst« hatten. George MacDonald entdeckte ich selbst mit sechzehn Jahren und hielt ihm für immer die Treue, wenn ich auch lange Zeit versuchte, seine christliche Haltung zu ignorieren. Sie sind, wie Ihnen sicher auffällt, eine bunte Mischung aus Vertretern vieler Kirchen, Geisteshaltungen und Zeiten. Und das führt mich zu einem weiteren Grund, sie zu lesen. Die Trennungslinien innerhalb der Christenheit sind unleugbar vorhanden, und manche dieser Schriftsteller geben ihnen sehr entschiedenen Ausdruck. Doch wenn jemand versucht ist zu denken – wie es durchaus passieren kann, wenn man nur Zeitgenossen liest – das »Christentum« sei ein Wort mit so vielen Bedeutungen, dass es letzten Endes überhaupt nichts mehr bedeutet, dann kann er ganz zweifellos, indem er einen Schritt aus seinem eigenen Jahrhundert heraus tut, lernen, dass dem nicht so ist. Gemessen an den Jahrhunderten erweist sich »Christentum schlechthin« nicht als ein fades, überkonfessionelles Gespinst, sondern als etwas Feststehendes, in sich Stimmiges und Unerschöpfliches.

Weil »Christentum schlechthin« etwas Feststehendes ist, bietet es dem Suchenden Wegweisung; weil es in sich stimmig ist, bietet es Gewissheit; weil es unerschöpflich ist, bietet es Freude. So entdeckte schon der junge, ungläubige Jack Lewis: »In der Zeit, als ich das Christentum noch hasste, lernte ich jenes fast unveränderliche Etwas, das mir mal bei dem Puritaner Bunyan, mal bei dem Anglikaner Hooker, mal bei dem Thomisten Dante begegnete, wie einen vertrauten Duft zu erkennen. ... Es war natürlich verschiedenartig; und dennoch – letzten Endes – ganz unverkennbar dasselbe.« Dieses Zeugnis eines früheren Ungläubigen ist wichtig, denn es bietet eine notwendige Korrektur unserer Wahrnehmung, eine Erinnerung, dass die Trennungen unter Christen, so traurig sie sein können, doch nicht die ganze Geschichte darstellen:

> Diejenigen, die schon immer innerhalb der christlichen Gemeinschaft gelebt haben, könnten sich allzu leicht davon entmutigen lassen. Sie sind schlimm, aber solche Leute wissen nicht, wie das Ganze von außen aussieht. Von dort aus betrachtet nimmt sich das, was bei allen Trennungen intakt bleibt, immer noch wie eine unermesslich eindrucksvolle Einheit aus (die sie ja auch ist). Ich weiß das, denn ich habe es gesehen; und unsere Feinde wissen das auch sehr gut. Jene Einheit kann jeder von uns entdecken, indem wir uns aus unserer eigenen Zeit hinausbewegen. Es ist nicht genug, aber es ist mehr, als Sie bis dahin gedacht haben.

Einer jener »Feinde«, Screwtape, pflichtet dem bei:

> Eine unserer besten Verbündeten ist gegenwärtig die Kirche selbst. Verstehe mich nicht falsch. Ich meine damit nicht die Kirche, wie wir sie sehen, ausgebreitet durch alle Zeit und allen Raum und verwurzelt in der Ewigkeit, schrecklich wie eine Armee mit wehenden Fahnen. Die ist, wie ich bekennen muss, ein Anblick, bei dem selbst unseren kühnsten Versuchern unbehaglich wird. Für diese Menschen jedoch ist sie glücklicherweise völlig unsichtbar.

Indem er also dieses »feststehende, in sich stimmige und unerschöpfliche« Christentum schlechthin betont, ruft Lewis nicht nur – nicht in erster Linie – die Christen zu einer neuen Besinnung auf die Einheit, einer neuen Toleranz und Geduld auf; sondern er ruft die Christen auf, zu erkennen, was bereits da ist: eine Kirche voll Einigkeit und Kraft, »ausgebreitet durch alle Zeit und allen Raum und verwurzelt in der Ewigkeit«. Nur, indem Christen erkennen, was die Kirche wahrhaftig *ist*, können sie anfangen, sie zu dem zu machen, was sie *sein sollte*.

Mit diesen Überzeugungen gewappnet, machte sich Lewis an die Aufgabe, sein »Christentum schlechthin« zu erklären und zu verteidigen. Schon im Vorwort zu seinem ersten apologetischen Buch *Über den Schmerz* schreibt er: »[Ich habe] gedacht, ich sollte mich darauf beschränken, alte und orthodoxe Lehren wieder einmal zu sagen ... [und] versucht, nichts gelten zu lassen, wozu sich nicht alle Christen bekennen, die getauft sind und das Abendmahl empfangen.« Um demselben Anliegen gerecht zu werden, als er *Pardon, ich bin Christ* schrieb, ließ er sein Buch von Christen verschiedener Konfessionen lesen, um sicherzugehen, dass er nicht versehentlich irgendetwas behauptet hatte, was spezifisch für ihn oder die anglikanische Kirche war. Für den Rest seines Lebens weigerte er sich standhaft, sich auf Streitigkeiten unter seinen Mitchristen einzulassen – wenn er auch immer wieder seine Geringschätzung aller Bewegungen zur »Liberalisierung« und »Demythologisierung« des Christentums deutlich machte, die er gern in die Kategorie »verwässertes Christentum« einsortierte. (Es ist ziemlich komisch, dass Lewis, wenn er von solchen Kompromissen oder Ablehnungen der Orthodoxie spricht, den Tonfall der Schulmeister seiner Jugend annehmen kann: Verwässertes Christentum und Atheismus sind »Schulbubenweisheiten«; »Ich persönlich bin der Meinung, dass der Dualismus nach dem Christentum unter allen zur Wahl stehenden Anschauungen die männlichste und logischste ist.«) Es liegt schon ein gewisses Paradox darin, dass zwar eines der Hauptanliegen des protestantischen Liberalismus darin bestand, die vermeintlich unnötigen übernatürlichen Ausschmückungen des Christentums abzustreifen und so einen kleinsten gemeinsamen Nenner des Glaubens herauszuschälen, auf den sich alle einigen könnten, dies im Ergebnis aber nicht etwa die Christen untereinander toleranter machte, sondern nur die Zahl der Christen verringerte – und die »Liberalen« immer feindseliger gegenüber jeder Äußerung »alter und orthodoxer Lehren« werden ließ. So konnte Lewis, nachdem seine Vorträge zu *Pardon, ich bin Christ* schon eine Weile zirkulierten, schreiben:

> Jedenfalls habe ich von dem berüchtigten *odium theologicum* [theologischen Hass] überzeugter Anhänger nicht-anglikanischer Glaubensgemeinschaften nur wenig zu spüren bekommen. Angriffe kamen eher von solchen Menschen, die ich als religiöse

> Grenzfälle (gleichgültig, ob innerhalb oder außerhalb der anglikanischen Kirche) bezeichnen möchte; Menschen, die sich im Grunde zu keiner bestimmten Glaubensgemeinschaft bekennen. Das finde ich recht tröstlich. In ihrer Mitte, dort, wo ihre treusten Söhne wohnen, sind sich die einzelnen Konfessionen am Nächsten, wenn auch nicht immer in der Lehre, so doch im Geist. Und dies lässt vermuten, dass im Mittelpunkt einer jeden Glaubensgemeinschaft etwas oder jemand steht, der trotz aller Unterschiede im Glauben oder Temperament, trotz aller Erinnerung an gegenseitige Verfolgung, mit derselben Stimme spricht.

Umgekehrt stellte er fest: »Die liberalen und ›aufgeschlossenen‹ Leute in jeder Gemeinschaft könnte man nie vereinen. ... Die Welt der ... verwässerten ›Religion‹ ist eine Welt, in der eine kleine Zahl von Leuten (alle von derselben Art) völlig unterschiedliche Dinge sagen und alle paar Minuten ihre Meinung ändern. Von ihnen werden wir nie eine Wiedervereinigung bekommen.«*

1938, als Lewis gerade seine Laufbahn als Verteidiger des Christentums begann, kam der beinahe gleichaltrige amerikanische Theologe Reinhold Niebuhr nach Edinburgh, um die Gifford-Vorlesungen zu halten, in denen er »das ruhige Gewissen des modernen Menschen«, beklagte, wie er es nannte. Ein »ruhiges Gewissen« ist nach Lewis' Auffassung genau das Problem bei den »liberalen und ›aufgeschlossenen‹« Christen seiner oder jeder anderen Zeit: ihre Selbstzufriedenheit, ihre

* Noch pointierter ist die folgende Passage – schon fast eine Tirade – aus einem 1945 geschriebenen Brief an Schwester Penelope: »Die Wahrheit ist, dass wir nie weiterkommen werden, solange wir nicht die ›Religion‹ ausgemerzt haben. Was man unter ›Religion‹ versteht – dieser formlose Brei aus humanitärem Idealismus, Emersonschem Pantheismus, demokratischer Politik und materieller Fortschrittlichkeit, dem nach Geschmack ein paar christliche Begriffe und Formeln hinzugefügt werden wie Pfeffer und Salz – ist beinahe unser Hauptfeind. Wenn ich mich nicht mit einem Christen unterhalten kann, dann gebt mir einen wirklich gläubigen Anhänger irgendeiner anderen Religion oder einen ehrlichen, klar denkenden Skeptiker wie J. S. Mill. Mit denen kann man wenigstens vernünftig reden.«

Unfähigkeit zu spüren, dass sie *irgendeiner* bestimmten Lehre oder Überzeugung »gehorsam« sein müssen. Da sie keine Notwendigkeit zum Gehorsam verspüren, merken sie niemals, dass sie nicht gehorchen *können*, und entdecken darum niemals die Notwendigkeit von Buße, Bekehrung, Verwandlung – jener Art von Verwandlung, die sie zu geeigneten Teilnehmern in der großen Versammlung der Erlösten machen würde, die Johannes in seiner Offenbarung vor sich sah. Wie der Tragöde in *Die große Scheidung* projizieren sie zwar ein riesig aufgeblasenes Bild von sich selbst, doch es hat keinerlei Substanz: Ihr wahres Selbst wird immer kleiner und geisterhafter. Aber sie merken es nie.

Solche Verwandlung ist für Christen nicht nur möglich, sondern Pflicht. Schließlich hatte er seine eigene Verwandlung durchlaufen und dabei »Schicht um Schicht der Selbstliebe und Selbstbewunderung« entdeckt (wie er gleich zu Beginn seiner christlichen Pilgerschaft an Arthur schrieb) und sich der lebenslangen Disziplin unterworfen, sich von solcher Sünde reinigen zu lassen. Wir müssen sterben, um zu leben, unser Leben verlieren, um es zu finden, aufgeben, was wir für uns selbst *halten*, um unser wahres Selbst zu gewinnen. Und das ist die schwierigste aller Aufgaben: Wie auch Eustace herausfindet, sind unsere besten Bemühungen, uns selbst zu verstehen und zu korrigieren, nur schwächlich; die Offenbarung, wer wir *wirklich* sind, muss von außen kommen, und wenn sie kommt, ist sie niederschmetternd. Dann erscheinen die Sündhaftigkeit und Torheit selbst unserer edelsten Bemühungen und weisesten Worte in herzzerreißender Klarheit vor uns. Für Lewis *beginnt* christliche Einheit mit der Erkenntnis, dass wir alle uns wie Eustace durch unseren Stolz und unsere Selbstsucht in Drachen verwandelt haben. Dann müssen wir begreifen, dass wir uns nicht selbst wieder zurückverwandeln können – dazu fehlt uns die Kraft – und danach müssen wir akzeptieren, dass Gott bereit und willens ist, uns zu verwandeln, wenn wir ihm nur die Erlaubnis dazu geben. Für Lewis können nur solche, die diesem Bild der menschlichen Zwangslage und ihrer Heilung zustimmen, sich in wahrer Einheit zusammenschließen – und somit wirklich, und nicht nur dem Namen nach, gemeinsam Glieder eines einzigen Leibes werden.

ZEHN

»Niemand konnte Lewis übertrumpfen«

Markierte die Ankunft von Charles Williams in Oxford eine bedeutsame Entwicklung im Leben von Jack Lewis, so änderte sich sein Leben in anderer Hinsicht durch eine andere Nebenwirkung des Krieges: Er wurde zu einer berühmten Rundfunkpersönlichkeit. Eines der Bücher, von denen schon die Rede war, *Pardon, ich bin Christ*, entstand nicht als Buch, sondern als eine Serie von Rundfunkansprachen; erst viel später wurden jene Ansprachen alle zwischen zwei Buchdeckeln zusammengefasst und bekamen ihren heute berühmten Titel. Dieser neue Ruhm hatte wahrlich große Konsequenzen, für Lewis wie auch für viele andere.

Die Rückkehr des Krieges nach Europa am 1. September 1939 war zwar schon seit einiger Zeit als unvermeidlich vorausgesehen worden, doch sie versetzte den ganzen Kontinent in Schrecken und veranlasste Millionen dazu, neu zu fragen, woran sie glaubten und warum. W. H. Auden verurteilte in New York City den Vertrag von Versailles, der dem unterlegenen Deutschland am Ende des Ersten Weltkrieges bedrückende Sanktionen auferlegt hatte: »Jene, denen Böses getan ward, / tun wieder Böses an.« Andere beschuldigten Deutschland einer langen Geschichte imperialistischer Bestrebungen; wieder andere richteten das Augenmerk auf Adolf Hitler (einen »geisteskranken Gott«, wie Auden es ausdrückte) als Ort und Impuls des Bösen. Selbst Lewis geriet auf verschiedenerlei Weise durcheinander. Warnie, der als Offizier im Ruhestand genau genommen Reservist war, wurde in den aktiven Dienst zurückgerufen, und Jack (der noch nicht ganz einundvierzig war) hätte durchaus eingezogen werden können. Außerdem wusste er nicht, was seine Universität tun würde, obwohl er sich noch an die leeren Hallen während des letzten Krieges erinnerte. Tatsächlich war die Erinnerung für Lewis ein Fluch in jenen düsteren Tagen. In einem früheren Kapitel habe ich seine Bemerkung in einem Brief erwähnt: »Meine Erinnerungen an den letzten Krieg haben mich noch jahrelang in meinen Träumen verfolgt.« Doch er wusste, wie bösartig Hitler war, und begriff sehr wohl das Ausmaß der deutschen Bestrebungen und die Notwendigkeit, ihnen entgegenzutreten.*

»Wenn es sein muss, muss es sein«, schrieb Lewis sichtlich resigniert. »Aber das Fleisch ist schwach und selbstsüchtig, und mir wäre der Tod viel lieber, als noch einen Krieg zu durchleben.« Und Arthur gegenüber äußerte er: »Wie [Warnie] in seinem letzten Brief schrieb, es wird alles noch schlimmer durch dieses gespenstische Gefühl, dass das alles schon einmal passiert ist – dass man während des letzten Krieges eingeschlafen ist und einen wunderschönen Traum hatte, aus dem man jetzt wieder aufgewacht ist.« Dieses Déjà-vu empfand tatsächlich ganz Europa – mit Ausnahme vielleicht der jungen Männer, die diesen neuen Krieg nun auszufechten hatten und zu jung waren, um sich an das Grauen des vorausgegangenen zu erinnern. Aus den eben zitierten Bemerkungen wird offenkundig, dass Lewis im Hereinbrechen eines neuen riesigen

* Interessanterweise waren er und Tolkien gleichermaßen entsetzt über das, was bereits über die Politik der Nazis gegenüber den deutschen Juden bekannt geworden war – was nebenbei die oft gehörte Behauptung, außerhalb Deutschlands hätte niemand eine Ahnung gehabt, was Hitler im Schilde führte, als Unsinn entlarvt. Schon 1933, in dem Jahr, in dem Hitler zum deutschen Reichskanzler gewählt wurde, schrieb Lewis an Arthur, »der Frevel der Judenverfolgung durch Hitler« sei unentschuldbar. Und als sich 1938 die Veröffentlichung der deutschen Ausgabe des Hobbit verzögerte, weil der Verlag Zweifel hegte, ob Tolkien ein arischer Name sei, setzte Tolkien eine Antwort auf, in der er schrieb, sein Name sei deutschen Ursprungs, doch »wenn Ihre Frage sich darauf bezieht, ob ich jüdischer Abstammung bin, kann ich nur erwidern, dass ich zu meinem Bedauern keine Vorfahren aus jenem begabten Volk habe. … Ich kann mir jedoch die Anmerkung nicht versagen, dass, falls unverschämte und belanglose Anfragen dieser Art in Fragen der Literatur demnächst üblich werden sollen, die Zeit nicht mehr fern ist, in der ein deutscher Name keinen Anlass zum Stolz mehr geben wird.« Es lässt sich nicht feststellen, ob Tolkien diesen Brief tatsächlich abgeschickt hat, aber seine Haltung könnte nicht klarer sein.

Konfliktes nichts als Grauen sah, doch als Christ musste er die Frage stellen, ob Gott aus all diesem Elend nicht *irgendetwas* Gutes hervorbringen könnte. So schrieb er an Arthur: »Ich würde sagen, für mich persönlich kommt er gerade zur rechten Zeit: Ich fing gerade an, es mir in meinem Beruf zu gemütlich zu machen, zu erfolgreich und wahrscheinlich auch selbstgefällig zu werden.« Ohne das Grauen und die Tragik eines neuen großen Krieges in irgendeiner Weise herunterzuspielen, hatte Lewis bereits angefangen, sich Fragen zu stellen, die den Krieg sowohl in einen kleineren als auch in einen größeren Zusammenhang rückten: in den kleineren, wie er als ein gewöhnlicher Mensch durch die Kriegssituation an Tugend zunehmen oder auch in Sünde fallen könnte; und in den größeren, was ein Krieg im Licht der Ewigkeit zu bedeuten hatte. In der *Dienstanweisung für einen Unterteufel*, die in den ersten Kriegsjahren entstand und die sich ständig des Krieges als Kulisse bedient, geht es sehr oft um diese beiden Zusammenhänge. Als Wormwood sein Entzücken über den Ausbruch der Feindseligkeiten äußert, warnt Screwtape ihn davor, »zu viel von einem Krieg zu erwarten«. »Natürlich ist ein Krieg unterhaltsam«, schreibt er seinem Neffen. »Das unmittelbare Erlebnis der Angst und des Leides der Menschen ist eine wohlverdiente und angenehme Erfrischung für unsere Myriaden eifrig bemühter Arbeiter. Aber was bringt er uns schon auf die Dauer, wenn wir ihn nicht nutzen, um Unserem Vater in der Tiefe Seelen zuzuführen?« Screwtape macht sich Sorgen darum, dass Menschen in tödlicher Gefahr sich geistlich auf den Tod vorbereiten könnten; er fürchtet, selbst jene, denen der christliche Glaube fehlt, würden »ihre Aufmerksamkeit von sich selbst abziehen und auf Werte und Anliegen richten …, die sie höher einstufen als das Selbst« – aus höllischer Sicht eine sehr gefährliche Entwicklung. Und das Schlimmste: »Wenn wir nicht aufpassen, werden wir erleben, wie sich Tausende in dieser Notlage dem Feind zuwenden.« Und genau diese Auswirkung, die Screwtape so sehr fürchtete, wollte Jack Lewis mit aller Entschlossenheit und Kraft fördern.

Sein Entschluss äußerte sich in mehrfacher Form, doch vor allem trat er in eine vorübergehende Tätigkeit als Vortragsreisender zu christlichen Themen ein – nicht unbedingt ein Wanderprediger, aber doch auch nicht allzu sehr verschieden davon. Neben Predigten, die er in Oxford und London hielt, schrieb er während des Krieges für christliche Zeitschriften und Zeitungen wie auch für Zeitungen mit allgemeiner Leserschaft in London, Oxford und Coventry. Er sprach vor unzähligen Studentengruppen, vor anglikanischen Priestern und Jugendleitern, vor Angehörigen der Royal Air Force (einschließlich der weiblichen Hilfstruppen), selbst vor der »Electrical and Musical Industries Christian Fellowship«. Vor allem aber sprach er zum landesweiten Rundfunkpublikum der British Broadcasting Company.

Die britische Gesellschaft war damals eine andere; für die BBC war klar, dass es in Kriegszeiten zu ihrem Auftrag gehörte, eine gepeinigte Nation moralisch und geistlich zu unterstützen. (Die vollständige Geschichte wird in einem kürzlich erschienenen Buch des inzwischen verstorbenen Justin Phillips erzählt: *C. S. Lewis at the BBC: Messages of Hope in the Darkness of War.*) Die Schlüsselfigur bei diesem Projekt war James Welch, ein anglikanischer Priester, der 1939 aus dem Gemeindedienst und der Pastorenausbildung ausgeschieden war, um bei der BBC die Abteilung für religiöse Sendungen zu leiten. Anfang 1941 richtete er einen Brief an Lewis: »Ich schreibe Ihnen, um Sie zu fragen, ob Sie bereit wären, uns bei unserer Arbeit mit religiösen Sendungen zu helfen.« Indem er diese Bitte äußerte, die zugleich ein Angebot war, ging Welch ein Risiko ein: Da er selbst von *Über den Schmerz* nicht nur beeindruckt gewesen war, sondern auch erhebliche Hilfe daraus empfangen hatte, wusste er, dass Lewis lebhaft und flüssig schreiben könnte, aber es ist nicht klar, ob er wusste, dass Lewis auch ein dynamischer Redner war. Vielleicht hatte sich Lewis' Ruf als Vortragender bis auf die Korridore der Londoner BBC-Zentrale herumgesprochen, aber selbst wenn, konnte niemand sicher sein, ob jemand, der die relativ freie Umgebung eines Hörsaals gewohnt war, sich auf die Einschränkungen einer Radiosendung würde einstellen können – zumal Welch an *Live*-Sendungen dachte.

Jedenfalls erklärte sich Lewis unter einigen Vorbehalten und Bedingungen dazu bereit. Man machte ihn mit einem Mann namens Eric Fenn bekannt, der alle seine Ansprachen produzieren würde. Im August ging es los. Lewis hatte von Anfang an vor, einfach nur für die Existenz von Recht und Unrecht zu argumentieren – für das, was er bald als das Tao oder das Moralgesetz bezeichnen würde – und dabei erst sehr spät in der Argumentation auf das Christentum zu sprechen zu kommen: »Der erste Schritt ist, das Bewusstsein für Schuld zu erzeugen oder wiederzuerwecken. Wenn ich also eine Serie von Ansprachen halte, sollte ich das Christentum erst am Ende erwähnen.« Diese Ansprachen – mit begrenzten Überarbeitungen wiedergegeben in *Pardon, ich bin Christ* als Teil I, »Recht und Unrecht, Wegweiser zum Sinn des Universums« – waren immerhin so erfolgreich, dass Lewis im Januar und Februar 1942 eine zweite Vortragsreihe hielt, in der es nun konkret um christliche Lehren ging, besonders über Jesus Christus selbst. Die Serien I und II erschienen dann fast sofort in Buchform als *Broadcast Talks* – was einen gewissen Rückschluss auf ihre Popularität zulässt, zumal ja das Papier, das den Verlagen zur Verfügung stand, ziemlich streng rationiert war. Eine dritte Serie (»Christliches Verhalten«) wurde im Herbst 1942 ausgestrahlt. Nachdem Lewis dann mehrere Anfragen von Fenn abgelehnt hatte, kam es schließlich Anfang 1944 zu einer vierten und letzten Serie.

Lewis fand die Zusammenarbeit mit der BBC frustrierend, zumal sie darauf bestand, seine Rundfunkansprachen zu Zeiten auszustrahlen, die es erforderlich machten, dass er mit dem Nachtzug zurück nach Oxford fuhr und erheblich an Schlaf einbüßen musste. Es gelang ihm zwar, sie dazu zu bringen, einige der Vorträge aufzuzeichnen, statt live auszustrahlen, aber nicht genug für seinen Geschmack: »Sollten Sie die Adresse einer verlässlichen Attentäter-, Nasenschlitzer-, Garrotteurs- und Giftmischerfirma haben, wäre ich dankbar, wenn Sie sie mir überlassen könnten«, schrieb er an Fenn, womit er offenbar nicht näher genannten Höherstehenden statt seinem armen Produzenten die Schuld gab, was für Fenn eine Erleichterung gewesen sein muss.

Doch solcherlei Unannehmlichkeiten waren Lewis' geringste Sorgen, denn mit dem Beginn seiner Laufbahn als Radiosprecher fing auch ein Problem an, das ihm bis zum Ende seiner Tage zu schaffen machen sollte: ein täglicher Strom von Briefen von wütenden, besorgten, verwirrten, nachdenklichen, neugierigen und dankbaren Zuhörern. Im Februar 1942, während die zweite Serie lief, schrieb er an Fenn und merkte etwas kläglich an: »Ich wate immer noch durch die Korrespondenz infolge der Ansprachen. ... Gestern habe ich fünfunddreißig Briefe geschrieben; alle außerhalb der Arbeitszeit, versteht sich. Es ›schafft‹ einen – vom Porto gar nicht zu reden.« (An diesem Punkt seiner Laufbahn, als Lewis noch nicht wohlhabend war und ohnehin alles, was er an diesen Ansprachen wie auch an der *Dienstanweisung* verdiente, für wohltätige Zwecke spendete, war das Porto eine erhebliche Ausgabe. Außerdem hatte er sich nicht klargemacht, dass er auch dann, wenn er das Geld verschenkte, immer noch Steuern dafür zahlen musste, sodass er seine Steuerabrechnung, als sie schließlich kam, kaum begleichen konnte. Nach diesem Schock half ihm Barfield dabei, seine eigene Stiftung einzurichten, sodass er seine außerordentliche Großzügigkeit ausüben konnte, ohne dabei Bankrott zu gehen.) Das Schreiben dieser Briefe wurde ihm so sehr zur Gewohnheit, dass er manchmal Briefe an seine engen Freunde mit »C. S. Lewis« unterzeichnete, was er dann durchstrich und »Jack« anfügte. Dies tut er zum Beispiel in einem Brief an Arthur aus dem Januar 1943, in dem auch folgende Information enthalten ist: »Wie du sicher bemerkt hast, hatte ich in letzter Zeit großes Glück mit meinen Büchern, und es wäre geheuchelt, wenn ich so tun würde, dass mir das nicht viel Vergnügen bereitet hat; der Haken ist nur, dass dadurch die Menge der Briefe, die zu schreiben sind, bis ins schier Unerträgliche anschwillt.«

Meist sprach er, zumindest in seinen Briefen, nur Arthur gegenüber von dem Preis, den er für die Wochenendvorträge, Predigten und Rundfunkansprachen – die alle Korrespondenz nach sich zogen – zahlte, die er seinen anderen Pflichten als Dozent, Tutor, Schriftsteller und Mädchen für alles im Haushalt hinzufügte. (Und als Beter: Seine Liste von Leuten, für die er betete, war vor allem infolge seiner umfangreichen Korrespondenz so lang geworden, dass er Mühe hatte durchzukommen, und erst auf den Rat von Father Walter Adams hin – den er sich als Spiritus Rector und später als Beichtvater auswählte – kürzte er sie, wenigstens manchmal.) Leider begann Minto gerade zu dieser Zeit eine besondere Last für ihn zu werden. Es ist unwahrscheinlich, dass sie sich je mit seinem christlichen Glauben aussöhnte; in Lewis' Schriften ist bemerkenswert oft von den Spannungen die Rede, die in einer Familie entstehen können, wenn nur eines ihrer Mitglieder Christ wird. In einem Interview bemerkte er: »Es ist verblüffend, wie lästig es der Familie fällt, wenn man früh aufsteht, um in die Kirche zu gehen. Es macht nicht so viel aus, wenn man für irgendetwas anderes früh aufsteht, aber wenn man früh aufsteht, um in die Kirche zu gehen, dann ist man sehr egoistisch und bringt den ganzen Haushalt durcheinander.« Mit ähnlichen Hintergedanken erkennt Screwtape die Möglichkeit, die Bekehrung des Patienten von Wormwood dazu auszunutzen, um den Konflikt zwischen dem jungen Mann und seiner Mutter zu verschärfen. In *Was man Liebe nennt* schreibt Lewis – vielleicht, weil Minto inzwischen tot war – noch pointierter: »Im gewöhnlichen Leben eines friedlichen, zivilisierten Landes gibt es kaum etwas so Teuflisches wie die Bosheit, mit der sich eine ganze ungläubige Familie auf das einzige Glied, das Christ geworden ist, stürzt.« Kaum vorstellbar, dass diese Aussagen nicht aus bitteren persönlichen Erfahrungen entstanden sind. Wir können also zumindest ansatzweise erraten, woran Lewis dachte, als er Schwester Penelope im November 1941 bat: »Beten Sie für *Jane.* ... Das ist die alte Dame, die ich meine Mutter nenne und mit der ich zusammenlebe (in Wirklichkeit ist sie die Mutter eines Freundes) – eine Ungläubige, krank, alt, verängstigt, voller Nächstenliebe, wenn es um Almosen geht, doch voller Lieblosigkeit in jedem anderen Sinn. Und ich kann so wenig für sie tun.«

So schreibt er an Arthur: »Mir geht es ziemlich gut, manchmal traurig, manchmal nicht.« Und wenn man bedenkt, was Lewis sein Leben lang lieb und teuer war, ist die nächste Information gar kein gutes Zeichen: »Außer im Bett und im Zug komme ich kaum zum Lesen. ... die Welt ist schon eine Last, nicht wahr?« Kein Wunder, dass er schon in seinem nächsten erhaltenen Brief – gerichtet an eine Frau namens Mary Neylan, eine frühere Studentin, die ihn oft brieflich um Rat in allen möglichen Dingen bat – wehmütig eine seiner liebsten Freuden erwähnt: die friedliche Verantwortungslosigkeit einer leichten Erkrankung.

Unter solchen Umständen sollte man annehmen, dass irgendjemand, dem es einfiel, sich mit einer Frage über den christlichen Glauben oder die Moral oder was auch immer an Professor C. S. Lewis zu wenden, mit Schweigen oder bestenfalls einer äußerst knappen Antwort hätte rechnen müssen – besonders wenn sie, wie es manchmal vorkam, »mit ›Jehova‹ unterschreiben oder so beginnen: ›Lieber Mr Lewis, ich habe mit zwanzig Jahren einen Mann geheiratet, den ich nicht liebte.‹« So berichtete er es Arthur, und vielleicht haben *jene* Korrespondenten tatsächlich nur beiläufige Antworten erhalten. Vielleicht aber auch nicht: Über das Jahrzehnt der 1950er verstreut schrieb er 138 Briefe an eine Amerikanerin, die kaum etwas anderes tat, als sich bei ihm über die Sünden und Marotten ihrer Familie zu beklagen. Lewis wusste, so sagte er es einem Freund, dass sie »eine sehr dumme, lästige und vermutlich unangenehme Frau« war, doch er wusste auch, dass sie »alt, arm, krank, einsam und unglücklich« war. Also antwortete er unbeirrbar auf ihre Briefe. Zudem, so schrieb er ebenfalls an Arthur, »war es eine Pflicht«, die Briefe, die er von »ernsthaften Fragestellern« bekam, »ausführlich zu beantworten«. Und *Pflicht* meinte er wörtlich: In seinen Kommentaren zu diesem Thema tritt immer wieder der Kehrreim auf, dass ein Schriftsteller sich allein dadurch, dass er seine Gedanken an die Öffentlichkeit trägt, zu einer Verantwortung gegenüber dieser Öffentlichkeit verpflichtet, der er nicht ausweichen kann – zumal Leser Schlüsse ziehen oder Interpretationen formulieren können, die den Absichten des Autors widersprechen. Mein Lieblingsbrief mit diesem Thema (wahrscheinlich überhaupt mein Lieblingsbrief von Lewis) wurde 1955 an die Mutter eines neunjährigen amerikanischen Jungen geschrieben, der Angst hatte, es sei eine Sünde, dass er Aslan lieber hatte als Jesus. Lewis schlägt ein paar beruhigende Worte vor sowie ein Gebet, das der Junge sprechen könnte. Am Ende des Gebets fügt er dann hinzu: »Und wenn Mr Lewis mit seinen Büchern noch anderen Kindern Sorgen gemacht oder ihnen irgendwie geschadet hat, dann vergib ihm bitte und hilf ihm, es nie wieder zu tun.«

Als diese Briefe hereinzuströmen begannen, wurde Warnies Unterstützung, die für Lewis schon bisher wertvoll gewesen war, unschätzbar. Anfang 1940 war Warnie im Range eines Majors reaktiviert und zurück nach Frankreich geschickt worden, wo er sofort erkrankte und in ein Krankenhaus eingeliefert wurde. Im Mai war er einer der Tausende von britischen Soldaten, die in jenem großen Wunder aus Dünkirchen evakuiert wurden, als Fischerboote, Vergnügungsjachten und Feuerlöschboote über den Kanal fuhren, um die Truppen zu retten, die durch den deutschen Blitzkrieg durch Belgien und Frankreich schier ans Ufer gepresst wurden. Im August kehrte er ein für allemal nach The Kilns zurück – gerade rechtzeitig, um seinem geplagten Bruder Hilfe anzubieten. (Der Zeitpunkt war auch aus anderen Gründen ideal: Maureen heiratete im Oktober, und wäre Warnie nicht da gewesen, so hätte die gesamte Verantwortung für Mintos Pflege auf Jack gelastet.)

Während der Kriegsjahre, als Papier knapp war, schrieb Lewis seine Antworten oft auf die freien Flächen der Briefe, die an ihn gerichtet wurden, oder er benutzte winzige Zettelchen, doch unter weniger eingeschränkten Bedingungen diktierte er seinem Bruder eine Antwort oder entwarf (mündlich oder schriftlich) eine Erwiderung, die Warnie dann zu einem vollständigen Brief ausformulierte. Ich habe schon erwähnt, dass Lewis' Studenten sehr vertraut wurden mit dem Geräusch einer Schreibmaschine, die im Nebenzimmer vor sich hin ratterte, während sie ihre Essays vorlasen. Warnie entwickelte auch ein Ablagesystem für die eingehenden Briefe und die Durchschläge der Antworten. Doch der Umfang der Korrespondenz war so groß, dass Lewis immer noch einen viel größeren Teil jedes Morgens, als er problemlos erübrigen konnte, damit verbrachte, den ernsthaften Fragestellern, den einsamen Herzen und den Größenwahnsinnigen zu antworten, deren Einlassungen die Royal Mail so beständig an seiner Tür ablieferte, Tag für Tag, Jahr um Jahr, Welt ohne Ende, Amen.

Einen Lichtblick gab es im Hause Lewis in der letzten Zeit des Krieges: Ihr Name war June Flewett, und sie war eines von vielen tausend Kindern, die zu Beginn des Krieges aus London evakuiert und anderswo untergebracht wurden. In The Kilns waren am Tag nach der deutschen Invasion in Polen vier Schulmädchen aufgenommen worden; sie und andere kamen und gingen während des ganzen Krieges. June jedoch, die im Sommer 1943 bei den Lewis' einzog, war anders. Sie war gewiss eine Heilige, vielleicht sogar ein Engel der Barmherzigkeit. Bei ihrem Eintreffen sechzehn Jahre alt, war sie eine fromme Katholikin und eine angehende Schauspielerin, und ihr Lieblingsschriftsteller war C. S. Lewis, wenngleich sie keine Ahnung hatte, dass der »Jack«, in dessen Haus sie wohnte, derselbe Mann war. Es steht nicht einmal fest, ob sie wusste, dass er mit Nachnamen Lewis hieß, da es Mrs Moore war, der sie zuerst vorgestellt wurde, und soweit June wusste, waren Jack und Warnie nur Mrs Moores Söhne. Erst, nachdem sie lange genug dort war, um »eine ungemeine Schwärmerei« für Lewis zu entwickeln – »Natürlich verliebte ich mich wahnsinnig in ihn« – fand sie heraus, wer er war. Es war ein ziemlicher Schock. (Bezeichnenderweise war das Erste, was June an Lewis anzog, seine unerschütterliche Freundlichkeit gegenüber Minto, und sie erkannte auch sehr deutlich, dass Minto Lewis schier vergötterte. Die Beziehung war sehr schwierig geworden, aber es war noch immer viel Liebe darin – wenn auch offensichtlich von einer ganz anderen Art als die, mit der ihre Beziehung begonnen hatte.)

Die beiden Jahre, in denen June in The Kilns wohnte, waren die besten jenes Jahrzehnts für den Haushalt. Alle liebten sie, und sie schaffte es besser, Minto bei Laune zu halten, als irgendjemand sonst. Wie ich schon in der Einleitung erwähnt habe, arbeiteten zu jener Zeit zwei Dienstmädchen im Haus, doch beide waren auf unterschiedliche Weise psychisch labil, und sie waren ohnehin nicht imstande, mit ihrer Hausarbeit den Ansprüchen zu genügen, die Minto für erforderlich hielt. Nur June konnte in diesen Konflikten vermitteln, und als Ende 1944 klar wurde, dass sie zum Jahreswechsel fortgehen würde – um an der Royal Academy of Dramatic Art in London Schauspielunterricht zu nehmen – war der ganze Haushalt am Boden zerstört. Warnies Tribut an sie in seinem Tagebuch ist wirklich erstaunlich:

> Ich habe noch nie jemanden getroffen, gleich welchen Alters, der im christlichen Leben fortgeschrittener gewesen wäre. Von sieben Uhr morgens bis neun Uhr abends, abgeschnitten von Gleichaltrigen und nur mit Müh und Not die Zeit für ihre religiösen Pflichten erübrigend, hat sie sich in The Kilns für einen winzigen Lohn abgerackert. Ich habe sie nie anders als fröhlich erlebt, immer begierig, dringende Anforderungen vorauszusehen, ohne sich je zu beklagen und immer die Erste, die in den häufigen Krisen jenes trostlosen Hauses die Schuld auf sich nahm. Ihre Reaktion auf die gemeinste Undankbarkeit bestand darin, ihre Ursache in ihren eigenen Fehlern zu suchen. Sie gehört zu jenen seltenen Menschen, bei denen man es wagen kann, sie »heilig« zu nennen.

Auch Lewis – der in seiner Sprache gewöhnlich präziser war als der zu Übertreibungen neigende Warnie – nannte sie in einem Brief an Schwester Penelope »ein vollkommen heiliges Mädchen« und sagte ihren Eltern: »Sie ist ohne Ausnahme die selbstloseste Person, der ich je begegnet bin.«

Für Lewis kam ein schwieriger Moment, als Junes Eltern ihm schrieben und fragten, ob sie The Kilns verlassen sollte, um sich an der Royal Academy einzuschreiben, wo sie bereits angenommen war. Obwohl die Schauspielerei ihre Leidenschaft und ihr Lebenstraum war, hatte sich die Schwierigkeit ergeben, weil Junes eigene Sicht der Dinge, wie Lewis ihren Eltern schrieb, »schlicht und unerschütterlich die ist, dass sie freiwillig nicht hier weggehen wird«. Lewis – und das kostete ihn offensichtlich eine enorme Willensanstrengung – antwortete: »June sollte in ihrem eigenen Interesse zum kommenden Term an die Academy gehen.« Die Konventionen in einer solchen Situation verlangten, dass er damit fortfuhr, wie sehr sie alle sie vermissen würden, aber das tat er nicht, und er sagte den Flewetts auch, warum: »Ich denke nicht gern daran.« Doch er hatte sich bereits verplappert: Zuvor in dem Brief hatte er geschrieben: »Wenn June geht, geht mit ihr der einzige Lichtblick an unserem Horizont.«

June ging; der Horizont verdüsterte sich. In der Einleitung habe ich das Elend jener Jahre für Lewis umrissen, oder besser der Jahre unmittelbar nach ihrem Weggang: die allgemeine Überarbeitung, die ständigen Anforderungen von Minto, die Verrücktheit der Hausbediensteten, Warnies Trinken – das sich möglicherweise als mehr oder weniger unmittelbare Folge von Junes Weggang verschlimmerte, da er damit ohne Schutzwall gegenüber Minto dastand, die er offenkundig verabscheute. Und ich habe gesagt, dass dies die Umstände waren, in denen Lewis zum ersten Mal daran dachte, eine Geschichte für Kinder zu schreiben. Doch ein weiteres Element der Situation – vielleicht das wichtigste von allen – habe ich noch nicht erwähnt.

Ende 1941 bat eine Frau namens Stella Aldwinckle, die in den 1930er-Jahren in Oxford Theologie studiert hatte und dann zurückgekehrt war, um in der St. Aldate's Church zu arbeiten, Lewis um Hilfe bei der Gründung einer Debattiergesellschaft, in der es um die Behauptungen des Christentums und um die Einwände gegen jene Behauptungen gehen sollte. Sie nannten sie den Socratic Club, und Lewis blieb dessen Präsident (und Stella Aldwinckle seine Vorsitzende), bis Lewis von Oxford nach Cambridge wechselte. Der Grundgedanke war der, dass in einer Woche auf dem Treffen – während der Vorlesungszeit traf sich der Club wöchentlich – ein Christ einen Vortrag hielt, auf den ein Ungläubiger antwortete; in der folgenden Woche wurden die Rollen dann umgekehrt. Und natürlich war auch Zeit für allgemeine Fragen und Debatten. Von Anfang an war Lewis im Socratic Club die dominierende Persönlichkeit. Obwohl er nicht oft selbst referierte, war er fast immer anwesend und hielt sich bereit, zur Diskussion beizutragen. Austin Farrer – ein Priester und Theologe, der ebenso wie seine Frau Katherine eng mit Lewis und Tolkien befreundet war – hat darüber geschrieben, wie sehr er die Situationen fürchtete, wenn er statt Lewis für den Glauben gerade stehen musste: »Ich ging mit Furcht und Zittern hin, ganz sicher, dass ich in der Debatte Schiffbruch erleiden und meine Seite im Stich lassen würde. Doch dann war Lewis da, witterte die bevorstehende Schlacht und sagte beim Schall der Trompete: ›Aha!‹ Meine Ängste verflogen. Welche Ungeschicklichkeit ich auch beging, er hielt die Fahne empor; und niemand konnte Lewis übertrumpfen.«

»Niemand konnte Lewis übertrumpfen« – das erwies sich für Lewis selbst gerade als Problem. In seiner Einleitung zum ersten *Socratic Digest* (einer Sammlung der Referate und Antworten von den Treffen des Clubs) gibt er freimütig zu, dass die Gründer des Clubs in Sachen Christentum nicht unparteiisch oder neutral seien. Doch, fährt er dann fort, »Argumente ... haben ein Eigenleben. Niemand kann sagen, wohin sie führen. Wir stellen uns selbst und die Schwächsten unserer Seite ebenso Ihrem Beschuss wie Sie sich dem unseren. ... Die Arena ist für beide Seiten da und lässt sich letzten Endes nicht betrügen; Sie riskieren darin nichts, und wir riskieren alles.« Das heißt, wenn die Argumentation eines Ungläubigen für den Unglauben am Ende den Kürzeren zieht, hat er nichts »verloren«; schlimmstenfalls muss er noch gründlicher über die Beweislage für und gegen den christlichen Glauben nachdenken. Der Gläubige dagegen, dessen Argumentation für das Christentum durch solche Debatten unterminiert wird, ist in einer viel angreifbareren Position. So viel ist klar, und diese Punkte haben ihre Berechtigung. Doch dann fügt Lewis diesem Argument etwas Unerwartetes hinzu:

> Schlimmer noch, wir setzen uns dem Rückstoß unserer eigenen Schüsse aus; denn wenn ich meiner persönlichen Erfahrung trauen darf, dann ist keine Lehre dem Auge des Glaubens für den Moment so verschleiert wie diejenige, die man gerade *erfolgreich* verteidigt hat. [Hervorhebung von mir]

Zwei Jahre später schloss Lewis einen Vortrag über »Christliche Apologetik« vor einer Gruppe von Priestern und Jugendleitern in Wales mit einem Bekenntnis und einer Warnung:

> Ein Wort zum Schluss. Ich habe festgestellt, dass nichts gefährlicher für den eigenen Glauben ist als die Arbeit eines Apologeten. Keine Glaubenslehre erscheint mir so geisterhaft, so unwirklich wie diejenige, die ich gerade *erfolgreich* in einer öffentlichen Debatte verteidigt habe. Wissen Sie, einen Moment lang schien sie auf einem selbst zu ruhen. Die Folge ist, dass sie, sobald man die Debatte hinter sich hat, nicht stärker erscheint als jene schwache Säule. Darum spielen wir Apologeten mit unserem Leben und können nur gerettet werden, indem wir uns ständig aus dem Netz unserer eigenen Argumente … in die Wirklichkeit fallen lassen – aus der christlichen Apologetik in Christus selbst. [Hervorhebung von mir]

Das Bemerkenswerte an diesen beiden Aussagen ist das Bekenntnis, dass Lewis' Glaube durch seine Geschicklichkeit im Argumentieren und sein Debattiertalent stärker gefährdet wurde, als es durch Misserfolge der Fall gewesen wäre. »Niemand konnte Lewis übertrumpfen«, aber das verschaffte Lewis kein Selbstvertrauen. Im Gegenteil, es brachte ihn dazu, einen Glauben in Frage zu stellen, der durch seine eigenen dialektischen Bemühungen aufrechterhalten werden musste.

Dieses eigenartige Phänomen liefert einen Erklärungsansatz für etwas, das sonst schwer zu verstehen ist. Ich habe bereits, ebenfalls in der Einleitung, darauf hingewiesen, dass Lewis 1947 anfing, eine schreckliche Angst vor dem Tod zu empfinden – oder genauer gesagt, vor dem Nicht-mehr-Sein. (»Und es ist und bleibt wahr, dass ich beinahe mein Leben lang völlig unfähig war, jenes Grauen vor dem Nichtsein, vor der Auslöschung zu verspüren, das Dr. Johnson so stark empfand. Erst 1947 fühlte ich es zum ersten Mal. Aber das war lange, nachdem ich zum Glauben zurückgekehrt war und so zu erkennen begonnen hatte, was das Leben wirklich ist und was mir entgangen wäre, wenn ich es verpasst hätte.«) Doch 1945 war die Überzeugung vom Leben nach dem Tod, von der christlichen Unsterblichkeit, aufgrund des Todes von Charles Williams besonders stark in ihm gewesen. In einem Brief an Schwester Penelope – demselben, in dem er Williams als »meinen liebsten Freund« bezeichnet – schreibt er, Williams Tod habe

> meinen Glauben sehr gestärkt. Der Tod hat nichts an meiner Vorstellung von ihm geändert, aber er hat – oh, ich kann nicht sagen, was – an meiner Vorstellung vom Tod verändert. Die nächste Welt ist viel wirklicher und spürbarer geworden. Wir alle empfinden das so. Wie man lebt und lernt. Ich habe schon oft von Witwen und trauernden Müttern gehört, die »empfanden, ›er‹ sei ihnen nun näher als vorher, als er noch körperlich da war«, und habe das immer für sentimentale Übertreibung gehalten. Jetzt weiß ich es besser.

Und dann fährt er fort und gibt eine Bemerkung von Hugo Dyson wieder – eine Bemerkung, die er noch in mindestens drei anderen Briefen zitiert – die darauf hinausläuft, dass das, was für Jesus galt (der nur fortging, um in einer neuen Form zurückzukehren), ebenso, wenn auch in anderem und geringerem Maße, für unsere gläubigen Freunde gilt.

Doch aus dieser Stimmung – Trauer und Verlust überwunden durch Hochstimmung und Glauben und Zuversicht auf »die nächste Welt« – geriet Lewis in relativ kurzer Zeit in eine nie dagewesene Furcht vor der Auslöschung. Wie könnte es dazu gekommen sein?

Ich glaube, es kam dazu, weil er zur selben Zeit, in der er die Gegenwart seines toten Freundes erlebte, zugleich auch über das Leben nach dem Tod und das Wunder der Auferstehung schrieb. Noch an demselben Tag, an dem Williams krank wurde und in das Krankenhaus kam, in dem er fünf Tage später starb, schrieb Lewis an einen anderen Freund: »Der Gedanke der neuen Schöpfung hat mich … sehr beschäftigt. … Ein neuer Himmel und eine neue Erde – die Auferstehung des Leibes – wie sehr haben wir diese Lehren vernachlässigt. … Im Moment arbeite ich an einem Buch über Wunder, in dem dieses Thema eine große Rolle spielen wird.« Und er hatte gerade sein Buch *Die große Scheidung* abgeschlossen, dem der Gedanke zugrunde liegt, dass alle Menschen ewig leben, ob in einer immer zunehmenden Seligkeit oder einer immer höllischer werdenden Verdammnis. In *Das Gewicht der Herrlichkeit*, seiner großartigsten Predigt (gehalten im Juni 1941), hatte er es so ausgedrückt: »Es gibt keine *gewöhnlichen* Menschen. Wir haben nie mit bloßen Sterblichen gesprochen. Nationen, Kulturen, Künste und Zivilisationen sind sterblich – ihr Leben ist gegenüber dem unseren wie das Leben einer Mücke. Aber es sind Unsterbliche, mit denen wir scherzen, arbeiten, verheiratet sind, die wir kurz abfertigen und ausbeuten – unsterbliche Schrecken oder ewigwährender Glanz.« Im Jahr seiner Furcht vor der Auslöschung, demselben Jahr, in dem das Buch *Wunder* erschien, bereitete Lewis diese Predigt für die Veröffentlichung in einem Buch vor. Man fragt sich, ob jene kraftvollen Worte für ihn bisweilen einen hohlen Klang hatten.

A. N. Wilsons Lewis-Biografie ist ein sehr gut lesbares und wohldurchdachtes Buch, und zu einigen Aspekten in Lewis' Leben und Werk zeigt er mehr Scharfblick als jeder andere Biograf. Doch er hat auch ein paar sehr merkwürdige Vorstellungen: etwa, der zwergenhafte Geist in *Die große Scheidung* sei ein bösartiges Porträt Dantes; in Jane Studdocks Zuneigung zu Ransoms Heiligkeit in *Die böse Macht* porträtiere Lewis June Flewetts Schwärmerei für ihn*; und der Zweite Weltkrieg sei »eine der glücklichsten Zeiten in C. S. Lewis' Leben« gewesen (all diese Beispiele stammen aus einem einzigen Kapitel). Doch die merkwürdigste von allen ist seine beharrliche Behauptung, Lewis sei durch eine Niederlage bei einer Debatte im Socratic Club dazu getrie-

* Um zu glauben, dass Jane sich zu Ransom verhält wie June zu Jack müsste man annehmen, dass Jack eine sehr hohe Meinung von seiner eigenen Heiligkeit gehabt hätte, denn es ist ja gerade die Heiligkeit, die geheiligte Heiterkeit und geistliche Kraft Ransoms, auf die Jane so stark reagiert.

ben worden, die Apologetik aufzugeben und sich der Schöpfung Narnias zuzuwenden.

Eines der Schlüsselkapitel in *Wunder* ist das dritte, in dem einige der wichtigsten Einwände gegen einen Glauben an Wunder aus dem Weg geräumt werden. Wichtig ist es deshalb, weil es zeigt oder zu zeigen versucht, dass »Naturalismus« – in diesem Zusammenhang der Glaube, dass die Prozesse im menschlichen Gehirn sich aus reinen, ungeplanten evolutionären Zufälligkeiten ergeben und darum unsere Gedanken »rein subjektive Ereignisse, nicht aber ein Erfassen objektiver Wahrheiten« seien – sich selbst widerlege. Mit anderen Worten, die Behauptung, die zufällige Natur sei die einzige Wirklichkeit, ist eine Behauptung, der zu vertrauen Leute, die daran glauben, aufgrund ihres eigenen Standpunktes keinen Anlass haben, denn eben diese Behauptung selbst ist ja dann nur das zufällige Produkt wahlloser evolutionärer Prozesse. Die Einzelheiten dieses Arguments sollen uns hier nicht näher beschäftigen. Was uns angeht, ist der Umstand, dass 1948, etwa ein Jahr nach dem Erscheinen des Buches, eine junge Philosophin namens Elizabeth Anscombe vor dem Socratic Club einen Vortrag hielt, in dem sie behauptete, Lewis' Argumentation in jenem Kapitel enthielte wesentliche Fehler.

Das Einzige, worüber sich Teilnehmer und Publikum jenes Abends durchweg einig zu sein scheinen, ist, dass es eine lebhafte, ja aufregende Debatte war. Obwohl nicht alle Philosophen Anscombes Kritik zustimmen – es gibt *nichts*, worüber sich alle Philosophen einig sind – kam Lewis zu der Überzeugung, dass er sein Argument zumindest schlecht formuliert hatte, weshalb er es auch für eine spätere Ausgabe von *Wunder* revidierte. Manche seiner Freunde jedoch hatten den Eindruck, die Kritik habe eine noch viel tiefergehende Wirkung auf ihn gehabt. Derek Brewer, ein Freund und ehemaliger Student, traf sich zwei Tage später mit Lewis und sagte, dieser habe die Debatte »mit regelrechtem Entsetzen« geschildert und sei »zutiefst beunruhigt« gewesen. George Sayer erinnert sich, Lewis habe ihm gesagt, »sein Argument für die Existenz Gottes sei demontiert worden«, was keinen Sinn ergibt, da ja die

Existenz Gottes bei jener Zusammenkunft gar nicht zur Debatte stand. (Und selbst wenn, so wäre Anscombe nicht die Atheistin gewesen, die sie untergraben hätte. Was immer sie von Lewis' Argumenten hielt, sie selbst war eine tief gläubige, denkende katholische Christin. Es ist nicht klar zu erkennen, ob Sayer das weiß.) Hugo Dyson zufolge – so behauptet zumindest Wilson – brachte das Erlebnis Lewis »unter das Kreuz«, doch Humphrey Havard, der Lewis ebenso gut kannte und ebenso regelmäßig an den Inklings-Treffen teilnahm, erinnerte sich nicht an derartige Empfindungen. Die Quelle für die letzte Darstellung ist Anscombe selbst: »Weder Dr. Havard (der Lewis und mich einige Wochen später zum Essen einlud) noch Professor Lewis Bennett [ein Freund und Kollege am Magdalen College] hatten derartige Empfindungen auf Seiten von Lewis in Erinnerung. ... Meine eigene Erinnerung ist, dass es ein Abend war, an dem nüchtern über einige klar definierte Kritikpunkte diskutiert wurde, die Lewis offenbar für berechtigt hielt, wie der Umstand zeigt, dass er das Kapitel neu durchdachte und umschrieb.« (Havard gab später eine fast identische Schilderung der Sache.) Wilson selbst kommt wahrscheinlich der Wahrheit nahe, wenn er die Kontroverse in akademische Begriffe fasst: »So demütigend es in dem Moment auch gewesen sein mag, es war nichts weiter passiert, als dass sich gezeigt hatte, dass Lewis nicht über die Kompetenz verfügte, um mit einer professionellen Philosophin zu ihren eigenen Bedingungen zu debattieren.« Selbst dies ist noch eine Übertreibung: Anscombe selbst hielt Lewis gewiss nicht für philosophisch inkompetent, sondern meinte lediglich, dass er sich in einem bestimmten Punkt irrte, den er dann zu ihrer Zufriedenheit korrigierte; überdies war sie eine der eindrucksvollsten Denkerinnen ihrer Zeit, nicht nur »eine professionelle Philosophin«. Von Elizabeth Anscombe in einer Debatte geschlagen zu werden oder einfach nur von ihr eine Schwäche in der eigenen Argumentation aufgezeigt zu bekommen, wäre für niemanden eine Schande. Havard erinnert sich, wie Lewis ihm sagte: »Natürlich ist sie weitaus intelligenter als wir beide.«

Ein Grund für die ausufernden Spekulationen über diese Debatte ist, dass beide Beteiligte legendäre »Charaktere« waren – nicht nur bedeutende Gestalten auf ihren akademischen Gebieten, sondern auch dominante Persönlichkeiten. Anscombe war, wie gesagt, eine fromme Katholikin und später Mutter von sieben Kindern. Außerdem rauchte sie Zigarren und trug ausschließlich Hosen in einer Zeit, in der das Rocktragen für Oxbridge-Frauen Pflicht war. Sie war genauso eine überlebensgroße Figur wie Lewis selbst. Noch mehr Würze bekam die Mischung durch den Umstand, dass Lewis in einer Umgebung, in der »niemand ihn übertrumpfen konnte«, von einer Frau »übertrumpft« wurde – und dann auch noch von einer Mitchristin. Die ganze Sache hatte einfach zu viele Schnörkel und Merkwürdigkeiten und köstliche Ironien an sich, als dass sie *nicht* viel Aufmerksamkeit hätte erregen können. Doch Wilsons Meinung, die Debatte sei für Lewis der Impuls gewesen, die Apologetik aufzugeben und sich der Schöpfung Narnias zuzuwenden – und, die größte Absurdität, die Weiße Hexe sei eine dämonisierte Version von Elizabeth Anscombe! – ergibt einfach keinen Sinn. Wir wissen bereits, dass Lewis sich schon sein Leben lang für Märchen und Kindergeschichten interessiert hatte; außerdem wissen wir, dass er schon 1947 sagte, er habe einmal versucht, ein Märchen zu schreiben, »doch es war nach dem einmütigen Urteil meiner Freunde so schlecht, dass ich es vernichtet habe«.

Es ist zumindest möglich, dass dies eine frühe Version dessen war, woraus später *Der König von Narnia* wurde. Walter Hooper zufolge findet sich auf der Rückseite einer der Manuskriptseiten zu einer unveröffentlichten Geschichte von Lewis namens »The Dark Tower« folgender Absatz: »Dieses Buch handelt von vier Kindern namens Ann, Martin, Rose und Peter. Aber vor allem handelt es von Peter, der der Jüngste war. Sie alle mussten ganz plötzlich von London weg, wegen der Luftangriffe und weil Vater, der in der Armee war, in den Krieg gezogen war, und Mutter auch irgendetwas für den Krieg arbeiten musste. Man schickte sie zu einem uralten Professor, der irgendwie mit Mutter verwandt war und ganz allein auf dem Land lebte.« Hooper datiert »The Dark Tower« auf etwa 1939, doch dieser Absatz kann nicht vor 1940 geschrieben worden sein, als die deutschen Luftangriffe auf London begannen. Außerdem sind im Blick auf die Echtheit des Manuskripts, das »The Dark Tower« enthält, erhebliche Zweifel laut geworden. Dennoch scheint die Existenz dieses einen Absatzes zu Lewis' Aussage zu passen, er habe bereits einige Zeit vor der Vollendung der ersten Narnia-Geschichte versucht, eine Kindergeschichte zu schreiben.*

Die Möglichkeit passt auch zu einem anderen Hinweis. June Flewett kam zwar erst 1943 nach The Kilns, doch die ersten evakuierten Kinder waren unmittelbar nach dem Einmarsch der Deutschen in Polen am 1. September 1939 dort eingetroffen. (Die Regierung hatte angenommen, dass die Bombardierung Londons durch die Deutschen sofort beginnen würde.) In einem Brief an Warnie während dessen kurzzeitiger Rückkehr in den aktiven Dienst äußerte sich Lewis verblüfft über die mangelnde Fantasie der Kinder und ihre Unfähigkeit, sich selbst Unterhaltung zu verschaffen: »Moderne Kinder sind armselige Geschöpfe. Ständig kommen sie zu Maureen und fragen: ›Was sollen wir jetzt machen?‹ Sie sagt ihnen, sie sollen Tennis spielen oder ihre Socken stopfen oder nach Hause schreiben; und wenn sie damit fertig sind, kommen sie und fragen wieder. Schatten unserer eigenen Kindheit!« – womit er nicht meint, dass er und Warnie ebenso hilflos gewesen wären, sondern dass sie genau das Gegenteil waren. Wenn Lewis diese »armen Geschöpfe« ansah, hatte er bereits eine Erklärung für ihre Hilflosigkeit. Formuliert hatte er sie vier Jahre zuvor, 1935, in einem Brief an Arthur, in dem er den Besuch eines Jungen namens Michael, eines entfernten Verwandten von Mrs Moore, in The Kilns schilderte:

---

* In der Mitschrift eines mündlichen Interviews im Wade Center am Wheaton College erinnert sich Maureen daran, wie Jack eines Morgens zum Frühstück herunterkam und verkündete, er werde ein Kinderbuch schreiben. Dies kann sicher nicht später als 1940 gewesen sein, denn in jenem Jahr heiratete Maureen und zog aus. Jedenfalls ist Maureens Schilderung ihrer Reaktion und der von Minto bemerkenswert: »Da haben meine Mutter und ich nur gelacht, denn ich meine, er verstand überhaupt nichts von Kindern. Interessierte sich nicht für sie, und na ja, es war schon irgendwie erstaunlich, dass er es dann tatsächlich geschrieben hat, nicht wahr?«

> Minto liest ihm jeden Abend aus den Peter-Hase-Büchern vor, und das ist ein herrlicher Anblick. Sie liest sehr langsam, und er schaut hinauf in ihre Augen, die durch ihre Brille riesengroß wirken – was für ein Jammer, dass sie keine Enkelkinder hat. Ob du es glaubst oder nicht, diesem Kind ist noch nie in seinem Leben etwas vorgelesen oder eine Geschichte erzählt worden. Nicht, dass er vernachlässigt wäre. Er hat ein Ganztags-Kindermädchen (eine unerträgliche halb-vornehme wissenschaftlich eingestellte Frau mit einem Diplom von irgendeinem blödsinnigen Erzieherinnenkolleg) und hundert verschiedene Spezialnahrungen, ist verwöhnt und viel zu teuer gekleidet; doch seiner armen Vorstellungskraft ist jede natürliche Nahrung verweigert worden. Ich frage mich oft, wie die gegenwärtige Generation von Kindern wohl heranwachsen wird. … Man hat sie mit so viel Nachsicht und doch so wenig Zuneigung behandelt, mit so viel Wissenschaft und so wenig Mutterwitz. Kein Märchen und kein Kinderreim.

Wem die »natürliche Nahrung« von Märchen und Kinderreimen fehlt, der wächst zwangsläufig mit einer unterernährten Vorstellungskraft heran – und wird fast mit Sicherheit zu einem jener »Menschen ohne Brust« werden, deren kulturelle Vorherrschaft Lewis in *Die Abschaffung des Menschen* beklagt. Wenn solche jungen Leute erst auf die Universität kommen, sind sie schon fast unerreichbar und unkorrigierbar geworden (Strohmänner wie Mark Studdock); es ist angesichts von Lewis' starkem Anliegen für Moralerziehung also kein Wunder, dass er daran dachte, Kindergeschichten zu schreiben – Geschichten, die in einer Zeit, in der es am nötigsten war, der Vorstellungskraft Nahrung geben und die Grundlagen für die weitere Erziehung im »Mutterwitz« des Tao, des Moralgesetzes, schaffen konnten. An dieser Stelle lohnt es sich, sich daran zu erinnern, dass *Das Grüne Buch*, das in *Die Abschaffung des Menschen* zum Auslöser solch heftiger Kritik wurde, ein Schulbuch für Oberschüler ist.

Lewis gingen also schon lange Gedanken über Erziehung und die

Ernährung der jugendlichen Vorstellungskraft durch den Kopf, die es nahe liegend machten, über das Schreiben von Kindergeschichten nachzudenken, und jene Gedanken dürften sich durch die Bücher, die er während der Kriegsjahre schrieb, noch verstärkt haben, ganz ungeachtet der Debatte mit Elizabeth Anscombe. Dazu kam, dass die ständigen Konflikte in The Kilns (besonders nach dem Weggang von June), die immense Belastung durch die Korrespondenz und andere Nebenwirkungen seiner zunehmenden Bekanntheit Lewis an den Rand der Erschöpfung brachten und ihn ein Jahr nach der Anscombe-Debatte schließlich völlig zusammenbrechen ließen. Diese Faktoren, die in seinen Briefen aus jener Zeit, in Warnies Tagebüchern und in den Erinnerungen seiner Freunde eine so große Rolle spielen, werden von Wilson fast völlig ignoriert. Welche Veränderungen sich in Lewis' Laufbahn damals auch vollzogen haben mochten, die Debatte mit Anscombe kann dabei nur eine geringe Rolle gespielt haben, falls sie überhaupt eine spielte.

Denn Veränderungen gab es zweifellos. Wilson hat zumindest insofern Recht, als *Wunder* das letzte offen polemische apologetische Buch von Lewis war. Er schrieb zwar danach noch fünfzehn Bücher, doch keines davon war von dieser Art. Doch selbst dieser Punkt ist weniger wichtig, als Wilson ihn darstellen möchte. Unter allen Büchern von Lewis lassen sich nur *drei* als apologetisch im reinen Sinne bezeichnen: *Über den Schmerz*, *Pardon, ich bin Christ* und *Wunder* – wobei selbst *Pardon, ich bin Christ* ebenso viel an einfacher Erklärung enthält wie an Argumenten (ebenso wie spätere Werke, in denen es darum geht, christliche Überzeugungen zu bestimmten Themen zu erläutern oder zu präsentieren – *Das Gespräch mit Gott* zum Beispiel, oder *Was man Liebe nennt* – auch Argumente zur Verteidigung jener Überzeugungen enthalten). Theologische Argumentation spielt in Lewis' Gesamtwerk nur eine geringe Rolle, wenn sie auch in den Erinnerungen mancher seiner Bewunderer eine überproportional große Rolle spielt. Doch solche Argumente ziehen sich von dieser Zeit an in seinem Schreiben in den Hintergrund zurück, in eine unterstützende Rolle. Wenn wir nach Gründen dafür suchen wollen, sind die plausibelsten diejenigen, die ich schon angedeutet habe: Erschöpfung und Ruhm. Erschöpfung, weil Lewis, wenn er krank wurde – und bei ihm scheint Krankheit oft die unmittelbare Folge von Ermüdung gewesen zu sein – seinen Trost stets in Kinderbüchern und fantastischen und romantischen Werken suchte: »Wenn ich selber die Grippe habe«, schrieb er im Herbst 1948, »komme ich immer wieder auf *Der Wind in den Weiden* zurück, solange das Fieber sehr hoch ist, und gehe dann über zu Scott oder Wm. Morris (garniert mit Trollope), wenn ich wieder klarer werde.« Und was hätte für einen Mann, der Ende der 1940er schon so ans Schreiben gewöhnt, wenn nicht gar süchtig danach war, natürlicher sein können, als einfach die Art von Büchern zu *schreiben*, die er gerne las? Schließlich war *Jenseits des schweigenden Sterns* ja entstanden, weil Lewis und Tolkien übereingekommen waren, dass sie, da es nicht genug Bücher von der Art gab, die sie mochten, selbst welche würden schreiben müssen. Schon damals bei Kirk hatte er im Tonfall eines weltmüden alten Mannes an Arthur geschrieben: »Aber Kopf hoch, und wann immer du die Nase voll vom Leben hast, fang an zu schreiben: Tinte ist das große Heilmittel für alle menschlichen Nöte, wie ich schon vor langer Zeit herausgefunden habe.«

Doch ich glaube, die Last der Berühmtheit war ein noch wichtigerer Grund für Lewis, sich der Erschaffung Narnias zuzuwenden. Wie wir gesehen haben, machte die Apologetik seinem eigenen Glauben zu schaffen, und als der Krieg vorüber war, musste er sich nicht mehr verpflichtet fühlen, die Soldaten, die seinem Land dienten, moralisch und geistlich zu unterstützen. Doch insoweit Apologetik immer noch erforderlich war, empfand er eine zunehmende Frustration darüber, dass die Leute sich auf ihn als denjenigen stützten, den kein anderer »übertrumpfen« konnte. Kurz nach Kriegsende erhielt er einen Brief von einem Priester namens John Beddow, der wollte, dass Lewis ein Buch schriebe, um den »Arbeitern« Englands das Christentum nahezubringen. Lewis erhob Einwände: »Ich kann kein Buch für Arbeiter schreiben. Ich weiß überhaupt nichts über die Lebenswirklichkeit in einer Fabrik.« Vielleicht, so schlug er vor, könne er mithelfen, ein Buch zu lektorieren, wenn es von jemandem geschrieben würde, der sich im Leben der Arbeiter auskannte – falls er überhaupt vonnöten sein sollte. Und dann bricht plötzlich mitten in diesen Vorschlägen eine Art *cri de cœur* aus ihm heraus:

> Die Leute rühmen mich als einen »Übersetzer«, aber eigentlich möchte ich der Gründer einer »Übersetzungs«-Schule sein.
> Ich bin fast siebenundvierzig. Wo sind meine Nachfolger? Jeder kann lernen, das zu tun, wenn er will. … Ich fürchte, ich rede wie ein Tutor – verzeihen Sie. Aber es ist nur eine Technik, und mir ist verzweifelt daran gelegen, dass viele sie erlernen.

Das »Es« in diesem letzten Satz ist einfach die »Übersetzung« christlicher Lehre in umgangssprachliche Begriffe, die von jedem verstanden werden. Lewis ist überzeugt davon, dass für diese Übersetzungsarbeit keine besonderen Fähigkeiten erforderlich sind, dass »jeder das tun kann, wenn er will«, und dass es der Sache des Christentums und ihm selbst geschadet hat, dass alle sich darauf gestützt haben, dass *er* es tut. Und wir hören hier noch etwas anderes heraus, einen Unterton, der sich mit zunehmender Häufigkeit in seinen Briefen bemerkbar machen wird: das Bewusstsein, *alt* zu werden, nicht zu wissen, wie viel Zeit ihm noch bleibt, und dass es höchste Zeit ist, dass jemand auftaucht, dem er den Stab weiterreichen kann. In dem Brief von 1956 an Katherine Farrer, in dem er darüber nachdenkt, wie »der Welt C. S. L. vielleicht erspart« hätte bleiben können, klingt an, dass er sich bewusst ist, zu einer öffentlichen Gestalt geworden zu sein – wie G. K. C. und G. B. S. in der vorausgegangenen Generation – und dass dies etwas von einer Karikatur an sich hat.

In dem Brief über seine fehlenden »Nachfolger« klingt die Panik an, die mit der Erschöpfung einhergehen kann (»mir ist verzweifelt daran gelegen«), ein Bewusstsein, nicht zu wissen, wie lange er gegen den endlosen Ansturm der Feinde noch die Stellung halten kann, gegen die zu kämpfen ihm in vielen Fällen einfach die Ressourcen fehlen. Dieses Bewusstsein, nicht allmächtig zu sein, nicht der »Verteidiger des Glaubens« für alle Fälle, lag sicher auch hinter dieser Aussage aus einem Brief von 1951 an eine Freundin in Amerika:

> Ich werde (falls ich lange genug lebe) einer von jenen Leuten sein, der in seinen Vierzigern ein berühmter Schriftsteller *war* und unbekannt stirbt – so wie Christ [in der *Pilgerreise*] hinab ins grüne Tal der Demütigung geht. Was das Schönste an Bunyan ist und das Schönste im Leben sein kann, wenn man es *ganz* richtig nimmt – das ist etwas, worüber ich sehr viel nachdenke und bete. Eines ist sicher: Es ist viel besser, schon diesseits des Grabes (zumindest) anzufangen, die Demut zu lernen, als das Problem auf der anderen Seite ganz neu zu bekommen.

Das Problem des Stolzes, und wie man dagegen ankämpft, hatte Lewis seit seinen ersten Tagen als Christ beschäftigt. Noch *bevor* er Christ wurde, als er erstmals angefangen hatte, sich selbst zu prüfen, schrieb er an Arthur: »Ob du es glaubst oder nicht, jeder dritte Gedanke ist ein Gedanke voll Selbstbewunderung. ... Schicht um Schicht der Selbstliebe und Selbstbewunderung.« Jetzt, wo das Magazin *Time* bewundernd über ihn schrieb und ihn auf seiner Titelseite abbildete, die Menschen sich scharenweise an ihn wandten, um ihre geistlichen und moralischen Probleme zu lösen, und er die Ungläubigen in die Flucht schlug, die es wagten, sich im Socratic Club blicken zu lassen, hatte er weitaus mehr objektive Gründe zur Selbstbewunderung und viel mehr Anlass zu fürchten, er könne sich zu sehr auf seine eigene Fähigkeit, zu argumentieren und zu überzeugen, verlassen. (Als Walter Hooper ihn in den letzten Monaten seines Lebens fragte, ob er an das Lob und die Bewunderung dachte, die ihm durch seine Bücher zuteil wurden, erwiderte er mit leiser Stimme: »Man kann nicht genug darauf achten, *nicht* daran zu denken.«) Er saß jetzt wahrhaftig in der Zwickmühle: Seine Demut war in Gefahr, und sein Glaube wurde durch jeden erfolgreichen Vorstoß in den Bereich der Apologetik geschwächt.

Ich habe gesagt, dass all diese Bedenken wichtig sind, »insoweit Apologetik immer noch erforderlich war« – aber war sie denn noch erforderlich? Wie wichtig sind Argumente für den christlichen Glauben? Es scheint fast sicher, dass sich Lewis irgendwann in jenen düsteren Jahren daran erinnerte, wie er selbst Christ geworden war. Argumente spielten dabei eine Rolle, sicher, aber im Wesentlichen eine vorbereitende. Argumente hatten viele seiner philosophischen Einwände gegen das Christentum aus dem Weg geräumt, doch selbst nachdem diese Einwände verschwunden waren, konnte er nicht vorwärtsgehen und tatsächlich anfangen zu glauben – bis er sich eine positive Vision einer *Geschichte* angeeignet hatte, in der er wohnen konnte. Es ist wesentlich, sich daran zu erinnern, dass es jenes lange nächtliche Gespräch mit Tolkien und Dyson war, das ihm den Durchbruch verschaffte; das Gespräch, in dem ihm die wahre Natur des Mythos und der Platz der Evangeliengeschichte in der Welt der mythologischen Geschichten bewusst wurde. Er wurde Christ, nicht indem er eine bestimmte Argumentation akzeptierte, sondern indem er lernte, eine Geschichte auf die richtige Weise zu lesen. Und vielleicht konnten andere auf demselben Weg dem christlichen Glauben näherkommen.

Natürlich können wir nicht wissen, ob solche Gedanken Lewis beschäftigten, als er seine Geschichte über die Pevensie-Kinder begann (oder wieder aufnahm). Vielleicht war es anfangs nur eine Übung, nach dem Muster von E. Nesbit zu schreiben, worin eine Gruppe von Geschwistern überraschenden übernatürlichen Kräften begegnet; oder vielleicht ließen sich in jenem ersten vorgestellten »Bild von einem Faun mit einem Schirm und Paketen in einem verschneiten Wald« bereits theologische Implikationen ausmachen. Das kann heute niemand mehr sagen. Aber ich glaube, wir können uns dieser Frage angemessen nähern, indem wir einen langen Weg außen herum nehmen – indem wir nämlich einige der Gedanken betrachten, die das einzige fiktionale Werk beherrschen, dass Lewis schrieb, nachdem er die Narnia-Bücher beendet hatte: *Du selbst bist die Antwort* (*Till We Have Faces*). Der Roman spielt in einer heidnischen Welt, in einem obskuren Land irgendwo an den

Grenzen des griechischen Kulturkreises, wo die wichtigste Göttin Ungit eine bedrohliche Version der Aphrodite ist – nicht Aphrodite als strahlende olympische Göttin, sondern Aphrodite als eine »dunkle Blutgöttin«. Das Thema ist Sexualität als Zwang, als Gewalt, als die Kraft, die unsere Geburt in Blut und Schmerzen hervorbringt. Es gibt auch einen Gott auf dem Grauen Berg, der die Stadt Glome überragt, und in den heiligen Geschichten heißt es, er sei Ungits Sohn. Die Heldin des Romans, eine Frau namens Orual, zuerst Prinzessin, dann Königin von Glome, ergeht sich in einer langen, ausführlichen Klagerede gegen die Götter – tatsächlich *sind* die ersten vier Fünftel des Buches diese Klagerede, oder zumindest das, was Orual für ihre Klage hielt, bis die Götter ihr eine Vision gewähren, in der sie ihre Klage als das erkennt, was sie wirklich ist. Sie möchte gehört werden; sie verlangt danach, ihre Anklage vor kompetenten Autoritäten vorzubringen; sie will einen Richterspruch.

Während der Vorlesungszeit besuchte Lewis jeden Tag die Kapelle von Magdalen, wo aus dem *Book of Common Prayer* das Morgengebet verlesen wurde, und auf diese Weise kam er viele Male durch die Psalmen – auf jeden Fall kannte er den gesamten Psalter auswendig. Ein Thema, das ihm auffiel und das er wichtig genug fand, um es im ersten Kapitel seines Buches *Das Gespräch mit Gott* (*Reflections on the Psalms*) zu behandeln, war das Verlangen nach dem Gericht. »Schaffe mir Recht, HERR, nach meiner Gerechtigkeit und Unschuld!« (Psalm 7,8). Dies ist die Bitte Oruals. In anderen Momenten hört sie sich an wie Jeremia: »Herr, wenn ich auch mit dir rechten wollte, so behältst du doch recht; dennoch muss ich vom Recht mit dir reden« (Jeremia 12,1) – doch dann, gegen Ende ihrer Geschichte, als sie völlig verbittert ist, erkennt sie nicht einmal auf rituelle Weise mehr die Gerechtigkeit oder Rechtschaffenheit ihrer Götter an. Sie hatte sie um ein Zeichen angefleht, ob ihre Schwester Psyche – die behauptete, die Braut des Gottes vom Grauen Berge zu sein – die Wahrheit sagte oder wahnsinnig geworden oder einer Täuschung erlegen war. Doch sie gaben ihr kein Zeichen, zumindest kein eindeutiges. Und aufgrund dessen wurde das Leben beider Schwestern durch Oruals Handeln zerstört. Daher die Klage: »Ich behaupte daher, dass es kein Geschöpf gibt (sei es Kröte, Skorpion oder Schlange), das den Menschen so verderblich ist wie die Götter. Sollen sie auf meine Frage antworten, wenn sie können.«

Die Götter hören ihre Klage, doch – und dies ist der Schlüsselmoment der Geschichte – auch Orual hört ihre Klage. Das heißt, sie hört sie als das, was sie wirklich ist, als den Aufschrei einer frustrierten, besitzsüchtigen Liebe, den Aufschrei einer Frau, die ihre geliebte Schwester für sich selbst behalten will. Die Einzelheiten ihrer entstellten, verdrehten Liebe sind hier nicht wichtig, obwohl wir uns im nächsten Kapitel damit beschäftigen werden; worauf es uns im Moment ankommt, ist das Licht, das diese Szene auf die Macht und die Armut der *Worte* wirft.

Orual hat lange Zeit damit verbracht, ihr Buch zu schreiben – und *Du selbst bist die Antwort* ist ihr Buch – und ihre antitheistische Tirade bis zum letzten I-Tüpfelchen auszugestalten. Mit großer Sorgfalt hat sie ihre Beweise zusammengetragen; mit leidenschaftlichem Geschick ihre Erzählung geformt. Doch was ihr offenbart wird, als sie dann tatsächlich vor dem überweltlichen Gerichtshof steht, wo sie darauf beschränkt oder dazu ermächtigt ist (je nachdem, wie man es betrachtet), ihre *wahre* und *nur* ihre wahre Klage vorzutragen – ist, dass hinter all ihren schön ausformulierten Worten die große Absicht steht, die Wahrheit über ihren Charakter vor ihr selbst zu verbergen. Mehr noch als die Götter zu beschuldigen, wollte sie sich selbst entschuldigen, und genau das tut sie vor jenem Gericht. Mit Schrecken und Entsetzen entdeckt sie an diesem Punkt, was sie so sorgfältig hinter dem beeindruckenden Gebäude ihrer lange ausgefeilten Anklagerede verborgen hat.

Als sie später an jenen Moment der Offenbarung zurückdenkt, erinnert sie sich auch an ihren Tutor, einen philosophischen Griechen, der Fuchs genannt, und das ist es, was sie zu der folgenden Passage führt:

> Die Menschen reden gerne so obenhin davon, dass sie sagen, was sie meinen. Oft, wenn mich der Fuchs das Schreiben auf Griechisch

> lehrte, pflegte er zu sagen: »Kind, eine Sache genau auszudrücken, die du wirklich meinst, und zwar in ihrer Gänze – nicht mehr und nicht weniger und nichts anderes, als du wirklich meinst, das ist die eigentliche Kunst und das Glück der Worte.« Ein eleganter Ausspruch. Aber wenn für einen die Stunde kommt, in der man gezwungen wird, endlich die Sprache zu sprechen, die jahrelang in den Tiefen der Seele ruhte und die man die ganze Zeit nur wie ein Schwachsinniger gestammelt und gelallt hat, dann wird man nicht vom Glück der Worte reden. Ich sah recht gut, warum die Götter nicht offen zu uns sprechen und uns auch nicht antworten lassen. Solange sich das Wort nicht in uns schürfen lässt, warum sollen sie sich das Gestammel anhören, von dem wir glauben, dass wir es meinen? Wie können sie uns von Angesicht zu Angesicht begegnen, solange wir kein Angesicht haben?

Der Fuchs, der unter den Toten ist, die jenen düsteren Gerichtssaal bevölkern, hört diese Worte von ihr nicht, doch nachdem er ihre Rede gehört hat, erkennt er, was er getan hat, und macht sich selbst heftigere Vorwürfe, als sie es tun könnte: »Schick mich fort, Minos, meinetwegen in den Tartarus, wenn einen der Tartarus von der Verstandesglätte heilen kann. Ich ließ sie glauben, dass ein Geplapper von Maximen ausreichen würde, alle dünn und klar wie Wasser. Natürlich ist Wasser gut. Und es kostete nicht viel, dort, wo ich aufgewachsen bin. So habe ich sie mit Worten volllaufen lassen.«

Wer nun meint, dies sei lediglich eine Kritik an der griechischen Philosophie oder am wohlfeilen Rationalismus, der hat diesen Abschnitt meiner Meinung nach missverstanden, denn er ist zugleich auch eine Kritik an der christlichen Apologetik. Die Worte des Fuchses sind kaum hohler als die des Apologeten. Sicher war das, was Lewis als Verteidiger des christlichen Glaubens geschrieben und gesagt hatte, wahrer als das, was der Fuchs Orual lehrte – bei Weitem wahrer – doch es hatte den Mangel, in Worte gefasst zu sein, und man vergisst allzu leicht, dass selbst wahre Worte so begrenzt sind wie alle Sprache: Sie sind unvermeidlicherweise

»dünn und klar wie Wasser«. Die Götter verlangen mehr als Wasser: Ja, sie verlangen Blut, denn wie der Verfasser des Hebräerbriefes an einer Stelle schreibt, zu der die Priester der Ungit feierlich genickt hätten: »Ohne Blutvergießen geschieht keine Vergebung.« (9,22)

Damit wollen natürlich weder ich noch Lewis für eine Wiedereinsetzung der alten Blutopfer argumentieren! Christen glauben, dass der Tod Jesu Christi das vollkommene, endgültige und wirksame Opfer für die Vergebung der Sünden aller Menschen war. Und schon als noch im Tempel in Jerusalem die Opfer dargebracht wurden, war jedem klar, dass sie nur ein Zeichen für etwas Größeres waren, etwas, was Gott für sein Volk ersehnte: »Denn Schlachtopfer willst du nicht, ich wollte sie dir sonst geben, und Brandopfer gefallen dir nicht. Die Opfer, die Gott gefallen, sind ein geängsteter Geist, ein geängstetes, zerschlagenes Herz wirst du, Gott, nicht verachten.« (Psalm 51,18–19) Dies erkennt nun auch der Fuchs, dessen Augen im Leben nach dem Tod aufgegangen sind: Die Götter, sagt er, »wollen Opfer, wollen Menschen. Ja, gerade das Herz, die Mitte, den Grund, die Wurzeln der Menschen, dunkel und stark und kostbar wie Blut.« Das heißt, die Götter geben sich nicht mit der bloßen Zustimmung zu irgendwelchen Aussagen zufrieden – mit einem »Opfer« aus Worten also. (In Matthäus 15,8 zitiert Jesus aus Jesaja: »Dies Volk ehrt mich mit seinen Lippen, aber ihr Herz ist fern von mir.«)

Auch unsere Anklage gegen die Götter ist nichts, was sich in Worten abspielt: Sie liegt viel tiefer, in einem Aufschrei des empörten Willens, in einem ungezügelten Geltendmachen und Wiedergeltendmachen des reinen Verlangens. So sagt Orual: »Während ich las, war es mir schon das eine oder andere Mal seltsam vorgekommen, dass das Lesen so lange Zeit in Anspruch nahm. Denn die Rolle war nur kurz. Jetzt wusste ich, dass ich sie immer und immer wieder gelesen hatte, vielleicht ein Dutzend Mal. Und ich hätte in alle Ewigkeit so weitergelesen, so rasch ich nur konnte und mit dem ersten Wort schon fast wieder beginnend, bevor noch das letzte aus meinem Munde war – wenn der Richter nicht Einhalt geboten hätte.« Letzten Endes spielt es fast keine Rolle, aus welchen Worten die Klage besteht: Orual will gar nicht, dass sie verstanden oder richtig gedeutet werden; sie will nur Gehör finden – oder besser gesagt *Gehorsam*, und wenn, da ihre Zeit nun einmal abläuft, Gehorsam gegenüber ihrem Willen jetzt unmöglich ist, dann will sie in irgendeiner Form Rache an denen üben, die ihre Wünsche vereitelt haben. Worte haben nichts damit zu tun; sie sind lediglich das einzige Instrument, das einzige Werkzeug, das ihr zu Gebote steht.

Einwände gegen das Christentum – so können wir die Lektion dieser Geschichte auslegen – sind in Worte gefasst, aber das bedeutet nicht, dass es bei ihnen wirklich um Sprache und Analyse und Argumente geht. Worte sind Platzhalter des Willens. Stünde uns etwas Stärkeres als die Sprache zur Verfügung, so würden wir es benutzen. Doch aus demselben Grund verfehlen auch Worte zur *Verteidigung* des Christentums ihr Ziel: Sie sind eine Übersetzung in die leidenschaftslose Sprache der Beweisführung von etwas, was viel tiefer in den Höhlen des Wollens und der Hingabe angesiedelt ist. Vielleicht wies deshalb der Heilige Franziskus, wie man sich erzählt, seine Anhänger an: »Predigt stets das Evangelium, und wenn nötig, gebraucht Worte dazu.« Es ist nicht einfach und eindeutig *falsch*, Argumente zur Verteidigung des christlichen Glaubens vorzubringen, aber es ist eine relativ oberflächliche Aktivität; an den Kernproblemen geht es vorbei. Ein Christ, der an einer sokratischen »Debatte« über das Christentum teilnimmt – die auf der Ebene von Argument und Gegenargument geführt wird, so als ginge es lediglich darum, herauszufinden, welchen Aussagen man zustimmt – der falsifiziert die geistliche Situation, so könnte man sagen, oder er lässt zu, dass sie falsifiziert wird. Schließlich lässt sich ein Apologet für das Christentum zumindest in einem gewissen Maße dazu herbei, Fragen zu beantworten, die zu beantworten Jesus selbst sich konsequent geweigert hat. Auch hier sollten wir uns wieder daran erinnern, wie häufig Lewis die Probleme unterstrichen hat, die sich ergeben, wenn unsere Neugier größer ist als unsere Treue, wie ich es im vorigen Kapitel ausgedrückt habe. Auch hier wieder sollten wir an Jesu Antwort auf Petrus' Frage nach dem Schicksal des anderen Jüngers denken: »Was geht es dich an? Folge du mir nach.« (Johannes 21,22)

Doch seltsamerweise gibt es eine Art von Sprache, die zwar über solche Oberflächlichkeit nicht erhaben ist, aber immerhin ein Bewusstsein jener Gefahr zeigt und in einem gewissen Sinne über sich selbst hinausweisen kann. Ich spreche von der Sprache der Geschichten – vielleicht besonders von der Sprache der Fantasie und des Märchens. Manchmal sagen Märchen am besten, was zu sagen ist.

»Ich bin mir nicht ganz sicher«, schrieb Lewis 1952, als die Narnia-Bücher zum größten Teil fertig waren, »was mir gerade in jenem Jahr meines Lebens das Gefühl gab, dass ein Märchen, und zwar ein Märchen für Kinder, genau das sei, was ich jetzt schreiben müsse – sonst würde ich platzen.« Aber er hat eine Vermutung:

> Teils, glaube ich, [ist der Grund], dass diese Form es einem erlaubt oder einen sogar zwingt, Dinge auszulassen, die ich auslassen wollte. Sie zwingt einen, alle Kraft eines Buches in das hineinzuwerfen, was getan und gesagt wurde. Es hält das in Schach, was ein freundlicher, aber scharfsinniger Kritiker den »expositorischen Dämon« in mir genannt hat.

Green und Hooper zufolge war dieser »freundliche, aber scharfsinnige Kritiker« Barfield, doch ich weiß nicht, auf welche von Lewis' Büchern er sich damit bezog. Vermutlich keines von denen, die, wie *Pardon, ich bin Christ* etwa, expositorisch sein *sollten*. Eher meinte er wohl damit die Erzählungen, die tatsächlich bisweilen unter einer Tendenz leiden, zu erklären, was lediglich gezeigt werden sollte. (Mir schien schon immer *Perelandra* am Vorherrschen von Lewis' »expositorischem Dämon« zu scheitern. Dies war ihm der liebste unter seinen Romanen – zumindest, ehe er *Du selbst bist die Antwort* schrieb – und es ist auch der Lieblingsroman vieler anderer Leser, aber ich finde ihn nahezu unlesbar wegen seiner unaufhörlichen Expositionen und Erklärungen.) Doch ein Märchen für Kinder lässt diesen »Dämon« gar nicht erst zur Tür herein. Wie Lewis an anderer Stelle sagt, gehören zur Liste der

Merkmale dieser Gattung »ihre strenge Einschränkung der Beschreibungen, [ihr flexibler] Traditionalismus, ihre unflexible Feindseligkeit gegen alles, was nach Analyse, Abschweifung, Reflexion und ›heißer Luft‹ aussieht«. Und wie heißt dieser Dämon, der Analyse, Abschweifung, Reflexion und heiße Luft mit sich bringt? Nun, es ist der Apologet – manchmal auch Verteidiger des Glaubens genannt.

Der Unterschied zwischen der Anklage, die Orual vorbringen will, und derjenigen, die aus ihr herausströmt, als ihr Tag vor dem Gericht kommt, ist ganz einfach: Die erste ist eine Fiktion zur Selbstrechtfertigung; die letztere ist ihr wahrer *cri de cœur*, die Rede, die »jahrelang in den Tiefen der Seele ruhte«. Doch wenn diese scharfe Unterscheidung den wahren Charakter des Ungläubigen offenbart, gefangen in einem lebenslangen Selbstbetrug, müsste dann nicht ein ähnlicher Unterschied – oder besser dessen Spiegelbild – im Herzen des Lebens eines Gläubigen zu finden sein? Ich habe in einem früheren Kapitel auf Lewis' nachdrückliche Aussage hingewiesen, Gott gehe es um die Verwandlung des Lebens seiner Kinder: Wer »in Christus« ist, ist auf dem Weg, ein »neues Geschöpf« zu werden. Vielleicht könnte Lewis, wenn sich der Apologet zum Schweigen bringen, sich aus dem Zimmer vertreiben ließe, herausfinden, was Christus in seinem Leben verändert hatte – vielleicht könnte er dann herausfinden, ob er tatsächlich verwandelt wurde oder stattdessen nur gelernt hatte, gewisse Worte nachzuschwätzen, Worte, »dünn und klar wie Wasser«.

»Es begann alles mit Bildern«, schrieb er; »mit einem Faun, der einen Schirm in der Hand trug, einer Königin auf einem Schlitten, einem majestätischen Löwen. Zuerst war nicht einmal etwas Christliches daran; dieses Element drängte sich später ganz von selbst hinein.« Immer wieder betont er, dass der Erschaffung Narnias kein evangelistischer Plan zugrunde lag, keine apologetische Absicht:

> Manche Leute scheinen zu denken, ich hätte damit angefangen, mich zu fragen, wie ich Kindern etwas über das Christentum nahebringen könnte; hätte mir dann die Form des Märchens als Instru-

ment ausgesucht; sodann Informationen über Kinderpsychologie gesammelt und mir überlegt, für welche Altersgruppe ich schreiben würde; und schließlich eine Liste grundlegender christlicher Wahrheiten aufgestellt und Allegorien zusammengezimmert, um sie zu vermitteln. Das ist alles völliger Unsinn. Ich könnte auf diese Weise kein Wort schreiben.

Oder vielleicht hätte er es gekonnt, aber er weiß, dass es ein schrecklicher Fehler gewesen wäre, eine Kapitulation seines imaginativen Lebens vor dem »expositorischen Dämon«. Was er stattdessen tun muss, ist, *den Bildern zu vertrauen*, die ihm in den Sinn kommen – oder genauer gesagt, darauf zu vertrauen, dass er als Christ auf solche Weise geprägt wird, dass die Bilder, die ihm in den Sinn kommen, echte Bilder sind, solche, die im Zentrum seiner Seele liegen oder zumindest nahe daran. Das kann er nur, wenn er nicht nur die marktorientierten Fragen moderner Autoren und Verleger zurückweist (»Was wollen Kinder?«), sondern auch die moralisch höherstehende Frage des christlichen Apologeten (»Was brauchen Kinder?«): »Es ist besser, die Fragen überhaupt nicht zu stellen. Lassen Sie die Bilder selbst sagen, was ihre Moral ist. Denn die Moral, die in ihnen steckt, wird aus dem erwachsen, was Sie im Laufe ihres ganzen Lebens an geistlichen Wurzeln haben schlagen können.«

Die Moral, die in ihnen steckt, wird aus dem erwachsen, was Sie im Laufe ihres ganzen Lebens an geistlichen Wurzeln haben schlagen können. Das ist eine erschreckende oder auch befreiende Aussage: befreiend in dem Sinne, dass man sich nicht der salbungsvollen Plackerei unterziehen muss, Listen von christlichen Wahrheiten aufzustellen und Allegorien zurechtzuzimmern, die den Wünschen oder Bedürfnissen von Kindern entgegenkommen. Erschreckend aber, weil man, wenn jene Bilder in einem aufsteigen, herausfindet, woraus man in Wirklichkeit gemacht ist: Man findet heraus, ob man jemand ist, dessen moralisches und ästhetisches Empfinden von der christlichen Geschichte geprägt sind, oder ob man immer noch eine Person »ohne Brust« ist, der es an echter geistlicher Prägung mangelt. Wer den Bildern vertraut, findet heraus, wer er ist. Orual hat im Grunde keine Wahl – ihr werden Bilder gegeben, als sie eine Vision empfängt – doch die meisten von uns müssen wählen, ob wir auf das hören, was aus unserem Innern aufsteigt. Für Orual ist es niederschmetternd, was die Vision offenbart, und so kann es uns auch ergehen, doch selbst in ihrem Fall ist dieses Niederschmettern notwendig, und die Selbsterkenntnis, die es herbeiführt, richtet das Schiff ihres Lebens im allerletzten Moment wieder auf. »Ich wurde ausgelöscht, war niemand mehr«, schreibt sie, doch nachdem sie ausgelöscht wurde, empfängt sie ihr wahres Gesicht, ihr eigentliches Selbst. Sie stirbt, um zu leben. Es ist eine alte Geschichte.

Für Geschichten, die sich mit solchen Dingen befassen, gibt es unterschiedliche Namen. Bei den Gelehrten heißen sie oft so, wie sie vor langer Zeit genannt wurden: Romanzen. Häufiger nennen wir sie Märchen oder Fantasien. Heute assoziiert man sie mit Kindern, wenn auch nicht mehr ganz so ausschließlich, wie es noch der Fall war, als Lewis und Tolkien schrieben; doch in seinem großartigen Essay »Über Märchen« erhebt Tolkien dagegen einen von Lewis oft zitierten Einwand:

> Tatsächlich ist es ein Zufall unserer häuslichen Geschichte, dass die Märchen den Kindern zugeschlagen wurden. In der Welt der modernen Bildung sind die Märchen in die »Kinderstube« verwiesen worden, wie man abgenutzte oder altmodische Möbel dorthin abschiebt, hauptsächlich deshalb, weil die Erwachsenen sie nicht mehr wollen und sich nichts daraus machen, wenn sie missbraucht werden. Über die Märchen wird nicht durch eine Wahl, welche die Kinder treffen, entschieden. Die Kinder als eine Klasse – was sie abgesehen von dem gemeinsamen Mangel an Lebenserfahrung nicht sind – bringen den Märchen weder mehr Liebe noch mehr Verständnis entgegen als die Erwachsenen; und sie lieben sie nicht mehr als viele andere Dinge. … Märchen, die man zu den Kindern verbannte und von der Kunst der Erwachsenen absonderte, wür-

den am Ende verkommen; und soweit man sie dorthin verbannt hat, *sind* sie verkommen.

Einer der für Lewis wichtigsten Dichter, über den er auch als Gelehrter häufig schrieb, war Edmund Spenser, dessen *Faerie Queene* nahezu allein das Faery-Reich in der literarischen Vorstellungswelt England erstehen lässt. Ebenso liebte Lewis *Arcadia*, die pastorale Romanze Sir Philip Sidneys, eines Zeitgenossen von Spenser, und er sah bei Sidney eine Vorstellungskraft, die seiner eigenen ähnlich war, wenn er das auch nie ausgesprochen hätte, um nicht für arrogant gehalten zu werden: Unter den englischen Schriftstellern kommen nur wenige Sidney gleich. Doch in seiner Schilderung der Welt von *Arcadia* merkt Lewis an: »Theoretisch sind wir alle Heiden in Arkadien. … Trotzdem bricht die christliche Theologie immer wieder herein.« Für Lewis ist das kein Mangel, obwohl Tolkien es als einen solchen gesehen hätte. Wie Letzterer in einem Brief schrieb: »Mythos und Märchen müssen, wie alle Kunst, in aufgelöster Form Elemente moralischer und religiöser Wahrheiten (oder Irrtümer) widerspiegeln und enthalten, aber nicht explizit, nicht in der bekannten Form der primären ›wirklichen‹ Welt« – und in unserer »wirklichen« Welt ist das Christentum diese »bekannte Form«. Die Stimmigkeit und Integrität, die Tolkien als für jede »Zweitschöpfung« notwendig erachtete, verlangte eine vollständige Trennung zwischen der »wirklichen« Welt und der imaginären Faery-Welt.

Dies sahen jedoch Spenser und Sidney und andere Romanzenschreiber ihrer Zeit anders. Dass die christliche Theologie in Arkadien oder Faery »einbricht«, war in jener Zeit eine »Konvention … wohl verstanden und sehr nützlich. Die Götter in solchen Werken sind Gott *inkognito*, und jeder ist in das Geheimnis eingeweiht. Das Heidentum ist die Religion der Dichtung, durch die der Autor in jedem Augenblick gerade so viel oder so wenig von seiner wirklichen Religion ausdrücken kann, wie es seine Kunst erfordert.« Das ist eine sehr präzise Beschreibung dessen, was Lewis selbst in *Du selbst bist die Antwort* und auf andere Weise auch in Narnia tut. Deshalb wäre es falsch, davon auszugehen, die Unterschiede zwischen Tolkien und Lewis in dieser Frage ließen sich im Sinne eines sorgfältigen, gewissenhaften Tolkien und eines gedankenlosen, achtlosen Lewis beschreiben. Tolkien mag ein größerer Erzähler gewesen sein als Lewis – ich bin mir sogar sicher, dass er das war – aber nicht deshalb, weil er eine solide Theorie der Zweitschöpfung hatte, während Lewis nur mit seinen Spielzeugen spielte. Lewis' Herangehensweise hat tiefere historische Wurzeln als Tolkiens, und indem er sie verfolgte, trat er wahrhaftig in die Fußstapfen sehr großer Vorgänger. Auch aus *theologischen* Gründen hielt er diese Vorgehensweise für gerechtfertigt – schließlich hatte für seine eigene Bekehrung eine große Bandbreite von Geschichten und Mythen, die in keinem direkten Zusammenhang zum Christentum standen, eine Schlüsselrolle gespielt. Erinnern wir uns an dieser Stelle an das, was er nach seinem nächtlichen Gespräch mit Tolkien und Dyson schrieb: »Die ›Lehren‹, die wir *aus* dem wahren Mythos beziehen, sind natürlich *weniger* wahr: Durch sie übersetzen wir dass, was Gott bereits in einer angemesseneren Sprache ausgedrückt hat, nämlich durch die tatsächliche Inkarnation, Kreuzigung und Auferstehung, in unsere *Begriffe* und *Ideen.*« Und damals erkannte er auch, dass der »angemesseneren Sprache« des historischen Geschehens am besten durch Geschichten nahezukommen ist. Von wem hat Lewis das gelernt? Von Tolkien natürlich.

Doch welche ästhetischen und auch theologischen Fragen hier auch immer zur Debatte stehen, wichtiger noch ist, zumindest für die Zwecke dieser Biografie, sich bewusst zu machen, dass Lewis' Entschluss, sich an die Sidneysche oder Spensersche »Konvention« zu halten, eine Form der Selbstprüfung war, ein Mittel, um zu entdecken, welche »Rede« denn tatsächlich im Zentrum seiner Seele lag. Und diese Prüfung erreichte ihren entscheidenden Punkt, als der große Löwe erschien. Er war nicht eingeplant gewesen, soweit Lewis überhaupt einen Plan hatte, außer dem, die verschiedenen Bilder zu einer Geschichte zu verknüpfen: Warum trug der Faun Pakete, und wohin wollte er damit? Ist es wichtig, dass er damit durch den Schnee stapft? Warum sitzt die Königin auf diesem Schlitten? Was haben all diese Bilder mit den vier Kindern zu tun, die während des Blitzkrieges aus London evakuiert werden? Fragen, die knifflig genug sind, auch ohne dass ein großer Löwe auftaucht und die Bühnenmitte für sich beansprucht. Doch er tauchte nun einmal auf, und danach war die Frage nur noch, ob man ihm folgen sollte. Der Löwe selbst hält, wie wir gesehen haben, nicht viel davon, Fragen zu beantworten, zumindest nicht die Art von Fragen, die wir gerne stellen. Selbst als Shasta (in *Der Ritt nach Narnia*) ihn schlicht und direkt fragt: »Wer bist du?«, ist die Antwort nur ein rätselhaftes, dreifach wiederholtes, sich verstärkendes Wort: »Ich. Ich. Ich.« Wäre er noch weiter gefragt worden, so hätte er wohl so etwas gesagt wie: »Was geht es dich an? Folge du mir nach.«

Lewis folgte ihm. »Anfangs hatte ich kaum eine Vorstellung, wie die Geschichte verlaufen würde. Doch dann kam plötzlich Aslan mit Riesensätzen hereingesprungen. Ich glaube, ich muss wohl um diese Zeit ziemlich viel von Löwen geträumt haben. Abgesehen davon habe ich keine Ahnung, woher der Löwe kam oder warum er kam. Aber kaum war er da, zog er die ganze Geschichte um sich zusammen, und bald zog er auch noch die anderen sechs Narnia-Geschichten hinter sich her.«

ELF

»Wenn wir wissen, dass wir etwas verlieren werden, lernen wir bald, es zu lieben«

Aslan zog jene Geschichten hinter sich her, und er tat es rasch. *Der König von Narnia* war im Frühjahr 1949 fertig, etwa um die Zeit, als Lewis Barfield berichtete, sein Tagesablauf sei hauptsächlich durch »Hundekot und menschliches Erbrochenes« bestimmt. Inzwischen hatte er bereits mit der Geschichte begonnen, aus der *Das Wunder von Narnia* werden würde – nachdem er die Erlösung Narnias geschildert hatte, wollte er zunächst in der Zeit zurückgehen und seine Schöpfung beschreiben – doch er kam mit dem Schreiben nicht voran und legte es zur Seite. Ob dies noch vor seinem Zusammenbruch und Krankenhausaufenthalt im Juni war oder danach, weiß ich nicht. Nach seiner Genesung wandte er sich zunächst *Prinz Kaspian* zu, dann der *Reise auf der »Morgenröte«*, die Anfang 1950 abgeschlossen war. Im selben Jahr schrieb er *Der Ritt nach Narnia*, gefolgt von *Der silberne Sessel*. Erst dann kehrte er zu *Das Wunder von Narnia* zurück, hatte aber immer noch Mühe damit. So beendete er *Das Wunder von Narnia* schließlich als letzte der Geschichten erst Anfang 1954; *Der letzte Kampf* war im Jahr davor geschrieben worden. Während dieser Zeit brachte er auch das OHEL-Buch zu Ende und schrieb *Überrascht von Freude*, neben weiteren Essays zu einer Fülle von Themen.

Nach meiner unwissenschaftlichen Schätzung hat Lewis in der Zeit von 1949 bis 1955 etwa 600 000 Wörter Prosa geschrieben und veröffentlicht – ungefähr das Vierfache der Wörterzahl in diesem Buch. Die Narnia-Geschichten allein enthalten über 400 000 Wörter. (Das OHEL-

Buch ist hierbei nicht eingerechnet, da sich schwer einschätzen lässt, wie viel davon er bereits vor 1949 geschrieben hatte, doch angesichts der Tatsache, dass er sich 1951 und 1952 von seinen akademischen Pflichten befreien ließ, um das Buch zu beenden, sollten wir möglicherweise noch einmal um die 100 000 Wörter hinzufügen. Auch die Tausende von Briefen habe ich nicht mitgezählt.) All das von einem Mann, der Anfang 1949 an einen italienischen Priester namens Giovanni Calabria geschrieben hatte: »Ich merke, wie mein Eifer zum Schreiben und mein Talent, soweit ich es ursprünglich einmal besaß, im Schwinden sind. Auch (so glaube ich) erfreue ich meine Leser nicht mehr so wie früher.« Wenn wir verstehen wollen, wie er trotzdem so produktiv sein konnte, können wir als Erstes sagen, dass dies für Lewis zugleich die beste und die schlimmste Zeit war.

Nach seinem Zusammenbruch kam eine große Veränderung nach der anderen über ihn. Etwa um diese Zeit hörten die Donnerstagabendtreffen der Inklings auf – wie Walter Hooper berichtet, ist in Warnies Tagebuch nach einem Eintrag im November mit dem Wortlaut »Keine Inklings heute Abend, daher zu Hause gegessen« nie wieder von den Inklings die Rede. Die vormittäglichen Treffen im Bird and Baby gingen weiter, doch zum großen Teil aufgrund der anhaltenden Spannung zwischen Lewis und Tolkien, verschärft durch Tolkiens gründliche Missbilligung der Narnia-Bücher, war die Zeit, »bis in die frühen Morgenstunden bei jemandem in seinen Collegeräumen zu sitzen und bei Bier, Tee und Pfeifen über Unsinn, Dichtung, Theologie, Metaphysik zu reden«, vorbei, zumindest für Lewis. Es ist schwer zu ermessen, wie sehr er diese Veränderung bedauerte. Ein Thema, das sich nach seinem Zusammenbruch immer häufiger in seinen Briefen bemerkbar macht, ist der Beginn des Alters. Im Oktober schrieb er an eine amerikanische Freundin, das Alter sei »das Thema, um das meine Gedanken am meisten kreisen, und das schon seit einigen Tagen. … Was in letzter Zeit kam, ist viel rauer – der arktische Wind der Zukunft, der mich sozusagen an der Ecke erwischt hat.«

Er war fünfzig, als er diese Worte schrieb, bald einundfünfzig – recht früh, um wie ein Senior zu reden, könnte man meinen. Doch Humphrey Havard, sein Freund und Hausarzt, hatte ihm gesagt, ein so schwerer Zusammenbruch, wie er ihn gerade erlitten hatte, sei beunruhigend bei einem Mann seines Alters. Überdies war sein Vater Albert nur fünfundsechzig geworden (und seine Mutter Flora sechsundvierzig). In einem Brief von 1954 schrieb Lewis: »Ich stamme von einem früh alternden Menschenschlag.« Lewis hatte keinen Grund zu glauben, dass ihm noch viel mehr als ein Jahrzehnt Lebenszeit bleiben würde, und in dieser Hinsicht erwies sich seine Selbsteinschätzung ja auch als richtig.

Inmitten all dessen war das Auftauchen von Don Giovanni Calabria in seinem Leben (wenn auch nur in Briefen) ein Segen, ganz ähnlich wie die Ankunft von June Flewett einige Jahre zuvor: ein einzelner Lichtblick in einer düsteren Umgebung. Don Giovanni hatte Lewis geschrieben, um die *Dienstanweisung für einen Unterteufel* zu preisen – damals das einzige Buch von Lewis, das ins Italienische übersetzt war (Don Giovanni konnte nicht Englisch) – und in Lewis zu Recht jemanden erkannt, der sein tiefes Anliegen für die Wiedervereinigung der christlichen Kirchen teilte. Sie korrespondierten auf Lateinisch, wie es gelehrte Männer in Europa Jahrhunderte lang getan hatten, und vielleicht war es die ungewohnte Übung, in jener Sprache zu schreiben, die Lewis von seiner üblichen Verschwiegenheit im Blick auf sich selbst befreite. Gewiss hatte auch Don Giovannis herzliche, väterliche Art – er war fünfundzwanzig Jahre älter als Lewis und hatte in seiner Heimatstadt Verona Großes für die Armen und Waisen vollbracht – eine Menge damit zu tun. Don Giovanni gegenüber bekannte Lewis Schwäche, Furcht und Traurigkeit, wie er es selten gegenüber anderen Korrespondenten tat, und Don Giovanni antwortete ihm mit Worten voll kraftvoller Ermutigung. Der Priester glaubte, Lewis hätte als Autor sehr viel zur Sache des Christentums beizutragen. In einem Brief schrieb er: »Ich wünschte, Sie würden sich mir zuliebe entschließen, niederzuschreiben, wie Sie über den moralischen Zustand unserer Zeit denken. … Ich sähe es gerne, wenn Sie auf hilfreiche Heilmittel hinweisen würden, insofern Sie Ihnen angebracht erscheinen, für die Wiedergutmachung und Beseitigung des Bösen, für die Erneuerung des Mutes, für die Förderung der Einheit der Herzen in der Nächstenliebe.« Es ist anzunehmen, dass diese Überzeugung aus so unerwarteter Quelle Lewis half, seinen »Eifer zum Schreiben« zurückzugewinnen. Jedenfalls war ihm das Wissen, dass Don Giovanni regelmäßig für ihn betete – Lewis schließt seine Briefe stets mit den Worten »*Oremus pro invicem*« (»Beten wir füreinander«) oder indem er um konkrete Fürbitte bat, oft auch für seine »Mutter« – ein großer Trost.

Im September 1953 schrieb Don Giovanni an Lewis: »Die göttliche Vorsehung bindet uns mit den lieblichen Banden der Liebe aneinander, auch wenn wir uns nie persönlich begegnet sind. Doch in der Liebe und im gegenseitigen Gebet kennen wir einander gut.« Das war sein letzter Brief an Lewis; im Jahr darauf starb er. 1988 kam Papst Johannes Paul II. nach Verona, um Giovanni Calabria selig zu sprechen.

Wie viel Trost Lewis auch in der Zuneigung und Ermutigung des großen italienischen Priesters fand, daheim in The Kilns hatte er ständig das Bild von Mintos Niedergang und die zunehmende Unzuverlässigkeit Warnies vor Augen. (Als Jack ins Krankenhaus kam, hielt Warnie Minto eine Gardinenpredigt und verlangte, sie solle ihn von allen Pflichten im Haushalt entlasten und ihm einen Urlaub ermöglichen. Offenbar verdattert über Warnies untypische Freimütigkeit, stimmte sie zu, doch gleich darauf befiel Warnie bei der Aussicht, selbst für ihre Pflege verantwortlich zu sein, wenn auch nur für kurze Zeit, eine solche Depression, dass er auf eine ausgedehnte Sauftour ging. Der Urlaub für Jack fiel aus.) Minto war schon seit einigen Jahren durch ihre Unterschenkelgeschwüre Halbinvalide, und sie litt unter einem gewissen Maß an Demenz: Ihre Gedanken kreisten unentwegt um ihren betagten Hund Bruce, für den sie ein Dutzend Mal am Tag oder öfter einen »kleinen Spaziergang« verlangte – und natürlich war es Lewis, der mit ihm losgehen musste. Als Bruce im Januar 1950 schließlich starb, stürmte Warnie zu seinem Tagebuch und schrieb: »Freudige Neuigkeit« – und nachdem nun dieses »vorletzte Tor von Jacks Gefängnis« darnieder lag, hoffte er unverblümt darauf, dass mit Mintos Tod auch das letzte fallen würde. Vier Monate später hatte sich ihr Zustand so verschlechtert – sie war jetzt fast völlig ohne Verstand und fiel immer wieder aus dem Bett – dass sie in ein Pflegeheim gebracht werden musste. Die Ärzte eröffneten Lewis, dass sie nie wieder nach The Kilns zurückkehren würde.

Obwohl er sie in den kurzen Monaten, die ihr noch blieben, täglich besuchte, selbst als sie ihn nicht mehr erkannte, war seine Knechtschaft im Haus nun größtenteils beendet. (Als alte Frau gab Maureen ein Interview, in dem sie jene Tage schilderte: »Ich erinnere mich, wie ich von Malvern aus« – wo sie und ihr Mann Leonard damals wohnten – »hinfuhr, um meine Mutter zu besuchen, und wie Jack da war, bei ihr saß und mit ihr redete. Und ihr Verstand war durch den Schlaganfall völlig dahin, was zeigt, was für ein guter Mensch er war.«) Jetzt endlich war der lange verschobene Urlaub möglich, doch die Kosten für das Pflegeheim hatten Lewis' Bankkonto ziemlich geleert, und von seinem Einkommen als Schriftsteller spendete er zu viel, als dass es eine große Hilfe gewesen wäre. An Arthur, mit dem er diesen Urlaub eigentlich hatte verbringen wollen, schrieb er: »Ich weiß kaum, was ich empfinden soll. Erleichterung, Mitleid, Hoffnung, Schrecken und Verwirrung ziehen mich in einen regelrechten Strudel.«

Am 12. Januar 1951 starb Janie Moore im Pflegeheim, mit Lewis an ihrer Seite. Warnie griff wieder zu seinem Tagebuch und schrieb jene Worte, die ich schon einmal zitiert habe: »Und so endet die mysteriöse, selbst auferlegte Sklaverei, in der J[ack] seit mindestens dreißig Jahren gelebt hat. Wie sie begann, werde ich wohl nie erfahren.« Was Jack hingegen dachte, wusste damals niemand (falls er es nicht seinem Beichtvater erzählte), und niemand weiß es heute oder wird es je erfahren. Für Warnie, dessen wütende Tirade gegen Minto, die er am Tag ihres Todes schrieb, sich ohne Erbarmen oder Mitgefühl über Seiten erstreckt, hatte sie ihm einen Großteil des Lebens seines Bruders geraubt: Das war die Quintessenz der Geschichte. Andere hingegen – Menschen von so unterschiedlicher Art wie Owen Barfield und June Flewett – nahmen auf beiden Seiten eine tiefe Zuneigung und Zärtlichkeit wahr, von der Warnie ausgeschlossen und für die er blind war. Es besteht kein Zweifel, dass Mrs Moores Tod Lewis Erleichterung verschaffte; das gab er selbst zu, und einige Monate später schrieb er an Schwester Penelope: »Ich wandere (wie der Pilger bei Bunyan) über ein ›liebliches Gefilde namens *Ruhe*‹. Äußerlich ganz und gar und innerlich zum größten Teil geht es mir zurzeit wunderbar.« Wie sehr er jedoch die erste Frau vermisste, in die er sich verliebt hatte, die Frau mit der er vom Alter von neunzehn bis zum Alter von zweiundfünfzig sein Leben geteilt hatte, und was er am meisten vermisste – das sind Geheimnisse, in die niemand von uns je eindringen wird. Und damit gibt es über diese Beziehung nichts mehr zu sagen.

Besonders nach dem Artikel in *Time* von 1947 waren unter Lewis' Bewunderern viele Amerikaner, und sie machen von da an einen erheblichen Teil seiner Korrespondenz aus. Das war nicht nur von Nachteil. In den Jahren unmittelbar nach dem Zweiten Weltkrieg, als in Amerika die Wirtschaft boomte, während in Großbritannien alle möglichen Verbrauchsgüter, von Nylonstrümpfen bis zu Kartoffeln, rationiert waren, kam Lewis in den Genuss vieler großzügiger Zuwendungen aus Amerika: Regelmäßig trafen »Care-Pakete« ein, die zumeist Lebensmittel enthielten, oft aber auch Schreib- und Briefpapier; einmal sogar ausgerechnet einen Smoking. (Für Jack war er ein wenig zu groß, aber dem größeren Warnie passte er perfekt.) Der häufigste Spender war ein Arzt von der Johns Hopkins Medical School namens Warfield Firor. Eines seiner Pakete enthielt einen großen Schinken, und Lewis (der schon fast nicht mehr wusste, wie Schinken schmeckte) gab seinem Staunen über das Ding so begeisterten Ausdruck, dass Firor ihm noch einige weitere schickte. Lewis und seine Freunde fingen an, ihn »Schinken-Firor« zu nennen, und bei einer Gelegenheit schickten ihm etwa ein Dutzend Inklings einen gemeinsamen Dankesbrief. Firor wurde, wie einige andere amerikanische Briefpartner auch, zu einem echten Freund; er war es, demgegenüber Lewis sein Empfinden des nahenden Alters eingestand. Doch Lewis zu einem Besuch auf seiner Ranch in Wyoming zu überreden, gelang dem guten Doktor nie.

Unter den vielen Amerikanern, die an Lewis schrieben, war auch ein unverhältnismäßig hoher Anteil an Frauen. Er selbst äußerte 1952 in einem Brief: »Es sind nicht hauptsächlich *Männer*, mit denen ich durch meine riesige Korrespondenz in Kontakt stehe; es sind *Frauen*. Das weibliche Geschlecht, ob glücklich oder unglücklich, ob gleicher oder anderer Meinung, ist von Natur aus ein weitaus *epistolarischeres* Wesen als das männliche.« Solchen Fragestellern schrieb er geduldig und gewissenhaft, fast ohne Ausnahme. Ich sage »fast«, denn eine Frau, eine Antiquitätenhändlerin aus London namens Kitty Martin, interessierte sich für Lewis, seit sie seine Radioansprachen gehört hatte, und suchte brieflich bei ihm Rat. Lewis beantwortete ihre Briefe, bis er herausfand, dass sie der festen Überzeugung war, seine Bücher seien verschlüsselte Liebesbriefe an sie selbst. Zur Antwort verfasste sie ihre eigenen amourösen Abhandlungen, manchmal deren mehrere am Tag, doch Lewis warf sie alle ungeöffnet weg oder verbrannte sie, wenn zufällig gerade Feuer im Kamin war. Darüber hinaus erzählte Miss Martin jedem, der ihr zuhörte, sie und Lewis seien miteinander verlobt, und nach einigen Jahren des Schweigens auf seiner Seite, bestellte sie sogar 1956 in London das Aufgebot und gab den Hochzeitstermin in der Presse bekannt, in der Absicht, »ihn durch den Schock zu einer Antwort zu bewegen«, wie sie sagte.

Seltsamerweise war dies nicht das einzige Erlebnis dieser Art, das Lewis hatte. Eines Tages im April 1952 erschien der Besitzer eines Hotels in Kent im Magdalen College und verlangte, Lewis möge die Rechnungen für Essen und Unterkunft begleichen, die seine Frau während der letzten Monate aufgehäuft hatte. Eine gewisse Mrs Hooker hatte sich als Gattin von C.S. Lewis ausgegeben und auf Kosten des berühmten Autors am reichhaltigen Angebot des Hotels gütlich getan. Offenbar hatte Mrs Hooker Ähnliches schon zuvor getan und dabei die Namen anderer Schriftsteller benutzt, war bei diesen Gelegenheiten jedoch nicht erwischt worden. Barfield riet Lewis, die Frau zu verklagen, um die Rechnungen nicht bezahlen zu müssen, was Lewis auch tat, wenn auch mit großem Widerstreben, das sich noch verstärkte, als er vor Gericht erscheinen musste, um gegen sie auszusagen. »Ich habe noch nie zuvor die Justiz am Werk gesehen, und es ist kein schöner Anblick«, schrieb er an die Hotelbesitzer; »man kam sich vor, als beginge man durch seine Anwesenheit etwas Unanständiges.« Mrs Hooker wurde im Holloway-Gefängnis in Nord-London inhaftiert, wo sich in ihr ähnlich wie bei Kitty Martin die Überzeugung festsetzte, wenn sie schon nicht mit Lewis verheiratet sei, dann doch zumindest verlobt. Einige Monate nach ihrer Ankunft in Holloway sagte sie dem Gefängniskaplan, sie werde bald sterben und wolle ihren Geliebten ein letztes Mal sehen. Erstaunlicherweise fuhr Lewis tatsächlich hin, um sie zu besuchen. Natürlich war sie kerngesund.

Ein Mann mit tief eingefahrenen Alltagsgewohnheiten, der nicht einmal Auto fuhr, aber dennoch einen Weg fand, von Oxford nach London zu kommen, um eine unzurechnungsfähige Frau zu treffen, die sich einbildete, mit ihm verlobt zu sein, war zweifellos jemand, der auch seine Korrespondenz gewissenhaft erledigte. Aber wie *dachte* er über diese Frauen, deren Fragen er beantwortete, deren Ängste er beschwichtigte und an deren Problemen er Anteil nahm? Die Antwort ist natürlich, dass er über unterschiedliche Frauen unterschiedlich dachte, doch diese Antwort wird mancher für ausweichend halten, denn Lewis ist oft vorgeworfen worden, er sei ein Frauenhasser gewesen. Meiner Meinung nach beruht dieser Vorwurf weitgehend auf Missverständnissen, aber es ist keine Frage, dass Lewis die Haltung gegenüber Frauen teilte, die unter Männern, insbesondere christlichen Männern, seiner Zeit (und der Fairness halber sollten wir hinzufügen: auch vieler anderer Zeiten) verbreitet war. Er glaubte zum Beispiel, Gott habe den Mann als »Haupt« über die Frau eingesetzt, besonders in der Ehe: Diese Lehre erläutert und verteidigt er sogar in einiger Ausführlichkeit in *Pardon, ich bin Christ*. Doch schon der Umstand, dass er dies in *Pardon, ich bin Christ* tut – dem Buch, in dem er eine allgemeine Zusammenfassung des Glaubens gibt, »der fast allen Christen zu allen Zeiten gemeinsam war« – zeigt uns, dass er darin keinen sonderlich umstrittenen Gedanken sah. Dies könnte Rückschlüsse über die Grenzen seines Bekanntenkreises und seiner Erfahrung zulassen, oder auch darüber, wie gering die Fortschritte waren, die der Feminismus in England bis dato gemacht hatte, oder vielleicht auch über beides. Wie auch immer, Lewis glaubte nicht, er äußere sich zu einem unter Christen sehr umstrittenen Thema, als er die Lehre von der männlichen Vorherrschaft beschrieb.

Das trägt auch zur Erklärung einer Entscheidung bei, die vielleicht überraschend erscheint: nämlich die, sich 1948 in einem Artikel mit dem harmlosen Titel »Notes on the Way« (etwa »Anmerkungen am Rande«, später von seinem Herausgeber Walter Hooper in den pointierteren Titel »Priesterinnen in der Kirche?« geändert) in die Debatte über die Frauenordination einzuschalten. Dort argumentiert er, da die »Braut Christi« ein durchgängiges und zentrales Bild für die Kirche im Neuen Testament sei, müssten die Priester, die ja »Repräsentanten Gottes gegenüber der Kirche« sein sollen, auch »Träger der männlichen Uniform« sein, um als Bräutigam agieren zu können. Lewis beharrt darauf, es gehe darum, das angemessene Bild zur Darstellung eines göttlichen Mysteriums zu verwenden; über die moralischen oder geistlichen Qualitäten von Männern im Gegensatz zu Frauen sagt dies nach seinem Verständnis nichts aus. Moralisch und geistlich kann eine Frau »genauso gut Gott ähnlich sein wie der Mann, und manche Frau sogar besser als mancher Mann«. Sondern für Lewis gibt es eine von Gott vorgegebene Form, wie das Drama der Erlösung nachvollzogen oder dargestellt werden sollte, insbesondere bei der Eucharistiefeier, und diese Darstellung erfordert, dass der Priester, der sozusagen die Rolle des Herrn Jesus Christus spielt, ein Mann ist.

Dieses Buch ist nicht der geeignete Ort, um dieses Argument zu bewerten. (Ich begnüge mich mit dem Hinweis, dass die erhabene Sicht der priesterlichen Rolle, die Lewis hier zum Ausdruck bringt, von den meisten Protestanten, einschließlich vieler seiner Mit-Anglikaner, *nicht* geteilt wird; dies scheint er seltsamerweise zu vergessen.) Hier möchte ich lediglich eine Frage stellen: Warum bringt Lewis dieses Argument *überhaupt* vor? Warum schiebt er sein Anliegen für die Einheit der Christen zur Seite und schaltet sich in diese Debatte ein? Die Antwort ist ganz einfach: Der Glaube, nur Männer könnten ordiniert werden, war zu der Zeit, als Lewis schrieb, eine jener Überzeugungen, die »fast allen Christen zu allen Zeiten gemeinsam« waren. Argumente für die Frauenordination wurden damals von Vertretern der traditionellen christlichen Orthodoxie selten vorgebracht. Deswegen bringt er in seinem Argument auch die anders gelagerte Frage ins Spiel, ob es angemessen sei, von Gott als »Vater, Sohn und Heiliger Geist« zu sprechen. Er geht davon aus, dass Leute, die für die Frauenordination eintreten, zugleich auch ernsthafte Vorbehalte gegenüber allen möglichen anderen Überzeugungen haben werden, die traditionell Bestandteil der Orthodoxie waren, und dass wir, wollten wir ihren Empfehlungen folgen, feststellen würden, dass wir »mit Sicherheit am Anfang einer neuen Religion« stünden. Seit Lewis' Tod sind nun allerdings weite Kreise orthodoxer Christen entstanden, von denen viele C. S. Lewis verehren und ebenso eifrig für das traditionelle Christentum eintreten wie er, die keinerlei Schwierigkeit bei der Frauenordination sehen. Würde Lewis heute schreiben, würde er das Thema mit Sicherheit ruhen lassen, doch zu seiner Zeit hatte es einen anderen Widerhall, ein anderes Geflecht von Zusammenhängen.

Derlei Dinge lassen sich aufklären, aber in tieferen Schichten wird Lewis' Haltung gegenüber Frauen schwer verständlich und noch schwerer zu erklären. Die Hinweise deuten in mehrere verschiedene Richtungen. Es war das Lachen erwachsener *Männer*, das er liebte, und die Gesellschaft von Frauen suchte er nur selten. Viele Jahre lang lud er Studenten gruppenweise in seine Räumlichkeiten ein, um Bier zu trinken und derbe Lieder zu singen, und es war selbstverständlich, dass nicht nur zu solchen Zusammenkünften keine Frauen eingeladen wurden, sondern auch, dass es keine anderen Arten von Treffen gab, bei denen Frauen willkommen gewesen *wären*. Andererseits war Lewis in einer Zeit, in der viele Oxforder Dons sich unverhohlen über die zunehmende Präsenz von Frauen in den Hörsälen und in ihren Tutorien ärgerten, seinen Studentinnen gegenüber durchweg freundlich und hilfsbereit. (Eine von ihnen, Mary Neylan, bat Lewis sogar um die Patenschaft für eines ihrer Kinder.) Auch June Flewett war angerührt und ermutigt durch den Respekt, mit dem Lewis sie behandelte, wann immer sie über Bücher und Ideen sprachen, und es war eine große Freude für sie, als sie von Mrs Moore erfuhr, dass er sie für intelligent hielt. Überdies ist sein Tonfall gegenüber Schriftstellerinnen wie Dorothy Sayers und Wissenschaftlerinnen wie Helen Gardner und Joan Bennett vielleicht etwas höflicher, aber keinen Deut weniger respektvoll und ernsthaft als der, dessen er sich gegenüber ihren männlichen Kollegen befleißigt.

Dennoch war er imstande, außerordentlich dummes Zeug über Frauen zu reden. »Was veranlasst eine hübsche Frau dazu, ihren zahllosen Bewunderern nur Unglück zu bringen?«, fragt er in *Pardon, ich bin Christ*. »Bestimmt nicht ihre Sinnlichkeit, denn solche Frauen sind meist gefühlskalt.« Selbst wenn diese lächerliche Aussage zutreffend wäre, woher in aller Welt sollte ausgerechnet *er* das wissen? Und es fällt schwer, nicht das Gesicht zu verziehen bei der langen Passage in *Was man Liebe nennt*, wo Lewis beschreibt, welch unheilvollen Folgen es hat, wenn man eine ungebildete Frau in eine gesellige Zusammenkunft gebildeter Männer hineinbringt: »Die Anwesenheit der Frau hat genau das zerstört, was man mit ihr teilen wollte«, und das Problem wird auch nicht dadurch gelindert, dass sie gelernt hat »zu trinken, zu rauchen und gewagte Geschichten zu erzählen«. Sie ist »den Männern nicht um eine Handbreit nähergekommen als ihre Großmutter. Aber ihre Großmutter war viel glücklicher und auch realistischer. Sie blieb zu Hause und schwatzte mit anderen Frauen über Frauendinge, vielleicht mit sehr viel Charme, Herz und sogar Klugheit.« Ja, »sogar Klugheit« – es ist möglich, dass eine weniger gebildete Frau klug sein konnte. Ein übler Missklang ist auch der Gedanke der »Frauendinge«, über die Frauen »schwatzen«, ein Ton, den er auch in *Pardon, ich bin Christ* anschlägt, wo er argumentiert, in jedem Haushalt müsse es ein »Haupt« geben, eine Autorität, die letztlich die Entscheidungen trifft, und dann hinzufügt: »Irgendetwas Unnatürliches muss an der Sache sein. Sonst würden Frauen, die ihren Ehemann unter dem Pantoffel halten, sich nicht darüber schämen und den armen Mann verachten, der es sich gefallen lässt.«Die ganze Passage scheint sehr stark nahelegen zu wollen, entweder dass eine Frau unzufrieden ist, wenn sie nicht richtig geführt wird, oder dass eine Frau die sich der männlichen Oberherrschaft nicht unterordnen will, *ipso facto* weniger fraulich ist, oder beides.*

Und dennoch bringt Lewis selbst in solchen Passagen eine gewisse Komplexität zustande. Wenn er zum Beispiel die Einbeziehung ungebildeter Frauen in die Gespräche gebildeter Männer beklagt, macht er zugleich unmissverständlich deutlich, dass diese Situationen nicht auf irgendwelche angeborenen Unzulänglichkeiten der Frauen zurückzuführen sind, sondern eher aus dem Umstand herrühren, dass der Gesellschaft oft ein »gemeinsamer Boden« der Bildung fehlt, auf dem sich Männer und Frauen begegnen können. Er führt als Beispiel nicht nur eine ungebildete Frau unter gebildeten Männern an, sondern weist auch

---

* Die Passagen über Sexualität in *Pardon, ich bin Christ* sind überholter als irgendetwas sonst in dem Buch, obwohl man davon ausgehen kann, dass sie überhaupt nie sehr treffend waren. Sicher, Lewis sagt auch ordentlich orthodoxe Dinge über Sexualität und bemüht sich, das verbreitete Missverständnis auszuräumen, Christen hielten Sex an sich für sündig: »Das Christentum ist fast die einzige der großen Religionen, die den Leib durchaus bejaht. ... Das Christentum widerspricht jedermann, der behauptet, die Sexualität sei an sich schlecht. ... Die Sünden des Fleisches sind schlimm, aber sie sind nicht die schlimmsten.« Das wird ihm jedoch nur selten zugutegehalten, denn seine Äußerungen über Sex sind oft rhetorisch missglückt oder einfach nur seltsam. Die Bemerkung über die Gefühlskälte attraktiver Frauen ist ein Beispiel; ein anderes, noch berüchtigteres betrifft die Anziehungskraft von Striptease-Aufführungen: »Nehmen wir aber einmal an, wir kämen in ein Land, wo man ein Theater damit füllen könnte, dass jemand eine zugedeckte Platte auf die Bühne trägt und dann langsam den Deckel abnimmt, sodass jedermann – kurz bevor das Licht ausgeht – sehen kann, dass ein Hammelkotelett oder ein Stück Speck auf der Platte liegt. Würden wir nicht annehmen, dass in diesem Land mit dem Appetit der Leute etwas nicht in Ordnung ist?« Diese Analogie ist so schlecht, dass man kaum weiß, wo man anfangen soll zu erklären, warum. Zum einen sind Hammelkoteletts und Speck für jeden verfügbar, der sie haben will und sich dafür interessiert, sie zu essen, ob in der Öffentlichkeit oder im stillen Kämmerlein; zum anderen wird von Christen nicht erwartet, dass sie einem bestimmten Stück Fleisch die Treue halten und darauf verzichten, irgendein anderes zu essen. Außerdem brauche ich Nahrung, einfach um zu überleben, während meine sexuellen Bedürfnisse in eine andere Kategorie gehören. Mir sind im Lauf der Jahre einige Leute begegnet, die sich an nichts erinnern, was Lewis über Sex sagt, außer dieser bizarren Metapher, und deshalb mit der Überzeugung herumlaufen, alle Gedanken von Lewis über Sexualität seien pervers oder unverständlich.

darauf hin, dass Männer, die nur etwas vom Geldverdienen verstehen, unter kultivierten Frauen wirken können wie »Barbaren unter Gebildeten«. Und er nimmt einen Standpunkt ein, gegen den viele seiner Mitdozenten und traditionellen Mitchristen erhebliche Einwände erhoben hätten, wenn er die Existenz echter Freundschaft zwischen Männern und Frauen bejaht: »Wo Männer und Frauen Seite an Seite arbeiten, wie etwa in meinem Beruf oder unter Missionaren, Schriftstellern und Künstlern, sind Freundschaften nichts Außergewöhnliches.« (Natürlich kann es zu erotischen Komplikationen und Missverständnissen kommen, aber das muss nicht sein. Und obwohl Lewis es in diesem Zusammenhang nicht erwähnt, wusste er sehr gut, dass es auch in gleichgeschlechtlichen Beziehungen zu denselben Problemen kommen kann.) Nachdem man solche Gedanken gelesen hat, wird man angesichts des Porträts der rauchenden, trinkenden »modernen« Frau, die so viel unglücklicher ist als ihre Großmutter, immer noch das Gesicht verziehen, aber man ist gezwungen einzusehen, dass Lewis' Aussagen hier keineswegs so offensiv sexistisch ist, wie es aus dem Zusammenhang gerissen erscheinen mag.

In seinem Erzählwerk und seinen theologischen Fantasien ergibt sich ein ebenso komplexes Bild, wenn es auch hier vielleicht noch etwas beunruhigender ist. Eines der immer wiederkehrenden Themen in Lewis' Werk ist das Übel der fehlgeleiteten Liebe – einer Liebe, die besitzergreifend, unersättlich oder auch verzehrend wird – und immer wieder ist es eine Frau, die jenes Übel verkörpert. Eine relativ humorvolle Darstellung solcher Verdrehung wahrer Zuneigung finden wir in dem Porträt der »Frau Ohneruh« in *Was man Liebe nennt*, jener Frau, von der es hieß, sie »lebe für ihre Familie«:

> Kam einer nachts spät nach Hause, blieb sie immer auf zum »Gute Nacht«-Wünschen, auch wenn es zwei oder drei Uhr früh war, es machte keinen Unterschied. Immer erwartete einen das zarte, blasse, müde Gesicht wie ein stummer Vorwurf. Darum konnte man natürlich nicht sehr oft ausgehen. ... Frau Ohneruh bestand darauf,

> sich für die Ihren »die Finger bis auf die Knochen zu schinden«, wie sie oft sagte. Es gab kein Halten. Und da ihre Angehörigen anständige Leute waren, konnten sie auch nicht einfach stillsitzen und ihr dabei zusehen. Sie mussten helfen. Und es gab wirklich immer etwas zu helfen. Das heißt, sie nahmen ihr Arbeit ab, um ihr zu helfen, damit sie Arbeiten verrichten konnte, die sie gar nicht getan haben wollten.

Und so ging es weiter bis zu ihrem Tod. »Der Pfarrer sagt, Frau Ohneruh habe jetzt Ruhe gefunden. Hoffen wir es. Ganz sicher hat es ihre Familie.«

Eine dunklere Seite dieser Zwanghaftigkeit findet sich in *Die große Scheidung*, wo eines der weiblichen Gespenster darum bittet, ihren Mann Robert wieder in ihre Obhut zu geben (der er entronnen ist, indem er in den Himmel kam); hatte sie doch während ihres ganzen gemeinsamen Leben so hart daran gearbeitet, »einen Mann aus ihm« zu machen:

> Gebt ihn in meine Obhut. Er braucht eine feste Hand. Ich kenne ihn besser als du. ... Gib ihn mir zurück. Warum sollte alles nach seinem Kopf gehen? Das ist nicht gut für ihn. Es ist nicht richtig, es ist nicht fair. Ich will Robert haben. Was gibt dir das Recht, ihn mir vorzuenthalten?

Die ausführlichste, tiefste und eindrücklichste Darstellung dieses Themas bei Lewis ist *Du selbst bist die Antwort* – tatsächlich besteht das einzige Ziel dieses kraftvollen Buches darin, solche Leidenschaft als das zu offenbaren, was sie ist. Dort wird die missgebildete »Liebe« der Person selbst offenbart, die von ihr verzehrt wird, und durch diese Offenbarung wird sie erlöst und verwandelt. Darüber wird später noch mehr zu reden sein.

Man kann sich unmöglich der Vermutung entziehen, dass es Lewis' langjährige Erfahrung mit Mrs Moore war, die diesen speziellen Sündenkomplex für ihn so faszinierend machte, und dass er diese Neigungen aus erster Hand kannte. Unwahrscheinlich dagegen ist, dass er Männer für immun gegen solche Versuchungen hielt: Eine oder zwei Seiten, nachdem er uns Frau Ohneruh geschildert hat, stellt er uns Dr. Quartz vor, einen Universitätsprofessor, der sich ganz und gar für seine Studenten hingibt – bis sie über irgendetwas anderer Meinung sind als er. Dergleichen »Undankbarkeit« kann er nicht verzeihen. Dies ist genau die dominierende Haltung von Frau Ohneruh, nur aus dem häuslichen in ein akademisches Umfeld verlagert. In der Welt, die Lewis kannte, war es für eine Frau wahrscheinlicher, dass sie im häuslichen Bereich regierte, Männer hingegen am Arbeitsplatz. Jedes Geschlecht war denselben Versuchungen ausgesetzt und beging dieselben Sünden, nur wegen der unterschiedlichen Zusammenhänge in unterschiedlicher Form.

Einerseits, andererseits – so geht es weiter. Es ist vollkommen klar, dass Lewis Jane Studdock in *Die böse Macht* fast von der ersten Seite an mit äußerster Herablassung behandelt: »Jane war vielleicht keine sehr originelle Denkerin«, erfahren wir, und der Schlüssel zu ihrem persönlichen Wachstum ist ihre Bereitschaft, ihre akademischen Träume aufzugeben oder zumindest hintanzustellen, um das Gebären von Kindern anzunehmen. Doch natürlich begegnet Lewis auch ihrem Mann Mark mit Herablassung, wie wir bereits gesehen haben. Keiner von beiden hat eine Vorstellung davon, was es heißt, wahrhaft *verheiratet* zu sein; beide müssen es lernen, und am Ende des Buches sind sie auf dem Wege, es zu lernen. Doch nirgends wird angedeutet, dass Mark seine akademische Laufbahn aufgeben müsse, um der Ehemann, die *Person*, zu werden, die er sein soll. Sicherlich muss sich an dieser Laufbahn einiges ändern, aber ganz darauf verzichten muss er nicht. Er muss nicht das tun, wozu Jane aufgefordert wird. Der Eindruck, den viele Leser aus dieser Geschichte gewonnen haben, ist, dass Mark über einen guten Verstand verfügt, der nur noch richtig ausgebildet werden muss, während Janes Verstand doch so begrenzt ist, dass sie ihre Hoffnungen auf eine Gelehrtenlaufbahn lieber aufgeben und sich darauf konzentrieren sollte, Kinder zu bekommen und großzuziehen.

Natürlich ist es denkbar, dass jemand wie Jane *tatsächlich* glücklicher damit werden würde, Kinder großzuziehen, als wenn sie versuchen würde, ihre Doktorarbeit über Donne fertigzustellen. Es gibt ja auf der Welt durchaus Leute, von denen man das mit Recht sagen könnte. Doch dieses Urteil wäre leichter hinzunehmen, wenn es anderswo in Lewis' Erzählwerk Frauen von größerer Statur gäbe, aber immer noch im Bereich normaler menschlicher Erfahrung. (Ich mache diese Einschränkung, weil die großen Heiligengestalten, die in ihren jeweiligen Zusammenhängen nur »die Frau« genannt werden – die Evasgestalt in *Perelandra* und in *Die große Scheidung* die Frau, die einst Sarah Smith aus Golders Green war –, eindeutig nicht zählen. Sie sind kein Teil unserer gefallenen menschlichen Welt.) In *Jenseits des schweigenden Sterns* gibt es überhaupt keine Frauengestalten, in *Perelandra* keine gewöhnlichen menschlichen. In *Die böse Macht* haben wir lediglich die sanftmütige »Mutter Dimble« und das sadistische Mannweib »Fairy« Hardcastle.

Erst wenn wir uns Narnia zuwenden, hellt sich das Bild auf. Zum einen gibt es in diesen Geschichten eine starke Tendenz, Figuren paarweise zu gruppieren, einen Jungen und ein Mädchen, die narrativ etwa von gleichem Interesse und auch moralisch im Allgemeinen gleichwertig sind: Lucy und Edmund, Polly und Digory, Jill und Eustace, Aravis und Shasta. Keine dieser Figuren ist perfekt: Alle haben Fehler, aber es sind sehr vertraute Fehler, und alle sind imstande, Tugend zu beweisen, wenn es hart auf hart kommt. Wahrscheinlich sind die Jungen wohl etwas schlimmer; die beiden »Problemkinder« der Serie sind jedenfalls Edmund und Eustace, doch beide bessern sich. Und wenn Lewis' Erzählweise es erfordert, dass wir die Geschichte aus dem Blickwinkel einer bestimmten Figur erleben, dann ist diese Figur ebenso häufig ein Mädchen wie ein Junge. Die einzige Hauptfigur, die über moralische und geistliche Einsichten zu verfügen scheint, die anderen verwehrt sind, ist natürlich Lucy: Sie ist es, die den Kleiderschrank entdeckt; in *Prinz Kaspian* ist sie es, der von Aslan eine einzigartige Vision gewährt wird; und als am Ende von *Der letzte Kampf* die verschiedenen Figuren ins Wahre Narnia eintreten, erfahren wir, dass Lucy für eine Weile still wurde, denn »sie saugte alles viel tiefer in sich auf als die anderen«.

Freilich gibt es auch die Weiße Hexe. Doch wenn die vollkommen heiligen Frauen aus *Perelandra* und *Die große Scheidung* nicht zählen, um Lewis als Schöpfer weiblicher Figuren aufzuwerten, warum sollte dann diese eine dämonische Figur gegen ihn angerechnet werden? Außerdem, braucht denn nicht jedes Märchen eine böse Hexe? Manche glaubten zu erkennen, Lewis habe einen Seitenhieb gegen den Feminismus im Sinn gehabt, als er dem Experiment House (der Schule, die Eustace und Jill besuchen) eine Direktorin gab, aber mir scheint ihr Problem eindeutig darin zu bestehen, dass sie eine Psychogefasel von sich gebende Bürokratin ist, nicht, dass sie eine Frau ist. (*Die böse Macht* ist voll von solchen Kreaturen, und dort sind es alles Männer.)

Was viele Leser allerdings am meisten beunruhigt, ist das, was der britische Schriftsteller Neil Gaiman »das Susan-Problem« genannt hat (»the problem of Susan« – in Analogie zu »the problem of pain«, vermute ich). Dieses Problem besteht darin, dass Susan, wie wir in *Der letzte Kampf* erfahren, »nicht mehr zu den Freunden Narnias« gehört – deshalb kehrt sie nicht mit ihren Brüdern und Schwestern nach Narnia zurück, in das Wirkliche Narnia also, das wiedererschaffene Narnia. Wie Jill sagt, »interessiert sie sich heutzutage für nichts mehr außer Nylonstrümpfen und Lippenstift und Einladungen«. Für den begabten Kinderbuch- und Fantasyromanautor Philip Pullman liegt auf der Hand, was das bedeutet: Susan hat die Pubertät durchlaufen, und ihre sexuelle Reifung ist »so furchtbar und riecht so sehr nach Sünde, dass [Lewis] sie in die Hölle schicken musste.« Doch dies ist in mehrfacher Hinsicht Unsinn. Erstens ist eindeutig nicht die Sexualität Susans Problem, sondern ihr übertriebenes Streben nach sozialer Akzeptanz: Sie will »erwachsen« sein, weil sie in einem Alter ist, in dem ihr das Erwachsensein wie das höchste Glück auf Erden und das Kindischsein wie das schlimmste vorstellbare Verbrechen erscheinen. Nicht durch sexuelles Verlangen ist Susan von Narnia abgelenkt worden, sondern durch das Verlangen, zum inneren Ring zu gehören. (Wie Lewis schon einige

Jahre zuvor geschrieben hatte, suchen manche jungen Leute ihre ersten sexuellen Erfahrungen weniger deshalb, weil sie auf den Sex selbst aus sind – diese Aussicht kann ebenso beängstigend wie verlockend sein – sondern weil sie auf die soziale Akzeptanz aus sind, die sexuelle Erfahrung mit sich bringen kann.)

Wichtiger noch ist, dass Susan gar nicht »in die Hölle geschickt« worden sein kann, weil sie noch gar nicht tot ist – ein Umstand, den Pullman leicht hätte herausfinden können, wenn es ihm um die Wahrheit seiner Anschuldigung gegen Lewis gegangen wäre. 1957 hatte ein Junge, der sich um Susans Schicksal Sorgen machte, an Lewis geschrieben und folgende Antwort erhalten: »Die Bücher verraten uns nicht, was aus Susan wurde. Sie bleibt am Ende in dieser Welt am Leben, nachdem sie sich inzwischen zu einer ziemlich albernen, eingebildeten jungen Frau entwickelt hatte. Aber ihr bleibt noch viel Zeit, um sich zu ändern, und vielleicht wird sie am Ende auch in Aslans Land kommen – auf ihre eigene Art.« Freilich bin ich sicher, dass diese Information, so unbequem sie auch für Pullmans kühne Behauptung sein mag, Lewis nicht aus der Schlinge befreien würde, in der Pullman ihn fangen will. Denn schließlich wird ja Susan nur »vielleicht« am Ende doch noch in Aslans Land kommen: So, wie Lewis den Kosmos versteht, können es Menschen tatsächlich schaffen, in die Verdammnis zu kommen – obwohl er immer wieder betont, dass jeder von uns selbst entscheidet, wohin er geht und wo er lieber sein möchte. All die Gespenster in *Die große Scheidung* können im Himmel bleiben, wenn sie sich so entschieden; die meisten von ihnen entscheiden sich dagegen, denn sie haben sich in ihrer Lebenszeit selbst zu Menschen gemacht, die gar kein Verlangen mehr nach dem haben, was der Himmel bietet. »Einzig den Verdammten selber kann ihr Schicksal weniger als unerträglich erscheinen«, schreibt er in *Über den Schmerz*; ja, die »Pforten der Hölle« sind »verriegelt«, aber sie sind »*von innen* verriegelt« Man könnte die Kritiker vielleicht davon überzeugen, dass Susan nicht für sexuelle Sünde verdammt wurde, und sogar davon, dass sie überhaupt nicht »in die Hölle geschickt« wurde, aber das wird an ihrem Urteil über Lewis im Kern wohl kaum etwas ändern: Sein größeres Verbrechen bleibt bestehen, nämlich seine Überzeugung, dass Gott den Menschen die Freiheit gibt, sich für die Hölle zu entscheiden, statt dafür, im Himmel zu leben. Die *Exklusivität* (wie sie es vielleicht ausdrücken würden) von Lewis' Vision ist furchtbarer als alle sexistischen Tendenzen, deren er sich schuldig gemacht haben mag.

Ich nehme an, man könnte es sich ganz einfach machen und sagen, Lewis könne Frauen nur als tugendhafte kleine Mädchen, unerreichbare Heilige oder Haustyranninnen darstellen. Aber selbst wenn das wahr wäre, wäre das eine größere Bandbreite weiblicher Figuren, als die meisten bekannten Romanautoren vorweisen können, und er säße damit im selben Boot wie zum Beispiel Charles Dickens. Und wenn jede negative weibliche Figur, die ein Autor erschafft, ein Beweis für den Frauenhass dieses Autors sein soll, dann werden wohl nur wenige Schriftsteller diesem Urteil entrinnen. Letzten Endes ist es zwecklos, auf fiktive Figuren zu verweisen und zu behaupten, sie bewiesen irgendetwas über den Charakter ihres Schöpfers. Überhaupt braucht man nicht ein einziges Wort aus Lewis' Erzählwerk gelesen zu haben, um herauszufinden, dass er sehr traditionelle, altmodische Vorstellungen von den Geschlechterunterschieden hatte. Das ist auch kaum überraschend. Oxford war zu seiner Zeit eine weit überwiegend männliche Gesellschaft, in deren sozialen Verhaltensweisen sich viele der Traditionen erhalten hatten, die ausgeprägt worden waren, als die Dons noch nicht heiraten durften und die Universität praktisch so etwas wie eine klösterliche Gemeinschaft war. Deshalb hatte er einen sehr begrenzten weiblichen Bekanntenkreis. Trotz seiner langjährigen Bindung an Minto war er im Grunde ein Junggeselle, der unter Junggesellen lebte. (Ich frage mich unwillkürlich, ob seine Haltung eine andere gewesen wäre, wenn seine intellektuell ehrgeizige und relativ wenig traditionelle Mutter länger gelebt hätte.) Was hingegen überraschend ist, ist das Ausmaß, in dem er sich in seiner schriftstellerischen Tätigkeit und seinem täglichen Leben darum bemühte, die Vorurteile auszugleichen, die seine Lebensweise, wie er wusste, in ihm hatte entstehen lassen. Von diesem Bemühen zeugt sein Umgang mit seinen Studentinnen und Kolleginnen; ebenso, wenn auch unauffälliger, tun es seine Schriften, denke ich. Wir verziehen das Gesicht, wenn wir diese Vorurteile zum Vorschein kommen sehen, aber nur wenige von uns bemühen sich so sehr, wie Lewis es tat, unseren verborgenen Grundeinstellungen ins Gesicht zu sehen, sie ans Licht zu bringen und sie in ihre Schranken zu weisen.

Doch nach allem Gesagten bleibt noch eine Figur aus Lewis' Erzählwerk näher zu betrachten: Orual, die Protagonistin in *Du selbst bist die Antwort.* Ich habe schon auf manche Komplexitäten bei Orual hingewiesen: Sie offenbart uns die Grenzen der Sprache und des Argumentierens, wenn wir vor den göttlichen Mysterien stehen, und sie verkörpert die tyrannische, verzehrende Perversion der Liebe, die für Lewis ein sehr dringliches Thema gewesen zu sein scheint. Doch gegenüber Katherine Farrer äußerte er auch, Oruals Geschichte sei »die Geschichte jedes netten, wohlmeinenden Agnostikers, dessen liebster Mensch plötzlich ›fromm wird‹, oder auch nur jedes lauwarmen Christen, dessen liebster Mensch eine Berufung erfährt«. Das heißt, in *Du selbst bist die Antwort* kommt er auf die »Bosheit« zurück, die eine Bekehrung in der Familie eines neuen Christen erzeugen kann – die Bosheit, die fast mit Sicherheit auch Minto an den Tag legte, als Lewis anfing, der Familie zur Last zu fallen, indem er sonntags morgens aufstand, um in die Kirche zu gehen. Falls Lewis irgendjemand in diesem Buch »ist«, dann nicht Orual sondern eher Psyche, deren Liebe zu dem Gott vom Grauen Berge Orual in Rage bringt, obwohl aus Psyches Sicht die Liebe zu ihrem Gatten ihre Liebe zu ihrer Familie nur stärken und vertiefen kann. Psyche ist in gewissem Sinne die Kirche, die Braut Christi, aber zugleich auch jeder Gläubige, insofern jeder Gläubige ein Glied der Kirche ist. Wie Lewis in seinem Artikel über Frauenordinierung schrieb: »Denn eigentlich sind für ihn in gewissem Sinne alle Menschen ›weiblich‹, als Einzelne wie als Gemeinde.«

Und insofern Psyche sich in derselben Lage befindet wie Lewis, als er Christ wurde, ist Orual eine Version von Minto: eine alte, zornige, verbitterte Frau. Zugleich ist sie die fähigste und kompetenteste unter seinen erwachsenen Frauenfiguren: eine gute und weise Monarchin, von ihren Freunden geliebt und von ihrem Volk verehrt. Doch die Bitterkeit beherrscht ihr Leben – zumindest bis ganz kurz vor dem Schluss des Buches und ihres Lebens, wo ihr die Vision gewährt wird, die ihr ihre wahre Klage, die wirkliche Quelle ihrer Bitterkeit offenbart. Wir haben Lewis dies schon früher tun sehen: wenn er etwa in *Das Wunder von Narnia* Digorys Mutter die Heilung spendet, die er seiner eigenen Mutter nicht geben konnte, und wenn er Digory selbst (dem künftigen Professor Kirke) das Offenbarungserlebnis verschafft, das sein alter Tutor, der ursprüngliche Kirk, nie empfing. Nun lässt er dieselbe Gabe auf retrospektive und fiktive Weise Minto zuteil werden: die Gabe der Einsicht, die Gabe, aus ihren Zwanghaftigkeiten herauszutreten und sie als das zu sehen, was sie wirklich sind, die Gabe der (gewährten und empfangenen) Vergebung. Eines der Gefühle, die er empfand, als Minto ins Krankenhaus gebracht wurde, so schrieb er Arthur, war »Furcht« – aber Furcht wovor? Vielleicht vor seinem eigenen Verlust, aber gewiss auch Furcht um die Seele der alten Ungläubigen. Wenn er Tag für Tag an ihrem Bett im Pflegeheim saß, wünschte er sich gewiss mehr als alles andere, dass seine Gefährtin so vieler Jahre, seine Jugendliebe, mit dem Gott ausgesöhnt würde, den sie verachtete. Es ist unwahrscheinlich, dass er irgendein Zeichen dafür sah, dass seine Gebete in dieser Richtung erhört würden. In gewissem Sinne erhörte er sie selbst durch die Vision, die die letzten Tage im Leben Oruals verwandelt.

Nach Mintos Tod, als keine Krankenschwestern mehr benötigt wurden, wurde The Kilns für einige Zeit so etwas wie eine Reinkarnation von Little Lea, wobei die Rolle Alberts von dem Gärtner und Faktotum Fred Paxford übernommen wurde. Paxford, ein Mann vom Land aus Oxfordshire, gleich alt wie Lewis, war praktisch mit The Kilns gekommen: Minto hatte ihn fast sofort nach dem Kauf des Hauses eingestellt, und er war in den kleinen Schuppen auf dem Grundstück gezogen, wo er bis zu Lewis' Tod wohnte. Mehrere Jahre verbrachte er damit, die knapp vier Hektar Gelände zu bereinigen und in Ordnung zu bringen, von denen The Kilns umgeben war, eine Obstplantage anzupflanzen und einen Gemüsegarten anzulegen. Außerdem erledigte er die Lebensmitteleinkäufe für den Haushalt, wenngleich mit einem auffälligen und ziemlich neurotischen Maß an Sparsamkeit: Er scheint sich, zumindest halb ernsthaft, Sorgen gemacht zu haben, dass die Speisekammer in The Kilns beim Ende der Welt voll mit Zucker und Mehl sein könnte. Immerzu sang er Choräle, und das mit so lauter Stimme, dass es die Nachbarn ärgerte; doch es waren seine unablässigen düsteren Voraussagen, besonders über das Wetter, die besonders viel Aufmerksamkeit erregten und dazu führten, dass er als Vorbild für den Marschwiggel Puddelglum in *Der silberne Sessel* herhalten musste. Während Lewis Paxford amüsant und sogar liebenswert fand, ging Warnie seinetwegen auf die Palme – oder besser gesagt, wegen des übertrieben hohen Wertes, den Minto auf seine zahlreichen, breit gestreuten und unerschütterlichen Meinungen legte. Minto brauchte nur einen Satz mit den Worten »Paxford sagt« zu beginnen, damit Warnie einen Wutanfall mit krampfhafter Mühe unterdrücken musste. Zum Glück wusste Warnie, dass es falsch war, Paxford die Schuld daran zu geben, und nach dem Tod der alten Dame kamen die beiden viel besser miteinander aus.

Die drei Männer, allesamt Junggesellen am Ende ihrer mittleren Jahre, hätten durchaus noch eine Weile in Harmonie so weiterleben können, wenn auch in Unordnung: The Kilns war in jenen Jahren so voller Rauch und Asche und Dreck, dass Hugo Dyson anfing, das Haus »The Midden« (»Der Misthaufen«) zu nennen. Doch aufgrund gewisser Ereignisse in Oxford lösten sich allmählich Lewis' Bindungen an die Universität, die ihm so lange eine intellektuelle und berufliche Heimat gewesen war. Die Auflösung der Inklings trug mit dazu bei, wenn auch wohl nicht in entscheidendem Maß. Auch wenn es an den Donnerstagabenden still geworden war, gab es in der Kneipe immer noch viel Betrieb und Heiterkeit, und der Brief von 1949, in dem Lewis die Endfassung des *Herrn der Ringe* lobt und in dem sich der wehmütige Satz »Ich vermisse dich sehr« findet, weist zumindest auf einen Anflug von Hoffnung auf Erneuerung seiner Beziehung zu Tolkien hin. Doch im Universitätsbetrieb selbst liefen die Dinge nicht so gut.

Zu Beginn ihrer Zeit an der Englischen Fakultät Oxfords hatten Lewis und Tolkien große Pläne und Hoffnungen für die Sache der Literatur in Oxford gehegt – besonders der Art Literatur, die sie beide liebten. In ihren ersten Jahren als Dons hatten sie viel Mühe darauf verwandt, den »Englisch-Syllabus« zu überarbeiten, also den gesamten Lehrplan für das Englischstudium. Sie schafften es, die Philologie mit Schwerpunkt auf Alt- und Mittelenglisch zum zentralen Teil des Curriculums zu machen, und sie ließen den Syllabus ziemlich abrupt im Jahre 1832 enden (im Jahr des großen Reformgesetzes, durch das unter anderem die parlamentarische Vertretung wiederhergestellt wurde und das meist als Beginn des viktorianischen Zeitalters gilt, obwohl Viktoria erst fünf Jahre später den Thron besteigen sollte). Durch diesen Erfolg ermutigt, beschloss Lewis 1938, seinen Freund Adam Fox – Dean of Divinity am Magdalen College und Autor einiger Gedichte – für die Wahl zum Oxforder Professor of Poetry vorzuschlagen. Indem er sich der Unterstützung der anderen Inklings versicherte, brachte Lewis eine eindrucksvolle Kampagne für Fox zustande, wobei er auf die Unterstützung von Wählern außerhalb des Kreises der Oxforder Dons zählte: Der Professor of Poetry wird von allen Inhabern eines M. A.-Grades aus Oxford gewählt, eine Gruppe, zu der damals viele Geistliche gehörten, die sich durch die Unterstützung eines aufstrebenden jungen Streiters für den christlichen Glauben begeistern ließen. Fox siegte, wenn auch nur mit sehr geringer Unterstützung aus der Oxforder Fakultät, und in mancher Hinsicht war dies für Lewis ein Pyrrhussieg. A. N. Wilson erklärt:

> Die Wahl trug viel dazu bei, Lewis' Ansehen in Oxford zu beschädigen. Die Dons hatten das Gefühl, ihm nicht trauen zu können: Er sei ein Populist, ein Tyrann und Angeber, der ihnen feindlich gesinnt sei. Durch seine Kampagne für Fox zerstörte Lewis vermutlich seine eigenen Chancen für ein Weiterkommen an der Universität, obwohl er ganz offensichtlich das hervorragendste Mitglied der englischen Fakultät war.

Und natürlich fügte sein auffälliges öffentliches Eintreten für den christlichen Glauben seinem Ruf weiteren Schaden hinzu. Selbst manche Christen innerhalb der Oxforder Kreise fanden Lewis' evangelistischen Eifer, so angebracht er vielleicht für Billy Sunday (oder später für Billy Graham) gewesen wäre, für ein Fakultätsmitglied eher peinlich. Es machte regelmäßig die Runde, Lewis vergeude seine Zeit mit billigen populistischen Predigten und Science Fiction, Zeit, die er lieber mit wissenschaftlicher Arbeit hätte verbringen sollen. (Wie Tolkien nach Lewis' Tod zu Walter Hooper sagte, erlauben Oxforder Dons ihren Kollegen zwei Arten von Büchern zu schreiben: gelehrte Bücher und Kriminalgeschichten; die Letzteren deshalb, »weil jeder Don irgendwann einmal die Grippe bekommt und dann etwas braucht, was er im Bett lesen kann«.)

Doch man muss auch sagen, dass dieser Groll zum Teil durch das bedingt war, was die freundlich Gesinnten Lewis' starke Persönlichkeit genannt hätten, andere dagegen seine Neigung, Leute zu schikanieren. Er war stets ein energischer Redner und ein begeisterter Debattierer, wie wir gesehen haben, und ob er es nun immer gut meinte oder nicht, jedenfalls wurde er nicht immer als wohlmeinend *empfunden*. Einer der halb regelmäßigen Inklings, Peter Bayley, sagte: »Er wirkte immer ein wenig einschüchternd auf mich, und ebenso auf Hugo Dyson« – und wenn es schon Lewis' Freunden so gehen konnte, kann man sich vorstellen, wie seine Feinde sich fühlten. Humphrey Havard – wie Dyson ein echter Vertrauter, nicht nur ein Bekannter wie Bayley – liebte Lewis sehr, doch er gab zu: »Er konnte intolerant sein, er konnte ausfallend werden, und er machte sich Feinde.« Wenn es eine Beschreibung gibt, die in den Bemerkungen von Leuten, die Lewis gut kannten, besonders häufig auftaucht, dann die, er sei »freundlich« gewesen, doch seine Freundlichkeit war nicht immer gleich, und wenn er seine große Wortgewalt und seine dröhnende Stimme einsetzte, um etwas zu widerlegen, was er als Irrtum wahrnahm, dann dürfte der Empfänger dieser Gardinenpredigt dies kaum so leicht vergessen oder vergeben haben.

Für Lewis' Freunde, auch für diejenigen, die seine Fehler erkannten, war das entscheidende Faktum in Bezug auf seine Laufbahn dieses:

Wenn man die übertriebene dialektische Aggressivität, die Predigten, das ganze Erzählwerk und alle theologischen Fantasien beiseite ließ, dann blieb (am Ende der 1940er-Jahre) immer noch ein Katalog akademischer Werke übrig, mit dem es niemand sonst an der Englischen Fakultät Oxfords aufnehmen konnte. *The Allegory of Love* hatte, wie wir gesehen haben, nachhaltige Wirkung in der gesamten Mediävistik; *A Preface to »Paradise Lost«* wurde von allen Miltonianern gelesen und gründlich bedacht; seine Essays über Shakespeare und Spenser hatten große Diskussionen unter den Spezialisten auf diesen Gebieten ausgelöst, und der Höhepunkt, der OHEL-Band, stand kurz vor der Veröffentlichung. Doch viele Dons zeigten keine Neigung, all jene anderen Marotten und Aktivitäten zu ignorieren, und so schaffte es Lewis trotz seiner großartigen akademischen Leistungen nicht, auf einen Lehrstuhl gewählt zu werden – also eine Professorenstelle, die ihn von seinen Tutorenpflichten entlastet hätte. Tolkien war bereits seit 1932 Professor und war 1945 auf den hoch angesehenen Merton-Lehrstuhl für Englische Sprache gewechselt. Als dessen Gegenstück, der Merton-Lehrstuhl für Englische Literatur, 1947 frei wurde, wurde Lewis übergangen. Als 1951 erneut die Wahlen für den Professor of Poetry anstanden, versuchte Hugo Dyson für Lewis das zu tun, was Lewis für Fox getan hatte, und stellte eine lebhafte Kampagne auf die Beine, doch Lewis verlor die Wahl ziemlich knapp gegen Cecil Day-Lewis. Seine Freunde hatten nicht den Eindruck, dass er darüber besonders erschüttert war, aber Lewis hatte jetzt allen Grund anzunehmen, er würde den Rest seiner Laufbahn als Tutor verbringen müssen, während überall an der Universität Männer, die weitaus weniger geleistet hatten, es sich längst in der leichteren Arbeitsbelastung der Professorenschaft bequem gemacht hatten. (Es mag sogar sein, dass die Frustration über den entgangenen Merton-Lehrstuhl zu seiner Erschöpfung und seiner annähernden Verzweiflung Ende der vierziger Jahre beigetragen hat.) Was sein berufliches Elend noch verstärkte, war, dass die Englische Fakultät eifrig dabei war, das großartige Gebäude des Englisch-Syllabus niederzureißen, das er und Tolkien ein Vierteljahrhundert zuvor errichtet hatten. Für viele Männer wäre all das eine Demütigung gewesen; ob Lewis es so empfand oder nicht, auf jeden Fall war ihm und allen seinen Freunden vollkommen klar, dass seine Universität herzlich wenig Wert auf seine Arbeit legte.

Kein Wunder daher, dass Lewis gerührt war, als er im Mai 1954 erfuhr, dass die Findungskommission für einen neu geschaffenen Lehrstuhl für Literatur des Mittelalters und der Renaissance an der Universität Cambridge ihn zu dessen erstem Inhaber ausersehen hatte. Gerührt, ja, aber er schickte ihnen eine Absage, obwohl er damit seine Tutorenpflichten los gewesen und sein jährliches Einkommen von sechshundert auf fast zweitausend Pfund gestiegen wäre. Er meinte, er sei zu alt für diese Stellung; außerdem hatte er einem anderen empfohlen, sich darum zu bewerben, und fand es daher falsch, sich nun selbst zum Kandidaten zu machen, und vor allem machte er sich Sorgen, er könne Warnie und Paxford nicht sich selbst überlassen. Als man ihn drängte, es sich noch einmal zu überlegen, gestand er dem Vorsitzenden des Ausschusses, der ihn gewählt hatte, Sir Henry Willinck, seine Hauptsorge gelte Warnie: »Mein Bruder, dies im Vertrauen, ist nicht immer bei vollkommener seelischer Gesundheit« – was natürlich bedeutete, dass sein Alkoholismus sich verschlimmert hatte. Daraufhin gab Sir Henry nach.

Doch ein anderer tat das nicht: Tolkien. Für einen kurzen Moment war alles, was ihre Beziehung verdüstert hatte, wie weggefegt. Tolkien redete mit Lewis ausführlich über den Lehrstuhl und wies ihn darauf hin, dass er während der Ferien weiterhin in The Kilns wohnen könnte, vielleicht sogar an den Wochenenden, wenn er die Zufahrt hin und her zwischen den beiden Universitätsstädten auf sich nahm. Er versicherte sich der Unterstützung anderer Freunde und korrespondierte mit den Mitgliedern des Wahlausschusses für den Lehrstuhl und ermutigte sie, nicht aufzugeben. »Abgesehen davon, dass er genau der richtige Mann für den Job ist, wäre Lewis wahrscheinlich glücklich dort, und die Luftveränderung würde ihn regelrecht neu beleben«, schrieb er an Sir Henry. »Oxford, so denke ich, hat ihn nicht gut behandelt, und obwohl er unfähig ist zu ›grollen‹ oder Verärgerung zu zeigen, ist er inzwischen doch ein wenig entmutigt.« (Der Tribut an Lewis' Charakter ist beachtenswert.) Auch bei anderen Mitgliedern des Ausschusses wurde Tolkien vorstellig. Man gewinnt den Eindruck, dass er in gewissem Sinne versuchte, Lewis die jahrelange unermüdliche Unterstützung zu vergelten, die ihn selbst befähigt hatte, den *Herrn der Ringe* zu Ende zu bringen – der gerade zu dieser Zeit erschien und unerwartet gute Kritiken (im Ganzen) und unerwartet gute Verkaufszahlen erntete. Schließlich brachte er Lewis so weit, an Sir Henry zu schreiben und ihm zu sagen, er sei bereit, es sich anders zu überlegen, vorausgesetzt, eines der Cambridger Colleges – der Lehrstuhl war nicht an ein bestimmtes College gebunden – könne ihm Räumlichkeiten zur Verfügung stellen, in denen er während der Termzeiten wohnen könnte.

Dieser Brief brachte Sir Henry in eine peinliche Lage, denn der Ausschuss hatte Lewis' Ablehnung ernst genommen und sich bereits dafür ausgesprochen, die Stelle einer anderen Kandidatin anzubieten: Lewis' jüngerer Kollegin Helen Gardner. Sie waren einander durchaus freundlich gesinnt, doch in der Frage der Revision des Englisch-Syllabus hatten sie auf entgegengesetzten Seiten gestanden. Dazu kam, dass Gardner zwar Christin war, aber auf weniger traditionelle Weise als Lewis. Schlimmer noch, sie hatte sich einen Namen gemacht, indem sie ein rühmendes Buch über T. S. Eliot geschrieben hatte. Doch als Gardner, die ebenso eine liebenswürdige Frau wie eine begabte Akademikerin war, über den Buschfunk hörte, dass Lewis den Lehrstuhl womöglich doch anzunehmen bereit war, verzichtete sie darauf. Es wäre für sie ein enormer Karrieresprung gewesen, doch wie sie später sagte: »Dieser Lehrstuhl war offensichtlich für Lewis bestimmt.« Und dieser bekam ihn schließlich auch. Sir Henry Willinck war nicht nur Vizekanzler der Universität und Vorsitzender des Ausschusses, der Lewis gewählt hatte, sondern auch Master des Magdalene Colleges – das trotz des zusätzlichen »e« am Ende genauso ausgesprochen wird wie das Oxforder Magdalen – und bot in dieser Eigenschaft Lewis dort Räumlichkeiten an. Er sei entzückt, schrieb Lewis an Schwester Penelope, trotz seiner akademischen Umsiedlung »unter derselben Schutzherrin« zu blieben.

Kaum war bekannt gegeben, dass er angenommen hatte, fingen die Schaltenden und Waltenden in Oxford an, ihren Umgang mit Lewis in Frage zu stellen, und bastelten fieberhaft einen Lehrstuhl für ihn zusammen, doch er weigerte sich, ihn in Betracht zu ziehen (wie er sich auch weigerte, sich um die Merton-Professorenschaft zu bewerben, als diese das nächste Mal vakant wurde). An Nevill Coghill schrieb er: »Ich habe die *un*bußfertige gegen die *bußfertige* Magdalena eingetauscht.«

Nachdem nun all diese Ereignisse der frühen 1950er umrissen sind, ist es an der Zeit, dass wir uns dem wichtigsten Ereignis jener Jahre zuwenden, das zugleich der einzige wirklich wohlbekannte Aspekt von C. S. Lewis' Leben ist: seiner Begegnung und Heirat mit Joy Davidman Gresham. Vor allem durch den Film *Shadowlands* (mit Anthony Hopkins als Lewis und Debra Winger als Joy) und dem Fernsehfilm der BBC, auf dem er basiert (mit Joss Ackland und Claire Bloom) ist die Geschichte vielen vertraut – oder zumindest eine hübsch zurechtgestutzte und dramatisch bearbeitete Version davon. Die tatsächliche Geschichte ist überhaupt nicht verstanden worden, und ich glaube, das kann sie auch nicht; zu vieles daran ist unklar. Vielleicht verstand Joy die Situation; vielleicht tat es sogar Warnie bis zu einem gewissen Grad; Lewis dagegen tat es sicherlich nicht, und selbst im Rückblick gelang es ihm, glaube ich, nicht, zu erfassen, was mit seinem Leben geschehen war, außer in ganz groben Umrissen.

Solange Mrs Moore lebte, fühlte Lewis sich nicht frei zu heiraten oder sich auch nur auf eine ernsthafte Beziehung einzulassen.* Nach ihrem

* Zumindest wurde das von Warnie und von Lewis' Biografen durchweg so gesagt. Allerdings gibt es eine eigenartige und vielsagende Bemerkung, die Roger Lancelyn Green in einer kurzen Erinnerung an Lewis gemacht hat: Er erwähnt eine »junge Dame (die Tochter des Leiters eines Oxforder Colleges), der in seinen Zwanzigern und Dreißigern sein einziger Gedanke im Blick auf eine Eheschließung gegolten zu haben scheint.« Und mehr sagte er nicht. Ob Lewis jemals ernsthaft an eine Ehe dachte oder sogar um jemanden warb, und was das für seine Bindung an Minto bedeutet hätte, werden wir sicherlich niemals erfahren.

Tod jedoch konnte er frei denken, und das tat er auch. Er hatte sogar eine bestimmte Person im Sinn, eine Dichterin und Malerin namens Ruth Pitter, mit der er korrespondierte, seit sie ihm 1946 einen Dankesbrief für seine Bücher geschrieben hatte. Er kannte und bewunderte bereits ihre Gedichte und suchte häufig bei ihr Rat und Anmerkungen zu seinen eigenen Gedichten. Sein Respekt vor ihrem Verstand war groß, und aus seinen Briefen an sie spricht eine fast einzigartige Zuneigung. Als Lewis' Freund George Sayer 1953 einmal zu einem Besuch bei ihr zu Hause in Buckinghamshire fuhr, entdeckte er zu seiner Überraschung, dass Lewis »mit ihr sehr vertraut zu sein schien«. Sie hatten eine neckisch frotzelnde Art, miteinander umzugehen: »Jeder machte Vorschläge, was für amüsante und an den Haaren herbeigezogene Bücher der andere schreiben sollte«, bemerkte Sayer. Pitter selbst zeichnete ein Gespräch auf, das während eines Mittagessens in ihrem Haus mit Lewis, Warnie und dem zeitweiligen Inkling Lord David Cecil und dessen Frau Rachel stattfand. Ihrem Bericht hat sie sogar einen Titel gegeben: »Ruth Pitter schlägt C. S. Lewis in einer Debatte.« Hier ist der relevante Abschnitt, der die erste der Narnia-Erzählungen betrifft:

RP:	Die Hexe macht, dass es immer Winter und nie Sommer ist?
CS:	(mit seiner schönen, sonoren Stimme) So ist es.
RP:	Erlaubt sie irgendwelchen Außenhandel?
CS:	Das tut sie nicht.
RP:	Darf ich einen *deus ex machina* postulieren, vielleicht im Sinne des Weihnachtsmannes mit dem Teetablett? (An dieser Stelle verlor CS den Wettkampf. Hätte er den deus-ex-m. zugelassen, für den der Weihnachtsmann einen guten Präzedenzfall hergegeben hätte, so hätte er sich noch retten können.)
CS:	Nein, darfst du nicht.
RP:	Wie haben dann die Biber dieses prächtige Essen zustande gebracht?
CS:	Sie haben die Fische durch Löcher im Eis gefangen.
RP:	Sicher, aber das Öl, um sie zu braten? Die Kartoffeln – eine

Pflanze, die schon beim leisesten Frost eingeht – die Orangen, der Zucker, der Talg und das Mehl für die herrliche Marmeladenrolle – Hopfen und Malz für Herrn Bibers Bier – die Milch für die Kinder?

CS: (mit großer Geistesgegenwart) Ich muss dich auf ein gründlicheres Textstudium zurückverweisen.

Warnie: Unsinn, Jack; dir fällt nichts mehr dazu ein, und das weißt du genau.

Es ist also vielleicht nicht verwunderlich, dass er (wie Sayer berichtet), »nach einem Besuch 1955 bemerkte, wäre er nicht so ein eingefleischter Junggeselle, so wäre Ruth Pitter die Frau, die er gerne heiraten würde«. Aber er warb nicht um sie, und Ruth Pitter, die eine auf Manieren und Anstand bedachte Frau war, warb nicht um ihn.

Im Januar 1950 – als das beginnende Alter das Thema war, das ihn am meisten beschäftigte – hatte Lewis seinen ersten Brief von einer Mrs Gresham aus New York erhalten. Nun gehörten Briefe von Amerikanerinnen zu Lewis' Alltag, wie wir gesehen haben, doch dieser Brief war ein wenig anders. Zum einen war er witzig und gut geschrieben – wie man es von einer Frau erwarten konnte, die schon seit einiger Zeit eine recht erfolgreiche Autorin (von Romanen, Gedichten, Sachbüchern und sogar Filmdrehbüchern) war. Zum anderen bat Mrs Gresham ihn weder um Hilfe noch um Rat: Sie drückte darin lediglich ihre Dankbarkeit für die Rolle aus, die Lewis' Bücher bei ihrer kürzlichen Bekehrung zum Christentum gespielt hatten, und versuchte – was wahrscheinlich noch willkommener war – mit ihm über den einen oder anderen Punkt zu debattieren. Er antwortete; sie schrieb erneut; und schon bald, so notierte Warnie, waren sie zu »Brieffreunden« geworden.

Ihre Geschichte ist faszinierend, gänzlich anders als die von Lewis, und doch ist sie wie die seine eine typische Lebensgeschichte des zwanzigsten Jahrhunderts – mit Ausnahme der Bekehrung zum Christentum. Helen Joy Davidman wurde 1915 in New York City geboren; ihre Eltern waren Juden, doch während ihre Mutter ihre Religion hin und wieder praktizierte, war ihr Vater Atheist. Die Depression brach herein, als sie vierzehn Jahre alt und dabei war, sich selbst intellektuell zu entdecken: »1929 glaubte ich an gar nichts außer an den Wohlstand Amerikas«, schrieb sie später; »1930 glaubte ich an gar nichts.« Als Studentin am Hunter College und dann an der Columbia verwickelte sie sich in die politischen Spannungen, die das kulturelle Leben New Yorks in jenen Jahren beherrschten. Es war eine Welt, in der man die Anhänger Trotzkis am äußersten rechten Rand des politischen Spektrums angesiedelt sah und in der Freundschaften an Meinungsverschiedenheiten über die Moskauer Schauprozesse für immer zu Bruch gehen konnten. Wie so viele junge Künstler und Intellektuelle fand Joy Davidman die Anziehungskraft der Partei unwiderstehlich, und sie wurde Redakteurin ihrer Zeitschrift *New Masses*. Ihr erstes Buch war eine Sammlung größtenteils politischer Gedichte unter dem Titel *Letters to a Comrade* (»Briefe an einen Genossen«), und man kann einen Eindruck davon gewinnen, wie talentiert sie war, indem man zur Kenntnis nimmt, dass sie 1938 den prestigeträchtigen Yale Younger Poets Prize gewann. Nach einem sehr kurzen Ausflug als Drehbuchautorin nach Hollywood kehrte sie nach New York zurück und veröffentlichte 1940 einen Roman mit dem Titel *Anya*.

Kurz darauf lernte sie einen Schriftstellerkollegen und Parteigenossen namens Bill Gresham kennen, den sie 1942 heiratete. Gresham war ein Mann, der seine Probleme gehabt hatte: Er war schon einmal verheiratet gewesen, hatte sich dann von seiner Frau getrennt und war (wie damals viele junge Intellektuelle) nach Spanien gegangen, um im spanischen Bürgerkrieg zu kämpfen. Es kam schließlich zu einem Zusammenbruch, der zu einem Selbstmordversuch führte, doch er glaubte, durch eine Psychoanalyse und die Mitarbeit in der Partei wieder stabilisiert zu sein. Und nachdem er und Joy zwei Kinder hatten – David wurde 1944 geboren, Douglas 1945 – und beide als Schriftsteller erste Erfolge verbuchen konnten, hätte man meinen können, sie wären auf dem Weg zu einem idealen Leben. Doch Bill blieb weiterhin labil: Er hatte Affären mit anderen Frauen und driftete nahe an einen weiteren

Zusammenbruch. Joy war niedergeschmettert, sowohl von seiner Untreue als auch von der oft grausamen Art, wie er mit ihr und den Kindern umging, und mitten in dieser verheerenden Situation empfing diese lebenslange Atheistin – sie hatte sich mit acht Jahren nach der Lektüre von H. G. Wells' tausendseitiger *Outline of History* für ungläubig erklärt – eine flüchtige, aber unvergessliche Heimsuchung: »Es war jemand mit mir im Raum, für mein Bewusstsein unmittelbar gegenwärtig – eine Person, die so real war, dass mein eigenes Leben im Vergleich dazu wie ein Schattenspiel wirkte. Und ich selbst war so lebendig wie noch nie zuvor; es war so, als sei ich vom Schlaf erwacht.« Diese »Begegnung mit Gott dauerte vielleicht eine halbe Minute«, aber sie reichte aus, sie zu einer Reise aufbrechen zu lassen, um zu entdecken, wer dieser Gott war und was er von ihr wollte.

Die Reise führte sie unter anderem zu den Büchern von C. S. Lewis, und Bill, mit dem sie sich während ihrer Suche versöhnt hatte, fand gemeinsam mit ihr zum Glauben – oder so schien es zumindest. Joy und ihre Söhne ließen sich 1948 taufen. Doch Bill war nach wie vor zutiefst labil und geriet bald wieder ins Trudeln: Er begann sich mit allen möglichen seltsamen religiösen Traditionen zu beschäftigen, einschließlich der von dem Science-Fiction-Schriftsteller L. Ron Hubbard gegründeten Scientology-Bewegung. Während Joy immer regelmäßiger mit C. S. Lewis korrespondierte, verliebte er sich schließlich in Joys Kusine Renée Pierce – die selbst verheiratet war und Kinder hatte – und verkündete, es sei das Beste, wenn Joy in eine Scheidung einwilligte, Renée sich von ihrem Mann scheiden ließ und ihn heiratete und Joy »irgendeinen wirklich prima Kerl« heiratete. Ziemlich genauso ist es dann ja auch passiert.

Wenn man schon weiß, was schließlich passiert ist, ist es allzu leicht, in die Vorgeschichte einer bestimmten Situation zurückzublicken und zu behaupten, ein scharfer Beobachter hätte das alles kommen sehen können. (»Zurückahnung« nennt der Kritiker Gary Saul Morson diese Neigung.) Dennoch, ein gewisser schwärmerischer Unterton bei Joy ist kaum zu überhören, wenn sie 1950 an Chad Walsh schreibt, dessen

Buch über Lewis – eines der ersten überhaupt – ihr eine Hilfe gewesen war. Sie spricht hier von Lewis' Antwort auf ihren ersten Brief:

> Eben kam mit der Post ein Brief von Lewis. Ich glaube, ich hatte Ihnen erzählt, dass ich zu dem einen oder anderen Punkt Einwände gemacht hatte? Lieber Himmel, er hat mir meine Stützen eine nach der anderen zielsicher weggeschlagen; jeder Schuss ein Treffer. Von meiner Argumentation ist kein Fetzen mehr übrig geblieben. Und das Tollste ist, mir hat selten etwas solchen Spaß gemacht. Von einem Meister des Debattierens so fein säuberlich erledigt zu werden – nach allen Regeln der Fairness – das scheint eine der großen Freuden des Lebens zu sein, obwohl ich mir das in meiner arroganten Jugend nie hätte träumen lassen.

Als sie es im September 1952 schließlich schaffte, nach England zu kommen – die Reise unternahm sie in der ausdrücklichen Absicht, dem Einfluss ihres Mannes zu entkommen und ihn durch den »eines der klarsten Denker unserer Zeit« zu ersetzen – traf sie sich zusammen mit einer Freundin im Eastgate Hotel mit Lewis zum Mittagessen und dann, auf seine Einladung hin, im Magdalen College. Wenn man George Sayers Schilderung jenes ersten Treffens liest – er war als Ersatz für den unpässlichen Warnie mitgekommen, da eine zweite männliche Person als Gegenüber für die beiden Damen erforderlich war – könnte man geradezu rot darüber werden, wie unerhört Joy ihrem Gastgeber schmeichelte: »Das Leben auf einer kleinen Farm sei das einzig gute Leben, sagte sie. Darauf meldete sich Lewis zu Wort und sagte, seine Vorfahren väterlicherseits seien Landwirte gewesen. ›Das habe ich Ihnen angemerkt‹, erwiderte sie. ›Woher sollten Sie sonst diese Vitalität haben?‹« Wenn ein Mann in mittleren Jahren – überdies ein Mann, der so bedrückt über das Einsetzen des körperlichen und intellektuellen Niedergangs war – von einer siebzehn Jahre jüngeren Frau zu seiner »Vitalität« beglückwünscht wird, nun, das muss ein angenehmes Gefühl gewesen sein.

Doch falls Joy tatsächlich, wie die viktorianischen Romanschreiber zu sagen pflegten, »Absichten« in Bezug auf Lewis hatte, war er selbst in dieser Hinsicht völlig arglos. In seiner Jugend hatte sein Vater gefürchtet, Mrs Moore würde ihn irgendwie ausnutzen, denn er sei »ein impulsives, gutmütiges Geschöpf, das von jeder halbwegs erfahrenen Frau eingewickelt werden könnte«. Daran hatte sich offenbar wenig geändert. *So* arglos war Lewis, dass er im Februar 1954, als er Ruth Pitter zum Mittagessen im Eastgate einlud, in seiner Impulsivität und Gutmütigkeit – allerdings ohne Ruth gegenüber etwas davon zu erwähnen – Joy mit dazu bat.

Lewis konnte Joy zu jenem Mittagessen einladen, weil sie und ihre Söhne inzwischen in England lebten. Ihr Besuch 1952 hatte sich bis 1953 ausgedehnt, und Lewis hatte sie eingeladen, Weihnachten in The Kilns zu verbringen. Inzwischen fühlte er sich ihr immerhin so nahe, dass er ihr zu Weihnachten ein von George MacDonald selbst signiertes Exemplar von dessen *Diary of an Old Soul* schenkte. Sie blieb zwei Wochen lang in The Kilns, und während dieser Zeit erhielt sie den Brief von ihrem Mann, in dem er ihr riet, »irgendeinen wirklich prima Kerl« zu heiraten. Lewis war der Meinung, sie sollte sich sofort scheiden lassen; Joy widersetzte sich. Ihr Sohn Douglas jedoch gewann später den Eindruck, seine Mutter habe es nicht nur akzeptiert, dass ihr Mann sie verließ, sondern es sogar begrüßt und ihn in gewissem Sinn sogar dazu ermutigt: Es verschaffte ihr die Möglichkeit, aus einer Ehe zu entkommen, »die sich in rascher Auflösung befand«.

Warnie – und das galt in hohem Maß für alle Freunde von Lewis – fand Joy seltsam faszinierend. Einer Frau wie ihr war er noch nie begegnet; sie erschien ihm wie die Karikatur, die jeder Engländer von einer ungestümen, lauten New Yorkerin im Kopf hatte. Sie trank mit den Jungs und lachte mit den Jungs und ging sogar mit ihnen in die Kneipe; einer Engländerin hätten sie ein solches Benehmen nie durchgehen lassen. Als sie zum ersten Mal durchs Magdalen College geführt wurde, so berichtet Sayer, »brüllten wir vor Lachen über ihre Begeisterung, ihr Interesse und ihre vielen unverschämten Fragen.« (Dann fügt er sittsam hinzu: »Ich schätze, die nicht geringe Menge guten Weines, die wir getrunken hatten, trug auch zu unserer Heiterkeit bei.«) Auf Warnie wirkte sie »ganz außergewöhnlich unverklemmt«, und als Beispiel verweist er auf ihre erste Begegnung, ebenfalls bei einem Essen im Magdalen College. »Sie wandte sich in Gegenwart von drei oder vier Männern zu mir und fragte mich im natürlichsten Ton der Welt: ›Gibt es denn in dieser klösterlichen Einrichtung auch einen Ort, wo eine Dame sich erleichtern kann?‹«

Was wir bisher von Warnie gesehen haben, zeigt mehr als alles andere seine Reizbarkeit, doch diese Neigung war durch seine schwierige Beziehung zu Mrs Moore sehr verschärft worden, und überdies setzte Warnie in seinem Tagebuch weitaus mehr Feindseligkeit frei, als er sich je öffentlich auszudrücken erlaubt hätte. (Schließlich war er schon lange zu dem englischen Gentleman geworden, den sein Vater sich immer gewünscht hatte.) Einer der späteren Inklings, John Wain, schrieb, Warnie sei der liebenswürdigste Mensch gewesen, dem er je begegnet sei, »nicht aus reiner Höflichkeit, sondern aus einer freundlichen, selbstlosen Rücksichtnahme, die ihm so selbstverständlich war wie das Atmen.« Doch zwischen seiner öffentlichen Liebenswürdigkeit und seinem heimlichen Zorn war Warnie ein aufmerksamer und intelligenter Beobachter des Lebens seines Bruders und seiner Freunde und neigte weder zu allzu sonnigem Optimismus noch zu streitsüchtiger Kritik. Als er einige Jahre, nachdem er Joy kennengelernt hatte, über ihre Ungehemmtheit nachdachte, schrieb er: »Ich brauchte ein wenig Zeit, um mir über sie klar zu werden.« Doch nachdem er sich über sie klar geworden war, lernte er Joy zu respektieren, zu lieben und zutiefst zu bewundern, und das kann man Warnie nicht hoch genug anrechnen, denn Joys Ankunft im Leben der Lewis-Brüder sollte den friedlichen Junggesellenhaushalt gründlich durcheinanderbringen, in dem Warnie nach all den elenden Jahren mit Mrs Moore nun endlich glücklich angekommen war. Doch seine Wertschätzung für Joy machte ihn nicht blind für ihre Absichten. Er begriff schon sehr früh, dass Joy es unverhohlen auf Lewis abgesehen hatte.

Ruth Pitter begriff dies ebenfalls und war, wie sich denken lässt, zutiefst verärgert darüber. Bei einem Interview, das sie im hohen Alter gab, sagte sie über Joy: »Sie war schlecht. Ich glaube, sie war ein habgieriger Mensch.« Interessanterweise nahm Warnie, obwohl er erkannte, dass Joy es auf Jack abgesehen hatte, ihr dies nie übel und sah sie in keinem schlechteren Licht deswegen. Vielleicht lag es daran, dass er sah, wie glücklich Jack war, wenn Joy in der Nähe war.

Im November 1953 nahm Joy ihre Söhne mit nach England. Sie fand eine Wohnung in Belsize Park in der Nähe von Hampstead – jener berühmten Künstlerkolonie nördlich der Londoner Stadtmitte – und eine Preparatory School in Surrey für die Jungen, die somit ihre Bildung als Engländer begannen. Sie liebe England, erklärte sie, und sehe keinen Grund, je in die Staaten zurückzukehren. (Einige Monate später wurde ihre Scheidung von Bill Gresham besiegelt.) Nachdem sie im Dezember die Jungen für einige Tage mit nach The Kilns genommen hatte – ihre ungewohnte Unternehmungslust forderte Lewis einiges ab – zog sie sich diskret nach Hampstead zurück. Etwa ein Jahr lang sahen sie sich nur unregelmäßig. Im Oktober 1954 kam Lewis nach London, um gemeinsam mit Dorothy Sayers an einer Debatte über den (guten oder schlechten) Einfluss christlicher Intellektueller teilzunehmen; bei dieser Gelegenheit lernte er Joys Eltern kennen, die gerade ihre Tochter in ihrer neuen Heimat besuchten. Einen Monat später hielt Lewis seine Antrittsvorlesung in Cambridge, die sich Joy nicht entgehen ließ. Bei einem Besuch in The Kilns im März 1955 stellte sie fest, dass Lewis Mühe hatte, auf einen Einfall für ein neues Buch zu kommen, und sie spielten sich bei einem Gläschen Whisky »gegenseitig ein paar Ideen zu, bis eine davon zum Leben erwachte« – diejenige nämlich, aus der dann *Du selbst bist die Antwort* wurde. Während Lewis an dem Buch arbeitete, schrieb Joy in einem Brief an ihren Ex-Mann: »Er sagt, er findet meinen Rat unentbehrlich.« Im August zog sie in Lewis' Stadtteil von Oxford, Headington, nur einen Fußweg weit von The Kilns entfernt. Walter Hooper zufolge ging Lewis binnen kürzester Zeit dazu über, sie täglich zu besuchen.

Einer der ersten Punkte, an denen sich Spannungen in Lewis' Beziehung zu Tolkien entzündeten, war ein Abschnitt in einer seiner Rundfunkansprachen gewesen, in denen er eine klare Unterscheidung zwischen der christlichen und der bürgerlichen Ehe empfohlen hatte. Der Staat, so hatte er argumentiert, habe seine Vorstellungen davon, was Ehe sei, während die Kirche ihrerseits ihre (ganz anderen) Vorstellungen von Ehe habe, und beides sollte klar voneinander unterschieden werden. Tolkien fand diesen Gedanken »abscheulich« und »lächerlich« und sagte dies auch in einem langen Brief, dessen Entwurf sich in seinem Exemplar der schmalen Erstausgabe von *Christian Behaviour* aus dem Jahr 1943 fand. Ob er den Brief je abschickte, ist nicht klar, aber es gibt gute Gründe für die Annahme, dass er Lewis unmissverständlich klarmachte, wie er darüber dachte. Wie auch immer, zu der Zeit, als diese Kontroverse sich entspann, ahnte keiner der beiden, dass die Frage einmal für einen von ihnen persönliche Bedeutung bekommen würde. Doch dieser Fall trat ein.

Kurz nachdem Joy nach Headington umgezogen war, erfuhr sie, dass ihr die Erlaubnis, in England zu bleiben, verweigert wurde und man sie bald in die Vereinigten Staaten abschieben würde. Sie und Lewis sprachen darüber und ließen sich etwas einfallen: Falls alle Einsprüche vergeblich bleiben sollten, würde er Joy heiraten – lediglich auf dem Standesamt – damit sie in England bleiben und ihre Söhne die britische Staatsbürgerschaft bekommen könnten. Einigen engen Freunden sagte Lewis, was er vorhatte und warum er es tat: Roger Lancelyn Green gegenüber stellte er die Sache so dar, dass er aus seiner Sicht in dem christlichen Sinne, der allein Bedeutung für ihn hatte, überhaupt nicht »verheiratet« sein würde. Es sei »lediglich eine Sache der Freundschaft und Zweckdienlichkeit … nur eine juristische Formalität.« (Tolkien freilich sagte er nichts davon: Es war nur zu klar, was Tolkien davon halten würde. Tolkien wusste überhaupt nichts von Lewis' Beziehung zu Joy, und dies sollte am Ende der letzte Schlag für ihre Freundschaft sein.) Die »juristische Formalität« wurde am 23. April 1956 besiegelt. Es war ein Montag, und während des Terms fuhr Lewis montags mit dem Zug nach

Cambridge. Am Abend dieses Tages war er bereits in seinen Räumen im Magdalene College eingetroffen, und am nächsten Tag nahm er seine Vorlesungen wieder auf.

Anfang November 1956 griff Warnie wieder einmal zu seinem Tagebuch, in dem er all das niederschreiben konnte, was ihm seine eigentümliche Beziehung zu seinem jüngeren Bruder niemals offen zu sagen gestattete:

> J versicherte mir, Joy werde weiter als »Mrs Gresham« in ihrem eigenen Haus wohnen, und die Ehe sei lediglich eine Formsache, um Joy das Aufenthaltsrecht in England zu verschaffen; und mir war klar, dass es keinen Sinn hatte, ihn eines Besseren belehren zu wollen. Joy, deren Absichten von Anfang an offensichtlich waren, begann bald, auf ihre Rechte zu pochen und völlig zu Recht darauf hinzuweisen, ihr Ruf leide darunter, dass J sich jeden Tag in ihrem Haus aufhalte, oft bis elf Uhr abends.

»Mir war klar, dass es keinen Sinn hatte, ihn eines Besseren belehren zu wollen.« Für Warnie war es offensichtlich, dass Jack Joy liebte, ebenso wie es für ihn offensichtlich war, dass Joy Lewis immer weiter zu einer »echten« Ehe hin manövrierte. Genauso offensichtlich war es für Joys jüngeren Sohn Douglas. (Was David dachte, weiß niemand – er behielt es damals für sich und tut es bis heute.) Doch Warnie, der nie die Entschlossenheit vergessen würde, mit der Lewis jeden Versuch abwürgte, ein Gespräch über Mrs Moore anzufangen, wusste aus Erfahrung, dass es nichts gab, was er hätte tun oder sagen können. Die Dinge würden ihren eigenen Lauf nehmen, und wenn Warnie Schwierigkeiten damit hatte, konnte er jederzeit zu seinem Tagebuch oder zur Flasche greifen, um sich Trost zu verschaffen. Andere Möglichkeiten hatte er nicht. Lewis bestritt, zu jener Zeit irgendwelche erotischen oder romantischen Gefühle für Joy gehegt zu haben, und Green und Hooper, so gewissenhaft sie als Biografen sind, nehmen ihn beim Wort. Das erscheint mir verrückt. Ein Mann besucht nicht eine Frau jeden

Tag, den er sich in der gleichen Stadt aufhält wie sie, und bleibt bei ihr bis zur Schlafenszeit, wenn er nicht in sie verliebt ist, und eine Frau duldet eine solche ständige Gegenwart nicht, wenn sie nicht in ihn verliebt ist. Überdies war Joy fast mittellos nach England gekommen, und Lewis hatte schon kurz nach ihrer Ankunft (noch bevor er sein Professorengehalt aus Cambridge bezog) begonnen, nicht nur ihre Miete, sondern auch die Schulkosten für ihre Kinder zu bezahlen. Ohne pingelig sein zu wollen – der bekannte Glaubensstreiter, der in einer Londoner Zeitung einmal als der »asketische Mr Lewis« bezeichnet worden war, war zum Sugardaddy einer geschiedenen Amerikanerin geworden. Es ist auf komische Art wirklich verblüffend, dass Lewis zu einer Zeit, in der er jede freie Minute bei Joy verbrachte, zu George Sayer sagte, wäre er nicht so ein »eingefleischter Junggeselle«, würde er Ruth Pitter heiraten. (Hatte er vielleicht irgendwo das Gefühl, Ruth Pitter – die keinen Ex-Mann und keine Kinder hatte und ihm in Alter, Nationalität und Klasse entsprach – wäre eine passendere Partnerin gewesen als die ziemlich extravagante Mrs Gresham?) Wie auch immer, aus irgendwelchen Gründen verleugnete Lewis seine Gefühle, doch Warnie tat es nicht, und ebenso wenig Doug Gresham, und Lewis' Biografen haben keinen Anlass, weniger scharf zu beobachten als sein Bruder und sein Stiefsohn.

Somit waren, wie Warnie es ausdrückte, bis Mitte Oktober »alle Vorkehrungen getroffen, um [Joy und ihre] Familie in The Kilns einzuquartieren«. Es ist nicht klar, wie Lewis *das* seinen Freunden erklären wollte – zumindest muss er sich auf ein Sperrfeuer von »Surprised by Joy«-Witzen gefasst gemacht haben. Doch derlei Probleme verschwanden bald im Schatten eines viel größeren.

Am 18. Oktober, nachdem die Pläne für ihre »Einquartierung« in The Kilns besiegelt waren, klingelte bei Joy zu Hause in Headington das Telefon. Als sie aufstand, um den Anruf anzunehmen, stolperte sie über die Schnur und fiel hin, und beim Aufschlagen auf dem Boden spürte sie, wie ihr linker Oberschenkelknochen brach. Unter Schmerzen griff sie nach dem Hörer; es war Katherine Farrer, die sofort einen Krankenwagen rief. (Mrs Farrer war plötzlich von einem unerklärlichen Impuls gepackt worden, Joy anzurufen.) Der Oberschenkel war, so erfuhr Joy am nächsten Tag, deshalb so leicht gebrochen, weil der Knochen von Krebs zerfressen war. Darüber hinaus fanden die Ärzte Tumore in ihrer linken Brust, im rechten Bein und in ihrer rechten Schulter. Schmerzen im Rücken und im Bein hatte sie schon seit einiger Zeit gehabt, doch sie hatte sich nie etwas Ernsthaftes dabei gedacht. Schließlich war sie erst zweiundvierzig Jahre alt.

Selbst jetzt noch, so behaupten Green und Hooper, habe es »auf Lewis' Seite weder Eros noch romantische Liebe« gegeben, doch aus seinem »großen Mitleid mit Joy« heraus und weil es »sicher schien, dass Joy sterben würde, wollte er sie nach The Kilns bringen, wo sie als seine Frau sterben könnte«. Weiter sagen sie: »Er fand, dass dies ohne eine christliche Eheschließung falsch wäre.« Wenn dem aber so wäre, warum machte Lewis dann schon Pläne für den Einzug Joys und ihrer Jungen in The Kilns, *bevor* ihr Krebs entdeckt wurde – eine Reihenfolge der Ereignisse, die wiederum sowohl von Warnie als auch von Douglas Gresham bezeugt wird? Hatte er demnach schon zu diesem Zeitpunkt vor, sie kirchlich zu heiraten? (Douglas zufolge sagte er sogar den beiden Jungen, einer der Gründe dafür, dass er die Position in Cambridge annahm, sei der, dass er daran dachte, ihre Mutter zu heiraten, und in der Lage sein wollte, für ein gutes Auskommen der ganzen Familie zu sorgen. Dabei kann er nicht an die standesamtliche Ehe gedacht haben, denn er bestand stets darauf, diese sei lediglich ein Akt der christlichen Nächstenliebe gewesen, den er hatte vollziehen müssen, um es Joy zu ermöglichen, im Land zu bleiben.) Schließlich ergibt es keinen Sinn zu sagen, eine solche Zeremonie wäre unnötig gewesen, *bevor* ihre Krankheit ans Licht kam, sei aber nun plötzlich notwendig geworden, nachdem mit ihrem Tod zu rechnen war.

Man fragt sich, ob sich nicht ein versteckter Kommentar zu dieser Situation in *Was man Liebe nennt* findet, das er ja schrieb, nachdem diese ganzen Entwicklungen eingetreten waren. Im Kapitel über Eros erörtert er – und erhebt Widerspruch gegen – den Gedanken, dass echter

Eros, romantische Liebe, sich aus einer zuvor bestehenden sexuellen Anziehung entwickelt:

> Aber ich glaube nicht, dass das die übliche Reihenfolge ist. Meistens ist man nämlich am Anfang ganz einfach eingenommen von der Geliebten, und zwar von ihrer ganzen Person und auf eine allgemeine, unbestimmte Weise.
> Ein Mann in diesem Zustand hat gar keine Zeit, an Sex zu denken. Er ist viel zu sehr damit beschäftigt, an die eine Person zu denken. Dass sie eine Frau ist, ist weniger wichtig, als dass sie sie selbst ist. Er ist voller Verlangen; aber dieses Verlangen muss nicht sexuell gefärbt sein. Fragt man ihn, was er will, wird die Antwort etwa so lauten: »Immer an sie denken.« Er ist versunken in die Betrachtung der Liebe. Und wenn später das spezifisch Sexuelle erwacht, so hat er nicht das Gefühl, dies sei schon die ganze Zeit die Wurzel der Sache gewesen ...

Wie seine Bemerkung in *Pardon, ich bin Christ* über jene hübschen Mädchen, die »meist gefühlskalt« seien, enthält dieser Abschnitt eine Verallgemeinerung, für die es keine Untermauerung zu geben scheint. Nach meiner persönlichen Erfahrung jedenfalls war das Sich-Verlieben keineswegs so ganz unabhängig vom sexuellen Verlangen, und den Gedanken, die Identität meiner Geliebten als »Frau« von ihrer Identität als »sie selbst« zu trennen, hätte ich nicht einmal begriffen. Überdies habe ich Grund zu der Annahme, dass viele andere Männer in dieser Hinsicht mehr Ähnlichkeit mit mir haben als mit Lewis: Die Erfahrung eines Fünfundfünfzigjährigen bei schlechter Gesundheit dürfte wohl kaum die Norm für alle Männer sein, die sich leidenschaftlich in eine Frau verlieben. Woher sollte er gewusst haben, was die »übliche Reihenfolge« ist? Er gibt lediglich als allgemeine Beobachtung getarnt wieder, welchen Verlauf sein eigener Eros nahm. (Was sonst *könnte* eine solche Aussage bedeuten? Glauben wir wirklich, er wäre herumgelaufen und hätte Männer danach gefragt, in welchen Stadien sie die romantische

Liebe erlebt hatten und an welcher Stelle dabei die Sexualität eine bedeutende Rolle zu spielen begann?) Wenn wir diesen Abschnitt aus dem Blickwinkel lesen, den ich hier anrege, dann wirkt er wie eine Erklärung für seine eigene frühere Verleugnung seiner Liebe zu Joy. Da er anfangs ein ganze Weile lang keine starke sexuelle Anziehung zu ihr empfand, glaubte er, seine Empfindungen seien nicht Eros, sondern eher eine Art Freundschaft. Erst in der Rückschau konnte er den Eros erkennen, der die ganze Zeit vorhanden gewesen war.

Doch bevor er auch nur dazu kam, über solche Dinge zu reflektieren, war noch viel zu bewältigen. Obwohl Joy mehrfach operiert wurde, um ihre Tumore zu entfernen, ließ deren Ausmaß und Ausbreitung ihr nur wenig Hoffnung auf Überleben. Was immer Lewis zu dieser Zeit für sie empfand, und wie gut oder schlecht er auch seine eigenen Gefühle verstand, er wusste, dass er so bald wie möglich in einer christlichen Ehe mit ihr verbunden sein wollte, und sie wünschte sich dasselbe mehr als alles andere. Wie Warnie später schreiben würde, fand er »Joys Begierde nach dem erbärmlichen Trost, unter demselben Dach wie J zu sterben, ... herzzerreißend; obwohl es fast eine Beleidigung ist, Mitleid mit jemandem zu empfinden, der so bewundernswert tapfer ist wie Joy.«

Doch ein gewaltiges Hindernis stand ihnen im Weg: Die anglikanische Kirche erlaubte keine Wiederheirat nach einer Scheidung. Lewis verstand diese Haltung durchaus, immerhin so gut, dass er Austin Farrer – der ebenso wie seine Frau Katherine sowohl Lewis als auch Joy nahe stand – nicht einmal darum bat, sie zu trauen. Stattdessen wandte er sich an den Bischof von Oxford, Harry Carpenter, um eine Ausnahme von der Regel zu erlangen. Da Bill Gresham schon einmal verheiratet gewesen sei, so argumentierte Lewis, und seine erste Frau noch lebte, konnte seine Ehe mit Joy – nach den Maßstäben der anglikanischen Kirche selbst – überhaupt nicht gültig gewesen sein. Leider galt, wie Bischof Carpenter ihm erläuterte, in der Kirche auch das Prinzip, jede standesamtliche Ehe als gültig anzuerkennen, auch wenn die Eheschließung nach anderen Regeln als denen der Kirche erfolgt war. Obwohl Lewis die Richtigkeit dieser Argumentation nicht zugeben wollte – in einem Brief an Dorothy Sayers beharrte er darauf, Joys erste Ehe sei gar keine Ehe gewesen – hatte der Bischof genau genommen Recht.

Auf diese abschlägige Antwort hin war Lewis verzweifelt und nicht mehr bereit, der gehorsame Sohn der Kirche zu sein, der er seit seiner Bekehrung gewesen war. Er wandte sich an einen jungen Freund, einen Priester namens Peter Bide, und fragte ihn, ob *er* sie trauen würde. Nach dem Kirchenrecht war Bide dazu überhaupt nicht befugt; er war nicht einmal Priester in der Diözese Oxford, und der Bischof hatte ja schon deutlich gemacht, eine solche Eheschließung sei nicht legitim. Lewis wusste das: Bide hätte sich nur an die Kirchenordnung halten können, indem er die beiden geplagten Liebenden in seiner eigenen Diözese und mit der Erlaubnis seines eigenen Bischofs traute. Doch wie es scheint, betrachtete Bide das Kirchenrecht nicht als letzte Autorität. Stattdessen fragte er sich, was Jesus tun würde, und nachdem er zu dem Schluss gelangt war, die Antwort sei offensichtlich, traute er am 21. März 1957 Lewis und Joy in Joys Zimmer im Krankenhaus. Warnie und eine Krankenschwester fungierten als Trauzeugen; alle fünf nahmen miteinander das Abendmahl ein. Und dann tat Bide noch etwas: Er legte Joy seine Hände auf und betete, sie möge geheilt werden.

Lewis erzählte Tolkien nichts von seiner Heirat. »Ich erfuhr erst viel später davon«, schrieb Tolkien später seinem Sohn Michael. Wahrscheinlich klärte Humphrey Havard ihn darüber auf, wie er Tolkien auch (in diskreten Andeutungen) ein oder zwei Jahre zuvor davon in Kenntnis gesetzt hatte, Lewis habe eine Art Liaison mit einer Amerikanerin. Seinen anderen Freunden gegenüber jedoch war Lewis ganz offen. Drei Monate nach der Hochzeit schrieb Lewis an Dorothy Sayers und gab zu, obwohl er in seinem letzten Brief darauf beharrt habe, er hege keine romantischen Gefühle für Joy, hätten sich seine Gefühle verändert. Und ihre tödliche Krankheit hatte viel damit zu tun. »Ein Rivale verwandelt oft einen Freund in einen Liebhaber, sagt man. Thanatos [der Tod], der gewiss naht (so heißt es), aber mit ungewisser Geschwindigkeit, ist für diesen Zweck der wirkungsvollste Rivale. Wenn wir wissen, dass wir etwas verlieren werden, lernen wir bald, es zu lieben. Ich hoffe, Sie schenken uns Ihren Segen; dass Sie uns Ihre Gebete schenken, weiß ich.«

Nicht lange nach der Hochzeit aß Lewis mit Nevill Coghill zu Mittag, der, obwohl er ihn seit seinen Studententagen kannte, nicht zu seinen engsten Freunden gehörte. Dennoch schloss er sich Coghill gegenüber in ungewohntem Maße auf, und für einen Moment erhaschen wir (dank Coghills Bericht) einen Blick – den einzigen, den wir haben, glaube ich – darauf, wie weit seine Beziehung zu Minto selbst in den frühen Tagen hinter dem Ideal zurückgeblieben war. Als er und Coghill beisammenstanden und zusahen, wie Joy den Innenhof des Colleges überquerte, sagte Lewis leise: »Ich hätte mir nie träumen lassen, in meinen Sechzigern noch das Glück zu erleben, das in meinen Zwanzigern an mir vorbeiging.«

ZWÖLF

»Freude ist das ernste Geschäft des Himmels«

Am 14. Juli 1960 bekam Lewis in The Kilns Besuch von zwei Gästen: dem Komponisten Donald Swann und dem Librettisten David Marsh. Sie kamen, um mit Lewis über ihren kühnen Plan zu sprechen – ursprünglich eine Idee von Swann –, nämlich *Perelandra* zu einer Oper zu machen. Es war eine brillante Idee: Die stilisierte, aber hoch dramatische Romanhandlung mit ihren langen rhetorischen Einlagen und ihrem unrealistischen Setting gehört wohl eher in die Welt der Oper als in jede andere Kunstform. Nach dem Frühstück machten sie einen Rundgang durch den Garten und sprachen über die Möglichkeiten und Hindernisse bei der Umsetzung ihres Vorhabens. Dann hielt Lewis inne und sagte: »Ich hoffe, Sie werden mich jetzt entschuldigen. Ich muss gehen, denn meine Frau ist gestern Abend gestorben.«

Cambridge war sehr gut zu Lewis gewesen, viel mehr als Oxford es je gewesen war. Ganz abgesehen davon, dass er die Schufterei als Tutor nun los war, fand er die Stadt und sein College attraktiver und behaglicher, als er erwartet hatte. Cambridge war damals erheblich kleiner als Oxford (noch heute hat man das *Gefühl*, es sei kleiner, obwohl die beiden Städte inzwischen von ähnlicher Größe sind), und das Magdalene ist viel gemütlicher und weniger bevölkert als das Magdalen. Dazu kam, dass die meisten seiner Kollegen ihn mit offenen Armen empfingen – *sie* wussten im Gegensatz zu den Oxfordern, dass sie mit ihm einen großartigen Fang gemacht hatten – und etliche von ihnen begrüßten seine christliche Haltung, statt sie zu beklagen. Zu Warnie sagte er, die Mehrzahl seiner Kollegen und Studenten seien Christen, oder zumindest fasste Warnie es so auf. Das stimmte nicht, aber die Übertreibung ist verzeihlich. Die Runderneuerung, die Lewis erlebt hatte, als Joy in sein Leben trat, scheint sich auf sein soziales Leben generell ausgeweitet zu haben: Er genoss es, neue Freunde in seinem Leben willkommen zu heißen, und nahm Joy zu Beginn und zum Ende jedes Terms mit nach Cambridge, um dort mit seinem neuen Kollegenkreis zu feiern.

Zu seiner Antrittsvorlesung, die er am 29. November 1954 hielt, seinem sechsundfünfzigsten Geburtstag, quoll der Veranstaltungssaal über. Joy (die sich die Show natürlich nicht entgehen ließ) schrieb später: »In der ersten Reihe saßen so viele Dons in Kappe und Robe, dass sie aussahen wie eine Krähenkolonie.« Und was sie zu hören bekamen, war bemerkenswert. Lewis verwandte einige Zeit darauf, ein Argument zu wiederholen, dass er schon oft vorgetragen hatte: nämlich dass die konventionelle Unterscheidung zwischen dem »finsteren«, »unwissenden«, »abergläubischen« Mittelalter von der »erleuchteten« und »humanistischen« Renaissance schlicht und einfach eine Fiktion sei. Indem er diese Argumentation wiederholte, verteidigte er in gewissem Sinne die Idee eines Lehrstuhls für Literatur des Mittelalters *und* der Renaissance, doch die Tatsache, dass dieser Lehrstuhl existierte, stellte an sich noch keine Widerlegung des historischen Irrtums dar. (Übrigens gab es, als Lewis anfing, dieses Argument vorzubringen, so gut wie niemanden, der ihm darin zustimmte; seine Sicht der mittelalterlichen Geschichte sollte erst später verbreitete Unterstützung von Kulturhistorikern erfahren.) Für Lewis existiert in der Tat eine gewaltige Kluft, die eine große, lange Periode der europäischen Geschichte (die »Kultur des Alten Westens«) von unserer eigenen Welt trennt – doch diese Kluft befand sich in einer viel jüngeren Zeit als dem sechzehnten Jahrhundert. Obwohl er so kühn war zu sagen, dass die meisten seiner Zuhörer schlicht nicht zu jener alten Zivilisation gehörten, fügte er auch hinzu: »Die gewaltige Veränderung, die Sie von der [Kultur] des Alten Westens trennt, ging allmählich vor sich und ist auch jetzt noch nicht ganz abgeschlossen. So breit die Kluft ist, es können sich immer noch Menschen begegnen, die beiderseits von ihr heimisch sind, und sie begegnen sich in diesem Saal.« Und da die Klippen beiderseits der Kluft sich in einen einzigen Raum zwängen lassen, gibt es einen merkwürdigen und für die meisten Leute unerwarteten Grund, warum Cambridge gut daran tat, C. S. Lewis als ersten Inhaber jenes Lehrstuhls für Literatur des Mittelalters und der Renaissance auszuwählen. Es lohnt sich, den Schluss seiner Ansprache ausführlich zu zitieren:

> Ich selbst gehöre viel mehr zu jener Ordnung des Alten Westens als zu der Ihren. Ich möchte behaupten, dass dies, obwohl es mich in einem gewissen Sinne für meine Aufgabe disqualifiziert, doch in einem anderen Sinne geradezu eine Qualifikation darstellt. Die Disqualifikation liegt auf der Hand. Sie wollen über Neandertaler nicht von einem Neandertaler belehrt werden und noch weniger von einem Dinosaurier über Dinosaurier. Andererseits, ist das alles, was dazu zu sagen ist? Würde ein lebendiger Dinosaurier seinen schwerfälligen Leib ins Labor schleppen, würden wir uns nicht alle im Fliehen nach ihm umschauen? Was für eine Gelegenheit, endlich zu erfahren, wie er sich wirklich bewegte und aussah und roch und was für Laute er machte! Und wenn der Neandertaler reden könnte, so ließe vielleicht seine Vortragstechnik zu wünschen übrig, aber würden wir nicht höchstwahrscheinlich manche Dinge von ihm lernen, die uns der beste moderne Anthropologe nie hätte sagen können? Er würde uns etwas erzählen, ohne zu wissen, dass er etwas erzählte. Eines weiß ich: Ich würde viel darum geben, einen alten Athener, und sei er noch so dumm, über die griechische Tragödie reden zu hören. So viel Wissen, nach dem wir vergeblich forschen, würde ihm in Fleisch und Blut stecken. Jeden Augenblick könnte es geschehen, dass irgendein beiläufiger Satz, ohne dass er es merkte, uns zeigte, wo die moderne Wissenschaft seit Jahren auf falscher Fährte war. Meine Damen und Herren, ich stehe vor Ihnen etwa so, wie jener Athener stünde. Ich lese als Einheimischer Texte, die Sie als Ausländer lesen müssen. … Es ist meine feste

> Überzeugung, dass Sie, um die Literatur des Alten Westens richtig lesen zu können, viele der Gewohnheiten verlernen müssen, die Sie sich beim Lesen moderner Literatur angeeignet haben. Und da dies das Urteil eines Einheimischen ist, behaupte ich, selbst wenn die Begründung für meine Überzeugung auf schwachen Füßen stünde, so wäre allein die Tatsache, dass ich sie habe, ein historisches Faktum, dem Sie volle Gewichtung geben sollten. Auf diese Weise kann ich, wo ich als Kritiker scheitere, immerhin noch als Exemplar von Nutzen sein. Ich wage es, sogar noch weiter zu gehen. Ich spreche nicht nur für mich selbst, sondern für alle anderen Männer des Alten Westens, die Ihnen begegnen mögen, wenn ich sage: Machen Sie Gebrauch von Ihren Exemplaren, solange Sie noch können. Es wird nicht mehr viele Dinosaurier geben.

Vor vielen Seiten habe ich angemerkt, Lewis habe seine Laufbahn als Gelehrter damit begonnen, den Wert »alter Bücher« zu verteidigen, indem er betonte, sie hätten uns sehr viel zu lehren, wenn wir nur lernen können, zu hören, was sie uns sagen. Hier zeigt er sich nach wie vor jenen Büchern und der Kultur des Alten Westens, die sie repräsentieren, verbunden, aber er scheint jetzt weniger geneigt, diese Kultur zu verteidigen, als vielmehr sie lediglich zu verkörpern. Es ist die akademische Version des alten Grundsatzes: »Verkündige allezeit das Evangelium. Wenn nötig, gebrauche Worte dazu.« Er will die Kultur des Alten Westens nicht so sehr verteidigen als vielmehr einfach ein seltenes Exemplar eines Mannes aus dem Alten Westen *sein*. Und er lädt die Angehörigen der Universität dazu ein, zu kommen und sich die Kuriosität anzuschauen.

Damit begann er seine kurze Laufbahn in Cambridge. Am Magdalene College nahm er die Routine wieder auf, die er Jahrzehnte lang am Magdalen praktiziert hatte: ein Spaziergang durch den Collegegarten vor dem Morgengebet oder der Kommunion in der Kapelle, dann Frühstück, dann Post beantworten – mehr davon als je zuvor, und ein Großteil betraf Narnia. Er hielt die »Prolegomena«-Vorlesungen, die lange

Zeit zu seinem festen Repertoire in Oxford gehört hatten, und begann sie in Buchform zusammenzufassen. Außerdem behandelte er das merkwürdige Thema »Some Difficult Words« (»Einige schwierige Wörter«), und auch diese Vorlesungen wurden zu einem Buch, dem eigenartigen, aber unendlich faszinierenden *Studies in Words*. (Übrigens zeigte er seine Loyalität gegenüber seiner neuen Universität auch dadurch, dass er diese Bücher bei der Cambridge University Press verlegen ließ – all seine früheren akademischen Bücher hatten auf der Oxforder Liste gestanden.) Seine Vorlesungen über einige lateinische Autoren wurden auch von manchen Dons besucht, darunter einer jungen Altphilologin namens Nan Dunbar, und dies führte zu einem amüsanten und halb flirtenden Briefwechsel. (Dunbar war der Meinung, Lewis irre sich, wenn er bestritt, dass der Dichter Statius eine strikte Sexualmoral vertrat; Lewis beharrte darauf, dass Statius in dieser Hinsicht Mängel hatte. Als sie sich, nachdem sie viele Briefe ausgetauscht hatten, schließlich auf einer Party begegneten, sagte Lewis: »Ah! Miss Dunbar! Ich freue mich zu sehen, dass es Sie tatsächlich gibt – ich dachte schon, Sie wären vielleicht nur die Personifizierung meines Gewissens.«) Eine polemische Sprengladung steckte immer noch in Lewis, wie wir sehen werden, aber im Allgemeinen genoss er es, in Cambridge zu sein. Es hatte nur zwei Nachteile: Erstens war Warnie nicht dort, um ihm bei seiner Korrespondenz zu helfen; zweitens hatte er nicht genug Zeit mit Joy. Und er vermutete, dass seine Zeit mit Joy begrenzt war. Dies warf einen beständigen Schatten auf sein Leben in jener »anderen« Universitätsstadt. Einer seiner Kollegen dort, Richard Ladborough, schrieb später: »Als er von der tödlichen Krankheit seiner Frau erfuhr, sprach er zunächst nicht darüber. Ich selbst hörte davon auf ziemlich untypische Weise. Eines Abends wirkte er nach dem Essen ungewöhnlich angespannt, und ich erlaubte mir die Frage, ob er müde sei. Er antwortete sehr abrupt: ›Ich bin in großer innerer Not. Bitte beten Sie für uns‹, und verstummte dann.«

Peter Bide hatte Joy die Hände aufgelegt und für ihre Heilung gebetet, weil er einige Jahre zuvor entdeckt hatte, dass Menschen tatsächlich oft geheilt wurden, wenn er das tat; er besaß offenkundig das, was die Gemeinde Jesu die Gabe der Krankenheilung nennt. Im Januar 1959 erschien im *Atlantic Monthly* ein Essay von Lewis mit dem Titel »Die Wirksamkeit des Gebetes«, und einer der ersten Absätze darin lautet folgendermaßen:

> Ich habe am Bett einer Frau gestanden, deren Schenkelknochen von Krebs durchgefressen waren und die wachsende Kolonien der Krankheit in vielen andern Knochen hatte. Es brauchte drei Personen, sie umzubetten. Die Ärzte sagten ihr ein Leben von ein paar Monaten voraus, die Krankenschwestern (die es oft besser wissen) von ein paar Wochen. Ein frommer Mann legte ihr die Hände auf und betete. Ein Jahr später war die Patientin fähig zu gehen (dazu bergan, durch wildes Unterholz), und der Arzt, der die letzte Röntgenaufnahme machte, sagte: »Diese Knochen sind so fest wie Fels. Es ist ein Wunder!«

(Lassen Sie uns einen Moment innehalten und uns ein Amerika vergegenwärtigen, in dem im *Atlantic* ein Artikel über die Wirksamkeit des Gebets erscheinen konnte.) Es *war* ein Wunder. Aber es hatte keinen Bestand. Von ihrer Heirat bis zum Ende ihres Lebens drei Jahre und vier Monate später würde Joy durch eine Serie außergewöhnlicher Höhen und Tiefen gehen, und Lewis ging mit ihr hindurch. Der Essay über »Die Wirksamkeit des Gebetes« würde vom Aussichtspunkt eines der Höhenzüge aus geschrieben werden, doch der Absturz aus jener Höhe würde steil sein.

Bald nach der Hochzeit wurde Joy zum Sterben nach Hause entlassen. Aber sie starb nicht. Nicht nur Peter Bide hatte für ihre Heilung gebetet, sondern auch Lewis betete, und zwar auf eine ganz besondere Weise. Etliche Seiten zuvor habe ich angedeutet, ich müsse noch auf das Wichtigste zu sprechen kommen, das Lewis von Charles Williams lernte. Einer der Gedanken, die Williams mit besonderer Leidenschaft verfocht, betraf das, was er »Koinhärenz« nannte; nämlich, um es kürzer und direkter auszudrücken, als es Williams wohl getan hätte, die Fähigkeit von Christen, durch die einende Kraft des Heiligen Geistes, den Christus seinen Jüngern sandte, im vollen Sinne einander innezuwohnen. Williams ging es darum, die Gebote Jesu »Ein jeder trage die Last des anderen« und »Freut euch mit den Fröhlichen und weint mit den Weinenden« bis in ihre äußersten Konsequenzen auszuloten. Der »Weg des Tauschens«, so nannte er es oft – »des anderen Leben sterben, des anderen Tod leben« – eine Art *moralischer* Ökonomie, in der nicht Geld als Währung galt, sondern Gebet und Liebe. (»Geld ist *ein* Tauschmittel«, schreibt er in einem seiner Gedichte.) Williams glaubte, wenn ein Christ einen anderen Menschen leiden sieht, so ist es die Pflicht dieses Christen, darum zu beten, das Leiden auf sich selbst nehmen zu dürfen: in einem nahezu buchstäblich christusähnlichen Akt zum Stellvertreter für seinen Nächsten zu werden. Aus diesen Gründen begann Lewis darum zu beten, dass Joys Leiden auf ihn übertragen würden.

Bald darauf begannen Joys Knochen zu heilen, und die von Lewis wurden schwächer. Er erkrankte nicht an Krebs, sondern an Osteoporose; dennoch, je mehr die Schmerzen in ihren Knochen abnahmen, desto stärker wurden sie in seinen. Über seine schlimmste Zeit schrieb er an Schwester Penelope: »Ich verlor Kalzium fast so schnell, wie Joy es gewann, und für diesen Handel (wenn es denn einer war) bin ich sehr dankbar.« In demselben Gespräch mit Coghill, in dem er diesem von seinem unerwarteten Glück erzählte, erklärte er ihm, er glaube, Gott habe ihm erlaubt, *ihren* Schmerz in *seinen* Körper aufzunehmen: der Weg des Tauschens. Dies waren für ihn sehr seltsame Zeiten. Als er noch glaubte, dass Joy trotz seiner Osteoporose sterben würde, schrieb er an Dorothy Sayers in demselben kurzen, aber ungewöhnlich offenen Brief, aus dem ich am Ende des letzten Kapitels zitiert habe: »Die Situation ist tatsächlich nicht leicht zu beschreiben. Mir bricht das Herz, und ich war noch nie zuvor so glücklich; jedenfalls hat das Leben mehr zu bieten, als ich je geahnt habe.« Zu diesem Zeitpunkt hatte er jedoch noch wenig Hoffnung, wenn ihm auch auffiel, dass es ihr viel besser zu gehen *schien*, als die Ärzte ihren tatsächlichen Zustand schilderten, obwohl sie bettlägerig war. Im November konnte er Schwester Penelope berichten, dass Joy mit Hilfe eines Stocks gehen konnte; einen Monat später konnte er einem Patensohn sagen, sie habe »eine fast wundersame, jedenfalls aber unerwartete Besserung« erlebt. Im August 1958 schrieb er einem Freund: »Meine Frau steigt den Waldhügel hinter unserem Haus hinauf«; dieses Bild ist es, so darf man vermuten, das auch in dem *Atlantic*-Essay aufgegriffen wurde. »Alles steht erstaunlich gut mit uns.«

Doch an Schwester Penelope schrieb er auch: »*Natürlich* hängt das Damoklesschwert immer noch über uns; oder sollte ich sagen, *wir* sind gezwungen, uns des Schwertes bewusst zu sein, dass in Wirklichkeit über allen Sterblichen hängt.« Weder Lewis noch Joy glaubten irgendeine Garantie für ein langes Leben zu haben; also beschlossen sie, die Zeit, die ihnen blieb, auf die bestmögliche Weise zu nutzen. Im Juli 1958 hatten sie eine verspätete Hochzeitsreise nach Irland unternehmen können – mit dem Flugzeug, was für beide eine völlig neue Erfahrung war – wo Joy Arthur und einige Angehörige der Familie Lewis kennenlernen konnte. Im Jahr darauf wiederholten sie die Reise und planten gemeinsam mit Roger Lancelyn Green und seiner Frau June einen Urlaub in Griechenland – eine bemerkenswerte Idee für Lewis, der seit seinem Dienst in der Armee im Großen Krieg die Britischen Inseln nicht mehr verlassen und nie Neigung zum Reisen gezeigt hatte. (Sowohl er als auch Warnie fürchteten, in der Wirklichkeit würden all die Dinge, von denen sie gelesen hatten, zweifellos weniger eindrucksvoll sein als ihre Vorstellung davon.)

Green und Hooper schreiben zu Recht: »Dieser kurze Aufschub war vielleicht die glücklichste Zeit in Lewis' Leben.« Seine Situation in Cambridge war hervorragend, wie wir gesehen haben, mit seinen Oxforder Freunden konnte er sich nach wie vor im Bird and Baby treffen oder sie zu sich nach The Kilns einladen, das durch Joy von seiner maskulinen Verkommenheit befreit worden war; Lewis und Warnie kamen äußerst gut mit Joys jüngerem Sohn Douglas aus, wenn auch der ältere, David, schwieriger war und sich dort nicht so wohlfühlte. Das war jedoch nichts im Vergleich zu der Belastung durch Mrs Moore und die endlose Folge labiler Krankenschwestern und Hausmädchen. Nach einigen anfänglichen Spannungen hatte sich Warnie überzeugen lassen, dass er in The Kilns immer noch erwünscht war, und die häuslichen Zustände dort waren besser als je zuvor. »Ich beschloss, es mit dem neuen Regime zu versuchen«, schrieb Warnie in seiner Kurzbiografie über seinen Bruder. »All meine Befürchtungen wurden zerstreut. Für mich bedeutete Jacks Ehe, dass unser Zuhause bereichert und belebt wurde durch die Gegenwart einer schlagfertigen, aufgeschlossenen, belesenen und toleranten Christin, die als Gesprächspartnerin ihresgleichen suchte und deren Gesellschaft eine nie versiegende Quelle des Vergnügens war.« (A. N. Wilson bemüht sich in seiner Lewis-Biografie sehr darum, herauszustellen, dass viele in den Oxforder Kreisen Joy nicht mochten und ihre Unverfrorenheit sogar anstößig fanden, doch wenn gerade diejenigen, die tagein, tagaus mit einer Person zusammenleben, die beste Meinung von ihr haben, dann sagt das gewiss sehr viel über ihren Charakter aus.)

Vor allem schwelgte Lewis in der Erfahrung des Eros. Geschrieben hatte er darüber mit festlichem Überschwang – wenn auch zugleich mit großer Unbeholfenheit – am Ende von *Die böse Macht*, und vielleicht hatte er damals geglaubt, etwas darüber zu wissen. Er schrieb darüber auch in seinen akademischen Werken, besonders in *The Allegory of Love*, und im Rückblick darauf aus der Perspektive eines verheirateten Mannes räumte er ein, »so blind« gewesen zu sein, gewisse Erfahrungen, die in Wahrheit dem Eros selbst zuzuordnen sind, als »literarisches Phänomen« aufzufassen. Doch in jener kurzen Zeit, in der es Joy gesundheitlich besser ging, erlebte er, was er bislang nie gekannt hatte. »Jene paar wenigen Jahre«, würde er nach ihrem Tod schreiben, »haben [Joy] und ich in Liebe geschwelgt; in jeder Form: ernst und heiter, romantisch und realistisch, manchmal dramatisch wie ein Gewitter, manchmal behaglich und schlicht, als ziehe man weiche Pantoffeln an. An Herz und Leib blieb nichts unbefriedigt.«

Ein Produkt dieser Zeit der aufregenden Seligkeit war das recht offene Kapitel über Eros in *Was man Liebe nennt*. Obwohl das Kapitel, wie Lewis betont, nicht von Sex handelt, spielt dennoch Sex darin (erwartungsgemäß) eine Rolle, und an den betreffenden Stellen ist seine diesbezügliche Sprache sehr heiter und gelassen. Er spricht davon, dass Winston Smith in Orwells *1984* sich mit der Heldin »balgt« – »towsing the heroine« – das alte, zotige Wort »towsing« wurde wahrscheinlich davor zuletzt von Robert Burns gebraucht –, und wenn er den Einfluss der modernen Psychologie auf die Sexualität beklagt, schreibt er, er könne sich vorstellen, »wie manche junge Paare die gesammelten Werke von Freud, Krafft-Ebing, Havelock Ellis und Kinsey um ihr Bett aufschichten«. Und am deutlichsten wird er, wenn er schreibt, wie der Geschlechtsakt »den Mann zum Herrscher machen, zum Eroberer und Sieger, und entsprechend die Frau zu einer äußersten Unterwürfigkeit und Preisgabe verleiten [kann]. Daher die eigenartige Grobheit, ja Gewalttätigkeit mancher erotischer Spiele; ›der Buhlen Kneipen, schmerzhaft und begehrt‹.« (Das Zitat stammt aus Shakespeares *Antonius und Cleopatra*.) Und dann beginnt er sehr sorgfältig zu erläutern, unter welchen Bedingungen solche groben »erotischen Spiele« »harmlos und gesund« sein können.

Lewis hätte nie gedacht, dass es Leser dieser Passage geben würde, die wussten, dass er als junger Mann gewisse sadomasochistische Neigungen gehabt hatte; ich frage mich, wie er solchen Lesern wohl diese Sätze erklärt hätte. Jedenfalls unterstreicht er nachdrücklich, dass solche Spiele wirklich *Spiele* sein und von beiden Seiten als solche akzeptiert werden müssen. Sie müssen sowohl vollkommen freiwillig als auch vorübergehend sein. Dennoch war seine Darstellung immer noch viel zu anschaulich für die Episcopal Radio-TV Foundation in Atlanta, Georgia, in deren Auftrag das, woraus dann das Buch *Was man Liebe nennt* wurde, als Vortragsreihe für den amerikanischen Rundfunk aufgezeichnet und vertrieben wurde. Die Bischöfe im Vorstand der Stiftung waren sich einig – ob sie wohl beim Zuhören im Gesicht so purpurrot wurden wie ihre Hemden? – dass »die Kombination aus hohem intellektuellen Niveau und erschreckender Offenheit« in den Vorträgen sie für ein breiteres Radiopublikum ungeeignet machte. Dementsprechend wurden die Aufnahmen nur kleineren Zuhörerschaften zur Verfügung gestellt, vor allem an Universitäten. Die Gründerin der Stiftung, eine würdevolle Dame aus der Episkopalkirche in den Südstaaten namens Catherine Rakestraw – deren Namen Lewis wiederholt, wenn auch unbeabsichtigt, in »Cartwheel« verkehrte – sagte später zu ihm: »Professor Lewis, ich fürchte, sie haben in Ihre Vorträge über Eros den Sex hineingezogen.«

Mit Mrs Cartwheel hatte Lewis seine liebe Not. Als sie nach London kam, um seine Vorträge aufzuzeichnen, machte sie ihm immer wieder Vorschläge, wie er seinen Schreibstil verbessern könnte, und einmal, so berichtet Joy, »ließ sie ihn anderthalb Minuten lang vollkommen wortlos vor dem Mikrofon sitzen, ›damit man seine lebendige Gegenwart spüren könne‹.« Lewis war froh, mit der Episcopal Radio-TV Foundation bald nichts mehr zu tun zu haben. Er hatte sowieso wichtigere Dinge, mit denen er sich auseinandersetzen musste.

Am 13. Oktober 1959 unterzog sich Joy einer der regelmäßigen ärztlichen Untersuchungen, mit denen alle Krebspatienten auf dem Weg der Besserung vertraut sind. Lewis schrieb später an Green: »In diese letzte Untersuchung gingen wir ganz unbesorgt – sie schien so völlig gesund zu sein.« Doch der Krebs war mit Macht zurückgekehrt und hatte Metastasen in ihrem gesamten Skelett gestreut. Natürlich beteten sie erneut um Heilung, aber (so scheint es zumindest) nicht mit demselben Eifer und derselben Glaubenszuversicht wie zuvor: Der Schlag war zu niederschmetternd. Die drängende Frage war nun jedenfalls, ob sie an der Griechenlandreise festhalten würden, die für das Frühjahr 1960 geplant war. Schließlich beschlossen sie es zu versuchen, und obwohl Joy, als es April wurde, schon sehr geschwächt war und große Schmerzen hatte, führten sie ihr Vorhaben durch. (Freilich nicht ohne einen Moment schwarzer Komik, für den der melancholische Paxford sorgte, als das Taxi eintraf, um Lewis und Joy zum Flughafen zu bringen. Er hatte gerade im Radio von einem Flugzeugabsturz gehört. Daraufhin steckte er den Kopf durch das Fenster des Taxis herein und erhob seine ohnehin volltönende Stimme: »Alle tot – bis zur Unkenntlichkeit verbrannt. Hören Sie, was ich sage, Mr Jack? *Bis zur Unkenntlichkeit verbrannt.*«)

Nach ihrer Rückkehr schilderte Lewis das Erlebnis seinem Freund Jack Walsh:

> Es war sehr fraglich, ob Joy und ich unsere Griechenlandreise würden antreten können, aber wir taten es. In gewisser Hinsicht war es Wahnsinn, aber keiner von uns bereut es. Sie vollbrachte wahre Kraftakte, als sie auf die Akropolis und durch das Löwentor in Mykene hinauf und kreuz und quer durch die mittelalterliche Innenstadt von Rhodos humpelte. (Rhodos ist schlicht das Paradies auf Erden.) Es war, als ob die Hand Gottes sie stützte. *Nunc dimittis*, das war ihre innere Verfassung, als sie zurückkam, nachdem sich über alle Hoffnung hinaus ihr größter, lebenslanger Wunsch auf dieser Welt erfüllt hatte.
>
> Dafür war ein hoher Preis an zunehmender Unbeweglichkeit und Schmerzen in den Beinen zu zahlen. Nicht, dass ihre Anstrengungen irgendwelche Auswirkungen auf die Entwicklung der Tumore gehabt hätten, aber ihre Muskeln etc. waren überbeansprucht worden. Seither ist der ursprüngliche Krebsherd in der rechten Brust, mit dem die ganze Not begann, erneut ausgebrochen. Sie musste letzten Freitag entfernt werden – sie wurde »zur Amazone gemacht«, wie sie es typischerweise ausdrückte. Diese Operation brachte, Gott sei Dank, größere Linderung, als wir zu hoffen gewagt hatten. Schon am Abend desselben Tages war sie frei von jeglichen starken Schmerzen und von der Übelkeit und hatte Freude daran, sich zu unterhalten. Gestern konnte sie schon etwa eine Viertelstunde lang aufrecht im Sessel sitzen. …
>
> Es war gar nicht so einfach, Joy (und mich selbst) davon abzuhalten, in Attika ins Heidentum zurückzufallen! In Delphi fiel es schwer, nicht zu dem Heiler Apollon zu beten. Aber irgendwie hatte man auch nicht das Gefühl, es wäre besonders verwerflich ge-

wesen – wir hätten uns nur *sub specie Apollinis* an Christus gewandt.

Im Lukasevangelium (2,29f) war es Simeon, der, nachdem er das Christuskind gesehen hatte, das *Nunc Dimittis* sang: »Herr, nun lässt du deinen Diener in Frieden fahren, wie du gesagt hast; denn meine Augen haben deinen Heiland gesehen.« Weder Lewis noch Joy dachten zu dieser Zeit noch ernsthaft an eine Heilung. Und es ist bewegend zu sehen, wie Lewis, wenn er sich selbst das beinahe gesprochene Gebet an Apollo verzeiht, auf sich selbst und Joy dieselbe Großzügigkeit anwendet, die er Laurence Krieg zuteil werden ließ, dem amerikanischen Jungen, der Angst hatte, Aslan mehr zu lieben als Jesus. Der Mutter dieses Jungen hatte Lewis geschrieben: »Aber in *Wirklichkeit* kann Laurence Aslan gar nicht mehr lieben als Jesus, selbst wenn er das Gefühl hat, dass es so sei. Denn die Dinge, die Aslan tut oder sagt und die Laurence an ihm liebt, sind einfach die Dinge, die Jesus in Wirklichkeit getan und gesagt hat. Wenn also Laurence denkt, dass er Aslan liebt, dann liebt er in Wirklichkeit Jesus; und vielleicht liebt er ihn sogar mehr als je zuvor.«

Nach Greens Schilderung des Erlebnisses zu urteilen – er führte ein detailliertes Tagebuch – spielt Lewis in seinem Brief sowohl den Freudenrausch als auch das Elend herunter. Joy hatte während der gesamten Reise starke Schmerzen; das Einzige, was sie auf den Beinen hielt, war der reichliche Genuss von Ouzo und anderen einheimischen Getränken, wobei die anderen ihr meistens Gesellschaft leisteten. Wenn dies auch ihre Abenteuer in einen gewissen alkoholischen Dunst gehüllt haben mag, so sorgte es auch für manche witzigen Momente – zum Beispiel an dem Abend in einer Taverne, als sie lange auf das Essen warten mussten und die Kapelle äußerst laut spielte und Joy sich damit beschäftigte, Kügelchen aus Brot zu rollen und die ihr zunächst sitzenden Musiker damit zu beschießen. Doch es gab auch Zeiten von nahezu visionärer Qualität, Momente, die gesättigt voll mit Bedeutung waren: die Stille, als die beiden auf der Akropolis saßen, nachdem sie auf dem Weg dorthin am Areopag vorbeigekommen waren, wo Paulus den ortsansässigen Philosophen und Rhetorikern das Christentum verkündet hatte; Lewis' Ehrfurcht, mit der er die Ausgrabungsstätten in Mykene betrat, den legendären Palast »Agamemnons, des Königs der Menschen«, so genannt von Homer, den Lewis »vergötterte«, als er fast ein halbes Jahrhundert zuvor im Hause Kirks in Surrey die *Ilias* und die *Odyssee* las. Für einen Menschen, der fast sein ganzes Leben lang in griechischer Literatur und dem griechischen Neuen Testament geschwelgt hatte, muss jede Minute ein wahrhaft außergewöhnliches Erlebnis gewesen sein. (Lewis versuchte sogar die Zeitung zu lesen und die Veränderungen vom alten zum modernen Griechisch zu enträtseln.) Ich wünschte, er hätte die Zeit und die Kraft gehabt, ein Buch über seine Reise zu schreiben.

Nach ihrer Rückkehr hatte Joy noch drei Monate zu leben. Es war eine quälende Zeit. Mitte Juni waren sie, Lewis und Warnie sicher, dass sie dabei war zu sterben; sie bat darum, ihren Sohn Douglas zu ihr zu holen (Douglas ging auf ein Internat in Wales, während sein älterer Bruder David die Magdalen College School besuchte), und erklärte dem Arzt, sie werde keine weitere Operation über sich ergehen lassen. Warnie empfing David, als er von der Schule nach Hause kam, und überbrachte ihm die schlechten Neuigkeiten, während Douglas von seinem freundlichen Schulleiter den ganzen Weg von Wales nach Oxford gefahren wurde. Warnie, der damit rechnete, sie nie wieder zu sehen, schrieb eine Abschiedsklage in sein Tagebuch. Doch einmal rappelte sie sich noch auf und wurde zwei Wochen später wieder nach Hause entlassen. Es ist nicht klar zu erkennen, ob irgendjemand darin eine wirklich gute Neuigkeit sah. Am 13. Juli wachte sie frühmorgens auf, schreiend vor Schmerzen; ein Krankenwagen brachte sie und Lewis ins Krankenhaus. Als der Arzt, ein Mann namens Till, Jack eröffnete, seine Frau habe nur noch Stunden zu leben, gab Jack die Nachricht an sie weiter. Später sagte er zu Warnie, sie sei sich »mit ihm einig gewesen, dies sei die beste Nachricht, die sie jetzt bekommen konnten«. Am späten Abend jenes Tages starb sie.

Am achtzehnten wurde sie auf ihren Wunsch hin eingeäschert. Austin Farrer las die große Liturgie zum Totenbegräbnis aus dem *Prayer Book*.

Allmächtiger Gott, bei dem die Geister derer wohnen, die im Herrn dahinscheiden, und bei dem die Seelen der Gläubigen, von der Last des Fleisches befreit, in Freude und Seligkeit leben: Wir danken dir von Herzen, denn es hat dir gefallen, diese unsere Schwester aus den Nöten dieser sündigen Welt zu befreien; und wir flehen zu dir, es möge dir in deiner gnädigen Güte gefallen, bald die Vollzahl deiner Erwählten heimzubringen und dein Reich rasch anbrechen zu lassen; damit wir mit all jenen, die im wahren Glauben an deinen heiligen Namen starben, unsere vollkommene Erfüllung und Seligkeit finden mögen, im Leibe wie im Geist, in deiner ewigen und immerwährenden Herrlichkeit; durch Jesus Christus, unseren Herrn. *Amen.*

Es kamen, aus welchem Grund auch immer, nur wenige Trauernde; A. N. Wilson sagt (ohne eine Quelle zu nennen), Lewis sei darüber sehr betrübt gewesen. Joy hatte ein Gedicht ihres Mannes mit dem Titel »Epitaph« besonders geliebt, und auf ihre Bitte hin überarbeitete er es und ließ es auf einer Tafel eingravieren, die zu ihrem Gedächtnis am Krematorium von Headington angebracht wurde:

Here the whole world (stars, water, air,
And field, and forest, as they were
Reflected in a single mind)
Like cast off clothes were left behind
In ashes, yet with hope that she,
Re-born from holy poverty,
In lenten lands, hereafter may
Resume them on her Easter Day.

(Hier blieb die ganze Welt (Meer, Sterne, Luft,
Und Feld und Wald, in eines einz'gen
Menschen Geist gespiegelt)
Zurück wie Kleider, abgeworfen,
Verbrannt zu Asche, doch voll Hoffnung,

sie möge, neu geboren aus der heil'gen Armut
im Fastenland, hernach von Neuem sich mit ihnen
bekleiden einst an ihrem Ostertag.)

Fast sein ganzes Leben lang war Lewis ein leidenschaftlicher Gegner von Tierversuchen gewesen – sein erster erhaltener Widerspruch gegen diese Praxis findet sich in einem Brief, den er mit zehn Jahren schrieb. Tierquälerei (unter dem Deckmantel wissenschaftlicher Forschung) ist eine der Praktiken am N.I.C.E. in *Die böse Macht*, und Lewis muss seine helle Freude daran gehabt haben, die Szene zu schreiben, in der die Tiere befreit und ermutigt werden, ihren Liebesneigungen nachzugehen. Für ihn sind Tierversuche ein Zeichen jener Instrumentalisierung, jener Degeneration in den Willen zur Macht, von der die Praxis der Wissenschaft stets bedroht ist. Es ist darum auf düstere Weise vielsagend, dass er in dem qualvollen Bericht über seine eigene Trauer, den er in den Wochen nach Joys Tod schrieb, ausführlich über die Möglichkeit nachdenkt, Gott sei vielleicht nicht nur unerforschlich, sondern schlimmer noch, der »kosmische Vivisektor« – Gott habe vielleicht aus seinen eigenen Gründen, für die er zweifellos die edelmütigste Erklärung hätte geben können, beschlossen, ein Experiment mit Joy (und damit auch mit Lewis) zu machen. Selbst oder gerade die Zeiten der Gesundheit und Kraft wären dann Teil des grausamen Experiments gewesen. Im Rahmen von Lewis' moralischem Vokabular hätte er kaum etwas Zornigeres oder Anklagenderes schreiben können. In dieser Schilderung bezeichnet Lewis Joy als »H.«, was vermutlich für ihren eigentlich ersten Vornamen Helen steht:

> Was jedes Gebet und jede Hoffnung erstickt, ist die Erinnerung an all die Gebete, die H. und ich dargebracht haben, und an all unsere falschen Hoffnungen. Nicht bloß Hoffnungen, die unser eigenes Wunschdenken gezeugt hat, sondern Hoffnungen, zu denen wir ermuntert, ja gezwungen wurden durch falsche Diagnosen, Röntgenbilder, ein merkwürdiges Nachlassen der Krankheitser-

scheinungen, ja durch eine zeitweilige Besserung, die hätte als Wunder gelten können. Schritt um Schritt wurden wir in die Irre gelockt. Immer wieder, so oft Er besonders gnädig schien, hat Er in Wirklichkeit die nächste Folter vorbereitet.

Nach dieser Anklage fährt Lewis sogleich fort: »Das habe ich gestern Abend geschrieben. Es war mehr Aufschrei als Gedanke.« Tatsächlich war er für eine Weile zu Orual geworden. Obwohl er nie ausdrücklich die Verbindung herstellt, ist die Ähnlichkeit nicht zu übersehen. Einige Seiten nach jenem »Aufschrei« schreibt er: »All das Zeug über den kosmischen Sadisten war nicht so sehr der Ausdruck von Denken als von Hass. Es hat mir die einzige Befriedigung bereitet, die ein Gequälter haben kann – die Befriedigung zurückzuschlagen. Eigentlich war es bloße Schmährede; ›Gott gründlich die Meinung sagen‹.«

Später werden seine Überlegungen dem Porträt, das er von Orual zeichnete, noch ähnlicher. Wiederholt hat er nach seiner Geliebten gerufen, sie möge »zurückkommen«, doch nun, da er darüber nachdenkt, was eine Antwort auf diesen Ruf im Grunde bedeuten würde, hat er eine Einsicht: Der Ruf »hat nur mich im Auge. Nie habe ich mir die Frage gestellt, ob eine solche Wiederkehr, falls möglich, zu ihrem Besten wäre. … Könnte ich ihr Schlimmeres wünschen? Da sie den Tod einmal überstanden hat, zurückzukommen und dann später das ganze Sterben von Neuem zu leisten?« Indem er ernsthaft über seine Reaktion auf seinen Verlust nachdenkt, erkennt er, was Orual in jenem Gerichtssaal einer anderen Welt erkannte: wie klein sein Glaube und wie mangelhaft seine Liebe war.

Es war nie so, dass er »seinen Glauben verlor«. Der Glaube im Sinne einer grundlegenden Überzeugung von der Existenz Gottes ist gar nicht so einfach abzuschütteln, wenn man ihn über mehrere Jahrzehnte ernsthaft kultiviert hat. Eher war er noch versucht, *mehr* zu glauben, als es die Christen tun: zurückzukehren zu dem Spiritismus, von dem er als Junge und junger Mann fasziniert gewesen war, zu dem Glauben, er könne durch eine Séance oder irgendein anderes okkultes Mittel den Kontakt zu Joy herstellen. (»Jedenfalls muss ich mich von den Spiritisten fernhalten. Das habe ich H. versprochen.«) Obwohl er, wie wir gesehen haben, den Charakter des Gottes, an den er glauben musste, ernsthaft in Frage stellte, führte dieses Hinterfragen Gottes letzten Endes zu einem tieferen Hinterfragen seiner selbst und einem beträchtlichen Wachstum seiner Selbsterkenntnis.

Das letzte Buch, das Lewis vollendete, ist *Letters to Malcolm: Chiefly on Prayer* (dt. *Du fragst mich, wie ich bete*). Manche lieben es, doch allgemein gilt es als eines seiner weniger gelungenen Bücher. Auf jeden Fall unterscheidet es sich von seinen anderen Büchern über das Christentum, und der Hauptunterschied liegt in der Zahl der Fragen, die es enthält: Fragezeichen sind durch das ganze Buch verstreut wie Konfetti. Er wirft viel mehr Rätsel auf, als er lösen kann – mehr sogar, könnte man sagen, als er zu lösen geneigt ist. »Haben wir irgendeinen Grund zur Annahme, restlose Selbsterkenntnis – falls sie uns zuteil werden sollte – gereiche uns zum Guten?« »Die allerletzte Verlassenheit« – der Moment, als Jesus am Kreuz ausruft: »Mein Gott, mein Gott, warum hast du mich verlassen?« – »wie können wir sie verstehen oder ertragen? Kann denn selbst Gott nicht Mensch sein, ohne dass Ihm in der größten Not Gott zu entschwinden scheint? Und wenn es so ist, warum?« »Ich denke, [mystische Erfahrungen] zeigen, dass es bereits vor dem Tod einen gangbaren Weg gibt aus dem, was ›diese Welt‹ genannt werden kann – fort von der hergerichteten Bühne. Weg von hier; aber wohin?« Mit diesen Fragen hat, so glaube ich, auch seine mangelnde Neigung zu tun, gegenüber dem radikalen Theologen Alec Vidler so kritisch zu sein, wie es sein imaginärer Freund Malcolm gerne möchte; wie er sich auch weigerte, den Bischof von Woolwich, John Robinson, öffentlich zu kritisieren, dessen Buch *Honest to God* in Lewis' letzten Lebensmonaten enorme Kontroversen auslöste, indem es auf die Notwendigkeit pochte, den größten Teil der traditionellen christlichen Theologie über Bord zu werfen.

Lewis hatte nicht im Mindesten seine Meinung über die Hohlheit des »verwässerten Christentum« geändert; gerade am Ende von *Du fragst mich, wie ich bete* erneuert er in einem kurzen Abschnitt eine alte Kritik an der Illiberalität des angeblich »liberalen« Christentums. Außerdem lehnt er es auch deshalb ab, eine Besprechung zu Robinsons Buch zu schreiben, weil er das Gefühl hatte, dies nicht im Geist der Nächstenliebe tun zu können, und weil er Robinson nicht noch mehr Publicity verschaffen wollte, als er schon bekommen hatte. Somit war er keineswegs geneigt, Vidler oder Robinson zu befürworten. Doch nach allem, was er während Joys Krankheit und Sterben durchgemacht hatte, konnte er ihr Unbehagen an der traditionellen Lehre jetzt besser *verstehen*. Sie versuchten, über die »Religion« hinauszukommen, und in seinem Elend hatte Lewis gelernt, diesen Impuls zu begreifen – wenn er auch fand, dass sie dies auf völlig falsche Weise angingen. »Religion« ist entweder eine Ansammlung kultureller Gepflogenheiten oder eine Ansammlung von Lehren, und beides – auch wenn für Lewis die Lehren stets unverzichtbar als Wegkarte zur wahren Bestimmung eines Menschen waren – sollte niemals das *Ziel* des christlichen Lebens sein. (Dieser Irrtum wäre so, »als ob man Schifffahrt an die Stelle von Landung, Schlacht an die Stelle des Sieges, Liebeswerben an die Stelle der Ehe setzen könnte«.) Jenseits aller Religion gibt es Etwas oder besser Jemanden, den Religion niemals erfassen kann, der wirklicher ist als alle Praktiken oder Dogmen. »Die Gegenwart Gottes können wir zwar missachten, ihr aber nirgends entgehen. Überall wandert er *incognito*. Und sein *Incognito* ist nicht immer schwer zu lüften. Wirklich Mühe kostet eigentlich nur, daran zu denken – aufzumerken. Ja aufzuwachen. Und erst recht wach zu bleiben.« Solche Aufmerksamkeit ist schwierig; es gelingt uns oft nicht, sie aufzubringen, und wenn wir meinen, wir wären besonders wach, schlafen wir oft fest. Man fragt sich, wie viel von seinem eigenen Werk Lewis dort, so nahe vor dem Ende, als aufmerksam in diesem wahren und vollen Sinne einschätzte. Vielleicht ist es bezeichnend, dass er sich an einer Stelle in *Du fragst mich, wie ich bete* an Thomas von Aquin erinnert, der, nachdem er eine überwältigende, ja lähmende Vision Gottes empfangen hatte, auf seine theologische Lebensarbeit zurückblickte und sagte: »Sie kommt mir vor wie Stroh.«

Noch während Joy im Sterben lag, dachte Lewis darüber nach, ausgerechnet ein literaturkritisches Buch zu schreiben, und auch nach ihrem Tod, während er *Über die Trauer* schrieb, arbeitete er daran. Es entstand aus seinem Nachdenken über das intellektuelle Leben in Cambridge im Gegensatz zu dem in Oxford. 1956 hatte er geschrieben: »In Oxford war man nie vor einem Philosophen sicher; hier nie vor einem Literaturkritiker.« Ein Studienanfänger in Cambridge, »der auf sich hält«, muss etwas über »Literaturkritik (Literary Criticism mit den größtmöglichen Großbuchstaben für beide Worte)« lernen. Diese intellektuelle Vorherrschaft eines einzigen Faches (nur innerhalb der Geisteswissenschaften – Lewis übertreibt seine Bedeutung in der Universität insgesamt) war weitgehend das Werk eines Mannes, des Literaturkritikers schlechthin: F. R. Leavis. Leavis, der in Warnie Lewis' Alter und ebenfalls ein Veteran des Ersten Weltkriegs war, hatte seine Laufbahn als Hochschullehrer etwa um dieselbe Zeit begonnen wie Jack. Außerdem war er, ebenso wie Jack, von seiner eigenen Universität nie völlig anerkannt worden: Er bekam in Cambridge vor 1936 nicht einmal eine Dauerstellung in der Fakultät. Bis dahin jedoch hatte er durch seine Bücher und Vorlesungen das Englischstudium dort gründlich umgekrempelt. Der Literaturkritiker Terry Eagleton schrieb: »Anfang der 1920er-Jahre war es zum Verzweifeln unklar, wieso es sich überhaupt lohnen sollte, Englisch zu studieren; Anfang der 1930er war es so weit, dass man sich fragte, wieso es sich lohnen sollte, seine Zeit mit irgendetwas anderem zu vergeuden.«

Lewis war natürlich mit Leavis' Arbeiten von Anfang an vertraut und hatte kurz in *A Preface to »Paradise Lost«* und anderswo die Klingen mit ihm gekreuzt. Warum aber sollte er Leavis als einen Gegner betrachten? Leavis hatte das Literaturstudium ins Zentrum des Universitätscurriculums gerückt und war ein eifriger Verfechter der Macht der Literatur, Menschenleben, ja ganze Kulturen zu verändern. Hätte Lewis ihn nicht als Verbündeten sehen müssen? Keineswegs. Zum einen war Leavis eine Schlüsselfigur in einer Bewegung, die ursprünglich vor allem von dem viktorianischen Dichter und Literaturkritiker Matthew

Arnold angestoßen worden war. Aus der Sicht der ihr nahe stehenden Denker war das Christentum ausprobiert und für mangelhaft befunden worden, und die Literatur musste es als Herz und Seele für die Prägung der englischen Kultur ersetzen. Die großen Literaten sollten unsere Wegweiser werden, nachdem Jesus sich als dieser Aufgabe nicht gewachsen gezeigt hatte. Lewis hielt es eher mit Chestertons Ansicht, das Christentum sei nicht ausprobiert und für mangelhaft befunden, sondern »für schwierig befunden und unprobiert gelassen« worden. Und er betonte nachdrücklich – schon 1940 – dass es *keinen* Zusammenhang zwischen »Kultiviertheit« und geistlicher Reife gab und geben konnte. Lewis hatte nie Interesse an der Literatur als einem Ersatz für den christlichen Glauben.

Dazu kam, dass Leavis es hauptsächlich mit der viktorianischen und modernen Literatur hielt – er war zum Beispiel ein großer Fürsprecher Eliots gewesen – und dass es in seinem Kanon kaum oder gar keinen Platz für die Bücher gab, die Lewis liebte. Noch konkreter, es *gab* einen »Leavisschen Kanon«, nämlich das, was Leavis selbst »die Große Tradition« nannte. Ein Großteil der Energie, die Leavis und seine Kollegen in die von ihm gegründete Zeitschrift *Scrutiny* steckten, wurde darauf verwandt, herauszufinden, wer drinnen war und wer draußen. In der Welt von *Scrutiny* hatte die Literaturgeschichte für Lewis' Geschmack zu viel Ähnlichkeit mit einem inneren Ring. Das war seiner Ansicht nach eine Bedrohung für die Freiheit und das Vergnügen des Lesers.

Noch während er also zutiefst den Verlust seiner geliebten Frau betrauerte, nahm er sein letztes großes polemisches Werk in Angriff, und es hatte nichts mit dem Christentum zu tun. Ja, es war geradezu eine Attacke gegen die »literarischen Puritaner«, die das Lesen in eine Übung zur spirituellen Bildung umfunktionieren wollten – eine Übung unter der Anleitung dieser strengen Kritiker, die einem sagen wollten, was man lesen sollte und warum es gut für einen sei. Sie bildeten »die Sittenwächter-Schule der Kritik. Für sie ist Literaturkritik eine Form sozialer und ethischer Hygiene«. Durch ihren Einfluss entstehen »Familien und Kreise ... in denen man über große Unabhängigkeit verfügen muss, um nicht über die empfohlene Literatur zu reden und sie deshalb gelegentlich auch zu lesen, besonders die neuen und aufsehenerregenden Werke und solche, die verboten wurden oder sonstwie zu Streitthemen geworden sind.« Er denkt hier an D. H. Lawrence's *Lady Chatterley's Lover*, das 1959 und 1960 Gegenstand eines Obszönitätsprozesses war, der, wie die BBC es ausdrückte, »die ganze Nation packte«. Leavis war einer der vernehmlichsten Fürsprecher des Buches und von Lawrences Anspruch auf einen Platz in der Großen Tradition. Nachdem das Verbot des Buches aufgehoben war, kam es in Großbritannien im November 1960 in den Handel, gerade als Lewis *Über die Trauer* schrieb und mit *An Experiment in Criticism* begann. Es war binnen Stunden ausverkauft.

Die Schlüsselworte in dem eben zitierten Abschnitt sind »über die empfohlene Literatur zu reden und sie deshalb gelegentlich auch zu lesen«. Nicht das Verlangen zu lesen wecken die Leavisianer bei den Leuten, sondern das Verlangen, gelesen zu haben, und mehr noch ein Verlangen, einfach Bescheid zu wissen, was man lesen *sollte*. Die Tausende von Leuten, die losstürmten, um *Lady Chatterley's Lover* zu kaufen, lasen das Buch eigentlich nicht wirklich, auch wenn ihre Augen über jede Zeile des Textes huschten. Nachdem er einen Haushalt beschrieben hat, der davon besessen ist, diesem literarischen inneren Ring anzugehören, fährt Lewis fort: »Doch während sich all das unten abspielt, mag es sein, dass die einzige echte literarische Erfahrung in einem entlegenen Zimmer stattfindet, wo ein kleiner Junge mit der Taschenlampe unter der Bettdecke *Die Schatzinsel* liest.«

An Experiment in Criticism ist ein Buch mit manchen Schwächen – es ist ja im Grunde ein literaturtheoretisches Werk, und das war nicht Lewis' schriftstellerische oder denkerische Stärke – aber ich finde es einfach wunderbar, dass dieser müde, kranke Mann, zermürbt von Leid und Verlust und von einem immer schwächer werdenden Herzen, sich noch zu heiligem Zorn aufrütteln ließ, um einen kleinen Jungen zu verteidigen, der in Unkenntnis oder Verachtung der kulturellen Normen in seiner Familie eine Abenteuergeschichte las. Von frühester Jugend an hatte Lewis seine Freiheit als Leser eifersüchtig gehütet. Er hatte nach jedem Moment gelechzt, den er sich allein mit einem Buch aus den unzähligen Regalen und Stapeln in Little Lea zurückziehen konnte, und sein ganzes Leben lang waren ihm leichte Erkrankungen willkommen gewesen, die ihm einen Vorwand zu zweckfreiem und rein freiwilligem Lesen lieferten. Den Leser zu verteidigen, ja mehr noch, ihn zu feiern, dazu legte dieser alte Krieger ein letztes Mal seine Rüstung an und zog aus, den Drachen namens Literaturkritiker zu erschlagen.

Als das Jahr 1960 zu Ende ging und 1961 begann, war Lewis außerordentlich beschäftigt. Zum einen war er jetzt alleinerziehender Vater und musste sich darüber klar werden, wie er am besten für David und Douglas sorgen könnte. Das fiel ihm leichter bei Doug, den er liebte (»ein strahlender Lichtblick in meinem Leben«, schrieb er an Arthur) und der ihn liebte, doch bei David war es schwieriger. Die wenigen Bemerkungen, die David im Lauf der Jahre über sein Leben mit Lewis gemacht hat, deuten auf eine außergewöhnliche Unabhängigkeit hin; man hat nicht den Eindruck, dass Lewis überhaupt irgendeinen Eindruck bei ihm hinterlassen hat, weder zum Guten noch zum Schlechten. Ihm ging es mehr darum, mit dem, wie er empfand, irrationalen Antiamerikanismus seiner Schulkameraden fertig zu werden – Doug, der ein Jahr jünger war, scheint anpassungsfähiger und eher bereit gewesen zu sein, ein junger englischer Gentleman zu werden – und sich mit seiner eigenen jüdischen Identität auseinanderzusetzen. Da seine Mutter jüdisch war, war er es genau genommen auch, und obwohl er als Christ erzogen worden war, bemühte er sich bald nach dem Tod seiner Mutter um Unterweisung im jüdischen Glauben und in der hebräischen Sprache, was ihm Lewis bereitwillig ermöglichte. Douglas wurde später als Erwachsener Christ, doch David wandte sich dem Judentum zu. In Douglas' Memoirenband *Lenten Lands* kommt sein Bruder kaum vor, was vielleicht einer der Gründe dafür ist, dass Joy in dem Film *Shadowlands* nur einen Sohn hat. David bleibt in dieser Geschichte eine rätselhafte Gestalt.

Bald nach Joys Tod kam Bill Gresham zu Besuch nach Oxford, und er und Lewis trafen mehrmals zusammen. Diese Begegnungen müssen ausgesprochen peinlich gewesen sein; nicht nur aus den nahe liegenden Gründen, sondern auch wegen eines Vorfalls, der sich ereignete, als Joy krank wurde. Bill hatte damals geschrieben, er wolle das Sorgerecht für die Jungen, wenn es Joy nicht mehr möglich war, sich um sie zu kümmern, woraufhin Joy Lewis bat, einen entschiedenen Brief zu schreiben, um Bill zu sagen, dass sie sich dagegen mit allen ihnen zu Gebote stehenden rechtlichen Mitteln wehren würden. Lewis schrieb dann noch einen zweiten Brief, in dem er Bill sehr unverblümt sagte, wie unglücklich er sowohl seine Frau als auch seine Kinder gemacht habe. (Doug berichtet in *Lenten Lands*, er erinnere sich daran, wie sein Vater ihm eine Flasche auf dem Kopf zerschlagen habe. Er kann damals nicht älter als sechs gewesen sein.) Bill verzichtete schließlich auf den Anspruch auf seine Söhne, und als er ihnen nach Joys Tod begegnete, waren sie einander fremd geworden. Er hielt sich noch eine Weile in Oxford auf und kehrte dann nach Amerika zurück. Im Sommer 1962 erfuhr er, dass auch er Krebs hatte, und um nicht dasselbe durchmachen zu müssen wie Joy, nahm er sich das Leben.

Lewis bekam reichlich Hilfe mit den Jungen, manchmal aus unverhoffter Quelle. Schon als Joy noch krank war, nahm Maureen Blake – Mrs Moores Tochter, die immer noch unweit von Oxford in Malvern wohnte – sie für eine Weile zu sich, obwohl sie mit David sehr schlecht zurechtkam, und die Familie Berners-Price, Eigentümer des Hotels in Ramsgate, in dem sich die findige Mrs Hooker als Ehefrau von C. S. Lewis einquartiert hatte, luden die Jungen zu kostenlosen Ferienaufenthalten ein. Diese Hilfe hatte Lewis auch nötig, denn auf ihm lasteten viele Verpflichtungen: In Cambridge waren Vorlesungen zu halten. Bücher waren zu schreiben und für den Druck vorzubereiten; Warnie musste im Zaum gehalten werden, wenn er zur Flasche griff, und selbst in einem Komitee zur Revision des Psalters arbeitete er mit – das heißt, der Psalmensammlung im *Book of Common Prayer*, dem Gebetbuch der anglikanischen Kirche. Diese Aufgabe hatte Lewis weitgehend deshalb übernommen, weil er von Revisionen abraten wollte, denn er fand die Version von Miles Coverdale, die seit vierhundert Jahren in Gebrauch war, mehr als adäquat. Diese Meinung teilte auch ein anderes Mitglied des Komitees, T. S. Eliot, den Lewis nun endlich persönlich kennenlernte. (Bisher waren sie einander nur einmal ganz kurz in den Vierzigern begegnet, obwohl sie nach dem Tod ihres gemeinsamen Freundes Charles Williams eine Weile lang über diesen korrespondiert hatten.) Die beiden Männer kamen sehr gut miteinander aus; das Vergangene konnte endlich ruhen, so scheint es.

Doch mitten in all dieser Geschäftigkeit nahmen Lewis' Kräfte immer mehr ab. Sein Herz, um das sich die Ärzte schon seit seinem Zusammenbruch 1949 sorgten, wurde zunehmend schwächer. Im August 1961 bekam er zu seiner großen Freude Besuch von Arthur (»eine der glücklichsten Zeiten, die ich seit langem erlebt habe«), doch obwohl auch Arthur die gemeinsame Zeit genoss, beunruhigte es ihn sehr zu sehen, wie krank Lewis aussah. Tatsächlich erfuhr Lewis schon bald darauf, dass seine Prostata vergrößert war. Eine Operation wollten die Ärzte nicht vornehmen, da sie fürchteten, er werde sie wegen seines schwachen Herzens nicht überstehen. Im Herbst blieb er, statt nach Cambridge zurückzukehren, bei Warnie – der sich fürs Erste gefangen hatte – in The Kilns und unterzog sich einer Reihe von Bluttransfusionen, die zu helfen schienen. Dies waren vergleichsweise behutsame Maßnahmen, und das wusste er auch, doch »indessen«, wie er an einen ehemaligen Studenten schrieb, »habe ich keine Schmerzen und bin weder niedergeschlagen noch gelangweilt.« Zum Osterterm 1962 konnte er dann nach Cambridge zurückkehren und Vorlesungen halten, was ihm große Freude machte, wie auch seine Arbeit in dem Komitee für die Psalterübertragung. Wegen seiner vergrößerten Prostata und den damit zusammenhängenden Nierenproblemen musste er von nun an einen Katheter tragen – der mehr als einmal (es war ein merkwürdiges, behelfsmäßiges Ding) in aller Öffentlichkeit aufbrach und seine Hosen durchnässte – doch er schaffte es, im Herbst eine Vorlesungsreihe über »Englische Literatur 1300–1500« zu halten. Obwohl er auch nach dem nächsten Jahreswechsel wieder nach Cambridge zurückkehrte, tat er dies nur, um Doktoranden zu betreuen; Vorlesungen würde er nie wieder halten.

Im Sommer hoffte er nach Irland zu reisen und plante auch zusammen mit Warnie einen Besuch bei Arthur, bei dem Doug Gresham sie begleiten sollte, teils um seiner Gesellschaft willen und teils, um Lewis' Gepäck zu tragen, was er selbst nicht mehr tun konnte. Er war inzwischen so geschwächt, als wäre er fünfzehn Jahre älter. Warnie fuhr voraus nach Irland, vermutlich, um sich besinnungslos zu trinken: Er hatte eine Gruppe freundlicher Nonnen ausfindig gemacht, die eine Art Erholungsheim betrieben und bei denen er darauf zählen konnte, dass sie ihn am Leben halten würden, wenn er ansonsten an allem Möglichen hätte sterben können, sei es an einem Sturz oder einfach an Alkoholvergiftung. Während des einmonatigen Intervalls zwischen seiner Rückkehr aus Cambridge und dem geplanten Irlandurlaub bekam Lewis Besuch von einem jungen Amerikaner, Dozent für Englisch an der Universität von Kentucky, der sein Werk sehr bewunderte und etwas darüber schreiben wollte. Sein Name war Walter Hooper. Lewis versuchte Hooper auszureden, über ihn zu schreiben – wie er das bei jedem versuchte, der über ihn schreiben wollte – aber sie hatten eine nette Unterhaltung. Lewis mochte Hooper sehr.

Es wurde jedoch sehr bald deutlich, dass er der Irlandreise nicht gewachsen war – »Aber ach Arthur, dass ich dich nie wiedersehen werde!«, schrieb er gequält – und am 15. Juli erlitt er einen schweren Herzanfall, glücklicherweise gerade während einer ärztlichen Untersuchung. Er fiel in ein tiefes Koma und erhielt am folgenden Nachmittag das Sakrament der Letzten Ölung; es schien sicher, dass er sterben würde. Doch eine Stunde, nachdem er das Sakrament empfangen hatte, wachte er auf und bat um eine Tasse Tee. (»Sie finden nie ein Buch, das lang genug, oder eine Teetasse, die groß genug für mich ist«, sagte er einmal zu Hooper.) Er glaubte, er wäre nur für ein paar Minuten eingenickt.

In den zwei Wochen, die er im Krankenhaus blieb, besserte sich sein körperlicher Zustand, doch er durchlebte Phasen der Verwirrheit. Oft erkannte er Freunde und Verwandte nicht sofort, und mehrmals redete er so, als wäre Minto noch am Leben. Doch in seinen klaren Momenten schätzte er seine eigene Situation sehr scharfsinnig ein. Er brauchte dringend Hilfe; es war eine unablässige Flut von Briefen zu beantworten, alle möglichen Veröffentlichungsfragen mussten geklärt wären, seine Finanzen waren völlig chaotisch, und dass Warnie ihm je wieder auf Dauer von Nutzen sein könnte, war kaum anzunehmen. (Auch The Kilns war wieder völlig versumpft – auf den Badezimmerwänden wuchs Schimmel – doch keiner der Lewis-Brüder scheint sich darum geschert zu haben.) Lewis begriff rasch, dass Hooper ein hervorragender Sekretär und allgemeiner Helfer sein würde, und sagte zu George Sayer, er wolle Hooper diesen Job anbieten. Hooper erklärte sich bereit, zu tun, was er konnte, solange er sich in England aufhielt. Im Herbst würde er zu seinen Lehrverpflichtungen nach Kentucky zurückkehren müssen, doch er sagte zu, im Januar 1964 zurückzukehren, um Lewis als Sekretär zur Verfügung zu stehen.

Nachdem Lewis nach The Kilns zurückgekehrt war – von Warnie immer noch keine Spur – trat er von seinem Lehrstuhl in Cambridge zurück, da er wusste, dass es ihm nie wieder gut genug für eine Rückkehr gehen würde, und musste infolgedessen aus seinen Räumen dort ausziehen. Eine der ersten großen Aufgaben für Hooper bestand darin, (gemeinsam mit Doug) nach Cambridge zu fahren und sämtliche Bücher und Papiere von Lewis abzuholen. Das bedeutete, dass sie mit einer verblüffenden Menge an Büchern zurück nach The Kilns kamen, in ein Haus, das ohnehin schon davon überquoll, und es kam zu einer lustigen Situation, als Lewis Hooper dazu überredete, eine Mauer aus Büchern rund um den schlafenden Alec Ross zu bauen, der als Lewis' Krankenpfleger mit ihm Haus wohnte und sich die falsche Zeit und den falschen Ort für ein Nickerchen ausgesucht hatte. Offensichtlich hatte sein Sinn für Humor unter seinem schlechten körperlichen Zustand noch nicht gelitten. Doch ihm war klar, was es mit seinem Aufschub auf sich hatte. Im September schrieb er an Schwester Penelope (mit Worten, in denen das anklingt, was er in *Über die Trauer* über Joys Tod und sein Verlangen, sie möge »zurückkommen«, geschrieben hatte): »Ich wurde unerwartet aus einem langen Koma wiederbelebt ... doch das wäre ein luxuriös unbeschwerlicher Übergang gewesen, und man bedauert fast, dass einem die Tür vor der Nase zugeschlagen wurde. Sollten wir vielleicht Lazarus statt Stephanus als den ersten Märtyrer ehren? Zurückgeholt zu werden und das ganze Sterben *noch einmal* durchstehen zu müssen, war ziemlich hart.«

Lewis beendete jenen Brief an Schwester Penelope mit den Worten: »Das alles ist ein ziemlicher Spaß – ein ernster Spaß – nicht wahr?« Ähnlich hatte er in *Du fragst mich, wie ich bete* geschrieben: »Freude ist das ernste Geschäft des Himmels.« Sein ganzes Leben lang hatte er Mühe mit Zeremonien gehabt; er fühlte sich unbeholfen darin, und sie brachten ihn in Verlegenheit. Der alte College-Ritus, mit dem er vor all den Jahren als Fellow am Magdalen College aufgenommen worden war, war ihm eine Qual gewesen, wie er seinem Vater schrieb. Doch er sah darin einen Mangel in sich selbst und bewunderte sehr diejenigen seiner Freunde – vor allem Charles Williams – die ein Geschick für Zeremoniell hatten, denn es gibt nun einmal Zeiten und Gelegenheiten, in denen uns ein Zeremoniell abverlangt wird. In seiner berühmtesten Predigt »Das Gewicht der Herrlichkeit« hatte er verkündet, wir müssten nicht »ständig ernst und feierlich sein .... Wir müssen spielen. Aber unsere Fröhlichkeit sollte von der Art sein (und das ist tatsächlich die fröhlichste Art), wie sie zwischen Menschen besteht, die sich von Anfang an gegenseitig ernst genommen haben – ohne Leichtfertigkeit, ohne Überheblichkeit, ohne Anmaßung.« Dies erfordert eine gewisse zeremonielle Würde, die wir erlernen müssen; sie liegt uns nicht im Blut, und das Lernen beginnt damit, dass wir damit spielen. Nur für Adam und Eva war sie natürlich, und über sie hatte Lewis in *A Preface to »Paradise Lost«* geschrieben: »Ihr gemeinsames Leben ist zeremoniell – ein Menuett, wo der moderne Leser nach einer ausgelassenen Balgerei Ausschau hielt. Vor ihrem Fall, der ihnen ihre ursprüngliche Majestät raubt, reden sie einander kaum je einfach mit ihren Namen an, sondern sie benutzen würdevolle Umschreibungen: *Holdes Gespons; Mein Ursprung und Verfüger; Vollkommne Eva, Gottes-, Menschentochter; O Einziger, bei dem all' mein' Gedanken die Ruhe wiederfinden.*« Er lernte solches Zeremoniell zu lieben, wenn es ihm geboten wurde, auch wenn er nicht geschickt darin war: »Es beglückt mich, dass es in den Gottesdiensten meiner eigenen Kirche Augenblicke gibt, wo der Priester steht und ich knie«, schrieb er in »Gliedschaft«. »Da die Demokratie sich in der äußeren Welt immer mehr durchsetzt und die Gelegenheiten zur Ehrfurcht unaufhaltsam schwinden, werden die Erfrischung, die reinigenden und belebenden Rückwendungen zur Ungleichheit, die uns die Kirche anbietet, immer notwendiger.« Daher kommt es auch, dass Hochkönig Peter, Königin Susan, König Edmund und Königin Lucy erst allmählich lernen, die gehobene Sprache ihres Standes zu sprechen, statt der Umgangssprache englischer Schulkinder. Doch jene gehobene Sprache ist der Stellung angemessen, die sie nun einnehmen, den Monarchenrollen, die zu spielen sie berufen sind.

Und so ist es auch mit uns, eben weil es »keine *gewöhnlichen* Menschen [gibt]. Wir haben nie mit bloßen Sterblichen gesprochen. Nationen, Kulturen, Künste und Zivilisationen sind sterblich – ihr Leben ist gegenüber dem unseren wie das Leben einer Mücke. Aber es sind Unsterbliche, mit denen wir scherzen, arbeiten, verheiratet sind, die wir kurz abfertigen und ausbeuten – unsterbliche Schrecken oder ewigwährender Glanz. … Neben dem Heiligen Sakrament ist unser Nächster das Heiligste, was sich uns in den Weg stellt.« Das ewige Leben, das Jesus verheißt und für das wir geschaffen wurden, ist es, was uns abverlangt, das große Spiel des Zeremoniells zu spielen, und als Lewis sich darauf vorbereitete, in die Gegenwart Gottes einzutreten, bemühte er sich, seine Unbeholfenheit zu überwinden und zu lernen, an dem »ernsten Spaß« des Übergangs von einer Welt in die nächste teilzuhaben.

Nur wenige christliche Autoren, und jedenfalls überhaupt keine christlichen Autoren des zwanzigsten Jahrhunderts, haben die Unsterblichkeit stärker betont, als Lewis es tat. Obwohl er am bekanntesten für seine Darstellung des Höllendaseins ist (in *Dienstanweisung für einen Unterteufel*), behauptete er, die Hölle nur sehr unvollkommen zu verstehen, und in seinem ersten apologetischen Werk betonte er: »Wir wissen viel mehr über den Himmel als über die Hölle. Denn der Himmel ist die Heimstatt des Menschseins; er umfasst daher alles, was zu einem menschlichen Leben in der Herrlichkeit gehört. Die Hölle aber ist nicht für Menschen gemacht. … sie ist ›die Finsternis draußen‹.« Darum verbringen wir auch in *Die große Scheidung* nur wenig Zeit in der düsteren Stadt, aus der der Bus abfährt, und umso mehr Zeit damit, das Land der Seligen sehen und lieben zu lernen. Ebenso endet *Die böse Macht* mit einem visionären Vorgeschmack der himmlischen Herrlichkeit. Wir wurden geschaffen, um diese Herrlichkeit zu ererben, und während viele christliche Autoren dies nicht aussprechen wollten – aus Angst, man könnte ihnen Gleichgültigkeit gegenüber dem Leid dieser Welt vorwerfen oder sie als »Jenseitsvertröster« verhöhnen – schreckte Lewis nie davor zurück, dies zu verkündigen. »Denn ich bin überzeugt, dass dieser Zeit Leiden nicht ins Gewicht fallen gegenüber der Herrlichkeit, die an uns offenbart werden soll«, schrieb der Apostel Paulus (Römer 8,18), und als Lewis so weit war, den Satz »Freude ist das ernste Geschäft des Himmels« zu schreiben, wusste er genug über Leid, um Respekt dafür zu verdienen, dass er sich an dieser Verheißung festhielt.

»Der Himmel ist die Heimstatt des Menschseins«: Dies ist die Hoffnung und die Lehre, in der die Narnia-Bücher gipfeln, wenn die riesige und bunt gemischte Schar der Figuren aus den vorausgegangenen Büchern »weiter hinauf- und weiter hinein-« stürmen und entdecken, was Shakespeares Hamlet (womit er für uns alle auf dieser Seite des Grabens spricht) »das unentdeckte Land« nennt. Narnia selbst, oder das, was sie alle für Narnia gehalten haben, verblasst im Vergleich dazu: »Endlich bin ich nach Hause gekommen!«, ruft das Einhorn Saphir. »Dies ist meine wahre Heimat! Hierher gehöre ich. Dies ist das Land, nach dem ich mein ganzes Leben lang gesucht habe, auch wenn ich es bis jetzt nicht wusste.« Doch das letzte Bild von Aslans Land, das uns gezeigt wird, ist überhaupt nicht das einer Landschaft:

> Und für uns ist dies nun das Ende all der Geschichten, und wir können im wahrsten Sinne sagen, dass sie alle glücklich lebten bis in alle Ewigkeit. Doch für sie war es nur der Anfang der eigentlichen

> Geschichte. Ihr ganzes Leben in dieser Welt und all ihre Abenteuer in Narnia waren nur der Umschlag und die Titelseite gewesen; nun endlich fingen sie mit dem ersten Kapitel der großen Geschichte an, die noch niemand auf der Erde gelesen hat; die immer weiter und weiter geht und in der auf jedes Kapitel immer noch ein besseres folgt.

Dieser Schluss ist natürlich der Tribut eines gelehrten Christen an Dante, der ebenfalls seine Vision des Paradieses mit dem Bild eines großen Buches enden lässt; doch weit mehr noch ist es der wahr gewordene Traum eines kleinen Jungen, allein in einem Haus voller Bücher in Belfast, der sich nichts sehnlicher wünschte, als von aller Plackerei und Verantwortung, allem Schmerz und Verlust frei zu sein, um an einem Fenster mit Blick aufs Meer sitzen und Stunde um Stunde ihm hellen, ruhigen Licht eines unendlichen Tages die Geschichten lesen zu können, die er liebte.

Ende September kam Warnie zurück, und die Brüder wurden ein letztes Mal zu Partnern und Gefährten. »Der Kreis hatte sich geschlossen«, schrieb Warnie in sein Tagebuch: »Wir waren wieder zusammen im ›Little End Room‹ zu Hause und schlossen aus unseren Gesprächen das allgegenwärtige Wissen aus, dass die Ferien zu Ende gingen, dass eine neue Schulzeit, befrachtet mit ungeahnten Möglichkeiten, auf uns beide wartete.« Warnies Bild kehrt das seines Bruders um: Für Lewis ist diese Welt die Schulzeit, das »wahre« Narnia sind die immerwährenden Ferien – so sagte es Aslan zu den Kindern. Warnie schaffte es nicht ganz, es so zu sehen: Da ihm die gewaltige Vorstellungskraft seines Bruders fehlte, konnte er sich nur weiterhin (wie er es sein ganzes Leben lang getan hatte) nach einer Wiederherstellung der Seligkeit sehnen, die er als Zehnjähriger gekannt hatte.

Indessen machte Lewis sich bereit und nahm Abschied. Tolkien kam (mit seinem Sohn John) zu Besuch; sie unterhielten sich über Malorys *Morte d'Arthur* und über das Leben der Bäume. Keinem der beiden

Männer lag es, vertraulicher zu werden, und es hätte auch nicht viel Sinn gehabt. Andere Freunde kamen und gingen. »Ich habe alles getan, was ich wollte, und ich bin bereit zu gehen«, sagte Lewis zu seinem Bruder. Austin Farrer würde später sagen: »Er war fast außer sich über den Tod seiner Frau; beim Nahen seines eigenen wirkte er ganz gelassen.« Natürlich gab es Bücher, die er noch zu schreiben gehofft hatte, und seit einigen Jahren hatte er auch darüber nachgedacht, die Narnia-Bücher zu überarbeiten, um einige Unstimmigkeiten zu korrigieren; unter anderem vielleicht das Problem mit dem Essen bei den Bibern, auf das Ruth Pitter ein so erbarmungsloses Schlaglicht gerichtet hatte. Aber all das spielte in den letzten Tagen keine Rolle mehr. Lassen wir uns die Geschichte von Warnie erzählen:

> Freitag, der 22. November 1963, begann ganz wie andere Tage auch: Es gab Frühstück, dann Briefe und das Kreuzworträtsel. Nach dem Mittagessen schlief er in seinem Sessel ein: Ich deutete an, dass er es im Bett bequemer hätte, und er legte sich hin. Um vier brachte ich ihm seinen Tee hinein und fand ihn schläfrig, aber guter Dinge. Die wenigen Worte, die wir dann wechselten, waren die letzten: Um halb sechs hörte ich einen Schlag, und als ich hineinstürmte, lag er bewusstlos am Fuß seines Bettes. Ungefähr drei oder vier Minuten später hörte er auf zu atmen.

Warnie brachte es nicht über sich, zu der fünf Tage später stattfindenden Beerdigung zu gehen; stattdessen verbrachte er den Tag in seinem Bett und trank. Sein wichtigster Beitrag zur Beerdigung seines Bruders war die Anweisung, auf Jacks Grabstein den Shakespeareschen Satz eingravieren zu lassen, der am Todestag ihrer Mutter auf deren Kalender gestanden hatte (*Men must endure their going hence* – »Dulden muss der Mensch sein Scheiden aus der Welt«). Dem achtzehnjährigen Doug Gresham – der innerhalb von drei Jahren seine Mutter, seinen Vater und seinen Stiefvater verloren hatte – blieb es überlassen, den Trauernden in der Pfarrkirche der Familie, Holy Trinity in Headington, voranzugehen. Alle engen Freunde von Lewis waren da, doch viele, die hätten dabei sein wollen, hatten von seinem Tod noch nicht erfahren, weil eine andere Nachricht alles andere verdrängte: Lewis starb am selben Tag, an dem in Dallas, Texas, Präsident John F. Kennedy erschossen wurde. Der Tag nach der Beerdigung wäre Lewis' fünfundsechzigster Geburtstag gewesen; somit war er ein Jahr hinter der Lebensspanne seines Vaters zurückgeblieben.

Im Juli, als Lewis nach seinem Herzanfall im Krankenhaus lag und immer noch beständig ins Delirium zurückfiel, war unter seinen Besuchern Maureen Blake, die er kannte, seit sie ein kleines Mädchen gewesen war, und mit der er viele der turbulentesten, schwierigsten und vielleicht sogar lohnendsten Jahre seines Lebens geteilt hatte. Nach Jahrzehnten als Musiklehrerin war sie von einer glücklichen Wendung ereilt worden. Einige Zeit zuvor im selben Jahr war ein weit entfernter Verwandter von ihr mit dem außerordentlich prachtvollen Namen Sir George Cospatrick Duff-Sutherland-Dunbar, Baron Dunbar of Hempriggs, auf seinem Gut in Caithness in Schottland verstorben. Sir George war unverheiratet, und seine Anwälte hatten einige Mühe, herauszufinden, wer seinen Nachlass erben sollte. Erstaunlicherweise stellte sich heraus, dass Maureen die Erbin war.

Als sie im Krankenhaus eintraf, sagte man ihr, Lewis hätte an diesem Tag keinen seiner Besucher erkannt. Sie trat leise ein, ergriff seine Hand und sagte: »Jack, ich bin es, Maureen.« – »Nein«, erwiderte er – was sie angesichts seines Zustandes nicht überraschte. »Das ist doch Lady Dunbar of Hempriggs.« Maureen war verdattert: »Oh Jack, wie kannst du das noch wissen?« – »Ganz im Gegenteil«, murmelte er. »Wie könnte *ich* ein Märchen vergessen?«

NACHWORT

Die Zukunft Narnias

Der einzige erhaltene Brief von Jack Lewis an Joy Davidman, geschrieben im September 1953, betrifft vor allem den damals gerade erschienenen Science-Fiction-Roman *Childhood's End* (dt. *Die letzte Generation*). Lewis hatte ihn kurz zuvor gelesen und mochte ihn sehr, und er geht ausführlich auf seine Tugenden ein und vergleicht sie mit den Lastern vieler moderner Bücher. Am Ende dann, als er das gewaltige Gebäude der Moderne betrachtet, wie es von den Eliots und Joyces, den Pounds und Woolfs errichtet wurde, fügt er hinzu: »Vor zwanzig Jahren hatte ich keinen Zweifel, dass ich es noch erleben würde, wie das alles zusammenbricht und die große Literatur zurückkehrt; doch nun stehe ich da, verliere Zähne und Haare, und immer noch kein Riss in den Wolken.« Zu einem ähnlichen Thema, wenn auch in hoffnungsvollerer Stimmung, hatte er ein Jahr zuvor an Katherine Farrer über Tolkiens eben erschienenes *The Fellowship of the Ring* geschrieben: »Wäre es nicht wunderbar, wenn es wirklich erfolgreich wäre (im Verkauf, meine ich)! Es würde ein neues Zeitalter einläuten. Dürfen wir zu hoffen wagen?«

In gewissem Sinne haben die Narnia-Bücher und *Der Herr der Ringe* – auf ihre unterschiedliche Weise und für ihr unterschiedliches Publikum – tatsächlich ein neues Zeitalter eingeläutet. Nicht, dass das Gebäude der Moderne eingestürzt wäre wie Minas Morgul: Die Eliots und die Joyces, die Pounds und Woolfs dominieren immer noch zumindest die akademische Arena (was nach meinem Urteil, das in dieser Hinsicht ganz anders ist als das von Lewis, auch richtig so ist). Dennoch schufen Tolkien und Lewis gemeinsam eine starke Gegentradition, die ihre Stärke weniger aus dem akademischen Bereich schöpft – wenn es auch an amerikanischen Universitäten reichlich Seminare zu Tolkien oder Lewis oder den Inklings gibt – als aus der gewöhnlichen Leserschaft. Wenn die literarischen Meinungsmacher, die von der Modern Library ausgewählt wurden, Joyces *Ulysses* als den größten Roman des zwanzigsten Jahrhunderts bezeichnen, halten die »gewöhnlichen Leser« Englands (in einer von der BBC und der Buchhandelskette Waterstone's in Auftrag gegebenen Umfrage) dagegen, indem sie diesen Titel an den *Herrn der Ringe* verleihen. Der Einfluss der Narnia-Reihe ist eher im Bereich der Kindergeschichten zu sehen: Nachdem sie eine Erneuerung fantastischer Geschichten von Schriftstellern wie Lloyd Alexander, Susan Cooper und Madeleine L'Engle angeregt haben, gipfelte dieser Einfluss in dem spektakulären Erfolg von J. K. Rowlings Harry-Potter-Büchern (von denen es sieben gibt, was teilweise, wie Rowling geäußert hat, ein Tribut an die sieben Narnia-Geschichten ist).

Tatsächlich ist diese Gegentradition so stark geworden, dass viele Autoren in jüngerer Zeit es für nötig erachtet haben, sie zu brechen, so als wären Tolkien und Lewis zwei Tyrannen, die rücksichtslos jede andere Art des Geschichtenerzählens unterdrückten. China Miéville, ein ungemein begabter Autor düsterer und beunruhigender Fantasy-Geschichten, schrieb:

> Tolkien ist das Furunkel am Arsch der Fantasy-Literatur. Sein Œuvre ist massiv und ansteckend – man kann es nicht ignorieren, also versuchen Sie es gar nicht erst. Das Beste, was Sie tun können, ist bewusst zu versuchen, die Beule aufzustechen. Und da gibt es eine Menge, was man verabscheuen kann – sein pseudo-wagnerscher Bombast, seine Jungs-auf-Abenteuersuche-Verherrlichung des Krieges, seine kleinkarierte und reaktionäre Liebe zu hierarchischen Status quos, sein Glaube an absolute Moral, der jede moralische und politische Komplexität verwischt. Tolkiens Klischees – Elben und Zwerge und Zauberringe – haben sich ausgebreitet wie Viren.

Einige dieser Aussagen hat Miéville inzwischen relativiert, aber nicht wirklich zurückgenommen (außer dass er zugab, dass man ein »Furunkel« nur im Gesicht haben kann, nicht am Arsch). Der Romanautor Philip Hensher zeigt, das Miéville noch einiges über Beschimpfungen lernen kann, wenn er schreibt:

> Schmeißen wir C.S. Lewis und sein scheußliches, blasiertes, schwachsinniges, kommerzielles Gefasel über Narnia in das nächste tiefe Loch, so bald wie irgend möglich. Eigentlich war ich mehr oder weniger davon ausgegangen, dass diese fürchterlichen Bücher seit Jahren keiner mehr liest. ... Es sind abstoßend gemeine Bücher, geschrieben, um Kindern den Verstand mit Allegorien zu vergiften, die selbstgefällig alles denunzieren, was auch nur im Geringsten von Lewis' Glaubensbekenntnis eines unbefleckt lebenden, muskulösen Christentums, von Pfeiferauchen, Frauenhass, Rassismus und vulgärstem Snobismus abweicht.
>
> Geben Sie Ihren Kindern nichts von C. S. Lewis zu lesen; nicht die Narnia-Bücher, nicht die *Dienstanweisung für einen Unterteufel*, nicht diese entsetzliche Ist-Gott-ein-Astronaut?-Science Fiction. Es sieht aus wie üppige Fantasie, aber es ist das Produkt eines miesepetrigen, engen kleinen Geistes, das in ihr Denken hineinkriecht und darüber die Nase rümpft. Geben Sie ihnen alles andere – *Last Exit to Brooklyn*, eine Flasche Wodka, eine Ampulle Blausäure, sogar *Pooh der Bär* – aber halten Sie sie fern von der *Reise auf der »Morgenröte«*.

Ein anderer englischer Schriftsteller, Philip Pullman, versuchte (erfolglos, wie ich finde), mit Henshers wunderbarer Tirade gleichzuziehen, indem er die Botschaften der Narnia-Bücher so zusammenfasst: »Tod ist besser als Leben; Jungen sind besser als Mädchen; hellhäutige Leute sind besser als dunkelhäutige Leute; und so weiter. Es herrscht kein Mangel an solch üblem Geschwätz in Narnia, wenn man es ertragen kann.« Selbst wenn Lewis heilig gesprochen werden sollte – wie das zugehen sollte, weiß ich nicht, da die Anglikaner ja niemanden heilig sprechen – »werden die unter uns, die den Supranaturalismus, den reaktionären Hohn, den Frauenhass, den Rassismus und die schiere Unaufrichtigkeit der Erzählweise verabscheuen, uns immer noch gegen ihn aussprechen.« Doch Pullmans eigentliche Polemik gegen Narnia und überhaupt gegen Lewis' ganze Vision des menschlichen Lebens und seiner Möglichkeiten findet sich in seiner brillanten, aber verstörenden Fantasy-Trilogie *His Dark Materials*, deren dritter Band, *Das Bernstein-Teleskop* eine spiegelbildliche Umkehrung von *Die große Scheidung* ist.

So komisch sich die übertriebene Rhetorik anhört, etwas Ernsthaftes steckt doch dahinter. Obwohl Hensher und Pullman Lewis' Schriften tatsächlich als rassistisch und sexistisch empfinden, ist das nicht der Kern ihrer Vorwürfe. Keiner von ihnen hat bisher besonderen Anstoß am Rassismus und Sexismus bei *anderen* Schriftstellern aus Lewis' und Tolkiens Generation genommen, obwohl dort reichlich Beispiele dafür zu finden sind; Hensher *sagt* sogar ausdrücklich, er sei bereit, Tolkien dies durchgehen zu lassen, weil dieser besser schreibe als Lewis. Aber das ist nicht ganz aufrichtig, denn es sind ja nicht Lewis' Begrenzungen im schriftstellerisch-handwerklichen Bereich, über die sich Leute wie Hensher und Pullman so ereifern: Es ist sein Beharren darauf, dass Menschen unsterblich seien. Es ist Lewis' Festhalten, ja seine Betonung der christlichen Verheißung des ewigen Lebens, die Hensher dazu bringt, ihn »dogmatischer Schikanen« zu beschuldigen, und Pullman dazu führt, ihm vorzuwerfen, er hielte den »Tod für besser als das Leben«. Es hat keinen Sinn, Pullman darauf hinzuweisen, dass Lewis' Überzeugung eigentlich die war, das Leben im Himmel sei besser als das Leben auf der Erde; das würde ihn nur noch wütender machen. Von allen christlichen Überzeugungen, denen Atheisten widersprechen, scheint es einzig der Glaube an das ewige Leben – jene »Vertröstung aufs Jenseits« und die damit zusammenhängende Überzeugung, dass manche Leute ein ewiges Leben im Elend wählen – zu sein, der echte und tiefe Wut auslösen kann.

Was aber ist mit dem Vorwurf, für Lewis und Tolkien gleichermaßen seien »hellhäutige Menschen besser als dunkelhäutige Menschen«? Die Bewohner Kalormens in den Narnia-Büchern – ebenso wie die Südländer aus Harad im *Herrn der Ringe* – werden tatsächlich als »dunkel« beschrieben. Auf den ersten Blick kommt einem das merkwürdig vor: Schließlich machten die größten Feinde, die England zu Lewis' und Tolkiens Lebzeiten hatte, einen Kult aus ihrem blauäugigen, blonden Ariertum. Doch die Vorstellungswelten jener beiden Männer wurden vor den großen Kriegen des zwanzigsten Jahrhunderts geprägt: Sie gehörten in der Tat zu einer Kultur des Alten Westens, deren hauptsächliche Bedrohung über Jahrhunderte hinweg vom Osmanenreich ausgegangen war. Die Kalormenen und die Haradrim sind nur leicht verschleierte Versionen des räuberischen Türken, der über ein halbes Jahrtausend lang in den Albträumen europäischer Kinder umging – dessen »exotische« Kultur (die sich in Bildern von eleganten Teppichen, starkem, süßem Kaffee, Pantoffeln mit aufwärts gebogenen Spitzen und kunstvollen Erzähltraditionen niederschlug) jedoch zugleich auch eine endlose Quelle faszinierten Vergnügens war. Kurz, Lewis und Tolkien hatten eine vorgefertigte Quelle »orientalischer« Bilder, aus der sie schöpfen konnten, um ihre fiktiven Welten auszuschmücken, und in einer Zeit, die weniger empfindlich auf kulturelle Gegensätze reagierte als unsere, sahen sie keinen Grund, darauf zu verzichten. Vielleicht sollte man das zu ihren Ungunsten werten, aber das geschieht selten. Vermutlich liegt das daran, dass die Leser (und im Fall von *Der Herr der Ringe* die Zuschauer) durchaus den Unterschied zwischen einer gezielt feindseligen Darstellung einer fremden Kultur einerseits und der Verwendung kultureller Unterschiede als bloßes Handlungselement andererseits erkennen können.

(Es lohnt sich anzumerken, dass Lewis in diesen Dingen nuancierter ist als Tolkien. Die Haradrim sind ohne Unterschied Diener des Bösen – keiner von ihnen ist im *Herrn der Ringe* eine *Figur* im eigentlichen Sinne – und W. H. Auden, der den *Herrn der Ringe* inständig liebte, fand dennoch Tolkiens Entscheidung, die Orks als ganze Spezies zu verdammen, »ketzerisch«. Dagegen haben wir in *Der letzte Kampf* den tugendhaften Kalormenen Emeth, dessen Hingabe an die Wahrheit – dies ist übrigens die Bedeutung seines Namens im Hebräischen – ihm den Zugang ins Neue Narnia eröffnet, obwohl er ein Tash-Anbeter war. Aslan ist zu gnädig, als dass er jemanden verdammen würde, der ihm nur aufgrund der Mängel seiner Erziehung nicht nachgefolgt ist.)

Kontroversen dieser Art dürften sich durch die Veröffentlichung des Kinofilms *Der König von Narnia* im Dezember 2005 noch verstärken – wie auch die Kontroversen um Tolkien durch Peter Jacksons Verfilmungen des *Herrn der Ringe* neue Nahrung erhielten. Allerdings bietet sich Tolkien vielleicht weniger als Zielscheibe für Kritik an, da seine christlichen Überzeugungen in seinen veröffentlichten Werken nur indirekt zum Ausdruck kommen. *Der König von Narnia* dagegen ist in seiner Struktur weitaus offensichtlicher und konkreter christlich, wenn auch die Drehbuchautorin Ann Peacock lieber allgemeinere Begriffe verwendet, um darüber zu sprechen. Als sie den Auftrag von Walden Media erhielt, sagte sie: »*Der König von Narnia* ist eines der Lieblingsbücher meiner fünf Kinder. Es begeistert mich, das Drehbuch zu dieser Geschichte schreiben zu dürfen, in der allgemeingültige Prinzipien wie Wahrheit, Ehre, Barmherzigkeit, Loyalität und Tapferkeit enthalten sind, mit denen alle jungen Menschen vertraut gemacht werden sollten.« Sie erwähnt nicht, dass selbst diese wirklichen und großen Tugenden die Vernichtung der Pevensie-Kinder und aller ihrer Freunde und die immer währende Herrschaft der Weißen Hexe über Narnia – immer Winter und niemals Weihnachten *für immer* – ohne das Selbstopfer Aslans nicht hätten verhindern können.

Aber vielleicht sollte man sich um diese verallgemeinernde Schilderung der Handlung, dieser Reduktion ihrer einzigartigen Höhepunkte auf einen unverfänglichen Katalog grundlegender Tugenden, keine allzu großen Gedanken machen; schließlich ist es ja nur ein Kommentar. Die Geschichte spricht für sich selbst oder eben nicht; Narnia wird weiterhin neue Freunde und Fans gewinnen oder in der Versenkung verschwinden; Lewis wird weiter das Ansehen eines brillanten und energischen Fürsprechers des »Christentums schlechthin« genießen oder zu einer Fußnote der Geschichte werden. Wie George Orwell einmal schrieb: »Es gibt kein Argument, mit dem man ein Gedicht verteidigen könnte« – und mit Gedicht meinte er hier jede Art von literarischem Kunstwerk. »Es verteidigt sich selbst, indem es überlebt, oder es ist nicht zu verteidigen.« Der Zorn von Leuten wie Hensher und Pullman wird nur so lange Bestand haben, wie Menschen Lewis' Geschichten lieben: Niemand erbost sich über vergessene Bücher oder ihre vergessenen Autoren. Wer kann schon sagen, was die Zukunft für Narnia bringen wird?

Eine der außergewöhnlichsten Gestalten des britischen Theaters im letzten Jahrhundert war Kenneth Tynan, ein extravaganter, unbändig begabter Mann, der fast alles elektrisierte, was er anrührte. Vielleicht war er *zu* begabt: Er leistete Hervorragendes als Dramatiker, Drehbuchautor, Kritiker, Essayist, Regisseur und Intendant und wechselte sein ganzes Leben lang zwischen diesen unterschiedlichen Rollen hin und her. 1950, mit nur dreiundzwanzig Jahren, verfasste er einen erschöpfenden Überblick über die britische Theaterszene, und statt als Grünschnabel verhöhnt zu werden, der die Weisen zu belehren versucht, wurde er auf der Stelle als Theaterkritiker der einflussreichen Zeitschrift *The Spectator* berufen. In dieser Eigenschaft tat er eine Menge, um die »Angry Young Men« der Bühne zu ermutigen und zu unterstützen (besonders den brillanten Dramatiker John Osborne, dessen *Blick zurück im Zorn* buchstäblich eine neue Gattung des britischen Dramas erschuf). In den Sechzigern wurde er Dramaturg oder literarischer Berater am National Theatre, das von Laurence Olivier gegründet worden war. Später würde Tynan eine Serie faszinierender Porträts über Schauspieler und andere »Show-Leute« für den *New Yorker* schreiben, darunter auch eines über Johnny Carson, das viele Leute für das beste Porträt halten, das in der Zeitschrift jemals erschienen ist.

Von Jugend an war Tynan sowohl extravagant als auch empfindlich. Er war dünn und wirkte ausgezehrt, eine Folge der Lungenprobleme, an denen er mit dreiundfünfzig Jahren sterben würde; außerdem litt er an einem deutlichen Stottern. Doch er kleidete sich grell wie Oscar Wilde und war als Student in Oxford eines der großen »Originale« seiner Zeit. Obwohl er zweimal heiratete und drei Kinder hatte, an denen er sehr hing, war er sein ganzes Leben lang ein sexueller Abenteurer mit wechselnden Beziehungen und unverkennbar sadomasochistischen Neigungen. Grenzüberschreitungen waren seine Leidenschaft, ob er nun im BBC-Fernsehen demonstrativ Wörter benutzte, die man dort nicht benutzen durfte, oder das erste völlig nackt gespielte Musical *Oh Calcutta!* inszenierte. (Mit sechzehn Jahren hatte er seinen Plan angekündigt, kein Moralstück, sondern ein *Unmoral*stück schreiben zu wollen: »Dabei geht es aus meiner Sicht nur darum, dass der Teufel über die Güte Gottes entsetzt ist und ihn als *unmoralisch* ansieht.«)

Sein College in Oxford, wo er 1945 zu studieren begann, war Magdalen; sein Tutor war C. S. Lewis. So unwahrscheinlich es erscheinen mag, dass eine so offenkundig traditionelle Figur wie Lewis und ein so pfauenhafter Student wie Tynan miteinander auskommen würden, sie taten es. Während seines ersten Monats in Oxford schrieb er an einen Freund: »C. S. Lewis, mein Tutor, ist unheimlich klar und heiter.« Und Tynan war ziemlich überwältigt von Lewis' »Prolegomena«-Vorlesungen und sagte Jahre später, Lewis habe all seinen Studenten beigebracht, die Frage sei nicht, ob die mittelalterliche Literatur für *uns* relevant sei, sondern ob wir für *sie* relevant seien.

Doch die Vorlesungen waren nicht das größte Vermächtnis, das Lewis Tynan mitgab. In einem Tagebucheintrag vom 1. Oktober 1974 erinnerte sich Tynan an einen entscheidenden Moment seines Lebens:

> Gestern kam ein kahlköpfiger, tauber alter Kanadier vorbei, um mich über C. S. Lewis zu befragen, über den er ein Buch schreibt. In sein Hörgerät brüllte ich Erinnerungen an den großen Mann, der den Geist Johnsons ohne die Schikaniererei und den Chestertons ohne die Albernheit hatte. Falls ich mich je ins christliche Lager verirren sollte, dann aufgrund von Lewis' Argumenten in Büchern wie *Wunder*. (In seine Tutorien ließ er sie nie eindringen.) Wegen

meines Stotterns war er so freundlich, meine wöchentlichen Essays an meiner Stelle vorzulesen, und die Aussicht, meine Worte von dieser wunderbar saftigen, bedächtigen Stimme artikuliert zu hören, hatte eine dauerhaft disziplinierende Wirkung auf meinen Prosastil.

Außerdem war er ein zutiefst freundlicher und hilfsbereiter Mensch. Einmal im Sommer 1948 kam ich völlig verzweifelt zu ihm: Jill Rowe-Dutton hatte mir am Vorabend unserer geplanten Hochzeit den Laufpass gegeben, und ich hatte mich den ganzen Term über immer wieder mit Bronchialerkrankungen ins Bett legen müssen, die sich, so glaubte ich, ganz sicher bald zu einer TB auswachsen würden. Ich kam mit meinen Nöten zu Lewis und bat ihn, ob ich meine Abschlussprüfungen bis Weihnachten hinausschieben könnte. Darauf ging er sofort ein; und danach machte er sich an die Christenpflicht der Tröstung. [In einem Interview fügte Tynan hinzu, er habe Lewis gesagt, er sehe keinen Grund mehr weiterzuleben.] Er erinnerte mich daran, wie ich ihm einmal von der Fallschirmmine erzählt hatte, die während eines Luftangriffs 1940 von einem deutschen Bomber abgeworfen wurde und unser Haus in Birmingham so knapp verfehlte, dass wir am nächsten Morgen etwas von der Fallschirmseide von unserem Schornstein herunterholten. (Die Mine zerstörte sechs Häuser auf der anderen Straßenseite und drückte alle unsere Fenster ein.) Um jene Haaresbreite – wirklich nur ein paar Zoll – wäre ich (so gab mir Lewis behutsam zu verstehen) schon seit acht Jahren tot gewesen. Jeder Lebensmoment seither war ein Bonus gewesen, eine gewaltige Gabe, ein Geschenk, das nur die schwärzeste Undankbarkeit zurückweisen könnte. Während ich ihm zuhörte, schrumpften meine Probleme auf ihre angemessenen Proportionen zusammen. Ich hatte den Raum mit Selbstmordgedanken betreten und verließ ihn beschwingt.

Darum war Lewis als Tutor so gewissenhaft: Obwohl die Arbeit für ihn zum großen Teil schiere Plackerei war, wusste er, was er durch schiere Freundlichkeit im Leben seiner Studenten bewirken konnte. Bemerkenswert ist, dass dieses Gespräch zwischen Tutor und Student in einer der düstersten Zeiten in Lewis' Leben stattfand; ebenso bemerkenswert ist, dass Lewis nicht zu bekehren versuchte oder spezifisch christliche Lehren herbeizog, an die Tynan nicht glaubte: Er beschränkte sich darauf, seinen Studenten auf eine Weise zu trösten, die für Tynan verständlich war.

Als Tynan schließlich Ende jenes Jahres seine Prüfung ablegte, verfehlte er die »First«, auf die er gehofft hatte und die jedermann von ihm erwartete. Lewis schrieb ihm sofort wieder einen aufmunternden Brief: »Lassen Sie das nicht zum Trauma werden! Es bedeutet relativ wenig.« Und mit solcher Ermutigung im Rücken raffte Tynan sich auf und schrieb unmittelbar darauf das Buch, das ihn zu einer zentralen Gestalt im britischen Theater machte.

Diese Freundlichkeit machte Tynan sicherlich geneigt, Lewis' Schriften ernster zu nehmen – daher seine Bemerkung, das Buch *Wunder* sei imstande, ihn ins »christliche Lager« zu bringen. Doch im letzten Jahrzehnt seines Lebens kehrte er immer wieder zu Lewis' Schriften zurück, und der Ton, in dem er von ihnen spricht, deutet nicht so sehr auf einen Verstand hin, der von Argumenten überzeugt wird, als vielmehr auf einen Geist, der sich zutiefst angezogen fühlt von einer *Vision* des Lebens, wie es zu leben am besten für die Menschen ist. Schon zwei Monate nach dem zitierten Tagebucheintrag erwähnt Tynan Lewis erneut: »Ich bemerkte mit Interesse, dass W. H. Auden in seinem letzten Buch schrieb: ›Kierkegaard, Williams und Lewis haben uns zurück zum Glauben geführt.‹ (C. S., versteht sich.) Wird er mich zuletzt auch dorthin führen?« Drei Jahre zuvor hatte er *Die böse Macht* in die Hand genommen und geschrieben: »Wie aufregend er das Gute erscheinen lässt – wie greifbar und strahlend!« 1975 besuchte er Shakespeares Grab in Stratford-upon-Avon und bemerkte an dem kleinen Bücherstand in der Kirche ein paar Titel von Lewis, die er kaufte und zu lesen begann. Am nächsten Tag schrieb er: »Wie immer spricht mich seine nachdrückliche Aussage an,

Gefühle von Schuld und Scham seien nicht durch die Welt, in der wir leben, konditioniert, sondern sie seien reale Wahrnehmungen der Maßstäbe, die in einer ewigen Welt gelten.« Selbst da, wo er Lewis widerspricht oder meint, Lewis habe bestimmte Formen des Leides nicht ausreichend erklärt (er liest *Über den Schmerz*), schreibt er: »C. S. L. wirkt so kraftvoll wie eh und je auf meine Vorstellungskraft.«

Das Wesentliche an alledem ist, dass »C. S. L.« für Tynan ein *imaginatives* Bild des Guten und der Liebe präsentiert, zu dem er sich beständig hingezogen fühlt – selbst wenn ihn die Argumente nicht überzeugen. Nichts anderes in seinem Leben hat ihm je dieses Bild, diese Vision geboten, und es wäre keine Überraschung gewesen, wenn er Lewis hinter sich gelassen hätte; doch das konnte er nicht. Die Vision blieb und hörte nicht auf, ihn zu locken. Offensichtlich empfand Tynan etwas, das Austin Farrer in seiner Trauerpredigt bei Lewis' Beerdigung zum Ausdruck brachte: »Doch seine wahre Kraft lag nicht in der Beweisführung; sie lag in der Abbildung. In seinen Schriften wurde ein christliches Universum lebendig, das man sowohl denken als auch fühlen konnte, in dem er beheimatet war und in dem er seine Leser beheimatet machen konnte.«

Doch was kam dabei heraus? Hat es Lewis je geschafft, Tynan zu bekehren, einen Christen aus ihm zu machen? Wahrscheinlich nicht – oder vielleicht sollte man besser sagen, möglicherweise nicht. 1980 schrieb er einen Brief an seine Frau Kathleen, in dem er sich einen französischen Satz, dessen Herkunft er selbst nicht kannte, als sein Gebet zu eigen machte: *À l'heure de ma mort, soyez le refuge de mon âme étonnée, et recevez-vous dans le sein de Votre miséricorde*: »Mögest du in der Stunde meines Todes die Zuflucht meiner erstaunten Seele sein und sie in deine barmherzige Brust aufnehmen.« Wenige Monate später starb er an einem Emphysem. Kathleen verstand die religiösen Impulse ihres Mannes nicht, ebenso wenig wie seine Faszination an Lewis – von dem sie nichts wusste, außer dass er der »unwahrscheinliche Guru« war, der »Ken sein Leben lang beeinflusste und nicht aus dem Sinn ging« – aber sie verstand, dass seine Asche nicht in seiner Heimatstadt Birmingham (jenem

»Friedhof ohne Mauern«, wie er ihn nannte) beerdigt werden sollte, auch nicht in Los Angeles, wo er seine letzten Jahre verbracht hatte, auch nicht in London, wo er seine größten Erfolge hatte, sondern in Oxford. Sie hoffte, er könnte irgendwo auf dem Gelände des Magdalen seine Ruhestätte finden, denn dort war er am glücklichsten gewesen, wie sie wusste; doch als sich das als undurchführbar – sogar illegal – erwies, schlug die Collegeleitung eine Alternative vor: die Holy Cross Church, nur einen kurzen Fußweg vom Collegegelände entfernt. Das war eine passendere Lösung, als die Verantwortlichen selbst ahnten, denn dort lagen bereits zwei Männer begraben, die Lewis viel bedeutet hatten, so wie Lewis Tynan viel bedeutet hatte: Kenneth Grahame (der Verfasser von *Der Wind in den Weiden*) und Charles Williams.

Der Friedhof ist nicht gut gepflegt – oder er war es nicht bei meinen Besuchen dort – und zwischen den verwitterten Gedenksteinen und dem verunkrauteten Gras ist Tynans Grabstein besonders auffällig: etwas höher als die meisten anderen Steine, ein scharfkantiger Granitquader mit einer schlichten Inschrift in einer klaren, modernen Type. Der Gedenkstein wirkt ein wenig deplatziert, wie auch Tynan selbst deplatziert gewirkt hätte unter den meisten anderen, die hier begraben liegen. Doch im Tod ist er mit jener Welt verbunden, der Welt seines geliebten Tutors, der ihm ein »greifbares und strahlendes« Bild des Guten bot, das er niemals vergessen und niemals ganz von sich weisen konnte.

Als Tynan im September 1980 beerdigt wurde, hielt der Dean of Divinity des Magdalen College die Trauerfeier, und mehrere Freunde der Familie sprachen oder verlasen Gedichte. Die letzte Rednerin war die dreizehnjährige Roxana Tynan, die drei Sätze vorlas. Sie stammten aus »Das Gewicht der Herrlichkeit«, jener großartigen Predigt, die C. S. Lewis 1941 in der Universitätskirche St. Mary the Virgin gehalten hatte, wenige Monate nachdem der junge Kenneth Tynan bei der deutschen Bombardierung Birminghams knapp dem Tod entronnen war. Tynan dürfte diese Passage Jahrzehnte später entdeckt haben, und vielleicht lehrte sie ihn endlich das, was Lewis selbst durch Kämpfe und Elend gelernt hatte – dass in unseren Herzen eine Sehnsucht wohnt, die zugleich ein Entzücken ist, eine Sehnsucht, die nichts in dieser Welt befriedigen kann, und ein Entzücken, dem nichts in dieser Welt gleichkommt. Zumindest in Lewis' Worten fand Tynan das, was er sich als den letzten Kommentar über sein eigenes Leben wünschte. Der Gedanke, der in diesen Sätzen ausgedrückt ist, findet sich überall in Lewis' Werk eingewoben; er ist die Gesamtheit dessen, wofür Narnia steht; er ist Aslans letzte Lehre an seine Anhänger in *Der letzte Kampf*. Wenn dieser Gedanke eine Zukunft hat, dann hat auch Narnia eine, und ebenso das Gesamtwerk von C. S. Lewis. Dies sind die Worte, die Roxana Tynan am Grab ihres Vaters vorlas:

> Die Bücher oder die Musik, in denen wir die Schönheit vermuteten, werden uns verraten, wenn wir unser Vertrauen in sie setzen; sie war nicht *in* ihnen, sie kam nur *durch* sie, und was durch sie kam, war Sehnsucht. Diese Dinge – die Schönheit und die Erinnerung an unsere eigene Vergangenheit – sind gute Bilder für das, was wir wirklich wünschen; aber wenn wir sie für die Sache selbst halten, werden sie zu stummen Götzen, die die Herzen ihrer Verehrer brechen. Denn sie sind nicht die Sache selbst; sie sind nur der Duft einer Blume, die wir noch nicht gefunden, das Echo einer Melodie, die wir noch nicht gehört, Berichte von einem fernen Land, das wir noch nie besucht haben.

Anmerkungen

Die Quelle für viele von Lewis' frühen Briefen und andere Korrespondenzen aus der Familie ist die Sammlung aus elf gebundenen, maschinegeschriebenen Bänden, die meist die Lewis Papers genannt werden. Ihr Original wird im Marion Wade Center am Wheaton College aufbewahrt. Warren Lewis sammelte, bearbeitete und tippte diese Familiengeschichte in Briefen in den frühen 1930er-Jahren. Wo Briefe oder Kommentare aus den Lewis Papers in veröffentlichten Quellen zugänglich sind, habe ich meist diese veröffentlichten Quellen angegeben, da diese für die Leser leichter erreichbar sind. Bisweilen jedoch war es nötig, direkt aus den Papers selbst zu zitieren.

Während ich diese Worte schreibe, hat Walter Hooper den dritten und letzten Band der *Collected Letters* von Lewis noch nicht beendet, sodass ich mich für Briefe nach 1949 auf das frühere, einbändige *Letters of C. S. Lewis* und auf eine große Zahl unveröffentlichter Briefe im Besitz des Wade Centers gestützt habe. Wo diese Briefe ausführlicher in bestehenden Biografien zitiert werden, habe ich diese veröffentlichten Werke als meine Quelle angegeben; doch wann immer nur Empfänger und Datum dieses Briefes in den Anmerkungen genannt sind, ist die Wade-Center-Sammlung die Quelle.

Alle unten aufgelisteten Titel sind von C. S. Lewis, wo nicht anders angegeben. Wo das Datum der Erstveröffentlichung vom Copyright-Datum abweicht, ist das Erstere in eckigen Klammern angegeben.

Abkürzungen

AL	*The Allegory of Love* (Oxford: Oxford University Press, 1936)
AM	*Die Abschaffung des Menschen* [1944] (Freiburg: Johannes Verlag Einsiedeln, 5. Auflage 2003)
AMR	*All My Road Before Me: The Diary of C. S. Lewis 1922–1927*, hg. von Walter Hooper (San Diego: Harcourt Brace Jovanovich, 1991)
Antwort	*Du selbst bist die Antwort* [*Till We Have Faces*, 1956] (Lüdenscheid: Claren, 1981)
B&F	*Brothers and Friends: The Diaries of Major Warren Hamilton Lewis*, hg. von Marjorie Lamp Mead (San Francisco: HarperSanFrancisco, 1982)
Biography	*C. S. Lewis: A Biography* von Roger Lancelyn Green und Walter Hooper, revidierte und erweiterte Ausgabe (London: HarperCollins, 2002)
BN	*Briefe aus Narnia* [*C. S. Lewis Letters to Children*, 1985], (Moers: Brendow, 1996)
BT	*C. S. Lewis at the Breakfast Table and Other Reminiscences*, hg. von James T. Como (New York: Macmillan, 1979)
Companion	*C. S. Lewis: Companion and Guide* von Walter Hooper (San Francisco: HarperSanFrancisco, 1996)
DBM	*Die böse Macht* [*That Hideous Strength*, 1946] (Lüdenscheid: Claren, 1981)
DFM	*Du fragst mich, wie ich bete* [*Letters to Malcolm: Chiefly on Prayer*, 1964] (Einsiedeln: Johannes, 1976)
DI	*The Discarded Image* (Cambridge: Cambridge University Press, 1964)
Dienst	*Dienstanweisung für einen Unterteufel* [*The Screwtape Letters*, 1942] (Moers: Brendow 1999)
EC	*An Experiment in Criticism* [1961] (Cambridge: Cambridge University Press, 1979)
ECW	*Essays Presented to Charles Williams*, hg. von C. S. Lewis (Grand Rapids, MI: Eerdmans, 1966)
ELSC	*English Literature in the Sixteenth Century, Excluding Drama* (Oxford: Oxford University Press, 1953)
FP	*Flucht aus Puritanien* [*The Pilgrim's Regress*, revidierte Ausgabe 1943] (Basel und Gießen: Brunnen, 3. Auflage 1998)
GADA	*Gott auf der Anklagebank* (Basel: Brunnen, 2. Taschenbuchauflage 1995)
GG	*Gedankengänge* [*Christian Reflections*, 1967] (Basel: Brunnen, 1986)
GITD	*God in the Dock: Essays on Theology and Ethics* (Grand Rapids, MI: Eerdmans, 1970)
GS	*Die große Scheidung* [*The Great Divorce*, 1946] (Gießen: Brunnen, 1998)
HDR	*Der Herr der Ringe* [*The Lord of the Rings*, 1955] von J. R. R. Tolkien (Stuttgart: Klett-Cotta, 9. Auflage der kartonierten Sonderausgabe, 1981)

IR	*Der innere Ring* [*Screwtape Propses a Toast*, 1959] (Basel und Gießen: Brunnen, 2. Taschenbuchauflage 1992)
Jenseits	*Jenseits des schweigenden Sterns* [*Out of the Silent Planet*, 1938] (Lüdenscheid: Claren, 2. Auflage 1983)
KN	Der König von Narnia [The Lion, the Witch, and the Wardrobe, 1950] (Wien: Ueberreuter, 2005)
L1	*The Collected Letters of C. S. Lewis, Bd. 1, Family Letters 1905–1931*, hg. von Walter Hooper (San Francisco: HarperSanFrancisco, 2004)
L2	*The Collected Letters of C. S. Lewis, Bd. 2, Books, Broadcasts, and the War 1931–1949*, hg. von Walter Hooper (San Francisco: HarperSanFrancisco, 2004)
Laie	*Was der Laie blökt* (Einsiedeln: Johannes, 1977)
Letters	*Letters of C. S. Lewis*, hg. von W. H. Lewis and Walter Hooper, revidierte Ausgabe (New York: Harcourt Brace Jovanovich, 1993)
LJRRT	*The Letters of J. R. R. Tolkien*, hg. von Humphrey Carpenter mit Unterstützung von Christopher Tolkien (Boston: Houghton Mifflin, 1981)
LK	*Der letzte Kampf* [*The Last Battle*, [1956] (Wien, Ueberreuter, noch nicht erschienen)
LNW	*Die letzte Nacht der Welt* [*The World's Last Night and Other Essays*, 1960] (Gießen: Brunnen, 1995)
LP	*Lewis Papers* (»Memoirs of the Lewis Family: 1850–1930«), zusammengestellt von Major Warren Hamilton Lewis, 11 Bände (unveröffentlicht), Marion Wade Center, Wheaton College, Wheaton, IL
Memoir	*Memoir of C. S. Lewis* von W. H. Lewis, in **Letters**
NP	*Narrative Poems* (New York: Harcourt Brace Jovanovich, 1968)
OS	*On Stories and Other Essays on Literature*, hg. von Walter Hooper (New York: Harcourt Brace Jovanovich, 1982)
Pardon	*Pardon, ich bin Christ* [*Mere Christianity*, 1952] (Basel und Gießen: Brunnen, 11. Taschenbuchauflagge 1995)
PER	*Perelandra* [1944] (Lüdenscheid: Claren, 2. Auflage 1981)
PK	*Prinz Kaspian* [*Prince Caspian*, 1951] (Wien: Ueberreuter, noch nicht erschienen)
Poems	*Poems* (New York: Harcourt Brace Jovanovich, 1964)
PPL	*A Preface to »Paradise Lost«* [1942] (Oxford: Oxford University Press 1979)
PR	*The Pilgrim's Regress*, revidierte Ausgabe (London: Geoffrey Bles, 1943)
RM	*Die Reise auf der »Morgenröte«* [*The Voyage of the »Dawn Treader«*, 1952] (Wien: Ueberreuter, noch nicht erschienen)
RN	*Der Ritt nach Narnia* [*The Horse and His Boy*, 1954] (Wien: Ueberreuter, 2007)
RP	*Reflections on the Psalms* (New York: Harcourt Brace Jovanovich, 1958)
SB	*Spirits in Bondage: A Cycle of Lyrics* [1920] (New York: Harcourt Brace Jovanovich, 1984)
SS	*Der silberne Sessel* [*The Silver Chair*, 1953] (Wien: Ueberreuter, noch nicht erschienen)

SW	*Studies in Words* (Cambridge: Cambridge University Press, 1960)
ÜDT	*Über die Trauer* [*A Grief Observed*, 1961] (Frankfurt am Main und Leipzig: Insel Verlag, 1999)
ÜF	*Überrascht von Freude* [*Surprised by Joy*, 1955] (Gießen, Brunnen, 1992)
ÜS	*Über den Schmerz* [*The Problem of Pain*, 1940] (Basel und Gießen, Brunnen, 1988)
W	*Wunder* [*Miracles*, 1947, 1960] (Basel und Gießen: Brunnen, 1. Taschenbuchauflage 1987)
WG	*The Weight of Glory and Other Addresses* (San Francisco: HarperSanFrancisco 2001)
Wilson	*C. S. Lewis: A Biography,* by A. N. Wilson (New York: Norton, 1990)
WMLN	*Was man Liebe nennt* [*The Four Loves*, 1960] (Basel und Gießen: Brunnen, 5. Taschenbuchauflage 1995)
WN	*Das Wunder von Narnia* [*The Magician's Nephew*, 1955] (Wien: Ueberreuter, 2006)

EINFÜHRUNG

»an eine Invalide gefesselt«: L2:922

»so gut wie ein zusätzliches Dienstmädchen«: Memoir 37

»Meine Mutter ist alt«: L2:766

»Grauen vor dem Nichtsein«: ÜF 143

»Seine Freundlichkeit«: B&F 225

»Hundekot«: L2:929

»prächtig bis Mitternacht« und »Dennoch war es«: Biography 307

»Ich habe selbst versucht«: L2:802

»Meine Kenntnis«: Letters 504 erst in seinen Zwanzigern: Siehe C. S. Lewis, »On Three Ways of Writing for Children,« in OS 33

Einem Freund sagte er einmal: L2:881

»Ihr ist ein Platz«: L2:538

»Dumm, wenn Sie so wollen«: PPL 71

»es gab so viel anderes!«: *Owen Barfield on C. S. Lewis,* hg. von G. B. Tennyson (Middletown, CT: Wesleyan University Press, 1989).

»Ich war ein jüngerer Sohn«: Biography 169

»Ideal vom Glück«: AL 304

»Ich bin geprägt«: *Überrascht von Freude* 19

»[Ich zog] mich«: *Überrascht von Freude* 71

»Unsinn, Dichtung, Theologie, Metaphysik«

»Ich weiß nicht, ob es irgendjemandem«: Owen Barfield, »The Five C. S. Lewises,« in *Owen Barfield on C. S. Lewis*, 120–21

»Bild von einem Faun«: C. S. Lewis, »It All Began with a Picture ...,« in OS 53

»kaum eine Ahnung hatte, wie die Geschichte verlaufen würde«

»Als ich zehn war«: OS 34

»die Hörner aus Elfenland«: *Überrascht von Freude* 13

»einer gewissen psychischen«: Barfield, »The Five C. S. Lewises,« 25

»Im Grunde war sein ganzes Leben«: Zitiert in L2:882

»Herzensgewohnheiten«: AM

»Es besteht eine berechtigte Hoffnung«: PPL v

»Das Schreiben von Kindergeschichten«: Letters 506

»Der imaginative Mensch«: Letters 444

»die gegenseitige Durchdringung der Welten«: A. N. Wilson, *God's Funeral* (London: Abacus, 2000), 226. *C. S. Lewis: A Biography* (New York: W. W. Norton, 1990).

»Ich hoffe, niemand«: KN 137

KAPITEL EINS

»Jacksie«: Memoir 22

»Ich habe ein Vorurteil«: Companion 4

»Glücklich« ÜF 11

»Ich frage mich, liebe ich dich?«: LP 11:248

»sentimental, leidenschaftlich und wortgewaltig«: ÜF 11

»Wehe dem armen Geschworenen«: LP II:98

Hundert Jahre zuvor: Marc Mulholland, *The Longest War: Northern Ireland's Troubled History* (Oxford: Oxford University Press, 2002), 15; zu Lewis' irischem Hintergund vgl. Ronald W. Bresland, *The Backward Glance: C. S. Lewis and Ireland* (Belfast: Institute of Irish Studies, 1999)

»Wir Leute von Strandtown und Belmont«: ÜF 194

»krank war und vor Kopfschmerzen«: ÜF 28

»Ich lernte das Übliche«: ÜF 16

»Der Tod meiner Mutter«: ÜF 31f.

»durch schiere Willenskraft«

»dass die Enttäuschung«

»Das würdest du auch«: WN 8f.

»Ich fürchte, es bräuchte schon eine Frucht«: WN 92

»plötzlich alles andere«: WN 147ff.

»Aber bitte, bitte«: WN 129f.

»an dem ihr beide zurückgeblickt«: WN 159

»Alle bekommen, was sie wollen«: WN 158

»Dulden muss der Mensch«: *König Lear*, 5. Aufzug, 2. Szene

»eine so gute Frau«: LP III:25

»Sie waren Vegetarier«: RM Kapitel 1

»Mit dem Tod meiner Mutter«: ÜF 32

»Gedanken darüber«: Biography 7

»Nerven nie die besten«: ÜF 29

»unbarmherzig«: Wilson 21

»erstickende Tendenz«: Memoir 26

»eine eigentümliche Grausamkeit des Schicksals«: ÜF 29

»zwei verängstigte Straßenjungen«: ÜF 30

»scheint er von allen Schulen«: Biography 8

Regnerisches Wetter in Irland: Memoir 21

»die Freude meiner Kindheit«: EC 14

»Gegenwärtig ist Boxen«: L1:3

»Tierland [hat] nicht«: ÜF 25

»Erwachsenengespräche«: Memoir 27

»aber er meinte, er sei ein Tier«: PK Kapitel 6

»edelsteinbesetzte Pantoffeln«: LK Kapitel 3

»Nichts davon war mir verboten«: ÜF 19; meine Schilderung der Bücher in Little Lea und der Lesegewohnheiten von Lewis' Eltern stammt von den Seiten 12 und 13

schrieb sie eher *über* Kinder: Gore Vidal, »The Writing of E. Nesbit,« *New York Review of Books,* 3. Dezember 1964

»Freilich hatten weder er«: ÜF 13

»O horch, o lausch!«

»jener langen Ahnenreihe«: J. R. R. Tolkien, »Über Märchen«, in *Gute Drachen sind rar* (Stuttgart: Klett-Cotta, 1984), S. 57

»Übernatürlich«, ob im weiteren oder engeren Sinne: Ebd., 54

»Denn das Vertrackte an den echten Elben«: Ebd., 59

»jenes gefährliche Land«: J. R. R. Tolkien, *Smith of Wooton Major and Farmer Giles of Ham* [1967] (New York: Del Rey, 1988), 24

»Haben Sie bemerkt, dass«: DBM 25f.

»Damals gab es auf dieser Erde«, DBM 285

»schön und gefährlich«: HDR I 409

KAPTTEL ZWEI

»Es war eine ›koedukative‹ Schule«: SS Kapitel 1

»Die Schule ist aus«: LK Kapitel 16

»Das Leben in einem abscheulichen Internat«: ÜF 49

»Ich war auf drei Schulen«: BN 127

»schreckliche, allmächtige Ungeheuer«: George Orwell, »Such, Such Were the Joys« [1953], in *A Collection of Essays* (New York: Harcourt Brace Jovanovich, 1981), 1–47, 46, 44

»Das ›Beste‹«: Wilson 13

»Es wird dem Jungen selbst gut tun«: LP III:25; Wilson 14

»War er wirklich wütend«: ÜF 40

»Missis Capron«: L12:8

»Trotz allem, was passiert ist«: L1:10

»entrann den schlimmsten Brutalitäten«: Memoir 23

»Es tut mir sehr leid«: L1:9

»Für meine intellektuelle Entwicklung«: ÜF 47

»Trotz Caprons Schreckensherrschaft«: LP III:40

»Es gab richtige Kämpfe«: ÜF 67

»Ich tendiere stark dazu«: LP II:223

»Jacko hat seine Eigenheiten«: LP III:225

»In sozialer Hinsicht war«: ÜF 66

»Das Experiment«: LP III:230

»als hätte man sein Domizil«: ÜF 67

»unschätzbaren Vorzug«: AL, Vorwort

»imaginatives Leben«: ÜF 47

»Da eilt herbei ein Späher«: Aus »Lay of Horatius« – das einst berühmte »Horatius at the bridge.«

»Ach! Wie glücklich jene Tage«: Biography 16
»Pogo war geistreich«: ÜF 85ff.
»machte kurzen, traurigen Prozess«: ÜF 87
»unter dem Schatten«: ÜF 103
»das schwere Verbrechen begangen«: ÜF 111
»Die Arbeit hier«: L1:31
»Kein wahrer Parteigänger«: ÜF 118
»Und das Schlimmste«: ÜF 116
»eine lärmende, fröhliche Veranstaltung«: Memoir 24
»sich unbeliebt gemacht«: LP IV:156
»die klassische Periode«: ÜF 146
»Diese Nachstellungen«: Dieses und die folgende Zitate aus Jacks Briefen jener Zeit stammen aus L1:50–59, 67
»Romantik«: ÜF
»verbitterten, streitsüchtigen, skeptischen«: ÜF 131f.
»Freilich hatte uns mein Vater«: ÜF 156
»Du warst schon immer gern«: KN 45
»Als [Lucy] endlich Zeit fand«: KN 155
»Denen die Stiefel leckte«: SS Kapitel 1
»Stone hatte den typischen Blick«: DBM 106
»Er ist nicht allein«: LP IV:158
»zu spät, um noch«: L1:46
»Die Versübersetzungen«: LP IV:173
»In der Kirche gefällt«: L1:7
»was wirklich zählte«: ÜF 46
»Verwirklichung«: ÜF 79
»Mein [christlicher] Glaube«: L2:702
»So irrte sie«: ÜF 76
»etwas in Gang«: ÜF 77
Annie Besant: Wilson 383–92
»Ich bin sehr religiös«: W. B. Yeats, *The Trembling of the Veil* [1922], in *The Autobiography of William Butler Yeats* (Garden City, NY: Anchor, 1958), 77
»was ich die Beschwörung von Geistern«: W. B. Yeats, »Magic« [1909], in *The Yeats Reader* (New York: Scribner, 1997), 351
»Aus dem tyrannischen Mittag«: ÜF 78
»Der Gedanke, dass das okkulte Wissen«: ÜF 213f.
»Sie lehrten mich die Sehnsucht«: ÜF 16
»fernab liegt mir alle Habsucht«: Novalis, *Heinrich von Ofterdingen*, in *Werke in einem Band* (Berlin und Weimar: Aufbau, 1983), 111
»ein unerfülltes Begehren«: ÜF 28
»Ich hörte eine Stimme rufen«
»In einem gewissen Sinn handelt«: ÜF 27f.
»Ich habe schreckliche Angst«: FP 208

KAPITEL DREI

»Wie können Leute sich für«: L1:49
»Meine größte Furcht«: L1:54
»Mitten in all den banalen«: ÜF 137f.
»Wir [er und Warnie] hatten«: ÜF 162; ich zitiere etliche Passagen aus diesem Kapitel, »Der große Knock«
»Sollte ich mich jemals für Religion erwärmen«: DBM 381
»Drum, da die Welt«: A. E. Housman, »Terence, this is stupid stuff,« aus *A Shropshire Lad* [1896], in *Collected Poems* (New York: Holt, Rinehart, and Winston, 1965), 88
»die feste Erwartung«: ÜF 82
»abstrus und deprimierend«: L1:151
»eine der schlimmsten Handlungen«: ÜF 195
»Die beiden Hemisphären«: ÜF 207
»Zielstrebigkeit«: L1:263–64
»Das ist ein Punkt«: KN 47
»nur ein Schatten«: LK Kapitel 5
»Ich möchte damit jedermann«: Pardon 57
»Wenn es nach mir ginge«: ÜF 172
»Du fragst mich, wie«: L1:145
»Neulich gingen wir«: L1:17
»Die Wälder«: ÜF 185, 189
»Wo ist dein Lieblingswanderweg«: L1:60
»Ich fand Arthur«: ÜF 159f.

»Er war kein besonders kluger Junge«: Companion 666

Frauen, denen er gerne den Hintern versohlen würde: siehe vor allem die Briefe von Anfang 1917, z. B. L1:268, 271, 276, 283, etc.

»Aber, oh Arthur«: C. S. Lewis, Brief an Arthur Greeves, 11. September 1963. *They Stand Together: The Letters of C. S. Lewis to Arthur Greeves* (1914–1963) (New York: Macmillan, 1979), 576

»eng an [seinen] Vater gekettet«: ÜF 196

»Jack hätte Arthurs Gastfreundschaft«: Letters 27

»niederschmetternd grausam«: Wilson 31

»mehr Talent, eine Sache durcheinanderzubringen«: ÜF 148

»Übrigens, wer ist«: L1:150

»Was ist denn nun Dein Beschwerdegrund«: L1:128

»Er hat mehr Klassiker gelesen«: L1:178

»Er ist der brillanteste Übersetzer«: Biography 28

»Als Dialektiker«: L1:264

»Great Bookham«: L1:89

»Warum sind Sie nicht draußen«: Zitiert in Philip Yancey, Einleitung zu *Orthodoxy* von G. K. Chesterton [1909] (New York: Image, 2001), XVII

»Ich glaube, wir können«: L1:131

»können wir auf jeden Fall«: L1:179

»Ich hatte das Gefühl«: ÜF 191f.

»Kirk sagt, es werde«: L1:275

»den Menschen Yeshua«: L1:234

»Ich hatte diese Woche«: L1:169

»Um es deutlich zu sagen«: *George MacDonald: An Anthology, hg. von* C. S. Lewis [1946] (San Francisco: HarperSanFrancisco, 2001), XXXV

»Der Ort hat meine wildesten«: L1:262

KAPITEL VIER

fast fünfzehntausend »Mitglieder«: Jan Morris, *The Oxford Book of Oxford* (Oxford: Oxford University Press, 1978), 335

»Junge Offiziere fielen«: John Barth, *Tolkien and the Great War* (London: Harper Collins, 2003), 138

»1918 waren bis auf einen«: Vorwort zum *Lord of the Rings*, 2. Ausgabe, XVII

»Ich habe mich beim Dekan vorgestellt«: L1:196

»eigentlich einem formidablen Blood«: L1:297

»Visconte de Sade«: L1:313

einen Schilling pro Hieb: L1:319

»mit Moore in der Bude«: L1:334

»BRISTOL EINGETROFFEN«: L1:345

»plumpe Schlachten«: ÜF 191

»VERSTEHE TELEGRAMM NICHT«: Ll:345

»jeder in England«: Memoir 29

»Es hat mich bis ins Mark erschüttert«: Wilson 54

»Die Wirkung von zwei Jahren«: John Keegan, *The First World War* (New York: Vintage, 1998), 310

»Zurzeit bin ich«: L1:348

»Sie sind sehr tief«: L1:351

»Draußen sind Klippen«: L1:356

»Ich war ein nutzloser Offizier«: ÜF 236f.

»mir zu einem lebenslangen Freund«: ÜF 232

»Ich hatte ihn so oft in meinen Gedanken«: L1:388

»nicht so schlimm dran«: L1:366

»Mord! Faschisten! Löwen!«: SS Kapitel 16

»Wohin [Lucy] auch schaute«: KN 152

»Sehr tapfer fühlte Peter«: KN 114f.

»Der Fuchs lag tot«: LK Kapitel 11

»Tirian wusste«: LK Kapitel 12

»Drei Hunde waren getötet«: LK Kapitel 11

»Doch ansonsten ist mir der Krieg«: ÜF 237

»Gesundheitsbericht«: L1:417–18

»Nein, ich habe mich nicht«: L2:258
»Es vergeht kein Tag«: L1:400
»For these decay«: SB 7
»Thus with the year«: *Paradise Lost*, III.40ff
»We for a certainty«: Housman, »The chestnut casts its flambeaux,« in *Collected Poems*, 107
»The ancient songs«: SB 7
»Ich habe auch zum hundertsten«: L1:832
»Unter den Leuten, die«: George Orwell, »Inside the Whale,« in *A Collection of Essays*, 221
»Alles in Ordnung, Doug«: Douglas Gresham, *Lenten Lands* [1988] (San Francisco: HarperSanFrancisco 1994), 104
»Is it good to tell«: SB 12
»It's truth they tell«: SB 14
»And if some tears«: SB 19
»Come let us curse«: SB 20
»Milton war auf der Seite«
»Schmerz ist mein Element«
»Auf einer schwarzen Marmorplatte«: L1:298
»Hattest du in Frankreich«: Leo Baker, in BT 6
»Fast alles, was ich liebte«: ÜF 207
»hätte nicht geglaubt«: Letters 30
»Arthur schaffte es eines Tages«: L1:455; Michael Whites Beurteilung in dessen *C. S. Lewis: A Life* (New York: Carrol & Graf, 2004), 56
»Vielleicht glaubst du nicht«: L1:353
»Doch wir können noch »: L1:355
»all die mit Silberlöffel«: L1:387
»Nachdem Heinemann eine Ewigkeit«: L1:397
»Tatsächlich scheidet sich mein«: L1:414
»Es ist ein wunderbarer Gedanke«: B&F 4

KAPITEL FÜNF

schillerndes Bild von Oxford: Diese Anekdoten sind zu finden in Morris, *Oxford Book of Oxford*, und Humphrey Carpenter, *The Brideshead Generation: Evelyn Waugh and His Friends* (Boston: Houghton Mifflin, 1990)
»Wir fanden die Universität«: Robert Graves, *Good-Bye to All That* [1929] (Garden City, NY: Doubleday, 1957), 291
»Ich ging nach dem Krieg«: Morris, *Oxford Book of Oxford*, 336
»Ich erinnere mich an fünf«: L1:416
»Ein Tag zum Anstreichen«: L1:423
»Mir fällt keine Kleinigkeit ein«: L1:428
»Wer sich Freundschaft nicht«: WMLN 91
»eine dialektische Denkschärfe«: ÜF 232
»Ich kann kaum glauben«: L1:388
»Die Sache riecht ziemlich«: L1:433
»Eines Tages beim Tee«: BT 4
»Er ist nicht so sehr«: ÜF 242
»Vergeblich sage ich mir«: undatierte Briefe in der Wade-Sammlung
»einen trockenen Diskurs«: B&F 257
»ein seltsamer Bursche«: Baker, BT 3
»Nach dem Frühstück arbeite ich«: L1:425f.
»gegenwärtige Literaturszene«: L1:450
»es hätte seine gesamte Laufbahn«: Wilson 66
Keble College eine ganze Reihe von Hütten baute: Graves, *Good-Bye to All That*, 291
»Ich muss zugeben, dass ich nicht weiß«: L1:451 (bearbeitete Fassung) und LP VI:123 (unbearbeitete Fassung)
»Und so endet die mysteriöse«: B&F 236
jeden Sonntagmorgen zur Kirche: Wilson 64
»mit jener unbegreiflichen Leidenschaft«: Biography 46
»In zwanzig Jahren«: Letters 33
»überschäumenden Temperament«: BT 4
ihn geradezu »verwöhnt«: *Owen Barfield on C. S. Lewis*, 125

»Ich habe seit Januar«: LP VI.129
»Manchmal fällt es schwer«: LP VI:145
»Er sagte, er habe keinen Respekt«: L1:462
»In den letzten vier Wochen habe ich«
»Was die andere Sache angeht«: L1:470
»Ich bin sicher, die alte«
»die Familie sendet ihre«: L1:467
»Das Zuhausesein«: L1:471
»Am Montag schreibe«: L1:479
»Ich werde Weihnachten«: L1:509
»Ich neige dazu, das Erlangen«: Letters 24
»In den letzten fünfzehn Jahren«: B&F 237
erinnerte sich Maureen später: Maureen Moore Blake, mündliches Interview, Marion Wade Center, Wheaton College
»Lewis wusste die Zeit zu schätzen«: John Lawlor, *C. S. Lewis: Memories and Reflections* (Dallas: Spence, 1998), 7
»gehen und Mrs Moores Töpfe machen«: *Owen Barfield on C. S. Lewis,* 125
»versuchen, diese mysteriöse«
Einmal kam Victor Gollancz: Morris, *Oxford Book of Oxford,* 347
»Nach Smugy und Kirk«: L1:444
»›Greats‹, wo es mehr philosophisch«: L1:438
»Ich mache mir mehr Sorgen«: L1:507
»stets anmutig und geschliffen«: Companion 144
»›Für Plato war sie kein Fach‹«: ÜF 270
»Es wird dich interessieren«: L1:509
»Und was, fragte ich mich«: ÜF 246f.
»Ich wurde kürzlich eingeladen«: L1:524
»Dieses Zimmer und diese Stimme«: L1:565
»Ich war überwältigt«: Vorwort zu *Dymer,* NP 5
»wir hörten uns zusammen Hitlers Rede«: L2:425
»Die letzten zwei oder drei Jahre«: L1:565
»alten, schmutzigen, nuschelnden«: ÜF 244f.
»Es sollte keine Trauerfeier geben«: L1:539
»Doch so traurig das ist«: L1:539
»Obwohl ich manchmal empfinde«: L1:567
»kaum je zuvor geschehene Migration«: L1:570
»Ich bin sehr dankbar«: L1:601
»den besseren Mann«: L1:600
Allerdings hatte einer seiner Tutoren: L1:591
zweiten Pfeil im Köcher: ÜF 255
»Ich ging zu Fuß nach Hause«: AMR 293

KAPITEL SECHS

»Mein Vater ist tot«: L2:161
»Das Gestein schien überall«: AMR 307
»Ich wandte mich nach links«: AMR 338
»Ich habe die ersten«: L1:637
»Was ich ›fand‹«: Vorwort zu *Dymer*, NP 3
»Ich setzte mich in meinem Zimmer«: AMR 15
»Of Heaven or Hell«: William Morris, Eingangszeilen von *The Earthly Paradise* (1868)
»abscheulich schlecht«: L1:432
»At Dymer's birth«: NP 8
»And from the distant«: NP 91
»Wir hatten das Gefühl«: NP 4
»Wir, liebster Theobald«: Samuel Butler, *The Way of All Flesh* [1903] (Harmondsworth: Penguin, 1971), 82–83
»Eine Fellowship in Englisch«: L1:640
»Das ist genug«: L1:643
»Ich ging hinauf in sein Zimmer«: L1:642
»worin ich je über«: L1: 601
»Mein lieber Papy«: L1: 642
»Sehr erfreulich, nicht eine Wolke«: L1:649
»Ich sehe keinen Sinn darin«: Zitiert in Richard Ellmann, *Oscar Wilde* (New York: Vintage, 1988), 39
»Meine äußere Umgebung«: L1:650

»In der Tat ist mir bewusst«: L1:649 (die nächsten drei Zitate stammen alle aus diesem Brief an Albert vom 14. August 1925)
»harten, kalten, dünnen Leuten«: Zitiert in Yancey, Einleitung zu Chesterton, *Orthodoxy*. Yanceys Text ist ein schöner Überblick über Chestertons Laufbahn und seinen Charakter.
»Chestertons Freudengeheul zu hören«: Zitiert in Yancey, Einleitung zu Chesterton, *Orthodoxy*
»spektakulären Turniere«: Michael Holroyd, *Bernard Shaw*, Bd. 2, 1898–1918: *The Pursuit of Power* (New York: Random House, 1989), 219
»Shaw ist wie«: Zitiert in ebd., 219
»durch und durch schlechtes Buch«: AMR 297 (weitere Erwähnungen GKCs finden sich in dem hilfreichen Index des Buches)
»Ein hübsches kleines Stück«: AMR 36
»Ich wiederhole«: aus einem Brief vom März 1908, zitiert von Dale Alquist auf der Website der American Chesterton Society: www.chesterton.org/discover/lectures/ 25magic.html
»A Defence of Penny Dreadfuls« ist online verfügbar unter http://www.dur.ac.uk/martin.ward/gkc/ books/penny-dreadfuls.html
»Die *Ilias* ist nur deshalb groß«: gesammelt in einem Buch namens *The Defendant* (www.gutenberg.org/extext/12245)
»Im gesamten Christentum geht«: Chesterton, *Orthodoxy,* 143
»Das Leben des Menschen ist eine Geschichte«: G. K. Chesterton, *The Everlasting Man* [1925] (Garden City, NY: Image, 1955), 151
»Der absolute Geist«: ÜF 253
»In gewissem Sinn ist noch kein Gott erreicht«: *The Portable Bernard Shaw*, hg. von Stanley Weintraub (Harmondsworth: Penguin, 1979), 465
»Wie wir Kelten alle«: L1:713
»Nun, da ich mehr englische Literatur las«: ÜF 257
»Der Mensch des 19. Jahrhunderts«: G. K. Chesterton, *Orthodoxie* (Frankfurt am Main: Eichborn, 2001), 132
»Armer, armer alter P'daitabird«: L1:805
»Es hat keine Besserung gegeben«: L1:809
»für den ich wenig Zuneigung«: L1:820
»Ich war noch nie imstande«: L1:821
»Sie sagten, er könne noch«: L1:823
»Mit meinen Gefühlen über P.«: L1:822
»im Trinity Term 1929«: ÜF 274
»Als die Menschheit in Westeuropa«: Wilson 3
»Wie sehr hätte ich das früher«: L1:834
das Absolute als den »Schöpfer«: L1:85
»wirklich eine neue Welt eröffnet«: L1:857
»Ich neige immer noch dazu«: L1:862
»Mir geht es sehr«: L1:877
»Das ist überhaupt nicht wie ein Buch«: L1:859
»Ich glaube, ich bekomme«: L1:832
»Heute überkam mich plötzlich«: L1:877
»Manche haben mir ein unverdientes«: aus dem Vorwort, das in einigen älteren Ausgaben der *Screwtape Letters* enthalten ist
»Sie wollen sich nicht«: LK Kapitel 13
»herrliches Gefühl«: RM Kapitel 7
»sein erster Riss«: RM

KAPITEL SIEBEN

»Er ist ein guter Junge«: George MacDonald, *The Princess and the Goblin* [1872] (London: Puffin, 1996), 17
»genau genommen nicht das Christentum«: L1:887
»Rund herum«: Poems 118
»Als ich auf die Welt kam«: ÜF 260
»Er ist ein glatter, blasser«: AMR 393
»Tolkien … mit mir zurück«: L1:838
»Triebbegabungen [man] auch einen

mächtigen Anteil«: Sigmund Freud, *Das Unbehagen in der Kultur*, Gesammelte Werke XIV, 468ff.
»dass die Grenzen«: Yeats, »Magic,« 351
»alle Faszination«: Pardon 37
»In unserer Welt«, sagte Eustace: RM Kapitel 14
»Das Leben ist nichts weiter«: Zitiert in Companion 58
»You look at trees«: J. R. R. Tolkien, *Tree and Leaf* [1964] (Boston: Houghton Mifflin, 1989)
»*Distinguo*, Tollers, *distinguo!*«: Humphrey Carpenter, *Tolkien: A Biography* (Boston: Houghton Mifflin 1977), 146
»Doch egal, was sie sich einfallen lassen«: IR 98
»Blessed are the men«: Tolkien, *Tree and Leaf*
»Anfang 1926«: ÜF 268
»Was ich nicht verstehen konnte«: L1:976
»Es war wirklich ein denkwürdiges«: L1:970
»Was nun Dyson und Tolkien«:
»als ob ein Riese«: KN 140
»Es ist ja nicht Narnia«: RM Kapitel 16
»was Aslan für ihn getan«: KN 156
»Ich bin gerade vom Glauben«: L1:974
»Macht das unter dem Strich«: L1:977
»Die Freundschaft mit Lewis«: Zitiert in Carpenter, *Tolkien,* 148
»vor langer Zeit seine Absicht«: L1:866
»Ein Ort, wo wir uns«
»ist aus dem Stoff«: B&F 58
»Ich bin *immer* noch als Autor«: L1:925
»Alles, was es wert ist«: G. K. Chesterton, *What's Wrong with the World* [1910]; dieser vergriffene Titel ist zu finden unter http://www.ccel.0rg/c/chesterton/wrongworld/wrongworld.txt
»Beim Wiederlesen dieses Buches«: PR 5
»englischen Seefahrer«: Chesterton, *Orthodoxie*, 28
»und als er weit genug«: Chesterton, *The Everlasting Man,* 11
»nicht umsonst unsere Herzen«: FP 259
»eine Art aktualisierter Bunyan«: L2:94
verächtlich über »The Love Song of J. Alfred Prufrock«: PPL 56; L2:163
»Dynastie von Green, Bradley und Bosanquet«: PR 5
»hartnäckig, das gleiche Bild«: FP 200
»kühnes, originelles, bahnbrechendes«: Norman F. Cantor, *Inventing the Middle Ages* (New York: Perennial, 1993), 217

KAPITEL ACHT

»Tatsache ist«: Lawlor, C. *S. Lewis*, 6
»Viele seiner Studenten«: Zitiert in Wilson 130
»südenglischen Akzent«: L1:766; L2:607
»ein kleiner, untersetzter Mann«: »Oxford's C. S. Lewis: His Heresy: Christianity«, *Time,* September 8, 1947
»groß, dick, ziemlich kahl«: BN 57
»chronologischen Snobismus«: ÜF 251
»Einseitigkeit in der Entwicklung der Ethik«: ÜS 54
»Gott … deshalb sehr wohl«: ÜS 63
Ich habe nicht ernsthaft versucht«: DI 216
»Wir können den Wechsel«: DI 222
»Die zentrale Stellung«: ELSS 3
»nicht nur Irrtümer«: aus dem Vorwort, das in einigen älteren Ausgaben der *Screwtape Letters* enthalten ist
»historische Betrachtungsweise«: Dienst 139f.
»Bulverismus«: GITD 273
»eine Lehre … nicht in erster Linie«: Dienst 9f.
»Man muss sich vergegenwärtigen«: DBM 183f.
»*Der* und ein Zauberer!«: WN 66
»mit [i]hrem Verhalten und [i]hrer Konversation«: WN 96
»Jetzt heißt es erst mal hingucken«: WN 97
»je länger und schöner«: WN 115

»Na, wenigstens ist jetzt Schluss«: LK Kapitel 13
»das, mit welchem in Vergleichung« Immanuel Kant, *Kritk der Urteilskraft* (§ 25 »Namenerklärung des Erhabenen«)
»Als der Mann sagte«: Zitiert in AM 14
»Ist nicht mancher«: Pardon 13
»Wenn ein Wort aber aufhört«: Pardon 14
»Wenn jemand die christlichen Lehren glaubt«: MC 15
»Ihr Skeptizismus den Werten gegenüber«: AM 36f.
»Augustinus definiert die Tugend«: AM 25f.
»Ein Ort wie dieser«: DBM 84f.
»vierte Jane war einfach«: DBM 151
»Du sollst Prinz werden«: KN 39
»die Abschaffung von Krieg«: DBM 258
»Denen die Stiefel leckte«: SS
»jener grauenhaften Schule«: KN 155
»Man entdeckt lediglich«: »Der innere Ring,« in IR 29–40
»Denn der sicherste Weg«: Dienst 62
»in der nächsten Woche«: IR 38
»die Einladung einer Gräfin«: IR 33
»›wir Wenigen‹ … »: ÜF 213
»ein Angebot, das einen einlud«: DBM 269
»Ihr echter ›innerer Ring‹«: IR 39
»Klar, dass die dasselbe Spielchen«: GS 41
»Die neue *Magia*«: ELSS 13–14
»Ernsthaftes magisches Suchen«: AM 78
»Die Frage ist nur«
»Unter diesem Gesichtspunkt erweist sich«: AM 59
»Sündenfall«: LJRRT 145
»Er hat nur Metall und Räder im Sinn«: HDR II 84
»der Einzige [ist], der«: HDR I 69
»Als sie nun allein«: WN 69
»Nichts von dem hier Gesagten«: AM 77
»in einer ungesunden Nachbarschaft«: AM 79
»die weiße Fahne«: WN 27
»Ach so, du meinst«: WN 21f.
»Du musst lernen«: WN 59
»Je besser das Material«: Pardon 54
»nur der Duft einer Blume«: IR 97
»Vergiss nie, dass wir«: Dienst 45
»Ein Mensch, der irgendetwas«: Dienst 66
»Der ›asketische Mr Lewis‹ – !!!«: LJRRT 68
»Wir sollten nicht versuchen«: Pardon 67
»Achtet die Überlieferung«: HDR I 451
»weil mein altes Herz«: PK Kapitel 4
»der Punkt, an dem alles Licht«: ELSS 3
»Jede Sphäre, oder etwas«» DI 115
Falls ein Lewis-Forscher: Michael Ward, »Planet Narnia,« *Times Literary Supplement,* 25. April 2003
»vor anthropomorphem Leben wimmelte«: ELSS 4
»hoch aufragend«, ja »schwindelerregend«: DI 98–99

KAPITEL NEUN

»Meine glücklichsten Stunden«: Biography 169
»C. S. L. hatte eine Leidenschaft«: LJRRT 388
war besonders dankbar dafür: LJRRT 122
»Niemand hat Tolkien je beeinflusst«: Letters 481
»Ich fange an zu vermuten«: L2:228
»Ich glaube, er war ein Mann«: Eliots Vorwort zu Williams' *All Hallows Eve* [1948] (New York: Noonday, 1977), XIII
»Zum ersten Mal«: W. H. Auden, *Modern Canterbury Pilgrims*, hg. von James Pike (London: Mowbray, 1956), 41
»dem noch nach Jahren«: Vorwort zu ECW, X
»gänzlich befremdend«: LJRRT 362
»zum ersten Mal«: ECW VIII
»meinen liebsten Freund«: L2:656
»bestürzend und teilweise«: LJRRT 352

»Und anstatt das natürliche«: LJRRT 127
»der Welt C. S. L. vielleicht«: auf »Pfingstsonntag 1956« datierter Brief aus dem Wade Center
»*Zurückgewiesen* ist vielleicht«: L2:991
»Seine Arglosigkeit und Ahnungslosigkeit«: Zitiert in Biography 156
»dieser wirklichen, harten, schmutzigen«: L1:95
»In einer vollkommenen Freundschaft«: WMLN 74
»wobei er kaum merklich«: Vorwort zu ECW XIII
»sagte immer, wäre er«: Ebd., XII
»Jede echte Freundschaft«: WMLN 82
»die Royal Society«: WMLN 81
»Allein, unter Kollegen«: WMLN 81
»furchtbarer Mensch«: L2:350
»Freundschaften … können (wie die Alten erkannten)«: WMLN 82
»Es war wunderbar, zum«: WMLN 81
»Manche, die das Buch gelesen«: HDR I 10
»einen Ekel vor ihm«: LJRRT 82
»nicht erfüllt ist von«: WMLN 89
»Am Donnerstag hatten wir ein«: L2:288
»Wir treffen uns … theoretisch«: L2:501
»Vielleicht können wir jetzt«: WMLN 89
»eine gemeinsame Religion«: WMLN 68f.
»die Nummern oder Zugehörigen«: Laie 113
»Das Viergespann von Maulwurf«: WMLN 38
»Das Trio Ratte«: Laie 114
»Christus ist nicht für »: Laie 120
»eines Stiefels, der auf ein«: Orwell, »England Your England,« in *A Collection of Essays,* 259
»Das eine oder das andere«: P. G. Wodehouse, *The Code of the Woosters* [1938] (New York: Vintage, 1975), 222
»mit dem Boot herumgondeln«: Kenneth Grahame, *Der Wind in den Weiden* [1908]
»der Großvater, die Eltern«: Laie 113f.
»Jetzt, da Karl tot ist«: WMLN 65
»ihn als Dreingabe«: RM Kapitel 4
»Du wirst es bestimmt«: RM Kapitel 7
»Ich wage die Behauptung«: Laie 116ff.
»Es ist keine Rede davon«: Laie 122f.
»In seinem Willen ist unser Friede«: Dante, *Die göttliche Komödie*
»Der einzige Grundsatz«: *George MacDonald: An Anthology*, hg. von C. S. Lewis [1946] (San Francisco: HarperSanFrancisco, 2001), #203
»Du bist tot«: Ebd., #363
»Nichts, was nicht gestorben ist«: Laie 121
»In die Hölle kommen«: ÜS 126
»Fressen oder gefressen werden«: Dienst
»Die gegenseitig Glieder sind«: Laie 116
Richard Baxter: Siehe den kurzen, aber gründlichen Überblick über Baxters Laufbahn bei Christopher Hill, *The Experience of Defeat: Milton and Some Contemporaries* (Harmondsworth: Penguin, 1984), Kapitel 7
Überall auf den britischen Inseln hatten die Kirchen: Siehe den Bericht bei John Stevenson, *British Society 1914–1945* (Harmondsworth: Pelican, 1984), 356ff.
»Der Prozess, durch den«: ELSS 37
»Und wird Eustace«: RM Kapitel 16
»jenen Glauben ... [halten]«: Pardon 9
»Ich selbst kam beinahe zufällig«: GITD 202
»Eine unserer besten Verbündeten«: Dienst 13
»[Ich habe] gedacht, ich sollte«: ÜS 8
»verwässertes Christentum«: Pardon 46
»Schulbubenweisheiten«: Pardon 47
»Ich persönlich bin der Meinung«: Pardon 48f.
»Jedenfalls habe ich von dem berüchtigten«: Pardon 12f.
»Die liberalen und ›aufgeschlossenen‹«: GITD 60

»Die Wahrheit ist, dass wir«: L2:657
»das ruhige Gewissen«: Reinhold Niebuhr, *The Nature and Destiny of Man,* vol. 1 (New York: Scribner, 1942), Kapitel 4
»Schicht um Schicht«: L1:862

KAPITEL ZEHN

»Jenen, denen Böses getan wird«: W. H. Auden, *Selected Poems,* 2nd ed. (New York: Vintage, 1979), 86
»Meine Erinnerungen an den letzten«: L2:258
»der Frevel der Judenverfolgung«: L2:128
»wenn Ihre Frage sich darauf bezieht«: LJRRT 37
»Wenn es sein muss«: L2: 258
»Wie [Warnie] in seinem«: L2:274
»zuviel von einem Krieg«: Dienst 28f.
»Ich schreibe Ihnen, um Sie zu fragen«: L2:469
»Der erste Schritt ist«: L2:470
»Sollten Sie die Adresse«: L2:602
»Ich wate immer noch«: L2:509
»Wie du sicher bemerkt hast«: L2:549
»Es ist verblüffend«: GITD 61
»Im gewöhnlichen Leben«: WMLN 51
»Beten Sie für *Jane*«: L1:496
»Mir geht es ziemlich gut«: L2:549
»mit ›Jehova‹ unterschreiben«: L2:504
»eine sehr dumme, lästige«: Biography 296
»Und wenn Mr Lewis«: BN 67
»eine ungemeine Schwärmerei«: L1:1034
»Ich habe noch nie jemanden getroffen«: B&F 181
»ein vollkommen heiliges Mädchen«: L2:623
»Ich ging mit Furcht«: Zitiert in Biography 274
»Argumente … haben ein Eigenleben«: GITD 128
»Ein Wort zum Schluss«: GITD 103
»Und es ist und bleibt wahr«: ÜF 143
»meinen Glauben sehr gestärkt«: L2:656
»Der Gedanke der neuen Schöpfung«: L2:648
»Es gibt keine *gewöhnlichen* Menschen«: IR 108
sehr merkwürdige Vorstellungen: Wilson 189, 201, 202
»rein subjektive Ereignisse«: W 27
»mit regelrechtem Entsetzen«: Biography 290
»sein Argument für die Existenz«: George Sayer, *Jack* (Wheaton, IL: Crossway Books, 1994), 307
»unter das Kreuz«: Wilson 213
»Weder Dr. Havard«: Biography 291
»So demütigend es«: Wilson 214
»Natürlich ist sie weitaus«: BT 223
»doch es war nach dem einmütigen«: L2:803
»Dieses Buch handelt von«: Companion 402
»Da haben meine Mutter und ich«: [im Text angegeben]
»Moderne Kinder sind armselige Geschöpfe«: L2:277
»Minto liest ihm jeden Abend«: L2:171
»Wenn ich selber die Grippe habe«: L2:881
»Aber Kopf hoch«: L1:187
»Ich kann kein Buch«: L2:674
»Ich werde (falls ich lange genug lebe)«: Letters 415
»Man kann nicht genug«: WG 14
»Ich behaupte daher«: Antwort 251
»Die Menschen reden gerne »: Antwort 296f.
»Schick mich fort, Minos«: Antwort 298
»Während ich las«: Antwort 296
»Ich bin mir nicht ganz sicher«: OS 37
Green und Hooper zufolge: Biography 112
»ihre strenge Einschränkung«: OS 46
»Es begann alles mit Bildern«: OS 46
»Es ist besser, die Fragen«: OS 41
»Ich wurde ausgelöscht«: Antwort 310

»Über Märchen,« *Gute Drachen sind rar* 87f.
»Theoretisch sind wir alle«: ELSS 342
»Mythos und Märchen müssen«: LJRRT 144
»Die ›Lehren‹, die wir«: L1:976
»Anfangs hatte ich kaum«: OS 53

KAPITEL ELF

»Ich merke, wie mein Eifer«: L2:905
»Keine Inklings heute Abend«: B&F 231
»das Thema, um das meine Gedanken«: L2:986
»Ich stamme von einem früh«: Zitiert in Biography 341
»Ich wünschte, Sie würden sich«: *The Latin Letters of* C. S. *Lewis,* trans. Martin Moynihan (South Bend, IN: St. Augustine's Press, 1998), 89 (das nächste Zitat stammt ebenfalls aus diesem Brief)
»Freudige Neuigkeit«: B&F 232
»Ich erinnere mich, wie ich«: Maureen Moore Blake, mündliches Interview, Marion Wade Center, Wheaton College
»Ich weiß kaum, was ich«: Letters 380
»Und so endet«: B&F 236
»Ich wandere (wie der Pilger bei Bunyan)«: Letters 390
»Es sind nicht hauptsächlich *Männer«:* Letters 422
»ihn durch den Schock«: Biography 377
»Ich habe noch nie zuvor die Justiz«: Companion 57
»Repräsentanten Gottes gegenüber«: GADA 105
»embarked on a different«: GADA 102
»Was veranlasst eine hübsche Frau«: Pardon 114
»Die Anwesenheit der Frau«: WMLN 77
»Irgendetwas Unnatürliches muss«: Pardon 108
»Das Christentum ist fast die einzige«: Pardon 95
»Nehmen wir aber einmal an, wir kämen«: Pardon 93
»Barbaren unter Gebildeten«: WMLN 76
»lebe für ihre Familie«: WMLN 53f.
»Gebt ihn in meine Obhut«: GS 68
»Jane war vielleicht keine«: DBM 8
»sie saugte alles viel tiefer«: LK Kapitel 13
»das Susan-Problem«: Siehe Gaimans Geschichte unter diesem Titel in *Flights: Extreme Visions of Fantasy*, hg. von Al Sarrantonio (New York: Roc, 2004), 393–402
»nicht mehr zu den Freunden«: LK Kapitel 12
»so furchtbar und riecht«: Zitiert in Gregg Easterbrook, »In Defense of C. S. Lewis«, *Atlantic Monthly* (Oktober 2001)
»Die Bücher verraten uns nicht«: BN 84
»Einzig den Verdammten selber«: ÜS 127ff.
»die Geschichte jedes netten«: Companion 77
»Denn eigentlich sind für ihn«: GADA 105
»Die Wahl trug viel dazu bei«: Wilson 158
»weil jeder Don irgendwann«: Biography 340
»Er wirkte immer ein wenig«: Zitiert in BT 80
»Er konnte intolerant sein«: Zitiert in BT 225
»Mein Bruder, dies im Vertrauen«: Zitiert in Companion 67
»Abgesehen davon, dass er genau«: Zitiert in Biography 342
»Dieser Lehrstuhl war offensichtlich«: Zitiert in Biography 344
»unter derselben Schutzherrin«: Letters 439
»Ich habe die *un*bußfertige«: Biography 345
»junge Dame«: Zitiert in BT 212
»mit ihr sehr vertraut«: Sayer, *Jack,* 347
»RP: Die Hexe macht«: Zitiert in Companion 721

»Brieffreunden«: B&F 244
»Es war jemand mit mir im Raum«: Zitiert in *Eine andere Art von Hunger* von Lyle W. Dorsett (Gießen: Brunnen, 1985), 68
»irgendeinen wirklich prima Kerl«: Zitiert in Companion 62
»Zurückahnung«: Morson, *Narrative and Freedom: The Shadows of Time* (New Haven: Yale University Press, 1994)
»Eben kam mit der Post«: Zitiert in Companion 59
»Das Leben auf einer kleinen Farm«: Sayer, *Jack*, 353
»ein impulsives, gutmütiges«: L1:451
»die sich in rascher Auflösung«: LL 45
»brüllten wir vor Lachen«: Sayer, *Jack*, 353
»ganz außergewöhnlich unverklemmt«: Companion 61
»nicht aus reiner Höflichkeit«: Companion 700
»Ich brauchte ein wenig Zeit«: B&F 244
»Sie war schlecht«: Ruth Pitter, mündliches Interview, Marion Wade Center, Wheaton College
»gegenseitig ein paar Ideen«: Companion 77
»Er sagt, er findet«
»abscheulich« und »lächerlich«: LJRRT 62
»lediglich eine Sache der Freundschaft«: Biography 375
»J versicherte mir«: B&F 245
»alle Vorkehrungen getroffen«: B&F 245
»auf Lewis' Seite weder«: Biography 376
Douglas zufolge: Douglas Gresham, *Lenten Lands* (San Francisco: HarperSanFrancisco, 1988), 67
»Aber ich glaube nicht, dass das die übliche«: WMLN 94f.
»meist gefühlskalt«: Pardon 114
»Joys Begierde nach dem erbärmlichen Trost«: B&F 246
»Ich erfuhr erst viel später davon«: LJRRT 341
»Ein Rivale verwandelt oft«: Letters 466
»Ich hätte mir nie träumen lassen«: Biography 385

KAPITEL ZWÖLF

»Ich hoffe, Sie werden«: Donald Swann, *Swann's Way: A Life in Song* (London: Thames Publishing, 1991), 205
»In der ersten Reihe saßen«: Companion 72
»Die gewaltige Veränderung«
»Ah! Miss Dunbar!«: Wilson 254
»Als er von der tödlichen«: Zitiert in BT 104
»Ich habe am Bett einer Frau gestanden«: Laie 131f.
»des anderen Leben sterben«: Charles Williams, *Taliessin Through Logres and The Region of the Summer Stars*, hg. von C. S. Lewis (Grand Rapids, MI: Eerdmans, 1974), 63
»Ich verlor Kalzium«: Letters 450
»Die Situation ist tatsächlich«: Letters 466
»eine fast wundersame«: Biography 385
»Meine Frau steigt den Waldhügel«: Letters 474
»hängt das Damoklesschwert«: Letters 450
»Dieser kurze Aufschub«: Biography 386
»Ich beschloss, es mit dem«: Letters 44
»Jene paar wenigen Jahre«: ÜDT 28
»balgt«: WMLN 95
»wie manche junge Paare«: WMLN 99
»den Mann zum Herrscher«: WMLN 103
»die Kombination aus hohem intellektuellen«: Biography 388
»Professor Lewis, ich fürchte«: Biography 388
»ließ sie ihn anderthalb Minuten lang«: Biography 387
»In diese letzte Untersuchung«: Letters 462

»Alle tot – bis zur Unkenntlichkeit verbrannt«: Biography 392
»Es war sehr fraglich«: Letters 468
»Aber in *Wirklichkeit* kann Laurence«: BN 66
»mit ihm einig gewesen«: B&F 250
»Here the whole world«: Diesem Gedicht entnahm Douglas Gresham den Titel seiner Erinnerungen *Lenten Lands*
»Was jedes Gebet und jede Hoffnung«: ÜDT 46
»All das Zeug über«: GO 53
»hat nur mich im Auge«: 54f.
»Jedenfalls muss ich mich von«: ÜDT 29
»Haben wir irgendeinen Grund«: DFM 42
»Die allerletzte Verlassenheit«: DFM 53
»Ich denke, [mystische Erfahrungen]«: DFM 74
seine mangelnde Neigung: C. S. Lewis, letter to Edward Dell, 22. April 1963
»als ob man Schifffahrt«: DFM 37
»Gegenwart Gottes können wir zwar«: DFM 84
»Sie kommt mir vor wie Stroh«: DFM 91
»In Oxford war man nie«: Companion 73
»Anfang der 1920er-Jahre«: Terry Eagleton, *Literary Theory: An Introduction*, 2. Ausgabe (Minneapolis: University of Minnesota Press, 1996), 27
»für schwierig befunden«: Chesterton, *What's Wrong with the World*
»die Sittenwächter-Schule der Kritik«: EC 124
»Doch während sich all das unten abspielt«: EC 8
»ein strahlender Lichtblick«: Letters 473
»eine der glücklichsten Zeiten«: *They Stand Together*, 560
»habe ich keine Schmerzen«: Companion 111
»Aber ach Arthur«: *They Stand Together*, 459
»Sie finden nie ein Buch«: Walter Hooper, Vorwort zu OS, IX
»Ich wurde unerwartet aus einem«: Letters 488
»Das alles ist ein ziemlicher Spaß«: Letters 489
»Freude ist das ernste«: DFM 102
»ständig ernst und feierlich«: IR 108
»Ihr gemeinsames Leben ist«: PPL 119
»Es beglückt mich, dass«: Laie 119
»keine *gewöhnlichen* Menschen«: IR 108
»Wir wissen viel mehr über den Himmel«: ÜS 128
»weiter hinauf und weiter hinein«: LK Kapitel 15
»Endlich bin ich nach Hause gekommen!«: Ebd.
»Und für uns ist dies«: LK Kapitel 16
»Der Kreis hatte sich geschlossen«: Memoir 45
»Ich habe alles getan«: Memoir 45
»Er war fast außer sich«: BT 244
»Freitag, der 22. November 1963«: Memoir 45f
»Jack, ich bin es, Maureen«: Biography 428

NACHWORT

»Vor zwanzig Jahren hatte ich«: C. S. Lewis, Brief an Joy Gresham, 22. September 1953
»Wäre es nicht wunderbar«: C. S. Lewis, Brief an Katherine Farrer, 4. Dezember 1952
»Tolkien ist das Furunkel«: China Miévilles Website, http://www.panmacmillan.com/Features/China/debate.htm
»Schmeißen wir C. S. Lewis«: Philip Hensher, »Don't Let Your Children Go to Narnia«, *The Independent* (London), 4. Dezember 1998
»Tod ist besser als«: Zitiert in »The Dark Side of Narnia«, *The Guardian* (London), 1. Oktober 1998
W. H. Auden, der den *Herrn der Ringe* inständig liebte: Brief an Peter Salus, 11.

August 1964, in der Berg Collection der New York Public Library

»*Der König von Narnia* ist eines«: Pressemitteilung von Walden Media, 25. Juli 2002: (www.walden.com/about/news/walden-07-25-02.jsp)

»Es gibt kein Argument«: *The Orwell Reader* (New York: Harcourt, 1984), 315

»Dabei geht es aus meiner Sicht«: *Letters of Kenneth Tynan*, hg. von John Lahr (New York: Random House, 1998), 32

»C. S. Lewis, mein Tutor«: Ebd., 50

»Gestern kam ein kahlköpfiger, tauber«: Eintrag vom 27. September 1974, *The Diaries of Kenneth Tynan*, hg. von John Lahr (New York: Bloomsbury, 2001), 194f.

»Lassen Sie das nicht zum Trauma«: Kathleen Tynan, *Kenneth Tynan: A Life* (New York: Morrow, 1987), 121

»Ich bemerkte mit Interesse«: Eintrag vom 6. Dezember 1974, *Diaries of Kenneth Tynan*, 208

»Wie aufregend er das Gute«: Eintrag vom 4. April 1971, *Diaries of Kenneth Tynan*, 37

»Wie immer spricht mich«: Eintrag vom 3. Mai 1975, *Diaries of Kenneth Tynan*, 243

»C. S. L. wirkt so«: *Diaries of Kenneth Tynan*, 244

»Doch seine wahre Kraft«: BT 243

»*A l'heure de*«: Kathleen Tynan, *Kenneth Tynan: A Life*, 525

»unwahrscheinliche Guru«: Ebd., 84

»Friedhof ohne Mauern«: Ebd., 31

»Die Bücher oder die Musik«: IR 97

Register